Goethes Faust auf der Bühne
(1806–1998)

Herrn Heribert Hoever
als herzlichen und
persönlichen Dank für
6 Jahre Arbeit im
Finanzreferat der
Goethe-Gesellschaft Stuttgart!

Ihr

Bernd Maake

Stuttgart, am 2. März im Goethe-Jahr 1999

Bernd Mahl

Goethes *Faust* auf der Bühne (1806–1998)

Fragment – Ideologiestück – Spieltext

Mit 12 Farb- und
239 Schwarzweißabbildungen

Verlag J.B. Metzler
Stuttgart · Weimar

Gedruckt mit Hilfe der Geschwister Boehringer Ingelheim
Stiftung für Geisteswissenschaften in Ingelheim am Rhein

*Trevor Pinnock gewidmet,
dem Schöpfer musikalischer Bilder*

Die Umschlagabbildung zeigt die Paktszene aus *Faust I*
in der Stuttgarter Inszenierung von Claus Peymann aus
dem Jahr 1977 (vgl. in diesem Band Abb. 159, S. 163).
Das Foto stammt von Abisag Tüllmann, deren Archiv im
Deutschen Theatermuseum München liegt.

Die Deutsche Bibliothek – CIP-Einheitsaufnahme

Goethes »Faust« auf der Bühne : (1806–1998) ; Fragment –
Ideologiestück – Spieltext / Bernd Mahl. – Stuttgart ; Weimar :
Metzler, 1998
 ISBN 3-476-01609-9

Gedruckt auf chlorfrei gebleichtem, säurefreiem und alterungsbeständigem Papier

ISBN 3-476-01609-9

Dieses Werk einschließlich aller seiner Teile ist urheberrechtlich geschützt. Jede Verwertung
außerhalb der engen Grenzen des Urheberrechtsgesetzes ist ohne Zustimmung des Verlages
unzulässig und strafbar. Das gilt insbesondere für Vervielfältigungen, Übersetzungen, Mikroverfilmungen
und die Einspeicherung und Verarbeitung in elektronischen Systemen.

© 1999 J. B. Metzlersche Verlagsbuchhandlung und Carl Ernst Poeschel Verlag GmbH in Stuttgart
Einbandgestaltung: Willy Löffelhardt
Satz: Typomedia Satztechnik GmbH, Ostfildern
Druck und Bindung: Franz Spiegel Buch GmbH, Ulm
Printed in Germany
Verlag J. B. Metzler Stuttgart · Weimar

Inhalt

> »Wie viel kann die lebendige Anschauung zum Verständnis der Dichtung beitragen, um wie viel näher steht der Faust dem großen Publikum, wenn es ihn gesehen und gehört, als wenn es ihn bloss gelesen hat.«
> Olga Jekelius, 1927

Vorwort   XI

Einleitung   1

Inszenierungsgeschichtlicher Überblick – Theoretische Erläuterungen zur Beschreibung der Inszenierungen

Dramaturgische Probleme des *Faust* im 19. Jahrhundert   4

Johann Peter Eckermann 1834 – Ernst Wilhelm Weber 1836 – Carl Frenzel 1876 – Hermann Müller 1877 – Emil Mauerhof 1884

Das »Nachspiel auf dem Theater« läßt auf sich warten: Inszenierungsversuche von der Vollendung des ersten Teils (1806) bis zur Uraufführung in Braunschweig (1829)   8

Erste Inszenierungsversuche in Weimar durch Riemer und Wolff (1810–1816) – Der Plan des Fürsten Radziwill – »Berlin als Schrittmacher Weimars«: Szenische Teilaufführungen im Schloß Monbijou (1819)

Zensur und Fragment – Der Weg des »Lese- und Illustrationsdramas« *Faust* auf die Bühne: Der Kampf um den ersten Teil   16

1. Die Uraufführung am Hoftheater zu Braunschweig unter der Regie von August Klingemann am 14.1.1829   16
2. Die Dresdner *Faust*-Fassung von Ludwig Tieck (1829)   21
3. Die Leipziger Einstudierung oder die originäre *Faust*-Bearbeitung Tiecks   26
4. Die Erstaufführung in Weimar zu Goethes 80. Geburtstag   27
5. Seydelmanns infernalisch-tierischer Mephisto am Stuttgarter Hoftheater (1832)   31
6. *Faust I*-Erstaufführung am Königlichen Schauspielhaus Berlin durch Karl Stawinsky (1838)   32
7. *Faust*-Premiere in Wien mit Zwischenaktmusiken von Mozart (1839)   34
8. Ein »erquickender *Faust*« für die Wiener: Heinrich Laubes Einstudierung am Burgtheater im Jahre 1850   36

9. Dingelstedts Münchner Inszenierung »nach den Grundsätzen von Bechstein« (1851)   37
10. Albrecht Marcks' Dresdner Inszenierungen: Von schlichter Klingemann-Adaption (1871) zur prunkvoll-hohlen Schaudarbietung (1878)   39

Faust I auf anderen Bühnen   40

Zerreißproben für den zweiten Teil   41

11. *Der Raub der Helena*: Karl Gutzkows *Faust II*-Bearbeitung für das Hoftheater zu Dresden (1849)   41
12. *Faust II* als Tragödie nach Goethe in fünf Aufzügen oder Ein »*Faust*-Ragout« von Wollheim da Fonseca (1854)   43
13. Eckermanns *Faust am Hofe des Kaisers* am Hoftheater in Weimar: Der erste Akt von *Faust II* als abendfüllende Gesellschaftskritik (1856)   45
14. Dresdens Hoftheater als Umgestalter des *Faust II*-Experiments von Wollheim da Fonseca: Die behutsame Inszenierung von Marcks (1880)   47

Gemeinsam und getrennt – Beide Teile auf der Bühne im letzten Viertel des 19. Jahrhunderts   49

Richard Wagners Forderungen nach einem deutschen *Faust*-Festspiel-Theater (1872)   49

15. Otto Devrient bringt 1875/76 in Weimar erstmals den ganzen *Faust* auf die Bühne: Aufkeimen des Weihe- und Festspielgedankens   52
16. Vier Abende *Faust*: Das Drama als Tetralogie in der Bühnenbearbeitung von Hermann Müller in Hannover (1877)   60
17. Das *Faust*-Jahr 1880 in Berlin (1): Die Gesamt-Inszenierung von van Hell im National-Theater   62
18. Das Faust-Jahr 1880 in Berlin (2): Die Gesamt-Inszenierung von Devrient im Viktoria-Theater   63
19. Auf der Suche nach dem dramaturgischen Maximum: Julius Werthers »Sechsstundenfaust« (Teil I) und »Achteinhalbstundenfaust« (Teil II) in Mannheim – »Publikumserschöpfung« an zwei oder an drei Abenden? (1882)   63
20. Drei *Faust*-Abende für Wien in der Inszenierung von Adolph Wilbrandt nach den Vorschlägen Dingelstedts (1883)   65
21. *Fausts Tod. Aus der Tragödie zweitem Teil*, eingerichtet von Adolph L'Arronge am Deutschen Theater Berlin (1889), vorangestellt *Faust I*: Das nackte Gretchen oder »... den Dichter beim Wort genommen« (1887)   69
22. Stilbildende Prunkaufführung ohne Texteingriffe: Jocza Savits inszeniert an der Königlichen Hofbühne München beide Teile (1895)   73
23. Der ganze *Faust* im Berliner Bühnenalltag: Routineangelegenheit mit bewährten Protagonisten und den »Himmelschören« von Robert Schumann (1895/97)   77
24. Ernst Lewingers Dresdner *Faust*-Revolution: Geglückt im ersten Teil (1897), gescheitert am zweiten Teil (1899)   79
25. Das Vorbild Hermann Müller: Raphael Loewenfeld bietet den Berlinern am Schiller-Theater den *Faust* an vier Abenden (1900)   81

Kleines Resümée: Bestandsaufnahme und Ausblicke   82

Vom *Faust*-Monument zum *Faust*-Spiel: Kunstpolitische, theaterästhetische
und dramaturgische Forderungen zu Beginn des 20. Jahrhunderts 83

Georg Witkowski 1901 – Eugen Kilian 1907 – Thomas Mann 1911 83

Faust als realistisch-naturalistisches Monument und als Weihespiel (1900–1933) 85

26. Streichexperimente: Max Grubes dreiteiliger *Faust* bei den Düsseldorfer Goethe-Festspielen (1903) 85
27. *Faust I* auf der Drehbühne, *Faust II* als Beginn des »modernen Bühnenbildes«: Paul Schlenther schwelgt in vordergründigem Ausstattungsprunk am Wiener Burgtheater (1906/07) 87
28. Georg Witkowskis dramaturgisches Konzept auf der Leipziger Bühne (1907) 88
29. Devrients Ablösung: Karl Weisers Weimarer *Faust*-Tetralogie in vier Vorstellungen an zwei Tagen (1908) 90
30. *Faust* an einem Tag: Alfred Reuckers drastische Strichfassung am Zürcher Pfauentheater (1909) 91
31. Max Martersteigs Kölner Bühnenrealismus (1909/10) 92
32. Spielversuche I: Georg Fuchs inszeniert *Faust I* erstmals mit der »Satansmesse« auf seiner Reformbühne am Künstlertheater München (1908) 94
33. Max Reinhardt bannt das Berliner Publikum: *Faust I* (1909) und *Faust II* (1911) am Deutschen Theater 97
34. Spielversuche II: Malerei und Lichttechnik im Dienste des *Faust* – Victor Barnowsky inszeniert im Werkbundtheater in Köln (1914), im Lessingtheater in Berlin (1922) und im Künstlertheater in Berlin (1932) nach den Entwürfen von Lovis Corinth 103
35. *Das Spiel vom Doktor Faust*: Paul Mederows Bearbeitung für die Aufführung an einem Abend (1919/27) 104
36. Franz Ulbrichs Standard-Inszenierung beider Teile nach gründlicher Vorbereitung (Weimar 1924/25) 106
37. Ein Volks-*Faust* für Wien: Das Burgtheater spielt die Bearbeitung beider Teile von Richard Beer-Hofmann an einem Abend (1932) 113
38. *Faust* am Goetheanum in Dornach 1921/1938 und in der Neuinszenierung 1978/1981 114
39. Vollkommene Vision: Max Reinhardt inszeniert *Faust I* in der Felsenreitschule Salzburg im Jahr der Machtergreifung (1933) 118

Faust an anderen Bühnen 123

Faustische Kriegspropaganda (1933–1945) 124

40. Dämonische Aufbruchsstimmung: Hans Schülers Mysterium beider Teile erlebt seine Premiere in Leipzig (1939) 126
41. Karl Wüstenhagen inszeniert in tendenziöser Weise beide Teile im Kriegsjahr 1940 am Staatlichen Schauspielhaus Hamburg 127
42. Gründgens' magisches *Faust*-Theater: Seine Einstudierung beider Teile am Staatlichen Schauspielhaus Berlin (1941/42) 128

Faust an anderen Bühnen 131

Faust im Trümmer-Deutschland   132

43. Hans-Robert Bortfeldt säubert beide Teile des *Faust* vom braunen Ballast der Kriegsinszenierungen (Weimar 1948/49)   132

Faust in der Bundesrepublik Deutschland (1949–1989)   135

44. Abstrakter Neuanfang: Alfred Nollers »Aluminium-*Faust*« in Hannover (1949)   135
45. Minimallösung I: Luigi Malipiero inszeniert mit fünf Schauspielern beide Teile im mittelalterlichen Sommerhausen (1949)   136
46. Abgesang: Fritz Kortners *Faust I* am Residenztheater München als teilweise Abkehr vom Bühnenrealismus (1956)   138
47. Moderne Regie: »In dem engen Bretterhaus« leisten Gustaf Gründgens und Teo Otto abstrakte Neuerungen (Hamburg 1957/58)   141
48. Separatismus: Am Berliner Schillertheater provozieren Ernst Schröder und Hans Mayer mit einer isolierten *Faust II*-Einstudierung (1966)   147
49. Entrümpelung und Pop I: Joachim Heyses *Faust I* in Bochum (1967)   152
50. Entrümpelung und Pop II: Max Fritzsches *Faust I* in Köln (1967)   153
51. *Faust*-Digest: Istvan Bödy und Ingo Waßerka kürzen beide Teile von 12 111 auf 3662 Verse und erzählen den Darmstädtern ihre *Faust*-Geschichte (1975)   154
52. *Faust*-Variationen II: Klaus Michael Grübers *Faust Salpêtrière* als Wanderung durch eine Pariser Kirche (1975)   157
53. Frivoler Spieltext: Claus Peymann, Achim Freyer und Hermann Beil schreiben mit ihrem »Stuttgarter *Faust*« Theatergeschichte (1977)   159
54. Historische Illustration: Hansgünther Heyme nutzt die moderne Bühnentechnik in seiner Kölner *Faust II*-Inszenierung an zwei Abenden (1977)   167
55. Maria Becker spielt den Mephisto in Michael Degens *Faust I* am Münchner Residenztheater (1977)   170
56. Kalte Statik: Hans Hollmanns »Faust-Pakt« am Thalia-Theater – beide Teile an zwei Abenden (1980)   171
57. Fausts Einsamkeit: Im Goethe-Jahr 1982 reduziert Klaus Michael Grüber *Faust I* auf die Einsamkeit des Gelehrten (Freie Volksbühne Berlin)   174
58. Bühnenbildzitate: Reinhold Rüdiger beschwört Gründgens in einer eintägigen Fassung beider Teile an der Landesbühne Hannover (1982)   176
59. Kunstgriffe: Peter Eschberg stellt *Faust I* und *Faust II* in die Skulpturen- und Bilderlandschaften des Künstlers Alfred Hrdlicka (Bonn 1982)   178
60. Jürgen Flimms und Erich Wonders schwarze Kölner Erzählstruktur – nach dem Goethe-Jahr (1983)   182
61. Der ganze *Faust I* in zwei Theatern und der halbe *Faust II* im Schauspielhaus: Günter Krämer beschert den Bremern eine eigenartige Version beider Teile (1985/86)   185
62. Dieter Dorns brillante *Faust I*-Einstudierung an den Münchner Kammerspielen (1989)   187

Faust an anderen Bühnen   190

Faust in der DDR (1949–1989)   192

63. Parteischelte I: Egon Monk und Bert Brecht betonen im *Urfaust* das egoistisch-rücksichtslose Gesicht des Titelhelden (1952/53)   192
64. Ernst Buschs Schauspielkunst prägt die *Faust I*-Inszenierung am Deutschen Theater unter der Regie von Wolfgang Langhoff (1954)   197
65. Gründgens zu übertreffen: Otto Lang inszeniert (zunächst) *Faust I* in Weimar (1961)   198
66. Leipzig als Antithese zu Gründgens: Karl Kayser inszeniert beide Teile (1965)   199
67. Faust, Schöpfer seiner Welt, und der 7. Oktober: Fritz Bennewitz inszeniert in Weimar beide Teile – erster Versuch (1965/67)   201
68. Parteischelte II: Adolf Heinz und Wolfgang Dresen kreieren in Ost-Berlin den »lustigsten *Faust*, den es je gab« – als »Wende« in der Geschichte der *Faust*-Inszenierungen in Deutschland (1968)   205
69. Bennewitz und Havemann inszenieren wieder beide Teile des *Faust* in Weimar – zweiter Versuch (1975)   210
70. Unbekümmertheit: Christoph Schroth zeigt den Schwerinern zum 30. Geburtstag der DDR einen widerborstigen *Faust*, beide Teile an einem Abend (1979)   213
71. Bennewitz und Havemann inszenieren erneut beide Teile des *Faust* in Weimar – dritter Versuch (1981)   219
72. Theaterszenen zum *Urfaust*: Der Künstler Horst Sagert verwirklicht seine Vorstellungen am Berliner Ensemble (1984)   223
73. Befreiung: Nach zweijähriger Konzeptions- und Probezeit geht Wolfgang Engel in Dresden neue *Faust*-Wege und spielt beide Teile an drei Abenden (1990)   228

Faust an anderen Bühnen   234

Faust nach der Wende – Experimentierobjekt (1990–1998)   237

74. Ratespiel und Fiasko: Einar Schleefs Frankfurter *Faust*-Spielereien (1990)   237
75. Christoph Marthalers triumphale »Wurzelzieherei«: Eine *Faust*-Collage am Deutschen Schauspielhaus Hamburg (1993)   241
76. Minimallösung II: Vier Personen spielen Gabriele Gysis *Faust* am Tübinger Zimmertheater (1994) – Spielerweiterung in Rostock (1998)   245
77. Goethe-Orientierung mit einem »exemplarischen *Faust*«: Günter Krämer inszeniert den ersten Teil an zwei Abenden am Kölner Schauspielhaus (1996)   247

Faust an anderen Bühnen   251

Faust auf der internationalen Bühne nach 1945   253

78. Rückschritte: Lindtbergs »Salzburger Barockfaust« (1961/63)   253
79. Verstiegenheiten: Schildknechts und Hegers eigenwillig-überzeugende Version an den Vereinigten Bühnen Graz (1981)   254
80. Lebensbilanz: In jahrelanger Arbeit inszeniert Strehler in Mailand beide Teile (1989/91)   256
81. Das Spiel im »Faust-Haus«: Neue Wege von Travez in Brasilien (Porto Alegre, 1995)   258

Faust an anderen internationalen Bühnen   259

Zur Inszenierungsgeschichte des *Urfaust* 263

Max Reinhardts Auseinandersetzung mit Goethes Jugendwerk am Deutschen Theater Berlin (1920) – Heinrich Georges alternativ besetzter Urfaust mit Quadfliegs Doppelrolle im Berliner Schiller-Saal (1944) – Verfremdungen: Werner Düggelin (Regie) und Jörg Zimmermann (Bühne) zeigen in Darmstadt die Einheit von Faust und Mephisto (1957) – Dürrenmatts greiser Faust: Zürich (1970) – Sagerts Urfaust in Senftenberg zwischen Experiment und Poesie (1986) – Simultanschauplatz für den Urfaust: Jürgen Kruses Version in Bochum (1998)

Plädoyer für einen künftigen *Faust* 267

Bibliographie 271
Namenregister 278
Abbildungsnachweis 284

Vorwort

Nach einer Arbeit von über drei Jahrzehnten, deren Resultat eine kaum überschaubare Materialsammlung war, sowie einer langwierigen Arbeits- und Diskussionsphase konnte nun endlich der vorliegende Band zur Bühnengeschichte von Goethes *Faust* realisiert werden. Aus noch vor Jahren geplanten drei Bänden (*Faust im 19. Jahrhundert*, *Faust im 20. Jahrhundert*, *Faust in der DDR*) ist ein einziger Band geworden, der sich an den *Faust*-Kenner, Goethe-Liebhaber und Theater-Liebhaber gleichermaßen wendet. Was zunächst Mitte der 60er Jahre als kleine private Sammlung begann (mit Fotos aus Rezensionen in Zeitungen und Zeitschriften), wuchs sich nunmehr zu einem Projekt aus, bei dem ich mehrfach vor der Kapitulation stand, da beispielsweise Tausende von Rezensionen und Bilder verarbeitet werden mußten und eine Vielzahl von Fachliteratur zu lesen und einzuordnen war, wie ein Blick in das Literaturverzeichnis erweisen wird. Zeiten beruflicher und ehrenamtlicher Belastungen (der Arbeit als Lehrer und der Tätigkeit als Vorsitzender der Goethe-Gesellschaft Stuttgart) warfen mich jeweils mehrfach hinter bereits erreichte Stadien zurück. Einladungen zu Ausstellungen über die Thematik nach Rom und Riga sowie Gespräche mit kreativen Theaterleuten ebneten mir in den letzten drei, vier Jahren den Weg, mich an das manchmal Undenkbare zu wagen.

Als Claus Peymann 1979 Stuttgart verlassen mußte und sein *Faust* damit von der Bühne verschwand, wertete ich mein kleines Archiv erstmals aus. Zusammen mit dem Dramaturgen Hermann Beil hatte ich die Idee, über den Stuttgarter *Faust* einen Bildband zu gestalten und die Edition mit einem kurzen Abriß der Bühnengeschichte dieses Dramas zu versehen, damals an Hand von nur 43 aussagekräftigen Fotos, versammelt in dem Aufsatz »Fragment – Mysterium – Spieltext. Die Bühnengeschichte von Goethes Faust«. Diese Abhandlung ist der Keim zu dem hier vorliegenden Bildband. Danach entstand der Plan, die Materialien zur Bühnengeschichte des *Faust* systematisch zu sammeln, um eine solche Edition auf den Weg zu bringen. In Diskussionen mit Verlegern, Buchhändlern und Theaterleuten wurde bald klar, daß es der effektivste Weg ist, in einem einzigen Band das Bühnengeschehen um Goethes Alterswerk zusammenzufassen. Diesem Band liegen bestimmte Auswahlprinzipien zugrunde, auf die sich Autor und Verlag geeinigt haben, Prinzipien, die sich vornehmlich auf das 20. Jahrhundert bezogen: Es sollten vor allem nur solche Inszenierungen dokumentiert werden, die beide Teile umfaßten und stilbildend waren, Vorbildcharakter hatten, ein bestimmtes Aufsehen (wie auch immer) erregten, Diskussionen (in den Medien) entfachten, künstlerisch herausragend waren. Berücksichtigt wurden dabei lediglich Inszenierungen, für die ich Pressematerialien gesammelt bzw. von den Dramaturgien erhalten hatte. Während viele Theater sehr hilfsbereit waren und Material zu den Inszenierungen zur Verfügung stellten, ließen manche Theater leider auch nach mehrmaliger Anfrage den Autor ohne Antwort.

Schwieriger war das Vorgehen bei Inszenierungen, die ich – aus welchen Gründen auch immer – nicht sehen konnte; aber von einer Inszenierung, die man nicht gesehen hat, kann man sich ein akzeptables, zutreffendes Bild machen, wenn viele Kritiken und Bilder zur Verfügung stehen und Videomaterial erhältlich ist. Zur optimalen Erarbeitung einer Besprechung ist beides vonnöten: mehrmaliger Besuch der Aufführung und eine Videodemonstration – die Theater in Schwerin, Graz und Dresden zeigten sich hierin äußerst kooperationsbereit.

Nach Durcharbeitung der gesamten Materialien gab es wichtige Erkenntnisse, teils vermutet, teils unvermutet, die hier vorab kurz genannt seien; ausführlich wird darauf in den Einzelbeschreibungen der Inszenierungen Bezug genommen: Einer der größten Irrtümer in der Bühnengeschichte des *Faust* ist die Darstellung der Zecher in »Auerbachs Keller« als trinkende und grölende Studenten, worauf in Goethes Text nichts hinweist; zurückzuführen ist dies möglicherweise auf die epochemachende Deutung Tiecks 1829 in Dresden und Leipzig sowie auf wissenschaftliche Kommentare. Mit dieser falschen Sicht machte Albrecht Schöne in seinem umfassenden *Faust*-Kommentar aus dem Jahre 1994 endlich Schluß. Ein heikles Problem, das über viele Jahrzehnte die Aufführungen begleitete, waren auch moralische Bedenklichkeiten, die heute noch zu erleben sind, wenn z. B. aus Goethes Paralipomena entsprechende Teile in die »Walpurgisnacht« eingehen. Erstaunlich ist außerdem die Tatsache, daß (Muster-)Inszenierungen des 19. Jahrhunderts mit ihrem Hang zu realistischer Darstellung und szenischer Prachtentfaltung – oftmals als »Meiningerei« gebrandmarkt – bis Mitte der 1950er Jahre prägend sind; moderne Theaterregie bemächtigt sich erst mit Gründgens dieses Dramas. Eines der wichtigsten Ergebnisse dieser Bühnengeschichte des *Faust* ist schließlich die Feststellung, wie sehr die Ideologie die Inszenierungen des *Faust* dominiert: in der Ära Bismarcks, der Weimarer Republik, im Dritten Reich und in der DDR, aber auch in der Bundesrepublik in Konkurrenz zur DDR bis zur Wende (1989) war dies beständig so.

Hinweise zur Zitierweise und zum Register

Zitatnachweise erfolgen stets durch die Angabe der Nummer der Publikation in der Bibliographie und die entsprechende Seitenangabe. Bei Presseartikeln, Zeitschriftenaufsätzen und Programmheften muß sich der Leser mit der Angabe des (meist taggenauen) Erscheinens des Textes begnügen. Eine Nennung der Titel und die Angaben der jeweiligen Seiten erfolgen grundsätzlich nicht, um Platz für Inszenierungen zu ersparen, denn ein Nachschlagen in den jeweiligen Organen ist problemlos möglich.

Das Register verzeichnet ausschließlich die an den Inszenierungen beteiligten Theaterleute (Regisseure, Bühnenbildner, Dramaturgen, Theatermusikkomponisten, Schauspieler usw.). Einen bequemen Überblick über alle im Band besprochenen Inszenierungen mit Datum und Ort bietet das Inhaltsverzeichnis. Die herausragenden Inszenierungen sind durch den ganzen Band hindurch numeriert; weitere Inszenierungen sind in der jedem Hauptkapitel folgenden Rubrik »*Faust* an anderen Bühnen« besprochen.

Danksagung

Daß der Bildband wenige Wochen vor dem Goethe-Jahr 1999 ediert werden konnte, ist auch ein Verdienst der Leitung des Metzler-Verlags, der keine Mühen scheute, das schwierige Projekt in fairer und partnerschaftlicher Atmosphäre zu Ende zu bringen, mit Unterstützung bei schwierigen Fragen. Mein größter Dank gilt dem Lektor Oliver Schütze für eine hervorragende logistische, ästhetische und psychologische Betreuung.

Mein liebster Dank gilt meiner Frau Sylvia, die zunächst mit Langmut und Sanftmut problematische Arbeitsphasen mitgetragen hat und mit Akribie die Verwaltung von Bildern und Presseartikeln durchführte, sowie für die penible Lektüre der Druckfahnen und die Verwaltung der umfangreichen Fotosammlung.

Die Geschwister Boehringer Ingelheim Stiftung für Geisteswissenschaften in Ingelheim und die Stiftung der Landesgirokasse Stuttgart haben mit Zuschüssen das Erscheinen dieses Bandes gefördert. Ihnen sei herzlich gedankt.

Bitten

Verfasser und Verlag sind dankbar für Hinweise auf Fehler, die sich bei der Aufführung von Tausenden von Namen und Daten ergeben haben könnten und die bei einer möglichen zweiten Auflage berichtigt werden können. Als Verfasser werde ich Theatern und Dramaturgien künftig besonders für die unbürokratische Übersendung von Materialien neuer Inszenierungen dankbar sein.

Einleitung

Inszenierungsgeschichtlicher Überblick

Die fast zweihundertjährige Bühnengeschichte von Goethes *Faust* ist vor allem eine Geschichte deutscher Ideologie. Das fängt spätestens nach der Bismarckschen Reichsgründung an; Richard Wagner sieht 1872 in dem Drama das »deutscheste« aller Stücke und beschwört, der *Faust* müsse »eigentlich die neue Bibel« der Deutschen sein. Vier Jahre danach fordert der Dramaturg Dingelstedt, mit einer Aufführung des *Faust* eine geistige deutsche Provinz zu erobern, anders als die Territorien Schleswig und Holstein. In den 20er und 30er Jahren des 20. Jahrhunderts werden Goethe, die Titanenfigur Faust und das Wesen des deutschen Volkes miteinander gleichgesetzt, fast wie in einer mathematischen Gleichung, eines gehe im anderen auf. Während der Zeit des Dritten Reiches gibt es Überlegungen, ob jüdische Schauspieler die nordischen Gestalten Faust und Gretchen zu interpretieren imstande wären, und in Inszenierungen der 40er Jahre feiert man den Landeroberer Faust.

Im Jahre 1949 sieht Alexander Abusch in Goethes Titelgestalt den ersten Sozialisten in der deutschen Literatur, wobei er sich auf den letzten Monolog Fausts bezieht, und Walter Ulbricht, der Staatsratsvorsitzende der DDR, versteigt sich 1962 zu der These, das werktätige Volk der DDR schreibe mit dem Aufbau der klassenlosen Gesellschaft des Sozialismus den dritten Teil von Goethes *Faust*. Ja, bis zur Wende im Jahre 1989 stehen die Realisierungen des *Faust* auf der Bühne in der Bundesrepublik und in der DDR in Korrespondenz und Konkurrenz zueinander, mal mehr, mal weniger. Erst nach dem Fall der Mauer sei man nun davon befreit, *Faust* einem ideologischen Lager zuzuordnen, meint der Germanist Vaget. Nicht zufällig beginnt nun eine Phase extremer Experimente mit Goethes bedeutendstem Drama. –

In einer ersten Phase nach der Veröffentlichung des ersten Teils im Jahre 1808 beginnen erste, vergebliche Versuche, *Faust I* eine Bühnenfassung abzuringen, an denen auch Goethe beteiligt ist. Nachdem Klingemann zu Beginn des Jahres 1829 den ersten Teil in Braunschweig zur Uraufführung gebracht hat, gibt es eine Fülle von Inszenierungen, und in den folgenden Jahren erlebt man die Versuche, den zweiten Teil aufzuführen, allerdings in bedenklich entstellenden Fragmenten. Nach der erfolgreichen Uraufführung des zweiten Teils durch Devrient in Weimar beginnt 1876 eine dritte Phase, die bis zur Jahrhundertwende andauert und in der erprobt wird, ob beide Teile an einem Abend, an zwei, drei oder vier Tagen adäquat auf die Bühne gebannt werden sollen. In einem vierten Zeitraum zu Beginn des 20. Jahrhunderts versuchen große Regisseure, beide Teile zumeist an zwei Abenden zu geben. Mit Max Reinhardts Flucht aus Hitler-Deutschland geht dieser Abschnitt zu Ende. In einigen Inszenierungen im Dritten Reich wird Faust als nordischer Herrscher verherrlicht, und gelegentlich wird eine Aufführung des Dramas zu kriegspropagandistischen Zwecken mißbraucht.

Nach dem 2. Weltkrieg werden vor allem in der DDR Inszenierungen daraufhin betrachtet, wie Fausts letzte Ideale interpretiert sind, und es wird erwartet, nicht nur den ersten, sondern vor allem auch den zweiten Teil zu zeigen, der auf die berühmten Worte vom freien Volk auf freiem Grund hinausläuft. Zudem bemühte man sich krampfhaft, Gründgens' Leistungen zu überbieten. Eine Lockerung zeichnete sich in der DDR zu Beginn der 80er Jahre ab: Sie gipfelte in einem bildüberfrachteten *Urfaust*-Experiment von Sagert in Ost-Berlin (1984). Mit Gründgens legendärer Hamburger Inszenierung beider Teile begann 1957/58 das moderne Regietheater von Goethes *Faust* Besitz zu ergreifen. Nicht mehr die realistisch-naturalistischen Bühnenbilder sah man, sondern Goethes Drama wurde mehr und mehr auf die Gegenwart bezogen, was Gründgens mit dem Bühnenbildzitat des Brüsseler Atomiums versinnbildlichte. Mitte der 70er Jahre gab es in der Bundesrepublik verschiedene Versuche, *Faust* einem modernen, jungen und weniger konservativen Publikum zu erschließen, was in Peymanns umjubeltem »Stuttgarter *Faust*« im Jahre 1977 mündete. Das Goethe-Jahr 1982 brachte interessante Darbietungen beider Teile auf den Bühnen in Ost und West, 22 insgesamt.

Nach dem Fall der Mauer begann Engel in Dresden damit, Goethes *Faust* als Experimentierobjekt umzugestalten und zu benützen, was in den Inszenierungen von Schleef (1990) und Marthaler (1993) bis ins Extreme gesteigert erscheint. Zum Zeitpunkt der Drucklegung dieses Bandes sind größere Experimente für das Goethe-Jahr 1999 und für das markante Jahr 2000 angekündigt, so auch Peter Steins erste und ungestrichene Gesamtinszenierung.

Theoretische Erläuterungen zur Beschreibung der Inszenierungen

Systematisches Raster zur Erfassung der Aussage einer *Faust*-Inszenierung

Für die Darstellung der *Faust*-Inszenierungen verwende ich folgendes theoretische Raster, das dazu dienen soll, die jeweiligen Einstudierungen unter wichtigen Aspekten miteinander vergleichbar zu machen:

1. Motive und Konzeption: Intentionaler Rahmen
2. Bühnenbau, Kostüme, Maske: Ikonographischer Rahmen
3. Bühnen- und Strichfassung: Wort, Ton, Musik, Regieanweisungen
4. Die Aufführung in Daten und Materialien
5. Besonderheiten der Inszenierung

6. Aufnahme durch Publikum und Kritik
7. Wirkungsgeschichtliche Aspekte

Dieses Beschreibungsraster soll aber nicht starr an alle Inszenierungen angelegt werden, denn es gibt Aufführungen, von denen beispielsweise keine Bilder überliefert sind oder die ganz bestimmte Schwerpunkte aufweisen; je nach Sachlage wird dieses Raster erweitert oder verkürzt. Viele *Faust*-Inszenierungen haben auch Zeichen und Signale für die Zukunft gesetzt; deshalb erweitere ich mein System gegenüber den Vorschlägen von Fischer-Lichte, Esslin und Müller-Schwefe um die wirkungsgeschichtlichen Aspekte, auch dann, wenn eine Wirkung bewußt unterbunden werden sollte – wie bei Brechts und Monks *Urfaust*-Inszenierung 1952/53 oder Heinz' und Dresens ›lustiger‹ *Faust I*-Einstudierung im Jahre 1968 in Ost-Berlin. Es erschien mir zudem geboten, als 6. Aspekt die »Aufnahme durch Publikum und Kritik« zu erfassen. Dieses System entstand bereits vor den Auseinandersetzungen mit den neuesten Forschungsarbeiten von Erika Fischer-Lichte[1] und Martin Esslin[2]: Eine Auseinandersetzung mit ihren Beschreibungssystemen kann an dieser Stelle nicht geleistet werden, auch nicht mit den Vorschlägen von Gerhard Müller-Schwefe[3], da der Schwerpunkt der vorliegenden Veröffentlichung auf der Dokumentation möglichst vieler *Faust*-Inszenierungen liegt. Das umfangreiche Literaturverzeichnis bietet vielfältige Möglichkeiten, einerseits theoretische Aspekte zu erforschen, andererseits an weiteres Material einzelner Aufführungen zu gelangen.

Quellen und Bezugsgrundlagen

Um zu einer möglichst objektiven Beschreibung einer *Faust*-Inszenierung zu gelangen, müßte man das jeweilige Regiebuch heranziehen, das neben Strichen und Szenenumstellungen auch weitere Angaben, insbesondere Regieanweisungen (Nebentext) in bezug auf Musik, Stimmlage, Gestik, Bewegungen der Schauspieler usw. enthält, falls diese Punkte nicht nur im Zusammenspiel zwischen Regisseur und Schauspielern entstanden sind und nur in deren jeweiligen Köpfen gespeichert waren. In meinen Untersuchungen zu Brechts und Monks *Urfaust*-Inszenierung mit dem Berliner Ensemble[4] in den Jahren 1952/53 hatte es sich sogar erwiesen, daß die Bühnenaufführung in etlichen Punkten von der schriftlich fixierten Regiekonzeption abgewichen war. In diesem Falle mußten auch Aussagen von Schauspielern, Zuschauern bzw. Theaterkritikern mit herangezogen werden, um zu einer weitgehend objektiven Aussage dessen zu gelangen, was auf der Bühne zu sehen war.

Wenn folglich *Faust*-Inszenierungen vergangener Jahrzehnte mittels eines festen Beschreibungsrasters dargelegt werden sollen, so ist eine absolut objektive Darstellung – wie dies Esslin und Müller-Schwefe nachhaltig betonen – schlecht möglich: Zu subjektiv sind die uns überlieferten Daten, oftmals auch zerstört durch Kriegseinwirkungen. Nur solche Inszenierungen, die mit filmischen Mitteln aufgezeichnet wurden oder zu denen der Berichterstatter anzureisen vermochte, könnten objektiv beschrieben oder miteinander vergleichbar gemacht werden, wenn wir sie mit den Mitteln der Theatersemiotik untersuchen. Fraglich wird dies aber schon bei den filmischen Versionen: Wie Esslin dargelegt hat, selektiert bzw. »manipuliert« die Kamera für den Seher, und Inszenierungen, die es auf der Bühne und für die Filmkamera gab, unterschieden sich deutlich voneinander, wie beispielsweise Dieter Dorns *Faust*-Versionen für Bühne und Videoband.

Die Vieldeutigkeit des ästhetischen Textes *Faust* im historischen Kontext

Der Ausgangspunkt dieser Darstellungen ist der literarische Text *Faust. Der Tragödie erster* und *zweiter Teil*; Esslin nennt die literarische Vorlage »Haupttext«. Dem bloßen literarischen Text liegt jene dramatische Potenz inne, die geradezu nach einer Spielhandlung schreit, so daß wir somit zum dramatischen Text kommen, nämlich zum Gesamten einer konkreten *Faust*-Aufführung. Zwar verkürzen Regisseur und Dramaturg mit ihren Strichen den Haupttext, aber durch die Hinzufügung ihrer – von Esslin so genannten – »Nebentexte«, d.h. durch ihre individuellen Spiel- und Regieanweisungen, schaffen sie damit einen »dramatischen Text«. Anders formuliert: Indem die Regie den bloßen literarischen Text durch die Gesamtheit ihrer Spielanweisungen in einen dramatischen bzw. zu konkretisierenden theatralischen Text verwandelt, schafft sie eine realisierbare Aufführung. Die Aufführung selbst ist der realisierte »dramatische Text« in der Diktion Esslins. Der rein literarische Text bzw. Haupttext ist, so gesehen, unvollständig: ein bloßes Lesedrama.

Im Verlauf der Betrachtung der Bühnengeschichte des *Faust* wird es interessant sein festzustellen, wo aufgrund technischer Errungenschaften (Elektrizität, Drehbühne, Einsetzen von Filmeinblendungen, computergesteuerter Schnürboden, Fernsehspiel, Videoband usw.) sich der Nebentext zwangsweise mitverwandelt und neue Formen der dramatischen Ausgestaltung einer *Faust*-Inszenierung mit sich bringt. Auch der rasche Wandel unserer Gesellschaft nach dem Zweiten Weltkrieg und nach der »Wende« 1989 schlug sich naturgemäß in vielen *Faust*-Inszenierungen nieder. Hans Rudolf Vaget behauptete 1995 gar, mit dem gescheiterten sozialistischen Experiment in der UdSSR und der DDR müsse an ein Ende falschverstandener faustischer Utopien gedacht werden.[5]

Eine Beurteilung des jeweiligen zeitgeschichtlichen Niederschlags ist selbstverständlich auch eine Frage des ästhetischen Geschmacks des Beurteilers. Kurzsichtig-ablehnende Urteile – z.B. seitens der oft allmächtigen Kritiker – reduzieren im Kern die dramatische Potenz eines Schauspieltextes und beeinträchtigen somit die schöpferischen Fähigkeiten des Theaters und ihres produktiven Auftrags schlechthin. Eine konkrete Theateraufführung entfaltet den dramatischen Sinn eines Stückes für die jeweilige Zeit, für ein jeweiliges Publikum und im Rahmen einer bestimmten Konzeption. Nur jene Zuschauer, die sich vorbehaltlos auf einen solchen Entfaltungsprozeß einlassen, sind einer Aufführung letztlich »würdig«. Alle anderen werden – wie Carl Frenzel bereits 1876 anmerken mußte – auf ihr privates Lesekämmerlein verwiesen: Wer die »Entweihung« von Goethes *Faust* befürchte, brauche »ja das Theater nicht zu besuchen«, sondern könne sich in seiner »Bücherei nach Gefallen in den Goetheschen Tiefsinn versenken« (68, 184).

Zur Zeichentheorie des Dramas (Bühne, Leinwand, Bildschirm)

Esslin ist der Ansicht, die semiotische Aussage einer Theateraufführung sei auf fünf Ebenen zu analysieren: 1. Rahmende Systeme außerhalb des eigentlichen Dramas (z.B. Vorankündigungen, Programmhefte, Dramentitel usw.), 2. Zeichensysteme, die dem Schauspieler zur Verfügung stehen, 3. Visuelle Zeichensysteme, 4. Text (zu sprechender Text: Haupttext und Regieanweisungen: Nebentext), 5. Akustische Zeichensysteme.
Da meines Erachtens diese fünf Ebenen der Aufführungsgeschichte von Goethes *Faust* nicht genügen, habe ich sie für meine Analysearbeit erweitert und umgestellt. Müller-Schwefe zweifelt daran, daß Theateraufführungen überhaupt einer objektiven Beschreibung zugänglich sind – was vor allem für die Vergangenheit, insbesondere für frühe Inszenierungen im 19. Jahrhundert, verständlich ist. Ein Drama weist nach seiner Darstellung insgesamt sieben einzelne Systemkomponenten von »Zeichen und Bedeutungen« auf, die für eine adäquate Erfassung vonnöten seien; sie lassen sich wie folgt wiedergeben: 1. linguistische Zeichen für Monologe, Dialoge, Polyloge (Dramentext), 2. paralinguistische Zeichen (wie Lautstärke, Klangfarbe, Tonhöhe, Sprechrhythmus), 3. kinesische Zeichen: Mimik, Gestik, Körperbewegungen, 4. körperliche Erscheinung: Maske, Frisur, Kostüm, 5. Requisiten, 6. nonverbale akustische Zeichen: Musik, Geräusche, 7. visuelle Zeichen für Theaterraum und Bühnenkonstruktion. – Da sich meine Dokumentation an eine breitere Leserschicht wendet, halte ich meine Darlegungen auch frei von linguistischen Termini.[6]
Was die Zeichentheorie eines Dramas anbelangt, so kommt Esslin zu der Schlußfolgerung, daß der literarische Text eines Dramas stets unvollständig sei, denn die auf der Bühne umgesetzte dramatische Version enthält auch Spielanweisungen, die während der Proben von Regisseur und Schauspielern in einer produktiven Auseinandersetzung geschaffen worden sind. Das moderne Regietheater des 20. Jahrhunderts ist hierbei eminent schöpferisch tätig: »Regisseur, Bühnen- und Kostümbildner und die Schauspieler in modernen Aufführungen« klassischer Stücke, die oft wenige Regieanweisungen enthalten, schaffen sich »ihre eigenen, oft höchst individuellen ›Nebentexte‹« (57, 81).
Daß die Handlung oftmals die Oberhand gewinnt gegenüber den Worten, der Nebentext fast Vorrang hat gegenüber dem Haupttext, zeigte sich bei vielen *Faust*-Inszenierungen. Mehrmals im Laufe der Bühnengeschichte von Goethes Hauptwerk verzweifelten einfallsreiche Regisseure daran, daß meist konservative Zuschauer und Kritiker nicht in der Lage waren, zwischen literarischer Textvorlage, Regiekonzept und dramatischer Aufführung klar zu unterscheiden. Denn Theater, Film und Fernsehen haben, über den literarischen Text hinausgehend, eine weitergehende Funktion. Wird ein Drama aufgeführt, so gilt das Primat der Handlung gegenüber dem literarischen Text: »Wenn Drama Handlung ist, dann muß das verbale Element im Drama auch vorrangig als *Handlung* fungieren. Die geäußerten Worte erhalten ihre Bedeutung weniger durch das, was ihr lexikalischer oder syntaktischer Gehalt ausdrückt, als durch das, was sie mit den Figuren *tun*, an die sie gerichtet sind, oder in monologischen Abschnitten mit den Figuren, die sie sprechen« (57, 85).

---

1 Erika Fischer-Lichte: *Die Semiotik des Theaters. Das System der theatralischen Zeichen.* Tübingen 1983
2 Martin Esslin: *Die Zeichen des Dramas. Theater, Film, Fernsehen.* Reinbek bei Hamburg 1989
3 Gerhard Müller-Schwefe: *Corpus Hamleticum. Shakespeares Hamlet im Wandel der Medien.* Tübingen 1987
4 Bernd Mahl: *Brechts und Monks »Urfaust«-Inszenierung mit dem Berliner Ensemble. 1952/53. Materialien, Spielfassung, Szenenfotos, Wirkungsgeschichte.* Stuttgart und Zürich 1986
5 Hans Rudolf Vaget: *Faust und das Ende der Utopien.* Vortrag. Gehalten am 21. Juni 1995 in Marbach
6 Erika Fischer-Lichte gefällt sich geradezu darin, mit linguistischen Fachbegriffen so zu wetteifern, daß der linguistisch nicht geschulte und nicht auf dem neuesten Stand stehende Leser resignieren muß.

Dramaturgische Probleme des *Faust* im 19. Jahrhundert

Eckermanns Gesamtkonzept und seine dramaturgische Bearbeitung *Faust am Hofe des Kaisers* (1834)

Im Januar 1834 arbeitete Johann Peter Eckermann vehement daran, beide Teile von Goethes *Faust* aufzuführen. Er kam zu dem Ergebnis, *Faust II* müsse an drei Abenden aufgeführt werden, wenn möglichst wenig gestrichen werden solle und so die Intentionen des Dichters adäquat verfolgt würden. Mit der Spielfassung des ersten Teils – in Weimar erstaufgeführt im August 1829 – war er einverstanden, und *Faust II* teilte er auf drei weitere Abende auf. Er wollte den 1. Akt am ersten, den 2. und den 3. Akt am zweiten sowie den 4. und 5. Akt am dritten Tag spielen lassen. Für jeden der drei Abschnitte schuf Eckermann einen eigenständigen Titel. Lediglich den 1. Akt richtete der Goethe-Vertraute ein, wobei er durch Regieanweisungen mäßig in die Textvorlage eingriff. 1856 wurde *Faust am Hofe des Kaisers* in Weimar aufgeführt; Einzelheiten sind bei der Darlegung der Inszenierung Nr. 13 nachzulesen. Da diese Bearbeitung Eckermanns gedruckt vorliegt (Literaturliste Nr. 56), kann man sich ein anschauliches Bild von seiner Verfahrensweise machen, zumal er sein Vorgehen in einem ausführlichen Vorwort erläutert.

Die Gedanken von Ernst Wilhelm Weber (1836)

Einer der ersten Gelehrten, die im 19. Jahrhundert forderten, beide Teile von Goethes *Faust* auf die Bühne zu bringen, war Ernst Wilhelm Weber. Zwei Jahre nach den Vorschlägen Eckermanns fordert er zunächst, *Faust I* in fünf Akte einzuteilen, da Goethe dies versäumt hätte, denn zu lange habe er am 1. Teil gearbeitet. Weber schlägt folgende Aufteilung vor:

1. Akt: Gelehrtentragödie
2. Akt: »Auerbachs Keller« und »Hexenküche«
3. Akt: Gretchentragödie bis »Wald und Höhle«
4. Akt: Gretchentragödie ab »Brunnen« bis »Dom«
5. Akt: Gretchentragödie ab »Walpurgisnacht« bis »Kerker«

Mehrfach betont er, daß die Gretchenszenen »dramatisch genommen, der Schwerpunkt [sind], auf welchen sich die Handlung dieses ersten Theiles gründet: sie bringen in einem lebendigen, wirkungsvollen, erschütternden Gemälde die Entsetzlichkeit des abgeschlossenen Bundes mit Mephisto in seinen unmittelbaren Folgen zur Anschauung« (225, 50).

Wo im umfangreichen zweiten Teil der Rotstift anzusetzen wäre, vermag Weber nicht zu sagen; er grenzt lediglich die blasse dramatische Durchführung gegen die theatralischen Wirkungen einzelner Szenen ab und sieht in einer gelungenen Inszenierung eine historisch nationale Tat für die Deutschen. Zwar sei der zweite Teil an Handlung überreich, aber viel Symbolisches, Lehrhaftes, Spekulatives, Deskriptives und Opernhaftes störe eine Einheitlichkeit der Handlung um Faust, und ein Dramaturg müsse gute Arbeit leisten. Damit weisen Webers Gedanken schon weit voraus in das letzte Viertel des 19. Jahrhunderts, und bezüglich des zweiten Teils berühren sie Vorstellungen, die in Dornach in den 20er und 30er Jahren unseres Jahrhunderts verwirklicht worden sind. Sie tangieren auch die deutschnationalen Ideen Richard Wagners aus dem Jahre 1872.

Die Ideen von Franz Dingelstedt (1876)

Im Jahr der Uraufführung von Wagners *Ring der Nibelungen* trat Franz Dingelstedt mit der Druckfassung seiner dramaturgischen Studie *Eine Faust-Trilogie* an die Öffentlichkeit. Bezeichnenderweise datierte er die Vorrede mit den Angaben »Helgoland, an Goethe's Geburtstag, 28. August 1876«, was politisches Programm und festlichen Weihegedanken signalisieren sollte. Dingelstedts Vorschläge berühren sich in vielen Punkten eng mit *Faust*-Vorstellungen Richard Wagners, was bis in Einzelheiten der Sprachverwendung aufgezeigt werden könnte.[1] 1883 wird Adolph Wilbrandt in Wien die *Faust*-Trilogie nach diesen Vorschlägen einrichten.

In seiner Abhandlung betont Dingelstedt, daß man den ganzen *Faust* spielen müsse, da beide Teile eng zusammengehörten. Das Drama müsse vor allem aber deshalb gespielt werden, weil Goethe der deutscheste Dichter und *Faust* das deutscheste aller Dramen sei. In seiner nationalistisch gefärbten Studie verliert sich Dingelstedt in wahren Hymnen: »... im Faust liegt der ganze Goethe, der größte, universellste, souveränste der deutschen Dichter ... Ebenso und mit gleichem Rechte ist Faust als die Personifikation des gesammten deutschen Volkes aufgefaßt und dargestellt worden ... Woher die nahe Wahlverwandtschaft, das so zu sagen persönliche Verhältnis zwischen Faust und Goethe, Faust und dem deutschen Volksthume?« (45, 6–7) Dingelstedt sieht dies in historischen Dimensionen, da die *Faust*-Sage dem tiefen deutschen Mittelalter entstamme und danach einen traditionsreichen Prozeß der Umformung erlebt hätte, bis Goethe schließlich das Ideal habe schaffen können.

Nachdem Dingelstedt den Geschichtsprozeß des *Faust*-Stoffes bis zur Goethezeit ausführlich dargelegt hat, zitiert er die in der *Faust*-Literatur der damaligen Zeit immer wiederkehrende Formel, wonach der »Goethe'sche Faust ... die zweite Bibel unserer Nation« (45, 50) sei. Dieses Drama sei bislang von keiner Bühne zur Zufriedenheit aufgeführt worden. Explizit verwirft er die These von der Unspielbarkeit des zweiten Teils, wobei ein kluger Dramaturg jedoch die unspielbaren Teile tilgen müsse, aber eine generelle »Abschlachterei des zweiten Theiles zu Gunsten des ersten« sei »ein Frevel an Goethe und am gesunden

Menschenverstande« (45, 79). An die Schlacht von Sedan erinnernd und an die endlich geeinte deutsche Nation gemahnend, fordert Dingelstedt, auch in Goethes *Faust* eine Art von Provinz zu gewinnen: »Mit ihm [*Faust*] wird eine verloren gegebene Provinz erobert, nicht Elsaß oder Lothringen, auch nicht Schleswig-Holstein, aber eine fruchtbare Provinz unseres volksthümlichen Geistes, unserer heiligen Muttersprache, unseres unveräußerlichen National-Eigenthums« (45, 108).

Beim Zusammenstellen der vielen Szenen zum ersten Teil habe Goethe es versäumt, das Ganze in Akte einzuteilen, was Dingelstedt im Namen des Dichters bewerkstelligt. Goethe habe zwar den zweiten Teil in die üblichen fünf Akte eingeteilt, kürze man ihn jedoch auf seinen eigentlichen Kern, wobei man *Faust II* an das *Volksbuch* und an das *Puppenspiel* annähern müsse, blieben lediglich noch vier Akte: »Unsere Faust-Trilogie umfaßt ... drei, an Umfang verschiedene Abtheilungen. Die erste derselben enthält nur zwei Szenen: das Vorspiel im Himmel, das Monodram [d. i. die Gelehrtentragödie]. Die zweite beginnt mit dem Spaziergang und endigt in der Kerkerszene; die dritte ist congruent mit dem zweiten Theil des Originals« (45, 116). Indem Dingelstedt Goethes *Faust* möglichst nahe an das *Volksbuch* und an das *Puppenspiel* heranrückt, kommt er zu mit Richard Wagner vergleichbaren Auffassungen in dessen Abhandlung *Über Schauspieler und Sänger* (251). Nach Auswertung der Vorschläge Dingelstedts kommt man auf folgende Spielfassung:

Erster Abend: Erster Teil
Vorspiel: Prolog im Himmel, Nacht
1. Akt: Vor dem Tor
2. Akt: Studierzimmer I und II, Auerbachs Keller, Hexenküche
Zweiter Abend: Erster Teil
3. Akt: Straße, Abend, Spaziergang, Der Nachbarin Haus, Straße, Garten, Ein Gartenhäuschen
4. Akt: Wald und Höhle, Gretchens Stube, Marthens Garten, Am Brunnen, Zwinger, Nacht. Straße vor Gretchens Tür
5. Akt: Walpurgisnacht, Kerker
Dritter Abend: Zweiter Teil
Vorspiel: Anmutige Gegend
1. Akt: Kaiserliche Pfalz. Saal des Thrones, Weitläufiger Saal mit Nebengemächern[2], Lustgarten, Finstere Galerie, Hell erleuchtete Säle, Rittersaal
2. Akt: Höchgewölbtes enges gotisches Zimmer[3], Brückenverse [von Dingelstedt, die das Erscheinen von Paris und Helena erläutern], Helena-Akt [3. Akt von Goethes *Faust II*][4]
3. Akt: Alle Szenen des vierten Akts von *Faust II* (leicht gekürzt)
4. Akt: Fünfter Akt von *Faust II*[5]

Über Änderungen und Kürzungen gibt Dingelstedt ausführlich Rechenschaft. Er streicht die »Zueignung« sowie das »Vorspiel auf dem Theater«, und der »Prolog im Himmel« wird mit der Szene »Nacht« zu einem neuen »Vorspiel« zusammengelegt, wobei die Verwandlung offen erfolgt. Da der Herr auf der Bühne nicht dargestellt werden dürfe, ersetzt ihn der Bearbeiter durch den Erdgeist. »Vor dem Tor« bildet den ersten Akt und sollte in Wittenberg spielen, zumindest müsse im Hintergrund eine mittelalterliche Stadt zu sehen sein, wobei Dingelstedt an eine sehr realistische Darstellungsweise denkt. Der Pudel müsse »lebendig, leibhaftig« auftreten, ein dressiertes Tier: »Also her mit dem Pudel, um jeden Preis. ... Bellen darf er nicht. Die Höllenhunde sind stimmlos« (45, 126–127). Wenn Faust mit Mephisto nach dem Pakt auf Weltfahrt gehe, müsse sein Studierzimmer durch Flammen vernichtet werden und zusammenstürzen. In »Auerbachs Keller« und in der »Hexenküche« solle auch das Obszöne und Wüste gezeigt werden: »Der Zuschauer muß immer fühlen, daß er sich in einer Volkssage des Mittelalters befindet« (45, 131). In der »Hexenküche« sollte die Erscheinung im Zauberspiegel am besten durch eine nackte Schönheit dargestellt werden.

Der Beginn der Gretchenhandlung am folgenden Abend komme vornehmlich dem Schauspieler zugute, der Faust verkörpert. Denn die plötzliche Verwandlung vom Geisteshelden in den Liebhaber sei ohnehin äußerst schwierig zu bewältigen. Von den Gretchenszenen will der Dramaturg am wenigsten gestrichen wissen, weil das Publikum jede Auslassung und jeden Zusatz mit Befremden bemerken würde. Auch für die Gretchenszenen sieht Dingelstedt realistische Räume vor, möglichst den Frankfurter Domplatz. Für den 5. Akt verlangt er eine Wandeldekoration, da das Hexentreiben nur auf diese Weise adäquat gespielt werden könne.

Im zweiten Teil solle die »Anmutige Gegend« am Vierwaldstätter See spielen, aber Faust müßten noch etliche Verse unterlegt werden, in denen er Reue wegen seiner Missetaten im ersten Teil zeigt. Homunculus und Euphorion seien möglicherweise auf der Bühne darzustellen, nicht jedoch verständlich zu machen: Alles, was mit diesen Figuren zusammenhängt, streicht Dingelstedt. Nicht bühnengerecht und nicht bühnenmöglich sei das »mythologische Schattenspiel« der »Klassischen Walpurgisnacht«, die bis auf das unentbehrlichste Geschehen um Faust und Mephisto zusammengestrichen wird: »Auch hier bleibt ... kein Stein auf dem andern. ... Durch die notwendigen Abkürzungen schrumpft der Umfang der klassischen Walpurgisnacht so zusammen, daß sie nicht mehr als selbständiger Act, wie im Original, besteht. Sie dient als Introduction, an welche sich ›Helena‹ anschließt« (45, 153–155). Bei den nachfolgenden Szenen und Akten setzt Dingelstedt nur noch in den »Bergschluchten« den Rotstift kräftig an.

Die Frage, wo und wann diese *Faust*-Trilogie zu verwirklichen sei, ist für Dingelstedts leicht zu beantworten. Er schlägt das »Wagner-Theater« in Bayreuth als neutrales freies Terrain, als »ein deutsches Olympia« vor. Dort müsse das gesamte Werk an einem Tage, an Goethes Geburtstag, als »volksthümliches Festtheater« gegeben werden. Der 28. August solle jährlich der »Bayreuther Faust- und Festtag« der deutschen Nation werden. Mit solchen Vorstellungen wird Dingelstedt nicht nur zum Vorbereiter des Festspiel- und Weihegedankens um Goethes

Faust, wie er beispielsweise ein halbes Jahrhundert später auf dem Dornacher Goetheanum-Hügel verwirklicht werden wird. Dingelstedt scheint auch – wenngleich ungewollt – Vorreiter zu sein für jenen Geist, der mit dem *Faust* im Tornister auf die europäischen Schlachtfelder zieht.

Die Vorschläge Carl Frenzels (1876)

Im Mai 1876 sah Carl Frenzel die Aufführungen beider Teile des *Faust* in Weimar in der Einstudierung von Otto Devrient (s.u.). Aufgrund der dort gewonnenen Eindrücke entwickelte er grundsätzliche Gedanken zu einer künftigen Aufführung von Goethes *Faust*. Um insbesondere den gewaltigen Dimensionen des zweiten Teils gerecht zu werden, fordert er an erster Stelle eine genügend große Bühne, größer als die in Weimar. Den ersten Teil würde Frenzel auf zwei Abende verteilen, da man die vielgestaltigen Gretchenszenen nicht kürzen könne. Kürzungen seien vor allem im zweiten Teil angebracht, da dem Publikum nicht zugemutet werden dürfe, sechs Stunden im Theater auszuharren: »Hier kann selbstverständlich nur ein Kaiserschnitt helfen« (68, 177). Vor allem im 2. und 4. Akt will Frenzel gnadenlos den Rotstift wüten lassen, da beide Akte zu geheimnisträchtig und weitgehend ungenießbar seien: »Denen, die über eine solche Zerstörung der Dichtung klagen oder zürnen, ist es unbenommen, sich an dem Buche zu ergötzen ...« (68, 179). Folglich streicht Frenzel den 2. Akt ganz, und vom 4. Akt bleiben nur die erste und die letzte Szene, drastisch zusammengestrichen, erhalten. Den 5. Akt, der ein Juwel sei, schätzt Frenzel besonders, ausgenommen die »Bergschluchten«: Da ohnehin die »ganze Rettungsmaschine ... eben nicht für Faustens Lebensgang« passe, »wird auch hier nichts übrig bleiben, als einen großen Strich zu ziehen« (68, 184). Frenzel stellt sich einen knappen Ausgang vor, bei dem die Engel herniedersteigen und Faust in die Glorie erheben: »Diejenigen, welche die Entweihung der Dichtung verurtheilen, brauchen ja das Theater nicht zu besuchen und können sich in ihrer Bücherei nach Gefallen in den Goetheschen Tiefsinn versenken« (68, 184). Frenzel verteilt das gesamte Geschehen wie folgt auf drei Abende:

1. Abend: »Vorspiel auf dem Theater«, »Prolog im Himmel«, Gelehrtentragödie
2. Abend: »Auerbachs Keller«, »Hexenküche«, Gretchentragödie
3. Abend: *Faust II* (ohne den 2. Akt)

Hermann Müllers *Faust*-Tetralogie (1877)

Mit seinen viertägigen *Faust*-Vorstellungen, die Hermann Müller 1877 in Hannover darbot, wollte er zu nur wenigen Strichen gezwungen sein und inhaltlich nicht in den Dramentext eingreifen. Müller kommentiert seine Fassung ausführlich in seiner *Erklärung der Faust-Vorstellungen am Königl. Theater zu Hannover* (160). Eine Auswertung ergibt folgende Spielfassung:

Erste Vorstellung (1. Abend):
»Vorspiel auf dem Theater«
»Prolog im Himmel«
1. Akt: Gelehrtentragödie – »Nacht«
2. Akt: Gelehrtentragödie – »Vor dem Tor«, »Studierzimmer« I
3. Akt: Gelehrtentragödie – »Studierzimmer« II
4. Akt: »Auerbachs Keller«, »Hexenküche«

Zweite Vorstellung (2. Abend)
1. Akt: Gretchentragödie – »Straße« bis »Wald und Höhle« [Faust allein, bis Vers 3251]
2. Akt: Gretchentragödie – »Wald und Höhle« [ab Vers 3252] bis »Brunnen«
3. Akt: Gretchentragödie – »Zwinger« bis »Dom«
4. Akt: »Walpurgisnacht« [»Walpurgisnachtstraum« ist gestrichen]
5. Akt: Gretchentragödie – »Nacht. Offen Feld« bis »Kerker«

Dritte Vorstellung (3. Abend):
1. Akt: »Anmutige Gegend« bis »Weitläufiger Saal mit Nebengemächern«
2. Akt: »Lustgarten« bis »Rittersaal«
3. Akt: »Hochgewölbtes enges gotisches Zimmer«, »Laboratorium«

Vierte Vorstellung (4. Abend):
1. Akt: »Klassische Walpurgisnacht«
2. Akt: Helena-Akt [3. Akt von Goethes *Faust II*]
3. Akt: »Hochgebirg« bis zu »Des Gegenkaisers Zelt« [4. Akt von *Faust II*]
4. Akt: »Offene Gegend« bis »Bergschluchten« [5. Akt von *Faust II*]

In seiner *Erklärung* erläutert Müller ausführlich seine Fassung, die von der zeitgenössischen Kritik als noch viel zu umfangreich bezeichnet worden ist.

Emil Mauerhofs Ideen zu einem »Eintags-*Faust*« (1884)

Nachdem sich beide Teile von Goethes Hauptwerk fast ein Jahrzehnt auf den großen Bühnen Deutschlands in der Einstudierung Otto Devrients mit beachtlichem Erfolg gehalten hatten, bezeichnet Emil Mauerhof – auch andere Inszenierungsversuche und vorangehende dramaturgische Studien bedenkend – den Bühnen-*Faust* als noch immer ungelöste Frage. Vehement polemisiert er dagegen, *Faust* für ein weihevolles Bildungsbürgertum aufzuführen, und empfiehlt eine straff gekürzte Inszenierung beider Teile an einem Abend. Am schlimmsten empfindet er den Vorschlag Dingelstedts, eine dreiteilige Fassung an einem ganzen Tage von morgens bis abends aufzuführen: Ein solches »modernes Olympia« vor »einem Elitepublikum aller Deutschen« (151, 161) sei geradezu widerlich. Vielmehr gehöre Goethes *Faust*, entsprechend gekürzt, unter das gewöhnliche Volk gebracht, und die Vorführung des »ganzen Faust« sei eine »Ehrensache für die deutsche Bühne ... Die dramatische Kunst gehört nicht in die Wüste, sondern auf den Markt; nicht unter das übersättigte und zum Teil verbildete, sondern vornehmlich unter das naive und bedürftige Volk, denn um des letzteren willen ist sie da ...« (151, 162). Konsequenterweise fordert Mauerhof, den *Faust* auf eine einfache, volksverständliche Bühnenaussage zu reduzieren. Eine Auswertung seiner Vorschläge ergibt folgende Spielfassung für einen Abend:

1. Akt: »Prolog im Himmel«
2. Akt: »Nacht«, »Vor dem Tor«, »Studierzimmer«-Szenen
3. Akt: »Hexenküche«, Gretchen-Tragödie in 5 Szenen
4. Akt: 1. Szene – »Lustgarten«, »Finstere Galerie«, »Hell erleuchtete Säle«, »Rittersaal«
   2. Szene – »Laboratorium«, »Klassische Walpurgisnacht«
   3. Szene – »Vor dem Palaste des Menelaos«
   4. Szene – »Burghof«
   5. Szene – »Schattiger Hain«
5. Akt: 1. Szene – »Hochgebirge«
   2. Szene – Am Strande (»Offene Gegend«, »Palast«, »Tiefe Nacht«, »Mitternacht«)
   3. Szene – Palast und Umgebung (»Großer Vorhof des Palasts«, »Grablegung«, »Bergschluchten«)

Als »undramatisch« streicht Mauerhof in *Faust I* die Szenen »Zueignung«, »Prolog im Himmel«, »Auerbachs Keller«, die zweite Szene »Spaziergang«, »Wald und Höhle«, »Gretchen am Spinnrade« und »Am Brunnen«. »Auerbachs Keller« sei zwar eine der köstlichsten Episoden der Dichtung, sie bringe aber die eigentliche Handlung nicht weiter; die Szene »Spaziergang«, in welcher »sich Mefistofeles so ergötzlich und treffend über den weltlichen Heißhunger und den kräftigen Magen der Kirche ausläßt« (151, 176), stehe der Handlung im Wege; tilge man weitere solcher Szenen, dann werde sich die Gretchentragödie »in fünf Szenen abspielen können« (151, 180). Mauerhof ist damit der erste, der fordert, beide Teile müßten an einem einzigen Abend gespielt werden, und er ist ebenfalls der erste, der meint, *Faust* müsse überwiegend in heiter-lustiger Weise für ein breites Publikum erschlossen werden.

Des Rätsels Lösung? Ernst Possarts dramaturgisches Resümee oder Die Notwendigkeit der unverfälschten Aufführung beider Teile (1895)

Anläßlich der Gesamtaufführung von Goethes *Faust* auf der Königlichen Hofbühne zu München im Jahre 1895 legte Ernst Possart eine dramaturgische Studie vor, in der er die These vertrat, jede separate Aufführung des ersten oder des zweiten Teils erschwere dem Publikum das Verständnis für das gesamte Werk. Er verlangt eine lückenlose Darstellung beider Teile. Als elementarste Grundbedingung fordert er, Goethes *Faust* »unverfälscht und ohne Zusätze zu erhalten« (181, 9). Ohne Kürzungen und Striche gehe es nicht, aber der Aufführungstext müsse »rein von fremder Zuthat dem Auditorium zu Gehör« (181, 7) gebracht werden. Die dramaturgischen Ausführungen Possarts sind auch deshalb interessant, weil er sich mit den wichtigsten vorausgegangenen Inszenierungen intensiv auseinandergesetzt hatte.
Konsequent lehnt er Devrients Weimarer Bearbeitung wegen inhaltlicher Veränderungen ab, und er begründet dies einsichtig: »Nicht etwa, weil ich kein Dichter bin, sondern weil es nach meiner Meinung zur Aufführbarkeit des Faust gar keines ›Bearbeiters‹ im eigentlichen Sinne bedarf, es bedarf hier nur des pietätvollen Bühnenpraktikers allein ...« (181, 9). Lobenswert findet er Wilbrandts Wiener Inszenierung vom Jahre 1883, da dieser »auch nicht einen Satz aus seiner eigenen dichterischen Feder hinzugefügt hat« (181, 9). Experimente wie Wollheim da Fonsecas isolierte *Faust II*-Bearbeitung und -Verstümmelung brandmarkt Possart als Vandalismus: »Schlimmer aber, viel schlimmer, weil ohne jeden zwingenden Grund, ist Wollheim da Fonseca mit seiner Bearbeitung des II. Teiles verfahren: Der Goethesche Faust enthält 7482 Verse. In dieser Bearbeitung fehlen daran 5928 Verszeilen; sie enthält ferner 169 Verse aus eigener Mache und 88 Goethesche Verse in Wollheimscher durchaus veränderter Fassung. ... Wir haben in Deutschland einen Schutz gegen die Verbreitung gefälschter Lebensmittel; für den Schutz einer unverfälschten geistigen Nahrung aber gibt es kein wirksames Gesetz, dafür müssen wir schon selber sorgen« (181, 11). Das zweite Grundproblem sei leicht lösbar: »Goethe deutet schweigend auf den Titel seines Werkes; da steht geschrieben: ›Der Tragödie erster Teil‹ und ›Der Tragödie zweiter Teil‹. Von einem ›dritten oder gar vierten Teil‹ ist nirgends etwas zu lesen. Ich darf also mit einer zwei Abende umfassenden Bearbeitung getrost vor jedes kritische Forum hintreten und sagen: Meine Herren! Sie werden mir gewiß nicht zumuten, daß ich gescheidter sein sollte als Goethe selber« (181, 12). Um möglichst wenig streichen zu müssen, fordert Possart eine moderne Bühnenmaschinerie für rasche Verwandlungen und eine »Beschränkung des musikalischen Beiwerks«. Nur dort dürfe Musik sparsam eingesetzt werden, wo Goethe dies zwingend vorschreibe. Possart fand an der Münchner Hofbühne die von ihm geforderten Bedingungen vor und richtete eine Bühnenfassung ein, die erstmals unverfälscht – nur mit Strichen – beide Teile für zwei Abende darbot. Mit Possarts Ausführungen und seiner maßstabsetzenden Inszenierung (zusammen mit Jocza Savits) scheint die Phase der Experimente um Goethes *Faust* für fast ein Jahrhundert beendet. Erst mit Engels dreitägigem *Faust*, der 1990 in Dresden Premiere hatte, werden neuartige Wege aufgetan.

---

1 Zu Wagners *Faust* verehrender und verklärender Sicht s. u. Seite 49–51.
2 Diese Szene wird weitgehend gestrichen, bis auf das Flammengaukelspiel am Schluß.
3 Die Szene »Laboratorium« wird völlig, die »Klassische Walpurgisnacht« weitgehend gestrichen.
4 Dingelstedt streicht die gesamte Euphorion-Handlung.
5 Dingelstedt merkt hier an, daß die Szene »Bergschluchten« von ihm »mit tüchtigen Kürzungen und Änderungen« versehen sei.

Das »Nachspiel auf dem Theater« läßt auf sich warten: Inszenierungsversuche von der Vollendung des ersten Teils (1806) bis zur Uraufführung in Braunschweig (1829)

Der Bühnenfaust, der um die Mitte des 19. Jahrhunderts, zusammengestrichen im Dienst einzelner Rollen, ein von der Dichtung vollständig losgelöstes selbständiges Leben führte, hätte sich mit den Worten des Mephistopheles erklären können: »Ich bin ein Teil des Teils, der anfangs alles war.« (Julius Petersen, 1929)

Erste Inszenierungsversuche in Weimar durch Riemer und Wolff (1810–1816)

Nach dem Erscheinen von *Faust I* bei Cotta im Jahre 1808 deutete vieles auf eine baldige Uraufführung des ersten Teils in Weimar hin, war doch der Dichter der Leiter der dortigen Bühne, die dank seines fruchtbaren Wirkens eines der besten deutschen Schauspielensembles beherbergte. Man dachte, es sei nur eine Frage der Zeit, bis Goethe die Forderung seines fiktionalen Theaterdirektors einlösen werde: »Der Worte sind genug gewechselt,/ Laßt mich auch endlich Taten sehen.« In einem Brief vom 18. 11. 1810 bat Goethe seinen Berliner Freund Zelter, die Musik zur Uraufführung zu schreiben: »Schließlich melde, daß uns ein seltsames Unternehmen bevorsteht, nämlich den *Faust* aufzuführen, wie er ist, insofern es nur einigermaßen möglich werden will. Möchten Sie uns wohl mit einiger Musik beystehen; besonders bei dem Ostergesang und dem Einschläferungslied: *Schwindet ihr dunklen Wölbungen droben*« (92/IV/21, 419). Den *Faust* aufzuführen, »wie er ist«, bedeutet, keine gravierenden Änderungen im Text und in der Szenenabfolge vorzunehmen. Mit Billigung Goethes unternahm der Schauspieler Pius Alexander Wolff den Versuch, dem Drama eine realisierbare Bühnenfassung zu verleihen. Den *Paralipomena* ist folgende Akteinteilung für jenen ersten Inszenierungsversuch der Jahre 1810 bis 1812 zu entnehmen, die von Wolff aufgezeichnet und von Goethe mit eigenhändigen Zusätzen versehen wurde:

AKT I
Zueignung
Vorspiel auf dem Theater
Prolog im Himmel
AKT II
Szene 1. Nacht. Faust
Szene 2. Faust. Weltgeist
Szene 3. Faust. Wagner
Szene 4. Faust. Chorgesang
Szene 5. Vor dem Tor. Spaziergänger. Faust. Wagner. Bauernhochzeit
Szene 6. Faust. Wagner. Pudel
Szene 7. Studierzimmer. Faust. Pudel. Geister vor der Tür
Szene 0. Faust erwacht.
AKT III
Szene 1. Faust. Nachher Mephistopheles
Szene 2. Mephistopheles
Szene 3. Mephistopheles. Schüler
Szene 4. Mephistopheles. Faust
Szene 5. Straße. pag. 96[1]
Szene 6. Auerbachs Keller
Szene 7. Hexenküche
Szene 8. Straße. pag. 129
Szene 9. Margaretens Stube
AKT IV
Szene 1. Spaziergang. Faust. Mephistopheles
Szene 2. Marthens Zimmer[2]. Margarete. Marthe
Spaziergang. Faust. Mephistopheles. Margarete. Marthe
Szene 3. Wald und Höhle
Szene 4. Gretchens Stube. Margarete
Szene 5. Margarete. Faust[3]
Szene 6. Straße. Valentin[4]
Szene 7. Faust. Mephistopheles
Szene 8. Volk
Szene 9. Vorhalle des Doms
Szene 10. Böser Geist

AKT V
Szene 1. Felsengegend[5]
Szene 2. Blocksberg
Szene 3. Kerker

Goethe plante bei der Erarbeitung einer Spielfassung seines offenen Dramas *Faust I* ein fünfaktiges Werk zu schaffen, wie damals in der großen Tragödie üblich. Unter diesem Gesichtspunkt wurden die drei Vorspiele als 1. Akt ausgegeben. Bis 1875 gab es jedoch nur *Faust I*-Inszenierungen, die die Vorspiele tilgten. In den *Tag- und Jahresheften* erinnert sich Goethe an diesen ersten Versuch, *Faust* in Weimar auf die Bühne zu bringen: »Wolff und Riemer machten einen Plan zu Aufführung des ›Faust‹, wodurch der Dichter verleitet ward, mit diesem Gegenstand sich abermals zu beschäftigen, manche Zwischenszenen zu bedenken, ja sogar Dekorationen und sonstiges Erfordernis zu entwerfen« (77/16, 238). Weshalb dieser Plan nicht verwirklicht wurde, ist auch nach heutigen Erkenntnissen nicht mehr sicher feststellbar. Möglicherweise reichten die Verwandlungsmöglichkeiten der damaligen Weimarer Bühne nicht aus, den *Faust*, »wie er ist«, aufzuführen, denn die raschen Szenenwechsel waren mit den damaligen technischen Gegebenheiten nicht zu gestalten.

Betrachten wir die berühmten Buchillustrationen der Goethezeit sowie des Dichters eigene Entwürfe für die geplante Aufführung, dann können wir die bühnentechnischen Schwierigkeiten ermessen. Leicht zu verdeutlichen ist dies an *Umrissen* von Moritz Retzsch und an Zeichnungen von Peter Cornelius, deren Bilder Goethe sehr geschätzt hat.

Abb. 1: Moritz Retzsch – »Walpurgisnacht«

Wie sollte die damalige Bühnentechnik imstande sein, ein solch vielschichtiges Gewimmel wiederzugeben, wie es Retzsch in seiner »Walpurgisnacht« vorgezeichnet hat? Die vorausgehende Szene ist »Dom«, die nachfolgenden sind »Trüber Tag. Feld.« und »Nacht. Offen Feld« und »Kerker«. Ein Umbau nach jeder aufwendigen Szene mit den damaligen bühnentechnischen Mitteln wäre eminent zeitraubend und damit nicht spielbar; die damaligen Regisseure nahmen sich die Zeichner der Goethe-Zeit zu ihren Vorbildern dafür, wie die Bühne für den *Faust* einzurichten sei.

Was die nur sechs Verse umfassende Szene »Nacht. Offen Feld« anbelangt, so fragten sich die Regisseure, ob es nicht am besten wäre, sie zu streichen. Cornelius vermochte in seinem Stich sicherlich optimal auszudrücken, wie Faust und Mephistopheles auf ihren schwarzen Pferden am Rabenstein vorbeibrausen, aber ein Bühnenbauer der Goethezeit stand hier vor großen Problemen. So waren Cornelius' und Retzschs Illustrationen vielen Theaterschaffenden noch bis zum Ende des 19. Jahrhunderts ein Beweis dafür, daß Goethe mit seinem *Faust* ein Lesedrama und Buch-Illustrationsdrama geschrieben habe: Die Buchmaler waren leicht in der Lage, die Inhalte der vielen Szenen[6] auszugestalten. Die dramatische und dramaturgische Se-

Abb. 2: Peter Cornelius – »Nacht. Offen Feld« (Rabensteinszene)

Zeichnungen – über die er sich lobend äußerte – zum Vorbild nahm, um seine eigenen Bühnenbildentwürfe anzufertigen. Im September 1810 sah Goethe die ersten Entwürfe Retzschs; eine Vielzahl von Äußerungen belegt, daß er sie den anderen Illustratoren vorzog, zumal er gedruckte Exemplare mehrfach an Freunde verschenkte.

Was nun die geplante Aufführung in Weimar anbelangt, so ist festzustellen, daß um 1810 der Theaterdichter Goethe mit seinem Drama *Faust. Der Tragödie erster Teil* dem Theaterleiter Goethe offensichtlich im Weg stand, was er selbst bekundete, als er am 1.5.1815 an den Grafen Brühl schrieb, *Faust* »steht gar zu weit von theatralischer Vorstellung ab« (92/IV/25, 293). Als der Schauspieler Wolff 1816 nach Berlin zog, gab der Dichter den Plan auf, seinen *Faust* in Weimar zu spielen.

Der Plan des Fürsten Radziwill

Abb. 3: Goethe- Erscheinung des Erdgeists

miotik von Goethes *Faust I* schien so bildüberfrachtet und vielschichtig, daß eine Inszenierung allen Ernstes ausgeschlossen schien.

Ein besonderes Problem sah man auch darin, die transzendentalen Gewalten für den Zuschauer sinnlich faßbar zu machen: Wie war der Herr im »Prolog im Himmel« darzustellen? Durfte man Gottvater überhaupt in einem Abbild bzw. Bühnenbild darstellen? Wie war die Erscheinung des Erdgeists auf der Bühne zu realisieren? Als Goethe die Aufführung in Weimar plante, zeichnete er Entwürfe für ein Bühnenbild, die er Jahre später an Zelter sandte, als in Berlin 1819 Teilaufführungen stattfanden.

Goethe hatte, wie seine Zeichnung belegt, deutliche Vorstellungen davon, in welcher Form der Erdgeist auf die Bühne zu bannen sei: Er wollte mit einer Laterna magica den überlebensgroßen Kopf auf die Bühne projizieren. Wie sehr die Buchmaler Retzsch, Cornelius, Naecke, Nauwerk und Stieglitz die ersten Inszenierungen beeinflußten, zeigt sich auch daran, daß Goethe selbst deren

Ein zweiter Anstoß zur Verwirklichung eines auf der Bühne spielbaren *Faust* folgte von seiten der Musik, denn dieses Medium schien in besonderer Weise dazu geeignet, das Hereinragen einer unsichtbaren, übersinnlichen Welt in die Bühnenhandlung zu verdeutlichen. Zelter jedoch hatte Goethes Wünsche nach Kompositionen für eine Aufführung nicht erfüllen können, da er sich, wie er dem Dichter mitteilte, einer solchen Aufgabe nicht gewachsen fühlte. Im November 1813 und im April 1814 besuchte der komponierende Fürst Anton Radziwill Goethe in Weimar. Seit dem Erscheinen des *Faust* war der Aristokrat unablässig damit beschäftigt, Kompositionen hierfür zu schaffen. Fast die gesamte Dichtung hatte er vertont. Wie Goethes *Tagebuch* meldet, machte er den Dichter am 1. April mit seinen Kompositionen zu *Faust* vertraut. Seine Schöpfungen brachte er ihm singend und deklamierend zu eigener Violoncellobegleitung zu Gehör, und er gewann ihn für den Plan, die Gelehrtentragödie als Monodrama in Form eines Melodrams aufzuführen. Er bewegte Goethe dazu, die Gelehrtentragödie entsprechend umzuarbeiten: Die Szene »Vor dem Tor«, Wagners Auftritt sowie »Auerbachs Keller«, die »Hexenküche« und die gesamte Gretchen-Handlung sollten gestrichen werden.

Der erste melodramatische Abschnitt sollte etwa eine halbe Stunde dauern und bestand in der von Goethe umgearbeiteten Szene »Nacht«. Damit hatte der Dichter von einem *Faust*, »wie er ist«, Abschied genommen. Er sicherte Radziwill zu, die gesamte Gelehrtentragödie entsprechend umzugestalten: »Ich werde gleich einer Maus an dem Gedichte nagen und nach und nach ein Ganzes daraus fertigmachen« (173, 12). Zwei Chöre, die Goethe eigens für Radziwill schrieb, wurden in den sogenannten »Privataufführungen« im Schloß Monbijou und bei Proben im Palais Radziwill in Berlin in den Jahren 1816 und 1819 erstmals aufgeführt. Von den gemeinsamen Plänen mit Radziwill berichtet Goethe ausführlich in einem Brief an den Grafen Brühl, der die Teilaufführungen von 1819 in Berlin leiten sollte: »An Faust wird schon seit einigen Jahren probirt, es hat aber noch nicht gelingen wollen. ... Man müßte vieles aufopfern, das aber auf andere Weise zu ersetzen, dazu hat Geist und Humor nicht hinreichen wollen. Jedoch darf ich nicht verhehlen, daß wir im Begriff stehen eine Probe zu machen, und zwar folgendermaßen: Ich habe die beiden ersten großen Monologe von Faust in's Engere gezogen, und überdieß die Scene zwischen ihm und Wagner herausgeworfen, so, daß vom Anfang: ›Habe nun, ach!, Philosophie pp‹. bis zu den Schlußworten des Chors: ›Euch ist der Meister nah,/ Euch ist er da!‹ das Monodram in einem fortgeht, und nur durch die Erscheinung des Geistes unterbrochen wird. Die Absicht ist, Fausten mit seltner musicalischer Begleitung recitiren zu lassen, die Annäherung und die Erscheinung des Geistes wird melodramatisch behandelt, das Schlußchor melodisch, woraus denn ein kleines Stück entsteht, welches etwas über eine halbe Stunde dauern mag. ... wie es gelingt, werde anzuzeigen nicht verfehlen. Vielleicht daß sich hieran noch einige Scenen schließen, und wer weiß, wohin es führen kann« (92/IV/25, 293–294).

»Berlin als Schrittmacher Weimars«: Szenische Teilaufführungen im Schloß Monbijou (1819)

Motive und Konzeption

Im Februar 1819 berichtet Zelter Goethe von dem großangelegten Versuch, *Faust* aufzuführen, wobei man die für Radziwills Musik gedichteten Chöre mit einbeziehen wollte: »Unsere königlichen Prinzen haben den heroischen Entschluß gefaßt, Deinen Faust unter sich aufzuführen und darzustellen, wie er leibt und lebt. Die Anstalten dazu sind so in's Große projectirt, daß ich fast fürchte, es wird Nichts daraus, wie wir denn noch keinen Ort haben, wohin wir sein Haupt legen wollen. ... ich habe die Rolle des Schauspieldirektors übernommen ... Ueber die Zusätze, die Du dem Fürsten Radziwill im Manuscript gesandt hast, ist man hoch erfreut ...« (244, 65).

Der Verwirklichung dieses Projekts stellten sich zunächst unerwartete Schwierigkeiten entgegen: Keiner der vorgesehenen Schauspieler besaß eine Ausgabe des Dramas, man mußte leider feststellen, daß die meisten Buchhändler Berlins kein Exemplar hatten, so daß diese in Leipzig bestellt werden mußten. Zur Unbekanntheit des *Faust* schrieb Zelter: »Der Effekt des Gedichts auf fast lauter junge Zuhörer, denen alles fremd und neu war, ist höchst merkwürdig, und sie können sich nicht genug wundern, daß das alles gedruckt steht. Daß es wahr ist, fühlen alle, und es ist, als ob sie sich erkundigten, ob die Wahrheit wahr ist« (244, 173).

Zelter berichtet, daß das Werk in drei Teile zerstückelt worden sei: 1. »Vorspiel auf dem Theater«, »Prolog im Himmel« und Teile der Gelehrtentragödie, 2. »Auerbachs Keller« und »Hexenküche«, 3. Bruchstücke der Gretchentragödie. Vom fernen Weimar aus nahm Goethe regen Anteil an den Berliner Bemühungen, wie umfangreiche Briefe Zelters und Brühls dokumentieren. In Berlin war man so verbissen bei der Sache, daß die Proben sich mehr als drei lange Jahre hinzogen: Am 31.3.1816 fand in Radziwills Palais die erste Leseprobe mit der Musik des Fürsten statt, im Juni zog man zu weiteren Proben unter der Regie von Graf Brühl in das Königliche Theater um, wo schließlich am 21.5.1819 eine öffentliche Generalprobe stattfand. Zelter dirigierte die Musik Radziwills, wobei Chöre der Berliner Singakademie mitwirkten. Die nichtöffentliche ›Uraufführung‹ dieses sehr fragmentarischen *Faust* fand zur Feier des Geburtstages der Fürstin Luise Radziwill am 24.5.1819 im Schloß Monbijou statt. Die Bearbeitung von Radziwill und Brühl wurde mehrere Male wiederholt.

Als 1820 die Radziwill-Brühlsche Fassung herangereift war, spielte man – entgegen den einst weiterreichenden Plänen – »Nacht« und die »Studierzimmer«-Szenen (mit dem Auftreten des Erdgeists und Wagners), »Auerbachs Keller« und von den Gretchenszenen lediglich »Abend. Ein kleines reinliches Zimmer«. Berichten über weitere Aufführungen ist zu entnehmen, daß weitere Szenen der Gretchenhandlung nach und nach miteinbezogen worden sind. Daß zu verschiedenen Zeiten sehr verschiedenartige Szenen aus dem *Faust* gespielt worden sind, mag mit dem inoffiziellen Charakter der Aufführungen zusammenhängen.

Da eine Aufführung im öffentlichen Bühnenbetrieb niemals stattgefunden hat, liegt kein Programmzettel mit entsprechenden Angaben vor, das Wesentliche läßt sich dennoch zusammenstellen:

Textauswahl und Regie: Karl Graf von Brühl
Bühnenbild: Johann Karl Wilhelm Zahn, nach Dekorationsentwürfen von Karl Friedrich Schinkel
Musik: Fürst Anton Heinrich Radziwill
Faust: Pius Alexander Wolff
Mephistopheles: Prinz Karl von Mecklenburg
Gretchen: Clara Stich-Crelinger

Abb. 4: Faust beschwört den Erdgeist – Lithographie von Hermann Eichens

Obwohl die Berliner Aufführungen privater Natur waren, hat sich nennenswertes Bildmaterial erhalten. Lithographien von Hermann Eichens zeigen, wie Fausts Studierzimmer und Gretchens Zimmer ausgesehen haben. Die Lithographie, die die Beschwörung des Erdgeists festhält, zeigt, daß Goethes zeichnerischer Vorschlag in die Tat umgesetzt worden ist. Die Frage, wie der Erdgeist erscheinen möge, bewegten Brühl, Zelter und Goethe lange Zeit. Bei den ersten Aufführungen im Jahre 1819 hatte man dem Erdgeist noch die Züge Goethes verliehen, diese Erscheinung aber nicht schreckhaft genug gefunden. Goethe gab in einem Brief an Brühl ausführliche Hinweise zur Erscheinung des Erdgeists, nachdem dieser ihm Goethes Zeichnung zurückgesandt und einen Entwurf zur Berliner Erdgeisterscheinung geschickt hatte: »Diese Darstellung des Erdgeistes stimmt im Ganzen mit meiner Absicht überein. Daß er durch's Fenster hereinsieht, ist gespenstisch genug. Rembrandt hat diesen Gedanken auf einem radirten Blatte sehr schön benutzt. Als wir uns hier einmal vornahmen, dieses Stück anzugreifen und vorzubereiten, war mein Gedanke gleichfalls nur, einen colossalen Kopf und Brustteil transparent vorzustellen, und ich dachte, dabei die bekannte Büste des Jupiters zu Grunde zu legen, da die Worte: *schreckliches Gesicht* auf die Empfindung des Schauenden, der vor einer solchen Erscheinung allerdings erschrecken kann, eben sowohl als auf die Gestalt selbst bezogen werden konnten; auch überhaupt hier nichts Fratzenhaftes und Widerliches erscheinen dürfte. Wie man etwa durch flammenartiges Haar und Bart sich dem modernen gespensterhaften Begriff einigermaßen zu nähern hätte, darüber waren wir selbst noch nicht einig; einem klugen Künstler gelingt vielleicht eine, der Sache gemäße, Erfindung« (92/IV/31, 163).

Welchen Einfluß auch andere Maler als nur Goethe auf diese ersten Versuche genommen haben, *Faust* zu inszenieren, zeigt ein Vergleich von Retzschs Umriß zur Szene »Abend« mit einem Aquarell Eduard Biermanns zu derselben Szene, das nach den Berliner Aufführungen gestaltet ist (s. Abb. 5 u. 6). Wie bei der eigentlichen Uraufführung zehn Jahre später in Braunschweig, so standen für die Berliner *Faust*-Fragmente für Bühnenbau und Kostümierung die *Faust*-Illustratoren der Goethezeit Pate.

Der Betrachter der beiden Bilder mag seine eigenen Schlüsse ziehen: über die Gestaltung der Decke, des Bettvorhangs, des gesamten Interieurs und des Kostüms von Gretchen. Als Julius Petersen 1929 – hundert Jahre nach der Uraufführung von *Faust I* – auf wenigen Seiten eine erste Bilanz der Bühnengeschichte von Goethes *Faust* zog, betonte er die wegweisende Leistung der jungen *Faust*-Buchmaler: »Die Bildkunst sprang ein für die fehlende Bühne ... sie verlieh den Gestalten des Faust, des Mephistopheles, Gretchens und der Frau Marthe ihre charakteristischen Physiognomien und Kostüme; sie stellte diese Figuren in Gruppen vor einen szenischen Hintergrund: damit gab sie allen Einzelheiten der Erscheinung einen so bestimmten Umriß, daß spätere Bühnentradition zunächst nicht anders konnte, als sich der Führung der Bildkunst zu überlassen« (173, 7–8).

Aufnahme durch Publikum und Kritik

Da eine öffentliche Aufführung nie zustande kam, muß auf die wenigen Berichte zurückgegriffen werden, die meist brieflich über das Bühnengeschehen informierten. Friedrich Förster nahm verschiedentlich an Proben und Aufführungen teil, da er als Mitglied der Berliner Singakademie in den von Zelter dirigierten Chören mitwirkte. Über Proben und Aufführungen im Jahre 1820 ist ein ausführlicher Bericht von ihm erhalten, wo es u. a. heißt: »An demselben Abend gab es noch einen sehr belustigenden Auftritt. Der Herzog Karl hatte als Mephisto die Beschwörung zu sprechen: ›Der Herr der Ratten und der Mäuse‹, – bei der folgenden Zeile hielt er an, und mit Rücksicht auf die unmittelbar vor ihm in erster Reihe sitzende Kronprinzessin ... sowie auch andere prinzeßliche Backfische, unterdrückte er die Worte: ›Der Fliegen, Frösche, Wanzen und Läuse‹ und fuhr sogleich fort: ›befiehlt dir, dich hervorzuwagen und diese Schwelle zu zernagen‹. Nun hatte der Fürst diese Szene dadurch noch graulicher zu machen gesucht, daß die Beschwörungsworte als ein Echo aus der Hölle von ihm selbst aus einem Versteck mit dröhnender Stimme wiederholt wurden. Als nun Mephisto jene bedenkliche Stelle ausließ, streckte der Fürst sein weißes Haupt mit flammenden Augen aus dem unterirdischen Versteck hervor und rief: ›Herzog Karl! Ich kann Ihnen die ›Fliegen, Frösche, Wanzen und Läuse‹ nicht schenken! noch einmal, da capo!‹« (192, 17–18). Vergleichbare Hemmungen habe es gegeben, als der Sänger Zschiesche das Flohlied nach Zelters Komposition vorgetragen habe.

Nach den Radziwillschen Kompositionen spielte man verschiedentlich auch Vertonungen Zelters, der in einem Brief an Goethe Schinkels Dekorationen lobte und zugleich feststellte, daß ein Übermaß an Musikalischem die Aufführungen zu sehr ausdehne: man habe von sechs Uhr bis nach Mitternacht gespielt und so »den Brei in die Länge« gezogen.

Abb. 5: Moritz Retzsch – »Abend. Ein kleines reinliches Zimmer«

Abb. 6: Eduard Biermann nach Schinkel und Retzsch – »Abend«

Abb. 7: »Studierzimmer« – Lithographie von Hermann Eichens nach Schinkel. Fausts Studierstube ist angefüllt mit Gegenständen, die ihn als vielseitig forschenden Naturwissenschaftler ausweisen.

Wirkungsgeschichtliche Aspekte

Was die schauspielerischen Leistungen anbelangt, so scheinen die Aufführungen kein besonders hohes Niveau gehabt zu haben. Nur die Leistungen des Mephistodarstellers hebt Förster lobend hervor: »Schwerlich ... dürfte jemals auf der deutschen Bühne ein vortrefflicherer Mephisto auftreten, als wir ihn von dem Herzog Karl sahen. Dieser wurde hierbei nicht nur durch sein Naturell unterstützt: Ueberlegenheit durch satanischen Humor, Verachtung des weiblichen Geschlechts wegen anderer Gelüste, Freisein von jeder Verlegenheit durch Geistesgegenwart, Schadenfreude, Heuchelei, allerunterthänigster Sklavensinn nach oben, rücksichtslose Tyrannenseele nach unten – sondern auch das eingelernte und eingeübte feine Benehmen des vornehmen Hofmannes, die Gewandtheit des Weltmannes, der sich immer und in jedem Verhältnis obenauf zu halten wußte ... kamen ihm in dieser Rolle zustatten. So großen Beifall auch die berühmten Schauspieler Seydelmann, Dessoir, Döring und andere in dieser Rolle gewonnen haben: keiner von ihnen reichte auch nur im entferntesten an die Virtuosität, mit welcher Herzog Karl den Mephisto gab« (192, 24–25).

Die großartige Leistung von Herzog Karl ist auch aus einem boshaften Distichon herauszulesen, mit dem der Herrscher aus politischen Gründen attackiert wurde: »Als Fürst, als Mensch, als Feldherr schofel,/ Doch einzig nur als Mephistophel.«

Am 7.4.1833 starb Radziwill, und die Berliner Singakademie verwaltete dessen *Faust*-Vermächtnis in seinem Sinne: Nach dem Druck von Partitur, Klavierauszug und Lithographien fanden noch einige wenige Aufführungen mit Verwendung von Radziwills Kompositionen an wenigen deutschen Bühnen statt – historisch interessant wäre, sie heute wiederzuentdecken. Als im Mai 1838 im Berliner Opernhaus Goethes *Faust I* erstmals vollständig in dieser Stadt aufgeführt wurde, übernahm der Regisseur Stawinsky Teile der Radziwillschen Musiken, während er Schinkels Bühnenbilder vollständig verwendete. Am 25.5. 1932 lud die »Gemeinnützige Vereinigung zur Pflege deutscher Kunst zu einem Festkonzert der Erinnerung in das Schloß Monbijou ein, in dessen Mittelpunkt Ausschnitte aus den *Faust*-Vertonungen von Radziwill standen: Wie auf den Tag genau 113 Jahre zuvor, sangen auch diesmal die Sängerinnen und Sänger der Berliner Singakademie die Chorpartien.

---

1 Goethes handschriftlicher Vermerk »pag. 96« bezieht sich offensichtlich auf Seite 96 des gedruckten Exemplars und weist damit die letzten 8 Verse der Szene »Studierzimmer« II als eigenständigen Auftritt aus. Mit den Worten »Wir breiten nur den Mantel aus...« sollten Mephistopheles und Faust aus der Studierstube auf die Straße treten.
2 Goethe faßt die Szenen »Spaziergang«, »Der Nachbarin Haus«, »Garten« und »Ein Gartenhäuschen« in eine Szene der Bühnenfassung zusammen. Dabei wollte er »Spaziergang« nach »Der Nachbarin Haus« spielen lassen.
3 Goethe meint hier die Szene »Marthens Garten« mit dem sogenannten »Religionsgespräch« zwischen Faust und Gretchen.
4 Die mit »Nacht« überschriebene sogenannte »Valentinszene« erfährt in Goethes geplanter Bühnenfassung eine Dreiteilung, je nach jeweils auftretenden Personen, wie üblich in einem klassischen Drama.
5 Auch die »Walpurgisnacht« wird bei Goethe geteilt in den Aufstieg zum Brocken und das eigentliche Treiben dort (»eine Messe«, bei der Faust mit Lilith tanzt). Abweichend von den Zeitgenossen, wollte Goethe also die »Walpurgisnacht« spielen lassen.
6 Während der Bühnenbildner von Goethes *Iphigenie* mit einem einzigen Schauplatz und nur sehr wenigen einfachen Kostümen auskommt, enthält demgegenüber *Faust I* mit seinen 25 Szenen 23 Schauplätze.

Zensur und Fragment – Der Weg des »Lese- und Illustrationsdramas« *Faust* auf die Bühne
Der Kampf um den ersten Teil

… am schlimmsten aber wird es um die Darstellung des Faust da stehen, wo die Macht und Herrschaft der Kirche so groß, daß jede Stelle, die eines Heiligen, eines Pfarrers, eines Pfaffen, der Maria ec., erwähnt, unbarmherzig aus dem Zusammenhang gerissen und weggelassen werden muß. Wo man so befangen denkt, wo ein geistiges Sklaventhum das freie Wort der Wahrheit auf der Bühne sogar, unterdrückt und verbannt, da unterlasse man doch, Stücke, wie Faust, aufzuführen, man begnüge sich mit einer Wiener Posse oder einer faden Zauberoper und schließe der klassischen Ketzerei, Thor und Thüre vor der Nase zu. Mit wahrem Mitleid haben wir gesehen, was das Stück da und dort erdulden müssen, und es ist doch nicht frech, nicht gotteslästerlich …

Ludwig Bechstein, 1831

1. Die Uraufführung am Hoftheater zu Braunschweig unter der Regie von August Klingemann am 14.1.1829

Selbst Goethe gab sich erstaunt über die Fülle der *Faust*-Aufführungen im Jahre 1829, deren Wegbereiter August Klingemann war. Am 2.9. 1829 schreibt der Dichter nach Leipzig, wo Tieck den *Faust* inszeniert hatte, an den Theaterkritiker Rochlitz: »Nun aber verpflichteten Dank für die ausführliche Kenntniß, die Sie mir von der Aufführung Fausts geben. Es ist wunderlich genug, daß diese seltsame Frucht erst jetzo gleichsam vom Baume fällt. Auch hier [in Weimar] hat man ihn gegeben, ohne meine Anregung, aber nicht wider meinen Willen und nicht ohne meine Billigung der Art und Weise wie man sich dabey benommen. Mögen Sie mir die Folge der Scenen wie man sie dort beliebt gelegentlich wissen lassen, so geschieht mir ein Gefalle; denn es ist immer wichtig zu beobachten wie man es angegriffen hat um das *quasi* Unmögliche, zum Trutz aller Schwierigkeiten, möglich zu machen« (92/IV/46, 68–69). Klingemann war, wie viele große Regisseure des 19. Jahrhunderts, lange Jahre davon überzeugt gewesen, daß Goethes *Faust* ein Lesedrama, nicht aber ein Bühnendrama sei. Nach einem denkwürdigen Gespräch mit seinem Landesherrn Erzherzog Karl im Jahre 1828 wurde er dazu gezwungen, Goethes *Faust* uraufzuführen. Klingemanns Regietat brach jenen Bann, der über Goethes Werk zu lasten schien, denn die Bühnen in Dresden, Hannover, Leipzig, Stuttgart und in Weimar – anläßlich Goethes 80. Geburtstag – spielten noch im selben Jahr das Drama, wobei sie die von Klingemann erarbeitete Bühnenfassung übernahmen oder leicht abänderten.

Motive und Konzeption

W. Marr, der Sohn des Mephisto-Darstellers der Braunschweiger Uraufführung, berichtet, weshalb und wie Goethes *Faust* am Hoftheater zu Braunschweig uraufgeführt worden ist. Dabei spielte Erzherzog Karl von Braunschweig die letztlich entscheidende Rolle: »Es war am 31. October im Jahre 1828. Man gab im Hoftheater ein Stück, welches den Titel führte: ›Faust. Dramatische Legende in fünf Acten‹. Der Theaterzettel nannte den Namen des Autors nicht. Der Verfasser war der um die deutsche Bühne hochverdiente Dr. August Klingemann, der damalige Director des herzoglich braunschweigischen Hoftheaters« (170, 46). Karl lobte den Regisseur, der verlegen meinte: »Durchlaucht, es ist kein Goethe'scher Faust.‹ ›Goethe? Goethe?‹ fragte Serenissimus, ›hat Goethe auch einen Faust geschrieben? Müssen mal geben!‹ Klingemann prallte zurück. ›Durchlaucht, der Faust von Goethe ist allerdings eine dramatische Dichtung, aber nicht für die Bühne geschrieben«« (170, 46). Am nächsten Morgen gab Klingemann seinem Landesherrn Goethes *Faust*, und bereits um 11 Uhr kam das Drama zurück, versehen mit der Randbemerkung »Wird aufgeführt. Karl.«

W. Marr berichtet weiter, daß Klingemann vor diesem Wagnis gezittert habe, und in seiner Hilflosigkeit wandte er sich schriftlich an Goethe, dessen Antwortbrief jedoch verlegt worden sei: »Er lautete fast wörtlich: ›Euer Wohlgeboren! Die Antwort auf Ihr Schreiben vom 4. November, daß meine Werke im Druck erschienen und Gemeingut des Publicums geworden sind. Ich füge hinzu, daß ich mich seit langer Zeit gar nicht mehr

um das Theater bekümmere, machen Sie daher mit meinem ›Faust‹, was Sie wollen! von Goethe«« (170, 48).

W. Marr betont in diesem Bericht aus dem Jahre 1875, daß Goethes *Faust* in Braunschweig und nicht in Weimar uraufgeführt worden sei: »Es ist fast unbegreiflich, wie eine kunstgeschichtliche Thatsache von solcher Bedeutung nicht längst zur Kenntnis des internationalen Publicums gelangen konnte. Der Glaube, daß Goethe selbst es gewesen sei, der seinen ›Faust‹ zuerst in Weimar auf die Bühne brachte, existiert sogar noch bei vielen unserer jüngeren Schauspieler« (170, 49).

Mephisto sollte als humorvoller Bonvivant gestaltet werden und nicht so sehr als der gräßliche Höllenteufel der Volkssage. Ganz bewußt hatte Klingemann das Häßliche dieser Figur eliminiert: Der Mephisto sei mit Entfernung von allem Gräßlichen und Entsetzenerregendem keck, gewandt, mit sprühendem Humor, im Ton eines bis zur Ruchlosigkeit vollendeten Weltmanns zu spielen. Wie aus Abb. 13 abzuleiten ist, spielte Eduard Schütz einen dem Mittelalter zugehörigen Faust in altdeutscher Theatertradition, gewandet in ein Typenkostüm für Ritterstücke, versehen mit Schnurrbart und einem dünnen Kinnbärtchen; als Kopfbedeckung diente ein Barett, das zur Weltenfahrt ab der Station »Auerbachs Keller« mit einer großzügigen Feder geschmückt wurde.

Bühnen- und Strichfassung

Klingemann hatte sich zum Ziel gesetzt, eine Aufführungsdauer von vier Stunden nicht zu überschreiten. Folglich strich er Szenen, die aufwendige Umbauten erforderten, wie den »Prolog im Himmel«, die Szene »Am Brunnen«, die »Walpurgisnacht« und »Nacht. Offen Feld«. Selbst »Gretchens Stube« fiel dem Rotstift zum Opfer, da der Wechsel von der Naturszene »Wald und Höhle« in den geschlossenen Raum von »Gretchens Stube« und der anschließende Bühnenbildwechsel zur Naturszene »Marthens Garten« zu aufwendig erschien. Als nicht spielbar stufte Klingemann die »Zueignung« und das »Vorspiel auf dem Theater« ein.

Die Monologe des Gelehrten Faust wurden so auf ihren wesentlichen Gehalt verkürzt, daß die innere Entwicklung der Titelgestalt erkennbar blieb. Wie von den *Faust*-Illustratoren bildlich vorgeschlagen, wurde der Titelheld am Ende des Spiels zur Höllenfahrt verdammt, denn auch Klingemann sah den Ausgang der Wette zwischen Faust und Mephisto als klar entschieden an. Dennoch erhoffte sich der Regisseur auch von

Abb. 8 (links): Moritz Retzsch – »Straße«

Abb. 9: Eduard Schütz als Faust und Sophie Schütz-Höffert als Gretchen. Dieses Bild der Braunschweiger Aufführung stammt vermutlich aus dem Jahr 1836, als Schütz' 3. Ehefrau, damals 18jährig, die Rolle Gretchens übernommen hatte. Ein Vergleich mit Moritz Retzschs Stichen zeigt die Übereinstimmung zwischen der zeichnerischen Vorlage und der kostümbildnerischen Umsetzung.

Abb. 10: F. Pf. [vermutlich Franz Pforr] – Faust und Mephisto im Studierzimmer. Anstelle der schwebenden Geister ließ Klingemann ein Ballett um Faust herumtanzen, von dem er eingelullt wurde. Die Worte der Gesänge waren dabei gestrichen.

Goethe Aufschluß über das Ende Fausts: »Wir wünschten, der mächtigste Dämon der deutschen Dichtkunst möchte ... uns das Ende von Faust mitteilen. Das Ende, was wir immer wegen der Worte erwartet haben, die der Herr sagt: ›Wenn er mir jetzt auch nur verworren dient ...‹« (170, 9). Da Klingemann den »Prolog im Himmel« gestrichen hatte, war die von ihm inszenierte Höllenfahrt Fausts nicht widersprüchlich.

Die Buchillustratoren der Goethezeit gaben nicht nur Inspirationen für die Bühnenbauten, sondern die Zeichnungen von Retzsch und Ramberg trugen dazu bei, »auch gleichzeitig die Kostümfrage« (101, 16) zu lösen, wie Karl-Heinz Habersetzer 1986 erläuterte. Das weitgehend fachkundige Publikum von 1829 wußte es offensichtlich zu schätzen, daß Klingemann die *Umrisse* von Retzsch zur Grundlage von Bühnenbild und Kostümgestaltung nahm, denn der Berichterstatter der *Dresdner Abendzeitung* wies nachdrücklich darauf hin.

Wie Julius Petersen 1929 ermittelt hat, blieben die von Retzsch angeregten Bühnenbilder zur Fausts Studierzimmer und zu Gretchens Stube mit kleineren Abwandlungen grundsätzlich bis um 1910 erhalten. Als gefeierter *Faust*-Regisseur empfahl Klingemann sein Vorgehen allen potentiellen Nachfolgern, um einen Weg zu finden, Goethes Drama spielbar zu machen: »Hinsichtlich des Aeußeren der Characteristik und Gestaltung, sind besonders die Umrisse von Retzsch, den betheiligten Künstlern zum Studium empfohlen. Ramberg ... hat den ... nicht unpassenden Einfall gehabt, den Inhalt des Gesanges der Dämonen, wodurch sie den Faust in einen üppigen Traum von den Reizen des Lebens einlullen, plastisch zu behandeln« (170, 64). Dies sei »auch für die Bühne anschaulicher, als unverständlich verhallender Gesang, und wir haben sie deshalb vorgezogen« (170, 64).

Die Uraufführung von Goethes *Faust* umfaßte in der Bearbeitung von Klingemann sechs Abteilungen:

1. »Nacht« bis »Studierzimmer« I
2. »Studierzimmer« II (Paktszene) und »Auerbachs Keller«
3. »Hexenküche«, Gretchentragödie von der 1. Szene »Straße« bis zur zweiten Straßenszene
4. »Garten«, »Wald und Höhle«, »Marthens Garten«
5. »Zwinger«, »Dom« und »Nacht. Straße vor Gretchens Tür« (Valentinszene)
6. »Trüber Tag. Feld« und »Kerker«

Anstelle des Gesanges der Geister vor dem Paktschluß schreibt Klingemanns Regiebuch einen allegorischen Tanz vor, wobei er die Aktricen so einkleiden ließ, wie dies auf der Vorlage Rambergs bzw. Pforrs (Abb. 10) aussieht. Den Auftritt des Pudels löste er auf sehr untheatralische Weise, denn er ließ ihn zunächst hinter dem Ofen brummen und danach kurz mit dem Kopf hervorschauen, ihn also nicht zur Gänze auf der Bühne erscheinen.
Mit den Umbauzeit ersparenden Umstellungen in der 4. und 5. Abteilung befaßt sich Habersetzer: Klingemann »ändert gegenüber Goethe den Schauplatz, um Szenen zusammenziehen zu können ... Das Gebet Gretchens vor dem Andachtsbild der Mater dolorosa verlegt Klingemann aus dem Zwingergraben in die Kirche hinein. Dies steht in unmittelbarem Zusammenhang mit einer anderen, vielleicht strittigeren Änderung, nämlich der Verlegung der Valentin-Szene, die bei Goethe nach dem Gebet Gretchens folgt. Bei Klingemann schließt die Szene mit dem bösen Geist unmittelbar an Gretchens Gebet im Dom an, und dann folgt erst die Valentin-Szene. Hiermit ist die bekannte Szenenfolge des ›Urfaust‹ eingehalten« (101, 17). Mit einer solchen Praxis greift Klingemann ein Verfahren auf, das auch zu den dramaturgischen Mitteln von Goethe und Schiller zählte: Auch sie legten in ihrer praktischen Theaterarbeit solche Szenen zusammen, die jeweils vor derselben Dekoration deklamiert werden konnten

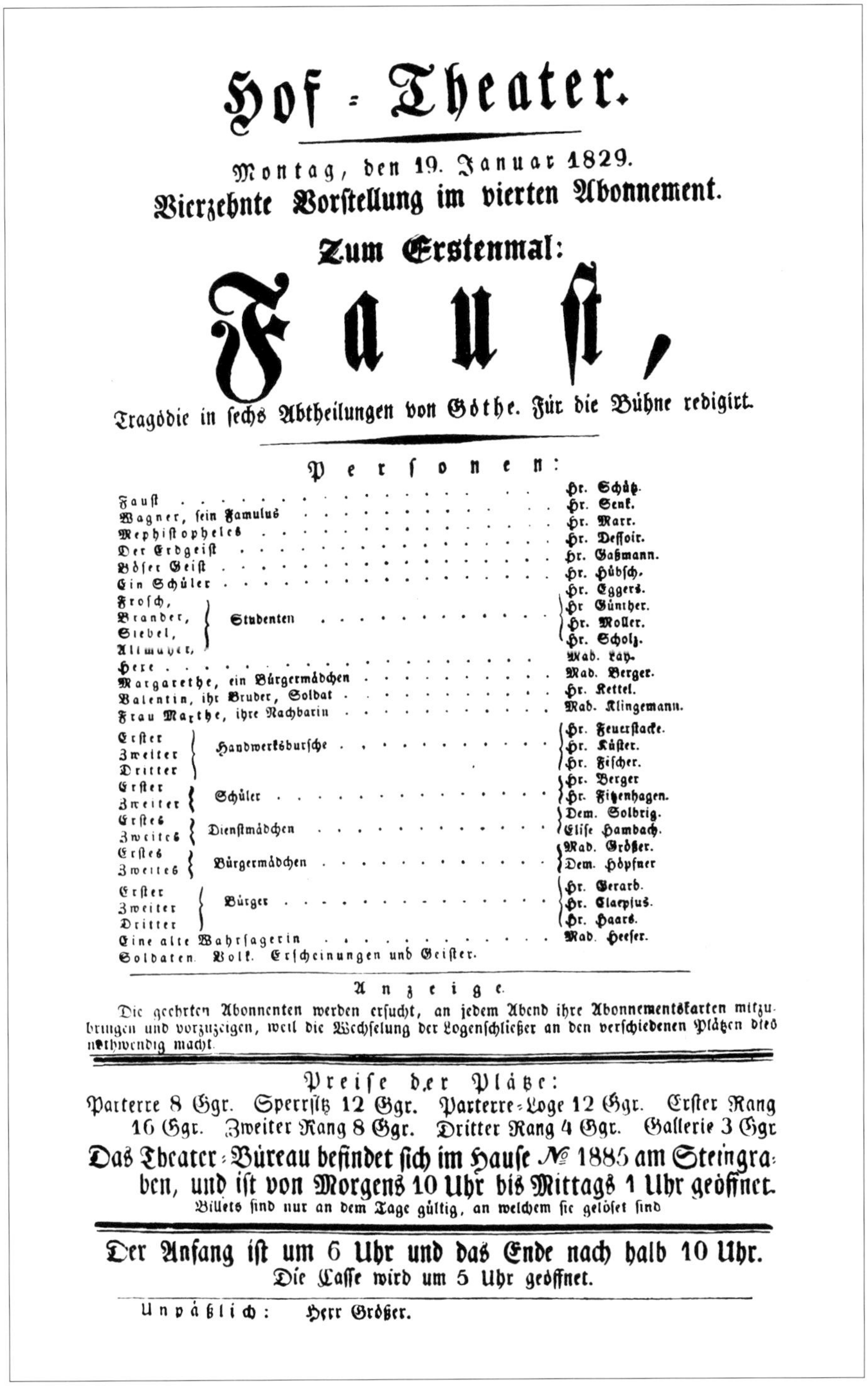
Hof - Theater.

Montag, den 19. Januar 1829.

Vierzehnte Vorstellung im vierten Abonnement.

Zum Erstenmal:

Faust,

Tragödie in sechs Abtheilungen von Göthe. Für die Bühne redigirt.

Personen:

Faust . . . Hr. Schütz.
Wagner, sein Famulus . . . Hr. Senk.
Mephistopheles . . . Hr. Marr.
Der Erdgeist . . . Hr. Dessoir.
Böser Geist . . . Hr. Gaßmann.
Ein Schüler . . . Hr. Hübsch.
Frosch, Brander, Siebel, Altmayer, Studenten . . . Hr. Eggers. Hr Günther. Hr. Moller. Hr. Scholz.
Hexe . . . Mad. Lay.
Margarethe, ein Bürgermädchen . . . Mad. Berger.
Valentin, ihr Bruder, Soldat . . . Hr. Kettel.
Frau Marthe, ihre Nachbarin . . . Mad. Klingemann.
Erster, Zweiter, Dritter Handwerksbursche . . . Hr. Feuerstacke. Hr. Küster. Hr. Fischer.
Erster, Zweiter Schüler . . . Hr. Berger. Hr. Fitzenhagen.
Erstes, Zweites Dienstmädchen . . . Dem. Solbrig. Elise Hambach.
Erstes, Zweites Bürgermädchen . . . Mad. Größer. Dem. Höpfner
Erster, Zweiter, Dritter Bürger . . . Hr. Gerard. Hr. Claepius. Hr. Haars.
Eine alte Wahrsagerin . . . Mad. Heeser.
Soldaten. Volk. Erscheinungen und Geister.

Anzeige.

Die geehrten Abonnenten werden ersucht, an jedem Abend ihre Abonnementskarten mitzubringen und vorzuzeigen, weil die Wechselung der Logenschließer an den verschiedenen Plätzen dies nothwendig macht.

Preise der Plätze:

Parterre 8 Ggr. Sperrsitz 12 Ggr. Parterre-Loge 12 Ggr. Erster Rang 16 Ggr. Zweiter Rang 8 Ggr. Dritter Rang 4 Ggr. Gallerie 3 Ggr

Das Theater-Büreau befindet sich im Hause № 1885 am Steingraben, und ist von Morgens 10 Uhr bis Mittags 1 Uhr geöffnet.

Billets sind nur an dem Tage gültig, an welchem sie gelöset sind

Der Anfang ist um 6 Uhr und das Ende nach halb 10 Uhr.

Die Casse wird um 5 Uhr geöffnet.

Unpäßlich: Herr Größer.

Abb. 11: Besetzungszettel der Uraufführung am 19. Januar 1829

Abb. 12: Heinrich Marr als Mephistopheles

Abb. 13: Eduard Schütz als Faust

oder deren geringe Bedeutung aus Zeitgründen einen Dekorationsumbau nicht rechtfertigte. Von den 4612 Versen des Goetheschen Originals strich Klingemann 1012. Da die Uraufführung dennoch viereinhalb Stunden dauerte, wurde die zweite Aufführung am 3. Februar 1829 wie folgt angekündigt: »Noch bedeutend abgekürzt«.

Daten zur Aufführung

Titel: *Faust. Tragödie in sechs Abtheilungen von Göthe. Für die Bühne redigirt*
Bühnenfassung und Regie: August Klingemann
Bühnenbau: Hermann Neefe (nach Illustrationen von Moritz Retzsch)
Musik: Ignaz von Seyfried
Faust: Eduard Schütz, ab November 1829 Wilhelm Kunst, danach Schöpe, ab 1831 wieder Schütz
Gretchen: Wilhelmine Berger, ab 1831 Sophie Schütz-Höffert
Mephistopheles: Heinrich Marr
Marthe: Elise Klingemann

Aufnahme durch Publikum und Kritik

Das Publikum nahm Klingemanns Inszenierung so begeistert auf, daß Goethes *Faust* in Braunschweig – anders als in Weimar – zum Repertoirestück avancierte, was W. Marr im Jahre 1875 mit besonderer Genugtuung vermerkte: »Nach dem Braunschweiger Erfolge fühlte sich Goethe denn doch veranlaßt, aus seiner Indolenz dem Theater gegenüber herauszutreten. Am 29. August 1829, also etwas über sieben Monate nach der Braunschweiger Aufführung, wurde ›Faust‹ im Hoftheater zu Weimar gegeben. ... Die Vorstellung wurde aber erst am 7. November 1829 desselben Jahres wiederholt, und die dritte Aufführung fand erst am 17. November 1832 statt. Zu Braunschweig war Goethe's ›Faust‹ dagegen ein Repertoirestück geworden« (170, 49). Begeistert äußerte sich auch Friedrich Hebbel, der den Mephisto Marrs mit dem Prädikat »unerreicht« bedachte.

Wirkungsgeschichtliche Aspekte

Am Morgen nach der Uraufführung berichtete Klingemann unverzüglich Goethe davon, daß der *Faust* endlich das Bühnenlicht dieser Welt erblickt habe, und hob den Erfolg des Stückes und der drei Hauptdarsteller hervor. Der angeblich sehr freundliche Antwortbrief Goethes ist bis heute nicht wieder aufgefunden worden. – Goethe informierte Eckermann über die Braunschweiger Uraufführung, zeigte ihm den Brief Klingemanns, und beide schienen überzeugt davon, daß der *Faust* nun seinen Siegeszug durch die deutschen Bühnen antreten werde. Schon am 28. Januar 1829 sah Goethe LaRoche für die Rolle des Mephistopheles in einer Weimarer Aufführung vor. Im März forderte Spiegel, der Intendant des Weimarer Theaters, bei Klingemann dessen Regiebuch an, das dieser in der Tagespresse zum Kauf angeboten hatte, wie in der *Dresdner Abendzeitung* vom 2. Februar 1829 zu lesen stand. Die Bühnen von Dresden, Hannover, Leipzig, Stuttgart und Weimar griffen unverzüglich diese angebotene Hilfestellung Klingemanns auf, um im Jahr des 80. Geburtstages von Goethe die Geschichte des Faust zu geben. Die größte Tat des Theatermannes August Klingemann war, das angebliche Illustrationsdrama und philosophische Lesedrama *Faust* als dramatische Bühnenhandlung aufbereitet zu haben, angeregt durch die *Faust*-Buchmaler seiner Zeit. Da viele große Bühnen für Jahrzehnte die Fassung Klingemanns übernahmen, war sein Spieltext das Medium, durch das eine Vielzahl der Deutschen mit Goethes *Faust*, der als Lesedrama damals nur wenig bekannt war, überhaupt in Verbindung gekommen ist. Die gedruckte Fassung Klingemanns wurde von bedeutenden Theatern verwendet, letztmals in den Inszenierungen von Marcks in Dresden in den Jahren 1871 und 1878. Damit wurde sie mehr als ein halbes Jahrhundert lang auf deutschen Bühnen gespielt.

2. Die Dresdner *Faust*-Fassung von Ludwig Tieck (1829)

Zur Feier des 80. Geburtstages von Goethe brachte Ludwig Tieck zuerst im Königlich-sächsischen Hoftheater zu Dresden und einen Tag später in Leipzig den *Faust* in zwei unterschiedlichen Fassungen auf die Bühne, obwohl auch er die allgemein verbreitete Überzeugung vertrat, das Drama des verehrten Dichters sei bühnenuntauglich. Die zuerst aufgeführte Dresdner Fassung wich in bezeichnenden Passagen vom Leipziger *Faust* ab, weil Tieck mit Rücksicht auf den dortigen Hof mehr »anzügliche« Textstellen strich oder gar umdichtete, die weitergehende Leipziger Fassung wurde kurz nach der Premiere von der »Pfaffenheit« verboten.

Motive und Konzeption

In einem eigens für die Aufführungen in Dresden und Leipzig verfaßten Prolog legte Tieck das seiner Ansicht nach Fragwürdige des Unterfangens dar, einen nicht für die Bühne geschriebenen Text aufzuführen:

»Doch wie? – Der Faust, der kühnste Traum des Mächt'gen?
Darf dies Gerüst mit Mängeln, Fehlern, Schwächen
Sich dieses starken Riesenwerks ermächt'gen?
Wird nicht der kleine Raum zusammen brechen?
Kein Raum genügt dem unermeßnen Werke,
Und keine, keine Kraft wiegt des Titanen Stärke,
Und keinem Sterblichen wird es gelingen,
Das vieldeutsame Werk zum Schluß zu singen,
Daß es Fragment, als Räthsel und Ruine
Im Mondschein=Dämmer um so größer schiene.
Und also soll uns auch der Tadel meiden,
Was frech erscheinen dürfte, ist bescheiden,
Weil Bruchstück vom Fragmente zu belegen
Wir ängstlich uns und dankbar nur bestreben.
So nehmt es an, und unser Mühn ist nicht verloren:
Denn heut vor achtzig Jahren ward geboren
Der Sangesfürst, deß Siegeswagen
Ihn ruhmgekrönt durch jedes Land getragen:
Und daß auch wir ihm huld'gen und ihm danken,
Drum öffnen heut' zum Wagstück sich die Schranken.« (12, 42)

Dieser Prolog und ein Zueignungsbrief an Goethe verdeutlichen, daß in Leipzig und Dresden Goethes *Faust I* ursächlich wegen des 80. Geburtstages aufgeführt worden ist, die Theater nicht abseits stehen wollten.

Bühnen- und Strichfassung

Bereits 1921 hat Heinrich Brandt nachgewiesen, daß in Dresden und Leipzig die Bühnenfassung Klingemanns Grundlage der Inszenierungen war. In der *Dresdner Abendzeitung* hatte Klingemann am 2. Februar 1829 seine gedrucktes Regiebuch zum Kauf angeboten:

Theater-Anzeige.
Faust von Goethe, Tragödie in sechs Akten, für die Darstellung redigirt. – Von diesem Stück, welches auf dem Hoftheater zu Braunschweig soeben mit dem entschiedensten Erfolg auf die Bühne gebracht wurde, ist das genau eingerichtete Buch nebst der dazu gehörigen Partitur in korrekten Abschriften gegen ein an die dortige Direction portofrei einzusendendes Aequivalent von 5 Friedrichsdor zu erhalten. (23, 2)

Das Dresdner Hoftheater erwarb die Abschrift Klingemanns, und Tieck überarbeitete diese Fassung gründlich. Längere Stellen oder Verse, die ihm überflüssig erschienen, strich er mit Bleistift, Verse jedoch, die ihm zu anstößig waren, strich er mit Tinte. Wollte er Verse nicht wörtlich aber in gemilderter Form erhalten, trug er seine entsprechenden Änderungen ein. Für eigene längere Textergänzungen legte er zusätzliche Blätter ein. Etliche Szenen stellte er gegenüber der Klingemannschen Fassung um. Ein Vergleich von Klingemanns Druckfassung mit dem Soufflierbuch Tiecks ergibt, daß Tieck die 5. Abteilung von Klingemann als 3. Szene des 4. Aufzugs spielen ließ, wobei er die Szene »Zwinger« gestrichen hatte. Während bei Klingemann Gretchens Spinnradmonolog fehlte, übernahm Tieck für Dresden und Leipzig diese Szene aus Goethes Vorlage. Tieck gewann damit eine Fassung in fünf Akten. Indem Tieck die Szene »Hexenküche« an das Ende des zweiten Aufzugs stellt, gewinnt er nach Ansicht Brandts »einen Einschnitt..., der organisch in die Handlung eingreift: die Zeit, in der Faust nach dem Genuß des Hexentranks vom Geisteshelden zum sinnlichen Liebhaber wird und auch äußerlich eine tiefgreifende Wandlung erfährt« (23, 9).
Entsprechend Klingemanns Vorlage strich Tieck die Szenen »Vorspiel auf dem Theater«, »Prolog im Himmel«, »Gretchens Stube« (Spinnradmonolog), »Am Brunnen«, »Zwinger«, »Walpurgisnacht«, »Walpurgisnachtstraum« und »Nacht. Offen Feld«. Zur dramaturgischen Gestalt der verbliebenen Szenen ermittelte Heinrich Brandt: Nach der Vorlage Klingemanns »zieht er die fünf Handwerksburschen zu drei zusammen, unter die er in gleicher Weise die Reden verteilt, ... wirft den Bettler, die weissagende Alte, die Bauernepisode mit anschließenden Aufklärung über Fausts Vergangenheit heraus, bezeichnet er die vier lustigen Gesellen in Auerbachs Keller als Studenten, wiewohl der Text keinerlei Anhaltspunkt dazu bietet« (23, 10).

Abb. 14: Moritz Retzsch – Osterspaziergang

Besonderheiten der Inszenierung: Zensurängste

Tieck zeigte sich in seiner Strichfassung insbesondere als zensierender Moralapostel. Von seinen »Prüderiestrichen« und seinen Umdichtungen seien nur die markantesten angeführt: Faust durfte nicht »leider auch«, sondern er mußte »selbst auch Theologie« studieren. Verpönt war es in Dresden, die Pfaffen zu den Laffen zu rechnen, so daß Faust rezitierte: »Zwar bin ich gescheiter als alle die Laffen,/ Doctoren, Magister und mit wem man sonst hat zu schaffen.«

Gestrichen waren die Aussagen, daß ein Komödiant einen Pfarrer lehren könnte, und daß diejenigen seit jeher gekreuzigt und verbrannt worden seien, die dem Volke die Wahrheit offenbart haben. Selbst das Wort »Teufel« war verpönt – ausnahmsweise in der »Hexenküche« gerade noch erlaubt. Auch die Wette zwischen Faust und Mephisto tilgte Tieck. In der Schülerszene durfte dem angehenden Studiosus nicht geraten werden, er solle so emsig studieren, als diktiere ihm der heilige Geist, denn Mephisto mußte mahnen: »Und Euch des Schreibens je befleißt,/ Weil dies allein studieren heißt.« Selbstverständlich erfuhr der ratsuchende Schüler auch nichts von dem verborgenen Gift der Theologie; Tieck strich diese Verse.

In »Auerbachs Keller« waren die Worte »Sauerei« durch »Schelmerei« und »Doppelt Schwein« durch »Nimm's allein« ersetzt. Auch Papst und Luther mußten verschont werden, und während die lustigen Gesellen erst gar nicht auf den Gedanken kommen durften, ein päpstliches Oberhaupt zu wählen, mußte Brander singen: »Es war eine Ratt' im Kellernest,/ Lebte nur von Butter und Käse,/ Hatte sich ein Ränzlein angemäst't,/ Wie der gelehrteste Chinese.« Die Zecher durften nicht erklären, daß ihnen »so kannibalisch wohl« sei »als wie fünfhundert Säuen«, und Mephistos bedrohliche Flamme war kein »Tropfen Fegefeuer«, sondern lediglich ein »irdisch Feuer«. Getilgt war in der »Hexenküche« der Hinweis, daß Gott in sechstägiger Arbeit ein schönes nacktes Weib geschaffen habe, ebenso der Ausdruck »verfluchte Sau«.

Die meisten Prüderiestriche finden sich in der Gretchentragödie. Dort war zunächst Fausts Verlangen nach Gretchen ausgemerzt, ein 14jähriges Geschöpf wie Gretchen in sieben Stunden zu verführen, und er durfte nicht nach Halstuch und Strumpfband verlangen. Gretchens Schmuck hatte kein »Pfaff«, sondern »man« hatte ihn ihr weggerafft. Die Mutter brachte sodann nicht das erste Schmuckkästlein zum Pfaffen, sondern zu den Armen. Heißt es bei Goethe von der Gesinnung des Pfarrers: »Strich drauf ein Spange, Kett und Ring, / Als wären's eben Pfifferling'«, so hören wir in Dresden: »Die Mutter aber Kett und Ring/ Den Armen schenkt' wie Pfifferling'«. Da die Erwähnung des Pfaffen in dieser Szene nicht vorkam, fehlte auch der Hinweis auf den guten Magen der Kirche, die ganze Länder aufgefressen habe.

Mephisto gegenüber durfte Faust nicht die Begier nach Gretchens süßem Leib erwähnen. Im »Religionsgespräch« war das Wort Religion tabu, ungenannt blieben auch die Worte Kirche, Glauben, Sa-

kramente, Messe, Beichte, Priester und Pfarrer, so daß Gretchen auf Fausts pantheistische Gotteserklärung antworte: »Ungefähr sagt das die Mutter auch.«
Von Gretchens Bereitwilligkeit, eines Nachts für Faust den Riegel offen zu lassen, stand nichts mehr in Tiecks Souflierbuch. Mephistos darauf bezogene höhnische Frage: »Nun, heute Nacht?« wurde verkürzt auf die Worte »Nun heute?« Von Mephistos in der Valentin-Szene vorgetragenem Lied strichen die Dresdner Bearbeiter den letzten Vers der ersten Strophe, nämlich »Als Mädchen nicht zurücke«, sowie die gesamte zweite Strophe. Aus damaligen Kritiken geht hervor, daß in der Premiere das Lied vollständig gestrichen war. Auch die Worte »Hure« und »Metze« hielt Tieck nicht für hofbühnenfähig, und so unterblieb das Schimpfwort »Hur'« auch in der Kerkerszene, wobei das Dresdner Soufflierbuch gleich zwei Varianten aufwies: Entweder hatte Gretchen »Meine Mutter, die Brut« oder »Meine Mutter Hu! hu!« zu singen. In der Kerkerszene durfte Faust auch nicht mehr versuchen, Gretchen mit »tausendfacher Glut« zu herzen. – Der drastischen Striche wegen bedürfe die Dresdner Spielfassung keines Kommentars, meint Heinrich Brandt.

Was bereits für die Inszenierung von Klingemann in Braunschweig gegolten hat, ist auch für Dresden anzumerken: Die manchmal ratlosen Regisseure, Bühnen- und Kostümbildner holten sich ikonischen Rat bei den zeitgenössischen *Faust*-Illustratoren. Für Fausts und Wagners Rückkehr vom Osterspaziergang nahm man eine Radierung des ortsansässigen Künstlers Moritz Retzsch zur Vorlage, das Regiebuch vermerkt: »Bild nach Retzsch« (23, 35).

Tiecks Bühnenfassung enthielt, wie üblich im 19. Jahrhundert, Elemente, welche die Auffführungen außergewöhnlich in die Länge dehnten: Ballett- und Musikeinlagen. So wurde das Treiben in »Auerbachs Keller« durch Orchestervariationen über »Gaudeamus igitur« umständlich eingeleitet und die Studierzimmer-Szenen viel zu reichlich mit Balletteinlagen bedacht. Zeitraubend für eine *Faust*-Inszenierung war auch die »un-

sinnige Gewohnheit« vieler Regisseure, »eine Anzahl von Kirchenbesuchern über die Bühne zu schicken« (23, 38), begleitet von Orgelklängen, ehe Faust Gretchen erstmals unvermittelt anspricht.

Das Ende der Kerkerszene übernimmt Tieck von Klingemann: Mephisto schleudert Faust durch die Kerkertür nach außen. Hierbei war nicht Retzsch, sondern der Zeichner Peter Cornelius der Urheber dieser Idee, wie Abb. 15 zeigt. Weniger die Kritiker, sondern das ziemlich begeisterte Publikum war davon angetan, die Illustrationen bzw. Umrisse von Retzsch und Cornelius in der Aufführung wiederzuerkennen, wie Zeitgenossen berichteten.

Aufnahme durch Publikum und Kritik

Tieck selbst war mit seiner Dresdner Einstudierung, wie seinen zahlreichen Briefen zu entnehmen ist, sehr zufrieden, auch aus einem Brief an Goethe geht dies hervor: »Alle Freunde der Götheschen Muse … die Fremden und die jungen Prinzen und Prinzessinnen des Hauses waren zugegen, alle gespannt und nachher von den Wundern dieses einzigen Werkes hingerissen und begeistert. Seit ich hier bin, habe ich wenigstens noch niemals einen so lauten und anhaltenden Applaus erlebt. Jeder Schauspieler gab sich die größte Mühe, denn alle waren von dem Gefühl durchdrungen, welch wichtige Aufgabe sie zu lösen hatten und an welchem feierlichen Tage sie die goldenen Worte des großen Meisters zu sprechen hatten. Ich bin so frei, Ihnen den Zettel der Aufführung beizulegen« (26/2, 520).

Ludwig Bechstein erlebte mit Ingrimm beide Inszenierungen Tiecks in Dresden und Leipzig, und er sah sich genötigt, seine Meinung 1831 in Buchform zu veröffentlichen: *Die Darstellung der Tragödie Faust von Göthe auf der Bühne. Ein zeitgemässes Wort für Theaterdirektionen, Schauspieler und Bühnenfreunde.* In dieser Schrift setzt er sich ausführlich mit dem Gesehenen auseinander, wobei er herbe Kritik an den In-

szenierungen Tiecks übt. Daß eben Tieck die beiden Einstudierungen übernommen habe, stimmt ihn froh, denn von anderen Regisseuren hätte Bechstein noch Schlimmeres erwartet. Am meisten bemängelt er die Zusätze und Änderungen gegenüber Goethes Text; dabei unterscheidet er nicht zwischen der Dresdner und der Leipziger Einstudierung. Bechstein führt u. a. aus: »Da, wo Mephistopheles die Geister ruft, Faust mit magischen Banden zu umweben, hat man für nöthig erachtet, eine Art Chortanz einzulegen, statt des Gesanges. Auf einer Bühne tanzte die kleine Schar in Trikot und rothen Kleidern hinter den Koulissen hervor, und machte nach dem Takt der Musik allerlei pantomimische Gesten; auf einer andern steigt sie in verschiedenen Gruppen aus dem Boden herauf, und thut ein gleiches, auf noch einer andern erscheint sie erhöht, in Lauben und Nebenranken … in Auerbachs Keller … überraschte es uns nicht wenig, das Orchester plötzlich Variationen des *Gaudeamus igitur* beginnen zu hören, die auf das lustige Studententreiben vorbereiten sollten. Wir wollen dies gerade nicht streng tadeln, aber wozu soll es; es ist mindestens überflüssig und ein, nicht zur Sache gehöriges Einschiebsel« (11, 26–27).

Besonders zuwider waren Bechstein Eingriffe in Goethes Text: »In dem Lied *Es war eine Ratt'* hatte man folgendermaßen verballhornt: »Lebte nur von Butter und Käse!/ Hatte sich ein Ränzlein angemäst't,/ Wie der gelehrteste Chinese!« Etwas Abgeschmackteres ist uns noch niemals vorgekommen. Laßt doch immerhin die Studenten im Geist ihrer Zeit und ihres Glaubens den Hohn auf Luther herausjohlen, beides hat der Dichter auf diese Art vortrefflich bezeichnet, und Luthers Verdienste werden dadurch nicht geschmälert. Lächerlich bleibt es, dem Protestantismus zu Gefallen, hier zu ändern. Wir hörten es so in Leipzig« (11, 27). Sodann brandmarkt Bechstein die Orchestermusik in der »Hexenküche« als unnötigen »musikalischen Ohrenzwang. Es war bei der Stelle, wo die Gläser zu klingen anfangen und die Kessel tönen. Eine fürchterliche Hexenmusik. Es steht

Abb. 15: Peter Cornelius – Kerkerszene

wohl im Buche dergleichen vorgeschrieben, aber daß das Klingen vom Orchester ausgehen soll, steht nicht dort« (11, 28). Daß Goethes satirische Kirchenkritik gestrichen war, ärgerte den Schriftsteller ebenfalls: Diese »kindischläppischlächerliche Ängstlichkeit« grenze an Unsinn.

Das Geschmackloseste sah Bechstein im Ende der »Kerker«-Szene, wo das Publikum darauf wartete, daß nach den letzten Worten endlich der Vorhang falle: »Bei der ersten Vorstellung sahen wir den Kerker plötzlich von einer magischen Helle beleuchtet, das Oberonfeuer trat auf, und spielte seine Rolle. Ueber Gretchen schwebte ein Engelein mit einem Palmzweig, sah aus wie ein wächsernes Christpüppchen, Faust stürzte vor Mephistopheles nieder, und Junker Urian stieg auf einmal in die Höhe, ließ den Mantel fallen, breitete ein stattliches Paar Drachenflügel aus, und hielt eine Krallenhand über den Verlorenen. Der Applaus war freilich bedeutend, denn solches Spielwerk ergötzt die Menge, und zu tief gewurzelt ist die eigentliche Sage, als daß das Volk sich eine Komödie von Faust ohne Teufelholen denken könnte. Wir glaubten somit das *Non plus Ultra* von aberwitzigem Zusatz gesehen zu haben, und waren, und sind es noch, neugierig, zu erfahren, ob Tieck das so schön ausgedacht und angeordnet hat« (11, 56).

Die Berichterstatter der Dresdner Blätter *Merkur* und *Morgenzeitung* meldeten eine lebhafte Teilnahme des Publikums. Die von Hell redigierte *Abendzeitung* befaßte sich nicht mit der eigentlichen Inszenierung, da der Herausgeber die Ansicht vertrat, Goethes *Faust* gehöre nicht auf die Bühne. Dies hinderte ihn aber nicht daran, die Dresdner und die Leipziger Fassung zu revidieren, nachdem beide Aufführungen verboten worden waren. Bekannte Persönlichkeiten – wie Karl Förster – rechneten den Dresdner *Faust* vom Jahre 1829 zu dem Gelungensten, was je über die Königlich-sächsische Hofbühne gegangen sei.

Wirkungsgeschichtliche Aspekte

Nach der zweiten Aufführung verschwand Tiecks *Faust* wie nach einer Geheimabsprache von der Dresdner Bühne. Es ist zu vermuten, daß man von offizieller Seite eine angeordnete Revision von Tiecks Fassung vertuschen wollte, um peinliche Nachforschungen zu vermeiden. Blätter anderer deutscher Städte, wie das Stuttgarter *Morgenblatt* oder das Münchner Tageblatt *Das Inland*, bestätigten das Gerücht, daß der Dresdner *Faust* in seiner Premierenfassung untersagt worden sei: »Die Aufführung des Faust ist nämlich in Dresden wie in Leipzig wieder gestattet, jedoch in einer von Th. Hell ihm gegebenen, beschnittenen und appretierten Form. ... In Leipzig wurde die Aufführung sogleich, in Dresden aber erst nach mehrmaligen Darstellungen nach 5 Tagen untersagt, und wir wissen aus sehr guter Quelle, daß man auch jetzt noch mit dem Streichen und Umändern des Stückes an unserem jetzt so liberalen Hofe nicht ganz zufrieden gewesen ist« (23, 47).

Bechstein wies in seiner Kritik auch darauf hin, daß die Vorgehensweise, bei den Buchillustratoren auch unpassende Ideen aufzugreifen, um damit *Faust*-Inszenierungen auszustatten, Schule gemacht hat. Dabei wurde Tieck an Negativem übertroffen, was er in der Kerker-Szene gezeigt hatte: »Aber wir sollten noch mehr, noch Unglaublicheres sehen ... Auf einer anderen Hofbühne rollte zuerst die Hälfte der hintern Kerkerwand in die Höhe, und es erschien in einer Nische über Gretchen ein Engelein ... von Pappe, und ebenfalls in magischer Beleuchtung. Als dieses Englein eine Weile gestanden hatte, geschah ein ziemlicher Donnerschlag, (Faust und Mephistopheles waren abgegangen) die zweite Hälfte der Gefängniswand brach zusammen, und was sah man? Einen *Galgen* darauf und daran allerlei gespenstige Scheusale, und in der Luft – ›Wehe, das wilde Heer!‹ Wenn auch nicht Hirsche und Sauen, doch menschliche Nebelgestalten und Phantome vorüberjagend; nicht genug, jetzt kamen Faust und Mephistopheles, von Pappe auf großen schwarzen Pferden ebenfalls von Pappe, und machten einen Luftritt, und nun erst fiel fein langsam die Gardiene. Ist das Kunstsinn oder Unsinn? Geschmack oder blöder Aberwitz? Wenn ein großer Maler, wie z.B. Cornelius in München, schöne großartige Bilder zu Göthes Faust entwirft und ausführt, wenn er auch einen solchen Luftritt malt, der auf dem Bilde schön und ergreifend sein kann, wo steht denn geschrieben, daß nun gleich nach diesem Bilde ein Prospect gemalt werden müsse mit Galgen und Rad, luftigem Gesindel, und dergleichen und daß der Zuschauer nun auch auf der Bühne diese Luftreiterei mit ansehen müsse? Nur in einem stupiden Gehirn kann solcher Unsinn ausgeheckt werden, der ein Pasquill ist auf Göthe und sein Meisterwerk! eine Verhöhnung des guten Geschmacks, eine grobe Beleidigung gegen das gebildete Publikum und eine Herabwürdigung der Bühne! der Intendanz! der Regie! kurz der ganzen Theater-Anstalt« (11, 56–57). Bechstein berichtet abschließend davon, daß der Leipziger *Faust* im Jahre 1831 endlich jenen Schluß habe, wie er in Goethes Dichtung steht, wozu das Leipziger *Tageblatt* aufgefordert habe.

3. Die Leipziger Einstudierung oder die originäre *Faust*-Bearbeitung Tiecks

Im wesentlichen unterscheidet sich Tiecks Leipziger von seiner Dresdner *Faust*-Bearbeitung dadurch, daß erstere vor ihrem Verbot wesentlich weniger Striche aufwies. Dies bestätigten Bechstein sowie Rochlitz in einem ausführlichen Brief an Goethe. In Leipzig hatte Tiecks *Faust* einen Tag nach der Dresdner Aufführung Premiere, und die Leipziger Presse hebt Tiecks Anteil von Anfang an hervor; der *Merkur* meldet: »Der Faust von Goethe, umgearbeitet von Ludwig Tieck«, aber auch im ferneren Dresden liest man unter Hinweis auf Tiecks zweite *Faust*-Inszenierung am 24.9.1829: »Faust, nach Tiecks Einrichtung für die Bühne«.

Bühnen- und Strichfassung

Goethe hatte Friedrich Rochlitz gebeten, ihm mitzuteilen, wie der *Faust* in Leipzig aufgeführt werde. Am 12.9.1829 antwortet er so ausführlich, daß anschaulich vermittelt wird, wie die Leipziger Aufführung beschaffen war: »Ich nehme an, Faust liegt Ihnen zur Hand, und ich brauche bloß zu registriren. Das ›Vorspiel‹ blieb weg. ›Faust allein‹ – wurde unverkürzt gegeben. (Der Geist erscheint nicht, nur seine Stimme wurde vernommen.) ›Faust und Wagner‹: unverkürzt; desgleichen Alles, was sich anschließt. ›Vor dem Thore‹: wenig Einzelnes weggelassen. ›Faust und Wagner‹, unverkürzt. ›Studirzimmer‹: Faust, unverkürzt. Die ›Geister auf dem Gange‹ blieben weg. ›Faust und Mephistopheles‹: unverkürzt. (Statt des Geistergesanges, unter dem Faust entschläft, bloß ferne Musik mit Blaseinstrumenten und reizender Guirlandentanz von Kindern; sonst unverkürzt; die folgende Scene angeschlossen, desgleichen, bis auf einige Zeilen.) ›Schüler‹, dann Faust unverkürzt. ›Keller‹: mäßig abgekürzt (z.B. die Ratte blieb weg: der Floh nicht; doch wurde er nur gesprochen, nicht gesungen abgefertigt, um leichter über ihn zu kommen, oder auch, weil der Schauspieler eigentlich kein Sänger ist.) ›Hexenküche‹: mehr abgekürzt; Alles aber mit einer Art grotesken Anstandes vorgestellt. ›Abend‹, ›Spaziergang‹, ›Nachbarin Haus‹, ›Straße‹, ›Garten‹, ›Gartenhäuschen‹: Alles, wie es beim Dichter ist. ›Wald‹: um wenige Zeilen gekürzt. ›Gretchens Stube‹ und ›Marthens Garten‹: unverkürzt. ›Am Brunnen‹ blieb weg. (Das billige ich nicht. Einige Zeilen konnten weggelassen werden.) ›Zwinger‹: unverkürzt. ›Nacht‹: desgleichen. ›Dom‹: leider mußte der Verhältniße wegen, eben diese Hauptscene am allermeisten leiden; so daß sie um all' ihre Hoheit und Kraft kam. Man sahe bloß im Hintergrunde das Äußere der erleuchteten Kirche und hörte die Gesänge aus ihr, ohne sie zu verstehen pp. Auf dem Vorplatz kommen manche aus der Kirche, Andere gehen hinein, Gretchen, unter den letzteren, wagt nicht, sie zu betreten: sie nimmt nur vorn und allein im Geiste an der heiligen Handlung Theil. Was der böse Geist ihr zuzischelt, ist – mit den nöthigen kleinen Änderungen – ihr selbst zugetheilt, als in ihr aufsteigend; was psychologisch recht gut, aber nicht für die Sinne ist. ›Walpurgisnacht‹ und ›Intermezzo‹: blieben weg. ›Feld‹: unverkürzt. ›Nacht‹: blieb weg, ›Kerker‹ unverkürzt. Schluß: wie ich schon neulich gemeldet habe« (89, 334–336).

Aufnahme durch Publikum und Kritik

Bereits am 29.8.1829 hatte Rochlitz davon berichtet, in welcher Weise *Faust* in Leipzig gespielt worden ist; dies geschah einen Tag vor dem Verbot der Leipziger Aufführung, und der Briefschreiber konnte noch erfreut mitteilen, daß Tieck sich auf der hiesigen Bühne weit mehr Freiheiten erlauben könne als in Dresden. Vieles, was Rochlitz schreibt, ähnelt dem, was Bechstein später veröffentlichen wird. Rochlitz betont den außerordentlichen Erfolg, den die Aufführung hatte, denn bereits der Prolog, von einer Schauspielerin zu Goethes lebensgroßer Büste gesprochen, habe das überfüllte Haus zu Beifallsstürmen hingerissen, und da die Zensur die Aufführung noch nicht verboten hatte, waren auch Goethes satirische Spitzen von einem aufmerksamen und aufgeschlossenen Publikum erstaunt aufgenommen worden: »Daß Scenen, wie die, in Auerbachs Keller, (der ganz nach der Wahrheit gemalt und angeordnet war,) in der Hölle, (wo das Maschinenwesen höchst präcise einschnappte,) u. dgl. – daß diese, sag' ich, das Ihrige thaten, brauche ich kaum zu erwähnen, Aber, gleichsam unter vier Augen zu bemerken will ich doch nicht unterlassen, da es für unsere Zeit und Jugend bezeichnend ist – daß die Scene zwischen Mephisto und dem Schüler Todtenstille erregte und offenbar tief, aber in einer, der beabsichtigten entgegengesetzten Weise eingriff, und in gleichem Sinn viele giftige Sarkasmen über Staat, Kirche höheres geistiges Leben pp mit kurzem, scharf und prall hervorbrechendem Jubel vom Parterre aufgenommen wurden, als spräche sie ein Gott, und nicht der Teufel« (89, 329). – Dieser kurze Ausschnitt aus dem Bericht von Rochlitz erläutert nicht nur die Spielweise der Leipziger *Faust*-Premiere, sondern zeugt auch von Geschmack und kritischer Einstellung des Theaterpublikums zur Zeit Goethes. Wie das Publikum reagierte, hat Tieck in seinem Brief an Goethe erläutert. Was den Zuschauern offensichtlich gefiel, wird auch in der Presse erwähnt, denn Goethes satirische Spitzen blieben dem Leipziger Publikum zunächst erhalten; der Dichter hat mit bitterer Wahrheit offensichtlich den Zeitgeist getroffen.

Verbot der Leipziger Aufführung auf Geheiß der »Pfaffenheit«

Nach der Premiere erwirkte das protestantische Konsistorium die »Verbannung des Faust von der Bühne«, wie dem *Inland* vom 15.9.1829 zu entnehmen ist. Als Bechstein feststellen mußte, daß bestimmte Stellen nach der Erstaufführung in Leipzig aus dem Spieltext verschwunden waren, ließ er seiner Entrüstung und Wut freien Lauf. So werde weggelassen, »was darauf Bezug hat, daß den, für Gretchen bestimmten Schmuck, ein Pfaff hinweggerafft hat, und die schönen Stellen *Die Kirche hat einen guten Magen* ec. sind bei Leibe verpönt. Doch hatten wir, als wir der ersten Darstellung des Faust in Leipzig beiwohnten, die Freude, in dieser Scene nichts ausgelassen zu sehen, allein später bewirkte die Pfaffenheit ein Verbot, kraft dessen, der arme Faust schmähliche Castrationen erfahren mußte« (11, 29). Dies sei äußerst negativ zu sehen: »Was bleibt denn am Ende; Warum giebt man den Faust, wenn man so etwas nicht hören kann und will; verbietet ihn ganz, wie in Oestreich manche Stücke ganz verboten sind, so weiß man, woran man ist. Wenn es aber heißt: *Faust von Göthe*, und man nun kommt, und sich erfreuen will an der genialen Schöpfung, so muß es erbittern, wenn statt eines möglichst vollständigen Ganzen, ein Flickwerk! statt eines göttlich-schönen Apolls, ein verstümmelter, blutender Leichnam gezeigt wird« (11, 20–21). Kirchlichen und staatlichen Instanzen wirft Bechstein vor, die Wahrheit nicht hören zu wollen: »Daß die Kirche ganze Länder aufgefressen hat, ist es denn etwa nicht wahr?« (11, 21).

Nachdem *Faust* in Leipzig verboten worden war, kam auch Tiecks Dresdner Einstudierung zu Fall, obwohl die dortige Fassung nicht im entferntesten so brisant war wie die Leipziger. So eilig hatte man es mit dem Verbot, daß man eine Stafette nach Dresden eilen ließ, um den Antrag des protestantischen Leipziger Konsistoriums zu überbringen, und zwar »zum allerhöchsten Erstaunen, wir können diesmal wohl sagen, *aller* Dresdner« (23, 58). Erst nach gründlicher »Beschneidung« wurde Goethes Drama auf der Leipziger Bühne wieder zugelassen, man vermutet, daß Theodor Hell, der schon in der Spielfassung von Dresden mit Rotstift und Umdichtungen wütete, auch den *Faust* in Leipzig gräßlich zugerichtet hat. Am 23.9.1829 meldet der Dresdner *Merkur*, daß *Faust* in Leipzig wieder gespielt werde: »Hübsch moderiert und castigiert, wird Faust nun wieder aufgeführt. Gerade einundzwanzig Tage ist er mit dem Bann belegt gewesen, da erbarmte sich seiner ein mitleidiger Genius, sprach ihn von aller Schuld frei und gestattete ihm am 20. September wieder über die Bretter zu wandeln, die er am 28. August zum ersten Male mit so vielem Ruhme betreten hatte.« Ohne die Eingriffe der Zensur war für einen einzigen Tag, an Goethes 80. Geburtstag, der liberalste *Faust* der Goethezeit in Leipzig zu sehen.

4. Die Erstaufführung in Weimar zu Goethes 80. Geburtstag

»Abends allein. Aufführung von Faust im Theater« (92/III/12, 119), lesen wir in Goethes *Tagebuch* unter dem Datum des 29.8.1829, als ein Tag nach seinem 80. Geburtstag zum ersten Mal in Weimar sein »Hauptgeschäft« *Faust* aufgeführt wird. »Abends allein.«: Die Weimarer Gesellschaft feiert seinen *Faust*, während der Dichter einsam im Haus am Frauenplan verweilt. Sicherlich mag nicht nur die Tatsache, daß er »niemals großes Verlangen trug, einer Vorstellung seiner Stücke beyzuwohnen« (92/IV/25, 291), wie er einmal dem Grafen Brühl nach Berlin übermittelte, Ursache für sein Fernbleiben gewesen sein. Der eigentliche Grund für die Abwesenheit muß darin gesehen werden, daß die Tragödie auch in Weimar unter falscher Rücksichtnahme gegenüber Kirche und Hof drastische Striche und Textänderungen erfahren hatte. Bechsteins Äußerungen aus dem vorigen Teilkapitel lassen sich auf Weimar übertragen: Der Weimarer *Faust* war in manchen Punkten nicht mehr der *Faust* Goethes.

Motive und Konzeption

Das Wissen, daß Klingemann in Braunschweig die Uraufführung des *Faust* fest geplant hatte, ließ im Dezember 1828 in Weimar zum drittenmal den Wunsch aufkeimen, das Drama auch hier auf die Bretter zu bringen. Kanzler Müller, Riemer, Eckermann, LaRoche und Goethes Sohn August suchten deshalb den Dichter auf, um ihm mitzuteilen, daß eine *Faust*-Aufführung am Hoftheater eine bereits beschlossene Sache sei: »Herr von Müller brachte die Sache ruhig vor, wobei er aber, wie erwähnt, unter anderm sich des Ausdrucks bedient zu haben scheint: ›man habe beschlossen‹. Darüber fuhr Goethe auf wie von einer Bremse gestochen. ›Glaubt man denn, daß ich, wenn ich gewollt hätte, nicht selbst den Faust auf die Bühne bringen konnte? - Ist es billig, über meine Werke zu verfügen, ohne zu fragen, was ich selbst damit vorhabe? Bin ich denn nicht mehr am Leben? – *Beschlossen hat man?* Man hat demnach *beschlossen*, ohne mich auch nur zu fragen!‹ ... Die Freunde befanden sich in der peinlichsten Lage. Es ging damit aber doch den Weg, wie so manches andre, das anfangs auf seinen Widerspruch stieß und schließlich doch durchgeführt wurde.

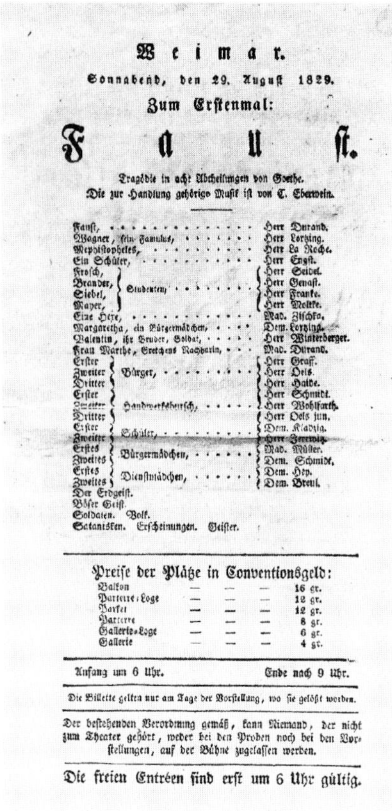
Weimar.

Sonnabend, den 29. August 1829.

Zum Erstenmal:

Faust.

Tragödie in acht Abtheilungen von Goethe.
Die zur Handlung gehörige Musik ist von C. Eberwein.

Faust,		Herr Durand.
Wagner, sein Famulus,		Herr Lortzing.
Mephistopheles,		Herr La Roche.
Ein Schüler,		Herr Engst.
Frosch,	Studenten,	Herr Seidel.
Brander,		Herr Genast.
Siebel,		Herr Franke.
Mayer,		Herr Moltke.
Eine Hexe,		Mad. Zischka.
Margaretha, ein Bürgermädchen,		Dem. Lortzing.
Valentin, ihr Bruder, Soldat,		Herr Winterberger.
Frau Marthe, Gretchens Nachbarin,		Mad. Durand.
Erster	Bürger,	Herr Graff.
Zweiter		Herr Oels.
Dritter		Herr Halde.
Erster	Handwerksbursch,	Herr Schmidt.
Zweiter		Herr Wohlfarth.
Dritter		Herr Oels jun.
Erster	Schüler,	Dem. Kladzig.
Zweiter		Herr Jerrwitz.
Erstes	Bürgermädchen,	Mad. Müller.
Zweites		Dem. Schmidt.
Erstes	Dienstmädchen,	Dem. Hey.
Zweites		Dem. Breul.

Der Erdgeist.
Böser Geist.
Soldaten. Volk.
Satanisken. Erscheinungen. Geister.

Preise der Plätze in Conventionsgeld:

Balkon	16 gr.
Parterre-Loge	12 gr.
Parket	12 gr.
Parterre	8 gr.
Gallerie-Loge	6 gr.
Gallerie	4 gr.

Anfang um 6 Uhr. Ende nach 9 Uhr.

Die Billette gelten nur am Tage der Vorstellung, wo sie gelößt worden.

Der bestehenden Verordnung gemäß, kann Niemand, der nicht zum Theater gehört, weder bei den Proben noch bei den Vorstellungen, auf der Bühne zugelassen werden.

Die freien Entréen sind erst um 6 Uhr gültig.

Abb. 16: Besetzungszettel der Weimarer Premiere

Goethe machte sich mit dem Gedanken vertraut und äußerte denn endlich eines Tages … gegen seine vermittelnde Schwiegertochter Otilie: ›Wenn man denn durchaus den Faust zur Darstellung bringen will, so soll er mindestens nicht so zur Darstellung kommen, wie *sie* sich ihn etwa denken, sondern *so*, wie *ich* ihn haben will!‹« (90/III/2, 383). Die Vorreiterrolle Klingemanns in Braunschweig sowie die Tatsache, daß die Bühnen in Leipzig, Dresden und Frankfurt am Main[1] Goethes 80. Geburtstag feierlich mit einer Aufführung seines *Faust* zu begehen gedachten, waren ebenfalls starke Triebfedern für eine Erstaufführung in Weimar.

Bühnen- und Strichfassung

Obwohl auch in Weimar Klingemanns Bühnenfassung als Vorlage für die Erstaufführung am dortigen Theater diente, werden im Katalog *Faust und Mephistopheles* der Theaterwissenschaftlichen Sammlung der Universität zu Köln Riemer, Eckermann, Kanzler Müller und Goethe als partielle Bearbeiter der dort gespielten Fassung aufgeführt. Riemer, Eckermann und Müller schlugen textbezogene Änderungen an Goethes *Faust* vor, wobei sie geplante Striche zunächst mit Bleistift einzeichneten und Goethe danach – wie auch immer – um Zustimmung bzw. um partielle Neudichtung einzelner Verse baten.

Wie bei der Uraufführung in Braunschweig fehlten in Weimar die »Zueignung«, das »Vorspiel auf dem Theater«, der »Prolog im Himmel« sowie die Szenen »Am Brunnen«, »Walpurgisnacht« und »Nacht. Offen Feld«. Die Szenen »Garten«, »Ein Gartenhäuschen«, »Gretchens Stube«, »Marthens Garten«, »Zwinger« und »Dom« waren zu drei Szenen zusammengezogen. Da die Szene »Dom« vor der Szene »Nacht. Straße vor Gretchens Tür« gespielt wurde, hatte man die Abfolge wie im – damals noch verschollenen – *Urfaust* wiederhergestellt.

Das Weimarer Regiebuch trägt noch heute Goethes Randbemerkungen sowie dessen Vorschläge für Striche – das Wichtigste sei wiedergegeben: Da Mephistos Geisterchor in der ersten »Studierzimmer«-Szene Faust in den Schlummer zu singen hat, fordert auch Goethe hierzu einen allegorischen Tanz von Satanisken als Amoretten mit Fledermausflügeln, »unter welchen Faust einschläft« (44, 70). Kurz vor der Unterzeichnung des Pakts mit Mephisto ließ man einen Chor singen, der einst für Radziwills Melodram geplant war, vertont für Weimar durch den ortsansässigen Komponisten Eberwein:

Und wird er schreiben?
Ja, er wird schreiben.
Er wird nicht schreiben.
Nein! Nein! Nein!
Er schreibt! Er schreibt!
Und zwar mit ganz besondrem Saft.

In der Schülerszene sind die delikaten Mephistoworte »Besonders lernt die Weiber führen« gestrichen bis einschließlich des Verses »Zu sehn, wie fest geschnürt sie sei« – ein Tribut an die Prüderie der Zeitgenossen. Im Zauberspiegel der Hexenküche erblickt Faust nach Goethes Vorschrift immerhin »eine wollüstig hingestreckte weibliche Gestalt in idealer Kleidung; die Gesichtszüge gleichen Gretchen« (44, 71).

Gezielte Striche in der Gretchentragödie haben zweifellos ihren Grund in prüden Moralvorstellungen: Aus den Versen »Wenn nicht das süße junge Blut/ Heut nacht in meinen Armen ruht« wurden die Worte »Heut nacht« eliminiert. Faust durfte von Mephisto nicht ein »Strumpfband«, sondern nur ein »Armband« für seine Liebeslust erbitten. Wenn Faust erstmals vor Gretchens Bett steht, wird es ihm nicht gestattet, den Bettvorhang zu heben, denn die Regieanweisung *»Er hebt den Bettvorhang auf«* ist durchgestrichen. Mephisto wurde zuvor verwehrt, Faust zu luststeigernder Geduld anzuraten; gestrichen war: »Die Freud ist lange nicht so groß,/ Als wenn ihr erst herauf, herum,/ Durch allerlei Brimborium,/ Das Püppchen geknetet und zugericht't/ Wie's lehret so manche welsche Geschicht'.« In der Szene »Wald und Höhle« waren Verse, mit denen Faust seine Sehnsucht nach Gretchen ausdrückt, getilgt, wie z.B. »Ich beneide schon den Leib des Herrn,/ Wenn ihre Lippen ihn indes berühren.« Keinen Platz in der Weimarer Aufführung fanden selbstverständlich diese eindeutigen Verse, die Mephisto mit lüsternen Gebärden hätte spielen können: »Gar wohl, mein Freund! Ich hab Euch oft beneidet/ Ums Zwillingspaar, das unter Rosen weidet.«

Ein typisches Beispiel für Prüderiestriche bilden folgende flehentliche Verse Fausts: »Ach, kann ich nie/ Ein Stündchen ruhig dir am Busen hängen,/ Und Brust an Brust und Seel' in Seele drängen?« Hier mußte man sich mit folgenden Änderungen zufriedengeben: »Ach, kann ich nie/ Ein Stündchen ruhig dir am Munde hängen/ Und Blick in Blick und Seel' in Seele drängen?« Daß Goethe solcher Umstände wegen zu resignieren begann, geht aus einer Randbemerkung im Regiebuch zu dieser Szene hervor. Gebeten, den Vers »Nenn's Glück! Herz! Liebe! Gott!« zu ersetzen – die Stelle war, wie viele andere auch, vorsorglich mit Bleistift vorgestrichen, endgültige Striche erfolgten dann mit Tinte –, antwortete der Dichter mit der lakonischen Anmerkung: »Hier weiß ich keinen Rat« (44, 72).

Von Mephistos zur Zither vorzutragendem Lied in der Szene »Nacht. Straße vor Gretchens Tür« wurden ihm nur die vier ersten unverfänglichen Verse vorzutragen gestattet:

Was machst du mir
Vor Liebchens Tür,
Kathrinchen hier
Bei frühem Tagesblicke?

Die eindeutigeren, moralisch angeblich anzüglichen, waren gestrichen:

Laß, laß es sein!
Er läßt dich ein,
Als Mädchen ein,
Als Mädchen nicht zurücke.

Nehmt euch in acht!
Ist es vollbracht,
Dann gute Nacht,

Ihr armen, armen Dinger!
Habt ihr euch lieb,
Tut keinem Dieb
Nur nichts zu Lieb,
Als mit dem Ring am Finger.

Auch hier war das zu Tilgende mit Bleistift vorgestrichen, und Goethe signalisierte mit einer Randbemerkung im Regiebuch sein wie auch immer errungenes Einverständnis: »Die letzten Strophen [Goethe meint Verse] können wegbleiben« (44, 72).

Selbstverständlich wurde in umfassendem Maße auch Rücksicht auf Geistlichkeit und Kirche genommen. So wurden alle Nennungen Gottes beseitigt und durch geeignete Worte ersetzt. Die satirische Kritik am »guten Magen« der Kirche unterdrückte man völlig. Die spöttischen Verse über das pfaffenhafte Einheimsen von Gretchens erstem Schmuckkästchen wurden entstellend verkürzt. Goethe hatte gedichtet:

Die Mutter ließ einen Pfaffen kommen;
Der hatte kaum den Spaß vernommen,
Ließ sich den Anblick wohl behagen.
Er sprach: So ist man recht gesinnt!
Wer überwindet, der gewinnt.
Die Kirche hat einen guten Magen,
Hat ganze Länder aufgefressen,
Und doch noch nie sich übergessen;
Die Kirch' allein, meine lieben Frauen,
Kann ungerechtes Gut verdauen. . . .
Strich drauf ein Spange, Kett' und Ring',
Als wären's eben Pfifferling.

In Weimar ließ man immerhin folgende Version spielen:

Die Mutter ließ einen Pfaffen kommen;
Der hatte kaum den Spaß vernommen,
Ließ sich den Anblick wohl behagen.
Und ohne nur ein Wort zu sagen
Strich ein er Spange, Kett' und Ring',
Als wären's eben Pfifferling.

Manches an Satirischem gegen die Kirche war damit in Weimar erlaubt, das politisch Treffendste jedoch blieb unterdrückt.

Ein letzter Eingriff betraf den Schluß.

Nach Vers 4611 »Sie ist gerichtet!« wurde die Stimme von oben »Ist gerettet!« getilgt, und wir lesen: »Ein Cherub (verklärt von oben niederschwebend).« Anstelle der Regieanweisung »*Verschwindet mit Faust.*« vermerkt das Weimarer Regiebuch: »Schleudert ihn durch die Tür nach außen« (44, 73). Die Weimarer Regisseure inszenierten damit wie in Dresden mehr die malerischen Ideen Cornelius' als die originären Ideen Goethes.

Als erst am 7. November desselben Jahres diese Inszenierung zum zweiten Mal gegeben wird, besucht sie Goethe erneut nicht – es ist wieder ein »Jubeltag«, der Jahrestag seiner einstmals ersten Ankunft in Weimar: 54 Jahre waren seit dem 7.11.1775 verflossen. Und erneut gibt sein *Tagebuch* lakonisch über sein Fernbleiben von der Aufführung Auskunft: »Mittags Professor Göttling und Hofrath Vogel. Kam erst zur Sprache, daß es mein weimarischer Jubiläumstag sey. Diesmal an einem Familientische versammelt, war die Gesellschaft heiter und geistreich. Abends Faust. Ich unterhielt mich zu Haus mit vielem neuangekommenen Schätzenswerten. Die Enkel kamen nach dem 3. Acte, erzählten und urtheilten nach ihrer Art. Nach geendigtem Stück Friedrich, der gleichfalls referirte« (92/III/12, 150). Nach diesen Urteilen scheint Goethes Werk nicht alle Zuhörer bis zum letzten Vers in den Bann geschlagen zu haben. Der Dichter vermerkt dies mit auffallender Distanz.

Bei der Weimarer Erstaufführung wurden die Szenen in folgender Abfolge gespielt:

I. Abteilung:	1. Nacht
II. Abteilung:	2. Vor dem Tor
	3. Studierzimmer
III. Abteilung:	4. Studierzimmer
IV. Abteilung:	5. Auerbachs Keller
	6. Hexenküche
V. Abteilung:	7. Straße
	8. Abend, Zimmer
	9. Spaziergang
	10. Der Nachbarin Haus
	11. Straße

Abb. 17: August Durand spielte den Faust in der Weimarer Premiere

Abb. 18: Mit Karl von LaRoche studierte Goethe die Rolle Mephistos ein

VI. Abteilung: 12. Garten
　　　　　　　　Gartenhäuschen
　　　　　　　13. Wald und Höhle
　　　　　　　14. Marthens Garten
VII Abteilung: 15. Zwinger
　　　　　　　　Dom
　　　　　　　16. Nacht. Straße vor
　　　　　　　　Gretchens Tür
VIII. Abteilung 17. Trüber Tag. Feld
　　　　　　　18. Kerker

Regie und Besetzung

Neben Eckermann, von Riemer und Kanzler Müller ist als Mitregisseur auch Goethe zu nennen, nicht nur, weil er viele Eingriffe letztlich autorisierte, sondern vor allem deshalb, weil er die Rolle Mephistos mit LaRoche bis in alle Einzelheiten einstudiert hat.

Nach einer Niederschrift Schröers hat LaRoche, der erste Mephisto-Darsteller Weimars, folgendes zu Protokoll gegeben: »Nachdem denn Goethe erklärt hatte, dass er gegen eine Faust-Aufführung nicht weiter einwenden wolle, dass er aber wünsche, dass sie *in seinem Sinne* vorgenommen werde, ... liess er vorerst eine Gesellschaft von Freunden und Mitgliedern der Bühne sich in seinem Hause versammeln, denen er den ganzen ersten Theil vorlas. ... La-Roche rühmt ... den hinreissenden Vortrag des Dichters und den gewaltigen Eindruck, den die Dichtung machte. Fausts Rolle deklamierte er im Bass eines ältern Mannes bis zu der Stelle, wo er den Verjüngungstrank trinkt in der Hexenküche. Von den Worten Fausts an (V. 2599 f.): ›Lass mich nur schnell noch in den Spiegel schauen!/ Das Frauenbild war gar zu schön.‹ führte der Dichter die Rolle bis an's Ende durch *in klangvollstem Jünglingstenor*. ... In der Schülerscene liess der Dichter nach den Worten des Schülers: ›Fast möcht' ich nun Theologie studiren‹, eine Pause eintreten. In derselben zog er, Mephistopheles darstellend, das Haupt ganz in die Schultern ein, indem er hämisch, mit lauerndem Blick und breitem Grinsen erwiderte: ›Ich wünschte nicht euch irre zu führen.‹ Die Rolle des Mephistopheles studirte er dann dem Schauspieler LaRoche so sorgfältig ein, dass dieser zu sagen pflegt: ›In der Rolle des Mephistopheles, wie ich sie gebe, ist jede Gebärde, jeder Schritt, jede Grimasse, jedes Wort von Goethe; an der ganzen Rolle ist nicht so viel mein Eigenthum, als Platz hat unter dem Nagel!‹ ... Auf meine schriftliche Frage an La-Roche: ob Goethe denn auch mit den Darstellern der andern Rollen sich die Mühe genommen, sie ihnen einzustudiren, antwortete mir dieser...: ›Nachdem Goethe ... die Scenenfolge und was er melodramatisch wünschte, angeführt, hat er sich meines Wissens mit den Darstellern der andern Rollen *nicht* befaßt, höchstens durch Eckermann einige Winke geben lassen«« (203, 13).

Folgen wir den Ausführungen des Komponisten Eberwein, so muß Durand, der die Titelrolle spielte, wohl die Hauptarbeit der Regie übernommen haben. Der Intendant des Theaters, Freiherr von Spiegel, ließ Klingemanns Arrangement samt der Musik kommen, und da die Musik als zu mager empfunden wurde, beauftragte man Eberwein, die Musik zu schreiben. Schröer berichtet aber auch, daß Riemer einen Gutteil der Regiearbeit zu tragen gehabt habe.

Wirkungsgeschichtliche Aspekte

Da die Weimarer Einrichtung auf der Fassung Klingemanns beruhte, erreichte sie keine weitergehende Eigenständigkeit. Diese Inszenierung wurde zwar selten gespielt (2. Vorstellung: 7.11.1829, 3. Vorstellung: 17.11.1832), blieb aber bis 1873 im Repertoire und wurde 37mal gegeben, bis Otto Devrient 1875/76 beide Teile und damit Goethes gesamten *Faust* zur Uraufführung brachte. In den Jahren 1834, 1860 und 1865 wurde mit dem *Faust* vom August 1829 jeweils die neue Spielzeit des Hoftheaters eröffnet. Als im Jahre 1852 Heinrich Marr, der Mephisto der Braunschweiger Uraufführrung vom Januar 1829, als künstlerischer Direktor des Schauspiels und Oberregisseur der Oper nach Weimar verpflichtet worden war, spielte er diese Rolle erstmals hier. Dabei verwendete er anstelle der achtaktigen die von Braunschweig gewohnte Einteilung in sechs Akte.

---

1 In Frankfurt wurden schließlich nur einige Szenen von den Schauspielern szenisch gelesen.

5. Seydelmanns infernalisch-tierischer Mephisto am Stuttgarter Hoftheater (1832)

Mephistopheles, Dramaturg und Regisseur in Personalunion

Carl Seydelmann war neben Otto Devrient der große Mephistodarsteller des 19. Jahrhunderts. Drei Jahre nach seinem Amtsantritt am Stuttgarter Hoftheater schneiderte er sich eine Mephisto-Darstellerrolle geradezu auf den Leib, die für mehr als ein halbes Jahrhundert maßstabsetzend wurde. In ausgedehnten Gastspieltourneen an die großen deutschen Theater verschaffte er dieser Rolle große Popularität und zugleich dem Goetheschen *Faust* größere Volksnähe. Wie erstmals 1832 in Stuttgart, so übernahm er auch in anderen Großstädten oftmals die Einrichtung des Textes und hatte großen Anteil an der Regiearbeit.

Nicht wenige warfen ihm, wie der Dichter Karl Immermann, vor, seine Teufelsfigur sei zu derb: »Seydelmann trieb ... mit seinem infernalischen Krächzen, Pusten und Murksen die Leute beinahe aus dem Theater. ... Er macht sich zum Mittelpunkt, um wenigstens selbst etwas zu sein, da das Ganze ein Nichts ist. ... Wenn der Stil verdarb, leben die Grillen auf. Seydelmann ist wenigstens die genialste Grille der heutigen Schauspielerei« (60, 67). Unzählige Lobeshymnen übertrafen jedoch solche distanzierenden Äußerungen bei weitem. So rühmt Karl Gutzkow, der 1849 in Dresden eine Bearbeitung von *Faust II* zu Goethes Geburtstag inszenierte, diesen Mephisto, als Seydelmann während eines Gastspiels in Berlin auftrat, denn gerade das Derbe mache Goethes Mephisto aus: »Ich sah seit sechs Jahren mehrere Teufel auf der Bühne, aber der Seydelmannsche behielt bey mir den Vorrang. ... Ich fand, daß Seydelmann diese Aufgabe jetzt mit mehr Virtuosität löste als vor sieben Jahren, wo ihm die Rolle selbst noch neu war. Er hatte sie jetzt in der Tasche und spielte sie, während er sie früher schuf ... Das Materielle, das mir sonst an dem Seydelmannschen Mephisto gefiel, war ausgestoßen, und nur jenes Blasen und Atmen war geblieben, daß die Feuerseele und die Gebundenheit an das heiße Element so sehr bezeichnet« (60, 68). Im Gegensatz zu den Stuttgartern, meint Gutzkow, wollten die Berliner »den Teufel so zivilisiert wie möglich haben, mehr den Junker Voland mit der Hahnenfeder, den ›Herrn Baron‹ als den furchtbaren Elementargeist, der nicht bloß der Teufel, sondern auch die Hölle ist« (60, 68).[1]

Strichfassung, Bühnenbau, Kostüme

Seydelmann war auch in bezug auf die Spielfassung eine Ausnahmeerscheinung. Er richtete Goethes Werk nach eigenen Vorstellungen ein und ließ 39 Szenen spielen, aufgeteilt in sechs Aufzüge (s.u.). August Lewald, selbst ein bekannter Mephisto-Darsteller im 19. Jahrhundert, berichtet davon, daß Bühne und Kostüme offensichtlich nach Retzsch gestaltet worden seien. Seydelmann habe die Ideen Retzschs jedoch »aus eigener Machtvollkommenheit«

Abb. 19: Carl Seydelmann als Mephistopheles

weiterentwickelt. Die eigenständige musikalische Einrichtung stammte von Peter Joseph von Lindpaintner.

1 Weitere Äußerungen zu Seydelmanns Leistungen als Mephisto s. Inszenierung Nr. 6.

6. *Faust I*-Erstaufführung am Königlichen Schauspielhaus Berlin durch Karl Stawinsky (1838)

Motive und Konzeption

Nach überaus erfolgreichen Gastspielen Carl Seydelmanns am Königlichen Schauspielhaus Berlin gelang es dem Intendanten Wilhelm Graf von Redern, den berühmten Mephisto-Darsteller fest nach Berlin zu verpflichten. Seydelmann sei, wie Max Martersteig berichtet, in ein plan- und stilloses Ensemble gekommen, zuvor herausgelöst aus seinen Stuttgarter Verpflichtungen durch glänzende Angebote des Berliner Intendanten. Die Ankunft Seydelmanns hatte sofort Auswirkungen auf den Spielplan des Königlichen Schauspielhauses, denn den *Faust* zu geben, war nun oberstes Gebot. Allerdings führte nicht Seydelmann, sondern Stawinsky Regie. Man sah sich genötigt, Goethes bedeutendstes Drama endlich auch in Berlin vollständig zu spielen und scheute deshalb keinen Aufwand: »Gleichsam um die außerordentliche Verspätung, mit welcher das Hoftheater nun der lange versäumten Pflicht nachkam, durch Großzügigkeit in der ganzen Anlage des Unternehmens zu ersetzen, unterließ man jetzt nichts, was die bevorstehende Aufführung zu einem Ereignis gestalten könnte. Für die Ausstattung machte man ungewöhnliche Aufwendungen. Im allgemeinen war es damals eigentlich nur bei der Oper üblich, daß neue Dekorationen für ein Stück angefertigt wurden; beim Faust machte man eine Ausnahme. Der Theaterzettel nennt darum auch eigens die Szenen, für die man Bilder herstellte: Hexenküche, Auerbachs Keller, Gretchens Zimmer, Straße. Bei den übrigen Szenen behalf man sich, so ist anzunehmen, mit bereits vorhandenen Dekorationen; ... Der eine von den 3 Theatermalern, die der Zettel nennt, war ein Schüler *Schinkels*, was insofern bemerkenswert ist, als dessen Entwürfe zu Radziwills Privataufführungen wieder verwendet wurden. Der Entwurf zum Gretchen-Zimmer kam jetzt überhaupt zum ersten Male zur Ausführung. Eine begrüßenswerte Neuerung war es, daß man den Zimmern *geschlossene* Wände, nicht die bisher üblichen Kulissen gab« (192, 47).

Als negativ wurde empfunden, daß wichtige Szenen melodramatisch gestaltet wurden, so Teile der Szenen »Studierzimmer« I, und der Anfang der Szene »Abend«; auch die Geisterchöre zur Einschläferung Fausts wurden wiederum als Balletteinlagen gestaltet. Dies habe zu viel Zeit gekostet und gehöre »zu den alterältesten Inszenierungsfehlern« (192, 49). Neben der Musik Lindpaintners hörte man die Kompositionen von Radziwill.

Bühnen- und Strichfassung

Wie in Stuttgart, so wurde auch am Königlichen Schauspielhaus Berlin der erste Teil von Goethes *Faust*-Tragödie in sechs Aufzüge eingeteilt, »Für die Darstellung eingerichtet von Karl Seydelmann« (192, 36). Das Soufflierbuch weist folgende Szenenabfolge auf:

1. Aufzug: »Studierzimmer«
    1. Faust allein.
    2. Faust. Der Geist.
    3. Faust. Wagner.
    4. Faust allein.

2. Aufzug: »Osterspaziergang«
    1. Spaziergänger aller Art.
    2. Faust. Wagner.
    »Studierzimmer« I
    3. Faust allein.
    4. Faust. Mephistopheles.

3. Aufzug: »Studierzimmer« II
    1. Faust. Mephistopheles.
    2. Mephistopheles allein.
    3. Mephistopheles. Schüler.
    4. Mephistopheles allein.
    5. Mephistopheles. Faust.
    »Auerbachs Keller«
    6. Frosch. Brander. Siebel. Altmaier.
    7. Faust. Mephistopheles. Vorige.
    »Hexenküche«
    8. Meerkatze. Meerkater. Faust. Mephistopheles.
    9. Vorige. Die Hexe.

4. Aufzug: »Straße«
    1. Faust. Margarete.
    2. Faust. Mephistopheles.
    »Gretchens Zimmer«
    3. Margarete allein.
    4. Faust. Mephistopheles.
    5. Margarete.
    »Spaziergang«
    6. Faust. Mephistopheles.
    »Marthes Haus«
    7. Marthe. Margarete.
    8. Vorige. Mephistopheles.
    »Straße«
    9. Faust. Mephistopheles.
    »Garten«
    10. Margarete. Faust. Marthe. Mephistopheles.

5. Aufzug: »Spinnradmonolog«
    1. Gretchen allein.
    »Marthes Garten«
    2. Margarete. Faust.

3. Faust. Mephistopheles.
»Wald und Höhle«
4. Faust allein.
5. Faust. Mephistopheles.
»Straße vor Gretchens Tür«
6. Valentin allein.
7. Valentin. Faust. Mephistopheles.
8. Valentin. Marthe. Margarete. Volk.
9. Vorige. Böser Geist.

6. Aufzug: »Trüber Tag. Feld.«
1. Faust. Mephistopheles.
»Kerker«
2. Faust. Margarete.
3. Vorige. Mephistopheles.

Seydelmann ist sehr konsequent verfahren: Jedesmal, wenn eine Person hinzu- oder abtritt, wird eine neue Szene bzw. ein neuer Auftritt im Regiebuch genannt. Außerdem ist dieser Übersicht über die 39 gespielten Szenen zu entnehmen, daß folgende Szenen fehlten: »Zueignung«, »Vorspiel auf dem Theater«, »Prolog im Himmel«, »Am Brunnen« und der »Walpurgisnacht«-Komplex. Veränderungen innerhalb der verbliebenen Szenen erinnern, so Russo, »an die Bearbeitung Tiecks..., der seinerseits wiederum Klingemann zum Vorbilde hat« (192, 35). Außerdem findet man die damals üblichen Prüderiestriche und Striche mit Rücksicht auf die Kirche; sie wurden wörtlich von Klingemann bzw. Tieck übernommen. In Ausführungen zum Soufflierbuch betont Russo, daß Seydelmann etliche der Striche durch eigenhändige Eintragungen wieder rückgängig gemacht habe. Allerdings habe er »erotische Bedenklichkeit« (192, 45) walten und im wesentlichen jene Stellen des Goetheschen Originals spielen lassen, die der Kirchenkritik dienten. Auch den Pakt zwischen Faust und Mephistopheles, den Tieck fast vollständig gestrichen hatte, ließ Seydelmann im wesentlichen unangetastet. Russo meint, daß im Jahre 1838 in Berlin ein erster Schritt dahin gegangen worden sei, *Faust* »von allen Entstellungen zu befreien. Seydelmanns Verdienste in dieser Hinsicht sind unbestreitbar« (192, 45).

Da Seydelmann in der Gelehrtentragödie verhältnismäßig wenig gestrichen hat, ging dies »unausbleiblichermaßen auf Kosten der Gretchentragödie« (192, 46). Um Umbauzeit zu sparen, wurden etliche Szenen umgestellt bzw. leicht verändert: »Den Notbehelf der Verlegung des Spinnradmonologs in den Garten nimmt Seydelmann an, so daß man bei Beginn des V. Aktes gleich wieder das Gartenbild sieht. Dadurch und durch die Verlegung des Auftritts ›Wald und Höhle‹ hinter die Spinnradszene mit dem ihr folgenden Religionsgespräch gewinnt er den Vorteil, vier Auftritte ohne Umbau spielen zu können. Auch hier sehen wir das Dresdner Vorbild [Tieck] wirksam, ebenso darin, daß der Auftritt am Brunnen fortbleibt, wie es schon der Theaterzettel erwiesen hatte« (192, 46).

Aufnahme durch Publikum und Kritik

Das Berliner Publikum nahm diese Inszenierung des Hoftheaters an wie kaum eine andere zuvor, denn die Einstudierung war mehr als ein halbes Jahrhundert ein Kassenschlager: »Das Haus war überfüllt, das Parterre sehr tumultarisch gestimmt« (60, 69), meldete Eduard Devrient, als er 1838 eine Aufführung besucht hatte. Aus Berichten vieler Theaterbesucher geht hervor, daß man hauptsächlich Seydelmanns wegen die Vorstellung besuche. Nach dem Tode des großen Schauspielers wurde seine Rolle neu besetzt: Bis 1892 blieb seine Einstudierung auf dem Spielplan.

Wie schon bei den Stuttgarter Auftritten, so konzentrierte sich auch in Berlin die Bewertung vor allem auf die Frage, ob Seydelmann den Mephisto nicht zu drastisch und damit zu abstoßend spiele. Namhafte Kritiker kamen zu konträren Meinungen. Karl Gutzkow und Eduard Devrient lehnten Seydelmanns Mephisto-Spiel entschieden ab, Max Martersteig, August Lewald, Friedrich Röse und Heinrich Theodor Rötscher lobten dessen Leistungen. Es setzte sich die Meinung durch, die Figur Mephistos müsse so drastisch gespielt werden, wie Goethe sie gedichtet hat. Rötscher betont, Goethe habe sich für ein aufgeklärtes Publikum den wohlbekannten Teufel der Volkssage vorgestellt: »Wer den Teufel an die Wand malt, muß nicht zu Boden fallen, wenn ihm das Urbild entgegengrinst. ... Was sich so allen Personen des Gedichts mehr oder minder deutlich zu erkennen gibt, das sollte sich dem Zuschauer vor der Bühne allein verbergen, oder als etwas Anderes, Höflicheres vielleicht darstellen, damit Papa Frau und Töchterchen den wirklichen Teufel doch auch einmal zum *angenehmeren Zeitvertreib* dürfe sehen lassen? Wie das in Uebereinstimmung mit den Worten zu machen wäre, versteh' ich nicht. Aber das erkenn' ich, daß Goethes Mephisto keine harmlose Erscheinung für junge Mädchen ist« (192, 54). Martersteig meint, Seydelmann habe als Korrektiv zu dieser Inszenierung gewirkt, da Ballett und Melodrama einen falschen Ton in Goethes *Faust* gebracht hätten. Was das Äußere der Mephistogestalt anbelangt, so betonte Lewald, man glaube hier, noch den Einfluß der Zeichnungen von Moritz Retzsch deutlich zu erkennen.

Seydelmanns großer Ruhm als Schauspieler begründet sich zweifellos in der drastischen und angeblich ›bestialischen‹ Verkörperung des Mephistopheles. Im Jahre 1838, dem Jahr seines Debüts in Berlin, erläutert dies ausführlich Friedrich Röse in seiner umfangreichen Abhandlung *Ueber die scenische Darstellung des Goethe'schen Faust und Seydelmann's Auffassung des Mephistopheles* (187). Röse ist der Meinung, Seydelmann habe Mephisto so getroffen, wie auch Goethe ihn sich vorgestellt habe. Da das Obszöne im *Faust* zwingend gespielt werden müsse, macht er einen merkwürdigen Vorschlag: Wie mehrfach vermerkt, müsse man »zugeben, daß wir die Entfernung der Frauen bei einer wirklichen Darstellung des *Göthischen Faust* und zwar *nicht nur* wegen etwaiger Gesten des Mephistopheles für passend halten. Das ästhetische Gefühl ist aber ein anderes als Frauensitte. ... In der theatralischen Kunst hat ... die äußere Darstellungsweise die ganze sinnliche Breite *des wirklichen Lebens* erreicht« (187, 45).

An der Faust-Gestalt von Franz Wilhelm

Grua wurde vor allem getadelt, daß er die Wandlung vom alten Faust des Studierzimmers zum Liebhaber Gretchens nicht bewältige – ein Problem, das auch noch in der Bühnengeschichte des ausgehenden 20. Jahrhunderts eine Rolle spielt. Charlotte von Hagn sei anfangs ein schnippisches und gegen Ende ein überzeugend verzweifelndes Gretchen gewesen. Gerade die Darstellung der tragischen Affekte habe die Zuschauer überzeugt. – Nach Seydelmanns Tod spielte ab 1843 Theodor Döring den Mephisto, ab 1846 übernahm diesen Part Franz Hoppé. Auch die anderen Rollen wurden mehrfach neubesetzt, was den ausführlichen Darstellungen Russos (192) entnommen werden kann.

Für die gesamte Inszenierung zieht Russo eine sehr positive Bilanz. Gerade die Übertreibung der Mephistogestalt ins Naturalistische hinein habe erneuernd gewirkt gegen den »großen Stil der Feierlichkeit der Brühlschen Epoche« (192, 67). Die Ansätze von Stawinsky und Seydelmann können damit als stilbildend betrachtet werden, weit bis in das 20. Jahrhundert hinein, wie exemplarisch an Martersteigs Kölner *Faust*-Inszenierung beider Teile in den Jahren 1909 und 1910 gezeigt werden kann.

7. *Faust*-Premiere in Wien mit Zwischenaktmusiken von Mozart (1839)

Bereits am 24. Mai 1832 hatte Johann Ludwig Deinhardstein im Wiener Hofburgtheater Szenen aus Goethes *Faust* spielen lassen, etwas verspätet als Ehrung für den Dichter anläßlich seines Todes. Eine vollständige Aufführung des ersten Teils war in Wien aufgrund der Zensur untersagt. Bis 1837 gab es zehn Wiederholungen dieser Szenen, deren Abfolge einen Zusammenhang nicht gewährte. Aus dieser Totenehrung entwickelte sich dann der erste Bühnen-*Faust* für Wien, der am 29. Mai 1839 am Burgtheater Premiere hatte. Dabei wurden Deinhardsteins Striche und Umdichtungen übernommen.

Strichfassung und Zensur

Schon bei den szenischen Teilaufführungen im Jahre 1832 zeigte sich, daß die Darstellung auch am Burgtheater erheblich unter Strichen und Umdichtungen litt, da im vormärzlichen Wien große Rücksichten auf Kirche und Staat genommen werden mußten. Exemplarisch seien wichtige Beispiele herausgegriffen. Im Eingangsmonolog durfte Faust nicht »gescheiter als alle ... Pfaffen« sein, sondern er hatte zu deklamieren: »Zwar bin ich gescheiter als hohle Köpfe,/ Doctoren, Magister, Schreiber und dumme Tröpfe« (237, 14).

Um den adeligen Damen den ihnen zustehenden Anredetitel nicht streitig zu machen, durfte Faust Gretchen nicht mit »Fräulein« anreden. In Wien hörte man folgenden Teildialog, der vernehmlich die Lacher auf seiner Seite hatte:

FAUST: Meine schöne Jungfer, darf ich wagen,
Meinen Arm und Geleit Ihr anzutragen?
GRETCHEN: Bin weder Jungfer, weder schön,
Kann ungeleitet nach Hause gehn.

In der Kerkerszene hatte das verwirrte, entrückte Gretchen zu singen:

Meine Mutter, o Schmach!
Die mich umgebracht!
Mein Vater, der Schelm,
der dazu gelacht!
Sie gruben mich ein,
Haut und Gebein,
An einem kühlen Ort,
Da ward ich ein schönes Waldvögelein;
Fliege fort, fliege fort. (117, 10)

Die Bearbeitung Deinhardsteins litt mehr unter Strichen und Umdichtungen als jene von Klingemann, Tieck oder Seydelmann. Mit Rücksicht auf die Kirche hatte Faust nicht Theologie studiert, sondern »Und leider auch Astrologie«. Daß man einer bestimmten Moral huldigte und alles tilgte, was erotisch verstanden werden konnte, zwang Faust und Gretchen zu folgendem Zwiegespräch:

FAUST: Ach, kann ich nie
Ein Stündchen ruhig bei dir sein;
Doch ungestört, wir Beide nur allein.
Man hat sich doch so manches Wort zu sagen,
Das keine Zeugen will.
MARGARETE: 's ist nicht zu wagen.
FAUST: Im Garten heut' lass mir das Pförtchen offen.
MARGARETE: Es geht nicht, ach! – die Mutter schläft zu tief.

Nach der ersten Begegnung mit Gretchen fordert Faust von Mephisto in Goethes Worten:

Hör, du mußt mir die Dirne schaffen! ...
Ist über vierzehn Jahr doch alt. ...
Hätt ich nur sieben Stunden Ruh',
Brauchte den Teufel nicht dazu,
So ein Geschöpfchen zu verführen.

Deinhardstein ließ die Szene wie folgt spielen:

FAUST: Du musst mich zu dem Mädchen bringen!
MEPHISTO: Zu welchem?

FAUST: Sie ging just vorbei.
MEPHISTO: Hör, Schatz! das wird mir nicht gelingen;
Das ist ein gar unschuldig Ding,
Bei der ist meine Gewalt zu gring.
FAUST: Mein Herr Magister Lobesan
Lass' er mich mit dem Geschwätz in Frieden!
Ich sag es ihm ganz kurz und gut,
Fehlt ihm dabei Lust oder Muth,
Sind wir um Mitternacht geschieden.
(117, 21)

Jeder Leser mag anhand dieser kurzen Ausschnitte selbst ermessen, welche Qualität die einschneidenden Änderungen Deinhardsteins besaßen.

Regie und Besetzung

Titel der Aufführung: *Faust* von Goethe
Textfassung und Regie: Johann Ludwig Deinhardstein
Zwischenaktmusik: Wolfgang Amadeus Mozart
Bühne: Philipp von Stubenrauch
Kostüme: Figurinen von Gerolamo Franceschini
Faust: Ludwig Löwe
Mephisto: Karl von LaRoche, später Heinrich Marr
Gretchen: Julie Glei-Rettich, ab 1840 Christine Enghaus

Wirkungsgeschichtliche Aspekte

Bis zum Jahre 1841 erlebte Deinhardsteins *Faust*-Bearbeitung nur elf Aufführungen. Olga Jekelius, die sich ausführlich mit den Wiener *Faust*-Aufführungen befaßte, urteilt vernichtend über diesen Inszenierungsversuch, Goethes Drama in dieser Form dem Publikum zu vermitteln: Nichts sei an dieser *Faust*-Bearbeitung von dauerndem Wert gewesen, nichts habe sich als für die Zukunft fruchtbar erwiesen. Wie den zeitgenössischen Kritiken zu entnehmen ist, änderten auch die hochberühmten Schauspieler nichts am nur mäßigen Stellenwert des ersten Wiener *Faust*.

Abb. 20: Julie Glei-Rettich als Gretchen, Ludwig Löwe als Faust, im Hintergrund Karl von LaRoche als Mephisto

8. Ein »erquickender *Faust*« für die Wiener: Heinrich Laubes Einstudierung am Burgtheater im Jahre 1850

Dem Wiener Theaterpublikum bot Heinrich Laube keine besondere Novität mit seinem *Faust*, den er zur Jahrhundertmitte herausbrachte. Seine Fassung war vergleichbar mit jener Seydelmanns in Stuttgart (1832) bzw. Berlin (1838). In der Gesamtanlage folgte er Vorschlägen von Ludwig Bechstein aus dem Jahre 1831, Vorschlägen, die ein Jahr später auch in München verwirklicht wurden.

Bühnen- und Strichfassung

Wie bei vielen Vorgängern war Laubes Inszenierung in sechs Abteilungen gegliedert, wobei Aufbau und Prinzip dem Vorgehen Seydelmanns glichen. Deshalb fehlten auch die drei Vorspiele sowie die »Walpurgisnacht«, was Bechstein in seiner Schrift (11) vorgeschlagen hatte. Auch die Idee, von der 2. Szene »Straße« bis zu »Marthens Garten« alle Szenen im Garten der Frau Marthe spielen zu lassen, stammt von Bechstein. Auch Laube konnte sich der sogenannten »Ballettomanie« nicht entziehen, denn wie bei bisherigen Inszenierungen findet man vergleichbare Hinweise auf Rambergs Kupferstiche, zugleich mit dem deutlichen Auftrag, Bühnenbau und Kostüme entsprechend zu gestalten: »Allegorischer Tanz von Satanesken mit Fledermausflügeln, unter welchen Faust entschläft. Wie das Rambergsche Kupfer in der Minerva 1828 mit den nötigen Modificationen« (117, 34). Die Paktszene ließ Laube spielen, strich aber wichtige Verse, nämlich: »Kannst du mich schmeichelnd je belügen,/ Daß ich mir selbst gefallen mag,/ Kannst du mich mit Genuß betrügen;/ Das sei für mich der letzte Tag!« Das Treiben in der »Hexenküche« verkürzte Laube auf Fausts Verjüngung, womit er das Anstößige mit den eindeutigen Gebärden der Hexe umgangen hatte.

Die einzige Hinzudichtung erkennt Jekelius in der Schlußszene, wo nach Mephistos Worten »Her zu mir!« Laubes Regieanweisung wie bei Tieck lautet: »Er schleudert ihn durch die Mauer nach aussen und verschwindet, sich mit den Armen die Augen verhaltend. ... Gretchen sinkt nach den gestammelten Worten ›Heinrich! Heinrich!‹ sterbend nieder« (117, 37). Eine besondere Merkwürdigkeit war noch auf die befürchtete Zensur zurückzuführen: Die Szene »Dom« ließ Laube auf einem Kirchhof spielen.

Regie und Besetzung

Inszenierung und Dramaturgie:
Heinrich Laube
Faust: Josef Wagner
Gretchen: Berta Wagner-Unzelmann
Mephistopheles: Karl von LaRoche

Aufnahme durch Publikum und Kritik

Nahezu zehn Jahre war Goethes *Faust* nicht mehr in Wien zu sehen gewesen. Begeistert äußerte sich Friedrich Hebbel zu dieser Inszenierung: »Jetzt ist uns der Faust vorgeführt worden, das wunderbare Gedicht, das alle Eigenschaften unseres Nationalcharakters abspiegelt und alle Töne unserer reichen und starken Sprache wiedergibt, wie die Orgel die Harmonien aller Instrumente umschliesst. Es hat uns erschüttert, auch als es nur durch bleierne Schauspieler zu uns sprach, die der Setzer dirigiert; es hat alle Tiefen unseres Wesens und unseres Gemüts aufgeregt, nun Menschen mit Fleisch und Blut es uns in seiner ganzen hinreissenden Lebendigkeit zur Anschauung brachten, so ausserordentlich viel diese Darstellung auch sonst zu wünschen übrig liess. Die Aufnahme war eine ausserordentliche und wahrlich, sie galt diesmal dem Goetheschen Genius vor allem. Auf eine Kritik der Darstellung will ich mich nicht einlassen, denn der Faust spielt sich teils von selbst und ist zum Teil gar nicht zu spielen« (117, 39–40). Wenngleich die schauspielerischen Leistungen in etlichen Belangen viel zu wünschen übrigließen, war die *Faust*-Inszenierung Laubes ein unbestrittener Höhepunkt in der Geschichte des Wiener Burgtheaters.

Wirkungsgeschichtliche Aspekte

Obwohl Laubes Version im Vergleich zu der Bearbeitung Deinhardsteins einen beträchtlichen Fortschritt darstellt, sei sie noch nicht »das Ideal eines Bühnen-Faust« (117, 37), urteilt Jekelius. Abgesehen vom Ende der »Kerker«-Szene wagte Laube keine eigenen Zusätze, die Veränderungen einiger Einzelwörter – womit Laube Goethes angeblich veralteten Sprachstil tilgen wollte – seien hier ausgeklammert. Viele Szenen, die Deinhardstein ziemlich verstümmelt und verändert hatte, erschienen nun in ihrer Originalgestalt auf der Bühne, was Jekelius auch geschichtlich begründet: »Die Theaterzensur war nicht mehr so streng als im Vormärz und liess jetzt fast alles zu. So kamen die durch die Revolution geänderten Verhältnisse auch dem Bühnenschicksal unserer Dramen zu gute« (117, 37–38). Endlich hatten die Wiener einen ziemlich originalen Goetheschen *Faust*: In Laubes Bearbeitung wurde das Stück 24 Jahre gegeben, bis zum 20. 9. 1874 waren es 84 Aufführungen. Neun Jahre danach werden in der Bearbeitung Wilbrandts erstmals beide Teile in Wien zu sehen sein.

9. Dingelstedts Münchner Inszenierung »nach den Grundsätzen von Bechstein« (1851)

Leidige Vorgängerinszenierung

Bereits im April 1830 wurden die Münchner durch das Königliche Hof- und Nationaltheater mit ihrem ersten *Faust* beschenkt, wobei diese Inszenierung von der Presse äußerst negativ bewertet worden ist. Nach vier Aufführungen verschwand sie wieder vom Spielplan. Ein inneres Bedürfnis, dieses Drama in der bayerischen Metropole zu geben, habe damals nicht bestanden, meint Hanns Horn in seiner *Geschichte der Münchner Faustaufführungen*, vielmehr sei man der »konventionellen Verpflichtung« (111, 14) nachgekommen, sich zu den Orten Braunschweig, Hannover, Dresden, Leipzig, Weimar und Magdeburg als weitere *Faust*-Stadt hinzugesellen zu können. Bei der Münchner Erstaufführung spielte man, um sich etliche Mühe zu ersparen, die fünf Aufzüge umfassende Einrichtung *Faust. Eine Tragödie in fünf Abtheilungen* von Tieck. Über die kurzlebige Einstudierung, die 1835 anläßlich eines Gastspiels von Seydelmann nochmals angesetzt worden war, ist bei Horn zu lesen: »Die Aufnahme der Dichtung war sehr geteilt. Während die streng kirchlich orientierte Presse die ganze Aufführung totschwieg oder sich in Salbadereien über die sittlichen Gefahren dieser an und für sich großen Dichtung erging, nahmen die Einsichtigen und Fortschrittlichen Anstoß an den ›in Leipzig und Dresden gemachten und höchst unglücklich ausgefallenen Verschneiderungen‹ und bedauerten, daß ›auf unserer Bühne, wo, wie man denken sollte, das Leipziger Konsistorium wenig dreinzureden hat, der wahrhaft lächerlichen Ängstlichkeit blindlings nachgetappt worden ist, die jedes Wort, das nur von ferne auf Kirche, Priester, Meßrock, den heiligen Antonius von Padua und Requim hindeutete, ausgelöscht hat.‹ ›Das kurioseste an dem ganzen Unternehmen‹ sah man aber ›in dem Versuch, diese in die Ewigkeit hinübergreifende Dichtung in den engen Rahmen einer fünfaktigen Tragödie zu zwängen‹« (111, 18–19). Man spottete daher, daß auch München diese gefällige Spielerei aus Dresden übernommen habe: »Herr Tieck wollte dem Göthe einen theatralischen Katzenbuckel machen, er zerknitterte also den großen Freiheitshut ›Faust‹ zu einem Bühnenclaque, steckte ihn plattgedrückt seinen langarmigen Schauspielern unter den Arm, um den Dichtergreis damit zu bekomplimentieren« (111, 19). Da die von der katholischen Kirche gelenkte Presse das Ereignis zu verschweigen suchte, so ist die Zeit noch nicht reif gewesen für einen freiheitlichen *Faust* in Munchen. Erst der »Fortschrittler, Protestant und Norddeutsche« Dingelstedt hatte es mehr als zwei Jahrzehnte später wagen können, den »altbayerischen Philistern« Goethes Drama erneut zuzumuten.

Im Oktober 1851 wurde Franz Dingelstedt zum Intendanten des Nationaltheaters München ernannt. Zu diesem Zeitpunkt war schon beschlossen, daß der beliebte Charakterdarsteller Grunert aus Stuttgart den Mephisto geben sollte. So sah sich Dingelstedt mehr oder weniger genötigt, in München den ersten Teil des *Faust* auf die Bühne zu bringen.

Die Bühnenfassung Bechsteins

Dingelstedt lehnte es ab, die Tiecksche Fassung aufzuführen, und seine eigene dramaturgische Konzeption, die 1876 veröffentlicht werden sollte, war noch nicht ausgereift. Er entschloß sich daher, Bechsteins Vorschläge aus dem Jahre 1831 zu realisieren, so daß am 3.8.1851 dessen sechsaktige Fassung in München Premiere hatte.

Die erste fundierte wissenschaftliche Auseinandersetzung mit Goethes *Faust* wurde ausgelöst durch die Aufführungen im Jahre 1829. Noch zu Lebzeiten Goethes erschien eine ausführliche Interpretation und ein Vorschlag für eine Bühnenfassung des ersten Teils von einem mit L. B. zeichnenden Verfasser. Ludwig Bechstein verbirgt sich hinter dem 1831 erschienen Werk *Die Darstellung der Tragödie Faust von Göthe auf der Bühne. Ein zeitgemässes Wort für Theaterdirektionen, Schauspieler und Bühnenfreunde*. Bechstein setzt sich ausführlich mit den bisherigen *Faust*-Inszenierungen auseinander und kritisiert dabei Striche (wegen kirchlicher und politischer Rücksichtnahme), Balletteinlagen und unnötiges Musizieren. Danach deutet er die Charaktere der Tragödie (Faust, Wagner, Schüler, Gretchen, Marthe, Valentin) ausführlich. Beginnend mit Mephistopheles untersucht er das Wesen der dämonischen Figuren (auch Erdgeist, Pudel, Geister, Margarethes Bild im Zauberspiegel).

Was die Dekorationen anbelangt, so sollten sie möglichst real sein, doch nicht zu sehr ins genaue Kopieren verfallen, nicht z.B. Auerbachs Keller in Leipzig solle man nachbauen, sondern eher einen engen, mittelalterlichen Keller. Für jede Szene erarbeitet Bechstein einen konkreten Vorschlag, von dem sich Stawinsky bei seiner Stuttgarter Inszenierung beeinflussen ließ. Bechsteins Vorschlag erschien 1831 in Stuttgart, 1832 inszenierte dort Seydelmann *Faust I*. Bechstein schrieb: »Wir entwerfen aber jetzt zur bequemen Uebersicht ein Gerippe der scenischen Darstellung, nach welchem gar leicht ein Regisseur im Textbuche seine Einrichtung treffen kann« (11, 62). Sein Vorschlag ist fast identisch mit der Fassung Stawinskys, die auf den Seiten 32 f. nachgeschlagen werden kann. Nachdrücklich warnte Bechstein davor, in Goethes Text durch Zusätze oder Änderungen einzugreifen, nur Striche seien erlaubt, wobei die Kritik an der Kirche erhalten bleiben müsse. So war Dingelstedts Aufführung ein Weg zu einem unverfälschten und unzensier-

Abb. 21: Constanze Dahn-Le Gaye (Gretchen) und Friedrich Dahn (Faust) – So wurde zur Jahrhundertmitte *Faust I* gespielt: Im Hintergrund erkennen wir den realistisch gestalteten Prospekt einer mittelalterlichen Stadt, wie dies Bechstein vorgeschlagen hatte. Im Vordergrund, ebenfalls sehr realistisch, Marthes Garten.

ten *Faust*, den die Münchner Presse vielleicht deshalb totschwieg.

Regie und Besetzung

Textfassung: Franz Dingelstedt, nach Bechsteins Bearbeitungsgrundsätzen
Regie: Ludwig Hölken
Bühne: Simon und Angelo Quaglio
Faust: Friedrich Dahn
Mephistopheles: Carl Grunert (ab 1852 Friedrich Hasse)
Gretchen: Sophie Hausmann und Constanze Dahn-Le Gaye

Aufnahme durch Publikum und Kritik

Eine breite öffentliche Wirkung dieser Aufführung wurde durch die Presse verhindert. Die *Augsburger Allgemeine Zeitung* betont in ihrer Ausgabe vom 9. 8. 1851, daß diese Produktion in neuer, würdiger Ausstattung gegeben worden und in jeder Hinsicht sehr gelungen sei. Daß Dingelstedts Inszenierung für die damaligen Münchner Verhältnisse zu fortschrittlich gewesen wäre, ist der *Bayerischen Landbötin* vom 20. 7. 1854 zu entnehmen, wo es nach der Wiederaufnahme der Inszenierung in den Repertoirespielplan heißt: »Mit Recht macht die Moralität des Götheschen ›Faust‹ eine noch grimmigere Faust, seitdem er aus dem einsamen Kämmerlein des denkenden Lesers gezogen und in die Zwangsjacke eines Theaterstücks gesteckt wurde, um in der ersten halbstündigen Abtheilung durch philosophisch-metaphysischen Quark die Mehrzahl des Publikums zu langweilen, und in den übrigen Abtheilungen als Lump zu paradieren« (111, 23). Mit einem Bühnendrama *Faust* konnten sich manche Deutsche kaum oder gar nicht anfreunden.

Dingelstedt und Hölken hielten ihre Inszenierung für würdig, im Jahre 1853 mit einer Galavorstellung das renovierte Münchner Nationaltheater einzuweihen, und sie nahmen diese Einstudierung für zunächst ein Jahr in die Reihe ihrer Musterinszenierungen auf. Letztmals wurde sie im Jahre 1864 gegeben, 1867 gab es in München eine wenig erfolgreiche Neueinstudierung.

10. Albrecht Marcks' Dresdner Inszenierungen: Von schlichter Klingemann-Adaption (1871) bis zur prunkvoll-hohlen Schaudarbietung (1878)

Im Juni 1871 trat Albrecht Marcks als neuer Oberregisseur seine Stelle am Dresdner Hoftheater an, und bereits am 28. August 1871, dem 122. Geburtstag[1] Goethes, ging seine *Faust I*-Premiere über die Bühne, wobei Marcks' Freund Carl Porth die Titelrolle übernehmen durfte. 1878 wurde *Faust I* neu inszeniert, anläßlich der Wiedereröffnung des wieder aufgebauten Theaters, doch diese Premiere war so prunkvoll, insbesondere in ihrer verschwenderischen Ausstattung, daß die Kritik monierte, damit huldige man der »Meiningerei«.

Konzeption, Bühnen- und Strichfassung nach den Vorschlägen Klingemanns

Als *Faust I* am 28. August 1871 in Dresden Premiere hatte, war dies insgesamt bereits die 78. Aufführung von Goethes Werk am dortigen Hoftheater. Heinrich Brandt, Autor der Untersuchung *Goethes Faust auf der Königlich sächsischen Hofbühne in Dresden*, wirft Marcks mangelnde Eigeninitiative in beiden Inszenierungen vor, da er den *Faust* noch zu diesem Zeitpunkt nach Klingemann eingerichtet habe. Im Jahr der Entstehung des deutschen Kaiserreichs mußte Marcks mit seinen Darstellern das Drama noch in einem provisorischen Bretterbau aufführen, da das Theatergebäude 1869 niedergebrannt war. 1878 war das Haus wiederaufgebaut, und Marcks entschloß sich zu neuen Dekorationen mit prachtvollen Kostümen. Klingemanns Text blieb unangetastet. Ein kleines, bezeichnendes Beispiel mag den heftig kritisierten opernhaften Stil verdeutlichen: Mit einer gewaltigen Fanfare leitet Marcks die Osterchöre »Christ ist erstanden« ein, wofür es keinerlei Grundlage im Text gibt.

Aufnahme durch die Kritik

Die Presse zeigte sich besonders enttäuscht darüber, daß Marcks 1878 das alte »*Faust*«-Gewand lediglich zu übertünchen versuchte: »Während Marcks' Faust von 1871 in Dresden recht bescheiden aufgetreten war in seinem bescheidenen Brettertheater, wurde der Faust von 1878 zum Ausstattungsstück« (24, 123), stellt Brandt fest. Allerdings muß der damalige Prunk äußerst uneinheitlich und sehr stillos gewesen sein. Marcks achtete nicht auf Einheitlichkeit, sondern auf punktuell prunkvolle Ausstattung. Verworfen wurde zudem der allzu opernhafte Stil der Aufführung. Brandt meint resümierend über die Neueinstudierung von 1878: »Es fehlt die geistige Verarbeitung, die Konzentration; das Ganze zerflattert in opernhaftem Effekt« (23, 129). Die schauspielerischen Leistungen überzeugten zudem kaum, was auch für die später hinzugefügte *Faust II*-Inszenierung galt. Dennoch ist Dresden im 19. Jahrhundert die *Faust*-Stadt mit den häufigsten Aufführungen und den interessantesten Experimenten.

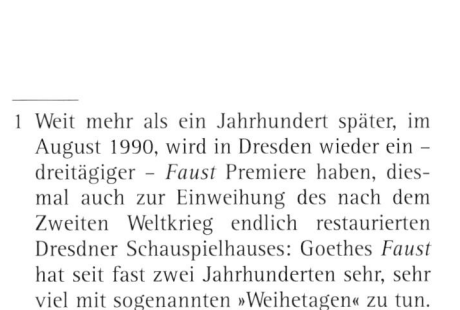

Abb. 22: Karl Porth als Faust im Studierzimmer

Abb. 23: Franz Nebuschka spielte den Valentin

---

1 Weit mehr als ein Jahrhundert später, im August 1990, wird in Dresden wieder ein – dreitägiger – *Faust* Premiere haben, diesmal auch zur Einweihung des nach dem Zweiten Weltkrieg endlich restaurierten Dresdner Schauspielhauses: Goethes *Faust* hat seit fast zwei Jahrhunderten sehr, sehr viel mit sogenannten »Weihetagen« zu tun.

Faust I auf anderen Bühnen

Am Düsseldorfer Stadttheater hatte am 20.11.1835 *Faust I* Premiere, bei der Karl Immermann Regie führte. Dabei bearbeitete er die Fassung Seydelmanns und verkürzte sie auf fünf Akte, indem er zwei Akte der Gelehrtentragödie zu einem umgestaltete. Das Berliner Hoftheater übernahm im Jahre 1848 Seydelmanns Fassung bis zum Jahre 1872, so daß dort nur von einer »Neubesetzung« gesprochen wurde, der Name des Regisseurs wurde letztmals im Jahre 1866 genannt, danach fungierte niemand mehr als verantwortlicher Spielleiter, auch nicht, als Aufführungen wieder ins Opernhaus übernommen worden waren und dabei Marie Seebach ein »raffaelitisch-weiches« Gretchen darstellte und die Zuschauer in ihren Bann zog.

Abb. 23a: Carl Wiene als Mephisto 1880 in Dresden

Zerreißproben für den zweiten Teil

*Es ist nicht zu erwarten, daß sich der zweite Teil des Faust je ein großes
Lesepublikum erwerben wird. Man kann den Leuten Bildung geben, aber nicht
Verstand: und es ist leider ersichtlich, daß der gemeine Verstand vor dieser Dichtung
unübersteigliche Schranken findet. Um so mehr ist es geboten, daß die Bühne sich
dieses Schatzes der Weisheit und Kunst in zweckmäßiger Weise bemächtige, um die
Hülfs- und Zaubermittel der Darstellung der Welt zu erhalten, was ihr sonst zum
großen Teile verloren ginge. Die Würdigkeit der Sache macht es zudem zur Pflicht.*

Emil Mauerhof, 1884

11. *Der Raub der Helena*: Karl Gutzkows *Faust II*-Bearbeitung für das Hoftheater zu Dresden (1849)

Motive und Konzeption

Am Hoftheater zu Dresden gab es an Goethes 100. Geburtstag als besonderen Abschluß einer festlichen Veranstaltungsreihe Gutzkows *Der Raub der Helena* zu bewundern. Unter diesem »Sondertitel« (23, 47) wurden Szenen aus *Faust II* gespielt, der Titel entstammt Goethes Werk selbst bzw. auch der Strichfassung Gutzkows: Nachdem Faust nach den Worten »Nach allem, was geschah,/ Nenn' ich das Stück den Raub der Helena« (6547 f.) diese ergreifen will und eine Explosion ihn ohnmächtig zu Boden wirft, greift die Bühnenmaschinerie ein und hievt den Bewußtlosen aus dem hellerleuchteten Saal am Kaiserhof in sein Studierzimmer zu Beginn des 2. Akts.

Oberstes Ziel Gutzkows war es, eine wahrscheinliche und verständliche Handlung des 3. Akts für jene Zuschauer aufzubereiten, die Goethes Werk nicht kannten. Das charakteristischste Merkmal seiner Bearbeitung bestand darin, daß Gutzkow die Helenaszenen als Traumvision Fausts auffaßt; den Rahmen hierfür bildeten die beiden gekürzten Schlußszenen des 1. Akts und die erste Szene des 2. Akts, wie die nachfolgende Szenenübersicht verdeutlicht. Faust beschwört Helena: »In dem Augenblick, da er Helena berühren will, bricht Faust ohnmächtig zusammen und erwacht in seinem Studierzimmer..., wie es in einer vermutlich von Gutzkow stammenden Einführung in die Bearbeitung im ›Dresdner Anzeiger‹ heißt, zu einem Erlebnis, ›das über Zeit und Raum hinwegschwebt. Bei Goethe wandert er wirklich nach Griechenland, in die alte Welt und Zeit. Die Bedingungen, die die Bühne stellt, machten hier eine Kürzung notwendig, denn die Sphinxe und Drachen, die Nymphen und Gewässer konnten nicht redend eingeführt werden.... Helena aber erscheint und wird die Braut des deutschen Titanen ... Er träumt die süßeste Verschmelzung des Nordens und des Südens und entschlummert in Helenas Armen. Helena versinkt unter Blumen, Faust erwacht und hat nichts in der Hand als ihre Gewänder. Diese werden Wolken und ziehen ihn empor« (7, 49). Nachdem Faust wieder in sein Zimmer zurückgesenkt worden ist, erwacht er, beseelt vom Erlebnis mit Helena.

Bühnen- und Strichfassung

In Gutzkows *Raub der Helena* bilden Verse aus dem 1. Akt von *Faust II* den ersten Akt, Teile aus dem 2. und 3. Akt den zweiten Akt seiner Einstudierung. Die Abfolge der sieben Szenen sah folgendermaßen aus:

I. Akt: 1. Halle eines Schlosses, hinten Stufen, Nacht. (Finstere Galerie)
2. Ein hellerleuchteter Saal. (Hell erleuchtete Säle. Rittersaal)

II. Akt: 1. Fausts Studierzimmer.
2. Vor dem Palast des Menelaus.
3. Vor dem Aufgang zu einem gothischen Altane. (Innerer Burghof des Mittelalters)
4. Schattiger Laubenhain in freundlicher Felsengegend.
5. Fausts Studierzimmer.

Bis auf einen ›Prüderiestrich‹ beließ es Gutzkow beim drastisch verkürzten Goetheschen *Faust II*, denn mit Rücksicht auf die weiblichen Mitglieder der Königlichen Familie wurde Paris durch einen Ritter nicht so wie bei Goethe vorgestellt: »... halb nackt ist wohl der Junge schön«, sondern mit den Worten »Der Junge ist wohl schön« (7, 50). Einen besonderen Mangel dieser sich auf den 3. Akt konzentrierenden Bearbeitung sahen die zeitgenössischen Kritiker darin, daß die gesamte Euphorion-Episode fehlte.

Heinrich Brandt gibt einen ausführlichen Bericht über den Ablauf des Gutzkowschen *Faust II*-Spiels, versehen mit sehr kritischen Anmerkungen[1], die sich vor allem gegen ausufernde Orchestermusiken wenden: Vor jedem Akt erklingt eine Ouvertüre, vieles ist melodramatisch behandelt. Die Quintessenz der Gutzkowschen Bearbeitung sei »die Vereinigung von Faust und Helena, von Germanien und Hellas, die Vereinigung deutschen und griechischen Geistes, deutscher Kraft und griechischer Schönheit, die Vereinigung zwischen Romantik und Klassik« (23, 196) gewesen. Besonders zu bedauern sei, daß Gutzkow die Frucht dieser Vereinigung, Euphorion, unterschlagen habe – ein tiefer Riß in der Bearbeitung. So gab es in Dresden ein Rätselraten, weshalb Helena wieder in der Unterwelt versinke, während der schlafende Faust durch die Bühnenmaschinerie in sein einstiges Studierzimmer zurückgebracht wird. Mit dieser Schlußdekoration nach einer Verwandlung bei offener Bühne »betreten wir wieder realen Boden; das Traumerlebnis ist zu Ende, die Wirklichkeit beginnt. Fausts Studierzimmer tritt hervor aus dem Wolkennebel, im Hintergrunde steht noch das Lager mit dem schlummernden Faust. Mephisto beugt sich ironisch über ihn und sieht, ob er erwacht. Das Finale schlägt langsam ein und der Vorhang senkt sich über Gutzkows Faustbearbeitung, über den ›Raub der Helena‹« (23, 201).

Aufnahme und Wirkung

Gutzkow nennt in seinem Bericht über die Inszenierung sein Stück einen »Versuch, theatralisch Brauchbares aus dem zweiten Teil des ›Faust‹ festzuhalten und wiederzugeben. Es paßte für das zweiaktige Ganze, das ohne besonderen Zwang entstand, der Titel: ›Der Raub der Helena‹. Nur mußte die Musik stark eingreifen und sowohl die Lücken und Übergänge verdecken als die starken Anmutungen an märchenhafte Voraussetzungen unterstützen. Theodor Liedtke spielte den an sich unerquicklich, ich möchte sagen, zu Goethisch gewordenen Faust, der sich mit dem Zaubergebilde der Helena, das ihm Mephisto gestellt hat, vermählt, wodurch gewissermaßen Goethes Doppelnatur, die deutschvaterländische und die griechischkünstlerische, erklärt werden soll. Leider blieb Liedtke bei der dritten Vorstellung auf seiner Luftfahrt, die er aus den Armen der sich in Wolken auflösenden Helena machte, in dem Tauwerk der Maschinerie hängen und glaubte so sehr sein Leben in Gefahr, daß er mit den Schnürbodenarbeitern vor allem Publikum menschlich zu zetern anfing. Seitdem war die Wiederholung unmöglich« (23, 209). Nach diesem Vorfall verweigerte Liedtke weitere Auftritte; da keine weitere Bühne Gutzkows Bearbeitung übernahm, gab es nur drei Aufführungen in Dresden. Die schlechte Aufnahme dieser Darbietungen durch das Publikum seien, so die Forschung, der eigentliche Grund für die Absetzung gewesen.

Die Rezensenten betonten, daß das Ganze in weiten Teilen unverständlich geblieben sei: »... die Dresdner ... wußten mit dem ›Raub der Helena‹ ... nicht viel anzufangen und langweilten sich, obwohl Gutzkow ›Prospekte nicht und nicht Maschinen‹ geschont hatte. Der Beifall galt einzig der Darstellung mit der wahrhaft klassischen Helena Marie Bayers an der Spitze, dagegen blieb der Sinn des Ganzen dem großen Publikum verschlossen, und mancher wird mit den Worten nach Hause gegangen sein, in die der Kritiker der Leipziger Theaterchronik seinen Eindruck zusammenfaßte: ›Mir wird von alledem so dumm/ Als ging' mir ein Mühlrad im Kopf herum‹« (8, 55).

In Briefen beklagte Gutzkow die bittere Tatsache, daß niemand sonst seine Fassung spielen wollte. Historisch gesehen, muß man Gutzkow aber das Verdienst zubilligen, mit seiner Bearbeitung gezeigt zu haben, daß auch der zweite Teil von Goethes *Faust* auf der Bühne darstellbar ist, wenn auch sehr fragmentarisch.

---

1 Vgl. hierzu Brandts Ausführungen in seiner Darstellung der *Faust*-Inszenierungen auf der Königlich-sächsischen Hofbühne in Dresden (23, 185–214)

12. *Faust II* als Tragödie nach Goethe in fünf Aufzügen oder Ein »*Faust*-Ragout« von Wollheim da Fonseca (1854)

Motive und Konzeption

Anton Edmund Wollheim da Fonsecas *Faust II*-Inszenierung am Hamburger Stadttheater vom 25. März 1854 könnte für sich beanspruchen, die Uraufführung von Goethes Werk zu sein – wenn wir von den drastischen Texteingriffen des Bearbeiters absehen. Erstmals werden alle fünf Akte von Goethes Drama, unterschiedlich komprimiert, auf der Bühne gegeben.

Wollheim sieht im zweiten Teil des *Faust* ein »Riesenmeisterwerk« des deutschen Geistes, das die kümmerliche Atmosphäre des ersten bei weitem überrage: »Dazu kommt, daß der erste Theil des Faust die göttliche und poetische Gerechtigkeit unbefriedigt läßt. Dort wird Gretchen durch die göttliche Gnade gerettet, und das Interesse an Faust tritt vor dem, welches wir an der von ihm Verführten nehmen, zurück. Auf diese Weise ist der erste Theil ein unvollendetes Gemälde« (238, 1). Der Zuschauer frage vor allem, wie denn die Wette zwischen dem Herrn und Mephistopheles ausgehe. Um eine bühnenfähige Form des zweiten Teils zu finden, müsse der »Ueberreichthum an allegorischen, philosophischen, mythologischen und historischen Beziehungen, welche natürlich nicht Allen gleich verständig sind« (238, 4), getilgt werden. Dann sei »ein schönes, dramatisches Ganzes« auf der Bühne aufführbar. Damit will Wollheim das Vorurteil bei den »Gebildeteren« der deutschen Nation widerlegen, »daß der zweite Theil des Faust nicht bühnendarstellbar sei« (238, 5). Er möchte gar diesem Werk »ein Bürgerrecht auf der deutschen Bühne« (238, 5) gewinnen, um letztlich für diese Tat den Dank der gesamten deutschen Nation zu verdienen.

Bühnenfassung

Im Jahr der Hamburger Erstaufführung publizierte Wollheim da Fonseca eine Schrift, in der er den Zuschauern eine Einführung in seine Bühnenkonzeption und zugleich eine ausführliche Inhaltsangabe zum Geschehen von *Faust II* gab, wobei er seine Striche und Textänderungen minutiös erläuterte. Im 1. Akt strich Wollheim die »Mummenschanz«-Szene, den »Lustgarten« sowie »Hell erleuchtete Säle«, so daß auf die Szene »Kaiserliche Pfalz. Saal des Thrones« die »Finstere Galerie« (Faust versinkt, um Helena zu beschwören) und danach »Rittersaal« (Erscheinung von Paris und Helena) folgten. Hier sieht der Bearbeiter einen Anknüpfungspunkt zu *Faust I*: »Diese Erscheinung der Helena verbindet das im ersten Theil Geschehene mit dem Kommenden, das Antike mit dem Modernen, und das ideale Schöne mit der Welt des Wirklichen« (238, 9).

Ab dem zweiten Akt kommt Wollheim dann zu den erstaunlichsten Änderungen bzw. eigenmächtigsten Umdichtungen. In Homunculus sieht er Fausts und Gretchens ertränktes Kind wiederaufleben: »Ich habe also angenommen, daß [Mephisto] die Lebenselemente, in welche Gretchen's ... ertränktes Kind sich aufgelöst und verflüchtigt hat, sammelt, mit Feuerstoffen versetzt, und mit seinem eigenen, negirenden Geiste beseelt. Auf diese Art regenerirt Mephisto ein Wesen, welches in mehrfacher Beziehung zu Faust's Leben und Seele stehen ... Dieses Alles habe ich ... in die Erscheinung des Wunderbaren hineingelegt, um einen Anknüpfungsfaden mehr zu haben zwischen dem ersten und zweiten Theil des Faust im Allgemeinen, wie auch zwischen den nothwendigen Beziehungen von Faust zu Helena-Gretchen-Beziehungen, welche endlich zum Triumphe des Göttlichen im Menschen führen« (238, 10). Die Klassische »Walpurgisnacht« streicht Wollheim vollständig, sie sei zu »untheatralisch«, in bezug auf die Bühnendarstellung gebe es die »enormsten scenischen Schwierigkeiten, ... Deßhalb habe ich den Faust, statt an das Ufer des Peneios bei Pharsalos, direct nach Sparta, an das Gestade des Eurotas, wo der dritte Act beginnt, gebracht« (238, 13–14).

Da Goethe selbst den »Ausspruch« getan habe, »den Poeten bindet keine Zeit«, so sieht Wollheim die raschen Orts- und Zeitwechsel im 3. Akt seiner Spielfassung als gerechtfertigt an. Als Faust von seiner Ritterburg aus Helena erblickt, werde die alte Liebe in ihm wieder wach, denn Helena und das einst vielgeliebte Gretchen seien identisch miteinander: »Helena zeigt sich, ihre Kalyptra (Schleiermantel) lösend, dem Faust, so wie den Zuschauern, in der wohlbekannten lieben Gestalt Gretchens. Wie vordem (im ersten Theile der Tragödie) Gretchen eine Verkörperung der im Zauberspiegel gesehenen Helena war, so ist jetzt Helena nur eine Wiedergängerin Gretchens. Zu dieser Annahme schien ich mir dadurch berechtigt, daß Göthe die Helena aus dem griechischen Versmaaß (dem Trimeter) in das moderne (dem fünffüßigen Jambus) übergehen, ja sie sogar den Reim gebrauchen läßt. Auch in Helena regt sich, da sie seine Worte und den Ton seiner Stimme hört, die dunkle Ahnung, daß sie ihn schon einst in einer anderen Zeit und Gestalt gekannt und geliebt habe, was Phorkyas (Mephisto) in einem Philosophem über die Seelenwanderung bestätigt« (238, 15).

Die erstaunlichste Erfindung Wollheims ist sicherlich seine Deutung Euphorions: »Mephisto ... theilt ... die mysteriöse Geburt eines wunderbaren, dem Faust und der Helena entsprossenen, Jünglings mit. Dieser Jüngling (Euphorion) ist ... das einstmals von Gretchen geborene und getödtete Kind, und der im vorigen Act erscheinende Knabe Homunculus, der sich jetzt als Genius der

Abb. 24: Besetzungzettel der *Faust II*-Einstudierung von Wollheim da Fonseca (linke Hälfte)

idealen Poesie in die äußere Erscheinung gesetzt hat. Auf diese Art hat er sich von der Negation des Mephistopheles frei gemacht, und ist dadurch, daß er zugleich Verkörperung und Ideal repräsentirt, selbstständige Negation des Gemeinen, Alltäglichirdischen und Niedrigen geworden« (238, 16). Mit Euphorions Tod läßt Wollheim seinen 3. Akt endigen: »Diese Scenen sind das Schönste, was Göthe und überhaupt je ein Dichter geschrieben hat« (238, 17). Den Rest streicht er, um die Aufführung nicht zu sehr auszudehnen.

Im 4. Akt findet der Bearbeiter wenig Anlaß zu Änderungen, lediglich am Ende muß der Kaiser sich dazu verpflichten, »daß Faust am Strande des gedämmten Meeres eine Kapelle erbauen lasse« (198, 20) – eine Erfindung, die Goethes Intentionen diametral zuwiderläuft, geradezu eine eklatante Fälschung. Vor dem Beginn des 5. Akts erklingt eine ausgedehnte Ouvertüre, die in feierlichen Tönen Fausts Rückkehr zu Gott andeutet. In Fausts dem Meere abgewonnenem Land steht die »Strandkapelle«, die nicht ihm, »sondern der Kirche« gehöre. Zu Beginn läßt Wollheim wiederum seinem Hang zur »Bühnenökonomie« freien Lauf: »Ich habe die beiden Alten: Philemon und Baucis, sowie den Wanderer, drei Figuren, welche in dem Göthischen Urtexte diesen Act eröffnen, ganz ausgelassen, oder vielmehr in *eine* Gestalt, die des Einsiedlers, der den Dienst in der Strandkapelle versieht, zusammengezogen. Dadurch hat der Act an Einheit gewonnen, da jene, der griechischen Fabel entnommene Personen, in diese, dem Alterthum entrückte Zeit so wenig passen« (238, 21). Den Inhalt habe er dennoch insgesamt bewahrt. Auch bei den vier grauen Weibern ändert Wollheim: Armut – und nicht Mangel –, Schuld, Not und Sorge treten auf, und nachdem die Sorge Faust hat erblinden lassen, verschwindet diese nicht: »Bei Göthe verläßt ihn die Sorge, nachdem sie ihm durch ihr Anhauchen das Licht der Augen genommen hat; ich aber habe sie ihm, in seiner Blindheit nicht von der Seite weichen, sondern ihn bis zu seinem, in der nächsten Scene erfolgendem, Tode führen lassen. Durch diese Allegorie glaube ich mich nicht gegen unseren großen Dichter vergangen zu haben« (238, 23).

Wie viele der großen *Faust*-Kommentatoren in der damaligen Zeit ist auch Wollheim der Ansicht, der Titelheld habe durch sein großes Deichbauprojekt seine Seele gerettet: »Faust hat durch seine letzten Thaten die, den Menschen von Gott auferlegte Pflicht (trotz seines ... Bündnisses mit der Hölle) erfüllt« (238, 24). Da Faust seine bösen Taten bereut habe, dürfe er in der Schlußszene mit erhobenen Händen wie anbetend vor den Thron der Himmelskönigin treten. Auch die erheblich verkürzte Szene »Bergschluchten« enthält Wollheimsche Umdichtungen: Unter den Gestalten »befinden sich auch der durch seinen heiligen Flammenopfertod geläuterte Klausner als *Pater Seraphicus*, d. i. geistiger Lehrer der Seraphsknaben. In der Zahl dieser letzteren sehen wir auch das Kind Faust's und Gretchens, das jetzt seinen Kreislauf durch die Gestalten des Homunculus und Euphorion's vollendet hat. Faust selbst ist hier in voller Jugendschöne als Doctor Marianus selig erstanden, und sieht im Geist die Himmelskönigin, von flehenden Büßerinnen umschwebt. ... Der eine der seligen Knaben begehrt von ihm, beim Wiedererkennen, daß er ihm die Vaterliebe, welche er ihm auf Erden entziehen mußte, jetzt in der Ewigkeit schenken möge« (238, 24–25). Gretchen erhalte am Schluß »durch die Vereinigung mit den Geliebten«, nämlich Faust und dem gemeinsamen Kind, »eine höhere Weihe« und bitte Faust, noch reiner zu werden.

Aufnahme durch Publikum und Kritik

Wenngleich die meisten Pressekritiker Wollheims eigenmächtige, kaum zu rechtfertigende Änderungen verwarfen, so rühmten sie die Tatsache, daß hier Goethes angeblich untheatralisches Bühnenwerk *Faust II* erstmals einem breiten Publikum nahegebracht worden sei. Noch am 24. 3. 1904 lesen wir im *Berliner Tagblatt* in Erinnerung an das Ereignis: »Die Hamburger Aufführung vom 25. März 1854 wurde als ein künstlerisches Ereignis allerersten Ranges von Publikum und Kritik empfunden. ... Zuständige Richter ... räumten ein, ›wie die Darstellung zum Verständnis der Dichtung in völlig ungeahnter Weise beitrage, und wie sehr viele Einzelheiten auf der Bühne weit klarer erschienen seien als selbst beim aufmerksamsten Lesen.‹« Wollheimes Bühnenfassung sei gar das »Ei des Kolumbus«.

Wirkungsgeschichtliche Aspekte

Nach dem großen Erfolg in Hamburg erlebte diese Fassung auch in Frankfurt am Main, Breslau, Leipzig (1877 als großes gesellschaftliches Ereignis »mit schönen Frauen im Festkleide«) und insbesondere in Dresden mit 51 Vorstellungen wahre Triumphe. Selbst Heinrich Laube zog eine Aufführung am Hofburgtheater Wien in Erwägung, verwirklichte das Vorhaben aber nicht wegen unzureichender musikalischer Kräfte, wie er im Mai 1854 an den Komponisten der Bühnenmusik, Hugo Pierson, schrieb. Den nachhaltigsten Triumph hatte Wollheims als »Faust-Ragout« verspottete Bearbeitung am Dresdner Hoftheater zu verzeichnen: Zu Goethes Geburtstag hatte die Fassung am 28. 8. 1880 Premiere. Allerdings änderte der dortige Regisseur Marcks etliche Eigenmächtigkeiten der Hamburger Vorlage, so strich er z. B. fast sämtliche von Wollheim hinzugedichteten Verse (s. u. Inszenierung Nr. 14).

13. Eckermanns *Faust am Hofe des Kaisers* am Hoftheater in Weimar: Der erste Akt von *Faust II* als abendfüllende Gesellschaftskritik (1856)

Motive und Konzeption

Wie aus Eckermanns Briefen hervorgeht, dürfte die Verständnislosigkeit vieler bedeutender Zeitgenossen gegenüber *Faust II* die stärkste Triebfeder gewesen sein, eine bühnengemäße Form für das gewaltige Werk zu suchen. Aus einem Brief vom 18. 9. 1834 an Goethes Schwiegertochter Ottilie geht dies deutlich hervor: »Es sollte mich freuen wenn unser Theater so viel Fleiß daran wenden wollte daß alles so erschiene wie es der Vater gemeint hat. Mit der Lesewelt sieht es gar zu schlecht aus, es gehen über den Faust die dümmsten Urtheile, Varnhagen von Ense sagte mir sogar, es sei in der allgemeinen Gesellschaft ein verachtetes Buch« (155, 13). Den Komponisten Eberwein, der die Bühnenmusik schreiben sollte, bat Eckermann Anfang 1834: »Wenn, wie zu erwarten ist, die Musik vollkommen gelingt, eine einsichtsvolle Regie wie kunstreiche Maschinisten das ihrige tun, auch alle übrigen bei einem so reichen Werk in Anspruch genommenen Personen mit der Ausführung ihrer Teile nicht zurückbleiben, so kann etwas geschehen, was an Bedeutung und Wirkung auf keiner Bühne der Welt bis jetzt seinesgleichen hat« (155, 12–13).
Eckermanns erster Plan sah vor, beide Teile von Goethes *Faust* als Trilogie aufzuführen, wobei am ersten Abend *Faust I*, an den beiden folgenden *Faust II* gespielt werden sollte. Später entwickelte er den Gedanken, *Faust* als Tetralogie aufzuführen, wobei für den zweiten Teil drei Abende vorgesehen waren. Verwirklicht hat Eckermann nur die Bearbeitung des 1. Akts von Goethes *Faust II*. In einem kurzen Vorbericht der gedruckten Fassung erläutert er die Motive für eine Aufführung von *Faust II* sowie die gesamte Konzeption: »Der zweite Theil des Faust kann nur auf die Bühne gebracht werden, wenn man das umfangreiche Werk als *Trilogie* behandelt und es also in drei große Hauptmassen trennt, wie sie dem Gegenstande gemäß sind. Eine solche erste Ab-

theilung ist gegenwärtiges Stück unter dem Titel: *Faust am Hofe des Kaisers*. Machte es Glück und fände es beym Publicum Eingang, so wäre man vielleicht ermuntert in dem schwierigen Unternehmen fortzuschreiten und in der Folge eine zweite Hauptmasse unter dem Titel: *Faust und Helena*, so wie später den letzten Theil: *Faust's Tod* für das Theater einzurichten. Die Weimarische Bühne gewönne dadurch drei Stücke von grosser Bedeutung. Und zwar da sie der Art sind, dass sie alle Kräfte nach allen Seiten hin in Anspruch nehmen, so würden sie diesem altberühmten Theater gewiss zu neuer Ehre gereichen, indem es hiebey auf eine sehr hervorleuchtende Weise an den Tag legen könnte was es vermag. Denn hier ist Comödie, Tragödie, Oper, Ballet etc., alles in Einem und es hat an Phantasie, geistigem Gehalt und hoher Kunst nicht ferner seines Gleichen, wie sich zeigen wird wenn alles der Intention des Dichters gemäss zur Ausführung kommt« (52, 5–6).

Eckermann konnte am 20.10.1852 nur den ersten Akt seiner Einrichtung *Faust am Hofe des Kaisers* erleben, anläßlich des 50jährigen Dienstjubiläums des Komponisten Eberwein. Die gesamte dreiaktige Fassung wurde erst nach dem Tode Eckermanns am 24.6.1856 in Weimar gespielt, eine Wiederholung fand am 28.9. desselben Jahres statt.

Bühnen- und Strichfassung

Die Szenenabfolge der Eckermannschen Bearbeitung ist wie folgt aus seinem Nachlaß rekonstruierbar, wobei Angaben in eckigen Klammern der besseren Information dienen:

Erster Act. Erste Scene. [Scene 1.] Reizende Gegend [Anmutige Gegend. Geisterkreis.]
Scene 2. [Faust]
Scene 3. [Mephistopheles. Faust.]
Zweite Scene. Saal im Kaiserlichen Palast.

Zweyter Act. Scene 1. Weitläufiger Saal.
Scene 2. [Gärtnerinnen. Gärtner.]
Scene 3. [Mutter und Tochter. Holzhauer. Parasiten. Ein Trunkener. Die Grazien. Die Parzen. Herold mit Elephant.]
Scene 4. [Knabe Wagenlenker.]
Scene 5. Der Kaiser. [als großer Pan]

Dritter Act. Scene 1. Lustgarten.
Scene 2. [Narr. Mephistopheles.]
Scene 3. Finstere Galerie.
Scene 4. Hell erleuchtete Säle.

Die letzte Szene des 3. Akts umfaßte auch Goethes Szene »Rittersaal«, schloß also mit der Beschwörung von Paris und Helena, nur war der Übergang fließend: Eckermann schrieb in einer Regieanweisung vor, daß die Beleuchtung des Rittersaales dämmerig werden müsse. Zwischen »Anmutige Gegend« und dem Beginn des Geschehens am Kaiserhof fügte Eckermann als »Scene 2« einen ausführlichen Dialog zwischen Faust und Mephisto ein, in welchem Mephisto Faust an das in *Faust I* Geschehene erinnert und ihn zugleich auf den Besuch am Kaiserhof hinweist. Damit wollte Eckermann eine inhaltliche Lücke schließen. Menchén stellte aufgrund einer ausführlichen Analyse fest, daß sich die Eckermannsche Fassung »durch große Sorgfalt und Originaltreue« auszeichnet und der Bearbeiter »ausführliche Szenenanweisungen und Erklärungen im Sinne der Goetheschen Theaterkonzeption« (155, 13) gab.

Wirkungsgeschichtliche Aspekte

Josef Rank, der die beiden Aufführungen von Eckermanns *Faust am Hofe des Kaisers* besuchte, berichtet: »Am Schlusse der Saison 1855 hat die Großherzogliche Hofbühne in Weimar ... den Versuch gemacht, den ersten Akt aus dem II. Teile von Goethes Faust in Szene zu setzen und hat diesen Versuch gleich nach der Eröffnung der folgenden Saison wiederholt. ... Eckermann hat meines Erachtens wohl getan, seinen Versuch einer Bearbeitung auf den ersten Akt zu beschränken. Indem er diesen mit dem besonderen Titel: ›Faust am Hofe des Kaisers‹ versah, ihn in drei Abteilungen brachte, von dem jede den Schwerpunkt einer selbständigen Idee in sich trug, näherte er das Ganze zur Not den Anforderungen, welche man an ein Bühnenstück zu machen pflegt, die Handlung wurde einheitlich und auch für die Fassungskraft des gewöhnlichen Theaterbesuchers verständlich gemacht, dem Pomp und den Zauberstücken der Szenerie konnte Raum gegeben werden, so daß der Zuschauer durch die Fülle schöner Bilder für manches Unbegreifliche in der Handlung entschädigt wurde« (155, 14).

Brandt nennt Eckermanns Fassung unverblümt eine »liebevolle, aber lebensunfähige Bearbeitung« (23, 184). Offensichtlich waren etliche Intendanten derselben Meinung, denn Eberwein berichtet von deren ablehnender Haltung: »Die Hoftheater zu Weimar, Dresden und Berlin haben auf ihr Verlangen unser Manuskript gesehen, ebenso das Stadttheater zu Hamburg. Sie schickten es mir mit der Bemerkung zurück, daß es sich nicht zur Darstellung eigne« (23, 183).

14. Dresdens Hoftheater als Umgestalter des *Faust II*-Experiments von Wollheim da Fonseca: Die behutsame Inszenierung von Marcks (1880)

Motive und Konzeption

Da in Dresden die 100. Aufführung von *Faust I* bevorstand, nahm die Intendanz im Frühjahr 1879 Verhandlungen mit Wollheim da Fonseca auf, denn man wünschte auch eine gelungene Inszenierung des zweiten Teils. *Faust I* führte man am 27.8.1879 auf, *Faust II* schließlich am 29.8.1880 in der Fassung von Wollheim, wobei Marcks korrigierend eingriff. Bereits zweimal hatte der Dresdner Oberregisseur am Hoftheater *Faust I* einstudiert, als er sich an das Wagnis des zweiten Teils machte. Bei der Abwägung zwischen der verkürzten und teilweise entstellenden Fassung Wollheims (Hamburg 1854) und der Bearbeitung Otto Devrients (Weimar 1876) fiel seine Wahl auf die Hamburger Version, in Bühnenbau und Szenerie jedoch übernahm Marcks grundsätzlich die Vorschläge von Devrient. Wollheims Textfassung veränderte Marcks in wesentlichen Punkten: Der Dresdner Regisseur strich sämtliche Umdichtungen und Hinzudichtungen von Wollheim, von belangloseren Versen abgesehen. Marcks unternahm es, »die Wollheimsche Einrichtung zu reinigen« (23, 224), urteilt Brandt. Wie Wollheim und Devrient veröffentlichte auch Marcks seine Bühnenfassung des zweiten Teils mit den Worten »Nach der Bearbeitung von Dr. Wollheim für die Königl. Sächsische Hofbühne eingerichtet von Oberregisseur A. Marcks.«

Bühnenbau und Spielweise

In der Szenerie weicht Marcks beträchtlich von den Regievorschlägen Wollheims ab und gestaltet die Bühne nach den Vorschlägen Devrients, die seit 1876 gedruckt vorliegen: »Marcks teilte seinen Bühnenraum in eine Vorderbühne und eine bedeutend erhöhte Hinterbühne, beide verbindet er durch eine breite, siebenstufige Treppe in der Mitte. Da der dritte Bühnenboden Devrients, die Zinne, in seiner Inszenierung dieser Szene keine Verwendung fand, bringt Marcks dasselbe Bühnenbild wie jener, mit dem Unterschiede nur, daß bei ihm eine breite Treppe in der Mitte zur Hinterbühne emporführte, bei Devrient zwei Treppen an den Seiten« (23, 236). Hier wird deutlich, daß die ersten *Faust*-Regisseure vieles voneinander abschauten, lernten und übernahmen, wobei die gedruckten Bühnenfassungen wesentlich mit dazu beigetragen haben. Wo immer möglich, zieht Marcks verschiedene Dekorationen bzw. Szenen zu einer zusammen, um die damals noch sehr zeitaufwendigen Szenenwechsel zu reduzieren. Auch hierbei folgte er den Vorschlägen Wollheims und Devrients.

Die Dresdner *Faust II*-Inszenierung wies zwei für das 19. Jahrhundert typische ›Sünden‹ auf. Das Publikum konnte eine Vielzahl von Balletteinlagen und Pantomimen bewundern sowie zeitdehnende Musiknummern hören. Auf zwei extreme Beispiele sei verwiesen: In der »Euphorionhandlung« läßt Marcks »den Chor 29 Takte singen und mit Euphorion tanzen, zieht außerdem ein Ballett von 12 Damen heran, für dessen ›Arrangements und Gruppierungen Ballettmeister R. Köller‹ auf dem Theaterzettel zeichnet« (23, 241). Hierbei geht Marcks über Wollheim hinaus, denn in dessen Druckfassung (239) findet sich kein Hinweis auf eine Balletteinlage. Nach dem Sieg des Kaisers über den Gegenkaiser am Ende des 4. Akts singt das gesamte Heer, verstärkt durch den Dresdner Opernchor, ein »Te deum laudamus« von 65 Takten – ebenfalls ein zeitraubendes Element.

Abb. 25: Pauline Ulrich als Helena[1]

Aufnahme durch Publikum und Kritik

Es war mehr der bühnentechnische Aspekt der Darstellung, der Beachtung bei der Kritik fand; die schauspielerischen Leistungen waren nicht überragend. Die Presse verurteilt jedoch bei Marcks' *Faust II*-Inszenierung einen über weite Strecken geradezu opernhaften Aufwand. So strömten aus Fausts mittelalterlicher Burg in einem langen Marsch 166 Personen; zusammen mit Helenas Gefolge kommandierte der Regisseur einen gigantischen Menschenapparat von 215 Leuten. Insgesamt gesehen, war Marcks – wie auch bei seinen Inszenierungen des ersten Teils – wenig schöpferisch, da er Spielvorlagen anderer weitgehend übernahm; für *Faust I* stand Klingemann Pate. Sein *Faust II* vom Jahre 1880, der sich 20 Jahre auf dem Spielplan hielt, war ein opernhaftes, wenig überzeugendes Ausstattungsstück mit kaltem Prunk, aber ein Publikum, das das Pompöse geradezu suchte, war damit bestens zufriedenzustellen.

Wirkungsgeschichtliche Aspekte

In Dresden herrschte im 19. Jahrhundert noch nicht die Auffassung, daß der erste und zweite Teil des *Faust* zusammengehören, vielleicht gar eine Einheit bilden. Dies belegt die Aufführungsstatistik: In den zwei Jahrzehnten wurde *Faust II* 51mal gegeben, davon 35mal, ohne daß *Faust I* vorausgegangen war. Im selben Zeitraum wurde der erste Teil 50mal gespielt, lediglich am 28. und 29. August in den Jahren 1881 und 1892 wurden beide Dichtungen an zwei aufeinanderfolgenden Abenden dargeboten: Der äußere Anlaß war jeweils Goethes Geburtstag am 28. August. Bemerkenswert mag noch sein, daß von den 51 *Faust II*-Aufführungen allein 17 auf das Jahr 1880 entfielen, obwohl die Premiere erst Ende August stattgefunden hatte, danach war das Publikumsinteresse rapide geschwunden.

Die *Faust II*-Fassung Wollheims in der Überarbeitung von Albrecht Marcks führten noch zwei weitere Theater auf: das Königliche deutsche Landestheater Prag (4mal 1882, 1mal 1884) und das Großherzogliche Hoftheater Schwerin (4mal 1892, 1mal 1894). So wirkte die von Marcks gereinigte Wollheimsche Fassung ein wenig über die sächsische Metropole hinaus.

---

1 Wegen der Kriegszerstörungen hat sich in Dresden kaum Bildmaterial enthalten.

Gemeinsam und getrennt – Beide Teile des *Faust* auf der Bühne im letzten Viertel des 19. Jahrhunderts

Der Gedanke, die ganze Faust-Dichtung in irgend einer Form für die Bühne zu gewinnen und sie dadurch dem gesammten Volke in ihrer Weltweite und Welttiefe zu erschließen, ist wiederholt aufgetaucht und wird in Jedem lauter oder leiser sich regen, der das Werk hinter einander durchliest. ... ›Vom Himmel durch die Welt zur Hölle.‹ Wozu wäre diese Wanderung, wozu der Aufwand von Decorationen, Bildern und Maschinen versprochen, wenn sich auf der Bühne vor unseren Augen nichts weiter abspielen sollte, als der erste Theil der Dichtung, noch dazu in verkleinertem Maßstabe? Mit Auslassung des Prologs im Himmel und der Walpurgisnacht? Mit Kürzungen da und Aenderungen hier? Schwebte Goethe, noch so unklar und nebelhaft, eine scenische Darstellung seiner Dichtung vor, so muß ihre Verwirklichung auch möglich sein. Ueber ganz andere Mittel, als er es sich vorstellen konnte, verfügen jetzt unsere Theater ...

Carl Frenzel, 1876

Richard Wagners Forderungen nach einem deutschen *Faust*-Festspiel-Theater (1872)

Von der Jugend bis ins hohe Alter war Richard Wagner höchst fasziniert von Goethes *Faust*: Mit Freude betonte er, daß dieser typisch deutsche Stoff im Mittelalter angesiedelt sei, und er erkannte gemeinsame, ja verwandtschaftliche Züge zwischen Goethes bedeutsamem Drama und seinen *Meistersingern von Nürnberg*. Auch kompositorisch schlug ihn der Stoff in seinen Bann: 1831 vertonte er kleinere Teile aus *Faust I*, von 1839 bis 1849 versuchte er vergeblich die Ausarbeitung einer *Faust*-Sinfonie, wobei ihm nur ein erster Satz gelang. Mit dem Ergebnis unzufrieden, faßte er die Komposition neu und gab 1855 dem einsätzigen Opus den Titel *Eine Faust-Ouvertüre*. Danach wagte er sich an den gewaltigen Goetheschen Komplex kompositorisch nicht mehr heran. Die *Tagebücher*, die Cosima Wagner führte, dokumentieren jedoch minutiös, daß er sich in den letzten fünfzehn Jahren seines Lebens fast ununterbrochen einer *Faust*-Lektüre widmete, wobei er sich mehr und mehr in den Kosmos des zweiten Teils vertiefte.

Entwurf eines Faust-Theaters

Unmittelbar nach der Gründung des Deutschen Kaiserreichs unter Bismarck entwickelte Wagner den Plan eines eigens für Goethes *Faust* zu konstruierenden Theaterbaus: Durch festliche Gesamtaufführungen des »deutschesten« aller Dramen an diesem besonderen Ort erhoffte er sich große, impulsgebende Auswirkungen auf die geistige Einheit des deutschen Volkes, das jüngst erst die politische Einheit erlangt hatte. Wagners detaillierte Überlegungen können ausführlich nachgelesen werden in der 1872 veröffentlichten Abhandlung *Über Schauspieler und Sänger* (224). Wagner stilisiert das Drama – wie vier Jahre später Dingelstedt – zur Bibel der Deutschen empor: »Der ›Faust‹ sollte eigentlich die neue Bibel sein, ein jeder sollte jeden Vers daraus auswendig wissen« (223/I, 658). Der Komponist möchte »den ›Faust‹ auf schönem Vélinpapier herrlich drucken lassen, als symbolisches heiliges Buch. Das deutsche Monument, das deutsche Meisterwerk« (223/I, 417).

In seiner Studie *Das Theater Richard Wagners* hebt Dieter Borchmeyer hervor, daß der Komponist Goethes *Faust* sehr eng mit der Bismarckschen Reichsgründung in Verbindung bringt: »Wie seine eigene *Ring*-Tetralogie möchte er ihn [*Faust*] zu dieser Zeit – 1871 – öffentlich zum ästhetischen Pendant des ›Reichs‹ monumentalisieren« (21, 50). Für Goethes *Faust* forderte Wagner ein adäquates Theater, das eine natürliche Sprechkunst und Bewegungsart zuläßt. Deshalb lehnte er das zu seiner Zeit herrschende, sich an der Antike orientierende Halbrundtheater, die Guckkastenbühne, entschieden ab. Die Geburtsstätte des »wahrhaften deutschen Theaters« erblickte er in der natürlichen und volkstümlichen Spielweise des Kasperltheaters. Neben einer natürlichen Sprechweise fordert Wagner in architektonischer Hinsicht für den *Faust* ein Theater, in dem die Zuschauer in einem ganzen Rund die Schauspielszene umdrängen könnten. Nur in einem solchen Theaterbau mache man die Erfahrung, daß Goethes Drama »von allerhöchstem antreffen. Ich wage es, dieses Prinzip aus der Beurteilung des *einen* Umstandes abzuleiten, daß Shakespeares Schauspieler auf einer von allen Seiten von Zuschauern umgebenen Bühne spielten, während nach dem Vorgange der Italiener und Franzosen die moderne Bühne die Schauspieler immer nur von einer, und zwar der Vorderseite, wie die Theaterkulissen, zeigt. Hier sehen wir das, mit Mißverstand der antiken Bühne nachgebildete, akademische Theater der Kunstrenaissance, in welchem die Szene durch das Orchester vom Publikum geschieden wird« (224, 220–21).

Richard Wagner als *Faust*-Regisseur? – Seine Gedanken zu einer Inszenierung

Der Besuch einer von der Kritik hochgelobten *Faust*-Aufführung – es könnte die Einstudierung durch Laube im Jahre 1850 gewesen sein – bestätigte Wagner, wie unheilbar krank die großen Bühnen seiner Zeit seien: »Ich für meinen Teil wohnte vor einer Reihe von Jahren einer Aufführung des ›Faust‹ im Wiener Burgtheater bei, nach deren ersten Akten ich mich mit dem an den Direktor des Theaters erteilten Rate entfernte, er möge seine Schauspieler wenigstens veranlassen, alles gerade noch einmal so schnell, als sie es getan, zu sagen, und diese Maßregel mit der Uhr in der Hand durchzusetzen suchen; so nämlich schien es mir möglich, erstlich den grenzenlosen Unsinn, in welchen jene Leute bei ihrem Tragieren verfielen, wenigstens einigermaßen unmerklich zu machen, zweitens aber die Schauspieler zu einer wirklich natürlichen, vielleicht selbst gemeinen Sprache zu nötigen, in welcher ihnen dann wohl selber der erste populäre Sinn ihrer Reden aufginge. ... Diesen Galimathias von Unnatur, gezierter Flegelei und negerhafter Koketterie auf ›Faust‹ anwenden zu sollen, mußte allerdings selbst einem modernen Theaterdirektor frevelhaft vorkommen. Allein, eben hiermit wird doch auch offen bekundet, daß an unserem modernen Schauspiele nicht eine gesunde Faser sei, außerdem jedenfalls aber auch bestätigt, daß das

Abb. 26: Modell der Shakespearebühne (Das Swan-Theater, gezeichnet von De Wit)

dichterischem Wert« (224, 211) und – allen Unkenrufen zum Trotz – nur für eine solche Bühne geschaffen sei. Nach seitenlangen heftigen Attacken gegen das herrschende höfische, aber auch gegen das bürgerliche Theater und gegen die Schauspielkunst seiner Zeit besinnt sich Wagner wieder auf die von ihm zu fordernden Grundsätze für ein dem *Faust* angemessenes Theater: »Hier käme es nun vor allem darauf an, das Prinzip genau zu erkennen, nach welchem das, was wir mimisch-dramatische Natürlichkeit nennen, sich bei Shakespeare von dem unterscheidet, was wir bei fast allen anderen dramatischen Dichtern größte Original-Theaterstück der Deutschen unserem Theater wie es ist, gar nicht angehören kann« (224, 212-213). Wagner forderte auch deshalb einen Theaterbau nach dem Prinzip der Shakespearebühne, weil er unterstellte, die der Antike »nachgeäffte« Guckkastenbühne produziere zwangsläufig das ihm verhaßte pathetische Sprechgebaren der Schauspieler: »Es ist nun von überraschender Belehrung, zu ersehen, wie auf dieser neueuropäischen, der Antike mit Entstellung nachgebildeten Bühne, ein Hang zum didaktisch-poetischen Pathos gesteigert wurde, sich immer vorherrschend erhielt; wogegen auf der primitiveren Volksbühne Shakespeares, welche alles täuschenden Blendwerkes der Dekoration entbehrte, die Teilnahme sich vorwiegend ganz dem realistischen Gebaren der spärlich verkleideten Schauspieler zuwendete. Während das späterhin akademisch geregelte englische Theater den Schauspielern es zur unerläßlichsten Pflicht machte, dem Publikum unter keinen Umständen den Rücken zuzukehren, und es ihnen dafür überließ, wie sie bei einem Abgange nach dem Hintergrunde zu es anfangen mochten, sich mit verkehrtem Gange fortzuhelfen, bewegten sich die Shakespearschen Darsteller nach jeder Richtung hin voll und ganz, wie im gemeinen Leben, vor dem Zuschauer. Man erwäge, welche Macht hier die Natürlichkeit des Spielens auszuüben hatte, da es durch keine helfende Täuschung unterstützt war, sondern in jedem Nerve des Gebarens die wundervoll wahren und doch so unerhört seltenartigen Gestalten des Dichters und glaubhaft in allernächster Nähe vorführen sollte: das höchste dramatische Pathos mußte hier lediglich schon wegen der Unterhaltung des Glaubens an die Wahrhaftigkeit dieses Spielens eintreten, welches sonst im großen tragischen Momente geradewegs lächerlich gewirkt haben würde« (224, 221-222). Was das Pathos in Goethes *Faust* anbelangt, so fordert Wagner, daß nicht einmal der Herr im »Prolog im Himmel« pathetisch reden dürfe.

Wie von seiner in jener Zeit auf dem Grünen Hügel entstehenden Bayreuther Modellvorstellung, so erhofft sich Wagner von einem in seinem Sinne gesunden deutschen Sprechtheater, das Goethes *Faust* als einziges wahres Theaterstück natürlich aufführen werde, eine »deutsch-politische« Auswirkung auf Volk, staatliche Einheit und nationale Größe: »Wie ich mit diesen Ausführungen mich nach der Seite der praktischen Ausführung durch eine wirkliche Organisation unserer Theater wende, treffe ich hier auf denselben Gedanken, welcher mir die beabsichtigten Bühnenfestspiele in Bayreuth eingegeben hat« (224, 216-217).

Wie den *Tagebüchern* von Cosima zu entnehmen ist, sieht Wagner in seinen *Meistersingern* und in Goethes *Faust* die beste und gemeinsame Grundlage für eine volksnahe und natürliche deutsche Kunst, die endlich zu konstituieren wäre.

Abb. 27: Das Globe – Shakespearebühne an der Themse

15. Otto Devrient bringt 1875/76 in Weimar erstmals den ganzen *Faust* auf die Bühne: Aufkeimen des Weihe- und Festspielgedankens

Abb. 28: Ernst Händel, Bühnenbildentwurf für die Weimarer *Faust*-Inszenierung von Devrient. Die auf verschiedenen Ebenen aufgebauten Dekorationen gelten als früher Versuch der Anwendung der Simultanbühne. Die hier abgebildeten Aufbauten waren für den Schluß der Gretchen-Handlung bestimmt, die »Kerker«-Szene: In der Mitte ist der verriegelte Eingang zu Gretchens Gefängnis zu erkennen.

Motive, Konzeption, Bühnenbau

Nicht nur auf Bayreuths Grünem Hügel entstand im letzten Viertel des 19. Jahrhunderts ein angeblich urdeutscher, historisch rückwärts ins Mittelalter gerichteter Festspiel- und Weihegedanke. Äußerer Anlaß für Otto Devrients Aufführung beider Teile von Goethes *Faust* war die 100. Wiederkehr von Goethes erstmaliger Ankunft in Weimar am 7. November 1775. Als am 7. Mai 1876 auch die Premiere von *Faust II* vorüber war, forderte Devrient vehement, künftige *Faust*-Aufführungen müßten Festspiele sein, bewußt herausgehoben aus dem Rahmen des Alltagsspielplans eines Theaters. Bereits 1880 konnte Adolph Enslin berichten, daß Goetheverehrer aus nah und fern alljährlich zur Osterzeit

Otto Devrient bringt 1875/76 in Weimar erstmals den ganzen *Faust* auf die Bühne 53

nach Weimar strömten, um Devrients *Faust*-Aufführungen als »wahrhafte Bühnenfestspiele« (56, 68) andachtsvoll zu erleben.

Die wichtigsten Überlegungen zu Sinn und Zweck der Aufführung beider Teile, zur dramaturgischen Konzeption und zur Gestalt der dreigegliederten Mysterienbühne legte Otto Devrient im Vorwort des von ihm herausgegebenen Spieltextes dar. Zur Rechtfertigung seiner Strichfassung beruft er sich auf die bekannten Worte des Theaterdirektors aus dem »Vorspiel auf dem Theater«: »Die vorliegende Bühneneinrichtung, zum ersten Male des ganzen Werkes in einheitlicher Form, verfolgt die Absicht, in pietätvoller Auslösung des großen Planes und mit Hinweglassung des Beiwerks von Zeitanspielungen und Cotteriebeziehungen dem schauenden und hier auch dem lesenden Publikum ein einfacheres und klareres Bild zu schaffen. Sie nimmt die Vortheile der mittelalterlichen Aufführungen wahr, denen Goethe sich anschloß. Das feststehende Gerüst der mittelalterlichen Schauburg, an welches die Worte des Theaterdirektors gemahnen:

So schreitet in dem engen Bretterhaus
Den ganzen Kreis der Schöpfung aus
Und wandelt, mit bedächt'ger Schnelle,
Vom Himmel durch die Welt zur Hölle.

wird in malerischer Umhüllung, bald ganz, bald nur theilweise verwendet, und durch beide ›Tagewerke‹ (der Name ist den Mysterien entnommen, deren Aufführungen meist mehrere Tage dau-

Abb. 29 (links): »Prolog im Himmel« auf der Mysterienbühne Devrients. Deutlich zu erkennen sind die »Brücke« und das »Loch«, letzteres die Hölle, der Bereich Mephistos

Abb. 30: *Faust II* – »Rittersaal«. Das Stadttheater Leipzig übernahm 1876/77 die Einrichtung Devrients, wie viele andere Theater. Auf dieser Abbildung ist die »Zinne« gut zu sehen, auf der Helena und Paris beschworen werden. Links erkennen wir den magischen Mephisto, rechts stürmt Faust herbei, um Helena zu ergreifen.

Abb. 31: »Prolog im Himmel« – Otto Devrient als Mephistopheles (Studioaufnahme)

Abb. 32: »Studierzimmer« II – Otto Devrient als Mephistopheles in Fausts Studierzimmer

erten), als Grundlage der szenischen Anordnungen festgehalten. Auf kurzer Vorbühne steht das erste Gerüst, ›die Brücke‹ genannt, darin ein Thor (›Loch‹) mit darunter befindlicher Versenkung; hinter der Brücke ist das höchste Gerüst, ›Zinne‹ geheißen. Auch ist wie im Mittelalter die Dreitheiligkeit, wo nicht wie hier übereinander, doch nebeneinander verwerthet (wie im Faustgemach mit seinen drei Nischen). Die Treppen, welche die Bühne verbinden, sind wandelbar nach dem Bedarf der Szene.

Wenn es auch nie glücken wird und kann, alle Widersprüche und Zeitverwirrungen, welche namentlich der Gretchenkonflikt bietet, klar zu legen, so vermittelt doch die Mysterienbühne, welche traditionell solche Sprünge in Ort und Zeit kennt und einem mittelalterlichen Bilde gleicht, welches das nach einander Geschehende gleichzeitig auf eine Leinwand zwingt, am entsprechendsten, was die moderne Bühnenaufführung in zahlreichen Verwandlungen dennoch nicht regelt. Die Musik, die über Zeit und Ort zu täuschen vermag, trat hier überall vermittelnd ein« (42, 3–4).

Bühnen- und Strichfassung

Da Devrients Spiel- bzw. Strichfassung gedruckt vorliegt[1], beschränke ich mich hier auf die wichtigsten Gedanken zur dramaturgischen Gestalt. Das erste »Tagewerk«, *Faust I*, teilt der Bearbeiter in fünf Akte ein und stellt zwei Vorspiele voran. Die im Druck erschienene Fassung hat folgendes Gesicht:

Vorspiel auf dem Theater
Prolog im Himmel
1. Akt: Studierzimmer, Szene »Nacht«
2. Akt: Osterspaziergang, »Studierzimmer«-Szenen, einschließlich der Schülerszene
3. Akt: »Auerbachs Keller«, »Hexenküche«, Gretchentragödie bis zur Szene »Ein Gartenhäuschen«
4. Akt: Von »Gretchens Stube« (»Meine Ruh' ist hin«) bis zur Szene »Dom« (»Wald und Höhle« fehlt)
5. Akt: »Walpurgisnacht«, »Trüber Tag. Feld« und »Kerker« (»Walpurgisnachtstraum« gestrichen)

An die Stelle der Szenenüberschriften Goethes fügt Devrient lediglich die Bezeichnungen »1. Szene«, »2. Szene« usw. ein. Im ersten Teil fallen die Eingriffe in die Vorlage nicht besonders ins Gewicht, auch nicht die eigenwillige Gestaltung der mit Akribie formulierten Regieanweisungen.

Der zweite Teil weist in den meisten Szenen erhebliche Striche auf und wurde in folgender Aufteilung gegeben:

Vorspiel: »Anmutige Gegend«, unterteilt in zwei Szenen
1. Akt: »Kaiserliche Pfalz« bis »Rittersaal«
2. Akt: »Hochgewölbtes enges gotisches Zimmer« und »Laboratorium«
3. Akt: »Klassische Walpurgisnacht« und der gesamte Helena-Akt
4. Akt: Szenenfolge wie bei Goethe, jedoch erheblich gekürzt
5. Akt: Szenenfolge wie bei Goethe, jedoch erheblich gekürzt

Mit dem starren Korsett seiner Mysterienbühne tat Otto Devrient vornehmlich dem zweiten Teil Gewalt an. Wilhelm Russo sah die für Berlin im Jahre 1880 eingerichtete Fassung Devrients, und er bemängelte die statisch starren, stets gleichbleibenden Bühnenbauten: »Ausbleiben konnte aber nicht, daß diese Orts-Einheit einen Verlust an Verständnis-Einheit zur Folge hatte: dem Zuschauer, der ganze Szenenreihen auf derselben Dekoration gespielt sah, war ein wichtiges Hilfsmittel zum Verständnis der Handlung genommen« (192, 108). In diesem Zusammenhang darf auch bezweifelt werden, daß Devrient mit der Mysterienbühne die angeblich mittelalterliche Naivität und Ursprünglichkeit von Goethes *Faust* zurückgewonnen habe. Goethes eigene Versuche und die Auffassung Eckermanns widersprechen Devrients Behauptung, der Dichter habe seinen *Faust* für eine mittelalterliche Schauburg und mittelalterliche Aufführungen konzipiert.

Regie und Besetzung

Spieltitel: *Goethe's Faust als Mysterium in zwei Tagewerken*
Bühnenfassung und Regie:
Otto Devrient
Bühnenbild: Ernst Händel
Musik: Eduard Lassen
Faust: Paul Brock
Mephistopheles: Otto Devrient
Margarete: Marie Gündel
Helena: Louise Savits

Die Premiere von *Faust I* ging bereits 1875 über die Bühne, und die Uraufführung des zweiten Teils fand am 7. Mai 1876 statt. Einen Tag zuvor wurde erneut der erste Teil gegeben, so daß Goethes gesamter *Faust* erstmals an zwei aufeinanderfolgenden Tagen gespielt wurde.

Aufnahme durch Publikum und Kritik

Über die unmittelbare Wirkung des festlichen Erlebnisses berichtet Adolph Enslin im Jahre 1880: »Diese Faustaufführungen werden alljährlich zur Osterzeit in Weimar als wahrhafte Bühnenfestspiele wiederholt. Von nah und fern strömen dann die Schaaren der Goetheverehrer (jetzt keine kleine stille Gemeinde mehr) herbei und füllen die Räume des Theaters. Wohl selten wird man wieder ein Auditorium finden, das mit gleicher Andacht den Klängen der Worte und Töne lauscht; selbst die lange Dauer der beiden Vorstellungen (von 6 bis 11½ Uhr) wird ohne ein Gefühl der Ermüdung getragen. Mit vollem Rechte sagt G. von Loeper: ›Die wiederholten Aufführungen des zweiten Theils in neuerer Zeit lassen die ungeheure Bedeutung der *Anschauung* erkennen. Dies vermag mit einem Schlage die Schwierigkeiten des Verständnisses beseitigen; sie stellt alles Einzelne in das richtige Licht, verbindet es zu einem Ganzen und giebt Allem Physiognomie und das normale Verhältniß. *Gesehen haben* ist eben wissen. Leute aus dem Volke, Frauen, welche beim Lesen des Stückes nicht über die ersten Seiten hinaus gelangen konnten, fühlen sich gefesselt und bewegt von der Anschaulichkeit und Bildlichkeit der Scenen, von der Eindringlichkeit, dem Witz und der Weisheit, der Kraft und der Klarheit des Worts. Hochgebildete erleben einen Tag von Damaskus«« (56, 68–69). Das geduldige und begeisterte

Abb. 33 (oben): Ernst Händel – Dekoration zur Szene »Vor dem Tor« (Osterspaziergang)

Abb. 34: Ernst Händel – Dekoration zu den Gretchen-Szenen

Abb. 35: Otto Devrient in der Rolle des Narren: Er weist auf die angeblich im Boden vergrabenen Schätze hin.

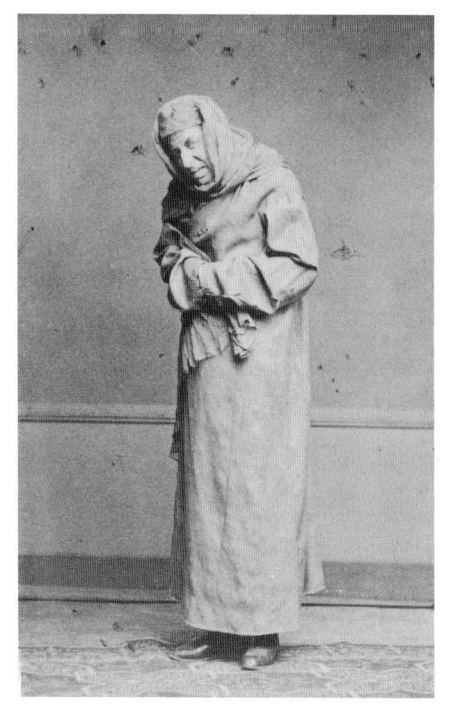

Abb 36: Otto Devrient in der Rolle des Phorkyas.

Publikum dankte den Darstellern stets mit übermäßigem Applaus.

Allem voran wurde Otto Devrients Idee der angeblich mittelalterlichen dreigeteilten Mysterienbühne gerühmt. Aus den meisten Berichten geht hervor, nur so habe man beide Teile des *Faust* überhaupt aufführen können. Allerdings sei die Weimarer Bühne in ihrer Dimension zu klein gewesen; Ernst Händels Dekorationen gehörten in einen weit größeren Bühnenraum. Besonderes Lob erfuhr die Dekoration deshalb, weil sie sehr realistisch gewirkt habe.

Ein ausführlicher Bericht erschien am 9. Mai 1876 in der *Berliner Börsenzeitung*: Im »Vorspiel« trat der Dichter in der Maske Goethes auf. Der »Prolog im Himmel« wird vergleichbar mit Abb. 29 beschrieben. Fausts Studierzimmer enthielt nur die allernötigsten Geräte, der Erdgeist erschien nicht als reale Figur, sondern als transparente Flammenbildung. Der Berichterstatter bemängelt, daß die Traumgestalten, mit denen Mephisto den schlafenden Faust umgaukelt, als Transparentbilder erschienen seien, lebende Bilder hätten einen ungleich höheren Wert besessen. Als wahrhaftes Meisterstück realistischer Bühnenkunst wird der Osterspaziergang in der Szene »Vor dem Tor« gerühmt, wo Faust und Wagner sich durch echtes Volksgewimmel bewegen mußten.

Auch »Auerbachs Keller« und die »Hexenküche« hätten im ersten Teil zu den beeindruckendsten Szenen gehört. Frisch und munter sei »Auerbachs Keller« gespielt worden, mit einem erfreulichen Schluß: »Faust und Mephisto verlassen den Keller in Wirklichkeit auf dem Fasse reitend. Auch dieser Ritt ist äußerst geschickt inscenirt und hinterläßt nach keiner Richtung hin den Eindruck des Lächerlichen. Der Sturm des Beifalls, welcher dieser Scene folgte, war ein durchaus gerechtfertigter. Wir können nur jeder Regie empfehlen, hierbei dem Vorbilde Weimars zu folgen.« Hier und in der »Hexenküche« habe die Musik eine bedeutende Funktion gehabt: »Wie alle Scenen, in denen die übernatürlichen Kräfte zur Geltung gelangen, wurden auch hier die Worte der Darsteller von charakteristischer Musik begleitet.« Die Gefahr, ins Opernhafte hinabzugleiten, habe niemals bestanden: »Das tolle Spuk- und Zauberwesen wird uns im Gegentheil erst recht verständlich durch die begleitenden Töne, und wir möchten sie nie mehr vermissen ...«

Die Musik Lassens heben die meisten Kritiker als angemessen hervor, wobei das Lied »Der Schäfer putzte sich zum Tanz« besonders gelobt wird. Auf Händels Bühnenkonstruktion konnten die Gretchenszenen ohne große Umbauten gespielt werden, was manchmal in beinahe zu rascher Abfolge geschehen sei, so daß nicht immer deutlich wurde, daß zwischen manchen Szenen viel Zeit vergangen ist.

Besonders für den zweiten Teil kam der dreigliedrige Bühnenaufbau der Darstellung entgegen. Die jeweiligen Berichte sind Paraphrasen der heute noch auffindbaren Abbildungen. Die Kritiker beschäftigen sich hier mehr mit dem Problem der Striche als mit der Spielweise; man forderte weitere Striche für beide Teile, da man jeweils sechseinhalb Stunden im Theater zubringe. Vor allem für *Faust II* habe die Konzeption von Händel und Devrient allergrößte Vorteile. Einhelliges Lob gab es sowohl für die Hauptdarsteller als auch für jene, die die vielen Nebenrollen verkörperten.

Einem Pressebericht vom 12. April 1878[2] ist zu entnehmen, daß zu den alljährlichen Oster-Aufführungen Theaterbegeisterte aus ganz Deutschland anreisten, worauf sich die Weimarer in besonderer Weise einstellten: »Universitäten sind zahlreich vertreten, so diesmal Berlin durch die Professoren Helmholtz und Scherer, dann Bonn, Jena, Halle, Marburg, Leipzig, Greifswald ... Die weihevolle Stimmung im Hause während der Aufführung hindert natürlich nicht, daß für die natürlichen Bedürfnisse des Hungers und Durstes in den Zwischenakten Befriedigung gesucht wird.. Das Treiben in den Foyers ist dann in seiner Art auch charakteristisch, nicht am wenigsten wegen der naiv-kleinstädtischen Züge, die ihm eigen sind. Diener und Dienstmädchen der Weimarischen Theaterbesucher erscheinen mit Säcken voll

Butterbröden, mit Bierflaschen, Sodawasser, und nun beginnt ein heiterer gastfreier Verkehr, man nascht eine Kleinigkeit bald bei diesem, bald bei jenem, bis das Zeichen zum Anfang wieder gegeben wird.«

Theaterwissenschaftliche Würdigung

Neben den Lobeshymnen des Zeitgenossen Enslin hebt der Augenzeuge Wilhelm Creizenach den Tatbestand hervor, daß Devrients Inszenierung der Literaturwissenschaft und der Goethe-Forschung wichtige Impulse zu geben vermochte: »So ist auch sein Inscenirungsversuch gerade richtig gekommen zu einer Zeit, in welcher über die Einheit der Faustdichtung so viel debattiert wird und wie man auch über diese Einheit denken mag: die Consequenz, mit welcher Devrient mit seiner Bearbeitung der einzelnen Theile auf das Ganze festzuhalten sucht, hat etwas Imponirendes« (33, 54–55).

Die dreistöckige Mysterienbühne Devrients ermöglichte rasche Szenenwechsel und damit erheblichen Zeitgewinn. Die verschiedenen Stockwerke symbolisierten in der Grundidee von unten nach oben die Bereiche Hölle (Mephistopheles), Erde (Faust) und Himmel (Herr) und ließen sich in verschiedenster Weise nutzen: »Es gab viele interessante und bühnenwirksame Lösungen, etwa im Osterspaziergang, den Adolf Wings so beschrieb: ›Ein hinreißendes Bild war die Szene vor dem Tor. Treppauf, treppab wimmelten die Spaziergänger, auf der ersten Emporbühne war eine Kegelbahn in Betrieb, auf der zweiten befand sich die Linde, um die der Schäfer sich drehte.‹ Oder beim Prolog im Himmel sprühte Mephisto wie ein Funken aus dem Höllenrachen. In der Walpurgisnachtsszene vollzog sich am Abhang das Hexentreiben, während Faust und Mephisto stufenweise den Berg emporklommen. Oder der Kaiserhof: unten die Majestät, darüber Faust und Mephisto und oben Paris und Helena« (155, 20).³

Bis ins Detail erläutert Creizenach, wie die unterschiedlichsten Szenen auf dieser dreistöckigen Bühne verwirklicht worden sind. Ihm mißfällt jedoch, daß Devrient seiner Bühnenform »halb mystische Bedeutung« (33, 56) zuerkennt. An diesem Charakter der Mysterienbühne und an der Umarbeitung von Goethes *Faust* durch eigenständige Regieanweisungen entzündete sich harsche Kritik vieler Zeitgenossen Devrients, die damit die Gesamtleistung des Regisseurs aber nur wenig schmälern wollten. Sehr entschieden jedoch geht Georg Witkowski zu Beginn des 20. Jahrhunderts mit Devrients zu einem Mysterium umgestalteten *Faust* ins Gericht: »Aber ein

Abb. 37 *Faust II*, 5. Akt, »Grablegung«. Zeichnung nach Devrients Weimarer Premiere am 7. Mai 1876. Auch in dieser Szene ist die Dreigliedrigkeit der Bühne sehr gut zu erkennen.

Abb. 38: Paul Brock in der Rolle Fausts im Jahre 1894

Abb. 39: »Gretchens Stube« – Alwine Wiecke-Halberstadt als Gretchen im Jahre 1896

Abb. 40: »Prolog im Himmel« in einer Aufnahme des Jahres 1894: Carl Weiser als Mephistopheles

Abb. 41: Schülerszene (1894) – Carl Weiser im Habitus des Gelehrten Faust

Bildern verbirgt und sich nur dem Eingeweihten enthüllt, und leitet so vom richtigen Verständnis ab. Und als ebenso schädlich wie im ersten Teil erweist sich der dreistöckige Aufbau, durch den die verschiedensten Vorgänge in einen einzigen scenischen Rahmen gedrängt werden« (237, 96). Devrient habe auch zu viele Zugeständnisse an den Publikumsgeschmack gegeben; so sei er zu sehr in die »Ballettomanie« hinabgeglitten – ein Vorwurf, der auch viele andere Inszenierungen des 19. Jahrhunderts trifft: »Der Maskenzug im 1. Akt [des 2. Teils] wird durch ein sinnloses Ballett ersetzt, dessen einzelne Gruppen in allegorischen Gestalten dem auf dem Throne sitzenden Kaiser huldigen, dem Kaiser, der doch bei Goethe als großer Pan selbst an dem Spiel am bedeutsamsten teilnimmt! Aus der [Klassischen] Walpurgisnacht sind Einzelheiten ohne erkennbaren Zusammenhang herausgerissen und schwärmen auf der Bühne in tollem Wirbel vorüber. Der dritte Akt schließt bei Goethe damit, daß der Chor der Frauen, die Helenas Begleiterinnen waren und ihrer Unsterblichkeit nicht teilhaftig werden, sich in die Naturelemente auflöst. Das hat Devrient offenbar nicht verstanden. Er greift aus den Strophen, die diese Auflösung schildern, willkürlich eine heraus, läßt sie durch Mephistopheles, der gar nichts damit zu thun hat, sprechen und knüpft daran ein Ballett von Satyrn und Bacchantinnen, bei dem man sich nur erstaunt an die Stirn fassen kann, weil absolut kein Gedanke in dieser thörichten Effekthascherei zu entdecken ist« (237, 97).

In jüngster Zeit befaßte sich Georg Menchén mit der Weimarer Inszenierung Devrients, und er kam – wie die Goethephilologie und die Theaterwissenschaft allgemein – zu der Ansicht, Devrient hätte eine noch volkstümlichere Lösung für Goethes *Faust* gefunden, wenn er das Werk nicht als Mysterium aufgefaßt hätte.

Historiker der Goethezeit und die Goethe-Forschung heutzutage sind sich darin einig, daß Devrients Leistung insgesamt positiv zu würdigen ist: Er widerlegte eindrucksvoll die These von der

Grundmangel haftet doch seiner Einrichtung an, jene Schrulle der Mysterienbühne ... Die Bezeichnung ›Mysterium‹ verführt zum Suchen nach einer geheimnisvollen, tiefsinnigen Weisheit, einer Idee, die sich hinter den bunten

Unspielbarkeit des zweiten Teils. Russo kommt vor allem deshalb zu einem erfreulichen Gesamturteil, weil er die Zeitumstände, soziologisch, gesellschaftlich, finanziell und künstlerisch, mitreflektiert: »Wenn man diese Leistung richtig würdigen will, muß man sie in den geschichtlichen Entwicklungsgang einordnen. Devrient trat mit seiner Bearbeitung und seinen Ausführungen zu einer Zeit an die Öffentlichkeit, als nicht nur von einer unbestrittenen Geltung des Faust als Bühnenwerk keine Rede sein konnte, sondern als man überhaupt die Einheit der ganzen Dichtung und den Wert ihres zweiten Teiles in Frage stellen wollte. Daß die Wollheimsche Bearbeitung nicht geeignet war, die erhobenen Einwände zu widerlegen, haben wir ... gesehen. Mithin war Devrient der erste, der einen ernstzunehmenden Versuch machte, den gesamten Faust der deutschen Bühne und dem deutschen Theaterpublikum zu geben. Als er seine zuerst in Weimar unternommene Aufführung vier Jahre später in Berlin wiederholte, hatte sich die Geschichte der Faust-Inszenierungen inzwischen um ein neues Datum vermehrt: vom 27. bis 31. Oktober 1877 hatte man in Hannover den Faust in der viertägigen Einrichtung von *Hermann Müller* aufgeführt. Aber dieser Versuch blieb, wie alle derartigen, vereinzelt, und die Vorschläge, die *Dingelstedt* machte, wurden nicht unmittelbar verwirklicht. So standen also die Devrientschen Versuche noch am Anfang der Bühnengeschichte des Faust, und in Berlin war er fast der erste, der das Wagnis unternahm« (192, 106–107).

Eine Aufführung beider Teile des *Faust* war auch deshalb ein Wagnis, weil nach der Reichsgründung viele Theater privatisiert worden waren und man vornehmlich mit Operetten und leichten Komödien Geld zu verdienen suchte. Auch in dieser Hinsicht verdient Devrient höchstes Lob, und ihm gebührt in der Bühnengeschichte des *Faust* höchste Anerkennung. Seine Regietat war der Anstoß für weitere und erfolgreichere Versuche, Goethes Weltgedicht für die Bühne zu erobern.

Wirkungsgeschichtliche Aspekte

Gebannt blickte in diesen Jahren die Theaterwelt nach Weimar, und die bedeutendsten Theater Deutschlands übernahmen bis weit nach der Jahrhundertwende Devrients Spielfassung, einschließlich seines Bühnenbaus. Bis zu Devrients Inszenierung galt selbst in intimen Kennerkreisen eine inszenatorische Auseinandersetzung mit *Faust II* nicht nur als zweifelhaftes Experiment, sondern gar, wie Enslin betont, »für ein Ding der Unmöglichkeit; nur Goethe allein wußte daß die scenische Darstellung der ganzen Dichtung ein Werk der Zukunft sein werde« (56, 66). Theaterleute und Kritiker aus ganz Deutschland reisten – wie erst wieder bei Peymanns Inszenierung 1977 in Stuttgart – 1876 nach Weimar, um an zwei aufeinanderfolgenden Abenden Goethes großes Drama zu erleben. Kaum ein halbes Jahrzehnt später lagen die ersten gedruckten Veröffentlichungen zur Bühnengeschichte von Goethes *Faust* vor, und zwar von Enslin (56), Creizenach (33) und Engel (55): So sehr befruchtete Devrients Leistung die Theater- und *Faust*-Forschung.

Viele deutsche Bühnen übernahmen mit großem Erfolg den Bühnenbau Händels und die Spielfassung Devrients, wie Berlin (Viktoria-Theater), Leipzig und Köln, wo Otto Devrient die jeweiligen Einstudierungen auch leitete. In Weimar hielt sich seine Inszenierung fast drei Jahrzehnte: »Erst 1904, als beide Teile des ›Faust‹ bis dahin 48mal gespielt worden waren, und die Devrientsche Einrichtung ihren Glanz durch schlechte Aufführungsqualität eingebüßt hatte, war eine Neukonzeption unumgänglich geworden« (155, 21). Neben August Klingemann ist damit Otto Devrient der zweite große Wegbereiter im 19. Jahrhundert für den *Faust* auf der Bühne.

Abb. 42: Paul Wiecke spielte 1894 den Schüler und den Baccalaureus

Abb. 43: Carl Weiser als Phorkyas im Jahr 1894. Ein Vergleich mit Abb. 35 zeigt, daß die Kostüme über Jahrzente hinweg gleichgeblieben sind.

Weimaranische *Faust*-Bilder

Viele Schauspieler, die Devrients Fassung 1876 aus der Taufe gehoben hatten, verkörperten lange Jahre ihre Rollen; bei einem Wechsel wurden die Kostüme auf die neuen Darsteller zugeschnitten. Aufnahmen, die kurz vor der Jahrhundertwende entstanden, zeigen eindrucksvoll, wie prächtig die Gewänder gearbeitet waren (vgl. Abb. 38–42).

---

1 Otto Devrient: *Goethe's Faust. Für die Aufführung als Mysterium in zwei Tagewerken.* Dritte durchgesehene Auflage. Karlsruhe (1887)

2 Der hier angesprochene Artikel ist überschrieben mit »Faust-Aufführungen«, trägt das Datum Weimar, 12. April und erschien wohl in Leipzig, vermutlich im Jahre 1878.

3 Wilhelm Russo berichtet in seiner Abhandlung *Goethes Faust auf den Berliner Bühnen* (192) ausführlich über die Art und Weise, wie Devrient *Faust II* spielen ließ, anläßlich des Gastspiels der weimaranischen Bühne im Jahre 1880 in Berlin.

16. Vier Abende *Faust:* Das Drama als Tetralogie in der Bühnenbearbeitung von Hermann Müller in Hannover (1877)

Konzeption und Bühnenfassung

Bereits ein Jahr nach der Weimarer Inszenierung Devrients wagte Hermann Müller am Königlichen Schauspiel Hannover, beide Teile von Goethes *Faust* als Tetralogie zu geben. Mit einem viertägigen *Faust* wollte er zu nur sehr wenigen Strichen gezwungen sein, um eine größtmögliche Vollständigkeit zu erreichen und die Ideen der kolossalen Dichtung nirgends zu verletzen oder zu fälschen. Da Müllers Regiebücher während des Zweiten Weltkriegs verbrannt sind, muß die Grundkonzeption der vier Abende aus seiner Abhandlung *Erklärung der Faust-Vorstellungen am Königl. Theater zu Hannover* (160) erschlossen werden. Die Szenenkomplexe dieser vier Tage, die Müller mit dem Begriff »Vorstellung« versieht, sind wie folgt aufgebaut:

Erste Vorstellung:
»Vorspiel auf dem Theater«
»Prolog im Himmel«
1. Akt: Gelehrtentragödie – »Nacht«
2. Akt: Gelehrtentragödie – »Vor dem Tor« und »Studierzimmer« I
3. Akt: Gelehrtentragödie – »Studierzimmer« II
4. Akt: »Auerbachs Keller« und »Hexenküche«

Zweite Vorstellung:
1. Akt: Gretchentragödie – »Straße« bis »Wald und Höhle«, Vers 3250 [Faust allein]
2. Akt: Gretchentragödie – »Wald und Höhle«, ab Vers 3251 [Mephisto tritt hinzu] bis »Brunnen«
3. Akt: Gretchentragödie – »Zwinger« bis »Dom«
4. Akt: »Walpurgisnacht« [Walpurgisnachtstraum vermutlich gestrichen]
5. Akt: Gretchentragödie – »Nacht. Offen Feld« und »Kerker«

Dritte Vorstellung:
1. Akt: »Anmutige Gegend« bis »Weitläufiger Saal mit Nebengemächern«
2. Akt: »Lustgarten« bis »Rittersaal«
3. Akt: »Hochgewölbtes enges gotisches Zimmer« und »Laboratorium«

Vierte Vorstellung:
1. Akt: »Klassische Walpurgisnacht«
2. Akt: Helena-Akt [3. Akt von *Faust II*]
3. Akt: »Hochgebirg« bis »Des Gegenkaisers Zelt« [4. Akt von *Faust II*]
4. Akt: »Offene Gegend« bis »Bergschluchten« [5. Akt von *Faust II*]

Premiere hatte Müllers vierteilige *Faust*-Fassung vom 17. bis 20. März 1877; damit war Hannover nach Weimar die zweite Bühne, die beide Teile von Goethes Hauptwerk aufführte; die musikalische Bearbeitung stammte von Eduard Lassen.

Aufnahme durch Publikum und Kritik

Den Presseberichten, die noch bis zum Jahre 1902 auffindbar sind, ist durchweg zu entnehmen, daß die Besucher sämtliche Vorstellungen bis zum Schluß begeistert verfolgten. Dies bestätigten auch jene Berichterstatter, die Müllers Konzeption ablehnten, wie Albin Rheinisch in der *Berliner Börsenzeitung* vom 23. Mai 1878. Der *Hannoversche Courier* berichtet am 3. April 1902, daß Müllers Konzeption auch dazu beigetragen habe, daß *Faust II* von immer mehr Menschen verstanden werde und daß die These von der Unspielbarkeit dieses gigantischen Werks erneut widerlegt worden sei. Seit 1877 gebe man in Hannover die Version Müllers. Am Ende des vierten Abends (im April 1902) habe man die Hauptdarsteller zwanzig Mal herausgerufen: »Und weil wir diese Huldigungen zugleich als Beweis dafür ansehen, daß auch diese vier Abende wieder ihr Theil beigetragen haben werden, das ›blöde Vorurtheil‹ der Unverständlichkeit des zweiten Theiles der größten deutschen Dichtung zu zerstreuen, wollen wir uns allen weiteren Bemängelungen … enthalten.«

Albin Rheinisch sieht in seiner Besprechung Müllers Experiment als gescheittert an, denn die überlange Aufführung habe bewiesen, daß der beste Weg, den gesamten *Faust* als Bühnenspiel zu geben, eigentlich von Goethe gewiesen und von Devrient befolgt worden sei: »Das Urtheil über die Hannover'sche Bearbeitung ergiebt sich … wohl von selbst: wenn sie einen Vorzug besitzt, so ist es der, durch ihren Mißerfolg von Allem das Eine deutlich bewiesen zu haben, daß die Faust-Tragödie nur als Ganzes [an einem Tage] – das Publikum hierfür würde sich vielleicht finden – oder, wie es Goethe selbst vorgeschrieben, in zwei Abtheilungen gegeben werden kann. Alle Einrichtungen, die nicht auf dieser Basis fußen, sind Experimente, die schon mit dem hippokratischen Zug vor die Lampen kommen.« Obgleich der Schluß am vierten Abend wie ein »überirdisches Festspiel« in der Peterskirche« ende, musse man dennoch feststellen: »Ein großer Aufwand schmählich ist verthan!« Robert Lutz besprach die Premierenvorstellungen im März 1877.[1] Dabei lobt er die vierteilige Aufspaltung des *Faust*, vor allem die Idee, im ersten Teil nach der »Hexenküche« den Einschnitt vorgenommen zu haben. Die beiden Vorstellungen des zweiten Teils dauerten ihm entschieden zu lange, und er rühmt die Striche, die Devrient in Weimar vorgenommen hat.

Auch in der Theater- und Literaturwissenschaft des 19. Jahrhunderts wurde Hermann Müllers gevierteilter *Faust* mit guten Urteilen bedacht. 1882 schreibt Engel in seiner umfassenden Studie zur *Faust*-Thematik auf der Bühne: »Obgleich gegen eine vierfache Eintheilung der Fausttragödie verschiedene Stimmen sich erhoben, immerhin muß zugestanden werden, daß die Bearbeitung des Herrn H. Müller vor allen anderen Bühneneinrichtungen den Vorzug voraus hat, durch diese Eintheilung die größtmögliche Vollständigkeit und Unverletztheit des Originaltextes erzielt zu haben, weshalb Herr Müller für sein mühevolles Unternehmen und für das, was er geleistet, die höchste Anerkennung verdient« (55, 182).

Witkowski grenzt Müllers Fassung ab gegenüber Werthers Mannheimer Bearbeitung von 1882, von dem er irrtümlicherweise annimmt, er habe beide Teile an einem einzigen Abend aufgeführt: »Den Gegensatz dazu bildete die Inscenierung H. Müllers in Hannover 1877, die den ersten und den zweiten Teil in je zwei Abende zerlegt. Da die dritte Vorstellung mit der Scene in Wagners Laboratorium schloß, konnte sich die reiche Bilderfülle des Carnevals am Kaiserhofe hier so prächtig entfalten wie nur bei Eckermann.[2] … im Ganzen gewinnt man von seiner Einrichtung an der Hand der von ihm verfaßten ›Erläuterungen‹ einen sehr günstigen Eindruck. Freilich muß der gewaltige Zeitaufwand mit in den Kauf genommen werden und so erklärt es sich, daß bisher nur das Berliner Schillertheater seinen Getreuen eine gleiche Ausdauer angesonnen hat« (237, 98).

Müllers Einrichtung wurde in Hannover bis weit nach der Jahrhundertwende gegeben, aber nur das Berliner Schillertheater übernahm im Jahre 1900 diese Fassung. Bis zum Ende des 19. Jahrhunderts sollte sich schließlich die Auffassung durchsetzen, beide Teile seien an je einem Abend zu geben. Die Frage, ob man für beide Teile mehr als zwei Abende ansetzen solle, wurde erst wieder in den 90er Jahren des 20. Jahrhunderts aufgeworfen.[3]

---

1 Den mir in einer Kopie vorliegenden Presseberichten, datiert Hannover, 19. und 21. März, ist nicht zu entnehmen, wo sie erschienen sind, vermutlich in einem hannoveranischen Presseorgan.
2 Eckermanns Bearbeitung des 1. Akts von *Faust II* unter dem Titel *Faust am Hofe des Kaisers* hatte 1856 am Weimarer Hoftheater Premiere (s. o., S. 45 f.).
3 Im Jahre 1990 ließ Wolfgang Engel in Dresden den gesamten *Faust* an drei Abenden spielen. Peter Stein plant für das Jahr 2000 einen ungestrichenen mehrtägigen *Faust* in Hannover, der dann auch in Berlin und Wien gespielt werden soll.

17. Das *Faust*-Jahr 1880 in Berlin (1)
Die Gesamt-Inszenierung von van Hell im National-Theater

Motive und Bühnenfassung

Die Wahl des Zeitpunktes der Premiere von Carl F. van Hells Einstudierung von *Goethes Faust nach den mittelalterlichen Moralitäten* war nicht glücklich gewählt, denn nur sechs Wochen später wurde Devrients zweitägige Mysterien-Fassung am Viktoria-Theater aufgeführt, mit den Weimarer Protagonisten als Gästen. Haupttriebfeder für eine Aufführung beider Teile scheint die Tatsache gewesen zu sein, den ganzen *Faust* erstmals in der Reichshauptstadt zu zeigen; dieses Verdienst kommt nunmehr van Hell zu, nicht Devrient. Russo meinte dazu: »Die gehässige Verdächtigung, van Hell wolle weiter nichts, als künstlerisch und geschäftlich dem Mitbewerber zuvorzukommen, war zu naheliegend, als daß sie hätte ausbleiben können. So entspannen sich denn auch Wochen vor der Aufführung peinliche Auseinandersetzungen in den Tageszeitungen; Pressemitteilungen Devrients wechselten mit solchen van Hells ab, der sich auf jede Weise vom Verdacht des Konkurrenz-Neides auf Otto Devrient ... reinigen wollte. ... Auch an Hell hatte er [Devrient] sich mit seinem Plane gewandt; weil Devrient auf der sechsstündigen Ausdehnung des Spielabends beharrte, kam jedoch eine Einigung nicht zustande. Als Hell nun von sich aus zu einer Aufführung schritt, mußte er freilich bei dieser Sachlage auf die geschätzteste Bearbeitung der damaligen Zeit, auf die von Otto Devrient, verzichten. Unfähig, eine eigene zu schaffen, war er gezwungen, von anderer Seite eine Einrichtung zu erwerben. Zu welcher er griff, sagt er, nicht ohne einen Seitenhieb auf die ihm unerreichbare Devrientsche Bearbeitung, in einer Art Rechtfertigungsschrift, die er noch im Sommer des Jahres 1880 herausgab [105]. Danach folgte er im ersten Teil der Bearbeitung des Wiener Burgtheaters, im zweiten derjenigen Wollheims; die szenische Leitung war dagegen, wie er betont, völlig selbständig, weil ihm Devrients Einrichtung – ›ganz abgesehen von den vielen oft unglaublichen Hinzudichtungen‹ für die dreiteilige Mysterienbühne in vielen Punkten unzweckmäßig erschien.

Daß Hell in Wahrheit nicht so unabhängig von seinem Weimarer Vorgänger und Berliner Nachfolger war, wie er hier behauptet, ja daß seine Arbeit zuweilen wie ein antizipierendes Plagiat an Devrient erscheint, wird die weitere Untersuchung zeigen« (192, 83–84). So entbrannte in der Reichshauptstadt Berlin, die einst die ersten Versuche einer Aufführung von Goethes *Faust I* im Jahre 1819 erlebte, ein Theaterkampf um die Aufführung beider Teile.

Faust I wurde wie folgt in zwei Vorspielen und fünf Akten gegeben, erstmals spielte man das »Vorspiel auf dem Theater« und den »Prolog im Himmel« auch in Berlin:

1. Vorspiel: Auf dem Theater
2. Vorspiel: Im Himmel
1. Akt: Nacht (Studierzimmer)
2. Akt: Vor dem Tor (Osterspaziergang)
   Studierzimmer
   Auerbachs Keller
   Hexenküche
3. Akt: Straße (Begegnung)
   Abend (Margaretens Zimmer)
   Der Nachbarin Haus [Die Szene spielt im Garten]
   Marthens Garten
   Gretchens Stube (Spinnradmonolog)
   Marthens Garten
   Zwinger
   Valentin-Szene
   Dom
4. Akt: Walpurgisnacht
5. Akt: Kerker

Die Premiere von *Faust I* fand am 16. Mai 1880, dem Pfingstsonntag, statt. Am Pfingstmontag hatte *Faust II* Premiere. Dabei beläßt es der Regisseur bei den von Goethe vorgegebenen fünf Akten, wobei größere Komplexe zusammengestrichen sind, in vorsichtiger Anlehnung an Wollheim. Die Szene »Anmutige Gegend« wurde dem Ganzen als »Vorspiel« vorangestellt, eine damals gängige Praxis. Da bezüglich der Regie Ähnlichkeiten mit Devrients Fassung feststellbar seien, warfen etliche Kritiker van Hell einen Mangel an Eigenständigkeit vor. Die Musik zu *Faust I* stammte von Lindpaintner, die zu *Faust II* von H. Pierson. Die Kritik rühmte den Mut van Hells, mit den begrenzten Mitteln des Deutschen National-Theaters dieses Wagnis eingegangen zu sein. Russo verwarf insbesondere die Spielfassung des zweiten Teils, obwohl van Hell Hand an Wollheim legte: Er tilgte die entstellenden Verse von Wollheim und arbeitete von den Regieanweisungen von Devrient das ein, was er als dem Werk gemäß empfand, so daß er auf diesem Wege doch zu einer eigenständigen künstlerischen Fassung fand, was die Mehrzahl der Kritiker letztlich würdigte.

Großen Eindruck machte übrigens der Einsturz von Fausts gotischem Zimmer nach dem Aufbruch zur Weltfahrt mit Mephistopheles, wie dies bekanntlich Dingelstedt 1876 (s. o.) gefordert hatte.

18. Das *Faust*-Jahr 1880 in Berlin (2)
Die Gesamt-Inszenierung von Devrient im Viktoria-Theater

Motive, Darstellungsweise

Wann Emil Hahn, der Direktor des Viktoria-Theaters, sich entschlossen hatte, Devrients zweitägige Bearbeitung zu übernehmen, ist heute nicht mehr festzustellen; jedenfalls sollte auch die Reichshauptstadt Berlin endlich den ganzen Goetheschen *Faust* in Bühnenform besitzen. Daß ihm van Hell mit seiner wenig gerühmten Inszenierung immerhin um sechs Wochen zuvorkam, tat dem Erfolg der Devrientschen Fassung keinen Abbruch. Devrient brachte seine Weimarer Hauptdarsteller mit nach Berlin und betrieb in der Presse große Werbung, um schon im Vorfeld Aufmerksamkeit zu erregen. Vollmundig versprach er, in Berlin werde die Weimarer Darstellung noch übertroffen. Devrients Fassung ist oben ausführlich besprochen worden.[1] Paul Brock (Faust), Marie Gündel (Gretchen) und Otto Devrient (Mephistopheles) wurden von der Presse gerühmt, Devrients Spiel sei jedoch nicht sehr nuancenreich gewesen. Publikum und Kritik zogen die virtuosere Leistung im Viktoria-Theater, Devrients Bearbeitung als Mysterium, der Fassung van Hells im National-Theater vor, obwohl van Hell betonte, seine Fassung sei die originalere, weil er letztlich nur mit Strichen arbeite, da ja die Entstellungen von Wollheim getilgt seien. Devrients Fassung war ein grandioser Siegeszug des gesamten *Faust* in der Hauptstadt.

---

1 Siehe Inszenierung Nr. 15, Devrients *Faust*-Premiere 1875/76 in Weimar, sowie die Abhandlung von Russo (192), der auch die Berliner Aufführung des Jahres 1880 würdigt.

19. Die Suche nach dem dramaturgischen Maximum: Julius Werthers »Sechsstundenfaust« (Teil I) und »Achteinhalbstundenfaust« (Teil II) in Mannheim – »Publikumserschöpfung« an zwei oder an drei Abenden? (1882)

Motive und Konzeption

Der von Julius Werther vor der Premiere veröffentlichte, 29 Seiten umfassende *Leitfaden* (228) hatte im Zusammenhang mit der Aufführung das didaktische Ziel, möglichst viele Menschen mit dem gesamten *Faust* Goethes bekanntzumachen. Wie andere Regisseure vor ihm glaubte er, das Theater könne auf diesem Wege einer breiteren Schicht den zweiten Teil nahebringen, da dessen Lektüre um so vieles schwieriger sei. Werther wollte möglichst vielen Besuchern die »Grundidee« des *Faust*, nämlich »die *höchstmögliche Entwickelung* eines hervorragenden Menschen« (228, 5) sinnlich faßbar vorführen. Eine »beschränkte Einzelaufführung« des ersten oder des zweiten Teils lehnte er kategorisch ab, da die dramatische Einkleidung von Goethes »Grundidee im »Prolog im Himmel« versprochen werde, und Werther sah sich daher veranlaßt, die gesamte Inszenierung dieser Idee unterzuordnen. Einen Abschluß mit der Gretchentragödie verwarf er, da die Gretchenhandlung »in der Idee des Gesamtwerks nur eine Episode« (228, 6) sei.

Das oberste Ziel für Werther ist, dem Zuschauer einen solch starken Eindruck mitzugeben, daß er »über dieses unbegrenzte Farbenspiel des Lebens mehr und mehr« (228, 118) nachdenken will, um es sodann adäquat zu erfassen. Bemerkenswert ist, daß Werther die Eintrittskarten »zusammengebunden« hat, d.h., daß nur beide Teile zusammen verkauft worden sind, Karten für Einzelveranstaltungen waren nicht zu haben.[1]

Bühnen- und Strichfassung

Rückschauend begründet Werther in seinen *Erinnerungen und Erfahrungen eines alten Hoftheater-Intendanten* (228), weshalb und wie man beide Teile an zwei aufeinanderfolgenden Abenden spielen müsse – wobei er exemplarisch die wichtigsten Inszenierungsprobleme des 19. und 20. Jahrhunderts bedenkt. Werther fordert offene Umbauten, um Zeit zu sparen, so daß möglichst wenig gestrichen werden muß und keine allzu langen Pausen eintreten: »Unter langen Aktpausen ... erlahmte natürlich die Wirkung des Stückes, denn jede längere Pause ist im Drama eine Gefahr. Die Eßpausen, welche zugunsten des Restaurants sich neuerdings eingeschlichen haben, sind meines Erachtens nach geradezu tödlich für die erzielte Stimmung. Die Speise des Dramas soll nicht im Magen verdaut werden. Allerdings, wenn die Vorstellungen eine übermäßige Länge erreichen und die Spannung der Zuhörer, die auf circa drei Stunden anzuschlagen ist, nachzulassen beginnt, alsdann muß eine Rekreation eintreten. Und in solchem Falle befand ich mich selbst bei der Aufführung des vollständigen Faust, den ja Goethe nicht für das Theater geschrieben hat. ...

Um nun auf meine Fausteinrichtung zurückzukommen, so hielt ich es für geboten, Goethes Einteilung festzuhalten, also erster und zweiter Teil, nicht wie das Wilbrandt später getan hat, den Faust dreiteilig zu gestalten und die Gretchentragödie abzusondern. Die Wiener gingen alsdann nur ins Gretchen und schenkten sich die Philosophie der ersten drei Akte.[2]

Goethe mußte in seinem Recht gelassen werden, und welches Recht eines Dichters ist ursprünglicher als das der Einteilung seines Werkes. Ueber die Aufführung des ersten Teils ist wenig mehr zu sagen. Es wird auch niemand wagen, irgendwelche wesentlichen Kürzungen zu machen. ... Dagegen verursachte der zweite Teil mir wie jedem Regisseur bedenkliches Kopfzerbrechen. Jedesmal, wenn ich über Striche nachdachte, fand ich keine, denn es dünkte mir alles vom poetischen Standpunkte aus gleichwertig. ... Daraufhin wagte ich eine beinahe vollständige Aufführung des zweiten Teiles, sowie nicht der damalige Stand der Maschinerie mir unüberwindbare Hindernisse in den Weg legte. ... Die Vorstellung des zweiten Teiles am zweiten Abend ... dauerte von 5 Uhr nachmittags bis morgens 1 Uhr 20. Da ich voraussah, daß kein Zuschauer diese Session hintereinander aushalten würde, so schickte ich nach Schluß des zweiten Aktes das Publikum zum Abendbrot nach Hause. ...

Es war also nach dem Schlusse des 2. Aktes auf den Zetteln eine Erholungspause von einer Stunde angekündigt. Ich war begierig, wie viele um 10 Uhr wieder im Theater erscheinen würden. Ich hatte auf die Hälfte gerechnet. Und siehe da, kein Platz blieb unbesetzt! Ein jeder harrte bis zum Schlusse aus. Und der 5. Akt wirkte am stärksten. Allerdings entfaltet sich hier eine gewaltige Tragödie des Menschen am grandiosesten. Da ich mit der Eisenbahnverwaltung Verabredungen wegen der Rückfahrt nach Heidelberg, Frankfurt, Karlsruhe und in die Pfalz getroffen hatte, so glaubte ich, würden nun nach Schluß die auswärtigen Theaterbesucher zur Bahn eilen. An Stelle dessen füllten sich sämtliche Wirtshäuser um das Theater herum mit Menschen, die bis zum frühen Morgen über die Aufführung debattierten; insbesondere waren an diesen Diskussionen die Heidelberger Professoren und Studenten beteiligt. Ich hatte während der Aufführung Kuno Fischer neben mir. Der berühmte Gelehrte und intensivste Faustkenner sagte mir unter anderem: Wissen Sie, daß ich durch Ihre Inszenierung über einige Stellen bei dem Maskenballe klar geworden bin? ...

Am anderen Tage lautete zwar die Kritik sehr anerkennend, aber sie beklagte die Länge der Aufführung. Da sich das Publikum, obwohl es mit größter Spannung bis zum Schluß ausgehalten, der Kritik teilweise anschloß, so mußte ich bei der Wiederholung Faust II an zwei Abenden geben. Da blieb aber der großartige Gesamteindruck aus. Und nun verlangte man wieder die Aufführung an einem Abende. Da die Zuschauer im Grunde wie die Kinder sind, so willfahrte ich ihnen bei der zweiten Wiederholung um so lieber, als ich recht behalten« (228, 160–165).

Humorvoll berichtet Werther in seinem Rückblick, wie das Mannheimer Publikum die nackte Galatea am Ende der »Klassischen Walpurgisnacht« hinzunehmen wußte: »Goethe schließt seine Thalatta-Verherrlichung mit der Erscheinung der Galatea, des jüngeren Venustyps auf dem Meere. Für diese schönste Gestalt schwebte mir Raffaels Galatea vor und ich beschloß, sie in nämlicher Gestalt, also nackt in einem Muschelwagen stehend ... über das Meer zu lassen. ... Es wurde strenges Geheimnis darüber bewahrt. Eine Possensoubrette, die einen klassischen Körper hatte, erbot sich dazu im letzten Moment, ›nach Raffael gekleidet‹ einzusteigen und die Fahrt von der hintersten Kulisse aus über die Bühne zu machen. Das Experiment war gefährlich, weil es die Prüderie wachrufen und Skandal verursachen konnte. Aber nichts von alledem geschah! Der ganze Akt wirkte im höchsten Grade malerisch und poetisch, dank Goethe und Raffael. Die alten Professorenzöpfe der Heidelberger Universität wackelten am meisten vor ästhetischem Vergnügen. Allerdings wirkte auch die Lassensche Musik hervorragend schön mit. Ferner waren die Choristen dermaßen mit ihrem Gesang beschäftigt, daß Galatea längst ihre Meerfahrt beendet hatte, ehe sie merkten, wie sie beschaffen war« (228, 163–164).

Nach Auswertung der heute verfügbaren Materialien ist anzunehmen, daß weder im ersten noch im zweiten Teil eine Szene gänzlich gestrichen war, abgesehen von der »Zueignung«, die Werther in seinem Leitfaden nicht anspricht. Größere Striche gab es nur in den Szenen der »Klassischen Walpurgisnacht«, »Schattiger Hain« und »Auf dem Vorgebirg«.

Wirkungsgeschichtliche Aspekte

Trotz einer sehr positiven Aufnahme bei Publikum, Goethe-Liebhabern, Literaturwissenschaftlern und Presse blieb diese Fassung mit dem sehr ausführlichen zweiten Teil auf Mannheim beschränkt. Dies läßt sich vor allem dadurch erklären, daß nach 1880 viele Theater verschiedene Experimente mit Goethes *Faust* machten. Julius Werthers Dramaturgie- und Regieleistungen verdeutlichen aber, wie schwierig es ist, für *Faust II* eine angemessene Bühnenform zu finden: Dies sollte noch die Dramaturgen des späten 20. Jahrhunderts vor erhebliche Probleme stellen.

---

1 Ein etwas anderes Verfahren praktizierte im Jahre 1977 Claus Peymann in Stuttgart: Wer Karten für beide, an aufeinanderfolgenden Tagen gespielte Teile bezog, erhielt einen Rabatt von 25%.

2 Werther spielt in seinen Lebenserinnerungn auf die Inszenierung von Wilbrandt am Burgtheater Wien an, die im Jahre 1883 Premiere hatte (vgl. Inszenierung Nr. 20).

20. Drei *Faust*-Abende für Wien in der Inszenierung von Adolf Wilbrandt nach den Vorschlägen Dingelstedts (1883)

Motive und Konzeption

Auch die Wiener sollten endlich einen möglichst vollständigen Goetheschen *Faust* haben, soweit dieser sich bühnenmäßig realisieren lasse. Weihe- und Festspielgedanken waren zusätzliche Triebkräfte für Adolf Wilbrandt, wie er selbst zu erkennen gab. Es wollte mit dem *Faust* »das größte Werk der deutschen Dichtung, ... die wunderbarste und tiefste Stimme des deutschen Geistes« (232, II) in edler Wohlgestalt Gleichgesinnten feierlich darbieten: »Mir schien die Frage hier nicht zu sein: was bedarfst du, Bühne? sondern: was vermagst du, wenn du dein Alles und dein Letztes hergibst, um auch das zu gestalten, was gestaltlos scheint? um auch das Gedachte, Geträumte anschaubar zu machen und eine andächtige *Menge* zu der Weihestimmung emporzuheben, die sonst nur den Leser in seiner Einsamkeit heimsucht? um diese einzige Schöpfung nicht wie irgend ein anderes Bühnenwerk eines großen Meisters, sondern gleichsam als *Bühnenfestspiel* zu geben, das den grenzenlosen Gehalt des Gedichts mit allen edlen und geforderten Mitteln der Bühne lebensausstrahlend verkörpert.« Nichtedle Mittel seien ein Übermaß von Gesang und Musik sowie »tausend Ballettkünste, mit denen man die großen und kleinen Kinder entzückt, und die den zweiten Teil des ›Faust‹ hier und da zum Kassenstück befördert hatten« (232, II).

Was Länge und Kürze anbelangt, so scheint Wilbrandt eine ihm einfache Konzeption zu verfolgen: »Was für die Idee von Bedeutung, dichterisch von Werth, dramatisch lebendig, theatralisch möglich [ist], das alles sollte *geschehen*« (232, III). Der erste Teil müsse »in seiner unverkürzten Herrlichkeit vor Ohr und Auge erstehen« und sämtliche Vorspiele umfassen. Da Wilbrandt vom ersten Teil kaum etwas streichen will und somit eine reine Spielzeit von fünfeinhalb Stunden zu bewältigen wäre, gibt er ihn an zwei Abenden, damit die »Genußkraft« der Menge nicht erlahme: »Zerlegt man aber den ersten Theil in seine (etwas ungleichen) Hälften, so bleibt dem Zuschauer die Fähigkeit, ›mitzudichten‹, bis zum letzten Augenblick, und in *zehn* Aufzüge statt in fünf gegliedert kann die Handlung sich anschaulich, eindringlich, ohne eine ermüdende Ueberzahl von Verwandlungen entfalten« (232, III).

Um dem Zuschauer auch eine weihevolle Stimmung während der Aufführung des zweiten Teils zu erhalten, sieht Wilbrandt sich zu einer dem ersten Teil entgegengesetzten Maßnahme gezwungen, nämlich zu großzügigen Strichen und – aufgrund der größeren Striche – zu überbrückenden eigenen Hinzudichtungen. Wie jeder wisse, sei »dieser zweite Theil ... das formloseste aller dramatischen Werke, oft bis zur *Vernichtung* der Form. Tausende von Versen müssen, wie Schlingpflanzen im Dickicht des Urwaldes, fallen, damit ein gangbarer Weg entsteht; zuweilen schwindet der Boden unter den Füßen, Brücken sind zu schlagen, Dämme aufzubauen. Mit liebevoller Klarheit des Blicks gilt es den Urpfad zu finden, den der Dichter ging; mit ihm auf sein Ziel gerichtet« (232, IV).

Problematisch an der Spielfassung Wilbrandts sind seine meist kleineren Hinzufügungen, mit denen er vermeintliche oder durch eigene Striche selbstgeschaffene Handlungslücken schließen will, in manchen Fällen auch durch Einlagen pantomimischer Art. Sein Vorgehen erläutert der Bearbeiter an markanten Beispielen: »Doch auch wo nichts zu enträthseln war, hab' ich gern und furchtlos gewagt, den Zuschauer wirklich zum *Zuschauer* zu machen, um seine Seele für das Kommende zu bereiten. So suchte ich ihm vor die Augen zu stellen, wie das im Himmel übernommene, als ›Wette‹ gewagte Werk Mephisto's am Ostersonntag ›vor dem Thor‹ beginnt: da ich den *Pudel* nicht wohl leibhaftig zeigen konnte, ließ ich, während Faust noch mit Wagner auf der Erhöhung ... spricht, hinter dem Rücken Faust's den Teufel emportauchen, in derselben Erscheinung, wie wir ihn im Himmel gesehen. Nach geheimnißvoll bedrohender Geberde verschwindet er wieder; Faust und Wagner steigen herab, die Scene mit dem Pudel beginnt, der unsichtbar hinter eben dieser Erhöhung bleibt. Die Männer wandern zur Stadt zurück, durch das noch offene kleine Thor. Sobald sie verschwunden sind, tritt Mephistopheles hinter der Erhöhung heraus, jetzt im schwarzen Scholastenkleid; vom Mond beleuchtet hinkt er ihnen nach, in die Stadt hinein.

So hab' ich auch versucht, anschaulich zu machen, wie der Schlaftrunk, den Gretchen für ihre Mutter empfängt, durch Mephisto's Einwirkung verhängnißvoll tödtlich wird; wie der Homunculus in der Flasche von demselben Mephisto, für den einen bestimmten Zweck, sein Leben empfängt« (238, VII-VIII). Was Wilbrandt hier mit theatralischen Mitteln aufzeigt, mag man rechtfertigen: Die Sprache des Theaters darf sich von philologischen und philosophischen Aussageweisen in ihrem ureigenen Bereich unterscheiden, sofern sie nicht zu manipulativ ist.

Bühnen- und Strichfassung

Wilbrandt bescherte seinen Wienern im Geiste Franz Dingelstedts drei *Faust*-Abende, unterteilt jeweils in klassisch anmutende fünf Akte:

1. Abend. In einem Vorspiel und fünf Aufzügen:
»Zueignung«, übergehend in das »Vorspiel auf dem Theater«[1]
1. Akt: »Prolog im Himmel«, »Nacht«
2. Akt: »Vor dem Tor«, »Studierzimmer« I
3. Akt: »Studierzimmer« II

Abb. 44: »Nacht« – Adolf Sonnenthal als Faust

Abb. 45 (rechts): »Vor dem Tor« – Faust beneidet die Sonne um ihren Flug, im Hintergrund Mephisto.

4. Akt: »Auerbachs Keller«
5. Akt: »Hexenküche«
2. Abend. In fünf Aufzügen:
1. Akt: »Straße«, »Abend«
2. Akt: »Spaziergang«, »Der Nachbarin Haus«, »Straße«, »Garten«, »Ein Gartenhäuschen«
3. Akt: »Wald und Höhle«, »Gretchens Stube«, »Marthens Garten«
4. Akt: »Am Brunnen«, »Zwinger«, »Nacht«, »Dom«
5. Akt: »Walpurgisnacht«, »Trüber Tag. Feld.« »Kerker«
3. Abend: In fünf Aufzügen [wie in Goethes *Faust II*]

Bezüglich des zweiten Teils beließ es Wilbrandt bei der von Goethe geschaffenen fünfaktigen Gliederung. Erhebliche Striche weist der 2. Akt auf. So wurde die »Klassische Walpurgisnacht« als ein einziger Schauplatz gestaltet, die Geschehnisse konzentrierten sich auf Faust und Mephisto. Große Lücken schaffte Wilbrandt auch im 4. und 5. Akt: Im 4. fehlte die Beleihungsszene, der 5. wies bis zur »Grablegung« nur einen Schauplatz auf; die »Bergschluchten« wurden gravierend zusammengestrichen.

Regie und Besetzung

Regie und Dramaturgie: Adolf Wilbrandt
Bühne: Joseph Fux, Gilbert Lehner, Andreas Wieth
Kostüme: Johann Stephan
Musik: Julius Sulzer
Faust: Adolf Sonnenthal
Mephistopheles: Josef Lewinsky
Gretchen: Josefine Wessely
Helena: Charlotte Wolter

Abb. 46: »Wald und Höhle« – Sonnenthal als Faust

Abb. 47: Valentinszene: Faust (Sonnenthal) greift wohlüberlegt zum Degen. In dieser Abbildung ist sehr gut zu erkennen, daß die Bühne ein realistisches mittelalterliches Stadtbild zeigte.

Aufnahme durch Publikum und Kritik

Das Publikum reagierte einmütig und die Kritik weitgehend positiv auf die *Faust*-Trilogie Wilbrandts. Schon während der Aktpausen der Premierentage entlockte er den Zuschauern Ovationen für seine Person, indem er sich aus seiner Loge beugte, obwohl ein solches Verhalten in Wien eigentlich nur den Dichtern zustand. Nach den Premieren wurde von der Kritik negativ vermerkt, daß die »Zueignung« und das »Vorspiel auf dem Theater« als angeblich überflüssige Elemente gesprochen bzw. gespielt worden seien. Viele Rezensenten bemängelten auch das Auseinanderreißen des ersten Teils in zwei Abende. Man wäre lieber um 18 Uhr ins Theater gegangen und hätte bis 22 Uhr ausgeharrt. Der Rezensent der *Neuen Freien Presse* betonte in einer am 13. Januar 1883 veröffentlichten Besprechung, der dramatische Reiz des ersten Teils bestehe eben darin, daß zwei verschiedenartige Welten – die des hochstehenden Gelehrten und die des einfachen Gretchens – aneinandergerückt seien. Andere Kritiker wiederum betonten, man habe einen frischeren Eindruck von der Tragödie Gretchens, wenn man selbst frisch gestärkt am zweiten Abend ins Theater komme.

Nicht nur von Wilbrandts Dramaturgie und Regie, sondern auch von hervorragenden schauspielerischen Leistungen lebte diese Inszenierung. Dabei bestachen besonders die Darsteller von Faust und Mephisto sowie die Darstellerinnen von Gretchen, des Bösen Geistes und der Helena. Der Faust Adolf Sonnenthals litt unter der Dreiteilung der Inszenie-

Abb. 48: »Kerker« – Faust kommt, um Gretchen zu befreien.

Abb. 49: Joseph Lewinsky spielte die Rolle Mephistos, hier verkörpert er Phorkyas.

rung, er war am überzeugendsten in der Gretchentragödie. Überragend an allen Abenden war Josef Lewinskys Mephistopheles. Die Leistungen von Faust und Mephisto seien, so die Kritik, kaum mehr zu überbieten gewesen. Dem Gretchen der jungen Schauspielerin Josefine Wessely galt das Hauptinteresse des zweiten Abends: ihr Erfolg war beachtlich, von Publikum und Kritik höchst bejubelt.

Die überzeugendste weibliche Darstellerin war Charlotte Wolter, die den Bösen Geist und die Helena verkörperte – sie feierte wahre Triumphe: »Eine Zierde der Faust-Abende war die ›Königin des Burgtheaters‹, Charlotte Wolter. In der Domszene spielte sie den bösen Geist mit gewaltiger, unübertrefflicher Wirkung. Grauverhüllt erschien sie mit Gretchen und bewegte sich mit ihr wie ihr Schatten: ihr Gewissen und doch eine Einflüsterung von aussen, eine geniale Personifikation innerer Vorgänge. Frau Wolter lieh dem Gewissen ihre dämonische, schöne, erschütternde Stimme. Man war ergriffen von der Leistung dieser Künstlerin, der wir bald in anderen und lieblicheren Zaubern am dritten Faust-Abend wieder begegnen werden. ... Rauschenden Beifall erntete Charlotte Wolter am dritten Abend als Helena. ›Eine entzückende Erscheinung, schön in jeder Bewegung, der Wohllaut selbst in jedem Wort‹« (117, 93).

Mit dieser Einrichtung schuf Wilbrandt den ersten gesamten Faust für Wien. Zwar habe man dort die Bearbeitung Devrients gekannt, sie sei aber für die Aufführung auf der Bühne des Burgtheaters nicht geeignet. Als Fehler kritisiert Jekelius die Dreiteilung des Faust; in der Fassung Wilbrandts habe der erste Teil, und hierbei wiederum die Gretchentragödie, ein zu starkes Gewicht. Besonders hart geht sie mit den verschiedenartigen Zusätzen des Dramaturgen und Regisseurs ins Gericht. Daß der zweite Teil in Abgrenzung zum ersten eine dramaturgische Meisterleistung darstellt, sei nicht zu bezweifeln, denn Wilbrandt habe das »Rankenwerk« so beschnitten, daß das Wesentliche der Handlung um die beiden Hauptpersonen Faust und Mephisto erhalten geblieben sei. Dieser Ansicht schlossen sich auch fast alle Theaterkritiker an. Somit kann betont werden, daß Wien mit der Regieleistung Adolf Wilbrandts eine würdige Faust-Inszenierung erhalten hat, die einen beispiellosen Erfolg erzielte.

Wirkungsgeschichtliche Aspekte

Die zwei Abende umfassende Inszenierung des ersten Teils konnte sich im praktischen Bühnenalltag des Burgtheaters nicht immer halten. Vom 2. Januar 1883 bis zum 28. November 1885 wurde der gesamte Faust-Zyklus insgesamt 13mal aufgeführt. Ab dem 20. Dezember 1892 – seit diesem Datum wurde der Faust im neuen Hause gegeben – richtete Max Burckhard den ersten Teil in einer eigenständigen Bearbeitung wieder für einen Abend ein, die dann bis zum April 1904 36mal gespielt wurde. Der zweite Teil wurde in der Einrichtung Wilbrandts erstmals wieder 1893 aufgeführt, zehn Jahre nach der Beendigung des dreiabendlichen Zyklus. Bis zum 11. Mai 1900 gab es noch elf Wiederholungen. Vergleichen wir den großartigen Erfolg des zweiten Teils mit allen vorangegangenen Inszenierungen und ziehen in Betracht, daß Wilbrandt zwar erhebliche Striche, aber kaum Texteingriffe vornahm, dann muß diese Inszenierung von Faust II als die erste gelungene in der Bühnengeschichte von Goethes Hauptwerk betrachtet werden. In seinen Erinnerungen aus dem Jahre 1905 hebt dies Wilbrandt zu Recht hervor: »Von Hoheit erfüllt geht das Publikum aus einer Darstellung des zweiten Theils, wie kaum bei irgend einer andern Dichtung. – Und da wollen wir noch immer fragen, ob er aufführbar ist? – Ich denke, die Frage ist entschieden. Der zweite Theil hat sich die Bühne erobert wie vor einem halben Jahrhundert der erste!« (233, 53). Erst als Schlenther 1906 den ersten und 1907 den zweiten Teil inszenierte, hatten die Wiener wieder einen Gesamt-Faust.

---

1 Ein Schauspieler in der Maske Goethes spricht die »Zueignung« und begrüßt dann per Handschlag den Theaterdirektor.

21. Fausts Tod. Aus der Tragödie zweitem Teil, eingerichtet von Adolph L'Arronge am Deutschen Theater Berlin (1889), vorangestellt Faust I: Das nackte Gretchen oder »... den Dichter beim Wort genommen« (1887)

Im Jahre 1883 kaufte Adolph L'Arronge das Friedrich-Wilhelm-Städtische Theater in der Schumannstraße auf und gründete darin seine von ihm lange Jahre geleitete Bühne, die er fortan *Deutsches Theater* nannte. Mit mäßigem Erfolg ging dort 1887 der erste Teil des *Faust* über die Bühne, in einer viereinhalb Stunden dauernden Fassung. Was aber Claus Peymann in seiner Stuttgarter Inszenierung 90 Jahre später erneut wagte, erregte 1887 die Gemüter: »Der Anweisung des Dichters gemäß« (192, 120) zog sich Gretchen beim Singen des Liedes »Es war ein König in Thule« vollständig aus und legte sich alsdann nieder.

Sonst erregte dieser *Faust I* nicht viel Aufsehen, außer in der Schlußszene. Da spielte L'Arronge einen Einfall aus, der seit 60 Jahren verpönt war, so daß die Kritiker spotteten: Nach den Worten der Stimme von oben »Ist gerettet!« ließ der Regisseur die Kerkermauern zurückweichen, den Raum bengalisch erhellen und einen Engel herniederschweben, der dem sterbenden Gretchen die Palme der Versöhnung reichte, ganz wie einst von Cornelius vorgezeichnet und durch Tieck in Leipzig und Dresden nachgespielt.[1]

Bühnenfassung des ersten Teils

Bei der Inszenierung von *Faust I* ist L'Arronge zugute zu halten, daß er an Goethes Werk nur erhebliche Striche vornahm, um das Maß eines gewöhnlichen Theaterabends zu erhalten. Es gab keine Szenenumstellungen oder Textveränderungen aus moralischen oder kirchlichen Rücksichten. Wichtige Erläuterungen zur dramaturgischen Gestalt seien kurz vermerkt: Gestrichen waren die Szenen »Zueignung«, »Prolog im Himmel« (heftig von der Kritik gerügt), die 2. Szene »Straße«, »Walpurgisnacht« »Walpurgisnachtstraum« und »Nacht. Offen Feld«. Größere Striche waren in der Szene »Vor dem Tor« zu verzeichnen.

Von den Aufführungsfotos ist abzulesen, was die Kritiker monierten: L'Arronge ließ in einem erheblichen Maße das »Meinigertum« walten, denn die gesamte Inszenierung »streifte stark ans Opernhafte« (192, 20), wie der Kritiker des *Berliner Tagblatts* urteilte. Lediglich »Auerbachs Keller« war in einem annehmbaren Realismus gehalten. Entschieden verurteilt wurde, wie zu erwarten war, der Schluß der Kerkerszene mit dem herabschwebenden Palmzweigengel.

Regie und Besetzung

Dramaturgie und Regie:
Adolph L'Arronge
Bühne: Moritz Schäfer
Kostüme: Bruno Köhler
Faust: Otto Sommerstorff, Richard Tauber
Mephisto: Siegwart Friedmann, Max Pohl
Gretchen: Agnes Sorma, Maria Ortwin

Otto Sommerstorffs heldenhafter Faust wurde von der Kritik überwiegend gerühmt; die zarten Stellen in der Gretchenhandlung seien ihm besser gelungen als die Knittelverse in der Gelehrtentragödie. Teresina Gessner entsprach als gebürtige Italienerin nicht den Vorstellungen von einem typisch deutschen, blonden Gretchen, überzeugte dennoch als sentimentale Liebhaberin; von einem Kritiker wurde sie dennoch als »Gretchen der Oper« abgewertet.

Siegwart Friedmann konnte die Mephisto-Gestalt nicht in allen ihren Facetten überzeugend darstellen, jedenfalls ist die

Abb. 50: Max Pohl in der Rolle Mephistos, mit Hahnenfeder und Degen bereit zur Weltfahrt (1887)

Abb. 51: »Studierzimmer« II – Max Pohl, gehüllt in Fausts Gewänder, belehrt den Schüler

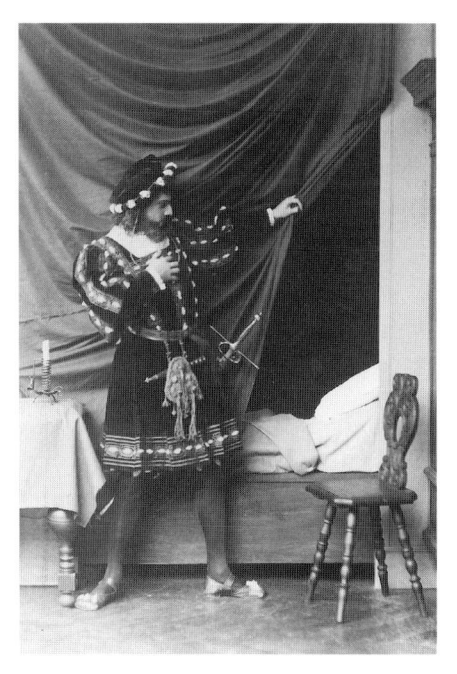

Abb. 52: Faust (Otto Sommerstorff) in Gretchens Zimmer, eingerichtet wie üblich im 19. Jahrhundert.

Kritik insgesamt sich darin einig, keinen überzeugenden Schauspieler in dieser Rolle gesehen zu haben. Wohl deshalb spielt an seiner Stelle bald ständig Max Pohl. Zur Entlastung der Hauptdarsteller und zur Gewährleistung von Aufführungen bei Erkrankungen besetzte L'Arronge die Hauptrollen in *Faust I* doppelt, dabei waren Richard Tauber als Faust, Max Pohl als Mephisto und Maria Ortwin als Gretchen vorgesehen.

Motive für die Aufführung von *Fausts Tod*

Der Titel seiner Bearbeitung sagt deutlich aus, daß auf der Bühne des Deutschen Theaters nicht Goethes *Faust II* zu sehen ist, sondern die Bearbeitung *Fausts Tod. Aus der Tragödie zweitem Theil.* Damit dokumentiert L'Arronge die Zusammengehörigkeit beider Teile, wenngleich er für *Faust II* eine sehr eigenständige dramaturgische Fassung geschaffen hatte. Im Vorwort der Druckfassung von *Fausts Tod* weist er auf die Motive für eine solche Aufführung hin. Die Darbietung solle nicht den zweiten Teil ersetzen, sondern den 5. Akt vollständig geben und dauernd für die Bühne erobern. Selten jedoch hat eine Bearbeitung des zweiten Teils beim Publikum einen solch großartigen und langanhaltenden Erfolg gehabt wie diese Fassung L'Arronges. Publikum und Kritik schieden sich an dieser Fassung.

Strichfassung von *Fausts Tod*

Der zehn Szenen umfassende Spieltext setzt sich zusammen aus kleineren Teilen aus dem 1. und 4. Akt sowie aus dem fast vollständigen 5. Akt von *Faust II*:

1. Akt:
1. Szene: Anmutige Gegend
2. Szene: Kaiserliche Pfalz. Thronsaal
3. Szene: Finstere Galerie
4. Szene: Hell erleuchtete Säle
2. Akt:
5. Szene: Hochgebirg
6. Szene: Offene Gegend

3. Akt:
7. Szene: Palast. Weiter Ziergarten, großer, gradgeführter Kanal [»Offene Gegend«, »Palast«, »Tiefe Nacht«, »Mitternacht«]
8. Szene: Strand [»Großer Vorhof des Palasts«, »Grablegung«]
9. Szene: Felsige Gegend [»Bergschluchten« bis Vers 11 933]
10. Szene: Felsige Gegend [»Bergschluchten« ab Vers 11 934]

L'Arronge wählte Teile aus dem 1. und 4. Akt aus, um so das Verständnis für die Geschehnisse im bühnenwirksamen 5. Akt zu erwecken, eine isolierte Aufführung des 5. Aktes schien ihm nicht legitim.

Der Rezensent der *Frankfurter Zeitung* besuchte die Generalprobe und lieferte am 4. September 1889 eine ausführliche Besprechung über den Ablauf. Danach waren die Szenen 1–4 zu einem ersten, die 5. und 6. Szene zu einem zweiten und die Szenen 7–10 zu einem dritten Akt zusammengefaßt. Die Höhepunkte faßt der Kritiker[2] wie folgt zusammen: »Mit der wundersam fein abgetönten Idylle ›Philemon und Baucis‹ schließt der zweite Akt der Bearbeitung. In dieser Scene hat nach meiner Meinung die Inszenierungskraft ihren Höhepunkt erreicht. Der dritte Akt zeigt den Palast, in welchem Faust vom unruhigen Arbeitsdrang und nie gestillter Lust am erweiterten Besitz gequält wird. Gewaltig ergreifend wirkten in der Darstellung die tragischen Schauer, die von der Erscheinung der grauen Weiber und der Sorge ausgehen. Es war das Einheitlichste, das Erschütterndste in der Aufführung. Um die Illusion des Gespensterhaften zu erhöhen, werden die grauen Weiber auf einer Vorrichtung über die Bretter geschoben. So scheint es, als huschten sie gleichförmig vorüber, ohne den Boden zu berühren. ... Das himmlische Mysterium bildet den Schluß der Aufführung. Hier waren wohl die größten scenischen Schwierigkeiten zu überwinden. Hier aber empfand man auch einen Theil der Andacht, die von ehrlicher Kunstpflege, ihr bester Lohn, ausgeht. Zunächst erscheinen die heiligen Anachoreten, die

Faust I und *Fausts Tod*, eingerichtet von Adolph L'Arronge am Deutschen Theater Berlin (1887/89)

Landschaft versinkt in die Tiefen und in einem Kranz aufsteigender, weißlicher Wolken baut sich die höhere Atmosphäre auf. Die Engel tragen schwebend Faustens Unsterbliches, die Büßerinnen knieen vor der Mater gloriosa, auf deren Haupt eine lichtstrahlende Krone sich erhebt, die Verse des Dr. Marianus spricht Faust und wie von fernher erklingen die Schlußworte des mystischen Chores: ›Alles Vergängliche ist nur ein Gleichniß.‹ Die Chöre werden gesprochen, nicht gesungen. Die Wirkung ist so reiner und kräftiger.«

Aufnahme durch Publikum und Kritik

Sämtlichen Pressekritiken ist zu entnehmen, daß *Fausts Tod* überschwenglich bejubelt wurde, selbst in den Szenenpausen riefen die begeisterten Zuschauer nach L'Arronge. Der Kritiker der *Frankfurter Zeitung* äußerte anläßlich der Generalprobe, eine bedenkliche Vermutung: »Das Premièrenpublikum soll erst sein Urtheil abgeben; es wird günstig lauten, das ist vorauszusehen; aber ich werde den stillen Verdacht nicht los, daß der Glanz der Ausstattung und die Bildungsheuchelei, die wohl nirgends verbreiteter ist, als in einem großen Theil des Berliner Premièrenpublikums, am Erfolg größeren Antheil haben werde, als die Ueberzeugung.«

Ein Teil der auswärtigen Presse spottete über die wirklich vom Publikum hochgejubelte Inszenierung, wie das *Neue Dresdner Tageblatt* vom 6. Oktober 1889: »Faust III. Fast kann man ein Experiment des Deutschen Theaters so nennen.« Die Kritik lehne *Fausts Tod* zu Recht ab,

Abb. 53 (links): »Marthens Garten« – Gretchen (Teresina Gessner) und Faust (Otto Sommerstorff). Deutlich ist zu erkennen, wie realistisch die Szenerie aufgebaut worden ist.

Abb. 54: Teresina Gessner als Gretchen. Immer noch ist zu erkennen, daß Bühnenbild und Kostüme – bis zum Umhängetäschchen – von den Zeichnern der Goethe-Zeit geprägt sind.

gentlich unter merkwürdigen Hinweisen: »Faust II sei immer gescheitert – auch diesmal. ... er [L'Arronge] hat damit nur dem Foyerwitz Anlaß gegeben: Faust, ›frisch gestrichen‹, von L'Arronge.« So sehr verkürzt dürfe man *Faust II* nicht geben: »Hier hatte Goethe die Gefälligkeit gehabt, für die Inszenierungskunst des Herrn L'Arronge die begleitenden Texte zu liefern.«

In Zusammenhang mit *Fausts Tod* vertreten etliche Kritiker (wieder) die Meinung, daß »der Faust im zweiten Theile überhaupt kein Bühnenwerk« sei: »Der Faust will gelesen, nicht gehört sein.« So ist Berichten zu entnehmen, eine Bühnendarstellung wie *Fausts Tod* sei sehr dazu angetan, das Publikum zum Lesen des schwierigen Textes zu veranlassen. So betont Walter Paetow in der Budapester Zeitung *Pester Lloyd* vom 7. September 1889: »Die Bühne schreitet voran, gibt Anregung, die Lektüre wird alles Gesehene vertiefen – bis dann sinnliche und geistige Anschauung schließlich Hand in Hand gehen.«

Der Berichterstatter des *Berliner Börsen-Courier* lobte am 4.9. 1889 den Mut des Bearbeiters: »L'Arronge ... hat die Bühnen-Literatur um ein Goethewerk bereichert, von dem kein Goetheforscher etwas wußte, indem er kühn die Faustdichtung so vieler großen und ernsten Abschnitte beraubte, die kein Goetheforscher missen will. ›Faust's Tod‹, ›aus der Tragödie zweitem Theil von Goethe‹, wer hat je von einem solchen Stück gehört? L'Arronge hat es frei geschaffen, indem er beherzt den herrlichsten Abschnitt aus dem zweiten Theil loslöste ...«

Durchweg positiv wurden die Leistungen der Schauspieler besprochen. Nur wenig schränken die meisten Rezensenten die Leistungen Sommerstorffs ein, dessen Worte oft zu gedankenschwer gewesen seien. Herrlich jedoch habe er die Verse gesprochen, in denen er den Vorsatz annimmt, Land für sein Volk zu gewinnen, und auch die Szene mit der Sorge könne man nicht eindringlicher spielen. Der Satansmeister Max Pohl habe als unvergleichlicher Mephistodarsteller gewirkt; bemerkenswert sei eine dialektische Schärfe in seinem Spiel gewesen. Insgesamt habe L'Arronges Einstudierung auch deshalb großartig gewirkt, weil das Deutsche Theater ein vorzüglich aufeinander abgestimmtes Schauspielensemble besitze, hier störe auch kein Star mit seinen Eigenheiten ein homogen wirkendes Ensemble.

Wirkungsgeschichtliche Aspekte

Obwohl die Premiere erst im September 1889 stattgefunden hatte, erreichte *Fausts Tod* im selben Jahr die höchste Aufführungsziffer aller Stücke. Bis Ende 1893 hielt sich L'Arronges Fassung auf dem Spielplan und wurde insgesamt 63mal gegeben. 1893 übernahm Stuttgart für einige Vorstellungen *Fausts Tod*, vorangestellt wurde jeweils *Faust I*. Bereits ab 1891 ließ L'Arronge diese Abfolge im Rahmen eines Goethe-Zyklus aufführen. Zwei so geartete *Faust*-Abende sind in etwas erweiterter Form die Verwirklichung eines Vorschlags von Karl Rosenkranz, der bereits 1847 die These vertrat, aufführbar seien lediglich *Faust I* und am nächsten Tag der 5. Akt des zweiten Teils. In den 20er und 30er Jahren des 20. Jahrhunderts spielte das Naturtheater Reutlingen eine solche *Faust*-Einstudierung; die Druckfassung kann heute noch in entsprechenden Antiquariaten erworben werden.

L'Arronges Fassung *Fausts Tod* war keine lange Wirkungszeit beschieden, wohl aber der Grundgedanke, an den ersten Teil den 5. Akt von *Faust II* anzufügen, eingeleitet durch die »Anmutige Gegend«. Nach dem zweiten Weltkrieg tauchte eine solche Version auf der Bühne bislang nicht mehr auf.

---

1 Dieter Dorn wird diese Idee in seinem Münchner *Faust I* im Jahre 1989 wieder in ironischer Weise verwirklichen.
2 Wie bei vielen Zeitungsartikeln, die mir teils von privater, teils von institutioneller Seite zugesandt wurden, ist auch hier der Name des Verfassers nicht zu entziffern. Eine Vielzahl von Zeitungen berichtete über L'Arronges Versuch.

22. Stilbildende Prunkaufführung ohne Texteingriffe: Jocza Savits inszeniert an der Königlichen Hofbühne zu München beide Teile (1895)

Motive und Konzeption

In einem einführenden Vortrag nahm Ernst Possart, der in Savits' Einstudierung den Mephistopheles verkörperte, zu den Beweggründen Stellung, die ausschlaggebend waren für die Münchner Gesamtinszenierung von 1895. Der *Faust*-Stoff und Goethes kraftvoller Dichtergenius hätten sich in der zweiteiligen Tragödie *Faust* »zu einem Erzeugnis deutschen Volksgeistes verdichtet, und der Dichter habe »die so gewonnene Schöpfung der Nation als köstlichstes Erbe hinterlassen« (181, 4). Dieses Erbe müsse allen Schichten des deutschen Volkes in unverkürzter und unverfälschter Weise endlich würdig dargeboten werden. Eine wichtige Aufgabenstellung sahen Savits und Possart bei dieser Inszenierung darin, Goethes *Faust* an zwei Abenden möglichst ungekürzt darzubieten. Nur so komme die Dichtung am besten zur Wirkung. Aufgrund zweier Bedingungen glaubten die Münchner, dies tatsächlich zu erreichen, erstens durch ausschließlich offene Verwandlungen mit Hilfe ihrer modernen Bühnenmaschinerie und zweitens durch eine rigorose Beschränkung der musikalischen Einlagen.

Vorweg sei betont, daß Savits die Konzeption seiner Inszenierung über Jahrzehnte hinweg entwickelte, hob er doch

Abb. 55: Bühnendekoration zur »Klassischen Walpurgisnacht«

Abb. 56: Dekoration zum Helena-Akt – »Sparta«. Das Foto zeigt, daß die Szenen prunkvoll gestaltet wurden nach dem Vorbild erahnter Bilder der antiken Wirklichkeit, ein Musterbeispiel für eine ideale Aufführung im 19. Jahrhundert und bis in die 40er Jahre des 20. Jahrhunderts.

schon die Weimarer *Faust*-Bearbeitung Devrients mit aus der Taufe, wo er 1876 den Baccalaureus verkörperte. Als er 1888 in München *Faust I* inszenierte, schuf er eine Simultanbühne, um die Verwandlungen auf ein Mindestmaß zu beschränken. Dabei ließ er z.B. von »Auerbachs Keller« bis »Dom« ohne Pause durchspielen. In München kamen dabei erstmals das »Vorspiel auf dem Theater«, der »Prolog im Himmel« und die »Walpurgisnacht« auf die Bretter. 1891 ließ Savits dann den ersten Teil auf der Münchner Shakespearebühne aufführen, die noch schnellere Verwandlungsmöglichkeiten bot, da sie durch die Aufteilung in eine Vorder- und eine Hinterbühne auch ein ununterbrochenes Spielen zuließ, was seiner Auffassung von einer gelungenen *Faust*-Aufführung sehr entgegenkam.[1]

Da die modernisierte Bühnenmaschinerie des Münchner Hoftheaters rasche Verwandlungen erlaubte, brauchte Savits (mit Ausnahme der »Zueignung«) keine Szene zu streichen, sondern nur innerhalb der einzelnen Szenen Striche vorzunehmen. Hierdurch und durch die schnelle Abfolge der einzelnen Szenen wollte er die Einheitlichkeit der Handlung beider Teile betonen. Neben einer Festinszenierung war es ein zweites Hauptziel von Savits, die *Faust*-Szenen möglichst vollständig einem weihevoll gestimmten und breiten Publikum darzubieten.

Bühnen- und Strichfassung

Während Savits den zweiten Teil in der Szenenfolge unangetastet ließ, griff er für den ersten auf seine Fassung vom Jahre 1888 zurück, deren Szenen er damals noch in sechs Akte zusammengefaßt hatte. Die *Allgemeine Zeitung* in München berichtet nun unter dem Datum des 24. April 1895 von einem fünfaktigen *Faust I*. Neben der »Zueignung« war auch der »Walpurgisnachtstraum« eliminiert. Im zweiten Teil gab es größere Striche nur im 1. Akt, wo die Worte der Szene »Mummenschanz« vollständig gestrichen waren, jedoch durch einen musikalisch begleiteten Vorbeimarsch einzelner Gruppen auf der Bühne war die Szene dennoch präsent. Ferner kürzte Savits mehrere Verse Mephistos in der »Grablegung« sowie etliche Chöre der »Bergschluchten«; Einzelheiten sind bei Horn (111, 37–39) nachzulesen, ebenfalls bei Kalde (119), der die dramaturgischen Bearbeitungen von *Faust II* von 1834 bis 1966 untersucht hat.

Regie und Besetzung

Regie: Jocza Savits
Bühne gestaltet durch sechs Mitarbeiter
Faust: Wilhelm Schneider
Mephisto: Ernst Possart
Gretchen Charlotte Schloß
Helena: Hermine Bland

Da das Schwergewicht der Inszenierung auf einem endlich adäquaten *Faust II*-Spiel lag, gab Paula Reber einen Bildband mit dem Titel *Erinnerungen in Wort und Bild an die Gesamtaufführung des Goethe'schen Faust an der Münchner Hofbühne* (184) noch im Jahr der Premiere heraus, der nur Szenenbilder zum zweiten Teil enthielt.

Aufnahme durch Publikum und Kritik

Wie an den Bildern zum zweiten Teil abzulesen ist, sollte Savits' Münchner *Faust* auch durch eine prunkvolle Ausstattung bestechen, was ihm vielfach den Vorwurf einbrachte, in den Ausstattungsprunk der Meininger zurückgefallen zu sein. Dieser Vorwurf ließ den Regisseur weitgehend unberührt, denn die prächtige Ausstattung war ja Bestandteil seiner Konzeption, die zu Beginn des 20. Jahrhunderts etliche Nachfolger finden sollte, beispielsweise 1909/1910 Martersteig in Köln.

Vierzig Jahre lang verkörperte Possart die Rolle des Mephisto in München, erstmals 1867. Seine Darstellung wurde immer virtuoser, aber auch selbstbezogener, so daß etliche Pressevertreter negativ vermerkten, Possarts Spiel falle mehr

Abb. 57 (oben): Die Dekoration zur Szene »Hochgebirge« verdeutlicht, daß auch die Naturszenen sehr wirklichkeitsgetreu dargeboten worden sind.

Abb. 58: Die Dekoration »Palast und Kanal« (5. Akt) zeigt realistische Auswirkungen des Zeitgeistes. Neben mittelalterlichen Gebäuden waren in diesem und anderen Bühnenbildern Baulichkeiten zu sehen, die deutlich geprägt sind durch den Imperialismus. Auch dieses Bild verdeutlicht die szenische Prachtentfaltung der Aufführungen beider Teile.

Abb. 59: Dekoration zur Schlußszene – »Apotheose«

Abb. 60: Szene »Abend« – Charlotte Schloß in der Rolle Gretchens, wobei noch die Einflüsse der *Faust*-Illustratoren der Goethe-Zeit nachweisbar sind, wenngleich Gretchen, anders als bei Retzsch und Cornelius, ihr Täschchen in München an der rechten Seite trägt.

Abb. 61: »Kerker« – Charlotte Schloß als verwirrte einstige Geliebte.

und mehr aus der ganzen Inszenierung heraus. Der *Bayerische Kurier* meldet am 10. August 1875, wenn man Possarts Mephistopheles betrachte, dann meine man, einem Lustspiel beizuwohnen. Den Teufel von 1895 bewertet auch Hanns Horn negativ: »Possarts leidige Sucht nach dem Effekt verführte ihn mehr und mehr dazu, in der Darstellung Mephistos nur noch die Gelegenheit zu sehen, das fast unbegrenzte Register seiner einzigartigen schauspielerischen Technik zu ziehen. Aus dem Teufel wird ein Teufelskerl, der glucksend und prustend seine Intrige mit beinahe Shakespearescher Narrenlust[2] spinnt. Jede Szene wird ein großartiger Effekt, aber die Geschlossenheit der Gestalt geht drüber verloren« (118, 136). – Neben Seydelmann, Devrient und Dawison wurde Possart zur vierten überragenden Mephistogestalt im 19. Jahrhundert.

Den Presseberichten zufolge nahm das Münchner Premierenpublikum Savits' Inszenierung mit großer Begeisterung auf, insbesondere den zweiten Teil. Kleinere Einwände hat aber der Kritiker der *Allgemeinen Zeitung* vom 24.4.1895, denn das »Vorspiel auf dem Theater« habe als belehrendes Element nichts auf dem Theater zu suchen, es sei bloß »ein literarischer Gedanke ... wenn ich ... im Theater sitze, bin ich Publicum, ich mag wollen oder nicht. Und dann mag ich mir keine unangenehme Wahrheiten auf den Kopf zu sagen lassen ... Ich will nicht Spießruten laufen, bevor ich eine große Dichtung genieße.« Ob eine Inszenierung des zweiten Teils das Verständnis dieses Werk fördert, bezweifelt der Rezensent am 27.4.1895: »Auch die Frage, ob durch eine Aufführung, wie die gestrige, der zweite Theil des göttlichen Gedichts verständlicher werden kann als durch die Lecture, vermöchten wir mit gutem Gewissen nicht zu bejahen. Das liegt ... daran, daß das Publicum das Ganze wie eine große Oper genießt ...« Gerade bei den »gedankentiefsten Stellen« sei es »voller Unaufmerksamkeit« gewesen. Der Kritiker verdeutlicht abschließend, daß Savits mit seinen recht knappen Strichen bis an die Grenze des Möglichen gegangen sei:

»Die gestrige Aufführung währte genau fünf Stunden, von 6–11 Uhr abends, also Götterdämmerungsdauer, was gerade genug ist.«

Faust I wurde in Savits' Einrichtung erst 1908 durch eine Neueinstudierung von Georg Fuchs abgelöst; den zweiten Teil führte man von 1895 bis 1899 lediglich elfmal auf – eine bescheidene Zahl, verglichen mit den großen *Faust II*-Inszenierungen zu Beginn des 20. Jahrhunderts.

1 Vgl. hierzu die Abb. 26 und 27 zur Shakespearebühne, S. 50 und 51.
2 Als Bertolt Brecht in den Jahren 1952/53 den *Urfaust* in Berlin inszenierte, vertrat er die Ansicht, Goethe habe vor allem mit »Auerbachs Keller« und der »Hexenküche« seine Rüpelszenen geschrieben, wohl auch deshalb, weil er zuvor sehr begeistert Shakespeare gelesen habe. Brecht forderte deshalb, man müsse die Komödie in der Tragödie *Faust* ausspielen.

23. Der ganze *Faust* im Berliner Bühnenalltag: Routineangelegenheit mit bewährten Protagonisten und den »Himmelschören« von Robert Schumann (1895/97)

Aloys Prasch übernahm 1894 das im Jahre 1888 durch Ludwig Barnay gegründete Berliner Theater. In Konkurrenz zum Königlichen Schauspielhaus sollte es das klassische Schauspiel pflegen und zugleich preisgünstiger sein. In der Konzeption dieser Klassikerpflege hatte *Faust I* am 21. Dezember 1895 Premiere, der 2. Teil ging am 17. Oktober 1897 erstmas über die Bühne, wobei für die »Himmelschöre« am Ende des 2. Teils Kompositionen Schumanns verwendet wurden.

Eine Analyse der vorliegenden Quellen ergibt, daß die Striche bei *Faust I* weitgehend identisch waren mit jener Fassung, die bereits 1889 von L'Arronge im Deutschen Theater eingerichtet worden war. Zudem ließ Prasch den »Prolog im Himmel« spielen. Bei der dramaturgischen Gestalt des zweiten Teils beerbte Prasch die Dresdner Fassung von Marcks. Aussagen von Eugen Wolff und die Analysen von Emil Russo (192) lassen den Schluß zu, daß Prasch sich eng an die Spielfassung von Marcks hielt, mit denen der Dresdner Regisseur den zweiten Teil von den Fälschungen Wollheim da Fonsecas befreite und ihn so den Intentionen Goethes wieder annäherte. Die Kürzungen im 1. Akt wurden als maßvoll und sehr geschickt bezeichnet, der 2. und 3. Akt jedoch bestanden aus nur wenigen spärlichen Szenen, wie der *Berliner Börsen-Courier* berichtet: »In der offensichtlichen und von der Kritik anerkannten Absicht, jedes Seitenstück zum ersten Teil zu schonen, wird der Auftritt in Faustens Studierzimmer und der im Laboratorium ziemlich ungekürzt gegeben. Die klassische Walpurgisnacht fehlt ganz, was ja, bei Auslassung der romantischen Walpurgisnacht, nicht mehr als folgerichtig ist. Der dritte Akt ist aufs Äußerste zusammengestrichen...« (192, 154). Die Striche im 4. Akt mit etwa 800 Versen sind maßvoll gehalten. Weitgehend unangetastet blieb der 5. Akt; geringfügige Änderungen entsprechen denen von L'Arronge.

Wie zehn Jahre zuvor am Deutschen Theater unter der Regie von L'Arronge spielten in ihrem Fach erprobte Darsteller die Hauptrollen: Otto Sommerstorff als Faust, Teresina Gessner-Sommerstorff als Gretchen und Max Pohl als Mephisto. Einstimmig betont die Kritik, daß die Schauspieler nach fast einem Jahrzehnt immer mehr in ihre Rollen hineingewachsen wären, insbesondere Teresina Gessner.

Abb. 62: »Nacht« – Otto Sommerstorff als wissensqualmbeladener Faust.

Abb. 63: »Mein schönes Fräulein, darf ich's wagen?« Faust (Otto Sommerstorff) und Gretchen (Teresina Gessner-Sommerstorff)

Abb. 64 (oben rechts): »Garten« – Faust und Gretchen agieren, wie seit Jahrzehnten üblich, in einem der Wirklichkeit nachempfundenen Garten, wie von den Illustratoren der Goethezeit vorgegeben. Auch die Kulisse einer mittelalterlichen Stadt ist rechts erkennbar. Noch 1897 scheint der Maler den Bühnen- und Kostümbildner »bei der Hand zu nehmen«, wie dies für die ersten Inszenierungen noch zu Lebzeiten Goethes galt.

Abb. 65: »Gretchens Stube« – Teresina Gessner: »Wo ich ihn nicht hab ...«

Abb. 66: *Faust II*, Szene »Palast« – Otto Sommerstorff als greiser Faust.

Wirkungsgeschichtliche Aspekte

Mit dieser Inszenierung beider Teile von Goethes *Faust* deutet Prasch zwei Tendenzen an. Zunächst wird verdeutlicht, daß *Faust I* und *II* als Einheit aufeinander bezogen sind, andererseits wird klar, daß große Sequenzen des zweiten Teils schwer aufzuführen und für ein breiteres Publikum nicht immer verständlich sind. Eine Besonderheit dieser Inszenierung des zweiten Teils war zweifellos die überhöhende Wirkung durch die Miteinbeziehung der von Robert Schumann komponierten »Szenen aus Goethes ›Faust‹«, die aber eigentlich im Konzertsaal zu Hause sind; eine Beschränkung auf die Schlußchöre wie 1897 in Berlin kann wohl hingenommen werden.

24. Ernst Lewingers Dresdner *Faust*-Revolution: Geglückt im ersten Teil (1897), gescheitert am zweiten Teil (1899)

Motive und Konzeption

Gegen Ende des 19. Jahrhunderts war man in Dresdner Theaterkreisen der Ansicht, daß die *Faust*-Bearbeitungen von Marcks (1. Teil) und Wollheim-Marcks (2. Teil) erneuerungs- oder ersetzungsbedürftig seien. Was eine moderne *Faust*-Inszenierung anbelange, so hinke man derzeit den anderen Bühnen hinterher. Ernst Lewingers erstes Unternehmen als Dramaturg in Dresden sollte deshalb eine vollständige Neubearbeitung beider Teile des *Faust* sein. Unglückliche Umstände ließen jedoch nur die Neubearbeitung des ersten Teils zu. Man dürfe dennoch, wie Heinrich Brandt betont, von einer »großen Revolution in der Dresdner Bühnengeschichte des Faust« (23, 146) sprechen. Im Vordergrund von Lewingers Bestrebungen stand demnach eine »zeitgemäße Bemühung um Goethes größtes Gedicht« (23, 146) für Dresden, bis dato die Stadt mit der lebendigsten *Faust*-Tradition.

Bühnen- und Strichfassung des 1. Teils

Erstmals in Dresden läßt Lewinger das »Vorspiel auf dem Theater« und den »Prolog im Himmel« spielen. Wie sein Dramaturgie-Vorgänger Tieck teilte Lewinger das übrige Geschehen in fünf Akte auf. Dabei strich der neue Regisseur die brisante Szene »Straße«, in der Goethe den guten Magen der Kirche satirisch geißelt, sowie die gesamte »Walpurgisnacht«. Erheblich gekürzt sind die zweite »Studierzimmer«-Szene und die »Hexenküche«. Die Gretchen-Szenen bleiben fast ungekürzt. Leider entschloß sich Lewinger unter Rücksichtnahme auf Hof und Kirche zu kleineren »Prüderie-Strichen«, allerdings nicht ganz so drastisch wie Tieck. Erst nach zehnjährigem Kampf ließ sich Lewinger umstimmen, und ab 1907 konnte man auch auf der Dresdner Hofbühne Goethes ureigene Worte in den besagten Szenen vernehmen.

Bühnenbau und Inszenierungsstil

Um Umbauzeit zu sparen, griff Lewinger zu gemalten Hintergrundprospekten, die in einfacher Weise zu handhaben waren. Daß die Darstellung von Fausts erotischen Träumen durch eine laterna magica bewerkstelligt wurde, ersparte ebenfalls Zeit. Dennoch erlag Lewinger oft Einfällen des 19. Jahrhunderts, die zeitaufwendig waren, und zwar in den Gretchen-Szenen: »Um 1900 noch schickte Lewinger [vor dem ersten Auftritt Gretchens] den konventionellen Gottesdienst voraus, der an dieser Stelle ebenso widersinnig wie unausrottbar ist; auch in Dresden klangen um 1900 noch vor Fausts Anrede die Glocken, die Orgel tönte; drei Burschen warteten, wie das Regiebuch angibt; ein blinder Bettler mit einem Jungen lungerte auf den Kirchenstufen herum; schwatzende Weiber mit ihren Gebetbüchern, Patrizier, Dienstmädchen vervollständigten das Bild, das so gar nicht der Stimmung der Szene entspricht; Gretchen trat auf und gab dem Bettler ein Almosen, um sich würdig einzuführen; nach dieser Einlage ließ man Goethe wieder zu Wort« (23, 157–158). Als ein auf Wilbrandt zurückzuführendes Regiemätzchen verwirft Brandt einen Einfall in der Szene »Marthens Garten«: »Während Gretchen zu Faust von ihrer Abneigung gegen Mephisto spricht, läßt Lewinger ihn ... am Fenster des Hauses erscheinen und die Hand beschwörend gegen die Flasche mit dem Schlafmittel ausstrecken« (23, 160).

Dieser Regieeinfall ist – vom heutigen Standpunkt aus gesehen – sicherlich ein akzeptables Element des dramatischen Nebentextes im Sinne Esslins. Eugen Kilian, der 1907 die Bühnengeschichte des *Faust* darlegte, nannte zwar die Überreichung des Schlaftrunkes von Mephisto an Faust eine »künstlerische Rohheit«, doch 1977 nahm keiner der rund 100 Pressekritiker Anstoß an demselben Sachverhalt in Claus Peymanns Stuttgarter *Faust*-Inszenierung.

Teilveroperung des Schauspiels: Die Musik von Arno Kleffel

Die zeitaufwendigen Schauspielmusiken von Arno Kleffel fielen bei der Kritik in Ungnade. Goethes *Faust* wolle man im Schauspielhaus sehen, nicht aber die »Symphonien von Herrn Kleffel« hören. Man verwarf den Einfall, daß der melo-

Abb. 67: Hugo Waldeck verkörperte ab 1899 in Dresden den Faust. Hier greift er in der Szene »Nacht« zum selbstgebrauten Gifttrunk.

dramatisch gestaltete »Prolog im Himmel« durch eine Ouvertüre eingeleitet wurde. Auch große Teile der »Studierzimmer«-Szenen wurden melodramatisch aufgeführt, wobei die Chöre der Engel und der Jünger durch je zwei Solistenpaare und durch ein Soloquartett mit Orgelbegleitung unterstützt wurden. Die einfachen Lieder beim Osterspaziergang »Vor dem Tor« wurden ebenfalls musikalisch überzogen: Das Bettlerlied »Ihr guten Herrn, ihr schönen Frauen« sang ein Bariton, begleitet von einem Streichquartett und einer Klarinette. Das simple Bauernlied »Der Schäfer putzte sich zum Tanz« trug ein Tenor vor, unterstützt von einem gemischten Chor mit großem Orchester.

Das Gretchen Klara Salbachs bestach in früheren Jahren durch eine ureigene, unverfälschte Naivität. Ihre Rollendarstellung (erstmals 1887 in Leipzig) wertet Arthur Seidl als »bestes deutsches Gretchen«, das dann ab 1894 (in der Inszenierung von Marcks aus dem Jahre 1880) »die Faustaufführungen in Dresden beherrschte« (23, 175). In der neuen Inszenierung sei sie aber weniger tragbar, da sie in den vergangenen Jahren »nicht künstlerisch, aber körperlich« gewachsen sei. »Ihr Walkürenmaß ... paßte für das zarte Gretchen nicht mehr« (23, 175). Von der Premiere am 12.9.1897 bis zur letzten Aufführung am 9.5.1910 erlebte Lewingers *Faust* 47 Vorstellungen, insgesamt sehr wenige, bezogen auf eine Spielzeit.

Strichfassung des 2. Teils

Zu einer Inszenierung der Strichfassung Lewingers kam es nie, da es wegen der Bühnenmusik zu einem bitteren Streit zwischen Lewinger und der Intendanz kam. Letztere wollte die Musik von Hugo Pierson, wie schon 1880 geschehen, verwenden, an die der Dramaturg und Regisseur seine Bühnenfassung anzupassen hatte. Lewinger jedoch bevorzugte, wie im 1. Teil, die Kompositionen Kleffels. Letztendlich entschloß man sich zu einer Bühneneinrichtung, die lediglich zwei Aufführungen (6. und 9. April 1899) haben sollte: »... man erlebte das seltsame Schauspiel, daß sich nach einer überwundenen Begleitmusik die Textbearbeitung des Faust zu richten hatte: weil Piersons Kompositionen verwendet werden sollten, ließ man Lewingers Einrichtung unter den Tisch fallen« (23, 268) und holte die Fassung von Wollheim-Marcks wieder hervor. Besonders peinlich war, daß der Prospekt der Schlußapotheose – dasselbe Bild wurde 1880 als »Prolog im Himmel« verwendet – deutlich sichtbar zerknittert war. Mit nur zwei Aufführungen erlebte dieser *Faust II* ein Minimum an Darbietungen.

25. Das Vorbild Hermann Müller: Raphael Loewenfeld bietet den Berlinern am Schiller-Theater den *Faust* an vier Abenden (1900)

Motive, Konzeption, Strichfassung

Das überwiegend klassischen Texten verpflichtete Schiller-Theater wollte dem Berliner Publikum aufgrund künstlerischer Erwägungen einen möglichst vollständigen, unverfälschten und dramaturgisch klar faßbaren *Faust* vorstellen. Mit Rücksicht auf das Publikum entschloß man sich, die Aufführungen nicht allzu früh am Abend beginnen zu lassen und nicht länger als jeweils vier Stunden zu spielen. Diese Überlegungen führten dazu, beide Teile an vier aufeinanderfolgenden Abenden zu geben. Vor der Premiere erklärte Loewenfeld: »die nun [bei der Vierteilung] noch notwendigen Streichungen werden wesentlich die Zeitanspielungen und Kotteriebeziehungen oder mancherlei andere Teile der Dichtung treffen, die man bei der tiefsten Verehrung für den Schöpfer dieses Wunderwerks als schwächlich, unklar, selbst verworren bezeichnen darf, – so daß die Dichtung durch Kürzungen dieser Art an Klarheit des Gedankengangs und an Deutlichkeit der Einzeleindrücke eher gewinnt« (192, 172).

Die vier Abende wurden in folgender Aufteilung gegeben:
1. Abend: »Vorspiel auf dem Theater« »Prolog im Himmel« Gelehrtentragödie, »Auerbachs Keller«, »Hexenküche«
2. Abend: Gretchentragödie
3. Abend: »Zueignung« »Reich der Mütter« [1. bis 3. Akt von *Faust II*]
4. Abend: »Fausts Tod und Erlösung« [4. und 5. Akt von *Faust II*]

Größere Striche gab es nur am 2. Abend, von der »Walpurgisnacht« waren zwei Drittel gestrichen, gänzlich fehlten der »Walpurgisnachtstraum« und »Nacht. Offen Feld«, die kurze Rabensteinszene. Weshalb gerade die »Zueignung« zu Beginn des zweiten Teils gesprochen worden ist, war den vorliegenden Materialien nicht zu entnehmen.

Aufnahme durch Publikum und Kritik

Die Rezensenten hoben bei diesen Aufführungen weniger die schauspielerischen Leistungen als vielmehr die Pädagogik der Dramaturgie Loewenfelds hervor. So lesen wir am 28. Oktober 1900 im *Berliner Tageblatt*: »Das *Schiller-Theater* hat mit der Vorführung des Goetheschen ›Faust‹ an vier Abenden, deren letzter gestern stattfand, einen starken Beweis seines Könnens und Strebens abgegeben. Es hat bewiesen, was vor ihm schon die Weimaraner im Viktoria-Theater und die Direktion Prasch im Berliner Theater uns gezeigt haben, daß auch der zweite Theil des Weltgedichtes der Bühne nicht völlig verloren ist, wenn eine verständige Regie im Bunde mit einigen guten Künstlerkräften sich ans Werk macht.« Etliche Kritiker betonten, daß Menschen, die aus »Lese- und Lernscheu« nie daran dächten, Goethes Buch zur Hand zu nehmen, durch diese Aufführung zum geistigen Erfassen des zweiten Teils gebracht werden könnten. Das Schillertheater dürfe in seinen Annalen mit Stolz verzeichnen, daß es bislang von allen Berliner Theatern am vollständigsten die Bekanntschaft mit Goethes *Faust* vermittelt habe.

Die Gestaltung des Mephisto durch Friedrich Holthaus wurde negativ bewertet: sie sei zu grell, zu volkstümlich-possenhaft. Dämonisches und Satanisches habe man vollkommen vermißt. Marianne Wulff muß das Gretchen durchschnittlich gut gestaltet haben, von tiefer Echtheit, nicht nur als unerfahrenes Mädchen, sondern auch als »triebhaftes Weib, das in hellauflodernder Liebe alle Bedenken fahren läßt«, wie es in der *Volks-Zeitung* vom 3. Oktober 1900 hieß. Zum Erstaunen des Publikums spielte sie auch die Helena im zweiten Teil.

Wirkungsgeschichtliche Aspekte

Die *Faust*-Aufführungen Loewenfelds beschränkten sich auf den Berliner Raum und sein Publikum. Die Einstudierungen waren entstanden in Anlehnung an die vier Abende umfassende Inszenierung Hermann Müllers in Hannover im Jahre 1877, aber weiter nicht impulsgebend für andere Theater.

Didaktische Aufgaben für das Theater des 20. Jahrhunderts in bezug auf den zweiten Teil

Am 30. Oktober 1900 erschien in der *Norddeutschen Allgemeinen Zeitung* ein mit »Lepanto« gezeichneter Artikel, der sich auf Loewenfelds *Faust*-Einstudierung bezog und weniger die Aufführung rühmte, sondern grundsätzliche Überlegungen anstellte, wie die Bühne im Dienste von *Faust II* wirken könne. Zunächst forderte der Verfasser, endlich eine vereinfachte Ausgabe des *Faust* herauszugeben, die allgemeinverständlich sein müsse: »Es wäre ein dankenswerthes Unternehmen, eine Volksausgabe des ›Faust‹ zu veranstalten, in der Alles, was nicht im eigentlichen Zusammenhange mit dem Gang der Handlung oder vielmehr mit den psychologischen Wandlungen steht, gestrichen ist, und in der die vielen aufeinander folgenden Einzeltragödien und die darin auftretenden Verkörperer von Ideen in kurzen Worten in ihrem Zusammenhang erklärt würden.« Wenn dies in Buchform nicht möglich sei, müsse genau dies die Bühne für die Zukunft leisten: »Aber da wir keine Bücher haben, die in der angedeuteten Weise dem Volk die unvergänglichen Schönheiten und tiefen Wahrheiten der gewaltigen Dichtung näher bringen, so ist die Bühne in ihrer Eigenschaft als Bildungsstätte die berufenste Vermittlerin. In diesem Sinne faßt auch die Volksbühne in der Wallnertheaterstraße, das *Schiller-Theater*, die ihr obliegenden erzieherischen Aufgaben auf.« Letztlich weist Lepanto dem Theater die Aufgabe zu, vorzugsweise den zweiten Teil dem deutschen Volke von der Bühne herab nahezubringen oder gar zu erklären.

Kleines Resümée: Bestandsaufnahme und Ausblicke

Nicht nur in der Goethe-Philologie und in der Literaturwissenschaft fand ein »Kampf um die *Faust*-Dichtung« statt, sondern auch auf den Bühnen. Nach vielen Experimenten und Versuchen gelang es erstmals Otto Devrient im Jahre 1876, eine akzeptable Spielfassung beider Teile auf die Bretter zu bringen, die allerdings noch deutlich den Text bearbeitete, wenngleich im wesentlichen nur durch eigenwillige Regieanweisungen, die Goethes Intentionen umbogen. Erst Savits gelang kurz vor der Jahrhundertwende am Königlichen Hof- und Nationaltheater München eine Aufführung, die als mustergültig angesehen werden konnte, da lediglich mit Strichen gearbeitet worden ist, wobei eine moderne Bühnenmaschinerie rasche Verwandlungen garantierte. An seine Leistungen konnten künftige Regisseure anknüpfen.

Versuche mit der Aufteilung beider Teile auf mehrere Abende dürfen als nicht besonders gelungen angesehen werden, ebenso die entstellenden oder verkürzenden Bearbeitungen des zweiten Teils, auch wenn sie vom Publikum angenommen worden sind. Hemmende und störende Faktoren waren übertriebene und kaum gerechtfertigte Balletteinlagen in bestimmten Szenen sowie ein überdimensionierter Einsatz orchestraler Kompositionen, die die Aufführungen über Gebühr in die Länge zogen.

Ein besonders prägendes Element ging von den Buchillustratoren aus, die aber hilfreich dafür waren, erste Bühnenformen zu finden und Kostümierungsvorschläge zu unterbreiten. Sie prägten in einer Weise die ersten Inszenierungen, wie dies in Einzelfällen im 20. Jahrhundert sein wird, wenn Maler bzw. bildende Künstler sich gezielt einer bestimmten *Faust*-Inszenierung annehmen. Die kräftige Bildersprache gewinnt dann eine eigenständige Bedeutung, die in ihrer Weise das Drama ausdeutet.

Am Ende des 19. Jahrhunderts steht man nun vor der Suche nach jenem Regisseur, der mit modernster Bühnentechnik, einer akzeptablen Bildersprache, einer gelungenen Strichfassung und einer den Szenen gemäßen Bühnenmusik Goethes *Faust* für ein breites Publikum erschließt – für ein Publikum, das, wie viele meinen, den zweiten Teil nur mit Mühe lesen, aber mit weniger Mühe szenisch zu erfassen und erschließen vermag: Theater muß so als Bildungsanstalt gesehen werden sowie als vermittelnde Instanz für ein dramatisches Kunstwerk, das vielfältigster Bühnenformen bedarf. Wichtig ist zu erkennen, daß eine solche Umsetzung des literarischen Textes *Faust* in einen dramatischen Bühnentext von den ureigenen Mitteln des Theaters geprägt sein muß, weniger aber von philologischer und philosophischer Verve. Goethes *Faust* müßte als spielerisches Theater mutig entdeckt werden.

Vom *Faust*-Monument zum *Faust*-Spiel: Kunstpolitische, theaterästhetische und dramaturgische Forderungen zu Beginn des 20. Jahrhunderts

Georg Witkowski: Dramaturg und *Faust*-Forscher (1901)

»Der vollständige ›Faust‹ ist die größte Eroberung, die das deutsche Theater in unserer Zeit zu machen hat« (237, 1), fordert Georg Witkowski kurz nach der Jahrhundertwende. Es sei ein fataler Irrwahn zu behaupten, vor allem der zweite Teil gehöre nicht auf die Bühne. Eher sei der erste Teil ein Lesedrama: »Die Struktur der Scenen beweist es mit absoluter Sicherheit, daß dem Dichter kein Bühnenraum vor dem geistigen Auge stand. Die Akteinteilung fehlt« (237, 1). Zudem sei eine kaum lösbare Aufgabe für fast jeden Faust-Darsteller die Verjüngung in der Hexenküche. Viele Szenen ließen sich schwerlich inszenieren: »Osterspaziergang und Brockenscenen mit ihren weiten Räumen, der Rabenstein mit seinem blitzartigen Vorüberfliegen stellen der Regie die schwierigsten, zum Teil unlösbare Aufgaben« (237 ,3).

Witkowski überdenkt die bisherige Bühnengeschichte des *Faust* und sieht in der Leistung Devrients den großen Wendepunkt zum Positiven. Dabei kritisiert er mehrere Mißstände, die es für künftige Aufführungen abzustellen gelte: Erstens sollte die Bühnenmusik auf das Allernotwendigste reduziert werden, »denn das Musizieren ist eine zeitraubende Beschäftigung. ... Es versteht sich eigentlich von selbst, daß die unmittelbar zur Handlung gehörigen Gesänge (Ratten- und Flohlied, König in Thule, Mephistos Locklied vor Gretchens Thür) ohne Orchester, unmittelbar aus der Situation heraus, vorzutragen sind. ... Was bedarf der Faust noch einer Ouvertüre außer dem Prolog im Himmel? Ist es nötig, vor einer Scene zur andern durch Zwischenaktmusik überzuleiten? ... Also fort mit dem Orchester, damit ist schon viel gewonnen« (237, 60–61). In diesem Zusammenhang dürfe man der Verführung, »ins Ballett hinabzugleiten« (237, 60), nicht erliegen, denn noch »immer umhüpfen den träumenden Faust die kurzrockigen Ballettmädel, von sinnlosem rothem Licht bestrahlt« (237, 57). Auch bei der »Walpurgisnacht« müsse das Ballett getilgt werden. Zweitens sei die Bühnendekoration so zu gestalten, daß zeitsparende Umbauten möglich seien: »Als Ausstattungsstück ist der *erste* Teil nicht gedacht, und er soll auch dazu nicht mißbraucht werden« (237, 62).

Als dritten und wichtigsten Punkt führt Witkowski ein angemessenes Sprechtempo an: »Unsere Darsteller sind gewohnt, die Faustverse mit edelm, gemessenem Vortrag zu Gehör zu bringen. Das langsame Sprechen, namentlich der gedankenhaften Partien, soll der Bedeutung des Gedichts entsprechen. Als ob es nicht vielmehr darauf ankäme, den Zuschauer vergessen zu lassen, daß er ehrfurchtsvoll dem Goetheschen Faust gegenübersitzt, und ihn zum unbefangenen Miterleben zu stimmen! Man glaube doch nicht, daß man etwa mit langsamem, durch die Betonung erläuternden Sprechen die Fragen, die Zeile für Zeile auftauchen, während der Vorstellung befriedigend beantworten und eine Art Faustkommentar geben könne. Das Theater hat nicht die Dichtung zu kommentieren, ihm kann es nur obliegen, mit seinen besonderen Mitteln den menschlichen, vor allem den dramatischen Gehalt aufs stärkste herausstrahlen zu lassen« (237, 62). – Sollten diese drei Vorschläge verwirklicht werden, sei *Faust I* in angemessener Strichfassung »in drei bis vier Stunden zu geben« (237, 62).

Was *Faust II* anbelange, so hätten sich mit den Bearbeitungen von Devrient, Wilbrandt und Wollheim Bühnenfassungen im 19. Jahrhundert etabliert, doch erst Possart und Savits hätten im Jahre 1895 in München eine brauchbare Spielfassung geschaffen. Hier müßten künftige Regisseure anknüpfen. Beide Teile sollten an zwei aufeinanderfolgenden Abenden gespielt werden, sonst zerreiße man den *Faust* zu sehr, denn auch »die Teilnahme des großen Publikums« reiche »nur für zwei Abende« (237, 101). Dabei denkt er vor allem daran, den zweiten Teil wie eine Wagner-Oper unter Zuhilfenahme der künstlerischen Mittel des Komponisten zu inszenieren: »Der Zauberer, der diese neuen Formeln gelehrt hat, ist der Meister von Bayreuth, der im Drama die Vereinigung aller Künste erblickte, sie alle anspornte, hier im Wettkampf Höheres als je zuvor zu erreichen. Richard Wagner hat uns die Bühnenkunst geschenkt, die Goethe ahnend vor Augen sah, als er den zweiten Teil des ›Faust‹ dichtete« (237, 102). *Faust II*, »so wie sich ihn der Dichter als ein inniges Ganzes von Sing-, Schauspiel- und Tanzkunst dachte, und mit seinen Ansprüchen an malerische, plastische und architektonische Ausstattung«, sei dieses Drama »eigentlich das erste Gesamtkunstwerk in deutschen Landen« (237, 102).

Zu Beginn des 20. Jahrhunderts seien »Bühne und Publikum ... endlich ... reif geworden« für den zweiten Teil: »Das Theater ist berufen, ihn [*Faust II*] auf den Thron zu erheben. Noch fehlt es an dem, der mit klarem Blicke und sicherer Hand ihn in allem seinen Glanze heraufführt. Wer wird der Königsmacher sein?« (237, 102). Sechs Jahre nach Erscheinen dieses Aufsatzes wird Georg Witkowski in Leipzig selbst versuchen, der gesuchte Königsmacher zu werden.

Eugen Kilians durchdachte Inszenierungsgrundsätze (1907)

Kilian zählt es zu den »dringendsten Ehrenpflichten« des deutschen Theaters, beide Teile des *Faust* zu spielen. Zwar weise der erste Teil, dramaturgisch gesehen, etliche Schwierigkeiten auf, aber mit einer Inszenierung auch von *Faust II* bringe man das Werk einem breiteren Publikum näher und fördere somit »die Popularisierung der ganzen Dichtung« (120, 2). Es sei eine »Tatsache ..., daß viele Tausende durch die Aufführungen des Werkes veranlaßt wurden, sich zum erstenmal in intensiver Weise mit der Dichtung zu beschäftigen«, wodurch »das Verständnis für den zweiten Teil ... ganz bedeutend gefördet wurde« (120,5).

Im einzelnen betrachtet, kommt Kilian zu Forderungen, die mit Witkowskis Vorschlägen weitgehend übereinstimmen. In einem ersten Punkt fordert er die Aufführung beider Teile: »Die Aufführung des Faust, des *ganzen* Faust – eine Darstellung des ersten Teils für sich allein hätte überhaupt zu unterbleiben – müßte ein besonderes Weihefest des deutschen Theaters sein. Außerhalb des laufenden Spielplans, etwa zum Osterfest« sei dies »eine Festfeier der dramatischen Kunst zum Auferstehungstag« (120, 3). Man müsse Goethes *Faust* »mit anderem Maßstab« messen »als die gewohnten theatralischen Darbietungen des Werkeltags« (120, 3).

Zweitens müsse Goethes *Faust* an zwei aufeinanderfolgenden Abenden gegeben werden, und um dies zu erreichen, fordert er – drittens – drastische Einschränkungen in der bislang üblichen Bühnenmusik: »Zunächst durch Beseitigung des Orchesters und der damit verbundenen überflüssigen und störenden Musikmacherei, die mit Zwischenaktsmusik, Verwandlungsmusik, überleitenden Zwischenspielen, Melodramen und opernhaften Kompositionen der Gesänge die Vorstellung verschleppt und ihr den zwitterhaften Charakter eines zwischen Drama und Oper schwebenden musikalischen Schauspiels verleiht« (120, 11). Viertens müsse eine moderne Bühnenmaschinerie rasche Szenenwechsel mit einfachen Bühnenbildern gestatten: »An Stelle der übertriebenen naturalistischen Ausstattung, die die Bühnen mit Satzstücken und kleinlichem Ausstattungskrimskrams vollpfropft und die Verwandlung des Bühnenbildes auf jede Weise erschwert, hätte eine einfache, aber stimmungsvolle und großzügige Dekorationskunst zu treten, die in erster Linie auf die Möglichkeit rascher und geräuschloser Verwandlungen bedacht ist« (120, 12). Dies sei vor allem in der Gretchentragödie vonnöten; alle Verwandlungen sollten bei offener und abgedunkelter Bühne erfolgen.

Eine »geschickte und verständige« Strichfassung sollte es schließlich erlauben, den ersten Teil mit Aktpausen »in vier Stunden und fünfzehn Minuten« (120, 14) zu geben. »Der zweite Teil ist, in der richtigen Weise zusammengefaßt, mit Leichtigkeit in 3½ Stunden auf der Bühne zu bewältigen. Was mehr gegeben wird, ist von Übel« (120, 13). Dabei fordert Kilian vor allem Striche im 1., 2. und 4. Akt. Abschließend fordert Kilian von einer niveauvollen *Faust*-Inszenierung, der Schaulust jener bunten Menge, von der im »Vorspiel auf dem Theater« die Rede ist, nicht zu sehr Tribut zu zollen.

Die Forderungen Thomas Manns (1911)

In seinem Essay *Versuch über das Theater* fällte Thomas Mann ein unerbittliches Urteil: »Man muß zugeben, daß ein Theater, das dem höchsten und echtesten dramatischen Gedicht der Deutschen, dem ›Faust‹ so gut wie ratlos gegenübersteht, – gerichtet ist« (148, 59). Thomas Mann verfaßte seinen umfangreichen Essay als Antwort auf eine Rundfrage nach den kulturellen Werten des Theaters. Dabei kommt er auch auf das »Vorspiel auf dem Theater« sowie auf Richard Wagners Aufsatz *Über Schauspieler und Sänger* zu sprechen, in dem der Komponist eine volkstheaterhafte Inszenierung des *Faust* fordert. Energisch bestreitet Mann, daß Goethes *Faust* ein Lesedrama sei. Goethes Werk verkörpere das eigentliche Wesen des Theaters: »Was ist das Theater? ... Das Wesen des Theaters ist die Sinnlichkeit« (148, 50–51). Nachdem nunmehr sowohl die höfische als auch »die bourgeoise« Epoche des Theaters vorüber seien, müsse »das Theater ... wieder Volksanstalt, Volksveranstaltung« (148, 58) werden. Wie Wagner fordert Thomas Mann auch eine Neuerung in der Bühnenform, was auch ökonomischen Gesichtspunkten zugute käme; es dürfe nicht mehr Theater für wenige Auserlesene sein: »Das theatralische Institut wird wirtschaftlich gar nicht mehr haltbar sein, außer es weite sich zum Schautempel für Tausende. Die konkrete Erscheinung des Volkstheaters ist selbstverständlich das Massentheater, dessen Zuschauerraum den Typus des Zirkus-Amphitheaters wieder wird annehmen müssen und dessen Bühne nicht die unseres Halbrundtheaters bleiben kann« (148, 58). Wagner habe dies in seinem Aufsatz *Über Schauspieler und Sänger* zu Recht gefordert. Auf einer solchen Bühne könne man dann Goethes *Faust* adäquat aufführen.

Faust als realistisch-naturalistisches Monument und als Weihespiel (1900–1933)

Uns Deutschen ist eine Ehrfurcht vor dem Theater eingeboren, wie keine andere Nation sie kennt. Was dem übrigen Europa eine gesellige Zerstreuung ist, ist uns zum mindesten ein Bildungsfaktor. Noch neulich hat der deutsche Kaiser gegen eine französische Schauspielerin geäußert: Wie die Universität die Fortsetzung des Gymnasiums sei, so sei uns die Fortsetzung der Universität das Theater. ... Nur bei uns konnte eine Schrift wie »Die Schaubühne als eine moralische Anstalt betrachtet« ans Licht treten. Nur bei uns konnte »Bayreuth« konzipiert und verwirklicht werden.

Thomas Mann, 1911

26. Streichexperimente: Max Grubes dreiteiliger *Faust* bei den Düsseldorfer Goethe-Festspielen (1903)

Faust in Düsseldorf

In der Aufführungsgeschichte des *Faust* spielte Düsseldorf im 19. Jahrhundert eine beachtliche Rolle. 1835 inszenierte Karl Immermann den ersten Teil nach der Stuttgarter Einrichtung von Carl Seydelmann, teilte das Werk aber in fünf Akte ein. Später gehörte das Stück in weniger bedeutsamen Bearbeitungen zum ständigen Repertoire, bis das Theater am Marktplatz 1874 geschlossen wurde. 1879 lebte die Tradition, *Faust I* als Repertoirestück zu geben, unter der Direktion von Albert Schirmer wieder auf.

1880 gastierte Otto Devrient mit seiner Weimarer Mysterien-Fassung in Düsseldorf, so daß auch der zweite Teil dort Premiere hatte. Selbstverständlich übernahm Devrient die Rolle des Mephistopheles. Weitere Aufführungen wurden durch Gastspiele berühmter Mephisto-Darsteller geprägt: Ernst Possart vom Münchner Hoftheater gastierte 1886, 1889 und 1891 in *Faust I*, 1893 war wieder Otto Devrient zu Gast in Düsseldorf. 1902 brillierte in dieser Rolle Joseph Lewinsky vom Burgtheater Wien.

Im Jahre 1899 gründete sich in Düsseldorf der »Rheinische Goethe-Verein«, und aus diesem Anlaß kam Max Grube als Gastregisseur von Berlin, um *Faust I* neu zu inszenieren. Grube übernahm den Part des Mephistopheles, Adalbert Matkowsky spielte den Faust und Elfriede Mahn das Gretchen. Die Dekoration nach Entwürfen des berühmten Düsseldorfer Theatermalers Karl Hacker bestand erstmals nicht aus bloß aufgemalten Prospekten, sondern aus realistisch gestalteten Kulissen, ganz im Zeitgeschmack des ausgehenden 19. Jahrhunderts. Grube entwickelte sein Konzept weiter für seine Festvorstellungen beider Teile, die erstmals im Jahre 1903 gezeigt wurden.

Weitere wichtige Regisseure, die in Düsseldorf Goethes *Faust* auf die Bühne brachten, waren später Gustav Lindemann, Gustaf Gründgens (1949 *Faust I*) und Karl-Heinz Stroux (1960 *Faust I*, 1971 *Faust I*, 1972 *Faust II*). Lindemann inszenierte den ersten Teil, sich bewußt gegen die »Veroperung« Grubes wendend, vier Mal in Düsseldorf (1908, 1916 Neuausstattung, 1921 Neueinstudierung und 1931 Neuausstattung). 1932 spielte man unter seiner Regie auch *Faust II*. In einer Broschüre zu der Ausstellung *Goethe auf Düsseldorfer Bühnen*, die im Goethejahr 1982 zu sehen war, heißt es, daß nach den Hamburger Musteraufführungen durch Gründgens (1957/58) das Interesse nachgelassen habe, Goethes Hauptwerk auf der Bühne zu zeigen.

Motive und Konzeption

Als Max Grube aus Meiningen sich an das Werk machte, anläßlich der Festspiele des Rheinischen Goethe-Vereins im Jahre 1903 beide Teile in Düsseldorf zu geben, wollte er den *Faust* möglichst vollständig aufführen. Er plante zunächst eine Aufführung an vier Abenden, entschied sich aber schließlich für drei. In dem Artikel »Der dreiteilige ›Faust‹ der Düsseldorfer Goethe-Festspiele«, abgedruckt in *Die Scene*, 9 (1919), 163–164, erläuterte Grube seine Inszenierung. Mit gezielten Strichen müsse man die Handlung herausschälen, wichtig sei dabei, sich auf die Entwicklung des Titelhelden zu beschränken. Grube erläutert, weshalb er den 1. Abend von *Faust II* mit der »Klassischen Walpurgisnacht« beschließt: » .... der Einschnitt ... schien sich mir von selbst darzubieten, denn ich glaube einen Parallelismus in beiden Teilen des ›Faust‹ zu gewahren: Suchen und finden. Faust *sucht* im ersten Teil die Freuden dieser Erde, die Tiefen der Sinnlichkeit, die sich ihm freilich nur veredelt und vergeistigt darbieten können und er *findet* Gretchen. In der Tragödie zweitem Teile *sucht* er die Schönheit, Helena, und gelangt zu ihr durch die Traum- und Zaubersphäre der Antike, er *findet* sie vor dem Palaste Menela's zu Sparta ... Der gegebene Abschluß des ersten Abends des zweiten

Abb. 68: »Osterspaziergang« – Bühnenbildentwurf von Karl Hacker für die Festspiele im Jahre 1909, der die naturalistische Gestaltungsweise veranschaulicht.

Teiles, war also für mich der Augenblick, in dem ›bedeutend nah‹ im Mondenschein der hohe Tempel dasteht und Manto den Suchenden: ›Helenen mit verrückten Sinnen,/ Helenen will er sich gewinnen‹, einladet, den dunklen Gang zu betreten, der zu Persephoneien führt« (164).
Für das Jahr 1915 plante Grube, den *Faust* vierteilig zu geben, doch wegen des Ausbruchs des Ersten Weltkrieges konnte er sein Vorhaben nicht verwirklichen.

Bühnenbau, Kostüme, Musik

Als Grube 1899 erstmals in Düsseldorf in der Rolle des Mephistopheles gastierte, dachte er daran, den schon damals entworfenen Bühnenraum noch weiterzuentwickeln. Dabei versuchte er, alle Szenen möglichst naturalistisch zu geben. Die Folge war eine aufwendige Gestaltung der Bühnenbauten. Großer Aufwand wurde auch um die Kostüme betrieben. Das Prächtigste und Reichste, so schrieb die Kritik, sei für Goethes *Faust* gerade gut genug gewesen. Der aus Meiningen stammende Grube legte Wert auf größte Prachtentfaltung, so daß man ihm den im 19. Jahrhundert gebräuchlichen Vorwurf der »Meiningerei« durchaus machen könnte. Die aufwendigen Balletteinlagen und die ausführlichen sinfonischen Kompositionen Bungerts lobte die Kritik am 8. und 9.7.1903 in den *Düsseldorfer neuesten Nachrichten*: »Bungert ist ... ein Theaterpraktiker ersten Ranges. ... Bei zukünftigen Faustaufführungen, auf welcher Bühne und in welcher Einrichtung sie auch in Scene gehen mögen, wird man das Bungertsche Werk nicht umgehen können ...«

Regie und Besetzung der Hauptrollen im Jahre 1903

Regie und Dramaturgie: Max Grube
Bühnenmusik: August Bungert
Bühnenbild: Karl Hacker
Faust: Friedrich Taeger
Mephistopheles: Max Grube
Margarete: Sophie Wachner
Helena: Amanda Lindner

Aufnahme durch Publikum und Kritik

Soweit die Zeugnisse erhalten sind, nahmen Publikum und Kritik die Darbietungen mit einhelligem Jubel auf. Der Rezensent des *Generalanzeigers für Düsseldorf* betont am 6. Juli 1903, daß der erste Teil qualitativ hinter den Abenden des zweiten Teils zurückgeblieben sei. Die Aufführung habe mit sechs Stunden das Publikum jedoch ermüdet, und Bungerts Musik sei – bei aller Schönheit – doch zum Ballast geworden, ja, sie scheine »als Ganzes stillos« für *Faust I* zu sein. Die Kompositionen zum zweiten Teil lobt er, wie viele andere Kritiker, uneingeschränkt. Die schauspielerischen Leistungen der Darsteller von Haupt- und Nebenrollen werden weitgehend als mustergültig bezeichnet. Insgesamt trafen Grube und Bungert besonders mit ihrem weihevoll-veroperten *Faust II* ein festlich gestimmtes Publikum, maßgeblich initiiert durch die Festspielvorstellungen des Rheinischen Goethe-Vereins.

27. *Faust I* auf der Drehbühne, *Faust II* als Beginn des »modernen Bühnenbildes«: Paul Schlenther schwelgt in vordergründigem Ausstattungsprunk am Wiener Burgtheater (1906/07)

Strichfassung, Bühnenbau, Spielweise

Ganz im Zeichen des umjubelten Mephisto-Darstellers Josef Kainz standen die *Faust*-Aufführungen, die Paul Schlenther in den Jahren 1906 (*Faust I*) und 1907 (*Faust II*) am Wiener Burgtheater inszenierte. Außer einer überaus prunkvollen Ausstattung, die deutliche Kritik erfuhr, zeigten die Darbietungen nichts nennenswert Neues. *Faust I* wurde, aufgeteilt in 23 Szenen, erstmals auf einer Drehbühne gegeben. Dennoch wurden die Verwandlungen unter großem Zeitaufwand bei geschlossenem Vorhang durchgeführt. Die Kritiken waren einhellig negativ, insbesondere der Faust-Darsteller Ferdinand Gregori enttäuschte. Besonders komisch habe gewirkt, daß er nach der Verjüngung in Auerbachs Keller mit verstellter Stimme die Gretchen-Szenen meistern mußte. *Faust II* kürzte Schlenther drastisch: Von den 7498 Versen verblieben gerade noch 2751, was größere Handlungslücken hinterließ. Die Einteilung in fünf Akte blieb, gespielt wurde die Strichfassung in 21 Szenen. Zwei Verse übernahm Schlenther aus den Paralipomena, achtzehn Textänderungen kennzeichnete er durch Kursivdruck. Im Jahr der Premiere kam Schlenthers Spielfassung im Druck bei einem Wiener Verlag heraus (199). In Wien wurde der zweite Teil vom Mai 1907 bis April 1909 dreizehn Mal ohne großen Erfolg auf der Versenkbühne gegeben.

Der Regisseur Thimig, der Dramaturg Schlenther und Heinrich Lefler, zuständig für Bühnenbau und Kostüme, seien erkennbar getrennte Wege gegangen. Nicht einmal die Schauspieler wären immer zu verstehen gewesen, insbesondere Lotte Medelsky als Gretchen habe man sehr schlecht verstanden. Geradezu schwach habe der sonst exzellente Ferdinand Gregori die Titelgestalt gegeben. Einzig der Mephisto von Josef Kainz könne mit »sehr gut« bewertet werden. Im *Deutschen Volksblatt* kommt A. Schreiber zu einem vernichtenden Urteil über die Darsteller – Kainz und Hedwig Bleibtreu (Helena) ausgenommen: »Die Herrschaften gaben sich gar keine Mühe, zu charakterisieren; sie haspelten ihre Verse ab und damit glaubten sie ihre Aufgabe erfüllt zu haben.«

Regie und Besetzung

Regie: Hugo Thimig
Textfassung, Dramaturgie:
Paul Schlenther
Bühnenbau und Kostüme:
Heinrich Lefler
Faust: Ferdinand Gregori (ab 1911 Franz Hobling, ab 1916 Ludwig Wüllner)
Mephistopheles: Josef Kainz (ab 1909 Max Devrient)
Margarete: Lotte Medelsky
Marthe: Hedwig Bleibtreu
Helena: Hedwig Bleibtreu

Anfänge des modernen Bühnenbildes für Goethes *Faust*

Zwar habe die Beleuchtung Mängel aufgewiesen, denn auf der Bühne sei es durchweg zu dunkel gewesen. Dennoch habe Lefler Neuartiges geleistet durch seine Versuche, im zweiten Teil durch Farb- und Lichtgebung deutend zu wirken: »Im Gegensatz zum 1. Teil stilisierte die szenische Einrichtung des 2. Teils die Blickfelder in parallelen Schichten mit tiefen Durchblicken und mit plastisch behandelten Schauplätzen; der Thronsaal der kaiserlichen Hofszenen bestand lediglich aus farbigen, roten Vorhängen.

Abb. 69: Ferdinand Gregori als Faust

Abb. 70: Josef Kainz als Mephistopheles

Die Stadt wurde in weichen, diffusen Farben behandelt, deren lyrische Gestimmtheit ausschließlich auf die Figur des Faust bezogen war. Leflers Bühnengestaltung durch Vorhangsysteme und Lichtführung – Faust stetig in grünem, Mephisto in grellrotem Licht, ansonsten wurden opalisierende Jugendstilfarben wie orange, grün und violett bevorzugt – markiert den Beginn des ›modernen Bühnenbildes‹ am Burgtheater...« (60, 84).

28. Georg Witkowskis dramaturgisches Konzept auf der Leipziger Bühne (1907)

Anspruch und Wirklichkeit

Daß zwischen dem Anspruch an eine zeitgemäße *Faust*-Inszenierung und deren Verwirklichung Welten klaffen können, sollte sich für Georg Witkowski zeigen: Sechs Jahre nach seinen theoretisch-dramaturgischen Forderungen stand seine Spielfassung, die zuvor im Reclam-Verlag Leipzig veröffentlicht worden war, auf dem theaterpraktischen Prüfstand. Witkowski wollte an zwei aufeinanderfolgenden Tagen beide Teile inszeniert wissen – möglichst ohne Orchester und Ballett und ohne eine übertrieben pathetisch-philosophische Sprechweise Fausts – an jedem Abend in einer angemessenen Zeitspanne. Dies mißlang zumindest für *Faust II*, der nicht, wie auf dem Besetzungszettel noch vorgesehen, um 22.30 Uhr endete, sondern exakt eine Stunde später.
Die Kritik bedauerte vor allem, daß in *Faust I* der Vorhang zu oft wegen zu vieler Umbauten gefallen sei, und man vermißte »Wald und Höhle« als bedeutsame Szene. *Faust II* habe zwar eine Stunde länger gedauert als geplant, sei aber nicht so ermüdend wie der erste Teil gewesen, da zeitraubende Umbauten wie am Vorabend nicht stattgefunden hätten, wo das Publikum immer wieder in absolutem Dunkel gesessen sei. Die Kritiker grenzten die Fassung Witkowskis ab gegenüber den Leistungen von Dingelstedt bzw. Wilbrandt (Wien 1883) und insbesondere gegenüber denen von Devrient (Weimar 1875/76). In den *Leipziger Neuesten Nachrichten* vom 26. März 1907 war zu lesen, daß der Philologe Witkowski dem praktischen Bühnenmann Witkowski noch im Wege gestanden sei, und von einer »gleichwertigen Vereinigung« des Bühnenmannes mit dem Philologen erhoffe man sich »noch einmal einen noch vollkommeneren Versuch zu einer Erwerbung dieses deutschen Nationalgutes für die Bühne«.

Spielfassung und Inszenierung des ersten Teils

Den ersten Teil begann Witkowski mit dem »Prolog im Himmel«, das weitere Geschehen war in 5 Akte gegliedert. Der Rezensent der *Dresdner Nachrichten*, Karl Siegen, sprach am 29. bzw. 30. März 1907 gar davon, man habe die Witkowskischen *Faust*-Fassungen in Leipzig »uraufgeführt«, wobei es »nicht gelungen« sei, »Devrient in den Schatten zu stellen«. Die Strichfassung Witkowskis beschränkte sich zu sehr darauf, *Faust I* weitgehend auf den *Urfaust* zu reduzieren. So sei viel Philosophisches auf der Strecke geblieben. Drastisch verkürzt waren die Szenen »Nacht« und »Studierzimmer« II, ganz gestrichen leider »Wald und Höhle«, für viele Rezensenten dieser Leipziger Aufführung eine Schlüsselszene. Kluge Striche sahen die meisten Kritiker in der Bearbeitung »der Hexenküchen- und Brockenszenen«. In der *Leipziger Zeitung* war am 25. März 1907 zu lesen: »die Walpurgisnacht ist in dieser Einrichtung erst für die Bühne erobert worden, dies ist Otto Devrient bei seiner mittelalterlichen Passionsbühne nicht gelungen«.
Daß das Orchester erstmals in einer Aufführung gefehlt habe, betrachtete die Kritik sowohl als Neuland als auch als einen kleinen Makel, wie in der *Leipziger Zeitung* zu lesen war: »Eine Faust-Aufführung ohne Orchester hat den Anspruch darauf, eine Neuerung genannt zu werden; über das Skizzenhafte der dramatischen Dichtung leitet uns freilich die Musik so hinüber, daß wir dieselbe weniger empfinden.« Die »zur Handlung gehörige Musik ist komponiert von Erich Feldweg«, vermerkt der Theaterzettel; sie wurde unmittelbar aus der Szene heraus vorgetragen. Ebenso verfuhren die Bearbeiter mit dem zweiten Teil, dabei Witkowskis »Fort mit dem Orchester!« ernst nehmend.

Kritik an der Begeisterungsfähigkeit des Publikums

Nicht allen Rezensenten gefiel es, daß das Publikum begeistert nach Schauspieler, Regisseur und Bearbeiter rief. So krittelt der mit den Initialen gm. zeichnende Kunstchroniker der *Leipziger Volkszeitung* am 25.3.1907: »Als gestern nach elf Uhr Gretchen die Versicherung erhalten, daß sie gerettet sei, begann ein Lärm, der doch nicht unerwähnt bleiben darf. Es wurde nach Herrn Professor Witkowski gerufen, als wenn er der Faustvater wäre, und lange konnte sich die aufgeregte Menge nicht beruhigen, ... Angesichts dieses albernen Lärms, der mit der Leistung des Herrn

Witkowski gar nichts zu tun ... hat ..., angesichts dieses wüsten asiatischen Radaus, der den Bearbeiter und Theaterleiter nur diskreditieren kann, ist es gut, von vornherein ausdrücklich hervorzuheben, daß die Witkowskische Faustbearbeitung wirklich nicht so miserabel ist, daß sie von der Brüllgarde als Meisterleistung ausgeschrien zu werden brauchte. Sie hat unbestreitbare Verdienste und kann fördernd wirken.« Einen Tag später lobt gm. insbesondere die mäßigen Striche Witkowskis im zweiten Teil, das »Opernwesen« habe sich nicht vorgedrängt, aber man möge *Faust II* doch an besonderen Weihetagen geben, nicht im Alltagsspielplan, wie das bei Witkowski der Fall sei.

Spielfassung und Inszenierung des zweiten Teils

Sehr positiv nahmen Kritik und Publikum die dekorativ prächtige Inszenierung von *Faust II* auf. Die maßvollen Striche in den ersten vier Akten stießen auf fast einhelliges Lob. Von den 7498 Versen beließ Witkowski dreitausend in seiner Strichfassung, die zu Goethes Geburtstag am 28. August 1906 veröffentlicht worden war. Da die Aufführung eine Stunde länger dauerte als auf dem Besetzungszettel angegeben, forderten die Rezensenten weitere Kürzungen, beispielsweise in der »Klassischen Walpurgisnacht« bzw. allgemein in den ersten drei Akten. Wurde für den ersten Teil noch gefordert, die Szenerie möglichst »originalgoethisch« und sehr naturgetreu zu gestalten (*Leipziger Neueste Nachrichten*, 25.3.1907), so lobte man die glänzende Ausstattung und die bunten Bühnenbilder, die offensichtlich den Intentionen des Dichters entsprachen (*Leipziger Zeitung*, 26.3.1907): »Die Dekorationen waren stimmungsvoll und charakteristisch, die Kostüme glänzend; die Direktion hatte für eine Ausstattung, wie sie einer großen Bühne würdig ist, gesorgt; die Maschinen versagten nirgends, es ging alles seinen tadellosen Gang.«

Der Kritiker der *Leipziger Zeitung* rühmte am 26. März 1907 die Strichfassung Witkowkis in Abgrenzung zur Konzeption Devrients, vermißte aber im zweiten Teil Orchester und Ballett, die bei Devrient manche Tableaus wirksam hervorhöben, beispielsweise den Schluß der Euphorionszene oder die »Bergschluchten«.

Reaktionen des Publikums

Wie die Kritik, so war auch das Publikum mehr vom zweiten Teil begeistert als von *Faust I*. Neben den Hauptdarstellern wurden nach der Premiere von *Faust II* wieder der Oberregisseur Dalmonico, der Theaterdirektor Volkner und der Bearbeiter Witkowski hervorgerufen; letzterer erschien diesmal nicht. An den Reaktionen von Publikum und Kritik ist auch abzulesen, daß die schauspielerischen Leistungen überdurchschnittlich waren. Nur Gretchen haben man zu zahm, zu brav, zu lieb agieren lassen, denn es sei ein resolutes Bürgermädchen. Einmal jedoch gehe die auch in Witkowskis Druckfassung nachzulesende Regieanweisung zu weit, »so die ... Vorschrift, daß Gretchen nach dem Lied: ›Es war ein König in Thule‹ sich des Mieders und Rockes entäußert« (*Dresdner Nachrichten*, 29. März 1907).

Würdigung

Was von namhaften Kritikern kurz nach der Jahrhundertwende gefordert wurde, lösten Witkowski und Dalmonico erstmals ein: Mit der »Veroperung« beider Teile wurde Schluß gemacht, das Ballett war ebenso getilgt wie musikalische Vor- und Zwischenspiele. Damit weist das Leipziger Neue Theater einem adäquaten *Faust* im 20. Jahrhundert erstmals einen akzeptablen und gangbaren Weg. Hierauf fortzuschreiten, fordern die meisten Rezensenten, die für den Fall weitere Kürzungen einfordern, daß Goethes *Faust* an zwei (aufeinanderfolgenden) Abenden gespielt werden soll, denn im Theater säßen nicht nur Goethe-Philologen. Auch wurde die oftmals leidige Parallele zwischen dem *Faust* und einer Wagnerschen Oper als nicht mehr gültig erachtet, wie in der *Leipziger Volkszeitung* am 25. März 1907 zu lesen war. Man dürfe nicht nur die Leistungsfähigkeit des Theaters, sondern bei beiden Teilen auch die »Aufnahmefähigkeit des Publikums« berücksichtigen: »Mir scheint manchmal, wir sind auf dem Wege, aus dem Kunstgenuß eine Kunstqual zu machen.« Als ungelöste Probleme bleiben damit weiterhin eine akzeptable Strichfassung zu finden und eine optimale Bühnentechnik einzusetzen.

29. Devrients Ablösung: Karl Weisers *Faust*-Tetralogie in vier Vorstellungen an zwei Tagen (1908)

Motive und Konzeption

Wieder sollte es eine großartige *Faust*-Inszenierung mit neuer Sicht und neuem Impetus werden, und wieder wurde die Spielfassung im Druck veröffentlicht: *Goethes »Faust. Eine Tragödie in zwei Teilen«. Neue Weimarer Einrichtung* von Karl Weiser. Im Nachwort seiner Spielfassung legt Weiser Wert auf die Feststellung, daß alle bisherigen Bearbeitungen mehr oder weniger in den Text Goethes eingegriffen hätten, und sei es auch nur durch spezifische Regieanweisungen, er hingegen lege nun die erste wahre »Einrichtung« vor, um so »den *reinen, unverfälschten Goethe* der Bühne zu erobern. Eine ›Bearbeitung‹ des Faust ist *kein* ›Bedürfnis‹! Wer in aller Welt – und sei er auch ein bedeutender Dichter – hat denn das Recht, einen Titanen wie Goethe zu ›bearbeiten‹, ›umzuarbeiten‹, zu ›verbessern‹? ... Es war *zweierlei* zu erstreben. 1. die Einteilung zu finden, welche die Genußfähigkeit und Spannkraft des Publikums nicht zu sehr abschwächt – und 2. die Kürzungen vorzunehmen, welche nur im Streichen von *Worten*, in *Entfernung von Rankenwerk* bestehen; – aber nicht wichtige ganze Partien des Riesenwerks opfern. ... Da nun ›Faust‹ immer nur eine große künstlerische Tat an hohen Festtagen sein sollte, so wählte ich schließlich die Aufführung an zwei Tagen, – aber jeden Teil in zwei Hälften gegeben. Die erste Hälfte nachmittags 3 bis 5½ Uhr, die zweite von 8 bis 10½ Uhr; – die Hälften des ersten Teils in je fünf, – die des zweiten Teils in je drei Akte eingeteilt« (226, 112–114). Da Weiser zudem mit Felix Weingartner den idealen Komponisten gefunden habe, sei dieser *Faust* ein Werk, das ganz im Sinne Goethes dargeboten werden könne.

Weiser strich in seiner neuen Einrichtung vollständig nur den »Walpurgisnachtstraum«, und er zog die Szenen »Hochgewölbtes, enges gotisches Zimmer« und »Laboratorium« zu einem Bild zusammen. Stark gekürzt war die Szene »Kaiserliche Pfalz«, von der Szene »Berschluchten« wurden nur wenige Schlußverse gespielt. Kleine Textänderungen gab es bei zwei Versen. Weiser gefiel sich noch darin, den meisten Szenen eigene Titel zu geben. Der Regisseur und Faust-Darsteller gab damit im Jahre 1908 den bis dato vollständigsten *Faust*, der je auf einer Bühne zu sehen war.

Aufnahme durch Publikum und Kritik

Nur der Kritiker der *Leipziger Neuesten Nachrichten* bezeichnete das weimaranische Unternehmen Weisers als Erfolg, und auch das Premierenpublikum war insbesondere von *Faust I* noch angetan. Klaus Brock, der 1935 die Chronik der *Faust*-Inszenierungen Weimars kritisch beleuchtet hat, kommt zu einer sehr negativen Einschätzung dieses groß angelegten Versuches: Die neue Einstudierung sei geradezu ein Mißerfolg geworden. Weiser sei der Doppelbelastung von Regisseur und Mephisto-Darsteller nicht gewachsen gewesen. Die letztlich überfrachtete und sehr langatmige Inszenierung habe nur drei Aufführungen erlebt und sei dann abgesetzt worden.

Vielen Kritiken ist zu entnehmen, daß eine illusionistische Bühnenmalerei dominierte, die Bühne sei gar zu einer »gaukelnden kulturhistorischen Gemäldeausstellung von ablenkender, zerstreuender Wirkung« geworden, da es eine »Überfülle von Verwandlungen und Wandeldekorationen« (60, 88) gegeben habe. Noch habe das Vorbild Otto Devrients, meint Brock, mehr theatralische Kraft besessen als die Theaterarbeit Weisers.

Regie und Besetzung

Bühnenfassung und Regie: Karl Weiser
Bühnenbau: Karl Fischer (nach Dekorationsentwürfen von Max Brückner, Coburg)
Musik: Felix Weingartner
Faust: Karl Gruber
Mephistopheles: Karl Weiser
Gretchen: Elisabeth Schneider
Marthe: Marie von Springer

30. *Faust* an einem Tag: Alfred Reuckers drastische Strichfassung am Zürcher Pfauentheater (1909)

Motive, Konzeption, Strichfassung

Was Emil Mauerhof im Jahre 1884 gefordert hatte, nämlich beide Teile des *Faust* an einem Abend bzw. Tag aufzuführen, um damit jene Handlungsteile dem Publikum darzubieten, die engste Beziehung zu Fausts Leben hätten, verwirklicht Reucker als erster am Zürcher Pfauentheater. Die Aufführung sollte beide Teile nicht verstümmeln und sämtliche technische Schwierigkeiten meistern. Kritik und Literaturwissenschaft bezeichneten Reuckers Vorgehen als den ersten praktischen Versuch, in einer Vorstellung beide Teile zu spielen. Hatte Mauerhof noch vorgeschlagen, rund drei Viertel der ersten drei Akte von *Faust II* zu streichen, so tilgte Reucker kurzerhand die gesamten ersten drei Akte und begann seine Darbietung mit Mephistos Worten: »Das heiß' ich endlich vorgeschritten!« (V. 10067). Damit konnten beide Teile in fünf Stunden »abgespielt« werden, das *Faust II*-Rumpfstück gar in 45 Minuten. Reucker teilte seine Spielfassung in drei Abschnitte ein: Der erste begann mit dem »Prolog im Himmel« und endete mit Fausts Wette mit Mephistopheles. »Auerbachs Keller« und die »Hexenküche« waren gestrichen. Der zweite Teil enthielt die Gretchenszenen. Der dritte schließlich bestand, mit wenigen Strichen versehen, aus dem 4. und 5. Akt von *Faust II*. Der Bearbeiter wollte damit drei verschiedene Entwicklungsstufen des Titelhelden aufzeigen: den Faust der Gelehrsamkeit, den Faust des Lebensgenusses und den Mann der Tat. Aus dem *Urfaust* fügte Reucker die Szene »Landstraße« ein, und in den »Bergschluchten« wurde zu den Worten »Neige, du Ohnegleiche« die dazugehörige Komposition aus Robert Schumanns *Szenen aus Goethes »Faust«* gespielt.

Aufnahme durch Publikum und Kritik

Fast einstimmig rügte die Presse die drastischen Striche, auch jene im ersten Teil, aber die Bühneneinrichtung »brachte auch die lautesten Kritiker zum Verstummen« (67, 29) berichtet Guido Frei, der auch die Bühnenform beschreibt: »Der Stil der Reliefbühne brachte es mit sich, daß sämtliche Szenenbilder von einem immer gleich bleibenden neutralen Rahmen eingefaßt waren, dessen obere Horizontale aufwärts gebrochen war. Es entstand dadurch eine ausgeprägte Mittellinie, die den Bühnenbildner zwang, die Dekorationen so in den vorgezeichneten Rahmen einzufügen, daß ein geschlossenes Ganzes, d.h. gleichmäßige Proportionen, entstanden« (67, 29). Mit den Mitteln des zur damaligen Zeit üblichen Bühnenrealismus bemühte man sich, Goethes Regieanweisungen angemessen umzusetzen. Mittelalterliche Stadt, diesem Zeitalter zugehöriges Interieur und realistische Naturbilder dominierten.

Die Kritik beanstandete die drastischen Striche, aber Bühneneinrichtung und Spielweise ernteten großes Lob. Der Rezensent der *Zürcher Post* verglich Reuckers Einrichtung mit der von L'Arronge vom Jahre 1889 am Deutschen Theater in Berlin und kam zu dem Ergebnis, daß die damaligen Vorstellungen in der deutschen Hauptstadt durch die künstlerischen Mittel in Zürich bei weitem übertroffen worden seien. Bühnenbild, Spielweise und Text würden eine harmonische Einheit bilden.

Deutlich zeigte sich dies in der Gunst des Publikums: »Die Interesselosigkeit den Werken Goethes gegenüber war mit einem Schlag gewichen. Die Vorstellungen, die ausschließlich im Pfauentheater durchgeführt wurden, zeigten von Anfang an hohe Besucherziffern. Der Premiere, die am 1. September 1909 stattfand, folgten gleich zehn Wiederholungen, eine Zahl, die sonst nur die Schwankfabrikanten ... erreichten. 1910 und 1911 fanden nochmals zwei Aufführungen statt; dann wurde das Werk für erstaunlich lange Zeit vom Spielplan abgesetzt; erst 1919 feierte es seine Wiederauferstehung, diesmal mit einem Publikumserfolg, der beispiellos war und die Aufführung von 1909 bei weitem übertraf. In kurzen Abständen ging das Werk neunzehn Mal vor vollem Haus über die Bühne: Goethe hatte in Zürich endgültig gesiegt, aber nicht nur Goethe, auch Reucker« (67, 31).

31. Max Martersteigs Kölner Bühnenrealismus (1909/10)

Abb. 71: »Prolog im Himmel« – Martersteig durfte es noch nicht wagen, den Herrn bildlich darzustellen, auch dies ein Erbe aus dem 19. Jahrhundert

Abb. 72: »Nacht« – Faust will den selbst bereiteten Gifttrank nehmen. Da Martersteig die gesamte Bühnenbreite bespielen läßt, ist Fausts Zimmer kein »enges gotisches«.

Motive, Konzeption, Strichfassung

Wie die Vorbilder Savits (1895) und insbesondere Karl Weiser (1908) wollte Martersteig möglichst wenig Text streichen. Goethes *Faust* sollte ziemlich vollständig auf einer modernen Drehbühne dargeboten werden. Martersteigs Szenenbilder auf der Drehbühne, die grundsätzlich den ganzen Bühnenrahmen ausfüllen sollten, zeigten deutliche Merkmale der Raumbühne. Sie waren aufwendiger und umfangreicher gestaltet als die meist schmäleren Bilder Reinhardts am Deutschen Theater, denn vor allem im Hintergrund setzte Martersteig großformatige Prospekte ein, meist Rundhorizonte mit Panoramawänden, und man sah in den entsprechenden Szenen transparente Prospekte als Träger ausdrucksintensiver Luftgestaltung. Bei Szenen, die im Inneren spielten, wurden die Bühnenräume stets winklig gebrochen und nie axial gestaltet.

Während bei Reinhardts enggestalteter, in viele Segmente unterteilter Drehscheibe oftmals ein Achtel der Bühne genutzt wurde, nahmen die Szenerien von Martersteig die gesamte Bühnenbreite ein, so daß stets ein weiträumiges Spielen möglich war. Das galt auch für die Spielräume im ersten Teil, so daß die Kammern Fausts, Gretchens oder Marthes äußerst groß dimensioniert waren.

Die Betrachtung der Bilder zeigt: Was bereits in der Goethezeit gefordert wurde und am Ende des 19. Jahrhunderts bei Savits glanzvoll zu sehen war, setzt Martersteig am Schauspielhaus Köln bewußt prunkvoll fort. Die Szenerien werden in reinem naturalistischen Stil »gebaut«; das setzte Maßstäbe, da Savits Bilder zum zweiten, Martersteig Fotos zum ersten Teil veröffentlichen ließ.

Publikum und Kritik nahmen die Neuinszenierungen sehr positiv auf, was Berichten größerer deutscher Zeitungen zu entnehmen ist. Um 1912/13 wurden die hier abgebildeten Fotos aufgenommen[1], kurz danach war die Einstudierung Martersteigs zunächst »abgespielt«, wie es in der Bühnensprache heißt. 1921 wurde sie in Köln wiederaufgenommen.

---

1 Bei Drucklegung des Bandes war die Herkunft der Negative und Fotos von dieser Inszenierung nicht mehr zu ermitteln.

Abb. 73: »Vor dem Tor« – Faust und Wagner entdecken den geheimnisvollen Pudel, während neben ihnen ein Bettler Gaben erhofft; auf dem Hintergrundprospekt erscheinen neben Feldern die Konturen einer Stadt.

Abb. 74: »Straße« – Wie bei Goethe vorgeschrieben, kommt Gretchen alleine aus der Kirche. Hier brach Martersteig mit der falschen Tradition des 19. Jahrhunderts, wo man oftmals ein wahres Gewimmel von Kirchgängern minutenlang aus dem Portal des Gotteshauses schreiten ließ.

Abb. 75: »Marthens Garten« – In den Naturszenen feierte der Bühnenrealismus wahre Triumphe.

Abb. 76 (links): »Zwinger« – Zwischen den beiden Gebäudekomplexen ist ein Teil des gemalten Hintergrundprospektes sichtbar, vor dem die großformatigen Kulissen plaziert sind.

Abb. 77: »Kerker«

32. Spielversuche I: Georg Fuchs inszeniert *Faust I* erstmals mit der »Satansmesse« auf seiner Reformbühne am Künstlertheater München (1908)

Motive und Konzeption

In den *Münchener Neuesten Nachrichten* vom 17. April 1921 wurde der für die damalige Inszenierung am Münchner Künstlertheater zuständige Bühnenbildner Fritz Erler zu seinen Reformversuchen des Jahres 1908 befragt. Dabei umriß er knapp die Intentionen, die ihn und Georg Fuchs leiteten. Die Künstler hatten erstens die Absicht, einen kargen Bühnenraum mit spärlichen Kulissen zu schaffen, um so den Text Goethes besser wirken zu lassen. Das zweite Bestreben bestand darin, bei der Inszenierung in einem vereinfachten Bühnenraum die schauspielerischen Aktionen mehr zur Geltung zu bringen als die Szenerie. Damit gehen Erler und Fuchs bewußt gegen eine Tradition an, die in den Inszenierungen von Max Reinhardt gipfeln wird. Den Vorwurf der Kritik, Erler hätte »das gesucht Einfache« inszeniert, kontert der Bühnenbildner: »Meine Art mußte wohl so wirken, aber nur auf die Phantasielosen und auf die, deren Vorstellung erstarrt, die *ihre* Bühne als die einzig gegebene und gewohnte erwarteten. Mein Bestreben hatte mit ›Ausstattung‹ nichts zu tun. Es ging allein darauf hinaus, ... den Darsteller, seine Erscheinung, seine Gebärde möglichst klar herauszustellen. Es war mein ganzes Trachten, das Wenige deutlich zu geben, den ›Ort der Tat‹ mit den geringsten Mitteln zu charakterisieren, damit der Schauspieler Herr der Szene bleibe und nicht von tausend Zufälligkeiten erdrückt werde.« Erler hoffte, daß die damaligen Mittel der Lichttechnik ihn bei seinem Vorhaben unterstützen könnten, sie sollten die Stimmungen schaffen, die sonst von aufwendigen Bühnenbildern ausgehen.

Bühnenbau und Raumgestaltung

Eine Besonderheit der Theateranlage von Georg Fuchs war die weit vorspringende, in den Zuschauerraum ragende Vorderbühne, die grundsätzlich dekorationslos sein sollte. Die anschließende Rahmenbühne war so beschaffen, daß in der Mitte hängende Bildteile gut unterzubringen waren, während an den Seiten Dekorationen (z.B. Wände, Türen, Fenster) aufgestellt werden konnten. Der wichtigste künstlerische Gedanke war, daß – vornehmlich auf der Vorderbühne – nur der Darsteller wirken sollte, die Dekoration hatte eine sekundäre Funktion. Die Fachwelt sprach von einer reformerischen Reliefbühne, die sich als bloßer architektonischer Rahmen für den *Faust* verstand. Der Zuschauerraum war, einem Amphitheater gleich, oval um die hervorspringende Bühne gebaut; die runde Vorbühne hatte keine Seitenkulissen, um den Einblick in das Bühnengeschehen zu gewähren. Zweifellos war die Shakespearebühne ein historisches Vorbild.

In Abgrenzung zu der Inszenierung von Savits kam die Theaterforschung zu dem Ergebnis, daß 1895 das Drama Goethes der Bühne gedient habe, während bei Fuchs die Bühne der Dichtung diene: »Die Münchener Gesamtaufführung des Goetheschen ›Faust‹ bedeutete den Höhepunkt jener Aera des Illusionstheaters, die, ausgehend von den Prinzipien der Meininger, in einer die Wirklichkeit bis zur vollkommenen Illusion wiedergebenden Szene ihr Ideal verkörpert sah. ›Man schleppte den ganzen ungeordneten Apparat der bedürfnisreichen Täglichkeit für jeden einzelnen Fall auf die Bühne und sah in der Beobachtung der historischen Treue das wesentliche Ziel für die Inszenierung, wo man doch nur ein paar charakteristische, viel oder alles sagende Gegenstände braucht, um den Rahmen für die einzelnen Geschehnisse mehr symbolisch darzustellen. Alles in allem machte man die Bühne zum Museum, anstatt sie als lebensreichen Tummelplatz für die wechselvollen Spiele von Dichters Gnaden herzurichten‹« (111, 94). Gegen solche Tendenzen protestierte Fuchs mit seiner neuartigen Inszenierung, die, von der Idee ausgehend, die Phantasie des Zuschauers zu evozieren, wohl erst in Gründgens' legendärer Hamburger *Faust*-Inszenierung (1957/58) ihre Vollendung finden wird. Fuchs wollte mit weniger Wirklichkeiten mehr aktiv-theatralische Wirkung erreichen.

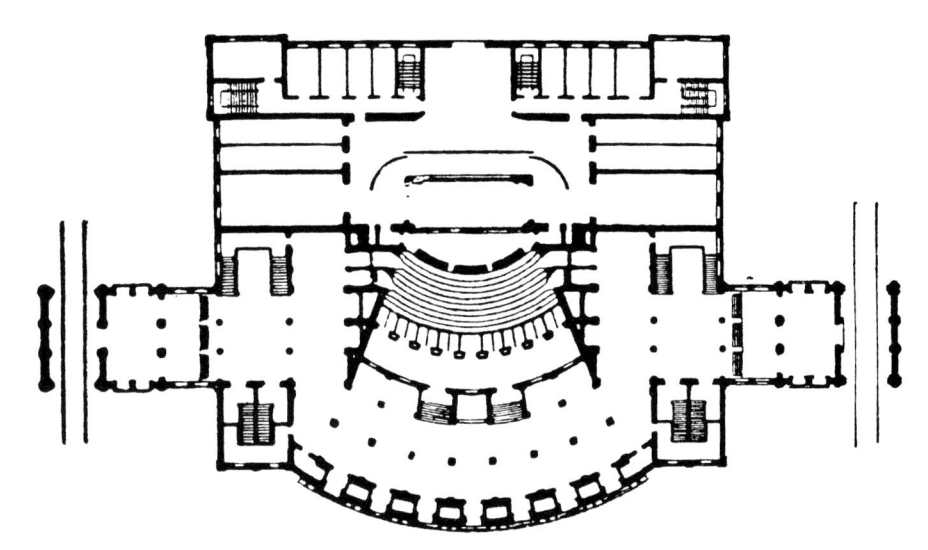

Strichfassung mit der »Satansmesse«

Fuchs kürzte mäßig, zumeist nur zu dem Zweck, keinen überlangen Theaterabend zu erhalten. Ganz gestrichen war das »Vorspiel auf dem Theater«. Eine einschneidende Bearbeitung erfuhr die »Walpurgisnacht«: Im Münchner Künstlertheater spielte man erstmals die »Satansmesse« aus Goethes Paralipomena, die nach Vers 4023 (»Platz! Junker Voland kommt. Platz! süßer Pöbel, Platz!«) eingefügt wurde. Nach diesem Intermezzo wird das Spiel mit Vers 4183 fortgesetzt, wo Faust Gretchen als blasse Gestalt erblickt.

Regie, Besetzung, Spielweise

Regie: Albert Heine
Textfassung, Dramaturgie: Georg Fuchs
Bühnenbau: Fritz Erler
Musik: Max Schilling
Faust: Mathieu Lützenkirchen

Abb. 78: Bühnenaufbau nach Georg Fuchs – Die in den Zuschauerraum ragende Rundung sollte nach Fuchs weit in den Zuschauerraum hineinragen, möglichst noch exponierter als in dieser Zeichnung.

Mephisto: Albert Heine
Gretchen: Lina Lossen

Was die Spielweise in diesem für Goethes *Faust* neuartigen Bühnenraum anbelangt, so spricht Horn von einer »Großtat im Kampf um das moderne Theater« (111, 109), und er dokumentiert in seiner Dissertation[1] aus dem Jahre 1929 ausführlich die Aufführung.

Schon mit dem »Prolog im Himmel« schuf Erler ein Bühnenbild von bisher nicht dargebotener Monumentalität. In der *Kölnischen Volkszeitung* stand am 14. Juni 1908 zu lesen: »Die drei Erzengel, männlich-jugendliche Gestalten mit ehernen Fittichen, wie die nach außen geöffneten Flügel eines mächtigen Bronzetores, standen in Überlebensgröße auf einer schmalen treppenartigen Erhöhung. Die Brust umhüllte ein Panzer, die Arme Schienen; die Hände hielten horizontal ein gewaltiges Schwert. Im Hintergrund dehnte sich eine lichtgelbe, luftdurchflutete Leinwand wie das Unendliche. Nach vorne sah man zusammengekauert, im bräunlichen Scholarengewand Mephisto.« Keine Gazewolken hätten den reinen Genuß dieses Bildes getrübt: »Mit dem ›Prolog‹ allein hatte die neue Bühne schon ihre Existenzberechtigung erwiesen, und die einzigartige Schönheit und Genialität dieses Entwurfs wurde selbst von den Gegnern der neuen Richtung fast durchweg anerkannt.«

Am deutlichsten charakterisierte sich diese Inszenierung in der Abwendung von Bühnenrealismus und -naturalismus: Die »Studierzimmer«-Szenen, »Auerbachs Keller«, »Hexenküche«, die Zimmer von Gretchen und Marthe sowie alle Straßen-Szenen »entbehrten den Zauber mittelalterlicher Welt, den die Goethesche Dichtung atmet. Die mittelalterliche Formen- und Gedankenwelt, in der der deutsche Geist seinen reinsten, tiefsten Ausdruck fand, erlebte gerade im ›Faust‹ ihre dichterische Wiedergeburt, und eben darin liegt nicht zuletzt der seltsame Reiz und der Grund zu der unvergleichlichen Popularität dieser Dichtung. Befreit von diesem charakteristischen Gepräge bliebe das Werk wohl eine ästhetisch vollendete, gedankenschwere Dichtung, aber es wäre nicht mehr der deutsche, der unvergleichliche, der Goethesche, es wäre nicht unser ›Faust‹. Das mittelalterliche Welterlebnis, das urdeutsche Erlebnis wurde durch den dichterischen Schöpfungsakt so weit vom zeitlich Gebundenen befreit, so weit ins Zeitlose gehoben, daß bei einer Darstellung der Dichtung die Dekoration nicht nur stilisieren kann, sondern soll, um eben den Ewigkeitswert der Gedanken und Erlebnisse zu betonen. ... Zweifellos liegt die Aufgabe des Bühnenmalers nicht darin, eine wahrheitsgetreue, kunsthistorisch einwandfreie Dekoration zu schaffen, ›sondern sie nur so weit und nur so stark zu geben, als sie beim wirklich dramatischen Erleben noch in Betracht kommt, d. h. als erklärender, individueller Rahmen‹« (111, 99–100). Einfache massive Seitenwände und eine dicke Mauer im Hintergrund bildeten Fausts Studier-Kerker, durch einfache Verschiebungen dieser Wände, durch entsprechenden Austausch der Dekoration konnte dieser einfache Raum beispielsweise in »Auerbachs Keller« oder in die Zimmer von Gretchen oder Marthe sowie in die Schlußszene »Kerker« umgewandelt werden. Die Dekoration des »Studierzimmers« bestand aus einem schwerfälligen Pult, einem Lehnstuhl und einer Lampe, die den Raum nur notdürftig erhellte: »Die Architektur der Wände war durchaus neutral, nur Raum umfassend, und dennoch gelang es hier, allein durch die Suggestionskraft des Lichtes die Stimmung quälender nächtlicher Einsamkeit zu schaffen und ›ein Stück fühlbarer Gotik, in ihrem aus Dunkel zum Licht strebenden Geist.‹ Mag es auch nicht völlig gelungen sein, durch die Stimmungskraft der Farbe das ›verfluchte dumpfe Kellerloch‹, den ›Rauch und Moder‹ zu charakterisieren, hier kam Erler noch dem Ziele am nächsten, unter Verzicht auf jedes naturalistische Detail allein durch Farbe und Licht den Stimmungsgehalt einer Szene zu erfassen« (111, 101). Die Erscheinung des Erdgeistes wurde durch die bloße Farbe des Lichts gestaltet: Blutrot färbten sich die Mauern, der Vorhang wurde zur tiefblauen Meeresfläche und Fausts Silhouette hob sich in dunklem Purpur davon ab.

Dasselbe Verfahren, das für die Innenräume galt, wurde auch bei den Szenen angewandt, die draußen bzw. auf der Straße spielten: »In der Szene der ersten Begegnung bildeten die Schiebewände im Hintergrund ›die hochragende Fassade zweier turmähnlicher Gebäude, zwischen denen in der Mitte eine Art Fenster sich zeigt; dadurch wurde der Eindruck einer engen Gasse erweckt, in der das Mädchen Fausts Annäherung nicht zu entgehen vermochte‹. ... Dieselbe Dekoration wurde mit geringer Abänderung für alle Straßenszenen verwendet« (111, 104), auch für »Brunnen«, »Zwinger« und die Valentinszene. Besonders eindrucksvoll waren die drei Szenen, die vor »Kerker« gespielt worden sind: »Neben der Studierzimmerszene kam Erler in der ›Walpurgisnacht‹ dem Ziele am nächsten, bei stilisierter Dekoration allein durch die Wirkung von Farbe und Licht die Stimmungskraft einer sinngemäß detaillierten Ausstattung zu ersetzen. Vor hohem Himmel zieht sich in scharfer Umrandung eine Berghöhe hin. Eine einsame Tanne sticht rechts silhouettenhaft gegen den Hintergrund ab, links liegt ein Hünengrab. Die Mittelbühne wurde versenkt. Unsichtbar in der Tiefe lodernde Feuer überziehen den Himmel mit schwacher Glut. Die Beleuchtung wurde so gehandhabt, daß alle Gestalten im Dunkel blieben und sich nur als Silhouetten von dem schwach glühenden Himmel abhoben. Dieses Bild wirkte mehr wie eine phantastische Vision denn als reale Landschaft, und wurde dem höllischen Spuk der Walpurgisnacht in vorzüglicher Weise gerecht. Faust und Mephisto kamen von hinten aus der Versenkung heraus. ›Kaum auf der Höhe angelangt, umloht sie ein Feuerdampf wie aus unendlichen Abgründen. Immer näher kommen die schwarzen Silhouetten der Gespenster und Hexen, immer größer wird ihre Zahl, immer wilder steigert sich ihr ausgelassenes Treiben bis zum knäuelförmigen Ineinander.‹ ... Wenn Gretchens Erscheinung vorübergezogen ist, verdunkelt sich die Bühne. Durch Verwandlung der Felssilhouetten wird das Bild schnell geändert. Dann wird die Bühne wieder heller, und sofort schließt sich ›Trüber Tag, Feld‹ und ›Rabenstein‹ an« (111, 106–107).

Fuchs' Regieleistung bezüglich der Bühnengeschichte des *Faust*

Die Modernität der Einstudierung kann m. E. erst von einem Zeitpunkt lange nach Gründgens' letzter *Faust*-Inszenierung (1957/58) angemessen gewürdigt werden. Kein vergleichbar anderes Drama des deutschen Idealismus litt lange Jahrzehnte so wie Goethes *Faust* unter einer vorgegebenen Tradition. Nur von wenigen Beurteilern wurden diese Münchner Regietat entsprechend anerkannt, denn viele Kritiker setzten die Leistungen herab. In dieser Dokumentation jedoch sei Fuchs der ihm gebührende Platz zuerkannt.

1 S. hierzu Hanns Horn (111). Da die Abhandlung schwer zugänglich ist, seien die wichtigsten Aspekte der Spielweise dieser ersten modernen *Faust*-Inszenierung ausführlich zitiert.

33. Max Reinhardt bannt das Berliner Publikum: *Faust I* (1909) und *Faust II* (1911) am Deutschen Theater

Motive und Konzeption

Genial nutzte Max Reinhardt das Medium der Drehbühne, um im Jahre 1909 zunächst *Faust I* in Berlin zu spielen. Die damals vieldiskutierte Bühnenform ersetzte das simultane Übereinander, wie es die mehrstöckige Bühne kennt, durch ein Nacheinander. Von Reinhardts Maschinerieinspektor Dworsky sind uns nicht nur die Grundrisse für die Inszenierung beider Teile erhalten, sondern auch detaillierte Beschreibungen: »Bei der Faust-Einrichtung des Deutschen Theaters ist die Drehbühne nicht nur in ihrer ganzen Fläche, sondern auch in der Höhe ausgenutzt worden. So beginnt gleich der Prolog im Himmel auf einem Schauplatz, der auf dem sechsten Gewölbe von Auerbachs Keller, vier Meter über der Bühne, aufgebaut ist. Für die zweite Szene wird die Bühne dann um eine Viertelwendung gedreht: das Studierzimmer steht fertig da. Eine weitere Drehung der Bühne (um eine Hälfte) bringt die dritte Szene: ›Spaziergang‹ [gemeint ist »Vor dem Tor«] an die Rampe. Dieser Teil vor dem Tor ist auf hügeligem Terrain aufgebaut, das von ebener Erde in der durch Pfeile angedeuteten Richtung immer höher ansteigt, bis an dem Stadttor die Höhe von fünf Metern erreicht ist. Hinter dem Stadttor, dem Zuschauer verborgen, geht die Eisenkonstruktion (die durchweg eine Tragfähigkeit für etwa sechzig Menschen hat) noch bis zur Höhe von sechseinhalb Metern, das heißt: bis zu dem Gipfel des Berges, auf dem später die Walpurgisnacht sich abspielt. Die Eisenkonstruktion schafft, sobald sie die (auf der Zeichnung angegebene) Höhe von drei Metern erreicht, größere Hohlräume, die als Hexenküche (später Kerker) und als Auerbachs Keller eingerichtet werden. Anderseits wird in dem winklig-malerischen Straßenbild die Höhe der hinter dem Stadttor bis zu sechseinhalb Metern hinaufgeführten Eisenkonstruktion durch zahlreiche kleine Steinstufen erreicht.

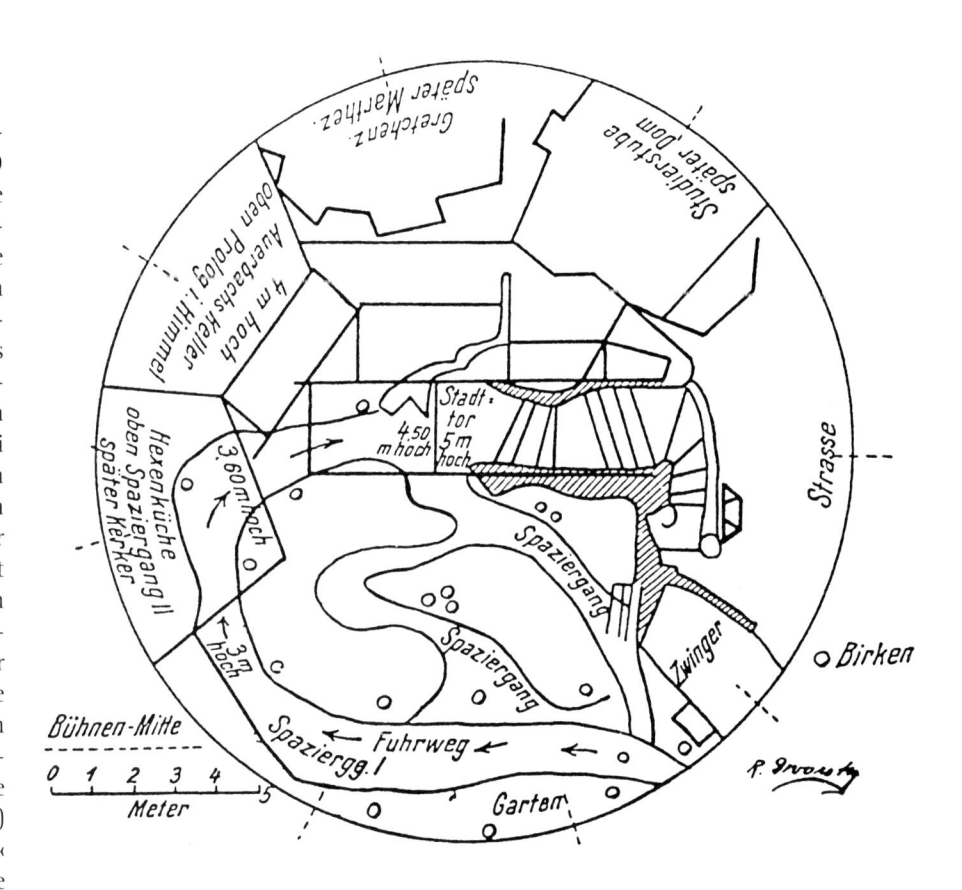

Abb. 79: Grundriß der Drehbühne des deutschen Theaters Berlin für *Faust I* – Zeichnung von Rudolf Dworsky

Abb. 80: Fausts Studierzimmer: Die Abbildung läßt erkennen, wie hoch bei Reinhardt die Bühnenräume gebaut worden sind.

Abb. 81 (links): »Studierzimmer« II – Paul Wegener als Mephistopheles, Oscar Beregi als Faust bei der Wette.

Abb. 82: Paul Wegener als Mephistopheles (ab 31. März 1909). Mehr als zehn Jahre spielt Wegener diese Rolle, stets alternierend mit den Schauspielern Rudolf Schildkraut und Albert Bassermann.

Vor Beginn der Vorstellung sind fertig aufgebaut: Prolog im Himmel, Studierzimmer, Spaziergang, Gretchens Zimmer, Zwinger, Straße. In der ersten Pause wird auf dem Terrain des Spaziergangs der Garten, in der Hexenküche der Kerker, desgleichen Dom und Marthe-Zimmer an Stelle der Studierstube (oder des Gretchenzimmers) eingebaut. Es bleibt dann in der zweiten Pause nur übrig, die Dekoration von Straße, Gretchenzimmer, Dom, Zwinger fortzuschaffen und das für die Walpurgisnacht fertig aufgebaute Terrain durch plastische Felsen und Bäume zu ergänzen« (116, 144). Im ersten Teil »bevorzugte Reinhardt eine realistische Raumwiedergabe in Anlehnung an die kulturhistorische Dekorationsmalerei, suchte aber deren plastische Umsetzung als ›tastbaren‹ Bühnenort, als greifbare Umwelt altdeutschen Stadtgefüges, jedoch nicht in lyrisch-verklärter, träumerischer Idyllenstimmung, sondern als herber Ausdruck des ›düsteren‹ Mittelalters« (60, 89).

Darbietung des ersten Teils

Was das Bühnenbild anbelangt, so wird *Faust I* »in die steile Gotik einer altdeutschen Stadt gestellt ... und in drei verschiedenen, schauspielerisch gleichwertigen Besetzungen gegeben« (152, 40). Die meisten Abbildungen zeigen, wie realistisch-naturalistisch Reinhardt die Szenerien gestalten ließ; im Grundsätzlichen weicht er nicht ab von den Bühnenbauten des 19. Jahrhunderts.
Die Fotos von Osterspaziergang und »Zwinger« lassen erkennen, daß es Reinhardt darum ging, eine mögliche Wirklichkeit auf die Bühne zu bringen, um so möglichst viel Illusion zu erzeugen.

Regie und Besetzung

Regie und Textfassung: Max Reinhardt
Bühnenbau: Alfred Roller
Kostüme: Ernst Stern
Musik: Felix Weingartner

Viele Rollen waren meist dreifach besetzt, beispielsweise der Herr, Faust, Margarete, Marthe, Valentin, Wagner, der Schüler, sogar die Zecher in »Auerbachs Keller«.

Strichfassung von *Faust I*

Max Reinhardt strebte eine möglichst vollkommene Spielfassung an. Die mäßigen Einzelstriche sind bei Russo (192,186) aufgezählt. Die Aufführungen dauerten mehr als fünf Stunden, so daß Kritik und Literaturwissenschaft von der »Unerreichbarkeit des Ideals einer lükkenlosen Faust-Aufführung« (192,187) sprechen. Der Einsatz der Drehbühne ermöglichte es Reinhardt, eine solche ausführliche Fassung zu zeigen.

Aufnahme durch Publikum und Kritik

Weniger die schauspielerischen Leistungen, sondern vielmehr Regie und Bühnenbau wurden gerühmt, so auch von Russo: »*Wenn* es für diese drei Besetzungen einen künstlerischen Grund gibt, so kann es kein anderer als der sein, daß alle halbwegs geeigneten Persönlichkeiten des Ensembles gewichtige Hauptrollen verkörpern sollten« (192, 190). Die wichtigsten Kritiken hierzu können bei Russo (192) und im Katalog *Faust und Mephisto* (60) nachgelesen werden. Presse, Publikum und die heutige theatergeschichtliche Forschung sind sich darin einig, daß Reinhardts Darbietung bis dato eine der erfolgreichsten und berühmtesten *Faust*-Inszenierungen sei »und zugleich ein Höhepunkt der bühnentechnischen Nutzung von Drehbühne und Rundhorizont« (60, 89).

Faust II: ein Marathon von elf Stunden

Als Reinhardt im März 1911 den zweiten Teil am Deutschen Theater darbot, war sein Triumph perfekt, national wie international. Die optimale Nutzung der Drehbühne gestattete es ihm, nur das Notwendigste zu streichen. Reinhardt beließ es bei der Szenenabfolge Goethes und strich etliche Verse jedes Akts, wobei der vierte am meisten verkürzt wurde. Russo hat die Striche sukzessive aufgelistet (192, 194–198). Die Inszenierung dauerte, als nach den ersten Aufführungen weitere Verse gestrichen worden waren, nur noch acht Stunden, eingerechnet eine Pause von einer Stunde nach der »Klassischen Walpurgisnacht«. Bei den Premierenaufführungen mußte man sich noch für elf Stunden in das Deutsche Theater begeben. Stolz berichtet Max Reinhardt: »Die Vorstellung beginnt um 2 Uhr nachmittags und endet, nachdem etwa in der Mitte eine einstündige Essenspause eingelegt ist, um 1 Uhr nachts. Wer aber glaubt, daß ein solcher Kraft- und Zeitverbrauch nur einer beschränkten und ausgewählten Schicht zugemutet werden kann, ist im Irrtum. Der Tragödie zweiter Teil wird vor vollen Häusern genau hundertmal gegeben« (152, 48).

Bühnenbau und Spielweise

Herrschte im ersten Teil der Realismus der Illusionsbühne, so dominiert im

Abb. 83 (links): Szenerie zum Osterspaziergang (»Vor dem Tor«)

Abb. 84: »Auerbachs Keller« – Szenenfoto vom Schluß der Szene

Abb. 85: »Zwinger« – Gretchen vor der Mater dolorosa)

Abb. 87: Szene »Kaiserliche Pfalz. Saal des Thrones« (1. Akt)

Abb. 86: »Zwinger« – Foto des zerstörten Modells

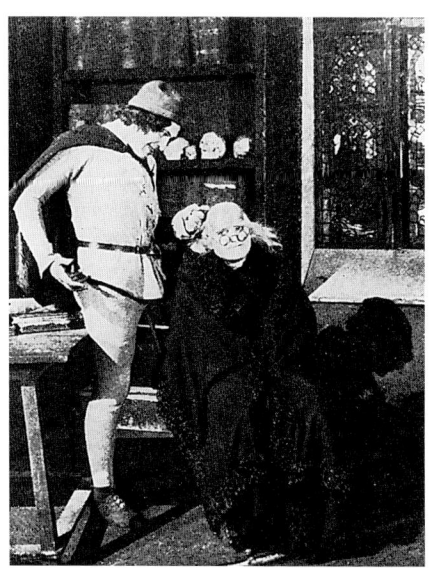

Abb. 88: »Hochgewölbtes enges gotisches Zimmer« (2. Akt) – Das Foto zeigt Werner Krauss als Mephisto und Karl Ebert als Baccalaureus.

zweiten ein stilisierendes Element. Statt klarer Konturen reduzieren Roller und Stern vieles auf Andeutungen, vor allem in der »Klassischen Walpurgisnacht« sowie im 3. und 4. Akt. Russo bemerkt hierzu: »Wie eine einzige große Phantasmagorie wirkte die Walpurgisnacht. Hier sah die Regie von einer auf der Bühne doch aussichtslosen Paraphrase der einzelnen Gestalten ab, um desto nachdrücklicher die Gefühls- und Stimmungssphäre der Bilder zu gestalten. Ein geisterhaftes Halbdunkel beflügelte die Einbildungskraft des Zuschauers und ließ ihn Dinge sehen, die keine Bühnentechnik jemals hätte erzeugen können. In ähnlicher Weise, offenbar der Anregung Eugen Kilians folgend, löste Reinhardt das Problem der Schlachtdarstellung im vierten Akt: ein Kriegslärm bei verdunkelter Bühne täuschte den Kampf vor, bei welchem dem Zuschauer die Komik einer sichtbaren Darstellung erspart blieb. Mit diesem Auftritt war freilich die szenische Erfindungskraft des Spielleiters fast erloschen; daß auch der letzte Aufzug nicht ohne starken Einfluß blieb, lag, abgesehen von seiner inneren Kraft, an der Steigerung der schauspielerischen Leistungen, die gerade gegen Ende der Aufführung eine bemerkenswerte Höhe erreichten« (192, 199–200). Vor dem Schlußbild habe Fausts Palast, was den Bühnenbau anbelangt, wenig überzeugt und sei zu schematisch gewesen. So endete eine teilweise kärgliche Aufführung mit einem wohl zu statischen Schluß, in den Reinhardt auch Teile des Zuschauerraums mit einbezog: »Ganz nüchtern setzte vollends die Schlußapotheose ein, deren eindrucksvolle Gestaltung bei L'Arronge noch in jedermanns Erinnerung war. Die Anachoreten waren nicht malerisch, wie auf den Bildern Florentiner Meister, in hohen Gebirgsschluchten verteilt, und die heiligen Frauen und die mater gloriosa waren nicht schwebend gedacht, sondern erschienen wie aufgebaut. Die Raumerweiterung der Bühne durch Schaffung einer kleinen Vorderbühne unter Zuhilfenahme einiger Parkettreihen und Logen erwies sich als nutzlos. Eine der dichterischen Kraft dieser Szene angemessene bildmäßige Wirkung konnte auf keine Weise erreicht werden« (192, 199). Andeutende Stilisierungen waren auch charakteristisch für die Kostüme Ernst Sterns, sie seien mit sparsamen graphischen Mitteln auf einen holzschnittähnlichen Umriß der Figuren angelegt.

Abb. 89: »Vor dem Palaste des Menelas zu Sparta« (3. Akt). In der Mitte Else Harms als Helena.

Regie und Besetzung[1]

Regie und Textfassung: Max Reinhardt
Bühnenbau: Alfred Roller
Kostüme: Ernst Stern
Musik: Robert Schumann
Faust: Friedrich Kayßler
Mephistopheles: Albert Bassermann
Kaiser: Alexander Moissi
Knabe Lenker: Gertrud Eysoldt
Helena: Else Heims
Homunculus: Gertrud Eysoldt
Euphorion: Gertrud Eysoldt
Philemon: John Gottowt
Baucis: Emilie Kurz
Eine Büßerin, sonst Gretchen genannt: Lucie Höflich

Aufnahme durch Publikum und Kritik

Der zweite Teil begeisterte offensichtlich mehr das jeweilige Abendpublikum als die Kritik. Möglicherweise verdrängte das zahlende Publikum negative Aspekte dieses *Faust II*-Abends mehr als es, auch im Rückblick, die Kritik tat. Man war sich dessen bewußt, daß man am Deutschen Theater in Berlin eine der berühmtesten Inszenierungen und zugleich einen Höhepunkt der bühnentechnischen Möglichkeiten, die die Drehbühne bot, gesehen habe. Die mindestens achtstündige *Faust II*-Inszenierung wurde als zeitlich zu sehr ausgedehnt erlebt; eine einzige Pause war den Zuschauern am Ende des 2. Akts nach erst dreieinhalb Stunden vergönnt. Diese Überlänge entferne wiederum den zweiten Teil von der Bühne, was letztlich gegen die künstlerischen Absichten Reinhardts sei. Dies las man in vielen Kritiken, auch in den Berliner Zeitungen. Eine Satire, die am 14. März im *Leipziger Tageblatt* erschien, mag ein Schlaglicht auf diesen Sachverhalt werfen: »Wie die [*Berliner Zeitung* zur Aufführung von *Faust II*] schreibt, hat die vorsorgliche Direktion ... eine Reihe dankenswerter Maßnahmen getroffen, die sich bei dem achtstündigen ›Faust‹-Betrieb als unumgänglich nötig erweisen dürften: An der Kasse stehen jedem Besucher gegen einen entsprechenden Aufschlag Luftkissen, Steppdecken, Hausschuhe, Pyjamas und Negligés zur Verfügung. Der Dienst im Theater wird an den ›Faust‹-Abenden anstatt von gewöhnlichen Logenschließern von Schlafwagenkontrolleuren versehen. Im Hofe des Theaters ist ein großer Schreibsalon errichtet worden, der es den Gästen ermöglicht, in den Zwischenakten mit ihren lieben Angehörigen daheim zu korrespondieren und

Abb. 90: 3. Akt – »Innerer Burghof« (Entwurf)

Abb. 91 (rechts): 4. Akt: »Hochgebirge«: Deutlich ist auf diesem Entwurf der Einfluß des Jugendstils zu erkennen.

ihnen eventuell letzte Grüße zu übermitteln. Für den Fall, daß jemand im Laufe des Tages sein Testament zu machen beabsichtigt, werden während der ganzen Vorstellung mehrere Notare dem Publikum zur Verfügung stehen. Die gerade nicht auf der Bühne beschäftigten Statisten sind gehalten, dabei unentgeltlich als Zeugen zu fungieren.

Jenem Teile des Publikums, dessen Aufnahmefähigkeit bei Eintritt der einstündigen Pause nachweisbar noch nicht gelitten hat, steht es frei, während der Pausenzeit in den benachbarten Kammerspielen der Vorstellung von ›Gyges und sein Ring‹ beizuwohnen. Selbstverständlich tritt während der ›Faust‹-Vorstellungen ein verstärkter ärztlicher Dienst in Kraft. Ein mit allen Mitteln der modernen Wissenschaft eingerichtetes Operationszimmer steht zur Verfügung. Die amtierenden Ärzte übernehmen die Garantie, daß Patienten, die in den ersten Stunden bedenklich erkrankt sind, nach sofort vorgenommener Operation und einer kleinen Erholungsreise nach in der Lage sein werden, den beiden letzten Akten beizuwohnen. Als Gegenleistung für all diese Vergünstigungen erbittet sich die Direktion vom Publikum nur das eine, es möge sich bei den letzten Worten Fausts: ›... Verweile doch ...‹ zu keinerlei Demonstrationen hinreißen lassen!«

Ernsthaft wurde in der Presse jedoch erwogen, wenn man den zweiten Teil in dieser ausführlichen Weise spiele, so sei es doch besser, beide Teile (wieder) an drei Abenden zu geben, vor allem dann, wenn man wie Reinhardt den Anspruch hege, Goethes gesamten *Faust* in das Repertoire zu übernehmen.

---

1 Die Alternativbesetzungen sind bei Russo (192) nachzulesen.

34. Spielversuche II: Malerei und Lichttechnik im Dienste des *Faust* – Victor Barnowsky inszeniert im Werkbundtheater in Köln (1914), im Lessingtheater in Berlin (1922) und im Künstlertheater in Berlin (1932) nach den Entwürfen von Lovis Corinth

Der Kölner Versuch

Zur Eröffnung des neuen Theaters von Henry van de Velde auf der Werkbundausstellung in Köln inszenierte Victor Barnowsky *Faust I* auf der dreiteiligen »Reformbühne«, wobei die beiden Seitenbühnen nach vorne, zum Zuschauerraum hin abgewinkelt waren. Die Mittelbühne war durch Säulen, die entfernt werden konnten, von den Seitenaufbauten getrennt. Diese Form der Schauspielbühne bewirkte rasche Verwandlungsmöglichkeiten und Ortswechsel und fand daher viele Nachahmer, u.a. in Darmstadt (1919), Meiningen (1922), und Weimar (1925).

Die Kritik merkte an, daß aufgrund des doch starren Korsetts viele Szenen nicht adäquat umgesetzt worden seien. Der Regisseur Barnowsky und sein Bühnenbildner Svend Gade unternahmen jedoch den alles in allem gelungenen Versuch, die vielen und oft kurzen Szenen von Goethes *Faust I* in einem raschen Nebeneinander einer sehr breiten Bühne zu verwirklichen. Damit wurde der Gedanke der Simultanbühne für Goethes Drama in einer neuen Form gestaltet.

Der Berliner Versuch am Lessingtheater

Die dreiteilige Simultanbühne kombinierte Barnowsky am Berliner Lessingtheater mit der Drehbühne, so daß vor allem die »Walpurgisnacht« wirkungsvoller und überzeugender gegeben werden konnte. Neben der Bühnentechnik und der differenzierten Beleuchtungskunst wurden die szenischen Entwürfe des Malers Lovis Corinth mit Lob bedacht: »Corinths Eigenart zeigt sich nachdrücklich in der besonderen Farbigkeit der Entwürfe, die ... eindringlich die Handlungsorte charakterisieren und die Szenerie ausgreifend erweitern. Corinths hektische Handschrift läßt die Intensität der Vorstellungswelt aufflackern; der unruhig fahrige Pinselduktus dem Suchen, dem Rastlosen im Charakter Fausts zu entsprechen. Landschaftliches intendiert nicht eigentlich Bühnenräume, sondern szenisch-malerische Impression; eine starre dreibogige Architektur gewährleistet die Architektur des realen Bühnenraumes« (60, 95). Barnowskys *Faust*-Inszenierung sei erkennbar »ganz

Abb. 92 (oben): Die dreiteilige Reformbühne des Werkbundtheaters in Köln: In diesem modellhaften Foto sind in der Mitte der »Prolog im Himmel«, links Fausts enges gotisches Studierzimmer, rechts »Auerbachs Keller« aufgebaut.

Abb. 93: »Vor dem Tor« – Für den Osterspaziergang wird bei der Kölner Werkbund-Inszenierung die gesamte Breite der Bühne ausgenutzt, die beiden Pfeiler (vgl. Abb. 92) sind entfernt.

auf das Kunstprinzip des Realismus festgelegt« (60, 95) gewesen.
Dadurch, daß seit den *Faust*-Illustratoren der Goethezeit wieder die bildende Kunst gezielt herangezogen worden sei, habe man begonnen, das Szenenbild aus der erstarrten Tradition des 19. Jahrhunderts zu erlösen. Fritz Engel kommt am 24. 2. 1922 im *Berliner Tageblatt* zu einem positiven Gesamturteil: »Lovis Corinth, der die Entwürfe geschaffen, ... gibt Herrliches. In der Flußlandschaft des Osterspaziergangs atmen wir selber befreit auf. Der Dom, breit hingewischt wie mit Zyklopenpinsel, mit den kleinen Häusern links und rechts, wirkt dennoch steingefugt. Marthes Garten ist tuntiggeziert, ehrpusselig-gefallsüchtig wie seine Herrin selbst. Andere Szenen werden durch eine Dreiteilung der Bühne bewältigt: Fausts Studiergewölbe oder der köstliche Marktplatz in der Mitte, Auerbachs Keller rechts, die Hexenküche links. Die Verwandlungen gehen schnell. ... Aber die Lichttechnik leistet schon jetzt Prachtvolles. Je weiter sie fortschreitet, desto zarter geht sie mit dem Lichte um; desto feiner weiß sie es aus Halbdunkel und Ganzdunkel zu entwickeln. ... Alle Theaterkünste sind losgelassen und mit Glück.«
Die Besetzung war hochkarätig: Theodor Loos spielte den Faust, Mephisto wurde von Emil Jannings verkörpert; Käthe Dorsch spielte das Gretchen und Ilka Grüning war Marthe.

Versuch am Berliner Künstlertheater

Am 30. März 1932 führte Victor Barnowsky eine vergleichbare Inszenierung am Berliner Künstlertheater, wo Helene Weigel die Rolle der Marthe übernahm, auf; Eugen Klöpfer verkörperte Faust, Kurt Homolka Mephisto, und Gretchen wurde von Grete Mosheim gespielt. Die Bühnenbildentwürfe von Lovis Corinth wurden von Traugott Müller ausgeführt, am Lessingtheater hatte zehn Jahre zuvor Leo Impekoven diese Aufgabe übernommen.

35. *Das Spiel vom Doktor Faust*: Paul Mederows Bearbeitung für die Aufführung an einem Abend (1919/27)

Motive und Konzeption

Als Mederow 1925 seine Fassung *Das Spiel vom Doktor Faust von Goethe. Aus der Tragödie beiden Teilen für die Aufführung an einem Abend* gedruckt vorlegte, hatte er seine Version bereits 1919 in Leipzig aufgeführt und für die folgenden Jahre Inszenierungen an bedeutenden Theatern, so am Burgtheater Wien oder am Deutschen Schauspielhaus Hamburg, in Aussicht. In seinen Vorbemerkungen betont Mederow, daß er selbst oftmals den Faust verkörpert habe und daß er sich darüber ärgere, daß meist nur der erste Teil gegeben worden sei: Diese »Halbheit« lehnt er entschieden ab; sein »Ziel ist im Titel ausgedrückt: Der Tragödie *Beide* Teile, an *Einem* Abend zu ›spielen‹!« (153, VII), wobei die Inszenierung volkstümlich sein müsse. Meist verschwinde *Faust II* aus finanziellen Gründen wieder vom Spielplan, und nur noch der erste Teil werde gegeben, »wie es ja auch schon bei Reinhardt gewesen ist« (153, XII).
Bei einer Aufführung an zwei Abenden zerfalle das Drama in zu viele selbständige Welten, zudem schiebe sich eine Nacht störend dazwischen. Um »Fausts Leben, Taten und Himmelfahrt kurzweilig an Einem Abend« (153, XXIV) zu spielen, muß Mederow drastisch kürzen, dabei komme man auf ein Vorspiel (Gelehrtentragödie) und drei Umkreise (1. Gretchentragödie, einschließlich der Szene »Anmutige Gegend«, 2. erster bis vierter Akt von *Faust II*, 3. fünfter Akt von *Faust II*).
Mederow verklärt die Faust-Gestalt und behauptet, daß die »Grundidee ... darin besteht:
Faust, den rastlos Schweifenden, um Vollendung und Erlösung ewig Ringenden, diese letzte und höchste Verkörperung deutschen Menschseins, mit seinem Spiegelbild *Mephisto*, von ihm getrieben, bewacht und verfolgt, auf seinem Wege aus dem Kerker des Bücher-Wissens durch die Erfahrungen und Versuchungen dieser Welt in *dreimaliger* Wanderung, in sich immer steigerndem und erhöhendem Geschehn, die *drei* überhaupt möglichen Bereiche produktiven Mannestums *durchmessen zu lassen*; unter dem Zeichen der drei Göttinnen – Aphrodite, Athene, Artemis –, unter dem auch ein neuerer Autor seinen weiblichen Faust, in der natürlichen Umkehr der Reihenfolge, ihre Welten auf der Suche nach dauernder Befriedigung durchwandern läßt. Diese *drei* »*Umkreise*«, in ihren Gipfelpunkten gefaßt, in ihren Zusammenhängen erkannt und zum Ganzen geschlossen, gleichsam spiralenförmig übereinander geordnet, eingeleitet durch ein exponierendes ›Vor-Spiel‹, das das Entstehen der Doppelwette, den Pakt und die Ausfahrt bringen muß, haben uns alsdann das Neue Alte Stück zu bilden« (153, XXV-XXVI).
Zusätze zum Text lehnt Mederow ab, jedoch enthält seine Druckfassung an markanten Stellen von ihm verfaßte Regieanweisungen, die sich vor allem auf Licht, Stimmung und Musik beziehen. Von den 12 110 Versen streicht er die Hälfte sowie mehr als die Hälfte der Schauplätze. Die Spielzeit der auf sechs Akte eingeteilten Bühnenfassung betrug

fünf Stunden, zwischen dem dritten und vierten Akt gab es eine Pause von »20 bis 30 Minuten«.

Mederows Strichfassung in der Abfolge seiner Szenen

Der gedruckten Spielfassung schickt Mederow eine Auflistung der »Personen und Gestalten« sowie die »Folge der Schauplätze« voraus. Dabei ergibt sich folgende Szenensequenz:

DAS VORSPIEL
Erster Akt: 1. Himmel, 2. Faustens Studierzimmer, 3. Dorfwiese, 4. Einsame Gegend, 5. Studierzimmer
DER ERSTE UMKREIS
Zweiter Akt: 6. Straße, 7. Margaretens Stube, 8. Andere Straße, 9. Marthens Garten
Dritter Akt: 10. Höhle im Wald, 11. Vor Margaretens Haus, 12. Dom, 13. Plateau im Harzgebirge, 14. Kerker, 15. Anmutige Gegend
DER ZWEITE UMKREIS
Vierter Akt: 16. Festlicher Saal im Schloß des Kaisers, 17. Finstere Galerie, 18. Saal zum Schauspiel gerichtet, 19. Thessalische Ebene, wechselnd, 20. Höhle der Phorkyaden, 21. Felsentempel der Manto
Fünfter Akt: 22. Vor einem altgriechischen Palast, 23. Gotischer Burghof, 24. In Arkadien, 25. Hochgebirge in Deutschland
DER DRITTE UMKREIS
Sechster Akt: 26. Offene Gegend, 27. Hochgelegene Palast-Terrasse, 27a. Vor Faustens Tür, 28. Zimmer im Palast, 29. Gegend vor dem Palast, 30. Himmel

Gestrichen sind damit der Auftritt Wagners sowie die Schülerszene, »Auerbachs Keller«, die »Hexenküche«, die Szene »Der Nachbarin Haus«, wo Marthe erstmals aufgetreten wäre, und die Szene »Zwinger«. Im zweiten Teil strich Mederow alles, was mit der Erschaffung des Papiergeldes zu tun hatte, d.h. die Szenen »Kaiserliche Pfalz. Saal des Thrones«, »Weitläufiger Saal mit Nebengemächern« und »Lustgarten«. Alles, was im 2. Akt Homunculus betrifft, fehlt ebenfalls. Besonders zu bemerken ist noch, daß Mederow die Helena-Handlung als Traum Fausts deutete und damit als Traumspiel inszenierte.

Bühnenbau, Kostüme, Maske, Musik

Bezüglich Bühnenbau, Kostümen und Maske versucht Mederow Wege zu gehen, die ansatzweise mit den Bestrebungen am Münchner Künstlertheater (1908) verglichen werden können. Bühnenbau und Kostümierung seien an die jetzige Zeit anzupassen, denn eine heutige *Faust*-Inszenierung sei »ein *Stück unserer Zeit*« (153, XLIII). Mederow macht Schluß mit der »Veroperung des Werkes«, und er lehnt »die naturalistische Ausgestaltung« (153, XLIII) ab. Die Kulissen sollten nur andeutend sein: »*Es gilt* allgemein: die Befreiung der Inszenierung von allem *Überflüssigem*, von allem, was nichts zu ›sagen‹ hat! ... Das Erste und Letzte ist die *Darstellung*, das *Spiel*, lebendige Gestaltung des Textes in *Wort* und *Bewegung*« (153, XLIII). Die einfachen Bühnenbilder sollten so beschaffen sein, daß leichte, schnelle, pausenlose und geräuschlose Verwandlungen möglich sind. Licht und Farbe waren ihm wichtiger als aufwendige Bühnenbauten.
Die Kostüme sollten dem jeweiligen Zeitempfinden angepaßt sein. Auch dies trage dazu bei, daß man sich bei einer Aufführung auf die dramatische Handlung konzentrieren könne. Einfach, kurz und knapp müsse die Musik bei Vorspielen, Zwischenspielen und den Liedern der jeweiligen Szenen beschaffen sein, auch sie müsse in die Zeit passen, in der die Inszenierung produziert wird: »Eine solche Bühnenmusik dürfte nicht nur keine Opern- und Kapellmeistermusik sein, ... sondern sie müßte, gleichgültig ob Vorhandenes benutzt wird oder nicht und bei aller vom Text verlangten Verwendung von Kirchengesang und Volkslied, *moderne* Musik sein, dem Zeitgehör entsprechen und als solche von *einer* kundigen Hand geschaffen und geleitet werden« (153, XLVII).

Aufnahme durch Publikum und Kritik

Als im April 1919 Mederows Experiment erstmals zu sehen war, rühmte der Rezensent Egbert Delpy von den *Leipziger Neuesten Nachrichten* am 6. April die gesamte Aufführung, Textfassung, Bühnenbauten, Lichtgestaltung sowie die von »Schering komponierte schmiegsame Begleitmusik«. Das ausverkaufte Haus habe der Theaterleitung und Mederow spontan gehuldigt. Was Mederow mit dem *Faust* dramaturgisch gemacht habe, möge man bitte nicht auf den *Wallenstein* oder den *Ring der Nibelungen* ausdehnen. Auch der Rezensent des *Leipziger Tageblattes* lobt die Arbeit des Theaters fast uneingeschränkt, ebenso die Spielweise Mederows, der den Faust verkörperte. Diese Aufführung vermeide den Fehler, den zweiten Teil in kaum erträglicher Überlänge zu spielen. Allerdings könne nur der Kundige mit dem zweiten Teil in der Fassung Mederows viel anfangen.

Wirkungsgeschichtliche Aspekte

Im Jahre 1926 wurde die Fassung in Wien gezeigt, ebenfalls mit Mederow in der Rolle Fausts. Die Kritik gab am 13.9. 1926 im *Berliner Lokal-Anzeiger* zu bedenken, daß eine solche Kürzung letztlich zu einem »Potpurri Faustischer Motive« führe. Der so gekürzte *Faust* wurde im Jahre 1927[1] am Stadttheater Freiburg aufgeführt, und der dortige Rezensent kommt zu einer positiven Einschätzung, wenngleich er für Goethes *Faust* lieber zwei Abende ansetzen würde. Ironisch bedenkt er die Bedeutung des Dramas für die Deutschen: »Faust gehört nun einmal der deutschen Nation, ob er verstanden und gelesen wird oder nicht, spielt keine Rolle. Und er muß von Zeit zu Zeit wieder bewußt, plastisch, bildhaft gemacht werden, er muß an bestimmten Tagen jedermann zugänglich sein, auf dem leichteren Wege: durch Aufführung, durch ›Bilder‹. Dazu sind die städtischen Theater da, die Kulturvermittlungsanstalten.«
Von der Freiburger Aufführung lobt der

Rezensent vor allem das Bühnentechnische: »Faust ... rollte in etwa 30 Bildern, Stationen, ab. Trotzdem die Aufführung mit nur einer längeren Pause 5 ½ Stunden dauerte, technisch eine ungeheure Leistung, Bild um Bild, Szene um Szene wickelt sich in raschem Tempo ab. Jede einzelne Station auf die einfachste und zugleich wirksamste Form gebracht. Ueberall magisches Licht, zauberhafter Schatten, rembrandtsches Halbdunkel ... Beide Teile stark gekürzt, zusammengezogen. Eine versuchte äußerste Konzentration. Das Ganze wundervoll musikalisch untermalt, dadurch gewissermaßen angedeutet, daß Faust mehr *musikalisch* wie dramatisch aufzunehmen ist. Kein Bruch zwischen den beiden Teilen, im Gegenteil, Fausts neues Erwachen, nach der grauenvollen Kerkerszene zum ersten Umkreis der Bilder genommen.« Weitere Aufführungen der Fassung Mederows waren im April 1927 in Hamburg und im Jahre 1952 in Dortmund zu sehen. Eine Auswertung der Rezensionen ergibt, daß ein derart gekürzter *Faust* zu fragmentarisch sei, so daß empfohlen wurde, beide Teile an je einem Abend zu geben.

---

[1] Von dieser Einstudierung liegt mir nur ein Zeitungsausschnitt vor, der handschriftlich mit dem 12. 4. datiert ist, sehr mühevoll ist das Jahr 1927 zu entziffern.

36. Franz Ulbrichs Standard-Inszenierung beider Teile nach gründlicher Vorbereitung (Weimar 1924/25)

Abb. 94: »Prolog im Himmel« – Im Jahre 1957 wird Gründgens in Hamburg die drei Erzengel vergleichbar postieren.

Motive und Konzeption

Systematisch bereitete Franz Ulbrich das Weimarer Publikum auf die Inszenierung beider Teile des *Faust* vor, sie waren der Abschluß eines *Faust*-Zyklus. Zuerst brachte Ulbrich Grabbes *Don Juan und Faust* auf die Bühne, danach Marlowes *Die tragische Historie vom Doktor Faustus*, Lessings *Faust*-Fragment und schließlich Goethes *Urfaust*.
Zur Feier des 100jährigen Bühnenjubiläums von Goethes *Faust I* gab Ulbrich, der Generalintendant des Deutschen Nationaltheaters in Weimar, einen Bildband mit Erläuterungen heraus, in dem 34 Fotos aus beiden Teilen seine Inszenierung dokumentieren: *Goethes Faust. Der Tragödie 1. und 2. Teil. Volkstümliche Einführung in Wort und Bild* (88). In einem kurzen Vorwort legt er die wesentlichen Motive für seine Einstudierung dar und erläutert das dramaturgische Konzept, zumal er die Geschichte der *Faust*-Inszenierungen ausführlich studiert hat. Er ist sich dessen bewußt, daß er an einer Wegemarke steht: »Vor fünf Jahren machte ich ... den Versuch, gelegentlich der Osterfestspiele den Gesamtfaust für das Nationaltheater in Weimar neu zu gewinnen. Trotz aller gegenteiligen Experimente ... halte ich die Zweiteiligkeit der Tragödie, das heißt eine Aufführung an zwei Abenden, für das Gegebene und zwar als ein Weihespiel an den jährlichen Ostertagen; im Alltagsspielplan darf die größte Dichtung der deutschen Nation nicht vergeudet werden. Fünf Jahre hintereinander haben wir vor jedem Osterfest an der Ausfeilung und Steigerung der Inszenierung gearbeitet und konnten sie nun im August 1929 als abgerundete Jubiläumsaufführung unseren Gästen darbieten. Eine letzte Ausschöpfung der gigantischen Weltdichtung ist uns noch nicht gelungen« (88, 5). Ulbrich verwirklicht somit das erstmals ein halbes Jahrhundert zuvor von Dingelstedt geforderte Konzept als Weihespiel.

Bühnenbau, Kostüme, Maske

Der im Jahre 1930 edierte Bildband von den Aufführungen an den Ostertagen 1929 zeigt in bezug auf das Bühnenbild, daß Ulbrich die Tradition des 19. Jahrhunderts nahtlos fortsetzt. Auf der Bühne dominiert der realistisch-naturalistische Stil in beiden Teilen; dies gilt auch für die Ausgestaltung von Kostümen und Masken. Ulbrich versuchte, Goethes *Faust* so weit wie möglich werkgetreu zu inszenieren. Klaus Brock, der die Weimarer *Faust*-Inszenierungen von den Anfängen bis 1935 dokumentiert hat, betont, daß Ulbrich offensichtlich bewußt der Tradition verhaftet ist: »Ulbrichs Einrichtung zeigt keine Willkürlichkeiten; moderne Szeneneffekte verwendet er nur, sofern sie vorgeschrieben sind, und da sparsam, sinnvoll akzentuierend« (27, 15).

Eine Betrachtung bestimmter Bilder verdeutlicht, wie Ulbrich und seine Mitarbeiter die Szenerien im Sinne der Goetheschen Regieanweisungen gestaltet haben. So erkennt man in Abb. 96 im Hintergrund die Umrisse der mittelalterlichen Stadt, und draußen vor dem Tor ist eine wirkliche baumbestandene Wiese zu erkennen, auf der sich das Volk tummelt. In Abb. 100 ist deutlich der Garten Marthes zu sehen, und das mittelalterliche Stadt- und Straßenbild aus der Zeit des historischen Faust bzw. aus der Zeit Goethes demonstriert Abb. 101. Auch in *Faust II* bleiben Ulbrich und Schütte diesen Prinzipien treu: Daher zeigt Abb. 104 nicht einen stilisierten, sondern einen der Wirklichkeit nachempfundenen Kaisersaal. Die beiden Theaterleute sehen sich nicht nur der Treue zu Goethes Wort verpflichtet, sondern ebenso einer sogenannten Szenentreue.

Strichfassung

Den ersten Teil beließ Ulbrich in der Einteilung Goethes, ohne das Werk künstlich in Akte einzuteilen. Ganz im Dienst an der Dichtung wird *Faust I* ohne größere Striche innerhalb von sechs Stunden gegeben, *Faust II* ging innerhalb von sieben Stunden über die Bühne, was die Nerven von Darstellern und Zuschauern ziemlich strapaziert habe, schreiben die Berichterstatter. Den

Abb. 95 (links): Fausts Studierzimmer – Von Ulbrich inszeniert, wie von Goethe sicherlich intendiert: Wir blicken in das enge gotische Zimmer, in das der »volle Mondenschein« hereinsieht auf Faustens »Pein«.

Abb. 96: Realismus in der Szene »Vor dem Tor«

Abb. 97: »Studierzimmer« II: Die Wette zwischen Faust und Mephisto

Abb. 98 (links): »Hexenküche« – Die Dämonie von Verjüngung und Hexentreiben hält dieses Foto meisterlich fest.

Abb. 99: »Straße« – Fausts erste Begegnung mit Gretchen findet unter einem gotischen Kirchbogen statt.

ersten Teil begann Ulbrich 1924 bis 1926 mit dem »Vorspiel auf dem Theater«, ab 1927 wurde auch die »Zueignung« gespielt.

Bei *Faust II* fielen die Striche drastischer aus; erhebliche Kürzungen gab es in der Klassischen Walpurgisnacht und im vierten Akt, wo die Beleihungsszene völlig fehlte. Brock sieht in der Strichfassung des vierten Aktes die einzige Schwäche der Inszenierung.

Aufnahme durch Publikum und Kritik

Die Zuschauer im Deutschen Nationaltheater Weimar nahmen Ulbrichs Inszenierungen mit Ovationen auf. Zu der geschlossenen Leistung habe wesentlich beigetragen, daß Ulbrich sehr langfristig seine Inszenierung vorbereitet und danach jahrelang an Verbesserungen – sei es im Bühnenbild, sei es bei den schauspielerischen Leistungen – gearbeitet habe.

Brock grenzt die Leistung Ulbrichs gegen die Einstudierung Reinhardts ab und kommt zu dem Ergebnis, daß die Dramaturgie und die schauspielerischen Leistungen in Weimar weit besser gewesen seien. Die Weimarer Darsteller seien an *Faust* gereift, während Reinhardt die Besetzung der Hauptrollen für jeweils drei Schauspieler zu sehr zersplittert habe. Zudem sei der zweite Teil in Berlin mit mindestens acht Stunden Spieldauer viel zu lang. Die Kritik bescheinigte Ulbrich, er habe eine optimale Strichfassung aufgeboten. Fast all das, was Kilian 1907 gefordert hat, wurde von Ulbrich weitgehend verwirklicht: Er ist nicht ins Opernhafte abgeglitten, ist nicht der »Balletto-

Abb. 100: »Garten« – Gretchen: »Er liebt mich!«

Abb. 101: »Nacht. Straße vor Gretchens Tür«.

Abb. 102: »Kerker«

Abb. 103: »Anmutige Gegend«

manie« verfallen, hat eine optimale Strichfassung geschaffen, ließ nicht allzu pathetisch spielen und hat eine glückliche Hand bei den Szenenbildern gehabt. Die Bühne sei so gebaut gewesen, daß vor allem im ersten Teil rasche Umbauten möglich waren. Auch die Tatsache, daß Goethes *Faust* als festliches Weihespiel gegeben worden sei, wurde anerkannt. Brock ist der Ansicht, daß Weimar in den Jahren 1925 bis 1933 (Ulrich wurde 1933 nach Berlin verpflichtet) sicherlich den besten *Faust* im deutschen Sprachraum besessen habe. Franz Ulbrich setzte damit Maßstäbe für kommende Inszenierungen.[1]

Regie und Besetzung

Ulbrich hat in seinem Bildband keinerlei Angaben zur Besetzung gemacht; die Informationen darüber stammen aus der Dissertation Brocks:

Regie: Franz Ulbrich
Bühne: Ernst Schütte
Faust: Hans Illiger
Mephistopheles: Max Brock
Gretchen: Emmy Sonnemann
Helena: Margarete Neff

Abb. 104 (oben): »Kaiserliche Pfalz. Saal des Thrones« – Der Kaiser fordert Mephisto auf, das fehlende Geld zu beschaffen.

Abb. 105: »Rittersaal« – Faust ergreift Helena und wird sogleich durch eine Explosion niedergestreckt werden.

Abb. 106: »Laboratorium« – Wagner erschafft mit Mephistos Hilfe den Homunculus: »Ein herrlich Werk ist gleich zustand gebracht. ... Es wird ein Mensch gemacht.«

Da auch von den Dornacher Aufführungen der 20er und 30er Jahre (s.u. Inszenierung Nr. 38) reichliches Bildmaterial vorliegt (Literaturliste Nr. 58, 211) ist es möglich, die Aufführungen unter rein ikonographischen Gesichtspunkten miteinander zu vergleichen. Dabei ergibt sich, daß die Inszenierungen unter diesem Gesichtspunkt einander in sehr vielen Punkten gleichen.

---
1 Nicht nachzuvollziehen ist, daß der Katalog *Faust und Mephisto* (60) Ulbrichs Inszenierung nicht aufführt.

Abb. 107: Klassische Walpurgisnacht – »Pharsalische Felder«: Auf antikem Boden angekommen, macht sich Faust sogleich auf die Suche nach Helena.

Abb. 109: »Innerer Burghof« – Faust und Helena

Abb. 108: »Vor dem Palaste des Menelas zu Sparta« – Mephisto in der Gestalt der Phorkyas; Helena verspricht, zu Fausts Burg mitzukommen.

Abb. 110: »Offene Gegend« – Philemon und Baucis. Dieses Bild zeigt nicht nur die Realistik der Inszenierung, sondern auch die Kunst, mit Hintergrundprospekten und Kulissen ein eindrucksvolles Gesamtbild zu schaffen.

Abb. 111: »Palast« – Faust im Dialog mit der Sorge: »Die Menschen sind im ganzen Leben blind,/ Nun, Fauste, werde du's am Ende!«

Abb. 112: »Grablegung« – Engels- und Teufelsscharen kämpfen um die Seele Fausts.

Abb. 113: »Bergschluchten«, von Ulbrich »Himmel« genannt. Wir sehen hier eine »Choreographie«, wie sie zwanzig Jahre später, wenngleich in völlig anderer Spielweise, in Dornach zu sehen sein wird (vgl. Abb. 118)

37. Ein Volks-*Faust* für Wien: Das Volkstheater spielt die Bearbeitung beider Teile von Richard Beer-Hofmann an einem Abend (1932)

Motive und Konzeption

Der Dichter Richard Beer-Hofmann habe wohl das Gefühl gehabt, dem *Faust*-Dichter Goethe mit einer einabendlichen Inszenierung in 39 Bildern nachzuspüren, aber dieser Versuch sei nicht solide gewesen. Der Dichter-Regisseur habe es möglichst vermieden, ganze Szenen zu streichen. Stattdessen sei er offensichtlich mit der Stoppuhr in der Hand dagesessen, um die Szenen jeweils um drei Viertel zu kürzen. Heinrich Eduard Jacob schreibt hierzu als Berichterstatter des *Berliner Abendblatts* am 4. März 1932: »Mit Staunen wird der Leser hören, dass das Verhältnis von Goethe-Text und Beer-Hofmann-Fassung, mathematisch gesprochen, vier zu eins ist, das heisst: dass durchschnittlich nur jeder vierte Vers Goethes gesprochen wird. Und trotzdem kein Loch? Kaum. Obwohl jetzt Hunderte von Malen sogar der Reimklang geopfert wird, gewahrt das Auge keinen zerrissenen Faden.« Obwohl selten eine Szene gestrichen worden sei, das »Verständnis des Parketts« habe spätestens zu Beginn des zweiten Teils (nach der Pause) »zu schwanken« begonnen, »um bei Helena und den gefangenen Troerinnen völlig Schiffbruch zu erleiden. Warum verkleidet sich eigentlich Mephisto als Phorkyas?« Nur Teile des vierten und fünften Akts hätten die Zuschauer wieder verstanden: »Erst in den grossen Schlussakten (die nun leider von Beer-Hofmanns Taschenuhr und ihren drohend vorrückenden Zeigern allzuscharf beschnitten worden waren!) stellten sich Glück, Verständnis und Rührung der Zuschauerschaft wieder her. Das Philemon-Baucis-Drama! Der alte Faust unter Lynkeus' abendrotem Gesang! Das mächtig erdröhnende Arbeitslied des tätigen Kolonisators gegen die Flut! Der hohe soziale Rund- und Ausblick: all das riss die Menschen zu Glückstränen hin!«

Wenn der Abend letztlich in gewisser Weise als Erfolg gesehen werden könne, so nicht wegen das Dramaturgen Beer-Hofmann, sondern wegen des Regisseurs Beer-Hofmann. Einzelne Szenen habe er im ersten und zweiten Teil so überzeugend dargeboten, daß die Zuschauer mit diesen isolierten Teilen dennoch zufrieden gewesen seien. Der Gipfel dieses *Faust*-Abends habe letztlich in den schauspielerischen Leistungen gelegen, insbesondere in der Darbietung des Mephisto-Darstellers Raoul Aslan. Verwirrend sei gewesen, daß Faust und Mephisto gleich gekleidet waren[1]: »Dagegen ist ganz versäumt, Mephisto zu differenzieren. Schon daß er durch den ersten Teil schwarz gekleidet neben dem ebenfalls schwarz gekleideten Faust geht, wirkt dürftig. Wo ist der Unterschied zwischen den beiden? Der Teufel ist ein Vielerlei, er kann alle Gestalten annehmen, das ist der Reiz seiner Verführung«, schrieb O. M. Fontane am 1.3. 1932 in der *Wiener Zeitung*. Die unterschiedlichen Charaktere Fausts würden verwischt, damit auch die Unterschiedlichkeit beider Teile, da Faust im zweiten Teil – aufgrund vieler Erfahrungen – eine völlig andere Persönlichkeit sei als im ersten.

Regie und Besetzung

Text und Regie: Richard Beer-Hofmann
Bühnenbau: Alfred Roller
Musik: Franz Salmhofer
Faust: Ewald Balser
Mephistopheles: Raoul Aslan
Gretchen: Julia Janssen
Marthe: Rosa Albach-Retty
Helena: Else Wohlgemuth

Beer-Hofmanns Inszenierung zeigte, daß der Zuschauer mit einem verkürzten *Faust I* oftmals gut zurechtkommen kann, weil er das Werk kennt; mit einem drastisch zusammengestrichenen *Faust II* aber gibt es zunächst inhaltliche Probleme. Kenner erfahren zu wenig Substantielles, Nicht-Kenner können dem Spiel nicht folgen.

---

[1] Im Jahre 1966 werden Ernst Schröder und Hans Mayer in West-Berlin (anläßlich einer bewußt isoliert dargebotenen *Faust II*-Inszenierung) Faust und Mephisto in identische Kleider stecken.

38. *Faust* am Goetheanum in Dornach 1921/1938 und in der Neuinszenierung 1978/1981

Motive und Konzeption

Mehr als zwei Jahrzehnte dauerten die Anstrengungen von Marie und Rudolf Steiner, bis eine Gesamtaufführung beider Teile am Goetheanum in Dornach zustande kommen konnte. 1913 begann Rudolf Steiner mit der Einstudierung einzelner Szenen, bis 1919 wurden 19 Bilder aus beiden Teilen aufgeführt. Nachdem Rudolf Steiner 1925 gestorben war, setzte seine Frau Marie Steiner-von Sievers seine Arbeit fort. Sie informierte ausführlich über die gemeinsamen Zielsetzungen, wobei sie anmerkte, daß Goethe selbst der Auffassung gewesen sei, *Faust II* verstehe das Publikum erst nach geraumer Zeit, nach vielleicht hundert Jahren. Nun wäre die Zeit reif geworden für eine entsprechende Inszenierung in Dornach. In der Abhandlung »Was sind unsere Ziele?«, verfaßt für das *Faust*-Programmheft, sieht Marie Steiner ihren Gatten als Entsiegler der geheimsten und wahrsten Denkprozesse des Dichters (ohne stichhaltige Beweise dafür angeben zu können). In Steiners Deutung von Goethes *Faust*, ob in der Form des Kommentars oder des dramatischen Spiels, gelange man zu den Quellen des Seins, die sich dem Dichter Goethe erschlossen hätten: »Die gewaltige ›Faust‹-Dichtung ist zugleich der Schlüssel zu Goethes Innenleben, sie drückt das titanische Ringen aus, das gleich Fausten auch ihn nicht ruhen ließ, bevor die Quellen des Seins sich ihm erschließen würden, bevor sich ihm der Urgrund gezeigt hätte, welcher im Menschen Natur und Geist zur schöpferischen Einheit verbindet. Dies ist Goethes, dies ist Fausts, dies ist des werdenden Deutschen schweres Ringen. Hineingestellt sieht er sich als einsame Einzelseele zwischen jene lichten Mächte, die ihn ins Dasein gerufen haben, und jene andern dunkeln, die ihn von seinem Ursprung losreißen und für sich erobern wollen. Hin und her geworfen von einander widerstrebenden Kräften, schmerzlich gewahr der eigenen Dualität, erlebt die Seele diesen Bewußtseinskampf wie vergehend im Feuer der widerstreitenden Empfindungen, bis sie sich durch unablässiges Mühen hindurchgekämpft und über sich selbst erhoben hat. Dieses Ringen ist nicht auf intellektualistische Weise zu erfassen oder darzustellen. Die durch innere oder äußere Hemmungen zur Verzweiflung getriebene Seele muß untertauchen in die Abgründe des das Böse bergenden Zwischenreichs, sie erlebt aber auch die Schauer der Gottesnähe. Der Künstler, der solches nachzuempfinden die Aufgabe hat, muß über das verstandesmäßige Auffassen der Dinge hinauswachsen, muß sich selbst identifizieren können mit dem großen Pulsschlag der Welt, für den er gleichsam nur Atmungsorgan und pulsierender Herzschlag ist« (211, 201–202). Goethes dramatische Dichtung *Faust* sprenge alle üblichen Maße: »Hat man deshalb das Recht zu denken, daß sie nur dargestellt werden kann, wenn sie zusammengestrichen wird? Im Gegenteil: sie ist uns gegeben wie ein Mysterium, das wir zu ergründen haben. Diesem Ziele zustrebend hat sich das Goetheanum die Aufgabe gestellt, nach und nach den ›Faust‹ in seiner Gänze zur Aufführung zu bringen« (211, 202).

Bislang ist das Dornacher Goetheanum die einzige Bühne, die Goethes *Faust* ohne jeglichen Strich[1] gespielt hat und noch spielt. Bis heute änderte sich nichts Entscheidendes an der Spielweise. Im Laufe der Zeit wurden lediglich Kulissen und Kostüme erneuert, die verfügbaren Bildmaterialien dokumentieren dies. Veränderungen im Bühnenbau oder in der Kostümierung liegen dabei innerhalb enger Grenzen.

Bühnenbau, Kostüme, Maske

Bühnenbau, Kostüme und Maske sind bis heute weitgehend in realistischer Weise der Natur nachempfunden, was die Betrachtung der verschiedenen Bilder der ersten und der beiden nachfolgenden Inszenierungen verdeutlicht. Nach dem Tod von Marie Steiner im Jahre 1948 betreute der Darsteller des Faust, Kurt Hendewerk, die Aufführungen. Der Schwede Arne Klingborg modernisierte in den 60er Jahren Bühnenbild und Kostüme, wobei vor allem das Element des Farbigen in das *Faust*-Spiel einkehrte. Im Jahre 1974 beschloß der Vorstand des Goetheanums, die gesamte Inszenierung grundlegend zu überarbeiten, wobei für die Regie Michael Blume und für die Gestaltung von Bühnenbild und Kostümen Walter Roggenkamp zuständig waren. Nach Jahren intensiver Arbeit war das Werk vollendet, und im Goethe-Jahr 1982 erschien ein großformatiger, umfangreicher Bildband, der die neue Inszenierung, die derzeit noch gespielt wird, eindrucksvoll dokumentiert (58). Grundlage für diese Neukonzeption waren die Regieanweisungen Goethes und die Vorschriften von Rudolf und Marie Steiner. In dem erwähnten Bildband betont Roggenkamp, daß das gesprochene und gesungene Wort wie auch Bühnenbild und Kostümierung bewußt einem Realismus verpflichtet seien. Mußten die Bühnenbildner der Goethezeit noch Prospekte malen, die beispielsweise die Dreidimensionalität vortäuschten, so habe man heute, vor allem mit der modernen Beleuchtungstechnik, leichteres Spiel: »Heute projiziert man mit scharfgerichteten Scheinwerfern große Licht- und Schattenräume effektvoll in die Bühne und beleuchtet den Schauspieler an jeder Stelle so hell wie gewünscht. Darsteller und Gegenstände des Bühnenbildes können getrennt und voneinander unabhängig im Raum stehen. Die künstlerische Darstellung von Naturgegenständen, welche den Schein der Wirklichkeit hatten, wird auf der modernen Bühne durch ›echte‹ Natur ersetzt; physische Gegenständlichkeit anstelle einer Bildwirklichkeit. Man holt das ›Leben‹ realistisch auf die Bühne, um die Wirklichkeit der Kunst zu zeigen, anstelle durch die Kunst die Wirklichkeit des Lebens ganzheitlich erscheinen zu lassen.

In diesem Zusammenhang sei noch auf

Abb. 114 (links): *Faust I*, Studierzimmer – Faust und Wagner: »Ja, was man so erkennen heißt!«

Abb. 115: *Faust I*, »Trüber Tag. Feld«, Faust und Mephisto im Widerstreit. Auch dieses Bild zeigt den gewollten Realismus des Dornacher *Faust*-Spiels

Abb. 116 (links): *Faust II*, 1. Akt, Rittersaal – Faust beschwört Paris und Helena; Szene aus der Inszenierung 1982.

Abb. 117: *Faust II*, 2. Akt, Klassische Walpurgisnacht – Szenenbild der 80er Jahre mit Manto, Faust und Chiron, der dem Titelhelden wenigstens von Helena erzählen kann.

ein anderes Stilelement hingewiesen, das heute jedes Theater praktiziert: mit elektronisch erzeugten Tönen und Geräuschen eine künstliche Realität zu schaffen oder mit Bildprojektionen und Film eine vollendete Täuschung zu erreichen. Solche Techniken bleiben dem Künstler wie dem Zuschauer wesensfremd. Die Ton-, Laut- oder Bildherstellung kann im Theater nicht durch einen ›konservierten‹ Ton oder ein starr projiziertes Bild ersetzt und mit der lebendigen Kunst des Darstellers verbunden werden. Sie führen sofort in die Atmosphäre der Kino-Technik« (58, 62). Als »technische Verfremdung« sei dies abzulehnen.

Auch jegliche Verfremdung durch die Regie lehnt Roggenkamp ab: »Gerade in der Gegenwart[2] experimentieren die Theater immer mehr mit Aufführungen, in denen die Phantastik des Regisseurs bestimmt, was aus der Dichtung Goethes, was überhaupt noch von seinen Faust-Szenen erscheinen soll. Mit Verfremdungseffekten in der Darstellung und mit radikalen und willkürlichen Kürzungen des Textes will man den Inhalt der Tragödie ›aktualisieren‹. Wer die Faust-Dichtung als ein Gesamtkunstwerk erlebt, wird solche Versuche als eine Entstellung, jedes Verfremden als eine Verzerrung empfinden. ... In den Aufführungen am Goetheanum wird ein neuer Bühnenstil gepflegt. Im Zusammenklang aller Künste soll das von Goethe angestrebte, von Rudolf Steiner veranlagte Gesamtkunstwerk geschaffen werden« (58, 62).

Bühnenfassung: Wort, Ton und Musik

Während die oben zitierten Ausführungen von Roggenkamp Aspekte der Aufführungen der 80er Jahre beleuchten, erläutert Marie Steiner für das Programmheft im Jahre 1938 die Rolle der Eurythmie, die auch heute noch eine tragende Rolle bei den Dornacher *Faust*-Inszenierungen spielt: »Durch Rudolf Steiner ist uns das künstlerische Ausdrucksmittel der Eurythmie gegeben worden, welche es möglich macht an die Darstellung jener Szenen heranzutreten, die in der geistigen und der elementarischen Welt sich abspielen; denn diese neue Kunst kann die Sprache des Übersinnlichen unmittelbarer vermitteln als die uns sonst zu Gebote stehenden Ausdrucksformen. Auf den ganzen menschlichen Körper überträgt sie, zum Werkzeug ihn gestaltend, jene Bewegungen, die der menschlichen Sprache als ihr Lebenselement zu Grunde liegen. Die so geschaute sinnlich-sichtbare Sprache ist gleicher Natur mit den Wachstumskräften, welche auf Erden die Formen der Pflanzen hervorbringen und in den sphärischen Bahnen der im Kosmos kreisenden Planeten ihren Ursprung haben. Es sind die ätherischen Bildekräfte der Welt, jene in unendlicher Mannigfaltigkeit ausstrahlenden Bewegungsimpulse, für welche Seele und Leib des Menschen ein sie spiegelndes Ausdrucksmittel werden können. So entsteht eine neue Kunst dadurch, daß diese verborgenen Naturgesetze sich in ihr offenbaren. Die Laute, die Töne, die Rhythmen, die Seelenstimmungen im Worte und im Aufbau eines Gedichts gewinnen ein neues, unpersönliches inneres Leben: denn geistige Gesetzmäßigkeit liegt der Eurythmie zugrunde, durchpulst das gesprochene Wort und gibt ihm die schöpferische Kraft wieder, die Seele des verlorengegangenen Wortes« (211, 203). Die Legitimität solch kühner Aussagen holen sich Rudolf und Marie Steiner offensichtlich aus einem Brief Goethes an Herder vom 17. Mai 1787. Goethe habe in Rom den Schlüssel zur Urpflanze gewissermaßen entdeckt, und dieser Schlüssel lasse sich auf alles Lebendige übertragen und sei Kern zum Verständnis des *Faust*.

Die Rolle und die Funktion der Eurythmie wird für Dornacher *Faust*-Aufführungen aber auch heute noch hervorgehoben, denn Wesen geistiger, elementarischer und übersinnlicher Welten könnten nur so dargestellt werden: »Durch die Gebärde des Bewegung gewordenen Laut-Klanges offenbaren diese Wesen ihre spirituelle Eigenart: die Elfen der Ariel-Szene, die mythologischen Fabeltiere, Gespenster und Dämonen der Klassischen Walpurgisnacht, der Chor der Helena, der sich schließlich in die Elemente ergießt, die Lemuren, die Teufel und Engel, die zuletzt um Faustens Seele kämpfen« (58, 25). Wolfgang Greiner verdeutlicht mit diesen Worten die Funktion und die Bedeutung der Eurythmie für die Dornacher *Faust*-Einstudierung.[3] Außer der Eurythmie haben auch die Farben und die Musik Jan Stutens eine tragende Rolle, was in einem umfangreichen Band zur derzeitigen *Faust*-Inszenierung ausführlich nachgelesen und nachgesehen werden kann.

Im Jahre 1978[4] spielte man Goethes *Faust* an sieben Tagen in neun Vorstellungen, wobei samstags und sonntags jeweils nachmittags und abends Aufführungen stattfanden. Dabei wurde der 1. Teil in drei, der zweite in sechs Vorstellungen gegeben.

Abb. 118: Das Schlußtableau der »Bergschluchten« – Die choreographische Anordnung war in vergleichbarer Weise bei Martersteig und fast identisch bei Ulbrich zu sehen (vgl. Abb. 113).

Aufnahme durch Publikum und Kritik

Als im Oktober 1934 während der Weltausstellung in Paris viele Szenen aus beiden Teilen von Goethes *Faust* an fünf Tagen gezeigt worden waren, war die internationale Presse voll des Lobes. Man rühmte vor allem die einzigartige, kunstvolle Sprechtechnik der Chöre sowie die Kombination von Sprechchor, Eurhythmie und Dramatik. Auch die große Schönheit der Bühnenbilder wurde gerühmt. Eine größere Gruppe der Goethe-Gesellschaft Stuttgart bewunderte im Jahre 1977 Teile des *Faust* in Dornach; die mitgereisten Kritiker hatten an den überlangen Aufführungen etliches auszusetzen, gelegentlich auch an dem »wogenden« Sprechrhythmus, vor allem im zweiten Teil. Durch den Besuch sollte man zur Peymann-Inszenierung eine deutliche Alternative geboten bekommen. Die Kritik von Friedrich Weigend-Abendroth in der *Stuttgarter Zeitung* gipfelte in dem Ausruf: »Peymann, Peymann! Gib mir deine Striche wieder!« – Abschließend mag anzumerken sein, daß Goethe alle seine Werke wie auch die Dramen Schillers, die er in Weimar inszenierte, stets mit Strichen versehen hatte.

---

1 Peter Stein plant einen ungestrichenen Faust bis zum Jahre 2000, der zunächst zur Expo in Hannover gezeigt werden soll, später in Wien und Berlin.
2 Roggenkamps Beitrag wurde im Jahre 1982 veröffentlicht, nachdem die Aufführungen von Claus Peymann in Stuttgart (1977) oder von Christoph Schroth in Schwerin (1979) für viel Aufsehen gesorgt hatten.
3 Problematisch scheint mir zu sein, daß das Dornacher *Faust*-Spiel, abgeleitet von Behauptungen Rudolf Steiners, die bei nüchterner Betrachtung nichts beweisen, mit einem gewissen absoluten Wahrheitsanspruch verbrämt werden. Walther Henze, lange Jahre Vorsitzender der Goethe-Gesellschaft Hannover und Goethe-Forscher, klammerte in seinen Vorträgen zur Bühnengeschichte von Goethes *Faust* von den Anfängen bis Gustaf Gründgens den Dornacher Faust aus diesem Grund aus.
4 Von einem Besuch der *Faust*-Inszenierungen im Frühjahr 1978 liegt mir der Programmzettel vor. Damals wurde der erste Teil nach der Regie von Michael Blume gegeben, während man den zweiten Teil noch in der Inszenierung von Arne Klingborg bewundern konnte.

39. Vollkommene Vision: Max Reinhardt inszeniert *Faust I* in der Felsenreitschule Salzburg im Jahr der Machtergreifung (1933)

Motive, Konzeption, Bühnenbau, Kostüme

Wie andere Regisseure in den 20er und 30er Jahren, so versuchte auch Max Reinhardt, den vielfältigen Umbauproblemen von Goethes *Faust* mit einer Simultanbühne beizukommen, und ging einen besonderen Weg: 1933 machte er den ersten Teil des *Faust* zum unbestrittenen Mittelpunkt der Salzburger Festspiele. Das Werk sollte als mittelalterliches Freilichtmysterium gegeben werden, und Reinhardt wählt die Felsenreitschule als Spielort. Clemens Holzmeister erarbeitete das Modell einer *Faust*-Stadt und baute sie dort ein.

Bis zu zwanzig Meter ist der Komplex hoch, und seine einzelnen Spielorte – Häuser, Loggien, Gärten, Treppen, Straßen und Plätze – sind durch ein kompliziertes System von Gängen und Stegen miteinander verbunden. Mit diesem Modellversuch schaffen Reinhardt und Holzmeister ein Illusionstheater in absoluter Vollkommenheit. Der Regisseur merkt hierzu an: »Indem wir den Schauplatz aller Geschehnisse gleichzeitig zeigen, dem Besucher gegenüberstellen und ohne zeitliche Pausen ineinanderfließen lassen, schaffen wir jene nahe Verbindung, die notwendig ist, um den Faust und alles Geschehen als Wirklichkeit empfinden zu lassen. Vor dem Zuschauer, einmal hier, einmal dort, an allen Stellen rollen die Ereignisse ab, kein Vorhang trennt die Zuhörer von den Menschen, die bald hier, bald dort redend erscheinen, alles wird zur Wirklichkeit« (152, 123).

Die Kostüme paßten sich diesem Spiel in einer vorgetäuschten Wirklichkeit an: Sie unterstrichen die Eigentümlichkeit der Gestalten, hatten also keine eigenständige Funktion; die uns erhalten gebliebenen Bilder zeigen dies.

Gusti Adler, mehr als zwei Jahrzehnte engste Mitarbeiterin von Reinhardt, berichtet, wie in der Felsenreitschule gespielt worden ist. Sie bezeichnet den »Salzburger *Faust*« als den unbestrittenen Höhepunkt in Reinhardts Schaffen. Dies sei Erfüllung für ihn und die gesamten Mitwirkenden gewesen: »Die ersten *Faust*-Aufführungen in der Felsenreitschule litten unter dem unberechenbaren Salzburger Klima. Die besonders schöne Generalprobe vor der Premiere hatte bis in die frühen Morgenstunden gedauert. Nichts ließ die Wetterkatastrophe voraussehen, die den Abend zerstören sollte. Knapp vor Beginn der Vorstellung ging ein Wolkenbruch nieder, dem innerhalb kurzer Zeit ein zweiter folgte. Zunächst ließen sich die Zuschauer nicht abschrecken. Die Tribüne war mit zwanzig elektrischen Öfen geheizt. Das Publikum blieb sogar noch auf seinen Plätzen, als nach dem ersten Drittel der Vorstellung ein neuerlicher Regenguß niederprasselte. Die Schauspieler harrten ebenfalls aus, aber schließlich mußte die Vorstellung abgebrochen werden. Die Katastrophe wiederholte sich am nächsten Abend. Die Premiere mußte dann im Festspielhaus zu Ende gespielt werden. Erst bei den letzten beiden Aufführungen konnte das Stück im Freien seine tiefe Wirkung üben. In späteren Jahren schützte ein Rolldach die Zuschauer.

Die Schwierigkeiten dieser ersten Aufführungen waren ungeheuer. Die Darsteller mußten von ihren Garderoben durch den Stadtsaal – das Foyer – gehen, um auf die Bühne zu gelangen. Die Souffleuse begleitete sie auf die diversen Schauplätze und mußte sich recht und schlecht hinter, ja sogar unter Möbeln verstecken. Die Arkadengänge waren viel zu eng für das Gedränge der Tänzer in der Walpurgisnacht. Und doch war die Illusion vollkommen, wenn auf der Fels-

Abb. 119: Frontalansicht der »Faust-Stadt« von Clemens Holzmeister

wand Hunderte von Irrlichtern aufleuchteten, wenn der Spuk mit wehenden Schleiern vorüberzog und die Felswand zu leben begann. Reinhardt wohnte allen Vorstellungen des *Faust* bei. Er pflegte diese Aufführung wie eine kostbare Pflanze« (1, 308). Am Premierenabend saß er versteckt auf der Bühne im Turm neben dem Stadttor, allerdings hätten Nazis selbst diesen Ort bereits 1933 im Visier gehabt, obwohl Reinhardt in Salzburg damals noch nichts habe befürchten müssen.

Strichfassung für zwei Bühnenformen

Parallel zu dieser Inszenierung im Freien ließ Reinhardt *Faust I* auch auf der Bühne des Salzburger Festspielhauses spielen. Die Strichfassung war, wie bei Reinhardt üblich, in diversen Szenen nur um einige wenige Verse gekürzt. Die Bühne im Festspielhaus war darauf ausgerichtet, daß diese Strichfassung dort problemlos aufgeführt werden konnte: Wesentliche Teile der Dekoration, die eine mittelalterliche Stadt mit verwinkelten Gäßchen und Straßen zeigte, blieben dort während der gesamten Aufführung stehen. Einerseits hatte im Festspielhaus die Beleuchtung dafür zu sorgen, daß einzelne Segmente, in denen die Schauspieler jeweils agierten, ins Rampenlicht gestellt wurden. Andererseits mußte die Technik dafür sorgen, daß offene Verwandlungen äußerst rasch möglich waren, wie Reinhardts Regiebüchern zu entnehmen ist. Dies war vor allem in den Gretchen-Szenen nötig.

Abb. 120: Seitenansicht der »Faust-Stadt« in der Felsenreitschule

Besetzung

Faust: Ewald Balser
Mephistopheles: Max Pallenberg
Gretchen: Paula Wessely
Marthe: Lotte Medelsky
Schüler: Harry Horner
Hexe: Frieda Richard
Böser Geist: Helene Thimig

Spielweise und ihre Wirkung

Nach den Berichten von Gusti Adler hat das stets festlich gestimmte Publikum die überaus glanzvollen Aufführungen mit größter Konzentration aufgenommen. Die Salzburger seien erstaunt gewesen, aus wie vielen Ländern die Zuschauer angereist sind: »Sie alle sahen *Faust*. Gebannt von der Größe eines Schauspiels, das sie für wenige Stunden hoch über Alltag, Landesgrenzen und Sprachgrenzen trug und einte« (1, 310). Das Publikum feierte Reinhardt und insbesondere Paula Wessely sowie den überragenden Mephistodarsteller Max Pallenberg. Alle Darsteller überzeugten, auch in den kleinen Rollen, wie Helene Thimig als Böser Geist im »Dom«.
In der *Neuen Freien Presse* berichtet Felix Salten am 18. 8. 1933 sehr positiv – noch nicht von den Nazis behindert – von seinen Eindrücken bei der Generalprobe. Diese Probe sei »als absolut vollendete Vorstellung anzusehen ... Man darf feststellen, daß die kühnsten Erwartungen noch hinter dem großen Gesamteindruck zurückgeblieben sind. Hier war durch die alte erzbischöfliche Felsenreitschule mit ihren dreifach in den Stein gehauenen Loggien ein Schauplatz geboten, wie er wohl in keiner anderen Stadt sich findet. Professor Holzmeister lehnte an diese Felsenwand den Bau eines engen gotischen Städtchens, ließ dieses gotische Städtchen aus der Felsenwand, gewissermaßen aus uralter, fromm-feudaler Tradition herauswachsen. Da ist im Gewirr der steil emporkletternden Häuser der Dom zu sehen, die Studierstube Fausts, der Auerbach-Keller, das Haus der Marthe Schwerdtlein, der Garten, Gretchens Schlafzimmer, der Brunnen und ganz vorn schlängelt sich der Pfad für den Osterspaziergang hin zur Linde, unter der die Bauern tanzen. Diese wunderbare einheitliche Szenerie vermag es, Goethes der tiefsten Volksseele entrungenes Werk weit erschütternder wirken zu lassen als das je auf der Guckkastenbühne des Theaters möglich war. Phantastische Theaterträume wurden mit Hilfe dieser unvergleichlichen Szenerie durch die Führergenialität Reinhardts beglückende Erfüllung.« Da auch Paumgartners Musik – insbesondere bei der »Walpurgisnacht« – äußerst stimmig gewesen sei, sieht Salten einen theatralischen Weltgipfel erreicht: »In der Entwicklung der Salzburger Festspiele bildet diese ›Faust‹-Aufführung einen denkwürdigen Abschnitt. Sie ist ein Gipfel, ... nicht bloß innerhalb der salzburgischen Atmosphäre, sondern ein unerreichbar hoher Gipfel in der deutschen, in der europäischen Theaterkunst.«
Zwei Tage danach finden wir erneut eine ausführliche Kritik Saltens in der *Neuen Freien Presse*, wo er einen Einblick in die problemlose Abfolge des *Faust*-Spiels gibt: »Alle Schauplätze der ›Faust‹-Dichtung sind beständig sichtbar. Alle. Taucht eine einzelne Szene im Glanz der

Scheinwerfer auf, das Studierzimmer Fausts, das Kämmerlein Gretchens, Marthe Schwerdtleins Stube oder Garten, so liegen die übrigen Szenerien im Dämmer, aber man kann sie doch sehen. Beständig hat man die ganze kleine gotische Stadt vor sich, darin die Handlung geschieht. ... nicht bloß die Stadt, das ganze Mittelalter, seine ganze enge und doch so tiefe, an Gott und Teufel hingegebene Welt ist da lebendig, ist übersichtlich, in unserem Begreifen und Fühlen so erschütternd nah, wie nie vorher auf einer Bühne. ... Ganz oben, am Rand des Abgrundes, rauschen und winken die Wipfel alter Bäume. Dort oben, dem Sternenhimmel, der hereinfunkelt, benachbart, beginnt denn auch die Dichtung. Vorspiel im Himmel. Während da oben die Erzengel erscheinen, während sie, von Orgelbrausen ... begleitet, ihren Lobgesang anstimmen, sieht man den Doktor Faust in seiner Studierstube ... ›über Büchern und Papier‹. Man sieht ihn, während der Unterredung Gottes mit Mephisto, sieht dieses Menschenkind, während sein Erdenschicksal zwischen Himmel und Hölle beschlossen wird. Sofort nachher, wenn Engel und Teufel verschwinden, setzt Faust ein: ›Habe nun, ach, Philosophie ...‹«

»Die Überraschung des Abends« sah Salten in den Leistungen des Mephistodarstellers: »Gezügelt, vor jedem Komikerexzeß bewahrt, an das Leitseil der Verse und Reime geschirrt. Er ist bösartig, witzig, beißend spöttisch, schadenfroh, zynisch und bei alledem immer unheimlich. Er entfesselt Lachstürme in dem Gespräch mit dem Schüler, in der Marthe-Schwerdtlein-Szene und wirkt doch beständig, wirkt vor allem als Dämon. Er trifft das Subalterne des untergeordneten Teufels, dann wieder die Magie des gefallenen Engels.«

»Das Ereignis des Abends« war für Salten und die meisten Zuschauer und Kritiker »Paula Wessely als Gretchen. Unschuld und Trieb des Blutes, erwachende Liebe, Raserei der Leidenschaft, später der Reue, der Furcht, des Kummers, zuletzt der Verzweiflung, das ist eine einzige, gerade Linie, so rein, so einfach, als sei sie von Goethe selbst gezogen. Einfachheit und volksliedhafte Poesie strömt dieses Mädchen aus, das eine große Künstlerin ist, die größte, die wir unter dem Nachwuchs heute besitzen.« Viele namhafte Theaterleute hatten lange schon gefordert, Wessely möge endlich das Gretchen spielen, und sie übertraf diese Erwartungen: »Wäre nicht der ganze, einzig zauberhafte Schauplatz, wären nicht die herrlichen Eindrücke, die man von der Aufführung, von der Regiekunst Reinhardts, von den meisterlichen Darstellern empfängt, allein das Gretchen der Wessely würde die weite Reisen nach Salzburg lohnen.«

Abb. 121: »Vor dem Tor« – Ewald Balser, Faust, Max Pallenberg, Mephisto

NS-gesteuerte Kritik

In einem mit »M. M.« gezeichneten Artikel wird herbe Kritik an Reinhardts Inszenierung geäußert. Der Autor ist der Meinung, Goethes *Faust* sei von seinem Urheber nicht für die Bühne geschaffen worden, und deshalb müsse man, wenn überhaupt, dieses Werk mit den einfachsten Mitteln, nicht aber in einer angeblich glanzvollen Inszenierung aufführen. M. M. fühlte sich irritiert von der Fülle der Schauplätze in der Felsenreitschule: »Da ist anstatt einer einheitlich geschlos-

Abb. 122: Paula Wessely als Gretchen

senen Szenenreihe ein fortwährendes Hin und Her, ein rastloses Durcheinander, das Aug' und Ohr der Zuschauers ungebührlich in Anspruch nimmt und andererseits auch den Darstellern nicht ermöglicht, zur rechten Wirkung zu gelangen.« Der »vielbesprochene Reinhardtsche ›Faust‹ in der Felsenreitschule« sei ein jäher Absturz, da vor allem der übergroße Raum den *Faust* zur Wirkungslosigkeit verdamme. Zudem meint M. M., Paula Wessely sei eigentlich kein typisches Gretchen gewesen, Balser nur ein »herzlich matter« Faust und Raoul Aslan, »in Wien ein ausgezeichneter Mephisto, gefällt sich hier in einer Art Verzweiflung in wüsten Mätzchen. Den Gipfel ungoetheischer Geschmacklosigkeit bedeutet die Art, wie Helene Thimig den bösen Geist verkörpern muß, und besonders die Walpurgisnacht, natürlich ein ›Glanzstück‹ Reinhardtscher Regie. Die Worte ›Kitsch‹, ›Kino‹ und ›Revue‹ schwirrten nur so durch den Zuschauerraum.« Es ist nicht daran zu zweifeln, daß dieser vermutlich am 14. August 1934[1] erschienene Artikel bereits eine von den Nationalsozialisten gesteuerte Kritik darstellt. Dafür spricht auch, daß auf derselben Seite mit zwei kurzen Sätzen auf ein Konzert von Bruno Walter eingegangen und der große Dirigent als undeutsch verunglimpft wird.

Was M. M. über die Reaktionen im Zuschauerraum während der Aufführung von *Faust I* berichtet, stimmt in keinem Falle mit dem überein, wie sich das Publikum wirklich verhalten und gebärdet hat, was andere Zeitungsberichte sowie erhaltene Aussagen von Zuschauern belegen.

Die Geschehnisse um Max Reinhardt im Jahr der Machtergreifung sprechen eine unzweideutige Sprache: Am 8. März 1933 verließ Reinhardt Berlin, um in Florenz den *Sommernachtstraum* einzustudieren. Dort ereilte ihn Anfang April die Nachricht, daß er »vom Deutschen Theater in Berlin abgesetzt« sei. Den Ausführungen von Gusti Adler ist zu entnehmen, daß die Häscher Hitlers schon in den Kulissen der Felsenreitschule schwer bewaffnet anwesend gewesen seien: Noch vor Abschluß der Salzburger Festspiele verließ Reinhardt Europa und emigrierte nach den USA: Der Regisseur hat die Sprache der gelenkten Presse und die Zeichen der Zeit nur zu gut zu deuten verstanden. Erwin Piscator vermerkte diesbezüglich mit Bitterkeit, *Faust II* habe nicht mehr in der Felsenreitschule gegeben werden können, da Hitler ein noch größerer Regisseur als Reinhardt gewesen sei…

Zum Zeitpunkt seiner Absetzung vom Deutschen Theater war Max Reinhardt noch dessen rechtmäßiger Besitzer, fast 40 Jahre hatte er dort gearbeitet. Am 16. Juni 1933 wandte sich Reinhardt von Oxford aus in einem ausführlichen Brief an die »Nationalsozialistische Regierung Deutschlands« u. a. mit der Bitte, sein Theater dem deutschen Staat und damit dem deutschen Volk als Eigentum zu überführen. Vergeblich hoffte er auf ein Ende des braunen Spuks in Deutschland; er resignierte: »Das neue Deutschland wünscht jedoch Angehörige der jüdischen Rasse, zu der ich mich selbstverständlich uneingeschränkt bekenne, in keiner einflußreichen Stellung. Ich könnte aber auch, selbst wenn dies geduldet werden würde, in solcher Duldung niemals die Atmosphäre finden, die meiner Arbeit notwendig ist. Ohne Wohlwollen kann ein künstlerisches Theater gerade unter den heutigen Umständen nicht bestehen. Die lebendige Kunst des Theaters ist ja nicht nur abhängig vom Können, sondern auch vom Gönnen. … Der Entschluß, mich endgültig vom Deutschen Theater zu lösen, fällt mir naturgemäß nicht leicht. Ich verliere mit diesem Besitz nicht nur die Frucht einer siebenunddreißigjährigen Tätigkeit, ich verliere vielmehr den Boden, den ich ein Leben lang bebaut habe, und in dem ich selbst gewachsen bin. Ich verliere meine Heimat. Was das bedeutet, brauche ich denen nicht zu sagen, die diesen Begriff über alles stellen« (185, 275).

---

1 Pallenberg starb wenige Wochen nach der Premiere, und Aslan war im Jahre 1934 sein Nachfolger in der Mephistorolle. Der Artikel ist mit »14. August« datiert und muß somit im Jahre 1934 geschrieben worden sein.

Faust an anderen Bühnen

Auf bedeutende Gesamtinszenierungen in der Zeit von 1900 bis 1933, die im wesentlichen aus Raumgründen oder weil sie in Bühnenbild und Spielweise nichts Neuartiges bieten, nicht ausführlich besprochen werden können, sei kurz verwiesen: Am Deutschen Schauspielhaus Hamburg schuf der Regisseur Alfred Freiherr von Berger eine Fassung beider Teile, die jeweils an den Ostertagen 1907 bzw. 1908 Premiere hatte. Am Osterfest des Jahres 1914 gab es am Königlichen Schauspielhaus Dresden beide Teile an zwei Abenden zu bewundern. Die Kritik spricht davon, daß der Regisseur Ernst Lewinger seine Inszenierung in die »Nähe zu Martersteigs Kölner Inszenierung von 1910« gerückt habe, wobei die neue Bühnenmaschinerie schnelle Verwandlungen zuließ.

Extensive *Faust*-Aufführungen boten das Theater am Nollendorfplatz in Berlin und das Stadttheater Hannover Ende der 20er Jahre. Unter dem Titel *Stationen aus Faust* erlebte in Berlin am 17. Februar die Gelehrtentragödie und am 24. Februar 1929 die Gretchentragödie ihre Premiere, *Faust II* wurde ab dem 10. März gegeben. Am Stadttheater Hannover feierte im Sinne von Hermann Müller die Tetralogie aus dem Jahre 1877 ihre Wiederauferstehung: am 25. und 26. März 1929 wurde der erste Teil, am 29. und 30. März der zweite Teil gegeben. Im Dezember 1931 führte Gustav Lindemann am Düsseldorfer Schauspielhaus bei *Faust I* Regie, der zweite Teil kam zu den Ostertagen im April 1932 auf die Bühne. Beide Teile studierte Richard Dornseiff im Frühjahr 1932 am Mannheimer Nationaltheater ein, wobei Willy Birgel im ersten Teil den Mephisto spielte.

Lothar Müthel inszenierte am 2. Dezember 1932 am Preußischen Staatstheater Berlin *Faust I*, und unter der Regie von Gustav Lindemann wurde dort am 21. Januar 1933 *Faust II* gegeben, Teo Otto war für den Bühnenbau zuständig. Gustaf Gründgens war in beiden Teilen als Mephisto erstmals zu sehen und Werner Krauß als Faust zu bewundern. Käthe Gold spielte das Gretchen.

Faustische Kriegspropaganda (1933–1945)

Unmöglich kann ein jüdischer Schauspieler – auch nicht bei der denkbar größten Anpassungs- und Nachahmungsfähigkeit – einen deutschen Charakter auf der Bühne glaubwürdig darstellen. Man denke sich nur einmal die Rolle des Faust durch einen Juden, die des Gretchen durch eine Jüdin besetzt! Unmöglich! Dem jüdischen Geiste wird das Faustische immer ein Buch mit sieben Siegeln bleiben, weil es seiner Art grundsätzlich widerspricht (241, 255).

Pfarrer Kurt Engelbrecht, 1933

Unmittelbar nach Hitlers Machtergreifung begann auch die Gleichschaltung der deutschen Theaterlandschaft. Unliebsame und unbequeme Intendanten wurden in allen Städten entlassen und durch linientreue Erfüllungsgehilfen ersetzt. Sofern es Göbbels selbst nicht gelang, alle (auch angeblich) nicht linientreuen Persönlichkeiten aufzuspüren und zu entfernen, griffen regimefreundliche Theaterleute rücksichtslos zum Mittel der Denunziation. Bereits 1933 unterstanden alle Theaterverbände der Reichstheaterkammer, und im Mai 1934 wurde ein einheitliches Theatergesetz für alle Bühnen verabschiedet: Fortan gab es keinen Unterschied mehr zwischen öffentlichen (städtischen und gemeindlichen) und Privattheatern. Verbote und Auflagen im einzelnen gängelten die Künstler in ideologischer Weise.

Mit markigen Worten verkündete Paul Beyer am 8.8.1933 im *Theater-Tageblatt* eine neue Zeit: »Soeben gibt, auf Initiative des Herrn Reichsministers für Volksaufklärung und Propaganda, Ministerialrat Otto Laubinger die ersten gestaltenden Grundzüge für den groß angelegten Siegesfeldzug bekannt, dem gemäß auf dem Gebiet der Theaterkunst in Deutschland mit gesammelten Kräften aller Bühnenbeteiligten ein neues Gelände erstürmt und erobert werden wird. … Der Hornruf hat getönt: … hinein in die Kreise der ›Spielgemeinschaften‹.« Wilhelm Ritter von Schramm äußerte sich ebenfalls 1933 rassistisch im 16. Heft der *Deutschen Kulturwacht*: »Wie man im Reiche Adolf Hitlers endlich wieder von einem einheitlichen deutschen Kirchenvolk sprechen kann, so wird man bald auch mit Recht den Begriff eines deutschen Theatervolkes prägen können. An die Sammlung des deutschen Theatervolkes kann freilich nur glauben, wer an die Stelle des deutschen Volkes, an sein einheitliches Erbgut, an seine ungebrochene Überlieferung glaubt und sie in allen Voraussetzungen wieder herstellen will. Der Nationalsozialismus hat das getan und tut es noch weiter.

Wie heute der Neuaufbau Deutschlands sich organisatorisch und folgerichtig nach dem Willen des Führers und seiner Beauftragten vollzieht, so geht auch die ideelle und praktische Aufbauarbeit der Deutschen Bühne von einem Abschnitt zum anderen und von den heute dringenden Aufgaben zu immer neuen Zielen und neuen Taten. Sie nimmt sich auch auf ihrem Gebiet ein Beispiel an dem Siegeslauf der Bewegung, die unter ihrem Führer Adolf Hitler niemals doktrinär gewesen ist, sondern immer den ersten Schritt vor dem zweiten getan hat.«

Hans Geisow schließlich sieht in der Geltung des Führergedankens in der Kunst ein neues Sittengesetz: »In dem Theater sehen wir – die überwundene Zeit sah das nicht – den Ausdruck der nationalsozialistischen Gedankenwelt in künstlerischer Prägung, wir sehen in der Bühne bereits gestaltet: das nationalsozialistische Sittengesetz und auch die im nationalsozialistischen Staatsleben zu verwirklichenden Grundsätze. Wir haben im Theaterleben bereits den in der Staatsgestaltung des Nationalsozialismus herrschenden Grundsatz verwirklicht: Im Bühnenbetrieb gilt der Führergedanke. Es gibt da keine Abstimmung, keine parlamentarische Mehrheit. Der Intendant entscheidet. Er entscheidet verantwortungsvoll und endgültig« (241, 33–34).

In den ersten Jahren des Hitler-Regimes wurde Goethe sehr selten aufgeführt, denn es hätte sehr großer Mühen bedurft, sein Werk im Sinne nationalsozialistischer Propaganda aufzubereiten. Dem Dichter warf man »eine nicht eindeutige ›nordische Herkunft‹ vor. Manche Doktrinäre bemerkten, daß die Gretchen-Tragödie nicht der positiven Einstellung entsprach, die der Nationalsozialismus zur unehelichen Mutterschaft hatte« (47, 170). Nach den ersten Säuberungen wurde Goethe Ende 1933 nur noch an fünf Theatern gespielt. Doch sollte sich dies bald ändern, auch angesichts dessen, daß Goethe der größte Name in der Geschichte der deutschen Literatur auch für die Machthaber des »Dritten Reiches« war. Wegbereiter waren einerseits die Literaturwissenschaftler der 30er Jahre, andererseits Angehörige der NS-Führungsspitze wie Alfred Rosenberg oder Baldur von Schirach. Vorreiter spielte zunächst eine ideologisch eingefärbte Literaturwissenschaft sowie die *Faust*-Forschung, insbesondere der späten 30er Jahre. Die Lesart des *Faust*, vor allem des zweiten Teils, wird auf den »nordischen Menschen« bezogen. So scheint es auch konsequent zu sein, wenn Paul Fechter zu der *Faust II*-Inszenierung von Gustaf Gründgens im Jahre 1942 (Staatliches Theater Berlin) am 23. Juni in der *Deutschen Allgemeinen Zeitung* bemerkt, es gehe hier »um die Tragödie des nordischen Menschen« – obwohl Gründgens nichts in dieser Richtung hatte verlauten lassen. Aber eine solche Aussage paßte ideologisch in eine Zeit, in der 1933 Kurt Engelbrecht die Studie *Faust im Braunhemd* veröffentlichte. *Faust* wurde in den späten 30er Jahren durch die Literaturwissenschaft zum deutschen Mythos erklärt (vgl. Anglet, Literaturliste Nr. 3), »der die Kontinuität der als ›germanisch‹ verstandenen ›faustischen Kultur‹ bis zum 20. Jahrhundert erkennbar mache … Die Figur zeichne den ›deutschen Menschen‹ in seinem ›faustischen Streben‹, das die ›nationale Wiedererweckung‹ durch Hitler zu einer ›Zeit neuen deutschen Volksdaseins‹ ermöglicht habe« (3, 489). Der faustische Mensch sei im ersten Teil durch Lebensdurst, im zweiten durch Tatenschöpfertum geprägt. Schuld und Verbrechen werden als schöpfungsnotwendig und als fortschrittsnotwendig zum Höheren hin entschuldigt. Die Studien von Korff aus den 20er und 30er Jahren wurden in der unmittelbaren Nachkriegszeit zusammengefaßt in seinem vierbändigen Opus *Der Geist der Goethezeit*, wo Erstaunliches zu vernehmen ist. Goethes *Faust* ist für ihn die nationale Bibel der Deutschen schlechthin, die Person Faust sei »das ragende Symbol der großen technisch-imperialistisch-schöpferischen Arbeitswelt, zu der sich im Laufe des 19. Jahrhunderts die Welt der weißen Rasse umgestaltet hat«. Faust sei, obwohl er böse Machenschaften mit Mephistopheles eingegangen sei, eigentlich »im gewöhnlichen Sinne des Wortes« nicht schuldig: »Denn das Irren, Sündigen und Fehlen im einzelnen ist nach Gottes Wort dem faustischen Menschen ein für allemal vorgegeben: ›Es irrt der Mensch, solang er strebt.‹ Und wenn er auch über Leichen geht – und Faust geht eben in der Tat über Leichen –, solange er an seinem ewigen Streben festhält und sich darin nicht entmutigen läßt, solange hält Gott seine schützende Hand über ihn …« (124/IV, 681–691).

Alfred Rosenberg stilisiert 1930 und in Folgeauflagen seines Werks *Der Mythus des 20. Jahrhunderts. Eine Wertung der seelisch-geistigen Gestaltenskämpfe unserer Zeit* (1935 wurde bereits die 82. Auflage gedruckt) Goethes Drama und die Faust-Figur zum heroischen deutschen »Mythus« empor. Andere Interpreten sehen die faustische Kultur als Fortsetzung des nordisch geprägten germanischen Erbes. Goethes Titelfigur erhob man zum deutschen Menschen mit seinem typisch faustischen Streben, der dem neuen deutschen Volksdasein seinen Weg weise. Die Höhepunkte solchen Denkens fallen zusammen mit Aufführungen, die in Deutschland den Landeroberer schlechthin verherrlichen oder gar den Landeroberer Faust im Soldatenfronttheater feiern.

Kurt Hildebrandt markiert mit seiner *Goethe*-Biographie im Jahre 1941 einen ideologischen Höhepunkt: »Der deutsche Faust … ist eine mythische Gestalt. … Aus dem Ketzer Faust ist die großdeutsche Gestalt des deutschen Genius geworden« (110, 561). Goethe lasse in seinem *Faust* ein »gewaltiges Raum- und Zeitmaß« (110, 561) erahnen. »Das gotisch-germanische Unendlichkeitsstreben« spreche bereits »aus dem Stil des titanischen ›Urfaust‹«, und am Ende des 2. Teils erlebten wir »die ›Erlösung‹ des gotischen und des faustischen Menschen« (110, 562).

Die im Jahre 1943 erschienene Neuauflage (Gesamtauflage damals: 104 000 Exemplare) von Rosenbergs *Der Mythus des 20. Jahrhunderts* widmet der Verfasser den bis dahin gefallenen Soldaten, wie auf dem Titelblatt zu lesen ist: »Dem Gedenken der zwei Millionen deutscher Helden/die im Weltkrieg fielen für ein deutsches Leben und ein deutsches Reich der Ehre und Freiheit«. Rosenberg läßt den Faust am Ende des 2. Teils »über Gräber vorwärts« schreiten, wobei er jüdische Tendenzen verunglimpft: »Das germanisch dynamische Wesen äußert sich nirgends in Weltflucht, sondern bedeutet Weltüberwindung, Kampf. Und zwar auf zweierlei Weise: religiös-künstlerisch-metaphysisch und luziferisch-empirisch.

Keine Rasse hat in dieser Weise Forscher über Forscher über den Erdball gesandt, welche nicht bloß Erfinder, sondern in wirklichem Sinne Entdecker waren, wie das nordische Abendland, d.h. Männer, die das Gefundene in ein Bild der Welt umformten. Die dunkelsten Kontinente, die kältesten Pole, die tropischen Urwälder und die nacktesten Steppen, die fernsten Meere und die verborgensten Flüsse und Seen sind gefunden und die höchsten Berge sind überwunden worden. Die Sehnsucht so vieler Männer aller Zeiten und Völker, den Raum zu durchfliegen, erst im Europäer wurde diese Sehnsucht zur Kraft, die zur Erfindung führte. Und wer nicht im Auto, im Eisenbahnexpreß die luziferische, gewaltsam Raum und Zeit überwindende Macht spürt, wer nicht inmitten von Maschinen und Eisenwerken, mitten im Ineinandergreifen von Tausend Rädern diesen Pulsschlag der empirischen Weltüberwindung fühlt, der hat *eine* Seite der germanisch-europäischen Seite nicht begriffen und wird dann auch die andere – mystische – Seite nie verstehen. Man denke an des hundertjährigen Fausts plötzlichen Ausruf: ›Die wenig‹ Bäume nicht mein eigen/ Verderben mir den Weltbesitz.‹ – Hier spricht nicht die Gier, den Besitz zum Wohlleben auszubeuten, sondern der Drang des Herrn, ›der im Befehlen Seligkeit empfindet‹.

Es ist zwischen luziferisch und satanisch zu unterscheiden. Satanisch bezeichnet die moralische Seite der mechanistischen Weltüberwindung. Sie wird diktiert durch rein triebhafte Motive. Das ist die jüdische Einstellung der Welt. Luziferisch ist der Kampf um Unterjochung der Materie, ohne den subjektiven Vorteil als treibendes Motiv zur Voraussetzung zu haben. Das erste entspringt einem unschöpferischen Charakter, wird folglich nie etwas finden, d.h. entdecken, auch nie wirklich erfinden; das zweite bezwingt Naturgesetze mit Hilfe von Naturgesetzen, spürt ihnen nach und erbaut Werke, den Stoff sich gefügig zu machen. Daß die luziferische Weltüberwindung unschwer eine satanische werden kann, ist leicht zu begreifen; weshalb notwendig in einem vernehmlich luziferischen Zeitalter, wie das im Weltkrieg untergegangene eines war, das Judentum doppelt leichten Eingang und Wucherungsmöglichkeiten erhielt« (188, 262 – 264).

An einer anderen Stelle dieses Werks spricht Rosenberg von Hitlers Machtergreifung und sieht die Zukunft Deutschlands eng mit Goethe und dessen Faust verknüpft: »Alle Kräfte, welche unsere Seelen formten, hatten ihren Ursprung in großen Persönlichkeiten. Sie wirkten zielsetzend als Denker, wesensenthüllend als Dichter, typenbildend als Staatsmänner. Sie alle waren irgendwie geartete Träumer ihrer selbst und ihres Volkes. Ein Goethe hat keine Typen gezüchtet, vielmehr bedeutete er eine allgemeine Bereicherung des gesamten Daseins. ... Goethe stellte im Faust das *Wesen* von uns dar, das Ewige, welches nach jedem Umguß unserer Seele in der neuen Form wohnt. Er ist dadurch der Hüter und Bewahrer unserer *Anlage* geworden, wie unser Volk keinen zweiten besitzt« (188, 514–515). In Rosenbergs Millionenauflage wird mit diesen Worten der *Faust* ideologisch vereinnahmt und später insbesondere auf der Bühne mißbraucht. Der Autor war nicht nur Mitglied des Reichstags, sondern von 1933–1945 Reichsleiter der NSDAP und Leiter des Außenpolitischen Amtes der NSDAP. Er galt als führender Theoretiker der NS-Weltanschauung. (Als Leiter des Kulturraub-Kommandos war er von 1940–1945 Einsatzstab-Reichsleiter sowie Reichsminister für die besetzten Ostgebiete; im Oktober 1946 wurde er als Kriegsverbrecher hingerichtet.)

Aber es gab auch harmlosere Äußerungen zu den *Faust*-Inszenierungen während der Kriegsjahre. In der *Berliner Börsen-Zeitung* wird am 2. März 1943 ein Text von Hermann Pongs abgedruckt, der die Überschrift trägt: «Ein Soldat sieht den Faust. Brief aus dem Feld.« Pongs betont, daß er anläßlich der Aufführung beider Teile des *Faust* in der Inszenierung durch Gründgens in Berlin Trost erfahren habe: »Ich habe neu erlebt, welche mächtige fordernde und richtende Hilfe die Kunst gegen die immer wieder aufreißende Fragwürdigkeit des Einzellebens ist.« Mit seinem Freund Walter, an den dieser Brief gerichtet ist, habe er vor zwei Jahren an einer Kriegsstellung an der Küste über den zweiten Teil gesprochen, und seither habe er Goethes *Faust* als ständigen Begleiter im Kriege bei sich.

Wenn auf solche Weise Trost im dichterischen Wort gesucht wird, ist dies sicherlich nicht sehr problematisch. Anders muß der Sachverhalt beurteilt werden, daß die deutsche Kultur mit einem durch die Nazis ideologisierten *Faust* den eroberten Völkern aufgezwungen wird. Wehrmachttheater wurden ab dem ersten Kriegsjahr in eroberten bzw. befriedeten Gebieten eingesetzt. Fronttheater waren Bühnen, die direkt hinter den kämpfenden Linien ihre Bretter aufgeschlagen hatten. Vor allem in den besetzten Gebieten galt es, eine kulturpolitische Mission zu erfüllen, um die Führungsrolle der deutschen Nation zu gewährleisten.

40. Dämonische Aufbruchsstimmung: Hans Schülers Mysterium beider Teile erlebt seine Premiere in Leipzig (1939)

Intention und Spielweise

In der *Leipziger Tageszeitung* vom 21. April 1939 wird betont, daß die »Reichsmessestadt« mit einer theatergeschichtlich großen Leistung gekrönt worden sei, da der Intendant Dr. Schüler eine umfassend angelegte Neueinrichtung des *Faust* dargeboten habe: *Das Mysterium des Doktor Faust*. Die große Schicksalslinie Fausts sei das Gleichnis des immer strebend sich bemühenden und schließlich erlösten Menschen. Die letzte Erkenntnis des sterbenden Faust sei glückselig verankert im »Wissen um die menschliche Gemeinschaftsharmonie«. Fausts letztes Streben werde »zum Inbegriff der vorwärtsdrängenden Unruhe, Ungeduld, Leidenschaft und des nach den Sternen greifenden Uebermaßes«. Faust gäre »im dämonischen Aufbruch«, wobei er in Gretchens Kerker endgültig zu einer gewissenhaften Persönlichkeit heranreife: So werde er reif für die Taten am Ende des zweiten Teils. Goethe habe hier mit großer Lebenserfahrung das Bild des faustischen Mannes geformt, »der mit Hilfe übernatürlicher Mittel die Barrière seines Menschentums zu überspringen versucht, um frei aller theoretischen Bindung hinaus ins pralle Leben zu stoßen ...« Das Geheimnis des Seins liege dabei in den Worten: »Nur der verdient sich Freiheit wie das Leben,/ Der täglich sie erobern muß.« Mag man hier die Eroberungspläne Hitlers unterschwellig angedeutet sehen, so standen sie ein Jahr später in der ebenfalls zweitägigen Inszenierung beider Teile durch Karl Wüstenhagen explizit im Programmheft des Staatlichen Schauspielhauses Hamburg.

Die elf Stunden dauernde Leipziger Gesamtaufführung wurde in vielfältiger Hinsicht gerühmt. Hans Jungbauer habe einen Faust gespielt, der im ersten Teil bereits die Gestaltung des alten Faust habe erahnen lassen. Im zweiten Teil breche mehr und mehr »die Glut des faustischen Wesens ... voll und ganz auf. In temperamentvoller Vitalität steigert sich hier sein Faust über die leuchtende Helenamythe von Stufe zu Stufe auf die Ebene der Klarheit«, wie Willy Stark in der *Leipziger Tageszeitung* zu berichten weiß. Von den Gewalttaten des weisen, alten Faust schweigt der Berichterstatter.

Josef Zechell verkörpere als Mephisto das triebhafte Lebensprinzip. Er sei kein teuflischer Dämon, sondern im ersten Teil ein Schalksnarr, im zweiten Teil hämisch verbissen, der achselzuckend Fausts Seele dahinfahren lassen muß. Das Gretchen Kitty Stengels habe äußerst sentimental agiert, »fand aber in den seelischen Ausbrüchen ergreifend echte Töne«. Am Schluß beider Abende habe man Jungbauer, Zechell und den Intendanten Schüler gefeiert.

Besonders gelobt wird die Bühnenmusik von Hans Stieber: »Der Komponist will nichts auskomponieren, er will auch nicht hohe Stimmungsmache bieten, er läßt die Musik Dienerin sein. Auch dort, wo die Dichtung selbst oder Goethes eigene Vorschriften dazu veranlassen könnten, sich in breiteren oratorischen Formen auszuleben, hält sich der Komponist bedachtsam zurück. Viele Chöre, die vom Dichter wohl nur als innere Musik – ›tönend für Geistesohren‹ – gedacht sind, werden nicht in melodische Fassungen gegossen, sondern im gehobenen Sprachrhythmus belassen.« In den typischen Liedern seien »Schlichtheit und melodische Eingängigkeit oberstes Gesetz. … Man darf der Stieberschen Musik wohl nachrühmen, daß sie unter allen Faustmusiken diejenige ist, die in unbedingter Unterordnung unter die Dichtung die mit strengster Selbstbescheidung geschriebene ist.«[1] Dies komme der Regie Schülers sehr entgegen.

Die Inszenierung Schülers war noch nicht so deutlich von dem Land-»Eroberer« Faust geprägt wie nachfolgende Inszenierungen im Dritten Reich, aber Anklänge hierfür sind zweifellos vorhanden. Sicher ist auch, daß in dem als »Reichsmessestadt« bezeichneten Leipzig ein Intendant die Theaterleitung innehatte, der gegen die Machenschaften Hitlers und seiner SS nichts im Schilde führte und dessen politische Einstellung von Führerseite nicht zu beanstanden war.

---

1 Leider fand sich für diese Inszenierung bislang nur ein knapper Presseartikel. Vieles ging durch Kriegseinwirkungen offensichtlich verloren.

41. Karl Wüstenhagen inszeniert in tendenziöser Weise beide Teile im Kriegsjahr 1940 am Staatlichen Schauspielhaus Hamburg

Propagandistische Intention

Wüstenhagens Hamburger *Faust*-Inszenierung sollte ganz bewußt in den Dienst der Kriegspropaganda gestellt werden. Hitlers Heere waren im Februar 1940, als der erste Teil Premiere hatte, und im April 1940, als der zweite Teil herauskam, an allen Fronten siegreich auf dem Vormarsch. Im Programmheft ist ideologisch konsequent zu lesen: »Faust ist der deutsche Mensch, der in titanischem Kampf neues Land für sein Volk gewinnt.« In auffälligster Weise korrespondiert dies nicht nur mit den Worten von Hermann August Korff (s. o.), sondern auch mit den Resultaten der ideologisch angepaßten *Faust*-Forschung, insbesondere der späten 30er Jahre. Die Deutung der Titelfigur des zweiten Teils wird deutlich auf den nordischen Menschen bezogen, wobei auch auf die geschichtliche Entwicklung Deutschlands verwiesen wurde.

Vor diesem ideologischen Hintergrund muß die Inszenierung von Wüstenhagen in Hamburg gesehen werden, wo Faust als titanischer Deutscher Lebensraum für sein Volk gewinnt. Im selben Jahr arbeitet Kurt Hildebrandt an einer Goethe-Biographie, in der er Faust als »großdeutsche Gestalt des deutschen Genius« hymnisch feiert.

Regie und Besetzung

Zu Wüstenhagens Inszenierung existieren in den Theatermuseen in München und Köln keine Presseberichte, sondern nur noch das Programmheft.

Regie: Karl Wüstenhagen
Bühnenbau: César Klein
Musik: Max Kohn
Choreographie: Lola Rogge
Faust: Matthias Wiemann
Mephisto: Robert Meyn
Gretchen: Maria Wimmer
Marthe: Elly Burgner
Helena: Liselotte Schreiner, Eva Fiebig

42. Gründgens' magisches *Faust*-Theater: Seine Einstudierung beider Teile am Staatlichen Schauspielhaus Berlin (1941/42)

Abb. 123: Gustaf Gründgens als Mephisto

Motive und Konzeption

In den Kriegsjahren inszenierte Gustaf Gründgens erstmals beide Teile des *Faust*, wobei er sich vor allem der Werktreue verpflichtet sah; der nationalsozialistischen Sicht des Titelhelden, die viele Goethe-Forscher in jenen Jahren verfolgten, stand er fern. Immanent vom Werk ausgehend, suchte er Goethes Intentionen nahezukommen, und die Bühnenbilder, die Rochus Gliese schuf, waren noch der bisherigen, dem 19. Jahrhundert entstammenden Tradition verpflichtet. Künstlerischer Ausgangspunkt war, wie in der Inszenierung im Jahre 1949 in Düsseldorf, die Szene »Prolog im Himmel«.

Die Berliner Inszenierung bereitete Gründgens durch eine ausgiebige dramaturgische Arbeit vor. Er ließ sich leiten von der Darstellung der *Faust*-Idee, der Suche nach den letzten Dingen menschlichen Geistesringens und menschlicher Erkenntnissehnsucht. Die gesamte Tragödie sollte von ihrem geistigen Zentrum her gestaltet werden, nicht von ihren bloßen Stationen aus. Das Stück faßte er als Passion des Geistes auf, selbst für den Geist, der stets verneint. Gründgens kam es auf das Essentielle der Dichtung an; dem Emotionalen des Theaters gab er nur jenen Raum, den er zur Umwandlung des Sinnes ins anschauliche Bild bedurfte. Höchste geistige Intensität, verbunden mit höchster Konzentration der Form, war das Ziel.

Bühnenbau, Kostüme, Maske und die Idee der Besetzung

Gründgens bestätigte in seinem Essay *Meine Begegnung mit Faust*, daß die Inszenierung der Kriegsjahre sehr konventionell gewesen sei; seine Worte bestätigen zugleich, daß er mit einer nationalsozialistisch-mystisch-titanisch angehauchten Faust-Figur nichts im Sinn hatte: »Als ich mich zehn Jahre später[1] dem Werk wieder näherte, war dies meine erste selbständige Beschäftigung damit. Aus meiner angeborenen und durch die äußeren Umstände höchst gesteigerten Animosität gegen alles Verquollene, ›Titanische‹, gegen jedes exhibitionistische Wühlen in der eigenen Seele, gegen die Sucht, das Dunkle noch dunkler zu machen, einen Gedanken, statt ihn durch die Sprache zu klären, mit Gefühl bis zur Unverständlichkeit zu belasten, besetzte ich den Faust mit dem männlichsten Darsteller des deutschen Theaters, mit Paul Hartmann, der auf Grund seines Naturells nicht in die Versuchung geraten konnte, die großen Monologe gedanklich zu überlasten, der nicht – tragischer Irrtum aller Faust-Darsteller – jeder Zeile des Dichters ängstlich gerecht zu werden bemüht war, sondern der sich tapfer und zornig durch die Monologe schlug. Und auf einmal war etwas erreicht, was mir für eine ›Faust‹-Aufführung überhaupt wesentlich erscheint: wir hörten keine Selbstgespräche, in denen geniale Zwerge einen genialen Riesen auszudeuten bemüht waren, sondern wir erlebten Aktion von Zeile zu Zeile, Handlung von Schritt zu Schritt – Drama.

Im übrigen blieb damals der erste Teil im Äußerlichen noch konventionell, wenn ich auch den Müthelschen Himmel mit sichtbarem Herrgott und vielen auf der Bühne stehenden Engeln verbannt hatte und nur Mephisto auf einer leeren Bühne zeigte, während die Stimme des Herrn und der Engel von oben kamen. Die Szene jedoch war von größerem Realismus, als sie früher gewesen war.

Rochus Gliese und ich, wir bemühten uns, die kleine Welt des Gretchen-Teils durch kleine Räume deutlich zu machen. Der Garten besonders war ein kleiner Gemüsegarten, dicht umstellt mit Häuscrn, die Marthes Satz ›... Allein es ist ein gar zu böser Ort: Es ist, als hätte niemand nichts zu treiben Und nichts zu schaffen, Als auf des Nachbars Schritt und Tritt zu gaffen ...‹ deutlich machten. Neu und gut war lediglich mein Einfall, von der heiligen Messe des Domes sofort in die schwarze Messe der Walpurgisnacht überzublenden. Diesen Einfall habe ich beibehalten. Meinen Wunsch (den ich heute noch in mir bekämpfen muß), das erste Bild des zweiten Teils als Abschluß des ersten zu spielen, um noch deutlicher zu zeigen, daß Gretchen nur eine Station in Fausts Wanderung darstellt, konnte ich mir nicht erfüllen und werde ihn mir nie erfüllen können, weil das Gretchen-Drama stärker ist als solche Logik und jeder Wunsch, einen Abschluß zu finden, der der Titelfigur gehört und das Faust-Thema weiterführt. Erst in Hamburg gelang es mir, Gretchen am Schluß so zu steigern, daß sie, die göttliche Funktion übernehmend, das Urteil über diese Episode sprach und sich damit einen legitimen Platz im großen Finale des zweiten Teils sicherte« (99, 118–120).

In *Faust II* konnte sich Gründgens mehr von seinen früheren Vorstellungen losmachen: Im Jahre 1933 wurde Lindemanns Düsseldorfer Inszenierung an das Staatstheater am Gendarmenmarkt übernommen, Gründgens spielte den Mephisto, und als er 1934 Leiter dieses Hauses wurde, setzte er *Faust II* auf den Spielplan, wobei er die Klassische Walpurgisnacht strich »und ins Programmheft ... verbannte« (99, 118). Damals war es ihm nicht bewußt, »daß ich mit diesen Abänderungen meine ersten Regie-Versuche an Faust vorgenommen hatte« (99, 118). Mit seiner Inszenierung im Jahre 1942 grenzte sich Gründgens sehr deutlich von seinem Vorbild der 30er Jahre ab: »Aber wenn ich glaubte – und glaube –, daß man am Kaiserhof ›Prospekte nicht und nicht Maschinen‹ schonen darf, so gelang mir doch schon gegen Ende des zweiten Teils eine weitgehende Konzentration auf das Wort, ein weitgehender Verzicht auf dekorative Illustration.

Natürlich, noch gab es ein Arkadien, an dem Winckelmann seine Freude gehabt hätte, noch war das Hochgebirge als Dolomiten und der Lindenbaum von Philemon und Baucis, im Norden gelegen, deutlich erkennbar. Noch stand der Türmer auf seinem Turm, noch war da ein katholischer Himmel. Aber schon hatten sich ganze Szenen dekorationslos und nur durch Podestverschiebungen der darin sehr leistungsfähigen Staatstheaterbühne abgespielt.

Am deutlichsten zeigte sich vielleicht die Entwicklung an der Grablegungsszene. In der Lindemann-Inszenierung traten

Abb. 124 (links): »Der Nachbarin Haus«, mit Maria Koppenhöfer (Marthe), Käthe Gold (Gretchen) und Gustaf Gründgens (Mephistopheles)

Abb. 125: Schülerszene – Faust (Gustaf Gründgens) belehrt den wißbegierigen Schüler (Kurt Meisel).

noch die Engel leibhaftig auf, sprachen ihre Chöre und streuten ihre Rosen. In meiner Inszenierung im Jahre 1942 waren die Engel und die Rosen bereits als undeutliche Konturen auf herabfallende Schleier projiziert. ... In der Hamburger Inszenierung von 1958 erscheinen sie gar nicht mehr, und in unserer Erkenntnis, daß es für diese Szene einen dekorativen Einfall einfach nicht geben kann, haben Teo Otto und ich uns entschlossen, diese Einfallslosigkeit zu bekennen und die Bühne nackt, wie sie ist, als Gerippe, zu zeigen« (99, 121–122).

Strichfassung

Den ersten Teil ließ Gründgens mit der Szene »Prolog im Himmel« beginnen, die übrigen Szenen erhielten mäßige Striche, die den jeweiligen Inhalt möglichst wenig verkürzen sollten. In *Faust II* war neben der Walpurgisnacht auch die Szene »Auf dem Vorgebirg« gestrichen, und vom Helena-Akt blieb nicht mehr als das bloße Gerippe. Ludwig Emanuel Reindl meinte am 28. Juni 1942 in *Das Reich*, *Faust II* könne man eigentlich nur für den Kenner aufführen, dem eine Inszenierung dennoch etwas Besonderes bedeute, gleichgültig, wo die Striche seien: »Der mit der Dichtung vertraute Zuschauer – und nur auf diesen kommt es ... an – wird auch kaum auf die ›Herausarbeitung‹ bestimmter Elemente und Züge der Handlung erpicht sein ... er wird durch die Magie der Bühne zu einer höheren oder, wenn man will, tieferen Schau erhoben, als das Lesen allein sie vermitteln könnte.«

Goethe habe, meint Reindl, weder beim ersten noch beim zweiten Teil an eine Aufführung gedacht, weshalb insbesondere *Faust II*, aber auch *Faust I* überwuchert seien von Abschweifungen, Einschiebungen, philosophischen Exkursen, Bildungselementen und zeitlich gebundener Satire. Ein Bearbeiter wie Gründgens könne daher kräftig streichen, denn selbst Goethe habe als Dramaturg dem Theater gelassen, »was des Theaters ist«, und er sei »mit der gröbsten Bühnenbearbeitung einverstanden« gewesen. Gründgens jedenfalls habe, wenngleich drastisch, doch insgesamt so gestrichen, daß das Wesentliche gewahrt worden sei.

Regie und Besetzung

Regie: Gustaf Gründgens
Bühne: Rochus Gliese
Musik: Mark Lothar
Faust: Paul Hartmann
Mephistopheles: Gustaf Gründgens
Gretchen: Käthe Gold
Marthe: Maria Koppenhöfer
Helena: Lola Müthel

Aufnahme durch Publikum und Kritik

Die Presse bezeichnete es als Krönung der gesamten Spielzeit, daß diese mit einer glänzenden Einstudierung von *Faust II* geendet habe. Zusammenfassend rühmt Werner Höfer am 22. Juni 1942 Textfassung und Hauptdarsteller in der *BZ am Mittag*: »Der Regisseur Gründgens hat dem Werk, der Bühne und dem Publikum einen hohen Dienst erwiesen, indem er zwischen der Erhabenheit der Dichtung, dem Anrecht des Theaters und der Fassungskraft der Zuschauer das beste Einvernehmen herstellte. Wenn das Werk, so entlastet von allem überflüssigen, bildungsmäßigen Ballast, und statt dessen angereichert mit Szenen, in denen Sinnbildung und Versinnlichung übereinstimmten, seine zwingende Wirkung übte, dann ist viel geschehen: eines der tiefsten Ergebnisse deutschen Dichtens und Denkens, ein Werk, das als theaterfern zu gelten hatte, rechtfertigte sich mit den würdig und souverän gebrauchten Mitteln des Theaters. ...

Faust – Paul Hartmann. Mit weiser Nachsicht und milder Resignation schreitet er durch das höfische und mythologische Getriebe der ersten Akte. Nach dem vierten Akt, und vor allem dann, wenn die Lust des Schaffens ihn ergriffen hat, erreicht er wieder jenen titanischen Ton, mit dem er im großen Monolog des 1. Teiles die Dichtung eröffnete. Es ist heute wie damals hinreißend und ergreifend, wie schön und mühelos in seinem Munde sich Geist in Klang, Meditation in Deklamation umsetzt. Gemäß dem sanfteren Klima, in das der zweite Teil der Dichtung führt, ist auch der Mephisto von Gustav Gründgens milder temperiert. Seine Ironie wurde humaner, seine Skepsis verlor ihre Bitternis, aber noch immer öffnen sich diesem Mephisto feurige Ventile, durch die ein komödiantischer Impuls mit betäubender Gewalt entweicht. Seine Abgangsszene ist wie der gespenstische Totentanz eines geprellten Teufels, der nun selbst zur tragischen Figur geworden ist. In Abständen von Jahrzehnten pflegt der II. Teil des Faust auf unseren Bühnen zu erscheinen. Das Berliner Staatstheater darf sich rühmen, im Kriege diese große Tat gewagt und geleistet zu haben.«

---

1 In den Jahren 1932/33 hatte Gründgens in Berlin in einer Inszenierung von Müthel (*Faust I*) und Lindemann (*Faust II*) in beiden Teilen die Rolle des Mephisto gespielt.

Faust an anderen Bühnen

An den Städtischen Bühnen Köln gab es im Frühjahr 1941 eine Inszenierung beider Teile, die an drei Abenden gegeben worden ist. *Faust I* hatte am 12. und 13. April Premiere, der zweite Teil am 3. Juni. Regie führte Paul Riedy, die Bühne baute Alf Björn. Im selben Monat wurde der erste Teil in Berlin an der Volksbühne am Horst-Wessel-Platz gegeben. In der Regie von Eugen Klöpfer spielten Ernst Wilhelm Borchert den Faust und René Deltgen Mephisto – Schauspieler, die in Faust-Inszenierungen der 60er Jahre wieder als Darsteller in Erscheinung treten. Leider hat sich außer Szenenbildern kein Material erhalten, so daß z. B. über Ideologisches nichts ausgesagt werden kann.

Einen *Urfaust* sah das Publikum im Leipziger Haus Vaterland am 24. März 1944, der den Mangel des fortgeschrittenen Weltkriegs offenbarte: »Seit auch die Heimat zur Front gehört, sind auch die Theater daheim zu Frontbühnen geworden. Mit all ihrem, aus den neuen Gegebenheiten geborenen Zwang, aus behelfsmäßigen Lösungen Elemente eines besonderen Stils zu machen.« So habe der Spielleiter Schüler aus finanzieller und materieller Not Szenen zusammengezogen und einfache, andeutende Bühnenbilder geschaffen mit sparsamen Requisiten. Peter Lühr als Faust spielte in einem Kostüm der Wertherzeit; Leipzig sah damit den letzten *Faust* vor dem Kriegsende. Knapp zwei Wochen zuvor hatte Goethes *Urfaust* im Berliner Schiller-Saal-Theater Premiere, weil das Schiller-Theater bereits zerstört war. Unter der Regie von Heinrich George spielte Will Quadflieg den Mephisto, gelegentlich auch den Faust.

Insgesamt gesehen, waren die *Faust*-Inszenierungen im Dritten Reich weitgehend harmlos, mehr Schaden an und mit Goethes Drama richtete die Germanistik jener Zeit an.

Faust im Trümmerdeutschland

Beschränkung auf den Urfaust

In den deutschen Besatzungszonen wurde sehr oft der *Urfaust* gegeben, gelegentlich auch *Faust I*, nur in Weimar wagte man sich an beide Teile. Im Oktober 1945 inszenierte Jürgen Fehling in Berlin den *Urfaust*. Im April 1947 hatte das Werk am Hamburger Thalia-Theater unter der Regie von Peter Wackernagel Premiere. Paul Riedy (Regie) und Max Fritzsche (Bühne, Kostüme) brachten den *Urfaust* im Großen Haus des damaligen Württemberg-Badischen Staatstheaters auf die Bühne, denn im ausgebombten Schauspielhaus war ein Theaterspiel nicht möglich. In den Hauptrollen waren in Stuttgart Mathias Wiemann als Faust, Paul Hoffmann als Mephisto, Gabriele Reißmüller als Gretchen und Mila Kopp als Marthe zu sehen. Ein Jahr später sah man in Dresden und in Köln ebenfalls Inszenierungen dieses Goethe-Fragments. Einige wenige Städte konnten in den Jahren 1945 bis 1949 Einstudierungen von *Faust I* aufbieten: Göttingen, Düsseldorf und Hamburg. Auch in Wien wurde im Jahre 1948 *Faust I* am Burgtheater unter der Regie von Ewald Balser aufgeführt. Das Goethe-Jahr 1949 forderte dann die Regisseure in den neu entstandenen beiden deutschen Staaten dazu heraus, sich auch mit *Faust II* zu befassen, bereits im Jahre 1948 wurde in Weimar geplant, beide Teile auf die Bühne zu bringen.

43. Hans-Robert Bortfeldt säubert beide Teile des *Faust* vom braunen Ballast der Kriegsinszenierungen (Weimar 1948/49)

Motive und Konzeption

Äußerer Anlaß für die Inszenierung beider Teile war Goethes 199. Geburtstag am 28. August 1948, an dem zunächst der erste Teil Premiere hatte. Damit löste das Weimarer Theater die Musterinszenierung von Ulbrich aus den 20er Jahren ab, die insgesamt 107mal aufgeführt worden war. Am 24. April 1949 folgte der zweite Teil, der in der Fassung Bortfeldts innerhalb eines Jahres 34 Aufführungen erlebte. An Goethes Geburtstag wurde zugleich das Deutsche Nationaltheater in Weimar mit dieser *Faust I*-Inszenierung wiedereröffnet. Unmittelbar danach begannen die Proben zum 2. Teil. Die Inszenierung zeigte bereits Konturen dessen, was der Sozialistische Realismus in der späteren DDR einforderte. So betonte Wolfgang Langhoff in seiner Eröffnungsrede, die Werke der deutschen Klassiker müßten eine Verwandlung vom klassischen zum sozialistischen Humanismus erfahren; außerdem meinte er, die deutsche Arbeiterklasse sei die wahre Vollstreckerin der humanistischen Ideale Goethes und Schillers. Bortfeldt selbst strebte vergleichbare Ziele an: So wollte er einen schöpferisch-tätigen Faust zeigen, gleichsam als Vorbild für den neuen Menschen, und er wollte mit seiner Gesamtinszenierung die humanistische Tradition Weimars wiederaufleben lassen. Diese Ziele hatte auch Bortfeldts Bühnenbildner Rolf Christiansen im Sinn.

Regie und Bühnenbild sollten drei Prinzipien verpflichtet sein: Werktreue, Ewigkeitswert und Einheitlichkeit beider Teile. Die Forderung nach Werktreue führte dazu, daß nur wenig gestrichen wurde und der erste Teil knapp sechs Stunden dauerte. Da im zweiten Teil die »Klassische Walpurgisnacht« fast vollständig gestrichen war, kam auch diese Aufführung auf eine vergleichbare Länge. Mit der Forderung nach einem sogenannten Ewigkeitswert kommt Bortfeldt den Idealen des Sozialistischen Realismus nahe. Goethes *Faust* sei kein Denkmal der Vergangenheit, sondern ein Wegweiser in eine bessere und menschlichere Zukunft. Vor allem den 5. Akt verstand er als Wegweiser in eine neue Gesellschaft, und zwar in dem Sinne, wie Alexander Abusch im Jahre 1949 den sehr alten Faust als ersten Sozialisten in der deutschen Literatur verstand. Später wird der Faust des 5. Akts, insbesondere in seinem Dialog mit der Sorge, als ein Individuum propagiert, das die Wirtschafts- und Staatsform des Sozialismus geradezu evoziere.

Bühnenbau, Kostüme, Maske, Spielweise

Auch das Bühnenbild von Christiansen sollte diesen Prinzipien Rechnung tragen: Die pathetisch-bürgerlichen Darstellungen der 20er Jahre sowie die nationalsozialistischen Übermensch-Figuren mußten endlich überwunden werden. Bortfeldt und Christiansen vermieden technische Ausstattungswunder und darstellerische Eitelkeiten, wie sie im Programmheft betonen. Goethes *Faust* sollte in Weimar mit schlichtem und geschlossenem Ausdruck zum Zuschauer sprechen. Bei fast allen von Werktreue geprägten Bühnenbildern bemühte sich Christiansen, Goethes Regieangaben umzusetzen, abgesehen von Fausts Studierzimmer, das einer Trümmerlandschaft geglichen habe. Stark geprägt durch die *Faust*-Studien von Georg Lukács waren Bühnenbau und insbesondere Kostümierung und Spielweise in der Gretchentragödie. Gretchen war nicht nur ein Gegenbild zum blondbezopften BDM-Mädchen, sondern ein typisches, einfaches, unheldisches Bürgermädchen. Der Verzicht auf das Spinnrad sollte zusätzlich Distanz schaffen zu den Gretchenfiguren des Dritten Reichs. In Frau Marthe sah man eine plebejische Waschfrau, die schwer und gewissenhaft in einer Waschwanne arbeitete, und Valentin war ein goethe- und lukácsgemäßer kleinbürgerlicher Vertreter ein doppelbödigen Moral, engstirnig und spießig. Der Faustdarsteller Gerhard Becker hatte vor allem im ersten Teil Mühe, sich gegen die wuchtige, sprachlich geschlossene Darstellungsweise von Lothar Müthel, der seinerseits noch stark von Gründgens geprägt war, durchzusetzen, was dem *Thüringer Volk* am 31.8.1948 zu entnehmen war.

Abb. 126: »Der Nachbarin Haus«, mit Eva Wagner als Gretchen und Lisa Wehn als Marthe.

Regie und Besetzung

Regie und Dramaturgie: Hans-Robert Bortfeldt
Bühne: Rolf Christiansen
Faust: Gerhard Becker
Mephistopheles: Lothar Müthel
Gretchen: Eva Wagner
Marthe: Lisa Wehn
Helena: Christa Lehmann

Strichfassung

Obwohl Lukács die Gesellschaftskritik Goethes in der Gretchentragödie hervorgehoben hatte, kürzte Bortfeldt die erotischen Äußerungen Gretchens stark, mit denen der Autor die Moralvorstellungen seiner Zeit deutlich konterkarierte. Auch in der »Walpurgisnacht« wurden anrüchige Stellen getilgt, vielleicht zum Wohlwollen des angeblich vorwiegend kleinbürgerlichen Publikums, das die Aufführungen besuchte. Vom »Walpurgisnachtstraum« verblieben nur einige wenige Verse. Im zweiten Teil strich Bortfeldt erhebliche Teile der »Klassischen Walpurgisnacht«, arbeitete aber getreu den Prinzipien von Lukács die Darstellung der korrupten Hofgesellschaft und der genußsüchtigen feudalen Obrigkeit geißelnd heraus.

Aufnahme durch Publikum und Kritik

Da, außer in den oben angeführten Szenen, die Striche sehr gering waren, wurde das Publikum durch die Länge der beiden Abende deutlich überbeansprucht. Es reagierte aber wohlwollender als die örtliche Presse. Im *Neuen Deutschland* war am 31.8.1948 zu lesen, Bortfeldt habe sich in verantwortungsvoller Weise darum bemüht, »eine Wiedergabe aus dem Geiste des Werkes, aus dem Dichterwort« zustande zu bringen, aber der Kritiker Carl Friedrich mußte dennoch feststellen, die Einstudierung sei ideell-künstlerisch unvollkommen. In der *Täglichen Rundschau* war am 5.9.1948 gar zu lesen, Bortfeldt biete bestenfalls Mittelmaß, »ohne jedes

Abb. 127: *Faust II*, »Kaiserliche Pfalz«

Anzeichen künstlerischen Wagemuts ... Aber eine Theateraufführung kann man diese Vorstellung nicht nennen; bestenfalls war es eine höchst gewissenhafte wörtliche Wiedergabe des Textes, nicht frei von provinziellem Pathos.«

Wirkungsgeschichtliche Aspekte

Die historische Bedeutung der Inszenierung liegt in der Entdeckung des humanistischen Ideengehalts von Goethes *Faust*, ganz im Sinne von Alexander Abusch, bzw. der Forderungen des sozialistisch verstandenen literarischen Erbes, verkündet von der SED und dem Kulturbund. Lothar Ehrlich (54) und Deborah Vietor-Engländer (221) betonen in Beiträgen der 80er Jahre, daß Bortfeldts Leistung die Kulturpolitiker in der SBZ bzw. der DDR überzeugt haben müsse, zumal der Regisseur »klar zu verstehen gegeben [habe], daß er eine Ausrichtung auf die optimistische Faust-Figur der Schlußvision wünschte« (221, 138). Ehrlich weist aber auch auf die Mängel der Inszenierung hin: »Selbst wenn es in der Spielzeit 1948/49 gelang, die Akzentverlagerung im dramatischen Konflikt zu korrigieren und eine optimistische Tendenz stärker zur Geltung zu bringen ..., erreichte die Bortfeldt-Inszenierung nur ansatzweise neue Positionen. Sie blieb in der Auseinandersetzung zwischen bürgerlichem und sozialistischem Humanismus – bedingt durch die historische Klassensituation – inkonsequent, obwohl in der Vorbereitungsphase die erste marxistische Interpretation des ›Faust‹ durch Georg Lukács ... zur Kenntnis genommen worden war« (54, 15). Bortfeldt sei zwar durchaus von den Grundgedanken Lukács' ausgegangen: »Das Problem der Inszenierung bestand nur darin, daß dieser Analyseeinstieg geschichtlich vordergründig aktualisiert wurde ... Seit dieser ersten theatralischen Aneignung der Gesamtdichtung nach dem zweiten Weltkrieg wird – in der untrennbaren Einheit beider Teile – Fausts Streben nach Erkenntnis und Tätigkeit als künstlerisch umfassend modellierter Ausdruck der menschlichen Entwicklung überhaupt interpretiert, wenngleich mit beträchtlichen Wertungsnuancen. Eine Traditionslinie, in der die Widersprüche der Dichtung von Anfang an stärker betont wurden, konstituierte sich mit Brechts theatergeschichtlich wirkungsvoller ›Urfaust‹-Inszenierung (1952), deren Anregungen in der Konzeption von Adolf Dresen und Wolfgang Heinz (Deutsches Theater Berlin 1968), aber auch von Christoph Schroth (Mecklenburgisches Staatstheater Schwerin 1979) ihren produktiven Niederschlag fanden« (54, 15). Wirkungsgeschichtlich muß diese Inszenierung als Beginn der theatergeschichtlichen *Faust*-Aneignung durch die Bühnen der DDR betrachtet werden.

Faust in der Bundesrepublik Deutschland (1949–1989)

Als Heiligen konnte er seinen Faust, auch wenn er als Vertreter der ganzen Menschheit mit all ihrem Wohl und Weh gelten soll, nicht gut präsentieren, und der Teufelsadvokat hätte allerhand einzuwenden gehabt. Faust war allenfalls ein ›guter Mensch in seinem dunklen Drange‹, und selbst das Beiwort ›gut‹ ist recht fragwürdig und nur zu verstehen, wenn es von allerhöchster Stelle herab ironisch-wohlwollend vom Herrn gesagt wird. . . . Gute Werke oder Taten lehnt Goethe aber ab als Rechtfertigung, und Faust hätte auch nichts dergleichen aufzuweisen, an keiner Stelle seines langen Weges. Er ist ›nur durch die Welt gerannt, ein jed' Gelüst ergriff ich bei den Haaren‹, wie er selber bekennt.

Richard Friedenthal, 1963

44. Abstrakter Neuanfang: Alfred Rollers »Aluminium-Faust« in Hannover (1949)

Wagnisse in Bühnenbau und Sprechweise

Gebührend feierte Roller das Goethe-Jahr 1949: An Ostern war die Premiere des ersten Teils zu sehen, an Goethes 200. Geburtstag ging *Faust II* in Szene. Was das Bühnenbild sowie die Sprechweise Fausts anbelangt, so waren gewisse Neuerungen zu verzeichnen, die erst Gründgens einige Jahre später auf den noch radikal-abstrakteren Punkt bringt, aber bereits Roller bricht eindeutig mit bestimmten Prinzipien der *Faust*-Inszenierungen des 19. Jahrhunderts. Die Bühne bildete in Hannover einen Einheitsraum für beide Teile, denn der Regisseur habe, so schreibt Karl Kuehne in einer nicht datierbaren Rezension, »mit kühner Verachtung der Tradition die Frage des gleichbleibenden Bühnenbildes gelöst: den Rahmen gab ein halbkugelförmiges Gerüst aus Leichtmetall, den Hintergrund füllte eine Wand aus Aluminium, die als Spiegel für Lichtreflexe der Phantasie reiche Nahrung gab. Ein Experiment, aber ein restlos geglücktes des Bildners Rudolf Schulz: das anfangs frappierte Haus gewöhnte sich rasch an die Illusionsmöglichkeiten des Imaginären.« In diesem metallischen Raum, der das Kosmische symbolisiert und der den ganzen Abend über zu sehen ist, sind die Räumlichkeiten von Studierzimmer, Auerbachs Keller, Hexenküche, Walpurgisnacht, Gretchens und Marthes Wohnräume sowie der Kerker als schlichte Einbauten andeutend gestaltet. Im Gegensatz zu Kuehne findet Gert Schulte die Lösung nur teilweise geglückt für Goethes angeblich theaterfernen *Faust I*, wie er am 7. 4. 1949 in *Die Welt* erkennen läßt: »Die metallische Kugel ... hat ihren Sinn und ihre Symbolkraft in den Studierzimmerszenen, die Gott und die Welt zum Thema haben, sie hat ihre Berechtigung in der Hexenküche und in der Walpurgisnacht, sie wirkt aber bereits fremd und kühl im Osterspaziergang mit seinen sinnhaften Volksszenen, und sie ist geradezu deplaciert in den Gretchenszenen ... Hier erdrückt die Kälte der Leichtmetallkonstruktion die Wärme des Gefühls, und die Romantik erstirbt in der gerupften Kahlheit von Marthes Garten.« Auch die schauspielerische Gestaltung bot Neuerungen, vor allem bei Faust. Er war durch die Regie angehalten, nicht deklamatorisch-philosophisch den Text zu zelebrieren, sondern wie ein verzweifelnd Enttäuschter, der sodann bedenkenlos sich auf Mephistos Wege einläßt.

Regie und Besetzung

Regie und Dramaturgie: Alfred Roller
Bühne: Rudolf Schulz
Musik: Erik Taß
Faust: Gerhard Just
Mephisto: Kurt Ehrhardt
Gretchen: Margot Bieler

Strichfassung, Spielweise

Die fünfstündige Version von *Faust I* wies nur einen Strich auf: der »Walpurgisnachtstraum« war ganz getilgt. Von Kritikern und dem unermüdlich ausharrenden Publikum war die Inszenierung als Ganzes angenommen, nicht nur in den überzeugenden Leistungen der Protagonisten. So schreibt Kühne: »›Auerbachs Keller‹ war eine tumultuarisch-realistische Saufszene, der ›Osterspaziergang‹ mit derben Volksszenen und -tänzen durchsetzt, die ›Hexenküche‹ brachte ein wühlendes, grunzendes, maunzendes Meerkatzengesinde, die ›Walpurgisnacht‹ beschwörte mit Lichteffekten auf der metallenen Wand und mit furios-pandämonischen Tänzen und Hexenritten, mit Irrlicht, Lilith, Trödelhexe die abgründige Blocksberg-Stimmung als tolle Sinnesorgie herauf.«
Die Leistung Gerhard Justs als Faust wurde in allen (verfügbaren) Kritiken gerühmt. Endlich habe man Monologe gehört »ohne Zitatbetonungen, Versmusik statt rhythmischer Reime«, meinte Schulte. Auch Johann Frerking vermerkte dies in der *Deutschen Volkszeitung*: »Sein Faust hat gar nichts mehr

mit der idealistisch verfälschten wohlredenden Prunkfigur zu tun, die das neunzehnte Jahrhundert aus ihm gemacht hat: er ist wirklich der am Wissen und Denken verzweifelnde Mensch und abtrünnige Humanist, der wissend frevelnde Teufelsbündner, der gierige Sinnenknecht, dessen immer übereiltes Streben von Katastrophe zu Katastrophe treibt.« Damit brach Roller bewußt mit einer langen Tradition. Das neue Sprachgewand könne aber auch ergreifen: »Die Reden der Osternacht sind mir, in fünfzig Theaterjahren, nirgends so richtig ins Ohr und zu Herzen gedrungen ... und auch im folgenden war kein falscher Ton, kein Stelzengang, kein Georgel und künstliches Walzenwesen, sondern alles war unmittelbar erlebte Aussprache des Menschlichen.« Das Gretchen Margot Bielers wird als naiv und natürlich beschrieben. Sie spielte einfach, innig unbefangen und oft voller Frohsinn. In der Kerkerszene habe sie sich zur erschütterten Büßerin und zur Entsagenden gewandelt. Den Mephisto Kurt Ehrhardts sah man mit Dekadenz, Zynismus und Witz gespielt, »zugleich blasphemischer Kavalier, der joviale Reisegefährte Faustens, der launige Mentor in ›Klein-Paris‹, in der Hexenküche und in seiner nächtlichen Domäne auf dem Blocksberg.« Fast alle Kritiker betonen, daß viel historischer Ballast über Bord geworfen worden sei, was auch für die unaufdringliche Musik von Erik Taß gelte. Frerking bringt dies auf die Nenner »Abbruch, Fassadenreinigung und Schuttausräumung«.

Leider sind Kritiken zum zweiten Teil, der in vielen Szenen Striche aufwies und in den Bühnenbauten sowie in der darstellerischen Gestaltung – Pathos meidend – die besonderen Mittel von *Faust I* weiterentwickelte, nicht greifbar. Dennoch kann gesagt werden, daß die erste Gesamtinszenierung in der Bundesrepublik ein beachtliches Niveau neuer Qualität aufgewiesen hat.

45. Minimallösung I: Luigi Malipiero inszeniert mit fünf Schauspielern beide Teile im mittelalterlichen Sommerhausen (1949)

Motive und Konzeption

»Vor den Toren von Würzburg, an einen sanften Bogen des Mains gelehnt, liegt Sommerhausen. ... Am nördlichen Ausgang erhebt sich ein Turm, der noch vor wenigen Jahren den Weinbauern als Gerümpelkammer diente. Dort haust seit 1945 ein merkwürdiger Geselle, ein von seiner künstlerischen Sendung besessener Maler ... Luigi Malipiero, halb Italiener und halb Deutscher, ... Bühnenbildner, Autor des von Gottfried von Einem vertonten Balletts ›Turandot‹, Schöpfer skurriler, an Kubin und Caspar David Friedrich gemahnender Bilder. Dieser Malipiero ist auf dem besten Weg, Sommerhausen weit über die Grenzen der fränkischen Landschaft hinaus bekanntzumachen.

Wenn er an seinem silbernen Knaufstock durch das Dörfchen hinkt, das schwarze Barett auf den widerspenstigen Schlangenlocken, machen die Älteren ihm halb belustigt, halb ehrerbietig Platz, während die Kinder kichernd die Köpfe zusammenstecken. Den ›reinen Toren‹ aber bekümmert das wenig. Mit leidenschaftlicher Hingabe arbeitet er seit Jahren an der Verwirklichung einer Idee, die ihm anfangs nur Spott und Gelächter der Kunstbanausen eintrug. ... Seit Jahren trug Malipiero sich mit der Idee, Faust I und II in einer geschlossenen Aufführung zusammenzufassen.«

Mit diesen Worten berichtet Robert von Berg von den kühnen Plänen Malipieros, Goethes gesamten *Faust* im winzigen Torturmtheater von Sommerhausen aufzuführen. Nach dem großen Erfolg der ersten Aufführung im Jahre 1949 ging Malipiero daran, einen Jahr für Jahr sich immer mehr erweiternden *Faust*-Zyklus aufzubauen, der bis 1977 in der Planung folgende Werke aufwies:

1. *Doktor Faustus*, Christopher Marlowe (England)
2. *Marikke von Nymwegen*, Dichter unbekannt (Holland)
3. *Der wunderliche Magier*, Calderon (Spanien)
4. *Leben und Tod des Doktor Faust*, William Mountfort (England)
5. *Johann Faust*, Paul Weidemann (Deutschland)
6. *Faust I* und *Faust II*, Goethe, Bearbeitung: Malipiero (Deutschland)
7. *Faust*, August Klingemann (Deutschland)
8. *Don Juan und Faust*, Christian Dietrich Grabbe (Deutschland)
9. *Die ungöttliche Komödie*, Graf Krasinsky (Polen)
10. *Ein Faust-Ballett*, Heinrich Heine (Deutschland)
11. *Faust, ein Sinngedicht*, Nikolaus Lenau (Deutschland)
12. *Fausts Leben*, Maler Müller (Deutschland)
13. *Faust. Der Tragödie dritter Teil*, Friedrich Theodor Vischer (Deutschland)
14. *Manfred*, Lord Byron (England)
15. *Merlin*, Karl Immermann (Deutschland)
16. *Peer Gynt*, Henrick Ibsen (Norwegen)
17. *Die Nachtigal von Wittenberg*, August Strindberg (Schweden)
18. *Mon Faust*, Paul Valery
19. *Der irische Faust*, Durrel (Irland)
20. *Faustens Ende*, Hans-Dieter Schwarze (Deutschland)

21. *Der Null-Faust*, ungenannt, Uraufführung (Deutschland)

Mit diesem Programm, das im Jahre 1977 abgeschlossen werden sollte, wollte Malipiero das kleine Torturmtheater in Sommerhausen zum *Faust*-Mekka der Welt machen, aber wegen Besetzungsschwierigkeiten konnten die meisten Pläne nicht ausgeführt werden, und bereits 1972 brach Malipiero seine Versuche ab.

Am 28. August 1949, Goethes 200. Geburtstag, startete Malipiero den geplanten Zyklus von 21 Inszenierungen zur *Faust*-Thematik mit seiner Bearbeitung von Goethes Werk. Er hielt es für eine böse Fälschung, zurückzuführen auf das 19. Jahrhundert, nur den ersten Teil zu spielen, wie Hans Eberhard Friedrich am 12.9.1949 in der *Neuen Zeitung* berichtet: Malipiero sei auf die Idee gekommen, aus beiden Teilen »den dramatischen Duktus, den Kerngedanken des Faust-*Dramas*« herauszulösen.

Strichfassung, Bühnenbau, Spielweise

Friedrich gibt Bericht von einer Aufführung der Malipieroschen Bearbeitung: »Auf einer Bühne von dreieinhalb Meter Tiefe und fünf Meter Breite mit einem seitlichen Winkel für isolierte Szenen (zum Beispiel Gretchen und Marthe bei der Schmuckbetrachtung) und einer in den Zuschauerraum hineinführenden Treppe zum Auftritt (zum Beispiel beim Osterspaziergang) spielen insgesamt fünf Schauspieler das ganze Drama in einer so überwältigenden Dichte, daß man fassungslos ist. Der erste Teil (ohne Marthe – Mephisto, ohne Hexenküche, ohne Walpurgisnacht, ohne Valentin) entwickelt sich mit fast shakespearescher Vehemenz ... die Gretchengeschichte[1] als erster Akt des Dramas, der zweite Teil läßt alles Dunkle, Abstruse, Symbolische, Allegorische beiseite, um nur die entscheidenden Stationen (Geldmachen, Mütter, Helena, Euphorion, Schlacht, Landgewinnung und Erlösung) mit einer Intensität vor Augen zu führen, die beim Ausspielen der poetischen und monologischen Weiten und Breiten niemals zu erreichen wäre. Alles philisterhaft billig Gewordene des isolierten ersten Teils ist verschwunden, alles Epische, rein Poetische, Balladeske und Idyllische des zweiten Teils gewichen. Was übrig blieb, ist das Drama, ganz realistisch und theatralisch gesehen und von nicht mehr als fünf Schauspielern sichtbar gemacht, während sonst, insbesondere für Faust II, jedes Theater noch die letzte Putzfrau aufzubieten pflegt. Eine für meine Begriffe geniale Leistung.«

Robert von Bergs Rezension enthält viele Ähnlichkeiten zu den Aussagen von Friedrich, und er war ebenfalls von den Strichen angetan: Malipiero habe weder mit der Pedanterie eines Philologen noch mit der behutsamen Feder des Dramaturgen gestrichen, sondern »mit der Kühnheit des Experimentators«. Er wünscht der Fassung des Deutsch-Italieners eine breite Wirkung: »Diese großartige Inszenierung, die die skeptischen Faustvertreter in vielen Orten Bayerns erschüttert und überzeugt hat, ist wert, überall in Deutschland aufgeführt zu werden. Denn hier steht der oft zu einem bürgerlichen Trauerspiel verzerrte ›Faust‹ in seiner ganzen dramatischen Schicksalhaftigkeit auf der Bühne.«[2]

Daten, Wirkungsgeschichtliches

In dem Stück mit dem Titel *Goethes Faust, beide Teile an einem Abend als Bühnenfassung*, bearbeitet von Luigi Malipiero, agierten in den Hauptrollen Ulrich Matschoß als Faust und Peter Grosser als Mephisto. Für Bühne, Kostüme und Dramaturgie zeichnete Malipiero als Verantwortlicher. Diese Fassung wurde bis Anfang der 70er Jahre im Torturmtheater jährlich gegeben. Im Jahre 1972 ließ der Faust-Besessene sein Lieblingswerk gar in extremer Form aufführen, da er keine Schauspieler mehr zur Verfügung hatte. Deshalb kündigte er an:

Als EXPERIMENT
Szenen aus »Goethes« Faust. Bearbeitet von Malipiero
Sprachen auf Band:
Luigi Malipiero als Faust und Mephisto, andere Stimmen von Maria Schulenburg
Regie, Bühnenbild: Luigi Malipiero
Tontechnik: Irene Krenek

Im Programmheft erklärt Malipiero: »Meine ... Bearbeitung des von Goethe geschaffenen ›Faust‹, mit Szenen aus diesen beiden Teilen, wird Ihnen sozusagen als ein Hörspiel auf der Bühne angeboten. Sie hören Stimmen durch Bandübertragung, und Sie sehen auf der Bühne an einem Tische, mich, Luigi Malipiero, wie ich die Worte der wichtigsten Situationen mit Ihnen erlebe. Es ist gewiß ein Sie und mich anstrengendes Experiment; aber ich bin der Meinung, daß die Wortfolge dieser Szenen so nicht durch das Hin und Her auf der Bühne gestört wird und darum mehr von dem, was Goethe in seiner wundervoll lyrischen und keineswegs dramatisch starken Sprache zu sagen hat, Ihnen als klares Bild übermittelt wird.« Nach 24 Jahren war Malipieros Minimalfassung in Sommerhausen abgespielt.

---

1 *Faust I* nannte Malipiero kurzerhand »Gretchentragödie« bzw. »Gretchengeschichte«.
2 Ein handschriftlicher Vermerk zu dieser Kritik verweist vermutlich auf einen Artikel in *Die Welt*, der am 7.12.1949 erschienen ist.

46. Abgesang: Fritz Kortners *Faust I* am Residenztheater München als teilweise Abkehr vom Bühnenrealismus (1956)

Abb. 128: Blick in Fausts Studierzimmer – Der Raum lädt nicht besonders zum Verweilen ein: Faust arbeitet offensichtlich stehend, neben dem Skelett, das auf ihn als Naturforscher weist. Zum in den Schnürboden hinaufragenden Bücherturm, der ihn »bedrängt«, führt eine Treppe; das karge Sofa deutet darauf hin, daß er im Arbeitszimmer auch ruhen kann, um immerfort seine Wissenschaft um sich zu haben. Faust (Gerd Brüdern), der seine Monologe immer wieder durch Pausen und Gesten unterbricht, kriecht niedergeschlagen und verzweifelt im Vordergrund am Boden. Die Gelehrtentragödie war hier nicht nur eine klare Absage an das pathetische Deklamationstheater früherer Jahrzehnte, sondern zweifellos ein Vorbote von Becketts Endzeitstimmung.

Motive, Konzeption, Bühnenbau

In der Spielzeit 1956/57 wollte Kortner eine mäßig gestrichene Aufführung des ersten Teils technisch optimal präsentieren und zudem eine Faustfigur zeigen, die weniger von der Motivik der Tat, sondern vielmehr durch alptraumartige Denk-Blockaden bestimmt war, vor allem in der Gelehrtentragödie. Caspar Neher gestaltete auf der Drehbühne die einzelnen, sehr verschiedenartigen Szenerien so, daß offene Verwandlungen bei dann kreisender Scheibe bewerkstelligt werden konnten, was vor allem der Gretchentragödie zugute kam. Was den Bühnenbau anbelangt, so ist kaum ein größerer Gegensatz denkbar als jener zwischen Kortners *Faust I* vom Dezember 1956 und der Inszenierung von Gründgens im April 1957. Anders als Gründgens ist Kortner nur in den Vorspielen andeutend, während eine theatralische Realistik die Innenräume beherrscht, beginnend mit der Szene »Nacht«. Die Szene »Zueignung« wird über Lautsprecher zögernd in den abgedunkelten Zuschauerraum gesprochen, gleich einem inneren Monolog Goethes. Während der letzten Verse leuchtet auf dem gesamten Bühnenhintergrund ein breiter Spiegel auf, auf dem sich engelartige Wesen schematisch abzeichnen. Auch deren Stimmen kommen über Lautsprecher. Nach den Worten »Und alle deine hohen Werke/ Sind herrlich wie am ersten Tag.« überblendet eine Lichtflut die Engelswesen, so daß die Zuschauer sich abwenden müssen: »Am farbigen Abglanz haben wir das Leben«, heißt der Schlußvers der Eingangsszene von *Faust II*. Auf der danach wieder dunklen Bühne beginnt Mephisto seinen Dialog mit dem Herrn, der ihm ebenfalls per Lautsprecher antwortet. Nach dem »Prolog« im Himmel entfalten Kortner und Neher ein reichlich bildbefrachtetes *Faust*-Spiel mit effektvoller Bühnentechnik, was Fotos der Innenräume verdeutlichen.

War Brüderns Faust ein Verzweifelter, wenig vitaler Typus, so spielte Karl Paryla seinen lebensfrohen Widerpart. Noch nie habe man einen solchen Mephisto gesehen, meinte die Kritik, einen Mephisto, der den Reichtum seines Textes derart in Mimik und Gestik genieße und auskoste, so daß auch das Publikum mitgenieße. Er sei eine bestechende Mischung aus Plauderton und Rhetorik, und in jedem Satz stecke das Salz des Lebens.

Aufnahme durch Publikum und Kritik

Nach der umjubelten Premiere – der wenigen Striche wegen von viereinhalb Stunden Dauer – rühmte die Kritik die aufwendige Bühnengestaltung sowie die Leistungen von Brüdern und Paryla und sprach von einem theatralischen Elementarereignis. Wolfgang Drews meinte am 18.12.1956 in der *Hannoverschen*

Abb. 129: »Studierzimmer« – Faust (Gerd Brüdern) und Mephisto (Karl Paryla) vor der Wette.

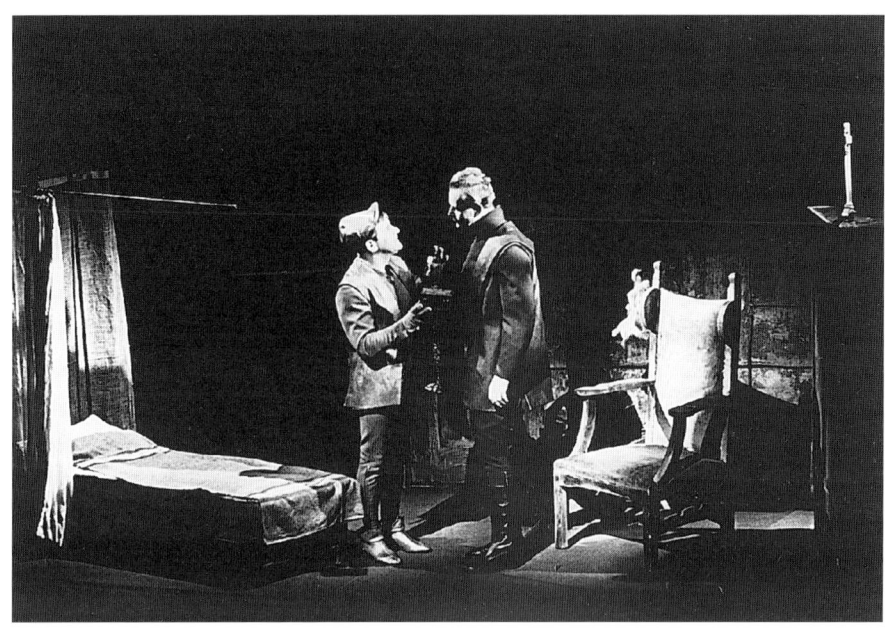

Abb. 130: »Abend« – Faust und Mephisto in Gretchens Zimmer, das traditionell ausgestattet ist.

Abb. 131: »Der Nachbarin Haus« – Wehmütig betrachtet Marthe (Lina Carstens) das Bildnis des verstorbenen Schwerdtlein.

Allgemeinen: »Kortner verblüfft immer wieder« auch wegen »seines ungebändigten Hanges, eine Detailfülle und einen Szenenreichtum zu entfalten, deren Bestandteile aus der Theatergeschichte vom Barock bis Reinhardt stammen (plus einem bißchen Film). Sein ›Faust I‹ ist ein Traum, szenenlang ein Alptraum. Eine Vision aus den Tiefen des Buches zu theatralischem Leben erlöst, aus der Tiefe der irdischen Hölle in ein mittelalterlich-gegenwärtiges Märchenland gehoben.« Daß der Faust Brüderns keine pathetisch donnernde, sondern eine verzweifelnde Gestalt war, überzeugte fast alle Kritiker. Drews meinte, Brüdern sei »ein blasser Stubengelehrter von rustikaler Herkunft, ein farbiger Rebell gegen die himmlische und irdische Ordnung« gewesen, »Prometheus im Professorentalar; als Liebhaber dann entsprechend weniger ungestüm«. In der *Süddeutschen Zeitung* betonte Hanns Braun, daß diese Faust-Figur im Münchner Residenztheater ein Novum in der Bühnengeschichte des *Faust* sei: »Ich gestehe, noch nie Fausts innere Tragik, basierend auf geistiger Verzweiflung, so dicht und zwingend dargestellt gesehen zu haben wie diesmal. Das war nicht zuletzt das Verdienst des Faust-Darstellers Gerd Brüdern, der eben diese innerste Not verwirklichte, ohne je dem Wort-Pathos anheimzufallen. Er hat in diesem Teil sich selbst und viele seiner Vorgänger übertroffen.«

Paryla als Mephisto sah Drews als »fröhliches Praterteufelchen, ein Satanle von Nestroy. Wir kennen den diabolischen Dämon, den saftigen Volksteufel, den gestürzten Engel; jetzt haben wir ein schnurriges Kasperle gesehen, weniger zu Ironien als zu Späßen aufgelegt, lustig und wirksam.« Zu vergleichbaren Urteilen kommen fast alle Kritiker, so auch F. M. Reifferscheidt am 16. 1. 1957 in der *Weltbühne*, der aber mit einem verzweifelten Faust nichts anzufangen weiß und deshalb Brüderns Spielweise ablehnt, wobei er sich an vergangenen Zeiten orientiert: »Herr Karl Paryla, die Neuerwerbung aus Wien, war für den Part des Mephisto zweifellos eine gute Wahl. Der Mann kann noch sprechen, wie die klassische Dramatik es verlangt, und der Vers macht ihm auch nicht die unüberwindlichen Schwierigkeiten, mit denen sonst Schauspieler von heute zu rechnen haben. Auch ist Paryla ein Mime älteren Typs. Er spielt sich nicht

Abb. 132: »Marthens Garten« – Die Gretchen-Frage wird gestellt. Im Vordergrund Eva-Ingeborg Scholz als Gretchen.

Abb. 133: »Kerker«

selbst, sondern er spielt eine Rolle ... Der Mephisto lag ihm, hier war er in seinem Element. Nur etwas weniger wienern hätte er vielleicht sollen. Vielleicht war es ihm so aufgetragen worden.« Bei der Ablehnung der Leistungen Brüderns kam der Kritiker nicht auf die Idee, daß dem Darsteller die Spielweise »aufgetragen« worden ist: »Brüdern ist ein Mime neueren Typs; er spielt jeweils nur sich selbst. Für die Spielleitung bedeutet das: Man kann Brüdern nur mit einer Rolle betrauen, die seinem eigenen, privaten Wesen gemäß ist, ... aber nie und nimmer den Faust. ... Mit der Faust-Rolle und ihrem sprachlichen Klima verträgt es sich zum Beispiel sehr wenig, daß Brüderns Deklamation fast regelmäßig in Plärren ausartete.« Reifferscheidt fragt sich, warum Kortner nicht selbst diese Rolle übernommen habe, denn er sei kein »gealterter norddeutscher Jüngling« wie Brüdern, »der vom naturalistischen Drama geschult scheint« und deshalb »die hochfahrende Verssprache Goethes« nicht bewältigen könne.

Wirkungsgeschichtliche Aspekte

Was die Inszenierung anbelangt, so stellt Reifferscheidt Fritz Kortner mit diesem *Faust I* als Regisseur in eine Reihe mit Max Reinhardt. Beide seien Regisseure, »die den Autor zu ergänzen oder künstlerisch zu überlagern bemüht sind. ... Das mag angängig sein oder doch jedenfalls gerade noch akzeptabel ...« Damit gesteht der Kritiker diesen großen Regisseuren als künstlerische Freiheit zu, daß sie Goethe für sich und ihre Zeit gewissermaßen »aufbereiten« – ein sehr spätes Einverständnis in bezug auf den *Faust*. Der fast sensationelle Erfolg von Gründgens wenige Monate später mag mit dazu beigetragen haben, daß die bühnentechnisch aufwendige *Faust I*-Inszenierung von Kortner und Neher ziemlich schnell in die Bedeutungslosigkeit versunken ist. Neben der unpathetischen Sprechweise Fausts bleibt als Neuerung die stilisierende Darstellung der Naturszenen als Abkehr von realistischen Bühnenbildern. Gründgens wird hier einen radikaleren Weg gehen.

47. Moderne Regie: »In dem engen Bretterhaus« leisten Gustaf Gründgens und Teo Otto abstrakte Neuerungen (Hamburg 1957/58)

Motive und Konzeption

»Jetzt erst ist das größte Drama der Deutschen für die Bühne gewonnen worden!« (154, 214), frohlockte Siegfried Melchinger nach der Premiere von *Faust I* an den Ostertagen des Jahres 1957. Dabei erarbeiteten sich Gründgens und sein Bühnenbildner Teo Otto ihren Ansatz aus einer fundierten Auseinandersetzung mit den bisherigen Inszenierungen von Gustaf Gründgens. Schritt für Schritt ersetzte Gründgens die komplizierteste Regie durch die einfachste, von einem Konzeptionsgespräch zum anderen wurde immer mehr entrümpelt, wurde die Bühne immer leerer. Gründgens und Otto verwarfen nämlich den Gedanken, Szene für Szene den staunenden Zuschauern einen neuen dekorativen Einfall zu bieten. Beide bekannten sich zu ihrer »Einfallslosigkeit« und zeigten die Bühne als nacktes Gerippe. Szenische Umbauten und Wandlungen im Innenleben der Figuren sollten so dem Publikum, das dem Spiel beiwohnt, offen gezeigt bzw. glaubhaft gemacht werden.

Gründgens bedachte die Problematik seiner bisherigen theatralischen *Faust*-Deutungen und entwickelte die neue Konzeption anhand des »Vorspiels auf dem Theater«, das er noch 1949 in Düsseldorf – damals wurde nur *Faust I* auf die Bretter gebracht – gestrichen hatte: »Nichts konnte mir ferner liegen als eine nochmalige Wiederholung einer einmal erarbeiteten Inszenierung. Ich sah mir Fotografien der vergangenen Aufführungen an, die samt und sonders große Erfolge gewesen waren, und stieß mich an dieser Fülle von Pappe, Sperrholz, Podesten und Prospekten. Und dann kam mir beim Durchlesen des Vorspiels auf dem Theater – das ich bis dahin nie gespielt hatte – der Gedanke, von dort aus das Stück zu inszenieren.

Ich setzte mich mit Teo Otto zusammen, und indem wir unseren Dichter von Zeile zu Zeile wie Schuljungen wörtlich nahmen, kamen wir zu unserer Lösung, die mir heute so selbstverständlich erscheint, daß es mir als eine Fälschung vorkommen will, wenn man den ›Faust‹ ohne das Vorspiel auf dem Theater spielt. Denn in diesem Vorspiel und mit diesem Vorspiel enthebt uns Goethe ein für allemal der Verpflichtung, den Zuschauer glauben zu machen, sein Himmel sei *der* Himmel – seine Kaiserpfalz sei *die* Kaiserpfalz – sein Griechenland sei *das* Griechenland. Nein, es ist alles, der Himmel, die Hölle, die kleine, die große Welt, die Welt des Theaters.

Und nun mußte man nicht einmal von der ausdrücklich gegebenen Erlaubnis des Dichters, alle technischen Möglichkeiten weidlich auszunutzen, Gebrauch machen. Nun konnte man wirklich im *engen Bretterhaus* den ganzen Kreis der Schöpfung ausschreiten und sich auf die Möglichkeiten, die diese Bretter gaben, konzentrieren; und es war sehr interessant, nachdem wir geglaubt haben, wunders wie spartanisch wir in unseren Entwürfen gewesen seien, festzustellen, daß wir nach der ersten Dekorations-

Abb. 134: Spielpodien von Teo Otto. In der Mitte steht als Bühne auf der Bühne das Hauptspielpodium, das von allen Seiten betreten werden kann. Der Hamburger *Faust* beginnt mit der Szene »Vorspiel auf dem Theater«. Die drei Personen treten vor dem Podium auf, nach ihrer Diskussion kurbelt der Dichter den Vorhang des mittleren Podiums auf, und der »Prolog im Himmel« kann beginnen. Damit wird sehr textnah die Situation der Wanderbühnen beschworen, die noch zur Goethezeit einem breiten Publikum einen *Faust*, meist nach Marlowe, dargeboten haben.

Abb. 135: Szenenbild »Martens Garten« in Gründgens' Version vom Jahre 1941, mit Paul Hartmann und Käthe Gold. Deutlich ist zu erkennen, wie realitätsnah die Bühne gestaltet worden ist, was auch an anderen Szenenbildern gezeigt werden könnte, z. B. die mittelalterliche Stadt in den Straßenszenen. 1957 dagegen ist die Bühne völlig »entrümpelt«.

probe noch fast die Hälfte unseres geplanten Dekors wegwerfen konnten (und als einige Monate später Caspar Neher diese Aufführung sah, sind nochmal ein paar Teile verschwunden). Dabei lag der Gedanke, die Faustische Studierstube und vor allem Wagners Laboratorium unseren heutigen Vorstellungen von dem Arbeitsraum eines Wissenschaftlers anzugleichen, zu nahe, als daß der Einfall verbucht werden müßte ...
Nachdem ich schon in meiner Berliner Inszenierung alle Szenen, die allein zwischen Faust und Mephisto spielen, in einem unrealen Raum ansiedelte, weil ich nicht einsehen konnte, daß Männer, die nur den Mantel auszubreiten brauchen, der sie durch die Lüfte trägt, sich an einer gotisch bemühten Straßenecke treffen müssen, ging ich in meiner Hamburger Inszenierung – unterstützt durch das Bühnenpodest – einen entscheidenden Schritt weiter« (99, 123–123).
Die Idee, mit dem »Vorspiel auf dem Theater« zu beginnen, hatte Gründgens von seinem ehemaligen Düsseldorfer Schauspieldirektor Hans Schalla, der ein Jahr zuvor in Bochum den ersten Teil inszenierte. Bestimmte Einzelheiten übernimmt Gründgens, so den Theaterdirektor, der die Bühne zum »Vorspiel«

erklimmt, um anschließend als Herr im »Prolog im Himmel« zu fungieren, und wie bei Schalla wurden der Dichter und Faust sowie die Lustige Person und Mephisto von demselben Darsteller verkörpert.

Bühnenbau, Kostüme, Maske, Spielweise

Schon in der Szene »Nacht« wird deutlich, daß falschem Pathos kein Raum gegeben wird. Will Quadflieg jagt mit atemberaubender Geschwindigkeit durch seine Studierzimmermonologe, und auch in der Szene »Vor dem Tor« wird ein sehr forsches Tempo angeschlagen. Dieser Faust ist ein moderner Naturforscher, der die Weiterentwicklung menschlichen Geistes bis hin zum Zerstörungspotential des Menschen symbolisiert. So gesehen, mag dies ein Faust des 20. Jahrhunderts sein. Damit ist die aktuelle Wirklichkeit erstmals auf der *Faust*-Bühne präsent. Die negativen Seiten der menschlichen Evolution werden evident. Wir sehen hier ein Studierzimmer ohne den beschränkenden »Bücherhauf«: 1957 dominiert die Naturwissenschaft, Quadflieg ist ein Faust des Atomzeitalters, woran damals niemand Anstoß nahm, Gründgens und Otto trafen den Nerv der Zeit.
In den meisten Szenenbildern kommen Gründgens und Otto mit Andeutungen aus bzw. rechnen mit der Phantasie des Zuschauers: So wird von Pudel und Ratte nur gesprochen, für »Auerbachs Keller« »Hexenküche« und die Gretchenszenen genügen spärliche Kulissenteile. Auch in der Hexenküche finden wir, wie im Studierzimmer, eine zeitgemäße Zutat, denn die Hexe läßt zu ihrem Hokuspokus des Hexeneinmaleins einen Plattenspieler erklingen, während Mephisto dazu durch den Raum schaukelt.
Einfach andeutende Bauten typisieren in den Gretchenszenen die jeweiligen Spielräume: Vom Dom oder von einem mittelalterlichen Stadtbild ist nichts zu sehen, einfache Bohnenklettergerüste deuten Marthes Garten und das Gartenhäuschen an, ein Brunnengerüst und ein

Abb. 136: »Prolog im Himmel« – Papagenobunt treten die drei Erzengel vor dem Herrn auf. In diesem stilisierten Theaterhimmel weht allenthalben Komödienluft, bereits angefacht durch die Urfaust-Inszenierung von Brecht (1952/53) und schließlich weiterentwickelt durch Heinz und Dresen (Ost-Berlin 1968) sowie Peymann (Stuttgart 1977)

Abb. 137: »Nacht« – Gründgens zitiert in der Gelehrtentragödie die aktuelle naturwissenschaftliche Forschung, das Glaskugellabyrinth, durch das Quadflieg (bartlos – selten in der Faust-Bühnengeschichte) sich bewegt, hat deutliche Bezüge zum Brüsseler Atomium.

Kreuz mit der Muttergottes sind in den Szenen »Am Brunnen« und »Zwinger« in einfachster Weise auf den Spielpodien zu sehen. Bei der Szene »Dom« leuchtet im Hintergrund eine Rosette, und die Beleuchtung schafft eine blaudämmernde Gottesdienststimmung. Erst bei der Szene »Walpurgisnacht« wird Gründgens' Inszenierung aufwendiger: In die Heilige Messe hinein kracht im Hintergrund offensichtlich die gewaltige Explosion einer Bombe, und in einer kollektiven Aufstehbewegung streifen die Kirchgänger ihre frommen Gewänder ab.

Eine Rockmusik erdröhnt, und die große Menschenmenge, von wechselnden Farben illuminiert, strebt zur Walpurgisnacht. Das Treiben dort wird zweimal unterbrochen, zunächst durch eine Sirene und eine gewaltige Atombombenexplosion, die filmisch eingeblendet wird, wobei auch ein Astronaut in voller Montur auftaucht, dann endet die kurze Walpurgisnacht durch die Erscheinung Gretchens. Während »Trüber Tag. Feld« kulissenlos im Dunkel gehalten ist, schließt das Spiel im ebenfalls einfach stilisierten Kerker.

Abb. 138: »Hexenküche« – Auch in dieser Szene bemühten sich Otto und Gründgens nicht, die Figuren restlos zu verwandeln. Meerkatze und Meerkater tragen gewöhnliche Alltagskleidung, ein Seestern und die aufgeklebten Schnurrbärte genügen, um ihr Wesen anzudeuten.

Abb. 139: »Ein Gartenhäuschen« – Mephisto hat Faust und Gretchen belauscht.

Faust I endete nicht, wie früher von Gründgens schon erwogen, mit der Szene »Anmutige Gegend«, aber ein Jahr später war auf denselben Brettergerüsten der zweite Teil zu bewundern. Auch hier ist die Inszenierung auf das Brettergerüst des ersten Teils gegründet, je nach Szenerie erweitert. So umgaben das Spielpodium beim »Mummenschanz« einfacher Hintergrund und Seitenkullssen. Die Szene »Hochgewölbtes enges gotisches Zimmer« enthielt ein modellhaftes Abbild jenes atomiumartigen Gebildes aus dem »Studierzimmer« des ersten Teils.

Die »Klassische Walpurgisnacht« wurde, wie die Walpurgisnacht des ersten Teils, aufwendiger ins Bild gesetzt und geprägt durch einen bildenden Künstler: Max Ernst. Puppenartige Luftgeister und entsprechend gestaltete Schauspieler, seinen Figuren nachgeahmt, schwebten über die Bühne und belebten die antike Welt. In diesen Szenen kamen Gründgens und Otto zu besonderen Lösungen: »Die klassische Walpurgisnacht war gedacht als surreale Vision. Die noch zu lösenden Schwierigkeiten betrafen Details und bezogen sich nur auf die Fabel- und Dämonenwelt, die Greife, Sphinxe, die Sirenen und Lamien. Sie bezogen sich auf den liebenswertesten aller Zentauren, auf Chiron. Jene himmlische Vereinigung von Mensch und Tier, Sensibilität und Kraft, von Charme und Bestialität, von gütiger Geste und harter Pranke. Chiron: Erzieher, Helfer, Heilender, Genießer; Chiron: Freund des Lebendigen, des Jungen, des Hoffenden, Feind der Borniertheit, der Anmaßung des Anspruchs. Im Bemühen des Weisen unserer Zeit, die Menschheit im Zeichen des Sisyphos zu sehen, sei mir gestattet, den Zentauren zu bevorzugen. Gründgens ist ein Zentaur, und was für einer. Wir kommen dem Problem Chiron näher« (169, 40).

Schwierig gestaltet sich die bildhafte Verwirklichung des Chiron: »Die bisherige Lösung bestand darin, daß der Darsteller des Chiron ein Fahrgestell angeschnallt bekam, eine Art Bügelbrett mit Rädern. Dieses Gestell war verkleidet mit einer Pferdeattrappe. Diese Form war zu klein, zu lächerlich und nicht mehr glaubhaft. Warum nicht bei Chiron eine Lösung finden wie bei den Sphinxen und Greifen? Nun gut, er mußte sich bewegen. Ein Schauspieler geht zivil, unkostümiert und spricht den Text. Er zieht ein Fahrgestell hinter sich, auf dem der Faust sitzen kann und das ein Pferdesymbol trägt. Gründgens entschied sich für diese radikale Lösung. ... Sie war der Triumph des Ästhetik über die Naivität. Sie war der Verzicht auf die Bildwerdung« (169, 57–58). Die Bühnenbilder zu den folgenden Akten drei bis fünf begnügten sich wieder mit andeutenden Kulissenteilen.

Strichfassung, Daten

Den heute verfügbaren Bild- und Tonmaterialien (CDs beider Teile, Verfilmung des ersten Teils, Fotos in zahlreichen Veröffentlichungen, Literaturliste Nr. 30, 31, 99) kann jeder Interessierte entnehmen, wie beide Teile bildhaft in Szene gesetzt worden sind. Die Striche in beiden Teilen waren so beschaffen, daß Goethes *Faust* in originaler Szenenfolge und großer Texttreue dargeboten worden ist. Mit Doppelbesetzungen ab dem Jahre 1959 wollte Gründgens die Aufführungen in diversen Krankheitsfällen garantieren.

Regie: Gustaf Gründgens
Bühne: Teo Otto
Musik: Mark Lothar

Faust: Will Quadflieg, Werner Hinz
Mephisto: Gustaf Gründgens, Ullrich Haupt
Gretchen: Antje Weisgerber, Ella Büchi
Marthe: Ehmi Bressel, Elisabeth Flickenschildt
Helena: Antje Weisgerber

Abb. 140: »Walpurgisnacht«

Abb. 141: »Kerker« – Faust (Will Quadflieg) versucht Gretchen (Ella Büchi) zu befreien.

Abb. 142: Szenenbild zur »Klassischen Walpurgisnacht« mit den Figuren nach Max Ernst

Aufnahme und Wirkung

Weltweit fanden beide Teile bei der Kritik überschwengliches Lob, und die Inszenierung wurde zu bedeutenden Gastspielen eingeladen: Gründgens gab *Faust I* in Moskau, Leningrad und New York.
Bezeichnenderweise wurde in Kritiken, die in der DDR erschienen sind, vor allem der zweite Teil negativ gesehen, wo Faust am Ende viel zu sehr als eine Art böser kapitalistischer Ausbeuter gesehen worden ist. Aber in der DDR begannen alsbald die Bemühungen – vor allem in Weimar und Leipzig – Gründgens zu übertreffen.[1] Dies bezog sich insbesondere auf die Spielweise und die Bühnengestaltung, nicht jedoch auf die Hamburger Version von Faust und Mephistopheles. Die Auswirkung dieser großartigen Inszenierung auf die Bühnengeschichte des *Faust* in der Bundesrepublik sei in gewisser Hinsicht auch problematisch gewesen, denn Gründgens' und Ottos Regietaten hätten mögliche *Faust*-Aktivitäten geradezu gelähmt, meinten viele Kritiker. Kaum jemand habe sich im folgenden Jahrzehnt ernsthaft damit auseinandergesetzt, dieses Goethesche Welttheater groß auf die Bühne zu bringen. Erst Ernst Schröder und Hans Mayer hätten mit ihrer provokanten Inszenierung des zweiten Teils im Jahre 1966, der bewußt gegen den Gründgens-Mephisto in Szene gesetzt worden war, den Bann gebrochen.
Nach der Verfilmung des ersten Teils im Jahre 1961 konnte ein breites Publikum in Deutschland sich auch mit den schauspielerisch überragenden Leistungen bekanntmachen. Nun war es gar möglich, daß nicht nur viele Kritiker, sondern auch ein beträchtlicher Teil des Publikums mit von Gründgens genährten »Vor-Urteilen« andere Inszenierungen dieses Werks besuchen konnte. Gründgens und Otto haben nicht nur Spielerisches – weniger jedoch im komödiantisch-heiteren Sinne – in beiden Teilen entdeckt, sondern in bezug auf Bühnenbau und Kostümierung das Werk endgültig vom traditionsschweren Ballast des 19. Jahrhunderts befreit: Sie haben Wege geebnet. Bedauerlich ist, daß der zweite Teil nicht verfilmt wurde, sondern isoliert nur *Faust I*: Was man der Bühnengeschichte des *Faust* lange Zeit ankreiden konnte, nämlich den zweiten Teil oft zu negieren, diesen dramaturgischen Radikal-Strich machten auch Gründgens und sein Regisseur Peter Gorski.

---

1 Einzelheiten sind in dem Kapitel »*Faust* in der DDR« (S. 192 ff.) nachzulesen.

48. Separatismus: Am Berliner Schillertheater provozieren Ernst Schröder und Hans Mayer mit einer isolierten *Faust II*-Einstudierung

Motive und Konzeption

Das Jahr 1966 bringt endlich neues Leben in die offenbar durch Gründgens' Taten paralysierte *Faust*-Theaterwelt. Als Ernst Schröder am Berliner Schillertheater *Faust II* isoliert vom ersten Teil aufführen läßt und in einer aufsehenerregenden und bühnenraumgreifenden Inszenierung den Kosmos dieses Alterswerkes erschließt, muß sich Hans Mayer als dramaturgischer Berater zunächst erklärend im Programmheft und schließlich rückblickend im Jahresheft *Theater 1966* als wissenschaftliche Stütze herbeigesellen. Unverblümt erklärt Mayer, *Faust II* sei ein vollständig vom ersten Teil losgelöstes Drama, und er pflückt seine Rechtfertigung hierzu sinniger- und listigerweise bei Goethe zusammen. Sein *Rückblick des Dramaturgen* enthielt angeblich plausible Gründe hierfür.

Schröder und Mayer kam es bei ihrer gemeinsamen Arbeit nicht nur auf eine tiefsinnige Deutung an, sondern »auf den Versuch einer möglichst genauen szenischen Realisierung dessen, was Goethe ganz unbestreitbar geschrieben hatte«. Weder sollte Goethe als Kronzeuge Steiners mißbraucht werden, noch wolle man »besonnten Erinnerungen an Gründgens« bei Zuschauern und Kritikern Rechnung tragen. Mayer und Schröder hielten sich an die Vorlage, ausgenommen bei der Szene »Bergschluchten«: »Zweierlei war ... zu vermeiden: den Weg Fausts durch die große Welt als schrittweise Läuterung hin zur Erlösbarkeit darzustellen, denn einer solchen Anlage widerspricht Goethes Text von Grund auf. Oder aber ... ein ziemlich wirres, dem Zuschauer im Grunde unverständliches Geschehen so zu arrangieren, daß alles am Schluß auf die berühmten, im Schulunterricht ... durchgepaukten Verse vom freien Volk und freien Grund hinzustreben schien. Auch dem widerspricht Goethes Text in jeder Zeile.« Die Faust-Figur des ersten Teils grenzt Mayer scharf ab gegen die von *Faust II*: Sei Faust im ersten Teil stets Gegenspieler zu Mephisto, so gelte dies für den zweiten Teil nicht mehr, denn dort seien sie Kumpane, die die Welt durchstreiften, und »auf große Strecken hin Komplizen, die sich in die Zauberarbeit teilen. Das hat manchen Zuschauer enttäuscht, vor allem beim Anblick des Fausttreibens. Er wird sich aber an Goethe halten müssen.« Konsequenzen hatte dies für die Kostümierung: Faust und Mephisto traten gleich gewandet auf, sie waren lediglich durch die Gesichtsfarbe unterschieden, denn Mephisto war als »Schatten Fausts« grün geschminkt.

Unter dem Vorzeichen der Kumpanei zwischen den beiden Hauptfiguren müsse Goethe zwangsläufig als Poet entlarvt werden, der am Schluß des zweiten Teils zum himmelsvisionären »Gaukler« werde. Mayer wollte die letzte Szene jedoch nicht streichen, da er sich sonst als Fälscher an Goethe vorgekommen wäre. Die in Berlin 1966 gefundene Lösung wird elf Jahre später bei Peymann in Stuttgart wieder Früchte tragen: »Der dramaturgische Vorschlag ging ... dahin, diesen Schluß, freilich mit starken Streichungen, zu sagen, aber nicht zu ›spielen‹. Eine leere Bühne mit Arbeitslicht und dem Auftritt aller Mitwirkenden sollte dem Zuschauer bedeuten: so hat Goethe den Faust zu Ende gedichtet, wir aber wollen euch keine Himmelsvision vorgaukeln, die doch stets mißlingen muß, bieten also, der dialektischen Anlage von Werk und Inszenierung gemäß, am Schlusse diese Form der Verfremdung: ein inszeniertes Aufhören der Inszenierung.«

Daß den zweiten Teil so gut wie nichts mit *Faust I* verbinde, versuchte Mayer im Programmheft der Aufführung den Zuschauern klarzumachen: »Daß es mit dem Faust II als einer unmittelbar dramatischen Fortsetzung des ersten Teils nicht so recht stimme, war schon denjenigen aufgefallen, die sich noch zur Goethezeit rechnen konnten. In der Tat, als der zweite Faust im ersten Ergänzungsband zur Ausgabe letzter Hand gedruckt wird, erregt er zwar die entzückte Bewunderung einiger Philologen und spekulativen Philosophen aus Hegels Schule, allein der allgemeine Eindruck bei den Lesern ist Befremden und Langeweile. Man fühlt sich um die ›Fortsetzung‹ des ersten Teils geprellt. Einige kluge Kritiker regten schon damals an, man möge diesen zweiten Faust als eigenständiges Werk betrachten und nicht immer die Verbindung zur ersten Studierstube und zur Gretchentragödie herstellen wollen. Friedrich Theodor Vischer aus Württemberg, in seiner Art ein bedeutender Denker und Literaturkenner, glaubte den Fall eindeutig diagnostizieren zu können. Der erste Teil sei ein Meisterwerk, der zweite dichterisch durchaus mißlungen.«

Schließlich wird Mayer ziemlich manipulativ in seinem Programmbuch-Beitrag, denn er übergeht Berührungspunkte beider Teile: »Es war doch wohl im Grunde eine Bildungsidee aus dem 19. Jahrhundert, wenn immer wieder versucht wurde, diese Einheit aus Faust I und Faust II auf der Bühne erzwingen zu wollen. Dabei hat die Praxis schon deutlich entschieden. Goethes Faust ist im allgemeinen Bewußtsein gleichgesetzt mit dem ersten Teil der Tragödie. Und der II. Faust? Auch er sollte auf sich selbst gestellt werden: als das Produkt einer gesellschaftlichen und künstlerischen Erfahrung Goethes, die nichts mehr zu tun hat mit den Sturm-und-Drangimpulsen des Urfaust oder den Erfahrungen im Zeitalter der französischen Revolution und des Bonapartismus. Faust II ist

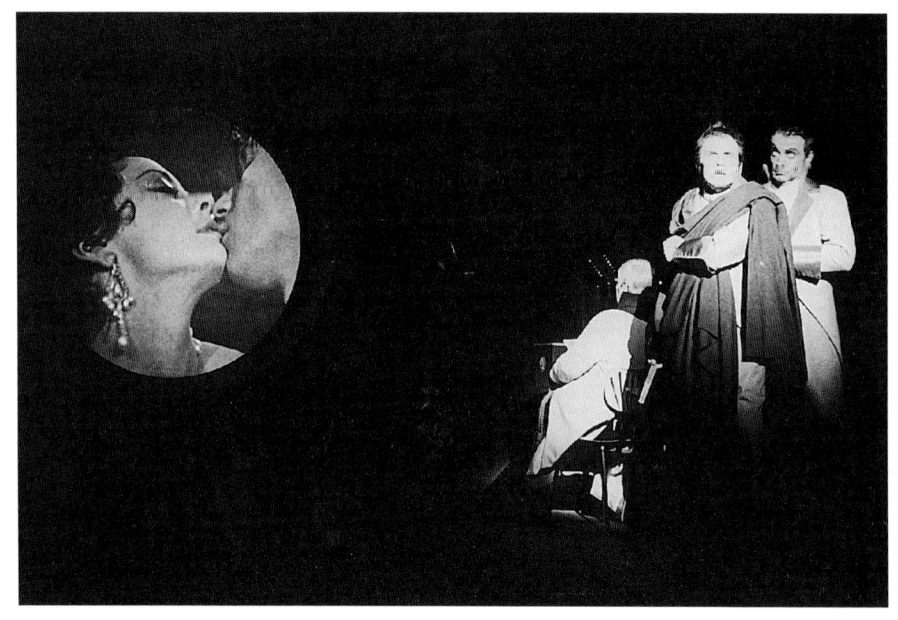

Abb. 143 (oben): Mummenschanz: Die Menge will die Reichtumskiste des Plutus plündern: »Was solls's ihr Toren? Soll mir das?/ Es ist ja nur ein Maskenspaß.«

Abb. 144: »Rittersaal« – Faust beschwört Paris und Helena. Nach Gründgens setzt nun auch Schröder das Medium des Films ein, hier mit Liz Taylor als ›Helena‹ und Richard Burton als ›Paris‹.

ein Werk, das in einer Restaurationszeit entstand, weshalb die politischen Probleme darin eine so gewaltige Rolle spielen, wobei auch die großen geistigen Komplexe von Deutschtum und Griechentum, Antike, Mittelalter und Moderne als aktuelle geistige Bewegungen verstanden und entsprechend dramatisiert werden. Ist dies noch eine Tragödie, wenn der Ironie und Kritik ein so überwältigender Anteil vom Dichter zugebilligt wird? Doch, eine Tragödie: Nur eines ist Faust hier nicht: ein ›faustischer Mensch‹ oder gar ein ›faustischer Deutscher‹. Grund genug also, dieses in der Tat ›inkommensurable‹ Werk nun ganz auf sich selbst zu stellen und aus sich selbst zu verstehen.«

Bühnenbau, Kostüme, Maske, Spielweise

Herausgeber und Redaktion der Zeitschrift *Theater heute* wählten diese Inszenierung zur Aufführung des Jahres, obwohl sich die Kritiker der Premiere sehr zurückhaltend in ihren Urteilen gaben. Die Herausgeber fällten ihre Entscheidung jedoch in erster Linie aufgrund des Besuchs von Repertoirevorstellungen nach der Premiere. In ihrer Begründung beschreiben sie im Jahresheft *Theater 1966* kurz die Art und Weise, wie jeder dieser fünf Akte dargeboten worden ist. Diese Beschreibungen seien hier aktweise integriert und durch Fotos unterlegt. In der Berliner Aufführung unterschieden sich die fünf Akte deutlicher voneinander, als dies in den bisherigen Einstudierungen anderer Theater gewesen ist.

»1. Akt, am Kaiserhof: Biedermeierkostüm, ein blasierter, leichtsinniger Herrscher, eigennützige Parteiungen unter den Höflingen, Ausbruch des Anarchischen im wilden Karneval (Trommeln im Dunkel wie bei der Basler Fastnacht), geile Reaktionen auf den kitschigen Farbfilm von Paris und Helena, schnelle Berauschung durchs fragwürdige Papiergeld. Faust und Mephisto, den Karrieristen, und ihrem rasanten Aufstieg entspricht ein korrumpiertes, leichtsinniges, hirnloses politisches und gesellschaftliches Getriebe.«

»2. Akt: Homunkulus und die Klassische Walpurgisnacht – betont wird der Weg des Homunkulus durch das (sehr sinnlich in Erscheinung tretende) Bildungslabyrinth. Homunkulus, der künstliche Mensch, gewinnt Natur, indem er ins Vorgestaltliche, ins feuchte, proteische Element, in den Urschleim, eintaucht. Das ägäische Fest und sein Höhepunkt, die ›Verführung‹ des Homunkulus durch Proteus wird – seit langem zum erstenmal – gezeigt. Ein antimetaphysischer, ein biologischer Prozeß, eine radikal andere ›Entwicklungs‹-Möglichkeit als die Faustens, wird aufgedeckt.«

»3. Akt: Helena. Auch hier kühnere Widersprüche als bisher. Die schöne Griechin, sonst gern als tönende Statue aufgefaßt, schillert: vom großen, schmerzlich rückblickenden Gefühl ist sie schnell bei der Todesangst angelangt (ist die blutrünstige, moritatenhafte Drohung des Phorkyas, Helena und die ihren als Opfer umzubringen, je so unverstellt vorgeführt worden?), aber ebenso schnell sind die Frauen zu neuer Lüsternheit entflammt, wächst aber aus der weibchenhaften Begehrlichkeit Helenas auch schon die frauliche Liebe und der mütterliche Schmerz. Schröder zeigt den dritten Akt als Drama der weiblichen Möglichkeiten, reich und stark in sich bewegt.«

»4. Akt, Winterschlacht im Gebirge: eine große politische Vision, wiederum scharf kritisch. Die Schrecknisse des Krieges treten in Erscheinung: Eitelkeit, Leichtsinn der Kommandierenden, die zu befehlen meinen, wo doch die Kriegsmaschinerie und ihre schreckliche Eigengesetzlichkeit sie schiebt. ... 5. Akt: Faustens Landnahme ist tief fragwürdig. Der alte, fahrige blinde Mann im weißen Tropenanzug faselt über die Schrecken, die Unmenschlichkeiten hin, die sein Name deckt. Die Philemon- und Baucis-Idylle ... ist von der tödlichen Drohung umstellt. Mephisto reitet auf den Lemuren heran, sie umdrängen Faust, der sterbend noch immer am Wahn festhält, Schöpfer zu sein, nicht Zerstörer.

Was berechtigt Schröder, nachdem er so viele Irrtümer, Versuchungen, Verfehlungen gezeigt hat, Faust – von einem Engels-Chor, der wie Rieseninsekten kostümiert ist – für gerettet erklären zu lassen? Hier wurde das Unzulängliche Ereignis, es wurde – radikale Ehrlichkeit des Inszenators – Theater-Ereignis, bloßer Brettervorgang, nur ein Gleichnis – eine Parabel von Gefährdung und Unzulänglichkeit des Menschen. Vom ganzen Schlußgesang in den Bergschluchten bleiben nur zwölf und acht Verse stehen.«

Regie und Besetzung

Da man bei möglichen Krankheiten der Hauptdarsteller nicht die gesamte riesige Inszenierung ausfallen lassen wollte,

Abb. 145 (oben): »Klassische Walpurgisnacht« – Proteus lockt Homunculus, damit dieser sich ins Meer ergieße, um so entstehen zu können.

Abb. 146: Helena und ihr Gefolge

Abb. 147: »Großer Vorhof des Palasts« – Mephisto lauert auf Fausts letzte Worte und auf seinen Tod.

wurden diese doppelt und, wie betont wurde, gleichwertig besetzt.

Regie: Ernst Schröder
Dramaturgische Beratung: Hans Mayer
Bühne: Bernhard Heiliger
Figurinen: Alexander Camaro
Musik: Herbert Baumann und Johannes Rediske
Faust: Wilhelm Borchert, Helmut Wildt
Mephistopheles: Erich Schellow, Ernst Schröder
Helena: Liselotte Rau, Edith Schneider

Einen Monat nach der ersten Premiere fand – von der Kritik gleichfalls beachtet – die zweite mit der anderen Besetzung statt, und Schröder berichtet über sein Spiel als Mephisto: »Vier Wochen später stand ich selbst dort oben auf der Bühne als Mephisto und kostete die Macht aus, die dem Schauspieler in solchen theatralischen Höhepunkten gegeben ist. Dabei war mein Gesicht von Tränen überströmt, nicht Tränen vor Ergriffenheit, sondern vor körperlichem Schmerz. Tränen, Schweiß und Schminke vermischten sich. ... Es war ein Vergnügen, die für Schellow erfundenen Stellungen, Figuren und Reaktionen nun mit eigener Intensität zu füllen. Die geistigen Bögen zu schlagen, die das Werk wie Stahlseile zusammenhalten, spannen und schließlich tragen. ... Die monströse Szene höhlte mich von Probe zu Probe mehr aus: sie nahm mir alles weg und gab mir alles neu. ... Von einem Kieferchirurgen ließ ich mir also für meinen Phorkias eine Prothese für den Oberkiefer machen mit nur einem Zahn. Die Zähne des Unterkiefers bedeckte ich für diesen Akt mit schwarzem Zahnlack. Der Maskenbild-

Abb. 148: »Bergschluchten« – Das Ensemble versammelt sich bei Arbeitslicht und hört schlicht 20 Verse aus dieser Szene, gesprochen über Lautsprecher von der kurz zuvor verstorbenen Schauspielerin Hermine Körner.

ner Hans Dublies, er hat mir dreißig Jahre mit viel Phantasie und Präzision geholfen, fertigte eine Teilmaske an, die das rechte Auge verschwinden ließ im grün geschminkten Gesicht. Dieses Grün forderte im letzten Akt Selbstverleugnung. Ich wollte, und auch Schellow wollte es, den betrogenen, um die Seele Fausts geprellten Teufel als ein armes Luder spielen, eine Art Oberheizer der Hölle, im Gegensatz zur letzten theaterhistorisch gültigen Mephisto-Interpretation, der von Gustaf Gründgens, der ihn bekanntlich als Gefallenen Engel darstellte« (60, 132).

Aufnahme durch Publikum und Kritik

Schon das Premierenpublikum war begeistert von diesem *Faust II*. Aber auch danach strömte ein neugieriges Publikum ins Schillertheater. Schröder berichtet, daß das Stück 150mal vor vollem Haus gegeben worden sei. Dies war der erste überzeugende und erfolgreiche Großversuch, Goethes Spätwerk einem breiten Publikum zu erschließen, und zwar durch das Medium des Theaters.[1] Die ausführlichen Berichte in den Medien und in der Fachpresse unterstützten dieses Unterfangen, denn sie lockten Publikum aus der ganzen Bundesrepublik nach Berlin.

Dennoch war die Kritik von dieser Inszenierung weniger überzeugt, auch deshalb, weil durch die vorangegangene Medienarbeit – und fast ein Jahrzehnt nach Gründgens' *Faust II* – die Erwartungen sehr hochgeschraubt waren. Doch auch die schroffe, fast brüskierende Art und Weise, wie hier in Berlin der zweite Teil losgelöst vom ersten dargeboten wurde, stieß auf Ablehnung. Dennoch – Theater lebt von der Provokation, und diese Berliner Provokation war heilsam für die Bühnengeschichte von Goethes gesamtem *Faust*.[2] Rolf Michaelis hat die wesentlichen Momente der Kritik im Juni-Heft 1966 von *Theater heute* zusammengefaßt, wobei er seinen Beitrag, ebenfalls provozierend, mit den Worten »Der halbe Faust« über-

schrieb: »Ernst Schröder als Regisseur, Professor Hans Mayer als ›dramaturgischer Berater‹ wollten ein neues Stück auf die Bühne bringen, ›Faust II‹ als ›eigenständiges Werk‹, unabhängig von ›Faust I‹. Nicht zuletzt deshalb läuft die groß angelegte, unkonventionelle Aufführung rasch auf Sand. Schröders Besessenheit teilt sich mit, Schauspielern und Zuschauern. Die Aufführung lebt aus der bohrenden Intensität dieses Regisseurs. Sein Elan, seine nervöse Vitalität treiben die fünf Akte an, fast fünf Stunden lang. Ein mächtiger Wille spricht sich aus. Ungewöhnliche Energie, an unseren Theatern nicht mehr selbstverständlich, will den ausladenden zweiten Teil eines Stücks für die Bühne zurechtbiegen – und verfehlt gerade dadurch die Gelassenheit, mit welcher der alte Dichter seine ›sehr ernsten Scherze‹ ausspinnt. Mit philologischen Beweisen, mit Ansprüchen inszenatorischen Willens ist Goethe nicht beizukommen. Seinem dramatischen Gedicht muß man sich anvertrauen, auch dessen Widersprüchen. Schröder läßt sich nicht tragen. So bleibt er draußen. Das ist auffälligster Unterschied zu Gründgens, an dessen Inszenierung gleichwohl Schröders Leistung gemessen werden kann. Gründgens ließ sich von Goethe führen und gewann damit große Freiheiten, ändernd und verwandelnd das große Drama durchsichtig zu machen für unsere Zeit. Schröder, von Hans Mayer souffliert, versucht vergeblich, das Gesetz des Handelns an sich zu bringen. Wir sehen kein Drama, sondern eine Revue. So billig ist Goethes ›Modernität‹ nicht zu haben.«

Michaelis erkennt dieser Inszenierung dennoch ihre unvergleichliche Qualität zu, denn sie stehe über dem Salzburger Barockspektakel von Leopold Lindtberg (1963) und über dem Frankfurter Mysterienspiel Heinrich Kochs (1964), da beide an der Tradition des 19. Jahrhunderts angeknüpft hätten, während Schröder den Text hinterfrage: »Und noch hinter den Antworten, die er bietet, spürt man die Unruhe eines kritischen Geistes. Schröders Inszenierung erregt – und nicht nur Widerspruch.«

Theatergeschichtliche Würdigung

Schröder und Mayer boten nicht nur eine großartige, von Bühnenbau und Kostümabteilung intensiv unterstützte *Faust II*-Revue, sondern sie nahmen auch der Titelfigur eine falsche Aura, wie dies auch die Literaturwissenschaft zu Beginn der 60er Jahre zu formulieren begann, beispielsweise durch Schwerte oder Friedenthal. Die Herausgeber von *Theater 1966* rechtfertigen ihre Wahl, Schröders *Faust II* als Aufführung des Jahres erwählt zu haben, obwohl sie auf unverkennbare Schwächen hinweisen: »Unsere knappe Beschreibung könnte den Eindruck erwecken, die Berliner Aufführung zeichnete sich vor allem durch große Linien, durch die Geschlossenheit der voneinander abgesetzten Akte aus. Das ist in der Intention, leider nicht immer in der Verwirklichung so. Die Unvollkommenheiten (die sich beseitigen ließen) liegen wohl darin, daß sich viele teils intelligente, teils forcierte Details vordrängen. An sie hat sich die Kritik gleich nach der Premiere angeheftet. Wir sind uns der Kalamität bewußt, daß wir als ›unsere Aufführung des Jahres‹ ein unausgeglichenes Werk präsentieren, eines, bei dem Konsequenz und Vitalität, Intelligenz und Theatralik manchmal noch im Streite liegen. Die Grundlinien, die wir zu ziehen versucht haben, sind nicht immer deutlich genug hervorgetreten. Aber sie sind vorhanden, sie sind auszubilden – und sie rechtfertigen es, von der Berliner ›Faust II‹-Inszenierung zu sprechen als dem wichtigsten Schritt auf dem Wege, das größte Theater-Gedicht unserer Sprache für die lebendige Bühne zu gewinnen.« Die Editoren von *Theater heute* taten das Ihrige zur Wirkung dieses *Faust II*: Nie mehr wurde eine andere Inszenierung durch den Abdruck von 70 Fotos, Probennotizen, des Besetzungszettels und umfangreichen Textbeiträgen so ins Rampenlicht gestellt.

---

[1] Abgesehen von den Darbietungen in Dornach (s. o., S. 114 ff.).

[2] Das Presseecho ist im Jahresheft *Theater 1966* reflektiert, ebenfalls im Katalog *Faust und Mephisto*. (62).

49. Entrümpelung und Pop I: Joachim Heyses *Faust I* in Bochum (1967)

In einem von Schröder und Mayer erneuerten *Faust*-Klima wagen sich jüngere Regisseure an Goethes Drama. Hans-Joachim Heyse gehört in Bochum zu diesen Newcomern. Ekkehard Grüber baute eine ausladende Simultanbühne, die bewußt Assoziationen zur sogenannten Mysterienbühne provoziert. Wie 1875/76 bei Devrient in Weimar beginnt der »Prolog im Himmel« auf der Oberbühne. Außer seiner luftigen Höhe deutet aber, was die Kulissen anbelangt, nichts auf einen ›realen‹ Himmel hin. Von dort oben tritt Mephisto aus dem Engelschor heraus und bleibt beiseite. Der Herr und sein teuflischer Widerpart blicken hinab auf den Bereich Fausts, wo die Titelfigur bereits sinnierend auf dem unteren Teil der Bühne verharrt.

Das Oben und Unten erweist sich als dramaturgischer Kniff, denn fortan spielen alle Szenen, die in großen und offenen Räumen angesiedelt sind, auf dem oberen Teil der Bühne, während alle Szenen in geschlossenen Räumen auf dem unteren Teil dargeboten werden. Damit wird zugleich deutlich, daß hier nicht eine Art Mysterienbühne in moderner Form fungiert, sondern diese Einteilung hat lediglich szenentechnische Bedeutung. Grell und bunt sind die Farben, popartig die Bühnenmusik von Dieter Schönbach – in diesen Beziehungen ein möglicher Wegbereiter für Inszenierungen in der 2. Hälfte der 70er Jahre. Was sich ein Jahr zuvor in der Berliner *Faust II*-Inszenierung manifestiert hat, wird auch hier fortgeführt, denn Faust und Mephistopheles treten als gleichgesinnte Kumpane auf, die weitgehend gemeinsame Sache machen, einem insgeheimen Einverständnis folgend.

Die sogenannte Entrümpelung bezog sich vor allem auf den Sprechstil eines mit sehr guten Schauspielern besetzten Ensembles, was einer Kritik A. Schulze-Vellinghausens am 10. April 1967 in der *Frankfurter Allgemeinen* zu entnehmen ist: »Entrümpelung? Was gehört dazu? Als wichtigstes, die geflügelten Worte in denkende deutsche Konversation zu verwandeln; sie mithin bestehen zu lassen und sie gleichwohl aus dem Gipsschrank denkmalhafter Wirkungslosigkeit herunterzuholen. Entgegen Heyses temperamentvollem Angriff gegen Peter Handkes Versuch, extremen Versuch, ›die Sprache wahrhaft beim Wort zu nehmen‹, hat dieser hochbegabte Regisseur praktisch ein Ähnliches unternommen (er möge mich deshalb nicht umbringen wollen!): Er hat, soweit es in den Mitteln dieses (in summa großartigen) Ensembles stand, Goethen und dieses unser ›Nationalstück‹ tatsächlich, von unserer Gegenwart her, ›beim Worte‹ genommen. Stimmen wurden Stimmen, Gebete wurden Gebete (siehe Hildegard Schmahls ›Ach neige‹ im Rhythmus des Spinnens und dazu in entsetzlicher Einsamkeit frontal postiert); Axiome wurden denkerische Axiome; Abscheulichkeiten Abscheulichkeit (siehe Denunziation der Mädchen am Brunnen) – und, ein weiteres Beispiel, Valentins Text (hinreißend gesprochen und gespielt von Edgar Hoppe) wurde zu dem, was sich plötzlich entdecken ließ: zu einer visionären Vorwegnahme jener anderen hessisch-deutschen Sprachgroßtat: Vorwegnahme von Büchners ›Woyzeck‹ (von 1837).

Das alles konnte Herrn Heyse so nur gelingen, weil er einige der besten Sprecher von Bochums Bühne, mithin einige der besten Sprecher des deutschen Theaters zur Verfügung hatte. ... Man darf, man muß beginnen bei dem Hauptpaar Faust/Mephisto – hier bis zu den Graden eines Doubles als wechselseitige Ergänzung vorgeführt. Mit Will Quadflieg, dem Hamburger Faust, verglichen, hat Karl-Heinz Pelser die Mischung von Jugend und Reife voraus, die es ihm erlaubt, die sonst so pathetische Verjüngung als weniger wichtig zu umgehen. ... Uttendörfer als Mephisto gab ihm mit all seiner Wendigkeit, Gescheitheit und Bühnenerfahrung pari. Die beiden wurden oftmals zur Einheit.«

50. Entrümpelung und Pop II: Max Fritzsches *Faust I* in Köln (1967)

Abb. 149 (links): Der Osterspaziergang im Modell von Max Fritzsche

Abb. 150: René Deltgen als Mephisto (links), Siegfried Wischnewski als Faust

Noch greller, bunter in Bühnenbild und Bühnenmusik sowie deutlicher in der Negativzeichnung von Faust und Mephisto als bei Heyse ist die Kölner *Faust I*-Version von Fritzsche. Auch hier ist das Bühnenbild in einen oberen und einen unteren Bereich gegliedert, so daß sich der Spielraum – sicherlich unbewußt – anlehnt an die dreistöckige Mysterienbühne Devrients. Die den oberen mit dem unteren Bereich verbindende Schräge kann ideal für Szenen wie »Vor dem Tor« oder die »Walpurgisnacht«, wo das luftige Hexengesindel vom Schnürboden herunterbaumelt, benutzt werden.

Max Fritzsche geht bei seiner Inszenierung vom »Vorspiel auf dem Theater« aus, aber eine gewisse Furcht, ins Herkömmliche und Klischeehafte zu verfallen, führt zu einer Art Kahlschlagszenerie, bei der die meisten Nebenfiguren nur noch als Puppen im Raum hängen, vor allem in Massenszenen wie der »Walpurgisnacht«. Nicht wie bei Gründgens werden die fehlenden Kulissen im Kopf des Zuschauers als theatralische Phantasie evoziert, sondern dieser Kölner *Faust* wird mit grellen Pop-Effekten ausstaffiert, musikalisch wie farblich. Noch mehr als in Bochum trägt die Darstellung von Faust und Mephisto die Früchte der *Faust II*-Inszenierung von Schröder 1966 in Berlin: Dioskurenhaft treten die beiden auf, nicht nur gleich gekleidet, sonder auch gleich in Statur und Physiognomie, der eine scheint das Spiegelbild des anderen zu sein.

Fritzsche wollte zeigen, daß auch das Böse in Faust liegt, dementsprechend ließ er die Titelfigur in allen Szenen agieren. Volker Canaris bestätigt dies in *Theater heute* vom August 1967: »Siegfried Wischnewski ist ein vitaler, zynischer Faust, herrisch im Umgang mit seinem Subalternen Wagner, sich selbst belauschend bei den Gefühlsreaktionen, die immer wieder mit bösem Gelächter zersetzt werden. Seine ›Liebe‹ zu Gretchen [gespielt von Jennifer Minetti] erscheint als sexuelle Besitznahme: das Religionsgespräch wird in diesem Sinn denunziert, wenn Wischnewski seine Partnerin zwischen den schönen Worten mit immer gierigeren Küssen überfällt, nach ihrem Körper, ihren Brüsten, ihren Schenkeln greift. Rückwirkend wird dadurch auch das Erkenntnisstreben als Versuch des Verfügbarmachens, der Machtausübung entlarvt (zumal Wischnewski das von dem gleichen brutal vitalen Gestus her spielt). Dieser Faust ist

ein rücksichtsloser Machtmensch, der das Geistige nur als Verbrämung, als Ideologie benutzt.
Konsequent erscheint der Teufel (René Deltgen) als alter ego Fausts – schon in Physiognomie und Kleidung (beide in Schwarz) gleichen sie sich wie Zwillingsbrüder; Deltgen tritt bei der Beschwörung direkt hinter Wischnewski hervor, das Böse kommt aus Faust heraus; Arm in Arm gehen sie am Ende ab: Mephisto verkörpert nur das Böse, das in Faust liegt. Deltgen ist kein brillanter ›Verwirrer‹, er geht ironisch kommentierend, überlegen, mit wissender Gelassenheit neben dem Geschehen her.«

Die Inszenierungen von Fritzsche und Heyse entwickeln nicht nur die Ansätze von Gründgens (abstraktes Bühnenbild) und Schröder (Faust und Mephisto als Gleichgesinnte) weiter, sondern sie entdecken für die Bühne auch das Negative an der Faust-Figur, das wenige Jahre zuvor in der Literaturwissenschaft betont worden ist. Im Verbund mit ihrer forschen Spielweise entwickeln sie einerseits den Ansatz von Brecht aus den Jahren 1952/53 (s. u.) weiter, andererseits bereiten sie so den Boden für einen weiteren unbefangenen Umgang mit Goethes *Faust* auf dem Theater, vornehmlich durch jüngere Regisseure in den 70er Jahren.

51. *Faust*-Digest: Istvan Bödy und Ingo Waßerka kürzen beide Teile von 12 111 auf 3662 Verse und erzählen den Darmstädtern ihre *Faust*-Geschichte (1975)

Motive und Konzeption

Im Jahre 1974 sichteten der Dramaturg Waßerka und der Regisseur Bödy sämtliche *Faust*-Dichtungen Goethes einschließlich aller Entwürfe und Paralipomena. Das theatralische Ergebnis ihrer Bemühungen präsentierten sie Anfang 1975 am Staatstheater Darmstadt der Öffentlichkeit: »›Faust‹. *Tragödie in vier Abschnitten von Johann Wolfgang Goethe. Bearbeitung für einen Abend*«. In einem *Lesebuch zur Inszenierung* erläutern die Bearbeiter ihre Vorgehensweise: »Warum Faust eins und zwei an einem Abend? Nichts soll damit bewiesen werden, nicht, daß beide Teile aus einem Guß sind, nicht, daß Goethe erst auf die Sprünge geholfen werden muß, nicht, daß alle Faust-Regisseure und -Bearbeiter vor uns auf dem Holzweg waren. Es soll eine Geschichte erzählt werden, eine exemplarische, realistische, märchenhafte, theatralische, poetische, komische, auch sentimentale Abenteuergeschichte des Geistes. Und da es pervers ist, eine Geschichte zu beginnen, und, kaum begonnen, abzubrechen, um sie gar nicht oder nach Jahren zuende zu erzählen, haben wir das gesamte Material, eins und zwei und Entwürfe und Skizzen, gebraucht. Das Schimpfwort von Goethe-Digest wird schnell zur Hand sein. Aber nicht jeder Vers des Olympiers ist olympisch, und im zweiten Teil sind die Ausflüge des poeta doctus durch die abendländische Kulturgeschichte umfangreich, verschlüsselt und langweilig.

Also streichen. Ganz konzentriert die Geschichte verfolgen: Dr. Heinrich Faust auf den Stationen seiner Lebens- und Welt-Fahrt. Natürlich ist diese Geschichte eingebettet in die ontologische Versuchsanordnung: Sein oder Nichtsein, Gott gegen Teufel – das ist der Motor. Aber Philosophie hat nur hier Platz, nicht in der Geschichte selbst, die ist eine Folge von Stationen, Stimmungen, Figuren-Konstellationen. Der Geist der Goethezeit und andere Geister interessieren uns herzlich wenig. Allerdings sagt man uns, Goethes Faust sei die Bibel der Deutschen und habe in keines Stalingrad-Landsers Tornister gefehlt. Das ist hoffentlich ein Gerücht. Trotzdem haben wir uns Sorgen gemacht, deutscher Schulmeister-Fleiß könne über eineinhalb Jahrhunderte hin Fausts Landsleuten das ›Wer immer strebend sich bemüht‹ so eingebleut haben, daß sie vor lauter Gläubigkeit angesichts dieser DICHTUNG das Beobachten, das Denken und das Vergnügen verlernt haben. Unser Beitrag zur Kritik solch ehrfürchtiggebückter Geisteshaltung: eine direkte Erzählhaltung: Fausts Geschichte als Trivial-Geschichte, naiv und humorvoll erzählt. Goethe lieferte dazu das Stichwort: ›Gil Blas‹. Im übrigen haben wir Goethe sowieso auf unserer Seite: ›Machen Sie mit meinem Faust, was Sie wollen‹ – mag dieser Goethesche Satz an den Braunschweiger Theaterdirektor Klingemann verbürgt sein oder nicht« (20, 2).

Bühnenbau, Kostüme, Maske

Ein hölzernes Faust-Haus dominierte in vielen Szenen die Bühne, das auf diversen Ebenen bespielt werden konnte. Das schmale Gerüst war so konzipiert, daß auch die Seitenbühnen in das Spiel miteinbezogen werden konnten. Fausts Studierzimmer war wie bei Spitzwegs *Armem Poeten* in der Dachstube eingerichtet, von wo er auch den Osterspaziergang beobachten konnte. Das mehrstöckige Faust-Haus auf der Bühne ließ rasche Szenenfolgen zu, sogar simultan wurde bei diesem extrem verkürzten *Faust* gespielt, denn während Faust sich im unteren Stockwerk der Disco-Orgie der Walpurgisnacht hingab, durfte Gretchen im oberen Bereich ihre verzweifelten Monologe (Spinnrad, »Zwinger«) sprechen. Szenenwechsel gab es in der Gretchentragödie nicht, die kurzen Bildabfolgen gingen rasch fließend ineinander über. Um für weitere Szenen nutzbar zu sein, beispielsweise in einigen Szenen der Gretchentragödie, konnte dieses Haus auch gedreht und anderweitig mit Mobiliar bestückt werden. – Kostüme und Maske warfen keine gesonderten Probleme auf, denn die Darsteller spielten vornehmlich in Straßenkleidern der 70er Jahre, aber auch leichte Anklänge an die Biedermeierzeit waren zu sehen.

Strichfassung

Daß rund zwei Drittel des Textes nicht gespielt worden sind, wurde bereits dargelegt. Die verbliebenen 3662 Verse teilten sich bei einem fünfstündigen Spiel (einschließlich drei Pausen) wie folgt auf:

1. Abschnitt: Des Pudels Kern
1. Bild: Auf der Erde
2. Bild: Fausts Haus
   A. Nacht
   B. Ostertag
   C. Nacht
   D. Verjüngungs-Zauber
– Kurze Pause –
2. Abschnitt: Gretchen
3. Bild: Bösinghausen
4. Bild: Bacchanal/Dom/Kerker
5. Bild: Freies Feld
6. Bild: Kerker
7. Bild: Anmutige Gegend
– Pause –
3. Abschnitt: Helena
8. Bild: Am Hof des Kaisers
9. Bild: Fausts Haus
10. Bild: Thessalien
11. Bild: Arkadien
12. Bild: Gebirgige Gegend
– Kurze Pause –
4. Abschnitt: Fausts Tod
13. Bild: Nördlicher Meeresstrand
14. Bild: Rosenkrieg

Regie und Besetzung

Regie: Istvan Södy
Dramaturgie: Istvan Södy und
Ingo Waßerka
Bühne: Thomas Richter-Forgach
Kostüme: Wilhelmine Bauer
Musik: Peter Janssens
Faust: Rolf Idler/Dieter Wernecke/Fritz Fürbringer
Mephisto: Aljoscha Sebald
Gretchen: Cordula Gerburg
Helena: Ortrud Groß

Aufnahme durch Publikum und Kritik

Die Rezensenten der großen Tageszeitungen und der Fachpresse wie *Theater heute* waren der Ansicht, das Darmstädter Team sei mit dieser großen Aufgabe überfordert gewesen. Man habe einen falschen Ehrgeiz entwickelt, und vor allem habe man den zweiten Teil unbekümmert und naiv nacherzählt. Eine triviale »Digest-Fassung« hätte man in Darmstadt zu sehen bekommen. Eine dermaßen gekürzte Fassung setze auch beim Zuschauer die Kenntnis des gesamten *Faust* voraus, wolle er der Handlung folgen können.

Abb. 151: »Vor dem Tor« – Ganz gegen Goethes Regieanweisungen sind Faust und Wagner mittels Balkon an das Studierzimmer-Haus gefesselt.

Abb. 152: Bildseite aus dem Darmstädter Programmheft. Oben links ist das umgedrehte Faust-Haus zu erkennen, mit Marthes Stube und Gretchens Zimmer.

Daß der zweite Teil drastisch zusammengestrichen und meist flapsig-burschikos-unbekümmert gespielt worden sei, wurde am meisten kritisiert. Nicht gelungen seien insbesondere die Helena-Handlung und die »Bergschluchten«, wie Klaus Colberg am 11. Januar 1975 in den *Kieler Nachrichten* betont. Die Entscheidung, Faust durch drei Schauspieler (alt – jung – Lebensmitte) verkörpern zu lassen, wurde weitgehend akzeptiert. Fritz Fürbringer erhielt als alter Faust die besten Noten. Bernhard Rzehek schrieb am 10. Januar 1975 im *Darmstädter Echo*: »Faust in drei Darsteller aufgeteilt: diese Idee bewährt sich, sie verlangt von keinem Spieler Überanstrengungen: weder von Rolf Idler als dem Goethischen Jüngling, noch von Dieter Wernecke als dem bedächtigeren, dabei verspielten Faust des mittleren Alters. Und dies ermöglicht Ernst Fritz Fürbringer, sich ganz auf den alten Faust zu konzentrieren: Anfangs- und Schluß-Monolog mit Zitaten gespickt, spricht er wie zum ersten Mal, kraftvoll, sinnfällig, ohne Denkmalsgewichte, aber auch ohne verschämtes Überspielen. Dieser Faust ist ein Herr, kein Heros, auch keine Karikatur, ... ein Herr mit Würde und Humor.« Einhelliges Lob erhielt von allen Kritikern Aljoscha Sebald als Mephisto, der in allen Belangen und in allen Szenen überzeugt, diesen Darmstädter *Faust* gar gerettet habe, da er die fehlende Einheit in dieses *Faust*-Spiel gebracht hätte.

Trotz mancher Einwände wurde die Inszenierung von vielen Kritikern als gelungen und als Publikumserfolg bezeichnet. Die Doppelnatur dieses *Faust* wird in einem Urteil des *Wiesbadener Kuriers* vom 10. Januar 1975 wie folgt gesehen: »So schlägt dieser Super-Faust zwar optisch eindrucksvoll den Bogen der ganzen Dichtung, aber inhaltlich muß ihn der Zuschauer selbst noch einmal nachvollziehen. So schad es ist: letztlich verlieren beide Teile.« Im *Darmstädter Echo* wies Rzehek auf den »Publikumserfolg« hin: »So sah man Szenen aus dem Leben eines seltsamen Gelehrten und seines unheimlichen Gefährten: einen ›Faust‹ fernab von philologischer Betrachtungsweise, nicht nur mit Strichen, auch mit Umgruppierungen, Neu- und Dazudichtungen, gekappt nicht nur um die Metaphysik, sondern auch um die wichtigsten Dimensionen der Titelfigur. Dafür einen farbigen Bilderbogen, unbesorgt um einheitlichen Stil. Stürmischer Beifall. Bravorufe für Gerburg, Sebald, Fürbringer – der Unterhaltungswert scheint somit erfüllt, die besorgte Absicht, ›Faust‹ vom Denkmalssockel zu stürzen, vielleicht auch. Aus den Scheiben dieses Sturzes erhebt sich ein Stück von Goethe-Bödy-Waßerka – jedoch das Beste dran ist immer noch vom erstgenannten Autor.«

Der Darmstädter *Faust* aus dem Jahre 1975 war ein Weg, beide Teile auf spielerischem und heiterem Weg zu erschließen. Auch dies darf als ein Verdienst gesehen werden und als Anregung für Inszenierungs- und Spielversuche von Claus Peymann (Stuttgart) und Christoph Schroth (Schwerin).

52. *Faust*-Variationen: Klaus Michael Grübers *Faust Salpêtrière* als Wanderung durch eine Pariser Kirche (1975)

Motive und Konzeption

Ein eigenwilliges Projekt um die Faust-Thematik wurde in den Räumen einer Kapelle realisiert, die zum Krankenhauskomplex des Pariser Hospitals Salpêtrière gehört. Dort hatten der Regisseur Klaus Michael Grüber, der Bühnenbildner Gilles Aillaud und der Kostümdesigner Eduardo Arroyo sechs Spielräume geschaffen, in denen der gesamte *Faust*, frei nach Goethe, dargeboten wurde. Die dabei verwendete Prosatextfassung umfaßte beide Teile, gekürzt auf ein Zehntel des Originals: Die Übersetzung war jene von Gérard de Nerval, der vier Jahre vor Goethes Tod seine Prosafassung abgeschlossen hatte.

Während der Aufführung durchwandern etwa dreihundert Zuschauer mit den dreizehn Akteuren die Spielräume, in denen man gehen, stehen, sitzen oder liegen kann. Bei dieser eigenartigen Faustwanderung tragen Faust und Mephisto lange, dunkelgraue Mäntel sowie Hut und Koffer, wobei sich in Fausts Koffer seine Seele befindet, nach der Mephisto trachtet. Der erste Teil wird im Zentralraum, dem großen Kirchenschiff, gegeben, aber bei der Aufführung von *Faust II* begleiten die Zuschauer Faust und Mephisto von Seitenschiff zu Seitenschiff auf seinem Weg durch die »große Welt«. Goethes Text hat auf dieser Reise durch den *Faust* mehr begleitende als leitende Funktion, denn in dieser Inszenierung, die Georg Hensel am 28.6.1975 in der *Frankfurter Allgemeinen* »Regie- und Genietheater in seiner extremsten, einsamsten Form« nannte, kann es nicht mehr um exakte Textvermittlung gehen, sondern um eine visionäre Nachzeichnung der elementarmenschlichen Grundsituationen in surrealistisch evozierten Bildern. Wie verdichtet Szenen und Szenenfolgen waren, zeigt sich beispielsweise in der Paktszene, die auf einen einzigen Messerstich zusammenschnurrt, den Faust in einen mitten im Zentralraum baumelnden Sack ausführt. Der herausrinnende Sand symbolisiert den unaufhaltsamen Ablauf, der Gretchens Schicksal zeitigt: am Schluß des ersten Teils endet ihr Leben an dem stetig gewachsenen Sandhaufen.

In Probennotizen – wiedergegeben im Jahresheft *Theater 1975* – erklärte Grüber, in seiner Fassung habe er jene zehn Prozent aus beiden Teilen herausgeschnitten, »die uns interessieren, die wir verstehen und die wir deshalb verantworten können. Deshalb nicht vom Stück ausgehen, sondern jeder von sich selbst und seinen Erfahrungen. ... Vorspiel im Himmel: Gott und Mephisto haben sich an einem bestimmten Ort verabredet (konkret für uns heißt das: in einer Kirche). Sie sind keine mythologischen Figuren, sondern zwei graue Alltagspersonen, anonym, erst indem sie sprechen, erschließt sich ihre Identität. ... Das Treffen ist dringend. Gott ist auf Mephistos Hilfe angewiesen, er braucht

Abb. 153: Der erste Teil des *Faust Salpêtrière* wurde im Zentralraum der Kirche gegeben. In der Mitte baumelt der Sandsack, in den Faust mit dem Abschluß der Wette ein Messer sticht. Im Hintergrund sichtbar ist ein Nebenraum als ein weiterer Spielort für *Faust II*.

Abb. 154: »Bergschluchten« – Faust hat im Vorgefühl des höchsten Augenblicks seinen Koffer, das Symbol der Reise und seiner Seele, aus der Hand gleiten lassen. Gretchen schützt ihn auf einem Alter vor dem lauernden Mephisto (links im Bild).

von ihm die Bestätigung seiner Schöpfung, aber Mephisto verweigert sie. Gegen diese Negation setzt Gott den Menschen, der seiner Vorstellung am weitesten entspricht: Faust. Mit ihm soll die Probe aufs Exempel gemacht werden. Mephisto ist sicher, daß er diese Wette gewinnen wird. ... Faust ist bei der ›Geschäftsabsprache‹ anwesend, er arbeitet an einer Druckmaschine im Hintergrund; wenn er auftritt, begegnet er den beiden. Auch der Erdgeist ist schon da, er ist ein ›Reisender‹ wie die anderen. Alle tragen lange, schwere, durch graue Farbe versteifte Mäntel, sie haben Hüte auf und kleine Koffer in der Hand.« Gott, Mephisto und der Erdgeist gehen anfangs im Mittelschiff umher: »Drei fremde Personen in einem Raum, Irritation, Verlegenheit – wie verhält man sich? ... Versuch, an dieser Anfangsszene schon alle Schauspieler (insgesamt dreizehn) zu beteiligen. Sie sollen Beziehungen, Spannungen zwischen Person und Raum, zwischen Personen untereinander erforschen. ... Der erste Versuch ergibt ›Tourismus‹, man ›spielt‹ Neugier, Umhergehen, Atmosphäre. ... Probe mit allen Schauspielern. Sie sind Reisende, Besucher, ratlos. Assoziationen zu Bahnhofshallen, zu Vorstadtplätzen.«

Faust wird in seinen Monologen als Einsamer gezeigt, »monomanisch auf sich und sein Denken konzentriert, er lebt nur im Abstrakten, man kann ihn sich im Alltag nicht vorstellen. ... Faust bleibt ›zu Hause‹, das Außen kommt zu ihm in Form von Besuchern (Erdgeist, Mephisto, Wagner, stumme Personen, auch die Bauern trifft er nicht auf dem Osterspaziergang, sondern sie kommen zu ihm ...). Im zweiten Abschnitt nach der Wette geht Faust mit Mephisto ›nach draußen‹, er *macht* Besuche (Auerbach/Hexenküche/Gretchen/Walpurgisnacht/Trüber Tag-Feld).« Im zweiten Teil spielen die Szenen »Kaiserliche Pfalz«, »Hochgebirge« und »Palast« in den acht Seitenschiffen.

Spielweise

Rolf Michaelis berichtete in *Theater heute* (7/1975) von einer betörenden, verstörenden, faszinierenden Aufführung: »Durch die Gewölbe und Bogengänge dieses in den Jahren 1670 bis 1677 ... konzipierten Sakralbaus zieht das Publikum mit Faust auf dessen Lebensreise. ... Das Spiel beginnt im fast runden Hauptschiff. In drei Seitenräumen sitzt – noch fast wie im guten alten Theater – das Publikum gestaffelt, am Premierenabend auch ... Bernhard Minetti. Später wird man stehen, zwischen den Schauspielern hin und her gehen, auf doppelstöckigen Betten sitzen (›Kaiserliche Pfalz‹), auf dem Boden oder auf feuchten Säcken Platz nehmen (›Innerer Burghof‹, II, 2) oder im Kirchengestühl hocken (›Hochgebirg‹, ›Palast‹, II, 4 und 5). Zu Beginn jedoch, während der ›Tragödie erster Teil‹, im kahlen Oktogon dieses schönen Sakralbaus, zwingt Grüber den Zuschauer-Zuhörer zu Aufmerksamkeit auf die geringsten Nuancen eines bewundernswert ›armen Theaters‹. Der erste Teil des Abends, in dem Grüber ganze Tragödienakte in eine Geste, einen Blick, ein lastendes Schweigen rafft, gehört für mich zum Erregendsten, was ich in dieser Spielzeit gesehen habe.«

Die unisono in Mantel und Hut gehüllten, kofferschleppenden Antagonisten Faust und Mephistopheles gleichen in

Grübers *Faust Salpêtrière* einsamen Alltagsmenschen einer anonymen Gesellschaft, heimatlosen und ziellosen Emigranten, die einfach unterwegs sind und dabei ihr Schicksal erleiden. Eben weil die Zuschauer im zweiten Teil regelrecht zu »Mitläufern« werden, sind die »Helden« des Spiels nicht sonderlich herausgehoben, sondern gehören auch einer Masse Mensch an. Kein eigentliches und besonders abgehobenes Spiel zeichnet die beiden Hauptfiguren aus, sondern das gemeinsame Erleiden einer visionären Verfremdung.

Allein Mephisto ist ein wenig herausgehoben aus dieser Menge, worauf Michaelis hinweist: »Einer trägt rote Handschuhe und ein rotes Glühlämpchen am linken Mantelrevers, das sein Gesicht unheimlich von unten anstrahlt und schattenhaft verzerrt: schwacher Reflex höllischer Glut – Mephisto, dämonischer Außenseiter. In fünf Stunden wird dieser Mephisto viermal die Gestalt und einmal das Geschlecht wechseln, wenn eine Schauspielerin die Teufelsrolle übernimmt.«

Auch das Draußen spielt eine Rolle in *Faust Salpêtrière*, denn in der Szene »Anmutige Gegend« beginnt ein Scheinwerfer die Szene zu erhellen, der vor der Kirche auf einer Linde angebracht ist. »Dazu dringt«, so Michaelis, »aus einem durch eine große Tür verschlossenen Seitenschiff immer lauter werdende Jahrmarktsmusik. Ein Herold erscheint und bittet das Publikum in den hell erleuchteten kaiserlichen Palast, der dort aufgebaut ist. Und damit beginnt der Pilgerzug Fausts und der Zuschauer durch die ›große Welt‹ durch sämtliche Räume der Kirche und im großen Umzug einmal um das halbe Gebäude herum.«

Das Spiel endet mit der Rettung von Fausts Seele. Die Worte »Verweile doch, du bist so schön« spricht Faust auf einer Kanzel stehend, dabei entgleitet ihm sein Seelenkoffer, der von der Kanzel stürzt. Gretchen rettet den Koffer, indem sie ihn auf einen Altar legt, wo ihn Hunderte brennender Kerzen vor dem Zugriff Mephistos schützen.

Grübers Faust endet nicht mit Goethes Worten vom »Ewig-Weiblichen«, sondern mit Gretchens Bitte: »Vergönne mir, ihn zu belehren/ Noch blendet ihn der neue Tag.« Trotz des ungewöhnlichen Vorgehens waren diese Varianten und Variationen über Goethes Faust-Themen eng an die Mythologien des Dichters gebunden: »So weit Grüber von Goethe wegzugehen scheint, so sicher führt sein Weg zu Goethe zurück«, urteilte Hensel in einer ausführlichen Würdigung der Inszenierung (s.o.). Rolf Michaelis meinte, so provozierend dieser *Faust* auch sei, diese Darbietung sei »eine Aufforderung zu neuer Auseinandersetzung« mit Goethes Drama. – *Faust* wurde in dieser Pariser Kirche durch Grüber für ein heutiges Publikum interpretiert.

53. Frivoler Spieltext: Claus Peymann, Achim Freyer und Hermann Beil schreiben mit ihrem »Stuttgarter *Faust*« Theatergeschichte (1977)

Extrem fielen die Reaktionen aus: Nach fünfmonatiger Probezeit fanden sich unter den 700 Premierengästen im Kleinen Haus der Staatstheater Stuttgart etwa 100 Kritiker aus aller Welt ein, um das angekündigte Spektakel mitzuerleben. Der überwiegende Teil der Kritik war schließlich voll des Lobes: Endlich sei Goethes *Faust* als Inbegriff des Theaters erfaßt worden, rühmte etwa Günter Rühle in *Theater heute*, Susanne Ulrich sah in der *Augsburger Allgemeinen* den »ganzen *Faust* vom Klischee befreit«. Aber man konnte auch Gegenteiliges lesen: »Klassikerschmäh im Monumentalverfahren« murrte Dietmar N. Schmidt im *Deutschen Allgemeinen Sonntagsblatt*, und Günther Schloz klagte in der *Deutschen Zeitung Christ und Welt*, Peymann habe »zehn Stunden Possen mit Goethe« getrieben und »Kasperl Faust zwischen Himmel und Hölle« gezeigt.

Motive und Konzeption

Hermann Beil, Dramaturg der Produktion, äußerte sich in einem Bildband (12) zu den Zielsetzungen: »Diese Inszenierung zeigt Faust I und II als zusammenhängendes Stück, als eine sich in Stufen, in Stationen entwickelnde Geschichte, deren widersprüchliche Einheit sich allein schon in immer wiederkehrenden Motiven dokumentiert (so. z.B. erscheint der Schüler des ersten Teils später als radikaler Student, läßt Goethe den Famulus Wagner im zweiten Teil als altgewordenen Professor auftreten). Trotz vieler im Text geradezu auf der Hand liegender motivischer Verknüpfungen der Faust-Geschichte gibt es die absurdesten wissenschaftlichen Kommentare, in denen Goethes ›Hauptwerk‹ immer wieder nur zerteilt wird. Den ganzen Faust aufzuführen – als eine Geschichte erzählt an zwei aufeinanderfolgenden Abenden – dieses Theaterunternehmen steht auch gegen eine Aufführungstradition, die einmal von Gustaf Gründgens' legendärer Virtuosität beherrscht wird und zum anderen ›der Tragödie zweiter Teil‹ immer nur als weihevolles, kaum zu enträtselndes Lese- und Bildungsdrama verstand. Goethe selbst hielt zu seinen Lebzeiten Faust II unter Verschluß. Nichts anderes tat das Theater auch, so

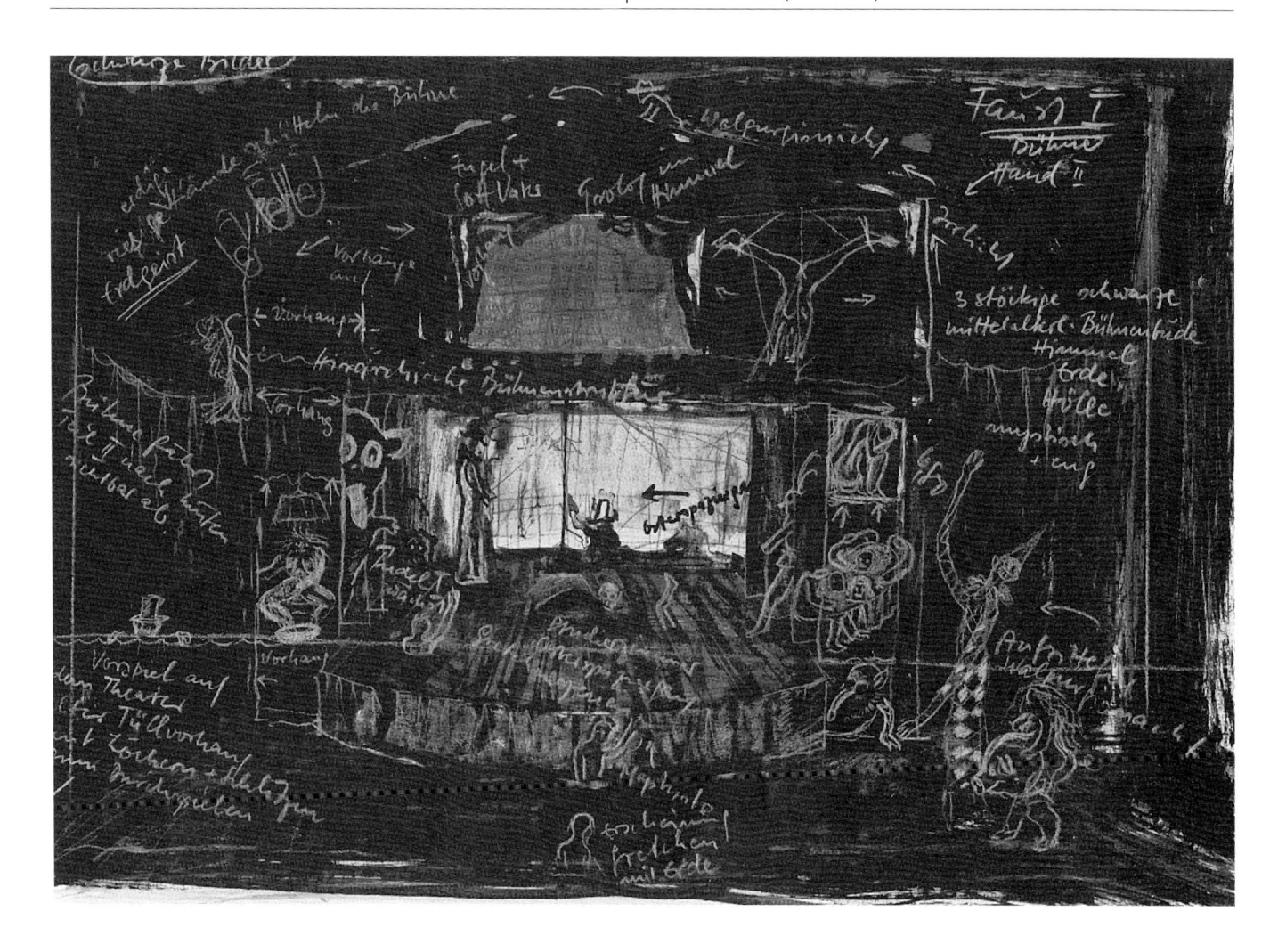

Abb. 155: Übersichtsplan zu *Faust I* – Dieses Bild zeigt zunächst die dreigegliederte Welt des ersten Teils. Vorne in der Mitte kriecht Mephisto aus seiner Hölle, darüber erkennen wir Fausts Studierzimmer. Werden die hier hell schimmernden Stoffteile hochgezogen, blickt man auf das Szenarium des Osterspaziergangs. Über Fausts Welt ist für den »Prolog im Himmel« und für die »Grablegung« der Bereich des Herrn und seiner Engel angesiedelt. In der Szene »Walpurgisnacht« wurde die gesamte Höhe der so gebauten Bühne bespielt. Auch die Räume neben dieser Bühne auf der Bühne wurden für Auftritte genutzt, so beim Gewimmel der »Walpurgisnacht«, der »Hexenküche« oder bei der Schülerszene, wo Faust von der Seite Mephistos satirischen Auftritt beobachtet.

als ob das ›Vorspiel auf dem Theater‹ nur für den ersten Teil gelten kann« (12,5). Beil betonte, daß Goethe im zweiten Teil unsere Realgeschichte poetisch und kritisch darstelle: »Mit der Figurenkonstellation Faust/Mephisto gelang es Goethe, die Erkundung unseres bürgerlichen Zeitalters in einen großen Theatervorgang zu bringen. Faust kann unser Nationaldrama sein, weil es die Geschichte der bürgerlichen Klasse erzählt, weil es, beginnend mit dem zarten, tastenden Erinnerungsvorspiel ›Zueignung‹ bis hin zu Fausts humaner Sozialutopie am Schluß, auf theatralische Weise einen historischen Prozeß abbildet. ... Die Stuttgarter Faust-Aufführung zeigte Goethes Stück als Komödie, als Menschheitskomödie, als theatralisch-poetische Historie unserer noch immer aktuellen Vorgeschichte. ... Goethe macht mit einer Theaterenzyklopädie unsere Geschichte sichtbar und durchsichtig: das Heraustreten aus dem Mittelalter, die Entwicklung des Bürgertums bis zu seinem Höhe- und Endpunkt. Fausts Ausbruch aus dem festgefügten, engen mittelalterlichen Weltsystem markiert den Anfang einer Reise durch die Zeiten« (12, 5–6). Die komödiantischen Seiten des *Faust* besonders herauszustellen und beide Teile der Tragödie als kritisch reflektierte Darstellung des geschichtlichen Evolutionsprozesses zu sehen, waren die beiden Hauptanliegen der Stuttgarter Inszenierung.

Bühnenbau, Kostüme, Maske

Die variationsreichste »Bühne«, die je für ein *Faust*-Spiel konzipiert worden ist, bot der Stuttgarter Inszenierung ihre Spielräume. Der erste Teil war geprägt durch zwei Formen: Manche Szenen wurden auf einem dreistufigen Bühnengerüst gegeben, wobei alle Ebenen oder nur eine bespielt werden konnten. Beim »Prolog im Himmel« kam Mephisto aus einem unteren (Höllen-)Bereich heraufgekrochen, um mit dem ganz oben residierenden Herrn und seinen Engeln zu disputieren. Die dazwischen liegende Welt Fausts blieb zunächst im Dunkel. Wenn nun Faust auftritt, wird seine Welt beleuchtet, und der himmlische und höllische Bezirk verschwinden in der Dunkelheit. Damit gewinnt man durch die Beleuchtungstechnik ein einziges Spielgerüst, auf dem verschiedene Kulissen aufgebaut werden können, beispielsweise für die Gretchen-Szenen. Die »Zueignung« und das »Vorspiel auf dem Theater« trennte eine Brecht-Gardine von diesem dreigegliederten Spielpodium, das hinter dem etwa zwei Meter hohen Vorhang sichtbar war. Nach der Kerker-Szene schloß sich die Brecht-Gardine wieder, denn zum Abschluß des ersten Teils spielte man in Stuttgart »Anmutige Gegend«, die erste Szene von *Faust II*.

Tags darauf wurde in Stuttgart jeweils der zweite Teil gegeben.[1] Zunächst durften die Zuschauer sich nur stehend ins Foyer begeben, wo Spielpodien von verschiedener Größe und Höhe aufgebaut waren. Dort spielten sich die Kaiserhofszenen ab, mitten im Gedränge der Zuschauer. Erst nachdem Faust nach der Berührung mit Helena bewußtlos niedergesunken ist, lädt ihn Mephisto auf

Abb. 156: Übersichtsplan zu *Faust II*, 1. und 4. Akt – Der 1. und der 4. Akt wurden im Oberen Foyer des Stuttgarter Kleinen Hauses gegeben: Die verschiedenen Spielstätten sind gut zu erkennen, dazwischen standen die Zuschauer.

Abb. 157: »Prolog im Himmel« – Distanziert von der Erde beginnt der Herr (Gerd Kunath) von »oben herab« seinen Dialog mit Mephisto (Branko Samarovski), der der Hölle entstiegen ist, um mit dem Herrn zu disputieren. Die Welt Fausts ist noch durch einen Vorhang geschlossen.

seine Schultern und fordert das Publikum mit den Worten »Da habt ihr's nun! Mit Narren sich beladen,/ Das kommt zuletzt dem Teufel selbst zu Schaden« auf, in den Theaterraum zurückzukehren. Auf der Bühne sah man schließlich den 2. und 3. Akt. Nach der nun folgenden Pause wurde das Kriegstreiben wieder auf diversen Spielpodien unter den Zuschauern veranstaltet, und den 5. Akt erlebte man schließlich wieder auf der Bretterbühne des »Guckkastens«.

Hermann Beil schreibt zu Bühnengestaltung und Kostümierung, indem er sich auf Goethes detaillierte Anweisungen bezieht: »... für die Abbildung unserer bürgerlichen Geschichte setzt Goethe alle Kunstmittel des europäischen Theaters ein. In der Entwicklung der Theaterkunst spiegelt sich unsere Vorgeschichte. Goethe benutzt, um die Geschichte von Faust zu befördern, auf die anmutigste und handfesteste Weise alle Theaterformen: die Jesuiten-Bühne, mittelalterliches Mysterienspiel, das Puppentheater des Jahrmarkts, die improvisierte dell'Arte-Szenerie, die Technik des Sturm- und-Drang-Dramas, die höfischen Festzüge des Barock, das Lehrstück, die klassizistische Bildungstragödie mit ihren edlen Posen, die Große Oper, das lyrische Schäferspiel, Guckkastenbühnen und Simultanschauplatz. Durch strikte Beachtung der Regieanmerkungen Goethes versuchte die Stuttgarter Aufführung all diese Theatermittel ins Recht zu setzen. Dadurch wurden auch transzendente Vorgänge wie das Eingreifen des Himmels bei Fausts Selbstmordversuch glaubhaft darstellbar – als poetisch-naive Theatervorgänge. Bei dieser Form der Theater-Ironie ist auch der Schritt zum Cancan der Himmlischen Heerscharen nahe, zumal die sprachlichen Strukturen des Finales beschwingte Opernhaftigkeit offenbaren. Die Theater- und Spielformen sind Metapher (›Am farbigen Abglanz haben wir das Leben‹) für die Reise Fausts aus dem Mittelalter in die Neuzeit, aus dem dunklen Studierzimmer des Gelehrten Heinrich bis in die imperiale Gründerzeitvilla des Konzernherrn ›Henry‹ Faust.

Achim Freyer entwarf mit seinen Bildern und Kostümen ein den Text strukturierendes bildhaftes System: die Bühne weitet sich vom Monolog zum großen Gesellschaftstableau; von der kleinen Theater-im-Theater-Bühne, die allen Maschinenzauber naiv zuläßt, über die Gesellschaftsszenen am Kaiserhof, die im Foyer des Stuttgarter Theaters spielten, also mitten in der Gesellschaft, bis hin zur monumentalen Guckkastenbühne mit dem großbürgerlichen Salon, wie wir

Abb. 158 (oben): »Studierzimmer« – Faust (Martin Lüttge) beschwört den Pudel: Mehr und mehr schwillt er an, bis er elephantengroß ist, so von Goethes Regieanweisung und bereits von Moritz Retzsch im 19. Jahrhundert vorgegeben.

Abb. 159: »Studierzimmer« II – Pakt-Szene – Volksbuchhafte Theatralik dominierte auch hier: Faust wird sich nach dem Handschlag wie der *Volksbuch*-Faust mit einem Degen eine Ader öffnen, um den Pakt mit Blut zu besiegeln.

Abb. 160: »Marthens Garten« – Mephisto belauscht Gretchen (Therese Affolter) und Faust. Schlicht und einfach war die Welt Gretchens, angedeutet durch spärliche und niedrige Kulissen.

Abb. 161: »Klassische Walpurgisnacht«, »Faust II«, 2. Akt – Thales (Waldemar Schütz), Homunculus (Barbara Ploch), Pygmäen (Peter Brombacher, Helmut Kraemer, Gert Voss) und Anaxagoras (Bert Oberdorfer)

ihn von den psychologischen Realisten kennen. Die historischen Entwicklungsstufen werden mit Theatermitteln definiert, Theatergeschichte bildet bürgerliche Geschichte ab.

Bezeichnenderweise fand die Aufführung für den Epilog keine Ausdrucksform. Der Epilog ›Bergschluchten‹ ... ist die Zusammenfügung all dessen, was in Fausts Leben getrennt bleibt. Es ist die utopische Zusammenfügung von Energie, Kraft, Intelligenz *und* Liebe. Am Schluß von Goethes großer Erforschung unserer Geschichte steht der utopische Ausblick, ein Schritt in die Zukunft. Ist diese wundersame und wunderbare Schlußbehauptung glaubhaft darstellbar? Die Stuttgarter Aufführung begnügte sich mit der Mitteilung dieses Epilogs, einige zentrale Passagen des Textes wurden gelesen, ›nur‹ gelesen. (Ein Eingeständnis der Grenze eigener Arbeit? Mag sein; die Suche nach einem szenischen Ausdruck für diesen Epilog war Impuls, in Stuttgart Goethes *Iphigenie auf Tauris* zu inszenieren, ein halbes Jahr nach der Faust-Premiere)« (12, 10–11).

Der Stuttgarter *Faust* bestach gleichermaßen in seinem oftmals komödiantisch-spielerischen Reichtum wie auch durch den Bühnenbau und die kräftige Farbgebung. Daß mimisch-gestisches Spiel und der Bühnenraum sich gleichwertig ergänzten, wurde auch auf den Programmzetteln dokumentiert, denn der Regisseur Claus Peymann und der Bühnenbildner Achim Freyer wurden dort als Spielleiter genannt.

Strichfassung, Musik, Regiedaten

Alle Szenen wurden durch Striche gekürzt, mit zwei Ausnahmen: die »Zueignung« und der »Prolog im Himmel«. Völlig getilgt war die Szene »Walpurgisnachtstraum«. Im zweiten Teil war keine Szene ganz gestrichen. Bei einer Spieldauer von jeweils 19 bis 23.15 Uhr waren in *Faust I* 50% und in *Faust II* 70% des Textes gestrichen. Die Strichfassung wurde in einer fünfbändigen Buchkassette der Öffentlichkeit zugänglich gemacht. Neben der oftmals frivolen Spielweise dominierte auch die farbige Bilderfülle Achim Freyers die Stuttgarter Aufführungen. Viele der Kritiker betonten die Gleichrangigkeit von Sprachkunst und Bildkunst in diesem Stuttgarter *Faust*. Auch die Musik von Hansgeorg Koch trug ihren Teil zum Gelingen dieses *Faust*-Spektakels bei, sie paßte sich den Stimmungen und Situationen an: heiter und spritzig in den komödiantischen Teilen, getragen in den gesellschaftlichen Partien des 1. Akts von *Faust II*, ernst und gemessen in den tragischen Partien.

Regie und Besetzung

Leitung: Claus Peymann, Achim Freyer
Dramaturgie: Hermann Beil
Musik: Hansgeorg Koch
Faust: Martin Lüttge
Mephistopheles: Branko Samarovski
Gretchen: Therese Affolter
Marthe: Anneliese Römer
Helena: Kirsten Dene

Wirkungsgeschichtliche Aspekte

Während der zwei Jahre, in denen Peymanns *Faust* in Stuttgart gezeigt werden durfte, waren die Vorstellungen ausverkauft. Große Teile des vorwiegend jugendlichen Publikums umjubelten die Darsteller. Man kann die These wagen, daß nur jemand, der ein sehr konservatives Bild von Goethes *Faust* und festgefahrene Vorstellungen einer *Faust*-Inszenierung hatte, wenig mit dieser Aufführung anfangen konnte. Als Peymann im Sommer 1979 aus politischen Gründen[2] Stuttgart verlassen mußte, lagen so viele schriftlichen Vorbestellungen vor, daß allein deshalb der *Faust* in dieser Fassung noch etwa fünf Jahre hätte gespielt werden können. Als die Inszenierung im Juli 1979 zum letzten Mal gegeben wurde, entschloß sich die Theaterleitung, nach mehr als 60minütigem Beifall den Eisernen Vorhang im Kleinen Haus herabzulassen. Die begeisterte Menge versammelte sich vor dem Künstlereingang, um weit nach Mitternacht dem scheidenden Theaterdirektor und seinem Regieteam seine Hochachtung zu bekunden.

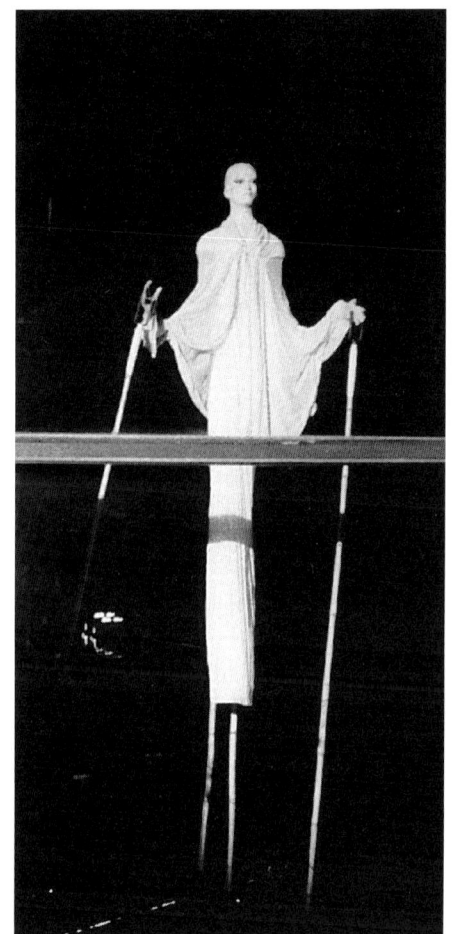

Auch vom Standpunkt der Theatergeschichte ist der Stuttgarter *Faust* von Bedeutung. Denn die Gedanken Brechts vom Komödiantischen und Rüpelhaften im *Faust* durften frei ausgespielt werden, anders als im Jahre 1968 in Ost-Berlin, wo dies noch unterdrückt worden war. Der Bühnenbildner Achim Freyer war an dieser von der SED gemaßregelten Inszenierung bereits in kleinem Rahmen beteiligt und verwirklichte manche der damaligen Ideen erst in Stuttgart. Viele Regisseure besuchten die Stuttgarter Aufführungen, und noch heute werden aus Stuttgart die Programmbücher mit den Strichfassungen und der dazu erschienene Bildband geordert, wenn der Plan entsteht, Goethes *Faust* zu inszenieren.

Abb. 162: Auch der Raum vor dem Theater wurde in das *Faust*-Spiel miteinbezogen, denn bei der Beschwörung von Paris und Helena öffneten sich die Rolläden vor den riesigen Fenstern des Foyers, und vor der Lichterkulisse der dunklen Stadt erschienen als fünf Meter große Puppen an langen Stäben Paris und Helena. Das Weltspiel um Faust war fast grenzenlos.

Abb. 163: Am Ende des vierten Akts von *Faust II* kehrt der Erzbischof mehrfach zu Faust zurück, um ihm u. a. Zehnten, Zinsen und Frondienste abzufordern von dem Land, das noch aus dem Meere gewonnen werden muß. Den ‚gefräßigen Magen' der Kirche verdeutlichte die Stuttgarter Inszenierung dadurch, daß die Erzbischof-Puppe mit jeder Forderung in die Höhe wuchs: eine theatralische Sprache.

Wie zu Anfang dieses Kapitels ausgeführt, gab es in den Reihen der Kritiker sowohl höchstes Lob als auch eisige Ablehnung. Die Württembergischen Staatstheater haben in einer 73seitigen Broschüre fast alle Kritiken sowie viele Leserbriefe zusammengetragen (242). Dort kann nachgelesen werden, daß bedeutende Kritiker großer Tageszeitungen die Aufführungen sehr positiv werteten, beispielsweise Georg Hensel, Joachim Kaiser, Hellmuth Karasek, Rolf Michaelis oder Günter Rühle. Die Wirkung des Stuttgarter *Faust* reichte sehr weit, nicht nur in Theaterkreisen, sondern auch bei vielen Kritikern, denn jene Schreiber, die Heymes (1977 in Köln) und Lindtbergs (1979 in München) *Faust II*-Inszenierungen besprachen, verglichen deren Resultate mit den Leistungen Peymanns. Eben dies ist auch für die Besprechung beider Teile, die Gobert und Hollmann 1980 in Hamburg auf die Bühne brachten, festzustellen: Bei manchen der einst mehr oder weniger ablehnenden Rezensenten erfuhr nun erst der »Stuttgarter *Faust* 1977« eine Aufwertung.[3]

---

1 Wer Karten für beide Teile erwarb, erhielt einen Rabatt von 25 %. Dieser Nachlaß sollte dazu beitragen, daß möglichst viele Zuschauer auch die Aufführung von *Faust II* besuchten.

2 Peymann hatte zu einer kleinen Spendenaktion aufgerufen, bei der Gelder gesammelt wurden, um der Terroristin Gudrun Ensslin eine komplizierte Zahnbehandlung außerhalb des Stammheimer Gefängnisses zu ermöglichen, bei einem Arzt ihres Vertrauens. Dies veranlaßte den damaligen Ministerpräsidenten Baden-Württembergs, Hans Filbinger, Peymann als politisch unerwünschte Person aus dem Amt zu entfernen.

3 Wie gewichtig Peymanns *Faust*-Inszenierung gewesen sein mag, zeigte sich auch noch zwanzig Jahre später in einem Gespräch mit den Dramaturgen des Stuttgarter Schauspielhauses: Mir wurde versichert, man denke eben deshalb nicht daran, in Stuttgart den *Faust* zu inszenieren, weil die Erinnerungen an die damalige Einstudierung noch in großem Maße vorhanden seien.

54. Historische Illustration: Hansgünther Heyme nutzt die moderne Bühnentechnik in seiner Kölner *Faust II*-Inszenierung an zwei Abenden (1977)

Motive und Konzeption

Drei Monate nach der spektakulären *Faust*-Inszenierung durch Peymann in Stuttgart wurde am Schauspielhaus Köln *Faust II* an zwei Abenden in der Fassung von Hansgünther Heyme gegeben. Wie Schröder und Mayer elf Jahre zuvor in West-Berlin betonten die Theaterleute, daß der zweite Teil ein selbständiges Werk sei, eher mit dem *Urfaust* als mit *Faust I* verwandt. Heyme belegte seine Ansicht durch eine Vielzahl von Zitaten aus Goethes *Gesprächen mit Eckermann* und aus der Sekundärliteratur, die im Programmheft abgedruckt wurden: »Wir haben uns in Köln wesentlich ... entschieden, ›Faust II‹ den ›Urfaust‹ vorangehen zu lassen. Beschreibt Goethe im *Urfaust* die zukunftsträchtige Aufbruchsstimmung des Bürgertums von 1770, so beschreibt er mit *Faust II* 1830 deren Ende, deren biedermeierlich-pessimistische Unmöglichkeit. Doch Goethe bewahrt, gegen die Entwicklung seiner Zeit und gegen alle errechenbare Vorausschau des Zukünftigen: die Utopie der den Menschen und seine Möglichkeiten ausmachenden Materie – indem er ihr – und dies ist wohl das wiederum Fortschrittlich-Revolutionäre der Dichtung – jede Form von Metamorphose zutraut.«

Bühnenbau, Kostüme, Maske

Heyme und sein Bühnenbildner Robert Kistner entwickelten ihr Konzept aus den Zusammenhängen der Biedermeierzeit, in der *Faust II* größtenteils entstanden ist, doch halten beide ironisch-kritische Distanz zu dieser Epoche. In der Eingangsszene »Anmutige Gegend« läßt Heyme anstelle der Engel einen Knaben auftreten, der die Kleider der Faust-Gestalt aus dem ein Jahr zuvor inszenierten *Urfaust* trägt. Diese junge Faust-Figur ist es nun, die dem Faust des zweiten Teils jene Kräfte zum Weiterleben nach der Katastrophe der Kerkerszene verleiht.

Statt vielfältiger Theaterformen zitiert Heyme nur das antike Theater und arbeitet sonst mit den Mitteln des bürgerlichen Theaters, hierbei weitgehend den Absichten Goethes entsprechend. In den Kaiserhofszenen des ersten Akts, der »Mummenschanz« und in der »Klassischen Walpurgisnacht«, die in eine grandiose Apotheose mündet, dominiert das opernhafte Arrangement.

Den dritten Akt hebt Heyme zunächst »mit geradezu asketischer Strenge beinahe wie ein klassisches Monument aus dem theatralischen Zusammenhang heraus« (246, 49–50) und entfaltet eine griechische Tragödie hohen Stils, um dann in kunstvolle Oper umzuschlagen. Ganz im Sinne Goethes dürfte es sein, wenn die Schauspielerin Manuela Alphons als Helena unversehens mit klarer Sopranstimmung zu singen anhebt. Dioskurenhaft treten Mephisto und Faust im

Abb. 164: 1. Akt, »Lustgarten« – Nach der Erfindung des Papiergelds durch Faust und Mephistopheles sind Hof und Gesellschaft entzückt. – Dieses Bild verdeutlicht das technische Bauprinzip der Bühne von Bert Kistner: In unterschiedlichen Höhen können Spielebenen vom Hintergrunde eingefahren werden, je nach Szenenerfordernis gab es viele Variationsmöglichkeiten.

Abb. 165: 1. Akt, Szene »Mummenschanz«: Ein vierbespannter Wagen erscheint in der Karnevalsgesellschaft. Hier ist nur die unterste Spielebene auf die Bühne gefahren, um für den prächtigen Wagen Höhenraum zu gewinnen.

vierten Akt auf: Gleich gekleidet wie 1966 bei Schröder, aber nicht im Partyanzug, sondern im Biedermeiergewand. Dem Kriegstreiben schauen die beiden Gefährten fast amüsiert zu, als seien sie zwei Regisseure, die unsichtbar die Fäden in Händen halten.

Den fünften Akt beherrscht anfangs biedermeierliche Gartenlaubenidylle, die auch Faust umgibt. Die vier Grauen Weiber treten nicht als Allegorien von Schuld, Mangel, Not und Sorge auf wie in Stuttgart, sondern sehr realistisch als Frauen des damaligen verelendeten Vierten Standes: Die Sorge nimmt nach dem Tod von Philemon und Baucis an deren freigewordenem kargen ›Vespertisch‹ Platz, um so anzudeuten, »daß die Zerstörung der vorindustriellen Idylle durch die Expansion der bürgerlichen Ökonomie den Vierten Stand auf den Plan ruft« (246, 51).

Faust stirbt in Mephistos Armen, und Heyme läßt beide »in der pseudosakralen Stellung einer Pietà verharren«, in der »dialektisch das Wissen um Auferstehung« (246, 52) steckt. Wie Béjart in seinem Ballett *Nôtre Faust¹* läßt Heyme einen jungen Faust, der im Urfaust-Kostüm der Anfangsszene »Anmutige Gegend« steckt, nach dem Tod des alten Faust auftreten: Schwarze Todesengel heben ihn aus dem Grab und reichen ihn stufenweise zur Mater gloriosa, die mit diesem jungen Faust den Chorus mysticus spricht. Das trauermarschartige Allegretto aus dem zweiten Satz der 7. Sinfonie Beethovens begleitet diese Vorgänge. Deutlich weisen dabei zwei Elemente auf ein Zukünftiges: Der junge Faust wird, ja muß weiterleben, wie auch der Schlußsatz der 7. Sinfonie Beethovens in einen Taumel der Lebensfreude mündet – jenen Satz, den Richard Wagner bekanntlich als »Apotheose des Tanzes« bezeichnet hat.

Bühnenfassung: Wort, Oper, Ballett

Heyme hatte sich zum Ziel gesetzt, sowohl im *Urfaust* als auch in *Faust II* möglichst wenig zu streichen. Somit folgt er konsequent der Szenenfolge Goethes, wobei er die Szenenabfolgen in jedem Akt durchnumeriert. Der erste Abend umfaßt die Akte eins und zwei (Dauer: dreieinhalb Stunden), der zweite Abend den 3. bis 5. Akt (Dauer: drei Stunden). Die Regieanweisungen Goethes werden konsequent beachtet. Lediglich eine kleine Ausnahme ist zu verzeichnen: Heyme faßt Goethes Szenen »Mitternacht« und »Großer Vorhof des Palasts« in seiner Version zu einer Szene zusammen, die bei ihm »Mitternacht« heißt.

Eine gewichtige Rolle in dieser Inszenierung spielten auch die Opernabteilung und das Ballett. Für die Musik zeichnete Werner Haentjes als Verantwortlicher, der etliche Kompositionen Beethovens verarbeitete (op. 67, 92, 119, 123, 125, 127, 130). Da vor allem die Schlüsse der Akte im Stile einer Oper bearbeitet worden sind, waren neben Sängerinnen und Sängern sowie dem Gürzenich-Orchester auch der Philharmonische Chor Köln und der Kammerchor Köln aufgeboten, und das Tanz-Forum Köln vervollständigte diese außergewöhnliche zweitägige Darbietung.

Regie und Besetzung

Inszenierung: Hansgünther Heyme
Bühnenbild: Bert Kistner
Kostüme: Gaby Frey, Joana Gardescu
Musik: Werner Haentjes (unter Verwendung von Motiven von Beethoven)
Regie: Thomas Barchfeld, Jochen Kolenda
Dramaturgie: Jürgen Fabritius, André Müller, Hanns-Dietrich Schmidt
Bühnenbild: Bernd Gaebler, Dieter Purrmann
Kostüme: Tina Hahn, Helen Fabritius, Marie-Therese Cramer
Musik: Nicolas Kemmer
Choreographie: Krisztina Horvath (vom Tanz-Forum Köln)
Chor: Günter Hefft
Masken: Werner Strub, Willy Weber
Faust: Bernd Kuschmann
Mephisto: Hans Schulze
Helena: Manuela Alphons

Aufnahme durch Publikum und Kritik

Hat man den Stuttgarter *Faust II* als oftmals zu unterhaltsam-lustig empfunden, so warf man dem Kölner *Faust* Heymes ein zu ernstes und teilweise zu ausführliches Spiel vor, dem etliche Striche mehr vielleicht zugute gekommen wären. Der Stoff sei für viele Zuschauer – trotz des informativen Programmhefts – kaum zu bewältigen gewesen. Georg Hensel hatte in seiner Besprechung vom 28. 5. 1977 in der *Frankfurter Allgemeinen* im wesentlichen nur Lobendes zu sagen: »Dies war fällig: Ein ›Faust‹, der sich eng an den relativ wenig gekürzten Text hält; eine Aufführung, deren Bilder und Visionen innerhalb der Vorstellungswelt Goethes bleiben; der Versuch, Goethe nicht über den Mund zu fahren, sondern ihm die Lippen zu öffnen. In Stuttgart ist der Faust eine Bildorgie mit Versen; in Köln: eine Sprechorgie mit Illustrationen. In Stuttgart bricht die Aufführung aus in eine zirzensische Clownerie; in Köln bleibt sie im Strickrahmen des Schicklichen. In Stuttgart wird mit, doch auch über Goethe gelacht; in Köln keinesfalls über Goethe, doch auch nur selten mit ihm. Kurz und grob: Das Bildungstheater in Stuttgart ist mehr Theater als Bildung; in Köln: mehr Bildung als Theater. Bernd Kuschmanns fast immer erregter Faust und Hans Schulzes gelassen artikulierender Mephisto sind im übrigen einander sehr ähnlich. Mephistos Teuflischkeiten, seine Ironie und Selbstironie sind durch Schulze eng begrenzt; er ist geradezu leidensfähig, und selbst seine Zynismen hören sich wie brunnentiefe Weisheiten an. Faust und Mephisto sind offenbar gedacht als zwei Reaktionsmöglichkeiten Goethes auf die Welt: zweieiige Zwillinge, die mehr und mehr voneinander lernen.«

Günther Rühle dagegen war der Ansicht, das Theater müsse sich bei Goethes *Faust* doch mehr auf die spielerisch-leichten Eigenheiten eben des Theatralischen besinnen. Im Juli-Heft 1977 von *Theater heute* kritisiert er: »Mir scheint, die Dramaturgen des Kölner Faust-Projektes sind einer Schablone von ›Sturm- und Drang‹-Impuls [*Urfaust*] und Biedermeier-Stickigkeit [*Faust II*] so aufgesessen, daß sie meinen, ein Stück politischer deutscher Geschichte sichtbar machen zu können, wenn sie dem ungestümen ›Urfaust‹ den weitschweifigen ›Faust II‹ folgen lassen. Spätestens, als sie Goethes Vision vom Panama- und Suezkanal ins Programmheft rückten, wäre zu begreifen gewesen, wie identisch die Planungs- und Bewältigungssucht im älteren Faust noch verwandt war mit den technologischen Erwartungen seines Autors.

Faust (Bernd Kuschmann): als Biedermann im Biedermeier, mit schwarzem Gehrock, Zylinder und Spazierstock, Mephisto (Hans Schulze) als seinen etwas rauheren Zwillingsbruder zur Seite: fürwahr, das ist ein Einfall der politischen Kritik, der dem Kölner Unternehmen mehr Schwierigkeiten als Vorteile bringt. Man spürt die Last der Voraussetzungen. Denn Heyme ›historisiert‹ das Stück, was auch ›verkleinern‹ heißt, und muß doch unseren Abstand dazu sichtbar machen. ... Mir ist der Weg dieses Faust nicht klar, denn man sieht nur verschiedene Fäuste in dem einen. Ich sehe keine Geschichte erzählt, nur Stoffkomplexe dargeboten, die man sich aus der Kenntnis des Ganzen komplettieren muß. Im Grunde hat sich der Regisseur nie darauf verlassen, was er in dem Text entdeckte, denn das gab unter den Aspekten, unter denen das Unternehmen begonnen wurde, keinen schlüssigen Zusammenhang, nur eine historische Fixierung des Stücks auf seine Entstehungszeit.« Auch die mehrbödig-variablen Spielebenen, die Szenenwechsel andeuten, finden nicht das Gefallen des Kritikers.

Wirkungsgeschichtliche Aspekte

Sowohl bei einem Großteil der Kritiker als auch beim Publikum hatte Heymes *Faust II* eine nachhaltige Wirkung. Bestechend war die Inszenierung in der Bühnentechnik und in der Art und Weise, wie Goethes Spätwerk sprachlich gestaltet worden ist. Ein *Faust II* an zwei Abenden mit nur wenigen Strichen war mehr eine Angelegenheit für Kenner und Interessierte als für ein breites Publikum. Zwei lange Abende einem ernsthaften *Faust II*-Spiel beizuwohnen, war allerdings für manchen Kritiker eine Durststrecke. Stuttgart sei zwar mit spielerischer Leichtigkeit über manches bei Goethe hinweggegangen, aber so genau wie bei Heyme müsse man die Dinge auch nicht wissen. So gesehen, begann Peymanns Stuttgarter *Faust* sich zu einer Art Maßstab zu entwickeln, auch für Inszenierungen in der DDR.

---

1 In Béjarts Ballettschauspiel wurden 1975 in Brüssel in starker Raffung beide Teile von Goethes Drama gegeben. Nach dem Tod des alten Faust steht ein junger auf und zitiert den Anfangsmonolog »Habe nun, ach!«. Béjart verdeutlicht auch die Verwandtschaft zwischen Faust und Mephisto, denn in der »Hexenküche« tauschen beide ihre Rollen.

55. Maria Becker spielt den Mephisto in Michael Degens *Faust I* am Münchner Residenztheater (1977)

Abb. 166: Maria Becker als Mephisto, Joachim Bissmeier als Faust

Im Oktober 1977 hatte in München zunächst der erste Teil des *Faust* unter der Regie von Michael Degen Premiere. Zur Verwirklichung des zweiten Teils kam es dann nicht mehr, nachdem *Faust I* zwar nicht »durchgefallen« war, aber weder Publikum noch Kritik nachhaltig überzeugte. Dies galt sowohl für die schauspielerischen Leistungen als auch für die bühnenbautechnische Konzeption. Das Besondere dieser Inszenierung war in zwei Frauenrollen zu sehen: Erstmals in der Bühnengeschichte des *Faust* spielte eine Frau die Rolle des Mephistopheles, und erstmals spielte eine junge Laienschauspielerin, eine Schülerin, das Gretchen. Schwerin sollte zwei Jahre später ebenfalls eine Frau als Mephisto aufbieten, und Grüber 1982 in Berlin im Jahre 1982 einem 17jährigen Mädchen ohne große Schauspielerfahrung die Rolle Gretchens anvertrauen.

Walter Dörfler baute in München die Bühne, auf der sich Joachim Bissmeier in fast allen Szenen als Faust so gab, als sei er seiner Rolle nicht gewachsen, als sei alles zu viel für ihn. Dies gelte auch für die »niedliche« fünfzehnjährige Gretchendarstellerin Dietlinde Turban, die überfordert gewesen sei. Faust habe ihr wenig abgewinnen können. »Albereien« wie die Geschehnisse auf der Walpurgisnacht hätten ihn eher verlegen gemacht. Überzeugend war lediglich Maria Becker in der dankbaren Rolle des Mephisto. M. Skasa schreibt hierzu im Dezember-Heft des Jahres 1977 in *Theater heute*: »Und dieser Mephisto! Haut ja den stärksten Neger um mit seiner Vitalität. Dem ist unser Heinrich nicht gewachsen. Mephisto ist Maria Becker. Mit Fauchen, Zähnefletschen, Augendrehen, mit Schreikonvulsionen und gequältem Sichwinden – eine mimische Glanznummer, eine Nummer. Wie sie die Blutsurkunde trokkenhaucht, mit quadratisch geöffnetem Maul und vorgewälztem Zungenklotz, hörbar aushaucht und schräg übers Papier schielt, na, zu unserem Faust paßt das wie aufs Auge...« Wie schon bei Schröders Inszenierung tragen Faust und Mephisto in den verschiedenen Szenen stets dasselbe Kostüm.

Im Juli 1979 sahen die Münchner dann doch einen *Faust II* im Residenztheater, der in dieser Sache bewährte Leopold Lindtberg[1] inszenierte Goethes Alterswerk, in dem Thomas Holtzmann Faust und Martin Benrath Mephisto verkörperten. Auch diesmal baute Walter Dörfler die Bühne. Um *Faust II* nicht als zu isoliert erscheinen zu lassen, wurden einige Wortfetzen aus dem ersten Teil der Szene »Anmutige Gegend« vorangestellt.

---

1 Im Jahre 1963 inszenierte Lindtberg zu den Salzburger Festspielen *Faust II*, der als »Salzburger Barockfaust« mit Will Quadflieg als Mephistopheles und Thomas Holtzmann als Faust in die Bühnengeschichte eingegangen ist.

56. Kalte Statik: Hans Hollmanns »Faust-Pakt« am Thalia-Theater – beide Teile an zwei Abenden (1980)

Über Monate hinweg wurden in Hamburg hochgesteckte Erwartungen geweckt, die nicht leicht zu erfüllen waren. Aufgrund eines gigantischen Presserummels spottete die nationale Presse nach der Premiere über diesen vom Thalia-Theater selbst inszenierten »Zapfenstreich«, der zu unrecht ein *Faust*-Fieber ausgelöst habe. Die Spannung in Hamburg war wohl auf zwei Gesichtspunkte zurückzuführen: Mit Hollmanns Inszenierung erhielt die Hansestadt nach Gründgens wieder einen *Faust*. Fast ein Vierteljahrhundert war vergangen, und Gründgens hätte sozusagen als Hypothek für Hollmanns Projekt angesehen werden können. Zweitens schließlich war dies Hollmanns Abschiedsinszenierung für Hamburg, und er wollte eine überzeugende »Visitenkarte« hinterlassen.

Motive und Konzeption

In verschiedenen Pressegesprächen und Interviews nahm Hans Hollmann ausführlich Stellung zu seinem für den 18.

Abb. 167: »Prolog im Himmel« – Das Foto zeigt die statischen Spielebenen, die Andreas Reinhardt für beide Teile geschaffen hat.

Abb. 168: »Studierzimmer« II – Nach der Wette treten Faust (Traugott Buhre) und Mephisto (Boy Gobert), (wieder einmal) gleich gekleidet, die Weltfahrt an.

und 19. Januar 1980 geplanten *Faust*-Projekt. Dabei sah er es als verpflichtend für einen heutigen Regisseur an, beide Teile an zwei hintereinander folgenden Abenden zu geben – wie man auch Wagners *Ring des Nibelungen* als Ganzes inszeniere. Die Zusammengehörigkeit beider Teile komme in Hamburg auch im Bühnenbild zum Ausdruck, das von unten nach oben entwickelt worden sei, in die Vertikale.

Faust II sieht Hollmann als ein großes Stück über die Menschen, speziell über die Deutschen sowie über die Kultur der letzten zweitausend Jahre. Die Inszenierung handle daher im wesentlichen von der deutschen Art, sich über den Marxismus die Köpfe heißzureden, letztlich vom deutschen Mann, vom deutschen Intellektuellen, vom deutschen Denken und von deutscher Denkwut.

Die in beiden Teilen angelegten Brüche müßten auch in der Inszenierung sichtbar sein. Eine gewisse Einheitlichkeit beider Teile sieht Hollmann in den Figuren von Faust und Mephisto. So scheint es ihm, daß bereits im Pakt ein Ton, ein leichtes Parlando vorherrsche, als ob ein einziger Mensch im Umgang mit sich selbst sich unterhielte. Im zweiten Teil sei die Einheit dieser Figuren unverkennbar. Beide verkörperten hier den Zerstörer-Dämon sowie die Einfalts-Welt, die unzerstörbar bleibe und daher zu retten sei. Mephisto charakterisiert Hollmann als Dämon des Bösen, Schlitzohr des Lebens, Regierenden der Unterwelt und Spieler über den Tod hinaus. Faust dagegen sei dem unendlichen Geist des Lebens aufgeschlossen und auf der Suche nach dem Innersten, das die Welt zusammenhält. Nach Hollmanns Ansicht könne es einem Deutschen nie gelingen, den *Faust* »richtig« zu inszenieren, und einem Ausländer werde es stets verwehrt bleiben, den *Faust* in Deutschland zu inszenieren.

Bühnenbild

Für beide Teile schuf Andreas Reinhardt eine Bühne, die in statischer Weise mehrere Spielebenen aufwies und so für alle Szenen gleich blieb. Bei den meisten Szenen des ersten Teils waren – falls nicht durch Tücher verhüllt – blanke Kacheln zu sehen, so daß die Kritik spottete, Gretchen arbeite hier wohl als Reinemachefrau in einem größeren Pissoir. Vor allem die Natur-Szenen sowie die »Walpurgisnacht« litten ziemlich unter diesen unpoetischen Bedingungen.

Aufnahme durch Publikum und Kritik

Benjamin Henrichs bezeichnete am 25. Januar 1980 in der *Zeit* das Ergebnis als »interessanten Zusammenstoß zwischen der Hamburger Heilserwartung und Hollmanns prosaischem Wirklichkeitssinn, zwischen Weihestimmung und blutigem Witz«. Geradezu häßlich sei dieser *Faust* inszeniert: »Das fängt an und hört auf mit Andreas Reinhardts geradezu aberwitzig häßlichem Bühnenbild, gleich einem Operationssaal oder einem Schlachthaus. Dasselbe Prinzip sei hinsichtlich der Personengestaltung festzustellen: »Auf den großen Schrecken des Bühnenbildes folgen gleich vier kleinere: ein Faust tritt auf (Traugott Buhre), dick, schwitzend, nicht mehr jung, der wie ein prosaischer Gegenentwurf aussieht zum Idealbild von der schönen, tiefen deutschen Seele. Heinrich Faust, Kleinbürger. Sein Gretchen (Maria Hartmann) ist ein dralles, plumpes Kind mit blonden Zöpfen, tapsig pubertären Bewegungen – Margarethe vom Bund Deutscher Mädchen. Und Mephisto, eben Boy Gobert, ist ein Teufel, der sich alle Teufelspäße und Teufelsdämonien ausgetrieben hat – ein mürber, spöttischer, auch schon älterer Herr, ironisch und intelligent, der Teufelsgeschäfte sichtbar müde. Kein Fürst der Hölle, sondern ihr leitender Angestellter.« Selbst in der Sprache wirke Häßlichkeit: Geschrei, Krampf und hohles Pathos. Auch der zweite Teil konnte die meisten Kritiker und einen Großteil des Publikums nicht überzeugen: »Die beiden letzten Stunden der Veranstaltung sind die schiere Quälerei, für die Menschen auf der Bühne genauso wie für die im Zuschauerraum«, meinte Henrichs weiter.

Regie und Besetzung

Regie: Hans Hollmann
Bühne: Andreas Reinhardt
Kostüme: Volker von Grünenwald
Musik: Peter Fischer
Faust: Traugott Buhre
Mephisto: Boy Gobert
Gretchen: Maria Hartmann
Helena: Angelika Domröse

Wenn man in gewisser Weise davon sprechen kann, Hollmann sei mit seinem Hamburger *Faust* gescheitert, so ist dies mit den Maßstäben der Bühnengeschichte von Goethes Hauptwerk zu begründen. Zunächst wäre die statische Bühnenkonzeption zu bemängeln: Sie wird den sehr unterschiedlichen Szenenbildern nicht immer gerecht. Schon der Gesamtinszenierung beider Teile durch Devrient im Jahre 1875/76 wurde dies vorgeworfen, obwohl der Weimarer Regisseur sich einst bemüht hatte, die Bühnenbilder und -aufbauten viel mehr zu variieren als ein Jahrhundert später Hollmann. Schließlich monierte die Kritik einhellig das Pathos in der Rede, besonders in der Sprechweise von Faust und Mephistopheles, aber auch bei anderen Figuren der Aufführung.

Albrecht Goetze gab zusammen mit der Fotografin Gisela Scheidler einen Fotoband heraus, der eine Fülle von Bildern der Inszenierung, aber auch aus dem Hamburg des Jahres 1980 darbietet. Goetze deutet hier Notwendigkeit, Gelingen und Scheitern einer *Faust*-Inszenierung gleichermaßen an: »Proben bedeutet den Mut zu versagen. Den Mut sich zu verirren im leeren Raum. Den Mut, ratlos zu sein. Mut ist der einzige Kompaß für Schauspieler und Regisseur. Proben sind Expeditionen, die bekanntes Land in unbekanntes verwandeln« (94, ohne Seitenzählung).

Abb. 169: »Straße« – Gretchen kehrt von der Beichte aus einem imaginären Dom zurück.

Abb. 170 : »Walpurgisnacht«: Faust und Mephisto tanzen mit den Hexen.

57. Fausts Einsamkeit: Im Goethe-Jahr 1982 reduziert Klaus Michael Grüber *Faust I* auf die Einsamkeit des Gelehrten (Freie Volksbühne Berlin)

Abb. 171: »Studierzimmer« – Faust und Mephisto, der in still-demütiger Haltung vor dem Gelehrten auf dem Fußboden sitzt.

Motive und Konzeption

Es war geplant, an Goethes 150. Todestag diese Premiere von *Faust I* original im Zweiten Deutschen Fernsehen zu übertragen, da man jedoch negative Reaktionen des Publikums befürchtete, begnügte man sich mit der Sendung einer kurz zuvor erstellten Aufzeichnung, während in der Freien Volksbühne Berlin parallel dazu die eigentliche Premiere stattfand.

Klaus Michael Grüber reduzierte den Text in extremer Sicht auf die Einsamkeit, auf die Tragödie des verzweifelten Gelehrten Faust – ein Gedanke, der den Plänen von Goethe und Radziwill um 1812 nahekommt, als beide eine Aufführung nur der Gelehrtentragödie, bearbeitet als Melodrama, geplant hatten. Hatte Grübers *Faust Salpêtrière* (Paris 1975) auf weiten Strecken aus revueartigen, die Zuschauer miteinbeziehenden Szenen bestanden, so verfällt der Regisseur sieben Jahre später in ein anderes Extrem: Nach dem Pariser Ausflug in Fausts Weltenkreise erlebt man 1982 nur einen Blick in das innere Leiden eines Menschen, vielleicht in das Innere Fausts, eher aber in das Innere des alten Goethe. Dies legt auch das Berliner Programmheft nahe, wo die *Trilogie der Leidenschaft* zitiert wird und ein Porträt von Ulrike von Levetzow abgebildet ist. Letztlich reduziert Grüber *Faust I* auf die Wissensgrenzen Fausts und auf die stumme Verzweiflung des alten Goethe, dessen letzte Liebe seines Lebens zum Scheitern verurteilt war.

Bühnenbau, Kostüme, Maske

Ein roter Vorhang umschließt das Geschehen, das ausschnitthaft dem Blick gezeigt wird: Er kann jeweils so weit geöffnet werden, als Raum für das szenische Spiel benötigt wird. Wir sehen im wesentlichen Fausts Arbeitszimmer mit hölzernem Schreibtisch, flackernden Kerzen als Arbeitslicht, einem Totenschädel, den Faust gelegentlich anredet, sowie einen hellhäutigen großen Ball von etwa 70 cm Durchmesser. Durch bloßes Abräumen des Mobiliars kann die Bühne, unterstützt durch eine entsprechende Beleuchtung, beispielsweise in die Szene »Vor dem Tor« verwandelt werden, wo der einsame Faust alleine auf einer grünen Wiese liegt.

Den spärlichen Kulissen gesellen sich noch spärlichere Personen zu, eigentlich nur drei: Faust, Mephistopheles und Gretchen. Wagner darf nur weniger als eine Handvoll Verse sprechen, ehe er wieder verschwindet. Die Figuren tragen normale Straßenkleidung, Faust überdies jenen langen Mantel, der ihn als Reisenden, als Wanderer ausweist – einen Mantel, den die Grüberschen Theatergestalten oftmals tragen. Wenig Arbeit hat der Maskenbildner: Die Gesichter werden nur ein wenig in bezug auf die Bühnenwirkung geschminkt.

Strichfassung

Die Reduktion auf drei Personen impliziert die radikalste Strichfassung der Bühnengeschichte von Goethes *Faust*: In der »Zueignung« tritt der Intendant Kurt Hübner mit laut hallenden Schritten vor den riesigen, roten Vorhang und liest aus einem Reclam-Heft den Text vor. Dann tappt zur Szene »Nacht« Faust mit hallenden Schritten über die ziemlich dunkle Bühne. Mehr als das Reden bestimmt das Schweigen die Szenerie. Bei der Beschwörung des Erdgeists sieht und hört man nichts von diesem. Wagner (Gerd David) darf nur knapp vier Verse sprechen: »... ich hör Euch deklamieren;/ Ihr last gewiß ein griechisch Trauerspiel?/ In dieser Kunst möchte ich was profitieren,/ Denn heutzutage wirkt das viel«; selbst das »Verzeiht« des ersten Verses wird ihm verwehrt. Der Osterchor am Ende dieser Szene besteht nur aus Glockengeläute. In der Szene »Vor dem Tor« tritt nur Faust (Bernhard Minetti) einsam auf, vielmehr ruht er liegend auf der Wiese als Zitat von Tischbeins *Goethe in der Campagna*; Wagner und das Volk sind gestrichen. Während danach Faust die Bibel übersetzt, steht plötzlich Mephisto (Peter Fitz) im Zimmer, der leise, fast tonlos-monoton spricht. Bald wird nüchtern und kühl der Pakt geschlossen; auch die Schülerszene ist gestrichen. In der anschließenden Szene »Straße« packt der alte Faust das junge Gretchen, gespielt von der 17jährigen Nina Dittbrenner, an der Schulter: Hier erst zeigt Faust inneres Engagement und Temperament.
»Abend«: Von Gretchens Zimmer erkennt man nur einen Stuhl, auf dem ihr Nachthemd liegt. Faust ist immer noch innerlich unruhig und ergriffen. Bei den Worten »Was faßt mich für ein Wonnegraus!« ergreift er Gretchens Nachthemd und verbirgt darin sein Gesicht. Nachdem er das Zimmer verlassen hat, setzt sich Gretchen auf den Stuhl und singt schlicht das Lied »Es war ein König in Thule«. Danach löscht sie das Licht – ein Schmuckkästchen gibt es nicht. Bei der Gretchenhandlung tritt gelegentlich Mephisto unterwürfig hinzu; in der Szene »Trüber Tag. Feld« führen Faust und Mephisto einen unterkühlten Dialog, während in »Nacht. Offen Feld« gespenstisch rot der Vorhang über Faust und Mephisto hängt. In der Schlußszene sitzt Gretchen, geschoren und mit bloßen Füßen, im Kerker. Faust und Gretchen sprechen in autistischer Weise jeweils nur zu sich selber: Es gibt keine Gemeinsamkeit mehr, nur noch tonlose, leidenschaftslose Einsamkeit. In dieser letzten Szene sind die Striche sehr spärlich. Nach Gretchens laut verhallenden »Heinrich«-Rufen verlöscht zunächst das Licht, entzündet sich wieder, und Faust tappt mit einem großen Wanderstab und seinem langen Mantel einsam über die Bühne, zwei Personen ziehen links und rechts die Vorhänge zu, der einsame Gelehrte verschwindet nach hinten in die dunkle Bühne: In Stille geht die Aufführung zu Ende.

Regie und Besetzung

Regie: Klaus Michael Grüber
Bühne: Gilles Aillaud
Kostüme: Dagmar Niefund
Dramaturgie: Bernhard Pautrat
Faust: Bernhard Minetti
Mephisto: Peter Fitz
Gretchen: Nina Dittbrenner

Aufnahme durch Publikum und Kritik

Grübers Inszenierung, die Goethes Vorlage in extremer Weise bearbeitet und verkürzt hat, stieß selbst beim Premierenpublikum auf wenig Verständnis. Ein Großteil des Publikums reagierte mit heftigen Buhs, um gegen zwei Tatbestände zu protestieren, nämlich gegen die Reduktion des *Faust*-Spiels auf die drei Personen Faust, Mephisto und Gretchen sowie gegen die oftmals unver-

Abb. 172: »Straße«: »Mein schönes Fräulein ...«

ständlich gemurmelten Passagen, gesprochen von Minetti. Bereits während der Aufführung störte das Publikum mit Zwischenrufen wie: »Es ist Publikum da!«

Auch das Fernsehpublikum reagierte: In vielen großen deutschen Tageszeitungen gab es ablehnende und wütende Leserbriefe gegen die Ausstrahlung eben dieser Inszenierung an Goethes 150. Todestag. So durchdacht und von künstlerisch hohem Rang die Inszenierung gewesen sein mag: Sicherlich war es keine glückliche Entscheidung, gerade sie dem gebildeten oder bildungswilligen Fernsehpublikum der Nation vorzusetzen.

Auch viele Kritiker lehnten diese extreme Spielweise ab, doch manche Rezensenten versuchten Verständnis für diesen Blick auf den ersten Teil des *Faust* zu wecken. Rolf Michaelis überschreibt seine ausführliche Kritik am 2. April 1982 in der *Zeit* mit den Worten »Theater für das dritte Auge« und stellt fest, daß ein »Theater der Verweigerung« stattgefunden habe in einer Inszenierung, die »gegen all unsere Erwartungen« erfolgt sei und nur mit den Augen des alten Goethe verstanden werden könne. Das Prinzip der Striche versuchte Michaelis anhand der Szene »Nacht« den Lesern verständlich und begreiflich zu machen: »Ein quälender, ein befreiender Abend: ... Am Abend des Tages, an dem vor 150 Jahren in Weimar Johann Wolfgang Goethe gestorben ist, spielt an der Freien Volksbühne Berlin der Schauspieler Bernhard Minetti den Faust. Gilles Aillaud hat dem Universalgelehrten nicht das von Goethe gewünschte, ›hochgewölbte enge gotische Zimmer‹ gebaut, sondern einen ins Dunkel, ins Nichts sich öffnenden, von einer Kerze auf dem Schreibpult, von Flammen eines Kaminfeuers kaum erhellten Saal. Aus dieser Schattenhöhle tritt Grübers Faust in den Lichtkegel an der Rampe und klagt: ›Weh! Steck ich in dem Kerker noch?/ Verfluchtes dumpfes Mauerloch‹ – und dann, neun Verse überspringend: ›Das ist deine Welt! Das heißt eine Welt!‹ Minetti schlägt die Hände vor die Stirn. Alle zehn Finger krampfen sich um den vom Denken, Träumen, Erinnern gemarterten Schädel. Das ist die ganze Inszenierung in *eine* Geste gepreßt: Kerker ist nicht die Studierstube, sondern der eigene Kopf. Welt ist nicht draußen, sondern drinnen. Das Leben ein Traum. Goethes ›Faust‹-Tragödie als Kopftheater, das Welt-Stück als Monodram, das Schauspiel mit Dialogen und Massenszenen als innerer Monolog. Goethes Drama vom menschlichen Tatendrang ... als Theater der Erinnerung? ... Wie so vieles bleibt auch das Ende von Grübers Aufführung unserem Nachdenken offen.«

Von Roland H. Wiegenstein war am 24. März 1982 in der *Frankfurter Rundschau* zu lesen, bei Grüber handle es sich um ein »Requiem auf ein Stück«. In dieser Einstudierung »ist von der Titelfigur zu handeln, von nichts sonst. ... eine Trauer-Anzeige, die zum Requiem wird. Goethe ist tot. Finis mundi.«

58. Bühnenbildzitate: Reinhold Rüdiger beschwört Gründgens in einer eintägigen Fassung beider Teile an der Landesbühne Hannover (1982)

Motive und Konzeption

Der von Reinhold Rüdiger zunächst vorgesehene Regisseur lehnte die Leitung der Inszenierung ab, da er über Jahre die Gründgens-Version als Regieassistent betreut habe, und so machte sich der Hannoveraner Theaterdirektor selbst an die Arbeit als Regisseur und als Dramaturg, wovon er ausführlich im Programmheft Rechenschaft ablegt: »Das Vorspiel auf dem Theater und der Prolog im Himmel mit der ›Wette‹ und der ›Pakt‹ mit Mephisto – alles das zielt auf den zweiten Teil hin. ... Der Theorie von Prof. Hans Mayer, nach der ›Faust II‹ auch ohne ›Faust I‹ gespielt werden könnte, kann ich nicht folgen. Die vielen Parallelen, die sich vom I. zum II. Teil ergeben, darf man nicht unterschlagen, denn sie erklären vieles besser, als es Erläuterungen vermögen, und machen erst den großen Spannungsbogen in Goethes Werk deutlich. Ohne den Faust II. Teil wird man um die ›große Welt‹ betrogen, die Mephisto Faust zeigen will, und sieht nur die kleine bürgerliche Welt. Fausts Weltfahrt umfaßt bei Goethe 3000 Jahre Menschheitsgeschichte. Außerdem will man doch wissen, wie der Pakt ausgeht. Und den Schluß von Faust II empfinde ich wie einen Epilog zum ›Prolog im Himmel‹.«

Wie Gründgens geht Rüdiger vom »Vorspiel auf dem Theater« aus, und er holt für Bühnenbau, Kostüm und Maske Anleihen bei ihm und Teo Otto, was ausführlich im Programmheft nachzulesen ist: Realismus und Naturalismus auf der Bühne lehnt er mit Worten seines berühmten Vorgängers ab. Wie Peymann sieht der Regisseur im *Faust* auch ein Stationendrama, das die abendländische Geschichte abbildet. Nur 19 Schauspieler verkörpern in Rüdigers Strichfassung 150 Rollen, und bei einer geplanten Spielzeit von 3 Stunden und 50 Minuten mußten die Verwandlungen von Figur zu Figur oder von Bühnenbild zu Bühnenbild mit großer Schnelligkeit vollzogen werden. Laut Pressekritiken dauerte die Inszenierung einschließlich der Pause knapp fünf Stunden.

Strichfassung

Von den 4614 Versen des ersten Teils strich Rüdiger 1912, wobei die »Zueignung« und der »Walpurgisnachtstraum« als einzige Szenen fehlten. Striche im zweiten Teil tragen nach Rüdigers Meinung vieles zur Klarheit und Verständlichkeit bei; von 7498 Versen strich der Regisseur 5811. Die einzige Pause gab es, nach drei Stunden Spielzeit, nach »Anmutige Gegend« – eine Zäsur, an die schon Gründgens gedacht hatte. Das *Faust*-Spiel beschloß er mit Goethes »Abkündigung« von 1797. Rüdigers Fassung hatte folgenden Aufbau:

Vorspiel auf dem Theater
Prolog im Himmel
Studierstube I (»Nacht«)
Osterspaziergang
Studierstube II
Studierstube III
Auerbachs Keller
Hexenküche
Gretchen-Tragödie (bis zu »Dom«)
Walpurgisnacht[1]
Trüber Tag, Feld; Nacht, offenes Feld; Kerker
Anmutige Gegend
     Pause
Am Kaiserhof (Pfalz; Lustgarten; Finstere Galerie, Rittersaal)
Studierstube IV (»Hochgewölbtes enges gotisches Zimmer«)
Laboratorium
Klassische Walpurgisnacht
Helena (Vor dem Palast des Menelaus zu Sparta, Schattiger Hain)
Hochgebirg
Nördlicher Meeresstrand (Offene Gegend, Palast, Tiefe Nacht)
Fausts Tod (Mitternacht; Großer Vorhof des Palasts)
Epilog (Grablegung; Bergschluchten)
Abkündigung

Regie und Besetzung

Textfassung: Walter Henze
Regie: Reinhold Rüdiger
Bühnenbild: Dieter Stegmann
Kostüme: Charlotte Gensich
Musik: Siegfried Strohbach
Faust: Peter Gross
Mephistopheles: Gerd Peiser
Gretchen: Elfi Loibl
Helena: Elga Mangold

Aufnahme durch Publikum und Kritik

Die Inszenierung Rüdigers, mit der die Hannoversche Landesbühne auch an anderen Spielorten gastierte, wurde vom Publikum sehr freundlich, mitunter begeistert aufgenommen. Eine gekonnte und gediegene Aufführung hatte die Erwartung des Publikums getroffen.
Den Kritiken ist zu entnehmen, daß es der Inszenierung lediglich an der Fähigkeit zur Tragik gemangelt habe, insbesondere in bezug auf die Titelfigur Faust. Bernhard Häußermann schreibt am 10. September 1982 in der *Hannoverschen Allgemeinen Zeitung*, Rüdiger habe sichtlich davon profitiert, daß viele Theater in den vorangegangenen 20 Jahren gezeigt haben, wie der zweite Teil gut spielbar gemacht werden könne. Dennoch habe der »Landesbühnen-Prinzipal mit seinem ›Faust‹ etwas Eigenständiges geschaffen, das sich sehen lassen kann ... Die Landesbühne spielt ... die beiden Teile des dramatischen Welt-

Abb. 173: »Am Kaiserhof« – Dieses Szenenbild aus dem 1. Akt von *Faust II* verdeutlicht, wie die Haupt- und Seitenbühnen in der Nachfolge Gründgens' bespielt worden sind. Es findet sich auch eine Anleihe an Peymanns Stuttgarter Einstudierung: die beiden Brecht-Gardinen links und rechts des mittleren Brettergerüsts.

Abb. 174: »Studierzimmer« II« – Mephistopheles (Gerd Peiser) belehrt Faust (Peter Gross): »Glaub unsereinem: dieses Ganze/ Ist nur für einen Gott gemacht!« Wie bei Gründgens wird neben dem Hauptspielpodium agiert.

gedichts in einer für ihre Möglichkeiten und Chancen überzeugend eingerichteten (und das heißt vor allem: überzeugend gekürzten) Fassung.« Trotz dieser großartigen Gesamtleistung führt nach Ansicht von Häußermann für andere Bühnen, die Goethes *Faust* optimaler geben können und wollen, »kein Weg daran vorbei, daß man zwei Abende braucht, um ›des Lebens labyrinthisch irren Lauf‹ am Beispiel des gesteigert-übersteigerten Faust, eingegrenzt von Himmel und Hölle, in Goethes ganzem dichterischem Reichtum auf der Bühne zu realisieren. Wer aber nur einen Abend zur Verfügung hat, ... bekommt in Rüdigers Fassung ... das kraftvolle Grundgeschehen einleuchtend vorgeführt. Fausts Weg wird hier ... klar und resolut auch durch den zweiten Teil hindurch verfolgt. Der Zuschauer darf endlich die Hauptsache ›begreifen‹.«

Auch Reimar Hollmann lobt am selben Tag in der *Neuen Hannoverschen Presse* Bühnenbau, Strichfassung und Spielweise: »Ein Podest, drei Vorhänge ... Fünf Stunden Faust. Lang, aber durchweg kurzweilig. In der Aufführung lebt das Theater der Fahrensleute, volkstümlich – aber nicht provinziell.« Hollmann hebt das gekonnte Programmbuch besonders hervor, das zu den wichtigsten Szenen bzw. Szenenfolgen kleine, erläuternde Kommentare enthält. Besonderen Anklang fand die Tatsache, daß dieser hannoveranische *Faust* überwiegend als komödiantisches Volksstück und nicht als Tragödie inszeniert worden sei, was Mephisto – wie so oft in der Bühnengeschichte – zum Vorteil gereicht habe, freilich zu Lasten des Faustdarstellers.

---

1 Rüdiger ließ auch die sogenannte Satanspredigt spielen, die Albrecht Schöne aus den Paralipomena in die »Walpurgisnacht« integriert und so veröffentlicht hat.

59. Kunstgriffe: Peter Eschberg stellt *Faust I* und *Faust II* in die Skulpturen- und Bilderlandschaften des Künstlers Alfred Hrdlicka (Bonn 1982)

Motive und Konzeption

Räumlich wurde *Faust I* in den Kammerspielen und *Faust II* im Großen Haus der Bühnen der Stadt Bonn gegeben, doch die Kritik meinte – nicht ironisch, aber zutreffend – Goethes Dramen würden nicht auf einer Bühne, sondern im Atelier von Alfred Hrdlicka gespielt: Zwei seiner Schüler hatten den Auftrag, das Wiener Atelier des bildenden Künstlers für Peter Eschbergs Bonner *Faust* zu kopieren.

Eschberg sieht in der Person Fausts einen prometheischen, autistischen Menschen. In den Arbeiten des Künstlers Hrdlicka glaubte er diese Eigenschaften ebenfalls zu entdecken, und so kam ihm der Gedanke, beides zu verbinden: »Nun, wenn man eine Bildwelt sucht, die diese Prometheus-Idee zitiert, dann gibt es, glaube ich, keine Kunst, die das klarer und greifbarer tut als eben die Bildhauerei, speziell die Bildhauerei in der extremsten Form, nämlich am bloßen Stein, was es ja heutzutage nicht mehr so oft gibt. Alfred Hrdlicka ist ein von mir seit langem hochgeschätzter Künstler. Ich meinte, daß sein Weg des Realen, ohne dem Naturalismus zu verfallen, ein Weg zu einer gemeinsamen Inszenierung gewesen sein könnte. ... Ich habe dann sein Atelier kennengelernt und war fasziniert von der Größe und der Kraft, die dieser Raum hatte. Viele Stunden bin ich in diesem Atelier auf und ab gegangen und habe zwischen den Figuren die in meinem Kopf im Entstehen begriffenen Situationen des Stücks auf Anhieb und spontan wiedergefunden, so daß wir im Gespräch relativ schnell bei der Idee waren, eine Rekonstruktion dieses Ateliers als den Raum zu nehmen. Wir haben einschränkend gesagt, daß alles, was nur naturalistischer Hinweis auf ein Bildhauer-Atelier ist, weg muß; es mußte der Staub aus dem Raum heraus, es mußten Hinweise auf den Arbeitsraum von jemandem, der mit Kopf und Geist umgeht, hinein: Als Spannungsträger mit seinen Figuren sollte der Atelierraum die Basis für die Bühne bilden« (60, 155).

Der Bildhauer bestätigte, daß er Eschbergs Ideen gerne verwirklicht habe, und er bestätigt, daß für *Faust I*, im Gegensatz zum zweiten Teil, eine für beide Seiten zufriedenstellende Lösung gefunden worden sei. Hrdlicka fertigte einen gemalten und gezeichneten Hintergrundprospekt an, der Szenen aus dem Jüngsten Gericht zeigt: »Faust I ist ... vor allem schon von der Moral her eine christliche Fabel. Und vom Moralischen her gesehen begreife ich die Offenbarung des Heiligen Johannes als Prototyp des aktivsten oder des aggressivsten Christentums« (60, 155). Eschberg und seine Schauspieler konnten mit den Plastiken und dem Bühnenprospekt gut zurechtkommen: »Daß diese Steine die Innenwelt von diesem Faust eigentlich andauernd präsent machen, daß man sich in denen verstecken kann, daß man aus denen heraus auch explodieren kann, daß man sie als ganzen Raum benützen kann, den man aber auch einengen und in Details auflösen kann, hat mich besonders fasziniert. Dieses autistische Erscheinungsbild des Faust, das ja immer wieder da ist, ist ganz besonders stark aus der Beziehung zu diesem feststehenden Material, das es gibt, herstellbar. Ich weiß, daß es auch für den Faust-Darsteller Rainer Delventhal immer sehr hilfreich war, Momente der Stille, Momente der absoluten Vereinsamung durch fast zärtliches Umgehen mit dem Granitblock in der Mitte darstellen zu können« (60, 155).

Bei den Bühnenbildern und Skulpturen zum zweiten Teil gab es Differenzen. Hrdlicka schwebte vor, daß seine Prospekte und Plastiken durch drastische Zeichnungen aktiv in der Handlung mitspielen und daß sich die Schauspieler in dieser oft grotesk-übertreibenden Bilderwelt bewegen sollten. Eschberg wiederum wollte – wie bei Fausts Gang zu den Müttern oder in der Klassischen Walpurgisnacht – Bühnenboden und Requisiten bewegen, sinken und steigen lassen. Hrdlicka schuf dazu einen Antikenprospekt bzw. einen Antikenraum, auf bzw. in dem vieles aus *Faust II* deutlich thematisiert ist und so mitspielt: »Wir haben das rein arbeitsmäßig Antikenraum genannt, weil er viele Dinge umfassen soll. Es ist aber zugleich auch so, daß die Schlachtenszene, der Kampf, mitbeinhaltet ist, indem rechts und links Schlachtenszenen, die natürlich persifliert, umgesetzt in Sex sind. Schauspieler müssen, und das ist ja das Ungewöhnliche an meinem Bühnenbild, gegen gezeichnete Menschen antreten. Normalerweise besteht ein Bühnenbild aus Utensilien, aus Architektur, aus Einrichtungsgegenständen, aus Flitterglanz, aus dem, was die Leute wollen und von dem sie glauben, daß die Schauspieler davor schön sind. Bei mir ist es aber so, daß der Sex, der eigentlich von den Schauspielern gespielt werden soll, viel drastischer an die Wand gemalt ist. Und ich glaube, daß so ein Konkurrenzverhältnis zwischen dem Regisseur, den

Abb. 175: Szenenbild aus *Faust I* mit Faust (Rainer Delventhal, Mitte) und Mephisto (Manfred Schindler)

Schauspielern und einem Bühnenbildner entstand, das unaufhebbar ist« (60, 156). Gerade sehr drastische Szenen wollte Hrdlicka statisch im Bild inszenieren: »Es heißt immer, ich sei von gewissen Einfällen geplagt. Ich muß mich nicht mit Einfällen plagen, sondern ich plage mich eigentlich mit dem herum, was ich sehe. Und wenn ich eine Schlacht zeichne, dann höre ich auf mit dem Einfall, dann versuche ich, diese ganze Sache so darzustellen, wie ich glaube, daß es eine Schlacht ist. Ich muß sie ja nicht inszenieren, sondern eine Schlacht ist etwas Blutiges, Haptisches, etwas Schreckliches, etwas Undeutliches, was verdeckt ist – das kann man nicht alles in der Regie machen. Dieses falsche Theatralische, dieses falsche Theater kann das Bild abnehmen« (60, 156–157). Eschberg wollte Hrdlicka so viel Eigenständigkeit nicht zugestehen und sah im Kampf zwischen Regisseur und Bühnenbildner ersteren als zwangsläufigen Sieger, was in der Natur des Theaterspielens an sich liege: »Theater kann sich nicht in eine Statik zurückziehen und seine Bildhaftigkeit einer anderen Kunst überlassen, denn dann verläßt es sich selbst« (60, 157). Letztlich erhielt Eschberg Prospekte und Skulpturen von Hrdlicka zu einer *Faust II*-Inszenierung, die gehoben, gesenkt und horizontal bewegt werden konnten.

Strichfassung und Spielform des ersten Teils

Bei *Faust I* fungierte der statische Raum als Simultanbühne, so daß dem Regisseur Umbauzeiten erspart wurden und Eschberg zu nur wenigen Strichen gezwungen war. Das »Vorspiel auf dem Theater« fand bereits im Foyer statt, was vielen Theaterbesuchern leider entging. Vor dem »Prolog im Himmel« sprach der Darsteller des Faust einen ersten Teil der »Zueignung«, die letzten Verse dieses Gedichts hörte man nach der Kerkerszene. Da der Text ziemlich vollständig gespielt wurde, dauerte die Aufführung knapp vier Stunden, wobei schnelle Szenenwechsel und ein rasches Sprechtempo dazu beitrugen.

Aufnahme des *Faust I* in der Kritik

Der erste Teil wurde in der Presse weit besser beurteilt als *Faust II*. Karin Kathrein schreibt am 2.10.1982 in der Wiener Zeitung *Die Presse*, das Bühnenbild Hrdlickas sei das eigentliche künstlerische Ereignis gewesen: »Die Aufführung erhält durch die Skulpturen und Bilder Hrdlickas ein aufregend modernes Profil, breitet aber zugleich ›Faust I‹ so hinreichend konventionell aus, daß das Bonner Publikum seine reine Freude an Goethe haben kann.« Um verschiedenartige Spielräume optisch zu verdeutlichen, war eine komplizierte Lichtregie vonnöten: »Eschberg setzt auch das Licht ungemein differenziert ein, erzielt immer wieder neue Raumeindrücke, leuchtet die Plastiken einzeln oder in Gruppen heraus und macht damit diese Skulpturenlandschaft zu vielfältigen Spielstätten mit immer wieder neuen Stimmungswerten. Die eigentliche künstlerische Sensation ist allerdings der Hintergrundprospekt, eine Riesenfläche von 150 Quadratmetern, die Hrdlicka selbst bemalt hat. Üblicherweise werden ja Künstlerentwürfe von Theatermalern auf den Prospekt übertragen, der Bonner ›Faust‹ spielt jedoch vor dem Original des ›Jüngsten Gerichts‹ von Hrdlicka.« Auch Dieter Gerber vom *General-Anzeiger* in Bonn kann am 27.9.1982 der Begegnung von Goethes *Faust* mit den Kunstwerken Hrdlickas Positives abgewinnen: »Szene für Szene stellen sich neue Bezüge her, überhöht der Bühnenraum die szenische Realität, deutet er das Wort, deutet das Wort den Raum. Das Prometheische, in Wort und Raum wird es Realität, die Tragödie, sie findet ihre Entsprechung und Spiegelung im steingewordenen Leid der Plastiken, und wenn sich Gretchen in ihrer größten Seelennot vor den Leidenstorso am Bühnenrahmen wirft und ihr ›Neige, du Schmerzensreiche‹ herausstößt, dann wird das Einswerden von Dichtung und Faustraum Ereignis.«

Die Rezensenten loben die Leistungen von Delventhal (Faust), Manfred Schindler (Mephisto) und insbesondere von Ingrid Schaller als Gretchen. Die Leistung des elfköpfigen Ensembles wird bewundert, denn viele Schauspieler mußten mehrere Rollen verkörpern. In der *Aachener Volkszeitung* merkt Karl Hugo Pruys am 28.9.1982 nur eines kritisch an: »Als nicht gelungenes Experiment muß man die Darbietung des ›Vorspiels auf dem Theater‹ bezeichnen. Der Regisseur läßt Direktor, Dichter und lustige Person an der Bar im Foyer ihren Text aufsagen …, während das Publikum – nichts ahnend, was da sich im Hintergrund abspielt – zu den Plätzen drängt. Die Dichter-Worte sind dazu da, angehört zu werden. In den Godesberger Kammerspielen werden sie schlicht zur Geräuschkulisse deklassiert.«

Strichfassung und Spielformen des zweiten Teils

Faust II ließ Eschberg auf der Bühne des Großen Hauses spielen. Im Gegensatz zum ersten Teil wurde für die Striche kräftig der Rotstift angesetzt, 40% der Verse waren gestrichen, was eine Aufführungsdauer von dreiviertel Stunden ergab. Unterschiedlich gekürzt wurden alle fünf Akte gegeben. Eschberg raffte das überlange Werk sehr gekonnt und war in der Lage, mit nur 15 Darstellern *Faust II* zu bewältigen. Horst Köpke meinte zu der Strichfassung am 2.12.1982 in der *Frankfurter Rundschau*, daß Eschberg die richtigen Stellen gestrichen, die Pause jedoch falsch gelegt habe: »Peter Eschberg hat kräftig gestrichen. … Er hat aus ›Faust II‹ einen Torso inmitten von Torsi gemacht, sozusagen. Das geht. Er hat sich auf die spielbarsten Teile konzentriert und den Rest den Altphilologen zur Ausdeutung überlassen. … Die Crux der Inszenierung aber ist der Helena-Akt, der auch noch durch die Pause geteilt wird. (Tatsächlich steht bei Goethe dort irgendwo ›Pause‹.)«

Aufnahme des *Faust II* in der Kritik

Das Konzept mit den Skulpturen Hrdlickas ging im zweiten Teil offensichtlich weniger einleuchtend auf als in *Faust I*, denn sie störten bei notwendigen Veränderungen des Bühnenbodens, z.B. bei Absenkungen oder bei Figurenflügen über die Bühne und in den Schnürboden. Eschberg setzte die Skulpturen Hrdlickas auf Rollen, um sie variabel handhaben zu können. Die Kritik schrieb, es sei zugegangen wie auf einem Verschiebebahnhof, wenn die Darsteller selbst, wie beispielsweise bei Fausts Gang zu den Müttern, die Statuen auf die Seitenbühnen hätten schieben müssen, das habe auch Unruhe in die Aufführung gebracht. Zu einer anderen Einschätzung gelangt die Kritik bei der Bewertung der beiden 450 Quadratmeter großen Hintergrundprospekte. So urteilt Sabine Kessler am 30.11.1982 in der *Rheinischen Zeitung*: »Seine meisterhaften Hintergrundprospekte (die allein vom Zuschauenden eine längere Auseinandersetzung erfordern) folgen dem einmal eingeschlagenen, sicherlich richtigen Weg der Inszenierung: Fausts Streben und Suchen, das immer im Eros gründet. Seine Bilder, die im Verbund mit dem riesigen Bühnenraum die Darstellung winzig erscheinen lassen, symbolisieren menschliches Machtbedürfnis, Lust und Erlösungshoffnungen.« Positiv vermerkt die Kritik, daß in der Tat die Schlacht des vierten Akts durch Toneinspielungen und symbolhaft-andeutende Handlungen bzw. gezielte Lichteffekte im Hrdlickaschen Bühnenraum mit leichter Hand inszeniert werden konnte.

Die Szene »Bergschluchten« wird eindeutig abgelehnt, denn Eschberg läßt Personen und Skulpuren durch Drahtseile in Richtung Schnürboden hochschweben. Horst Köpke sah dies am 2.12.1982 in der *Frankfurter Rundschau* so: »Ist die Grablegung beendet, werden alle Akteure, die die zahlreichen Rollen abwechselnd übernommen hatten, in die Höhe gezogen mitsamt den bildhauerischen Hervorbringungen des Alfred Hrdlicka. Da hängen sie dann, sprechen die Schlußverse im Wechsel. Der ›Chorus mysticus‹ ist einer einzelnen Dame vorbehalten, die in einem Lichtkegel langsam über die Bühne schreitet, während der betrogene Mephistopheles in die Gegenrichtung, nun ganz alt und grau geworden, davonschlurft und ein einsames ›Buh‹ aus dem Zuschauerraum ertönt, was dann einen Riesenbeifall provoziert.«

Regie und Besetzung

Regie: Peter Eschberg
Bühne: Alfred Hrdlicka
Kostüme: Barbara Treskatis
Faust: Rainer Delventhal
Gretchen: Ingrid Schaller
Mephisto: Manfred Schindler
Helena: Sieglinde Geiger

Abb. 176: Faust (Rainer Delventhal) in der Einsamkeit von »Wald und Höhle«

60. Jürgen Flimms und Erich Wonders schwarze Kölner Erzählstruktur – nach dem Goethe-Jahr (1983)

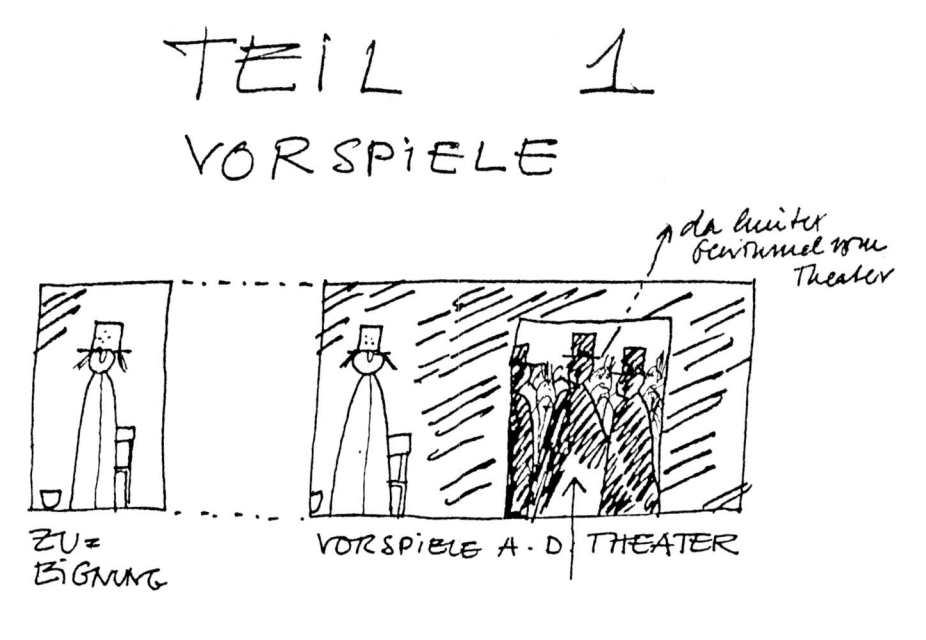

Abb. 177: Teil 1 – Vorspiele in einer Zeichnung von Erich Wonder. Die »Zueignung« und das »Vorspiel auf dem Theater« wurden in Köln als eigentliche Vorspiele angesehen, während der »Prolog im Himmel« zur eigentlichen Spielhandlung gerechnet wurde.

Motive, Konzeption

Flimms Kölner *Faust I* entstand in der intellektuellen Auseinandersetzung mit bedeutenden Inszenierungen der Vorjahre. Zudem wurden die neuesten, im Goethe-Jahr 1982 vorgestellten Forschungen des Göttinger Germanisten Albrecht Schöne für die »Walpurgisnacht« berücksichtigt. Volker Canaris als Dramaturg stellte im Programmheft die Frage nach der Berechtigung einer neuen Inszenierung nach dem Goethe-Jahr 1982, das 22 Premieren aufgeboten hatte: »›Faust‹ inszenieren, ausgerechnet ›Faust‹. So viele schwankende Gestalten, die sich nahen. Bilder im Kopf: Gründgens vor allem – brilliant, teuflisch, flink, lispelnd, epochal als Mephisto, sein Faust denkt unterm Atomium, der Blitz von Hiroshima zuckt durch die Walpurgisnacht. Peymann und Freyer blättern das Volksbuch auf, vor allem im ersten Teil ihres ersten Abends: Faust als Golem, sehr alt – im fünften Akt des Zweiten Teils dann der mumifizierte Großunternehmer mit Zylinder und Zigarre. Grüber und Minetti: ›Faust‹ als Kopf-Inszenierung von Faust, radikal mit dem Text umgehend, nicht nachzuahmen (nicht nur wegen Minetti) – ›Faust‹ heute; oder doch ein bißchen ›Des Kaisers neue Kleider‹?«

Canaris formulierte eine bildliche Strukturbewegung der gesamten Kölner Inszenierung: »Im Vorspiel auf dem Theater wird eine Bewegung beschrieben: ›Vom Himmel durch die Welt zur Hölle‹. Aus der Arbeit des Regisseurs mit dem Bühnenbildner entsteht eine Erzählstruktur für das Stück. Nach den Vorspielen: ›oben‹ anfangen, im Himmel. Faust wohnt zwischen Himmel und Erde in einem Turm über den Dächern der Stadt. Dann die ›Null-Ebene‹, Gretchens kleine Welt. Und schließlich ganz unten landen, im Höllenrachen von Walpurgis, im Keller von Gretchens Kerker.«

Für Flimms *Faust I* wurden wichtige Beiträge der Forschung berücksichtigt, um so Hilfe bei der bildlichen Umsetzung zu erhalten; dabei rückte Gretchens Katastrophe ins tragische Handlungszentrum: »Eine Textfassung für die Inszenierung entsteht, optische Überlegungen und Sekundär-Lektüre einbeziehend. Die Faust-Mephisto-Dialektik, erzählbar als Kampf und Kumpanei, entfaltet sich in der ersten Hälfte des Abends. Die Gretchen-Geschichte wird zur zentralen Machtprobe – immanent zwischen den Partnern Mensch und Teufel, abgehoben in der Polarität von Prolog im Himmel und Walpurgisnacht. Um diese funktionale Rolle der Gretchenwelt sichtbar zu machen, muß der Mikrokosmos, die kleine Welt in ihrer Enge und Kargheit, ernstgenommen werden, nicht denunziert werden. Die Zwischenstationen Auerbachs Keller und Hexenküche fallen weg, der Schub der Kraftproben im Studierzimmer führt direkt in die konkrete Auseinandersetzung über Gretchen. Das Spiel der schwankenden Gestalten bedarf keiner illustrativen Nebenschauplätze. (Ebensowenig einer Theater-auf-dem-Theater-Begründung – also fällt im Verlauf der Proben auch das Vorspiel auf dem Theater weg). Die Naturszenen ›Wald und Höhle‹ und ›Trüber Tag. Feld‹ werden deutlich als in Wahrheit existenzielle Angst-Kämpfe, zu spielen auf nackter Bühne, mit Blick ›nach oben‹. ... Der Fortgang und der Ausgang der Geschichte vom Faust zeigt, daß es [bei Hoffnung durch Erinnerung] nicht bleibt. Verluste folgen, Verletzungen, Verderben, Tod; die Apokalypse fletscht, eher pornographisch, ihre Zähne. Am Schluß geht ein alter Mann vorüber und sagt ›Gerettet‹. Der Andere insistiert, nicht laut aber nachdrücklich: ›Her zu mir!‹. Und die Rufe des Mädchens ›verhallen‹, steht bei Goethe.«

Daß die Geschichte Fausts in Köln, daß die Geschichte der Menschheit tragisch endet bzw. enden kann, wurde erläutert durch die Bezugnahme auf Günther Anders' Erste Schreck-Feststellungen. *Das heutige Unendliche sind wir – Faust ist tot.* Anders meint, daß die Menschheit heutzutage apokalypsebewußt sein müsse, was auf den menschlichen Forschergeist, auf das faustische Streben, zurückzuführen ist. Zwei Aussagen stehen im Zentrum der Andersschen Philosophie:

»An die Stelle des Satzes
›Alle Menschen sind sterblich‹
ist heute der Satz getreten:
›Die Menschheit als ganze ist tötbar‹
...
An Stelle des Salomonischen Satzes:
›Alles wird gewesen sein‹ wird der Satz treten:
›Nichts ist gewesen‹«

Auf einer Leseprobe zitierte der Mephistodarsteller Wolf-Dietrich Sprenger die Sätze von Anders »über die Antiquiertheit des faustischen Menschen. Angesichts dessen, was (wie wir heute wissen) mit Wissen erreicht werden kann, nämlich das Auslöschen alles Wissens, aller Erinnerung und aller Hoffnung, ist das Streben nach immer mehr Erkenntnis kein reines Ziel mehr, vielmehr eine Schreckvision. ... ›Die Menschen dauern mich in ihren Jammertagen ...‹, der arme Teufel, der ›Schalk‹? Faust und Mephisto, beide sich aus Lumpen und Asche herauswühlend, zwei Alte, die nur noch eins im Sinn haben: endlich enden?«

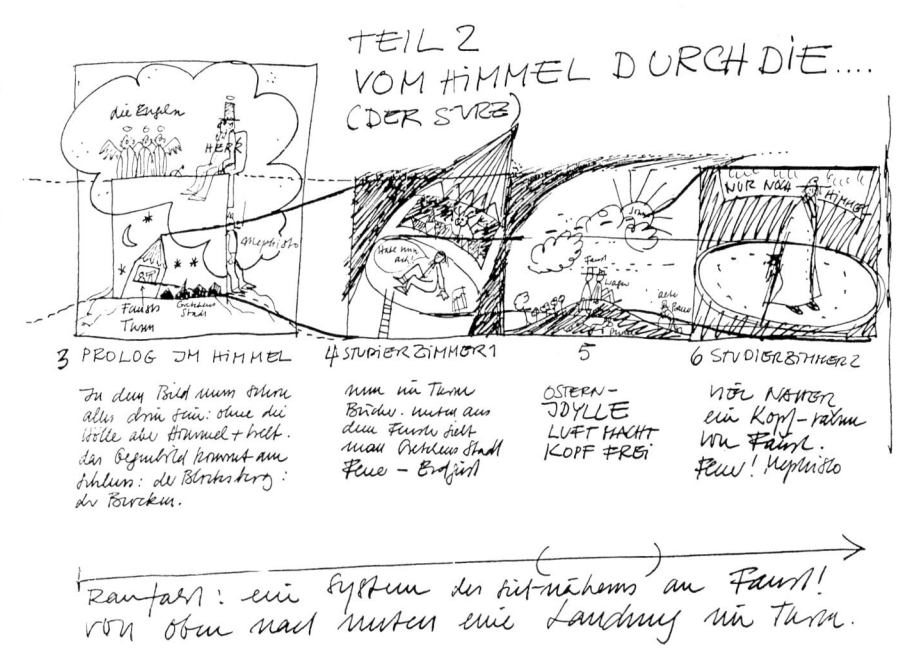

Die Strichfassung des Kölner *Faust* enthielt ein Novum, denn erstmals wurde die von Albrecht Schöne 1982 rekonstruierte »Walpurgisnacht« gegeben, eine Kombination aus der bisher gedruckten Fassung und ausführlichen Teilen, die Goethe nicht zu veröffentlichen wagte und die deshalb bislang den Paralipomena zugeordnet wurden; frühere Inszenierungen hatten jedoch auch schon Teile aus den Paralipomena enthalten.

Aufnahme durch Publikum und Kritik

Gerhard Stadelmaier ging in *Theater heute* (8/1983) auf diese Version des Kölner Regieteams ein und sah *Faust* als »dunkle mitleidsvolle Tragödie« in »düster-schönen Bühnenbildern«. »Gott ist die Hölle« überschrieb er seine Rezension, und er erläuterte und deutete den Schluß: »Nun, nachdem alles vorbei ist, lehnt dieser Mephisto in einer Vertiefung vor der Rampe, macht unendlich ge-

Abb. 178: Teil 2 – Raumfahrt (Sturz) vom Himmel ins Studierzimmer im Turm in der Zeichnung von Erich Wonder. Mit dem faustischen Wissensdrang beginnt für die Kölner Theatermacher der Niedergang der Menschheit schlechthin. In Mephisto können sie einen Verbündeten finden, wenn dieser dem Herrn vorwirft: »Ein wenig besser würd' er leben/ Hättst du ihm nicht den Schein des Himmelslichts gegeben;/ Er nennt's Vernunft und braucht's allein,/ Nur tierischer als jedes Tier zu sein.« Vom Faustturm des Wissens setzt sich die Abwärtsbewegung fort, hinunter in die kleine Welt Gretchens.

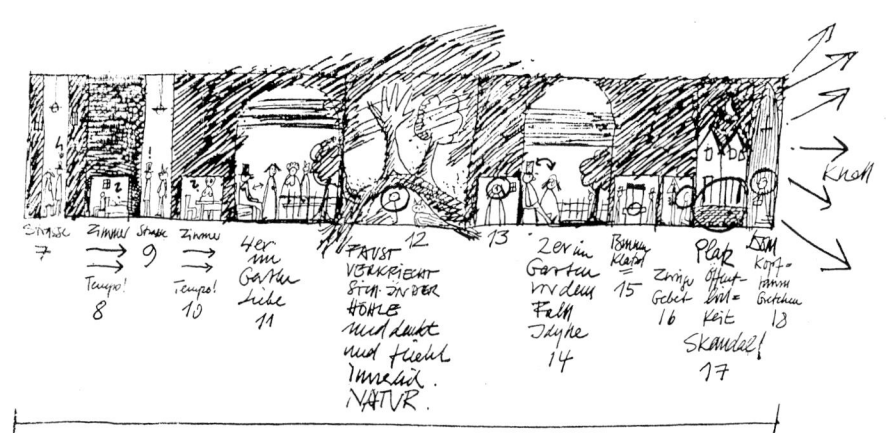

Abb. 179: Teil 3 – Linearer Gang durch Gretchens Welt in der Zeichnung von Erich Wonder. Nach der Szene »Dom« wird es sich entscheiden, ob es aufwärts oder abwärts geht mit Faust – mit der Menschheit?

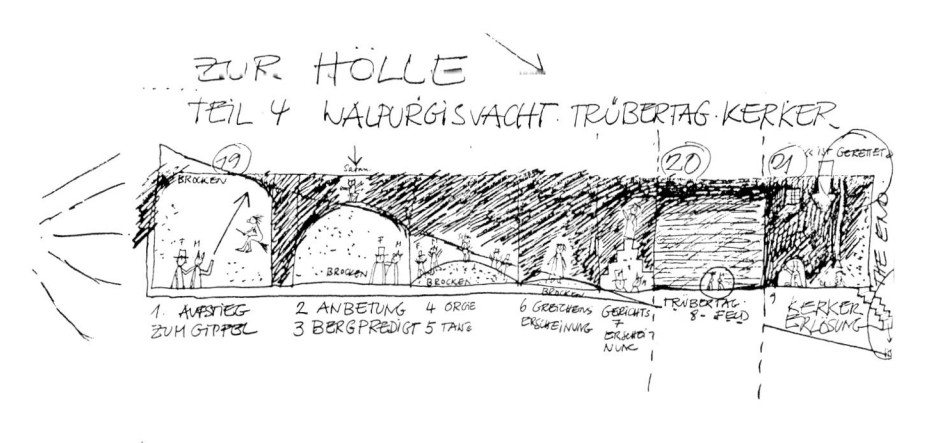

Abb. 180: Teil 4 – Von der Walpurgisnacht zur Hölle in der Zeichnung von Erich Wonder. Nach dem »Knall« geht die Entwicklung negativ weiter. Für Flimm und Canaris endet die Faustwanderung in der Hölle von Walpurgisnacht und Kerker.

Unterwelt zuwankt. Zwei Himmelhunde auf dem Weg zur Hölle. ... So ist Jürgen Flimms großer ›Faust‹ auch ein sehr radikaler, pessimistischer ›Faust‹, ein fesselndes Spür- und Denkvergnügen, eine Trauerarbeit im Menschlichen, das nie ewig ist, sondern mit uns vergeht. Ewig sind nur Himmel und Hölle. Unmenschlich.«

Zur Bühnengestaltung konnte man von Ulrich Schreiber am 14. 6. 1983 in den *Stuttgarter Nachrichten* lesen: »Die Bühne ist von Erich Wonder schwarz ausgeschlagen ... Auf die schwarze Bühne plaziert Wonder ... halb transparente Zwischenvorhänge, die mit ihrer Hügel- und Kirchturmlandschaft plastisch ausgeleuchtet werden und vor dem Osterhymnus in einer lichtorgelumspielten Gloriole aufsteigen. Hatte Claus Peymann vor sechs Jahren in Stuttgart den ›Faust‹ auch in den Etappen der voranschreitenden Theatergeschichte mit Achim Freyers Hilfe konkretisiert, so wissen sich Flimm/Wonder nicht so recht zu entscheiden, worauf sie hinwollen. Mit Gretchens Auftritt (den Peymann einst ganz italienisch-leicht hingezaubert hatte), wird das Dekor fest und schwarz: riesige Versatzstücke engen nun das Bühnenportal ein, machen aus Haus, Dom und Garten ein Szenarium, dessen gotische Linienführung offenbar den Menschen im Stadium einer relativen Unaufgeklärtheit zeigen soll.« Zudem sei Goethe in Köln »zum Erbarmen« gesprochen worden, und Schreiber ärgert sich über die Reaktion des Publikums: »... es zeigte sich von dem, was es für Klassizität hielt, so eingeschüchtert, daß es mit einer Ovation dankte. Dabei war es nur eine schwarze Messe mit lauter grauen Mäusen.« Eine solche Äußerung scheint m.E. nur dann möglich, wenn sich ein Kritiker nicht auf das Konzept des Regieteams einläßt.

»Mephistos Schatten«

Der Mephistodarsteller Sprenger gab in einer Glosse – ebenfalls abgedruckt im oben erwähnten Monatsheft von *Theater heute* – zu bedenken, wie die Tradition

langweilte, winkende Gesten: ›Her zu mir!‹ Gott verschwindet, und der vordem noch verjüngte, frische Faust wird unvermittelt zu dem, was er einst war: ein alter, gebrochener, halb blinder, tappender Mann, der am sterbenden Gretchen vorbei Arm in Arm mit Mephisto der bzw. epochemachende darstellerische Leistungen sich bei Goethes *Faust* auswirken können: »Zuhause hast du fleißig Text gelernt. Hast gegrübelt, wie spiel ich das, wie spiel ich jenes? Und wenn du dann morgens zum Theater fährst, hockt neben dir GG[1] (natürlich angeschnallt) und auf dem Rücksitz Branko [Samarovski][2] aus Bochum und Brandauer[3] aus Wien. Die fahren schon seit Wochen mit dir mit. Und heute willst du sie endlich abschütteln.« An einem anderen Tag mußten die Hospitanten und Assistenten die Probe verlassen, weil sie Sprenger in seiner Konzentration störten. Doch er blieb immer noch gehemmt: »Was ist denn los, fragte der Regisseur. Kannst du nicht verhindern, daß die da hinten immer drinsitzen und zugucken? Außer mir ist keiner mehr da, sagt der Regisseur. Solange die da zugucken, schreie ich außer mir, und zeige auf GG, Branko und Klaus Maria, die durch irgendeine der verfluchten dreizehn Türen hereingeschlichen sein müssen, solange die da sind, kann ich überhaupt nicht spielen!! Sag mal, du spinnst doch! Der Regisseur wird spürbar lauter. Ich spinne nicht, schreie ich und merke, wie meine Stimme heiser wird, schmeiß die endlich raus! Probenschluß, sagt der Regisseur. Morgen früh dieselbe Szene. Und raus ist er, GG, Branko und Klaus Maria sitzen da und grinsen.« So zeigt sich wie bei kaum einem anderen Drama, wie die Aufführungsgeschichte des *Faust* immer wieder in dieser Geschichte selbst mitspielt: Man kann sich kaum von ihr befreien.

---

1 Gemeint ist Gustaf Gründgens.
2 Samarovski spielte den Mephisto bei Peymann in Stuttgart im Jahre 1977.
3 Klaus Maria Brandauer spielte den Mephisto in der Verfilmung von Klaus Manns gleichnamigem Buch.

61. Der ganze *Faust I* in zwei Theatern, der halbe *Faust II* im Schauspielhaus: Günter Krämer beschert den Bremern eine eigenartige Version beider Teile (1985/86)

Sieben Stunden und 45 Minuten mußte man insgesamt ausharren, um am ersten Abend im Theater am Goetheplatz und am zweiten Abend im Schauspielhaus Krämers ungestrichene Version des *Faust I* zu erleben. Die Gelehrtentragödie, einschließlich der Vorspiele sowie »Auerbachs Keller« und der »Hexenküche«, fand auf teils leerer, teils mäßig bestückter Bühne statt, so daß das gespielte Wort Vorrang hatte gegenüber der Ausstattung – in seinem Kölner *Faust I* wird sich Krämer im Jahre 1996 wiederholen.
Der erste Abend am Goetheplatz begann dunkel mit einer Zueignung, die Will Quadflieg vom Band sprach. Nach dem »Vorspiel auf dem Theater« erschienen im »Prolog im Himmel« fünf Erzengel auf Stelzen, der Herr thronte inmitten von ihnen, vier Meter hoch, auf noch höheren Stelzen, gekleidet in Frack und Zylinder. Faust saß im Studierzimmer und monologisierte mit seinen Büchern. Bis auf die Szene »Vor dem Tor« war die Bühne in ein magisches Dunkel getaucht. In »Auerbachs Keller« agierten mehr Personen als von Goethe vorgesehen: Elf Studenten grölten sturzbetrunken an einem riesigen runden Tisch. In der »Hexenküche« turnten im Hintergrund Figuren wie in einem Fitneßstudio, während auf der Vorderbühne schon die nackte Helena zwischen antiken Säulentrümmern lag, Faust mußte sie nicht im Zauberspiegel erblicken.
Nach vier Stunden Gelehrtentragödie wurde *Faust I* mit der dreieinhalbstündigen Gretchentragödie im kleineren Schauspielhaus fortgesetzt, auch hier war die Bühne sehr spärlich mit Kulissen bestückt: »Andreas Reinhardt verwandte nur Bett, Schrank und Sessel für Gretchens, Tisch und Stühle für Frau Marthens Zimmer; Wäsche, die Rampe entlang gehängt, machte den Garten der Frau Marthe, den Kerker ein Gitter. Kostüme: durchweg schwarz, bürgerlich. Faust im hellen Reiseanzug. Mephisto wechselt Kostüm, Attitüde, zeigt dadurch Facetten der Figur, zitiert unterschiedlich Theaterausprägungen, parodiert auch Konventionen«, schreibt Henning Rischbieter in *Theater heute* 12/1985. Der zweite Abend endete mit der Szene »Anmutige Gegend« aus dem zweiten Teil.
Ein Jahr später konnte man dann den bruchstückhaften zweiten Teil bewundern: Hier hatte sich Krämer für einen wahrhaften Torso entschlossen, unverständlich nach dem ungekürzten *Faust I*: Gestrichen waren die ersten beiden Akte und fast der gesamte 4. Akt. In *Theater heute* 1/1987 war zusammenfassend zum theatralischen Spiel und zur Strichfassung zu lesen: »Es bleiben: Akt drei, gespielt anfangs in den lichten Ausschnitten aus einer schwarzen, planen Wand: Helenas Rückkehr aus dem Trojanischen Krieg als hoch auf Kothurnen ragende, weiß gekleidete und verlarvte Gestalt in den Palast des Menelas, wo sie und der dreiköpfige Trojanerinnenchor in kurzen, dunklen Kleidern blutige, tödliche Strafe befürchten, aber von Phorkyas/Mephisto nach langen, auch mal hör-mühseligen Vers-Reden schließlich ins Mittelalter versetzt werden (vor einem Landschaftsprospekt mit ragender Burg und Kathedrale nach Schinkel-

schem Original) und wo Helena die Liebesbegegnung mit Faust widerfährt. Daraus entspringend die Sohnschaft des Euphorion/Ikarus, er singt seinen Sonnenaufstiegsgesang aus einer über die ganze Szene schwingenden Schaukel, aus der er dann tödlich abstürzt. Von Akt 4 werden nur Teile der ersten Szene ›Hochgebirg‹ gespielt: von einer dem Bühnenboden aufliegenden Erdhalbkugel überschaut Faust im Besitz-Gefühl die Reiche der Welt und ihre Herrlichkeiten, indes Mephisto höhnt, aus einer aus dem Globus aufgeschlagenen Klappe halben, bloßen Leibes sich herausbeugend. Der fünfte Akt wird wie der dritte vollständig, ungestrichen gegeben: die Landnahme/Landzerstörung des Großkaufmanns/Magnaten Faust im Gehpelz mit Zylinder, die Philemon- und Baucis-Idylle und ihre Zermalmung durch den Gewalt-Technokraten Faust, dann die von Hans Falár (nach Gründgens' Vorbild) über die nackte Szene hingeraste Verzweiflung Mephistos über den gestohlenen Leichnam Faustens und schließlich die katholisierenden Entzükkungs- und Verklärungslitaneien in den ›Bergschluchten‹: sie rezitiert der Faust-Darsteller Fritz Lichtenhahn ganz allein – wieder im Frack wie im dritten Akt – mit seinem leisen, feinen Lächeln, im Profil vorm Publikum: so intelligent die Vortragsweise, so ausflüchtig das Verfahren.«

In Ergänzung zum Bericht über den Kölner *Faust I* im Jahre 1996, dessen Konzeption nur gering von dieser Bremer Version abweicht, kann der Leser ermessen, wie Krämer, wenngleich nur bruchstückhaft, mit dem zweiten Teil verfahren ist. Die Kritik bedauerte, daß Krämer nur jene Teile aus *Faust II* gespielt habe, die sich leicht inszenieren lassen, und erhoffte, das Regieteam würde sich doch noch dazu durchringen, auch aus dem zweiten Teil noch einen zweiten Abend zu machen, so daß Goethes *Faust* weitgehend vollständig in Bremen zu sehen wäre. Offensichtlich fehlte dem Regisseur bereits damals ein Konzept für den gesamten *Faust II*, denn in Köln gab er ein Jahrzehnt später nur noch den ersten Teil an zwei Abenden, diesmal jedoch gekürzt um 25%. Die Bühnenmusik für Bremen und Köln schrieb jeweils der Liedermacher Konstantin Wecker.

62. Dieter Dorns brillante *Faust I*-Einstudierung an den Münchner Kammerspielen (1987)

Motive und Konzeption

Die Titelgestalt wird in München – laut Programmheft – als Figur gezeigt, deren letzte wissenschaftliche Experimente verunglückt sind: »Faust glaubt nicht mehr an die Machbarkeit der Verhältnisse. Zwar redet er dauernd von der Tat, doch die erfüllt sich nicht. Ihm ist die Vorstellung einer von Menschen gestaltbaren Zukunft verlorengegangen; Zukunft kann er nur noch ›erleben‹. So geht Faust, der wissenschaftlich aufgeklärte Mensch, zurück in die voraufklärerischen Paradiese der Unvernunft.« Wissen sei ihm geradezu suspekt geworden. Nachdem auch der Erdgeist Faust zurückgestoßen habe, gehe er »mit pathetischer Weltschmerzgeste« auf den Pakt ein – denn auch Mephistos »Glücksversprechungen« sind für den Gelehrten begrenzt, was sich in »Auerbachs Keller« erweist: »Ergebnis ist die Isolation, gepaart mit dem großen Anspruch des Einzigen. Faust durchwandert die ›Welt‹ als ein auf sich selbst reduziertes Individuum, ›ein Mann allein‹. Einer, der nichts von sich hergibt, vielleicht deshalb auch nichts aushalten kann.«

Nur Gretchen reißt den verjüngten Faust aus seiner isolierten Lethargie: »Als Faust Gretchen auf der Straße begegnet, füllt sie eine lang vorbereitete Grube in seinem Herzen aus und verkörpert so viele seiner von der ersten Szene an ausgesprochenen Gedanken und Wünsche ... Kaum anders als der Erdgeist, nur eben unter Verzicht auf magisches Formelwesen, wird sie von Faust mit der Zauberkraft seiner Sehnsucht beschworen ...« Die Beziehung scheitere vor allem an der »restringierten Barbarei der Gretchenwelt«, einem Regelsystem von Normen und Bräuchen. In der Gretchenhandlung erzähle Goethe »auch seine eigene Geschichte« von Friederike, der Pfarrerstochter in Sesenheim: »... ein gerade zwei Verszeilen lang währendes unverständiges Glück, in dem der Teufelspartner sich selber und Gretchen die Restriktionen ihrer von Bräuchen und Priesterherrschaft, Arbeit und der menschenfressenden Normalität kleinstädtischer Sittenwächter eingeengten Welt im verbotenen Paradies des Gartenhäuschens vergißt. Weder als Beziehungsgeschichte noch als soziale Fallstudie löst das Faustdrama die Verwicklung, in die es die Personen geraten läßt, auf eine besonders intelligente Weise. Trennung, Verrat geschehen so wortlos oder monologisch wie im wirklichen Leben.« *Faust I* endet in München nicht mit der Katastrophe des Kerkers, sondern mit einigen Versen aus der »Anmutigen Gegend« als schwachem Ausblick utopischer Hoffnung.

Abb. 181 (S. 186): »Prolog im Himmel« – Der Herr in der Pose Goethes in der Campagna. Am Ende dieser Inszenierung wird sich diese Pose wiederholen, wenn Faust Verse aus der »Anmutigen Gegend« zitiert.

Abb. 182 (oben): Blick in Gretchens Zimmer: Bedrohlich steht die Madonna als Sinnbild einer wenig humanen Moral im Hintergrund.

Bühnenbau, Kostüme, Maske, Spielweise

Die »Zueignung« und das »Vorspiel auf dem Theater« fanden vor dem roten

Abb. 183: »Hexenküche« – Der verjüngte Faust steht wie die Figur des *Volksbuchs* im Zauberkreis. Hier wird die drastische Farbigkeit deutlich, mit der der Bühnenbildner Jürgen Rose arbeitete.

Theatervorhang statt, danach, im »Prolog im Himmel«, erblickte man ein hellblaues Firmament mit Sternen, Galaxien, Milchstraßen, unter dem die drei Erzengel stehen und der Herr gelagert ist, wie Goethe in der Campagna bei Tischbein. Für die nachfolgenden Gelehrten- und Gretchenszenen schuf Jürgen Rose einen schwefelgelben Raum, einem riesigen Schuhkarton gleich, der nach oben durch leiterartige Treppen und nach unten durch einen Treppenschacht verlassen werden kann. Dort erleben wir Faust, wie sein letztes Experiment mißlingt, die Beleuchtung auf Blau wechselt, und er sein »Habe nun, ach!« herausschleudert – mit seiner Kopfbedeckung und seinem einfachen Mantel gleicht er ein wenig Goethes Freund »Kunschtmeyer« aus der Schweiz. In diesen Raum aber hat sich Faust selbst eingekerkert, auch die übrigen Menschen dieser Inszenierung entrinnen kaum ihren normativen Begrenzungen. Der Erdgeist dringt ein, indem die Wand aufreißt: der gelbe Raum wird rot durchflutet, bis der Geist wieder verschwindet und dann Wagner auf der Treppe erscheint. Beim Versuch, den Gifttrank zu nehmen, wird durch die hintere Wand das Firmament sichtbar, beobachtet von Mephisto halten die drei Erzengel Faust durch ihre Botschaft »Christ ist erstanden« vom Selbstmord zurück. Der Osterspaziergang findet ebenfalls in diesem gelben Raum statt, wobei Auf-, Ab- und Eingänge fehlen und sich die Beleuchtung ins Blau des heraufziehenden Abends verwandelt.

Mephisto kommt im Studierzimmer – zunächst als mannsgroßer Pudel – bedrohlich vom Schacht herauf in Fausts Studierschachtel gefahren, um nach einer großen Explosion in Hut und schwarzem Mantel vor Faust zu erscheinen. In »Studierzimmer« II erblickt man Mephisto dann mit rötlich schimmerndem Mantel, einem roten Band um den Hut, darauf die berühmte Hahnenfeder. Nach der Wette geht's flugs in »Auerbachs Keller«, in jenen gelben Raum ohne Eingänge wie bei der Szene »Vor dem Tor«. Mephisto reißt daher die hintere Papierwand auf, um mit Faust hereinzutreten. Drastische Komik in Personenzeichnung und Spielweise kennzeichnet sowohl »Auerbachs Keller« als auch die »Hexenküche«, wo das leuchtende Gelb deutlich in ein Schmutzgelb übergegangen ist. In der hinteren Wand ist in der Mitte der Zauberspiegel angebracht, wohin Faust durch das »himmlisch Bild« der Helena angezogen wird, zumal sie für ihn keck ihre Brüste reibt. Nach der Verjüngung bedankt sich Faust mit Handschlag bei der Hexe und bei Mephisto, um sogleich auf das blonde Gretchen loszustürmen, das, im Gesangbuch lesend, mit einer brennenden Kerze auftritt – wieder im kahlen, schmucklosen gelben »Schuhkarton« ohne Requisiten.

In der Szene »Abend«, blau ausgeleuchtet, begegnen wir in Gretchens Zimmer erstmals einer überlebensgroßen, grimmig blickenden Madonna, die offensichtlich für die »restringierte Barbarei« der damaligen Moralvorstellungen steht. In manchen Szenen ist die Madonna durch ein blaues Tuch verhangen. Wollüstig liegt Marthe bei ihrem ersten Auftritt in ihrem Bett – neben dem leeren ihres Ehemanns – auch hier steht die Madonna am Kopfende der Betten. Die Gartenszenen sind – bis auf das Religionsgespräch – blau ausgeleuchtet. »Wald und Höhle«, mit Mond und Nebelwolken, sind grün gehalten, aber Mephisto erscheint rot strahlend aus dem Schacht.

Nach Valentins Tod – die Madonna ist wieder verhangen – wechselt die Beleuchtung schlagartig von blau auf gelb, die Wände enthalten plötzlich Fenster, aus denen die neugierigen Nachbarn schauen, dann wechselt die Szene, symbolisch mit zwei Kirchenbänken versehen und mit einem Prediger vor der Madonna, in die Szene »Dom«. Beim Umschlag in die nächste Szene wechselt wieder die Beleuchtung, und Priester einschließlich der Betenden verwandeln sich in den Hexenspuk der »Walpurgisnacht«, wo Grün und Rot dominieren; nur in dieser Szene und im Prolog im Himmel trägt Mephisto seine Teufelshörner. Dorn läßt hier die von Schöne rekonstruierte »Walpurgisnacht« spielen, wo der Satan angebetet wird. Auch einige Verse aus dem »Walpurgisnachtstraum« sind in München zu sehen.

In »Trüber Tag. Feld« erblickt man kurz das blaue Firmament wie am Anfang, ehe sich die Szene in den grüngelben Kerker verwandelt. Gretchen liegt dort in einer Art Holzkiste, zu ihren Füßen dominiert die grimmige Madonna. In diesem kahlen Raum gibt es nur einen kleinen Deckel als Ausgang, durch den sich Faust gleiten läßt, um Gretchen zu retten. Als sich Gretchen endgültig zum Verbleib im Kerker entschließt, flieht Faust nach oben, und die Madonna sinkt über Gretchens Kistenbett zusammen, während auch die Decke heruntersinkt und die Höhe des Raumes halbiert. Über der Decke liegt Faust, »auf blumigem Rasen gebettet«, Gebirgszüge werden sichtbar, und er spricht einige Verse aus der »Anmutigen Gegend«, wie in der Campagna liegend, als hätte Tischbein ihn dort hingelegt.

Regie und Besetzung

Regie: Dieter Dorn
Dramaturgie: Hans-Joachim Ruckhäberle
Bühnenbild: Jürgen Rose
Faust: Helmut Griem
Mephisto: Romuald Pekny
Gretchen: Sunnyi Melles
Marthe: Cornelia Froboess

Abb. 184: »Kerker« – Gretchen fühlt sich mehr zu der strafend blickenden Madonna hingezogen als zum mephistoverfallenen Heinrich Faust. Er entsteigt dem Raum über die Leiter; wenig später liegt er über der Kerkerdecke in grüner Gebirgslandschaft und zitiert die Anfangsverse der »Anmutigen Gegend«.

Wirkungsgeschichtliche Aspekte

Von Publikum und Kritik wurde die Inszenierung positiv aufgenommen, insbesondere Bühnenbild und Beleuchtung. Bei der Premiere waren neben Bravos auch Buhs nicht zu überhören, denn manche Besucher fanden die Darstellungs- und Spielweise zu drastisch und zu derb, etliche von ihnen waren offensichtlich nicht vertraut mit der drallen »Walpurgisnacht«-Fassung Schönes. Der Faust Griems sei ein Gelehrter wie andere auch, meint Georg Hensel am 2. 5. 1987 in der *Frankfurter Allgemeinen*: »Helmut Griem macht aus dem alten Faust einen cholerischen Nußknacker. Er führt sich auf wie ein pensionierter General: er poltert, als stehe er auf dem Kasernenhof ... Das Pathos des ungestillten Wissensdursts ist seine Sache

nicht. ... Nicht eine Sekunde zögert er, den Vertrag mit dem Teufel zu unterschreiben. Das Leben nach dem Tod interessiert ihn einen Dreck, und in den Lebensgenuß wirft er sich mit ingrimmiger Entschlossenheit. Erst nach der Verjüngung, als er die Parodie aufgibt, ist Griem mit kraftvollem Realismus bei Griem und auch bei Goethe.«
Die Auftritte von Romuald Pekny als Mephisto, Sunnyi Melles als Gretchen und Cornelia Froboess als Marthe sah Gerhard Stadelmaier am 2.5. 1987 in der *Stuttgarter Zeitung* so: »Romuald Pekny spielt ihn als melancholischen Dandy, der stolz darauf ist, sämtliche pyromanischen Tricks zu beherrschen, immer läßt er irgendwo Flammen züngeln. Pekny zelebriert dies herrlich und genußvoll: der Teufel, der sich als Teufel verkleidet, ein Menschenbruder, nur eben weiter (und zynischer) als die armen Teufel von Menschen, der sich besser auskennt in Herzen, Schmerzen und Leibern als sie. Auch er wird, da ist gar kein Zweifel, Staub fressen wie sie, allerdings mit goldenen Löffeln – und einem Schuß Worcestersoße. Gretchen, die patente Jungfrau und sehnsüchtige Göre in einem, die so keß-erschrocken in die Welt guckt, ist das ideale Opfer. Sunnyi Melles zeigt Gretchens Herz, Hirn und Leib vor als Ingredienzen einer explosiven Stimmung. Ihr klarer Verstand sagt ihr, daß sie Heinz Faust nicht lieben darf, ihr Herz lacht den Verstand aus – und ihr Körper ist längst außer Rand und Band. Ihr Lied am Spinnrad ist eine – sie peinigende – erotische Etüde bis hin zum Zerbrechen der Spindel, einem hübschen Symbol. Dieses Gretchen ist kein Opfer einer verbotenen Lust, sondern eines Lustverbots. Das allgültige biedermeierliche Lebensmotto ›Bürger, seid nicht geil!‹, welches ihr Bruder Valentin in seiner gloriosen Bravheit so tapferdumm auslebt, wird ihr zum Tabu als Dauerreiz. Eines Fausts hätte es bei ihr nicht bedurft. Ihr wäre auch jeder andere Mann recht gewesen. Da hat sie in Frau Marthe nur eine gewieftere ›große Schwester‹. Cornelia Froboess räkelt die Marthe virtuos in eine laszive Dauer-Posiererei hinein, in welche sie stets die Hand in Brust- oder Schamnähe hat, um ja nie den Ausbruch irgendeines Orgasmus' zu versäumen, nach dem sie schwer atmend bettelt und schmeichelt.«
Benjamin Henrichs bedauerte am 8.5. 1987 in der *Zeit*, daß die Figur des Faust in dieser großartigen Inszenierung zu sehr »ins Skurrile« geschrumpft sei. Der Inszenierung habe es sonst aber an gewitzten Einfällen und verwegenen Bildern nicht gefehlt: »Wo immer der Münchner ›Faust‹ Maschinen- und Zaubertheater sein darf, entfesselt er die vergnüglichste Kurzweil. Aber die Aufführung dauert fünfeinhalb Stunden, und so eine lange Kurzweil gibt es nicht ... Also müßte mehr auf der Bühne zu sehen sein als Lichtspiel, Bilderbogen, Kostümfest. Das Drama von Faust. Aber der Münchner ›Faust‹ (das ist sein größtes und leider selbstmörderisches Zauberkunststück) ist ein ›Faust‹ ohne Faust. Das Theater bewegt sich, aber es findet kein Thema, 330 Minuten nicht – langweiliger kann keine Kurzweil, kernloser kein Pudel sein.« Henrichs mißfällt vor allem Griems Spielweise, und er verwirft damit die Auffassung der Regie: »Faust, Weltverbesserer: der zankt, der schimpft, der zischelt durch die schlechten Zähne. Ein kurioser Rappelkopf eher als ein deutscher Titan und Geistesfürst. Ein Lust- und Zorngreis. Minetti-Doppelgänger und Anti-Quadflieg. ... Aus dem Renaissancemenschen Faust wurde so in München der überanstrengte Conférencier einer endlosen Märchen- und Ausstattungsrevue. Auch der verjüngte Faust wirkte wenig verwandelt, kaum bereichert – ein blonder Mißmut ersetzte den grauen.« Zu einer vergleichbaren Einschätzung kam Joachim Kaiser, der am 2.5. 1987 in der *Süddeutschen Zeitung* Griems Faust einen »Schreihals ohne Zentrum« titulierte. Insgesamt habe das Technische der Inszenierung die Oberhand gegenüber den agierenden Figuren gewonnen. Henrichs kommt zu einem positiveren Fazit: »Fünfeinhalb Stunden sind vorbei. Jürgen Rose, der Bühnenbildner, hat den gelben Bühnenkasten auf erstaunliche Weise verändert, verwandelt, aufgebrochen. Max Keller, der Lichtbildner, hat seine Geräte bedient, als sei er bei Robert Wilson Zauberlehrling. Jetzt sitzt Faust auf dem Dach des Kastens, ist der ›quetschenden Enge‹ der Gassen entronnen. Jetzt kann die Weltfahrt des ›Faust II‹ beginnen. Anmutige Gegend, Ende.« Dorn machte sich leider nicht an die Arbeit mit *Faust II*, aber der erste Teil hatte langen Erfolg, nicht nur in München, denn er gastierte selbst in Tokyo. Inzwischen gibt es eine knapp dreistündige Version als Video und den Ton bzw. den Soundtrack auf CD.

Faust an anderen Bühnen

Ein Vorkommnis besonderer Art ereignete sich in den 50er Jahren in Hamburg. Willi Bredel berichtet in seinem Artikel »»Faust« auf der Reeperbahn oder ›Sieg über Goethe‹«[1] von einer Aufführung der Gretchen-Szenen im Ernst-Drucker-Theater am Spielbudenplatz in Sankt Pauli, einem typischen Volkstheater, das Seeleute, Hafenarbeiter, Fischhändler, Straßenverkäufer und Huren zum Publikum hat. Dort werden gewöhnlich derbe Burlesken und Possen aufgeführt. In den frühen 50er Jahren (das exakte Aufführungsdatum ist derzeit nicht ermittelbar) kam die Theaterleitung auf die Idee, eine Vielzahl der Gretchenszenen isoliert aufzuführen. Die Darbietung wurde sehr ernst aufgenommen, aber erstmals bei der Szene »Am Brunnen« reagierten die Zuschauer: »Jojo, so is dat! Düse verdammten

Klatschwiewer!« Am Schluß jedoch gab es gar Randale. Nach den Worten »Ist gerettet!« erhoben sich Männer und Frauen und ließen ihrer Forderung nach Gerechtigkeit empört freien Lauf: »Watt heet hier gerettet? Datt is Mumpitz! Heiroden sall he se. Heiroden sall he se! Her mit den Doktor! He sall se heiroden!« Der Theaterdirektor erklomm daraufhin die Bühne, schaffte Ruhe und erklärte, daß dieser Schluß von Goethe sei. Er wurde kräftig niedergeschrieen: Watt heet hier Goethe! Datt sünd nur Utreden! Heiroden sall he se! Heiroden! Heiroden! Heiroden!« Wieder beruhigte der Theaterdirektor die Zuschauer und ließ Gretchen und den Doktor Faust erneut auftreten. Letzterer mimte kurzentschlossen einen zerknirschten und reuigen Sünder. Mäuschenstill war es im Theaterraum, als Faust in Prosa bekannte: »Verzeih mir, Gretchen, ich habe schlecht an dir gehandelt. Ich will es gutmachen, darum frage ich dich: Willst du mich heiraten?« Ergeben froh antwortete Gretchen: »Ja, Heinrich!« Sie einigten sich per Handschlag und fielen sich küssend um den Hals. Der neu improvisierte Schluß wurde mit unbeschreiblichem Jubel aufgenommen, ja, es gab mehrere Vorhänge für die beiden bei triumphalem Beifall. So habe die Stimme des Volkes für einen »anständigen Schluß« gesorgt.

In der Spielzeit 1961/62 gab es beachtliche Gesamt-Inszenierungen am Schauspielhaus Nürnberg und am Mannheimer Nationaltheater, wo jeweils innerhalb weniger Wochen beide Teile gegeben worden sind. In Nürnberg führte Karl-Heinz Streibing, in Mannheim Heinz-Joachim Klein Regie. Von der Kritik besonders hervorgehoben wurde *Faust II* in Nürnberg, wo verschiedene Bühnenformen zitiert worden seien: Mysterienspiel, Renaissanceschau und Barocktheater. Dabei unterstützten Lichtbilder-Projektionen den Übergang von Fausts Traumvisionen in die Realität. Die Städtischen Bühnen Frankfurt[2] sahen 1963 den ersten, 1964 den zweiten Teil in der Einstudierung von Heinrich Koch. In bewußtem Gegensatz zu Gründgens zeigt Koch kein Spiel im Spiel, sondern er stellt sich in eine Theatertradition, die den *Faust* als Mysterienspiel deutete. Damit habe er jene Kritiker geärgert, die die Gründgens-Inszenierung als Bilder-Maßstab mit sich getragen hätten. Beide Teile wurden in sehr unterschiedlichen Spielräumen gegeben und endeten jeweils mit einem »Himmelfahrt-Realismus«. Am Schluß des ersten Teils taucht das Anfangsbild des »Prologs im Himmel« wieder auf, und Koch läßt durch die Erzengel Chor-Verse aus den Paralipomena spielen, die Gretchens Rettung verkünden. Der Schluß des zweiten Teils endete mit einer opernhaften Himmelfahrt des Titelhelden. Wie Lindtbergs »Salzburger Barock-*Faust*« (1961/63) kann diese Inszenierung nicht als Fortentwicklung der Bühnengeschichte von Goethes Drama gesehen werden.

Hainer Hill, der Brechts und Monks *Urfaust* ausgestattet hatte, baute eine stilisierte und einfach Bühne für eine Gesamtinszenierung, die in der Osterzeit 1964 im Kleinen Haus des Staatstheaters Karlsruhe Premiere hatte. – Alle diese Einstudierungen erregten zwar kein großes Aufsehen, sie belegen aber, daß nach der Gründgens- und vor der Schröder-Inszenierung das Theater keineswegs so sehr »gelähmt« war, wie dies behauptet worden ist.

Die Besucher des Staatstheaters Kassel sahen im Jahre 1970 zunächst einen *Faust I* in einer sehr ungewöhnlichen Fassung von Günter Fischer. Das Stück begann mit der Darstellung eines Kindsmordes, wobei Szenen aus dem Frankfurter Kindsmordprozeß der Jahre 1771/72 gespielt worden sind. Goethe erlebte die Geschehnisse um die Hinrichtung der Kindsmörderin Susanna Margaretha Brandt mit und studierte später die Prozeßakten; kleine Teile davon übernahm er wörtlich in die Szenen »Trüber Tag. Feld« und »Kerker«. Immer wieder wurden in diesem Kasseler *Faust I* Szenen aus diesen Prozeßakten übernommen. Zwar sei dieser *Faust* schwach, aber er provoziere mehr als eine werkgerechte Inszenierung, besonders am Schluß, wo man die Prozeßakten gegen die Intentionen Goethes ausspiele. Denn nach den Worten »Ist gerettet!« zeigt die Kasseler Inszenierung die Hinrichtung des historischen Gretchens.

Eine besondere Aufgliederung beider Teile bot Karl-Heinz Stroux am Düsseldorfer Schauspielhaus. Zunächst gab er im November 1971 einen »ersten Abend«, der *Faust I* und vom zweiten Teil den ersten Akt bis zur Szene »Lustgarten« zeigte, in der von der Erfindung des Papiergeldes berichtet wird. Der »zweite Abend« begann dann mit der »Finsteren Galerie«, Fausts Gang zu den Müttern, um Helena aus der Unterwelt hervorzuholen. Die Kritik meinte damals, diese Aufteilung habe etwas Gewaltsames, denn es gehe gegen die Sehgewohnheiten und es verstöre, wenn nach dem Grauen und dem Dunkel der Kerkerszene die sanfte Welt der »Anmutigen Gegend« und die lichte Welt des Kaiserhofs erstrahle. Helmut Lohner gab in beiden Teilen einen überragenden und alerten Mephisto.

Bemerkenswert war auch die Inszenierung beider Teile durch Friedrich Beyer in Heidelberg in der Spielzeit 1975/76. *Faust* wurde an drei Abenden gegeben, an zwei Tagen der zweite Teil. Man erlebte dort einen lebensüberdrüssigen Faust, der in Papierwissen und Wissensstoffwust geradezu zu ersticken schien: Kein strahlender Held, sondern ein mürrischer Greis, den selbst Mephisto mit Nachsicht behandelte, um ihn nicht gegen sich aufzubringen. Die Kritik bezeichnet diese Faust-Figur als Erdenwurm und Staubgeborenen, der dem Publikum wohl deshalb von Anfang an merkwürdig vertraut gewesen sei – eine Figur, wie sie ähnlich Peymann 1977 in Stuttgart gestaltete.

---

1 Bredel, Willi: *Faust auf der Reeperbahn. Geschichten von und über Willi Bredel.* Hrsg. von Gerda Weißenfels. Berlin 1986.
2 Manche Theater antworteten mir trotz mehrfacher Bitten nicht und übersandten keine Materialien.

Faust in der DDR (1949–1990)

Goethe ließ den alten Faust erst am Ende seiner Tage erkennen, daß allein die schöpferische gemeinschaftliche Arbeit des befreiten Volkes höchstes Glück bringt. ... Was aus dem gemeinschaftlichen Werk des befreiten Volkes auf freiem Grund wird, läßt Goethe offen. Eigentlich fehlt hier noch ein dritter Teil des ›Faust‹. Goethe hat ihn nicht schreiben können, weil die Zeit dafür noch nicht reif war. In der sich entwickelnden kapitalistischen Ordnung, einer Ordnung der Ausbeutung und Unterdrückung und Kriege, konnte der dritte Teil des ›Faust‹ auch noch nicht geschrieben werden. Erst weit über hundert Jahre, nachdem Goethe die Feder für immer aus der Hand legen mußte, haben die Arbeiter und Bauern, die Angestellten und Handwerker, die Wissenschaftler und Techniker, haben die Werktätigen der Deutschen Demokratischen Republik begonnen, diesen dritten Teil des ›Faust‹ mit ihrer Arbeit, mit ihrem Kampf für Frieden und Sozialismus zu schreiben.
Der Sieg des Sozialismus in der Deutschen Demokratischen Republik und die Vereinigung des ganzen deutschen Volkes in einem einheitlichen, friedliebenden, demokratischen und sozialistischen Staat wird diesen dritten Teil des ›Faust‹ abschließen. Und dieses Schlußkapitel, liebe Genossen und Freunde und liebe Gäste aus Westdeutschland, werden die Bürger der Deutschen Demokratischen Republik und die Bürger der westdeutschen Bundesrepublik – brüderlich vereint – gemeinsam gestalten.

Walter Ulbricht, Neues Deutschland, 28. 3. 1962

63. Parteischelte I: Egon Monk und Bertolt Brecht betonen im *Urfaust* das egoistisch-rücksichtslose Gesicht des Titelhelden (1952/53)[1]

Motive und Konzeption

Fünf Motive trieben Brecht und seinen Assistenten Egon Monk, Goethes *Urfaust* in Potsdam (1952) und am Deutschen Theater in Ost-Berlin zu geben. Ein erster Grund war die Faszination, die die Faust-Figur auf Brecht ausübte. Der dialektische, zwiespältige Charakter Fausts fesselte ihn: Einerseits Fausts Wißbegierde gegenüber Natur und Gesellschaft, andererseits dessen tragischer Bund aufgrund dieser Wißbegierde mit dem Teufel – ein Bund, der Gretchen zum Verhängnis wird. Hier lag eines der Kernthemen Brechts, nämlich das Mißtrauen gegenüber dem Intellektuellen, der sich im Endeffekt nicht um die moralische Verwerflichkeit seines Tuns kümmert. Ein zweiter wichtiger Grund lag in der Geschichte selbst, wie sie Goethe aus dem historischen Stoff formte: »Diese Fabel, welch ein Wurf! Der Einfall allein, den hochaktuellen Stoff von der Kindesmörderin mit dem alten Puppenspiel vom Dr. Faustus zu verknüpfen! Diese Sprache: Der Hans-Sachs-Vers grobianischer Prägung, gepaart mit der neuen, humanistischen Prosa! Diese Gestalten! Sie waren Volksgestalten gewesen und wurden wieder Volksgestalten!« (25, 432) Drittens sucht Brecht einen »guten alten Klassiker« neu zu lesen – in einem wissenschaftlichen Zeitalter und für ein sozialistisches Publikum. Dabei wollte er in seiner Bühnendarstellung bewußt provozieren, was allzugut gelang, wenn man die Rezension im *Neuen Deutschland* vom 28. Mai 1953 studiert. Die bislang üblichen *Faust*-Versionen auf deutschen Bühnen lehnte Brecht kategorisch ab, da sie eine Tradition der Schädigung von Goethes großem Werk darstellten: »Wir müssen den ursprünglichen Ideengehalt des Werks herausbringen und seine nationale und damit seine internationale Bedeutung fassen und zu diesem Zweck die geschichtliche Situation zur Entstehungszeit des Werks sowie die Stellungnahme und besondere Eigenart des klassischen Autors studieren« (139, 26). Zugleich wandte sich Brecht gegen die parteiamtlich gerühmte Einstudierung des ersten Teils vom August 1949 am Deutschen Theater in Berlin, denn damals sei zu viel gebrüllt worden. Drei Jahre später glaubte Brecht, vor Normierungen warnen zu müssen: »Wenn wir uns einschüchtern lassen durch eine falsche, oberflächliche, dekadente, spießige Auffassung von der Klassizität, werden wir niemals zu lebendigen, menschlichen Darstellungen der großen Werke kommen. Der echte Respekt, den diese Werke verlangen können, fordert es, daß wir den scheinheiligen, lippedienerischen, falschen Respekt entlarven« (139, 26). Eine provokative Neudeutung des *Faust*-Stoffes sollte gezielt vom *Urfaust* ausgehen: »Es ist dem Theater beim ›Urfaust‹ leichter gemacht als beim fertigen Werk, der Einschüchterung durch die Klassizität sich zu erwehren und sich die Frische, den Entdeckersinn, die Lust am Neuen des erstaunlichen Textes anzueignen« (139, 26).

Das vierte Motiv lag im vergnüglich unterhaltsamen Aspekt einer *Urfaust*-Inszenierung. Brecht bewunderte den kritischen Humor Goethes und dessen derbe Art zu spaßen, insbesondere in der »Schülerszene« und in »Auerbachs Keller«: »Einige werden fragen: Was, Scherze im ›Urfaust‹, der Skizze zu ›Faust, der Tragödie erster Teil‹, also einer Tragödie? Ja, Scherze in der Tragödie! Als der junge Goethe den ›Urfaust‹ schrieb, stand er unter einem großen künstlerischen Erlebnis: er hatte Shakespeare gelesen. ... Die Schülerszene und die Szene in Auerbachs Keller sind die Rüpelszenen Goethes, und sie sind Kostbarkeiten in seinem großen Werk. Und in der deutschen Literatur überhaupt. ... Selbst auf den ›Faust‹ hat sich in den letzten hundert Jahren in der Spielweise unserer Theater zentnerweise Staub niedergelassen. ... Die lustigen Partien sind, der ›Würde des Ortes‹ (nämlich des meist staatlichen Theaters) entsprechend und

Abb. 185 (links): »Nacht« – Faust (Paul Albert Krumm) verflucht Studien und Studierzimmer. Durch einfache Umbauten und zusätzliche Requisiten verwandelt sich der Kerker in das Studierzimmer. Dies war durchaus gewollt, denn Faust sei immer im Kerker, vermerken die Notate.

Abb. 186: »Kerker« – Faust steht fassungslos vor dem geistig verwirrten Gretchen (Käthe Reichel). Deutlich sichtbar ist, daß Kerker und Studierzimmer, vom Mobilar abgesehen, miteinander identisch sind.

Abb. 187: »Prolog« – Szenenbild der Aufführung in Potsdam im Jahre 1952. Mephisto (Gert Schäfer) stellt die Hauptpersonen des *Urfaust*-Spiels vor, nämlich Faust (Johannes Schmidt mit Pentagramm), Gretchen (Käthe Reichel) und Marthe (Carola Braunbock). Wagner wird gleich hinzutreten.

Rechnung tragend der ›Bedeutung eines Klassikers‹, matt, trocken und vor allem ideenlos geworden. Der wahre Respekt vor den Klassischen Werken muß aber der Größe ihrer Ideen und der Schönheit ihrer Formen gelten, und er wird auf dem Theater dadurch gezollt, daß die Werke produktiv, phantasievoll und lebendig aufgeführt werden. Zwischen Würde und Humor besteht kein Gegensatz. In den großen Zeiten erschallte vom Olymp herab Gelächter« (25, 431). Äußerst komödiantisch müßten die Schülerszene und »Auerbachs Keller« gespielt werden: »Das Theater muß da Phantasie anwenden, und die Teufelsspäße dürfen nicht feine, schalkhafte Späße sein, sondern Späße der groben Art; hier gehört ein grober Keil auf einen groben Klotz. Die Späße müssen allerdings dazu dienen, den Schüler zu verwirren und seinen Eifer für die echte Wissenschaft zu vernichten. Von ähnlicher Art und wieder eine scharfe Satire am Universitätsbetrieb ist die berühmte Sauferei in Auerbachs Keller. Mißleitet von einer Regieanweisung ›Zeche lustiger Gesellen‹, vertuschen die Theater für gewöhnlich alle die Roheit, den Stumpfsinn und die Verkommenheit der Kumpane. Es ist die niedrigste Form der Kurzweil, die Faust geboten wird, die billigste ›Sozietät‹. Jede Beschönigung und Verniedlichung hier tut der Größe dieses Werks Abbruch« (25, 430).

Fünftens schließlich diente der Versuch mit dem *Urfaust*, zusammen mit der Regiearbeit zu Lenz' *Hofmeister*, der Vorbereitung einer Shakespeare-Inszenierung, und zwar hatte man sich für *Hamlet* entschieden. Zwar zeichnete Egon Monk formell als Regisseur, aber Brechts maschinenschriftliche Notate enthalten Entscheidendes zur Regieführung, so daß man sicherlich von einer Regie Monks unter Anleitung Brechts sprechen kann.

Bühnenbau, Kostüme, Maske

Hainer Hill entwarf einen zunächst leeren Bühnenraum, den im Hintergrund sowie links und rechts ein großer Prospekt abgrenzte, der fast einem Rundhorizont gleichkam. Der Prospekt bestand aus der Kopie eines Werkes von Giovanni Alberti, eines Malers der italienischen Renaissance, und hatte einen gewaltigen Engelssturz zum Thema. Dennoch dominierte die Bühne auf der Bühne, denn die aus grobschlächtigem Holz gezimmerten Kulissen wurden je nach Bedarf auf die Bühne gebracht. Je nach Mobiliar verwandelte sich dieser Holzraum in Fausts Studierzimmer, Auerbachs Keller oder Gretchens Kerker. Wenige Jahre später wird Gründgens dieses einfache Prinzip der Bühne auf der Bühne übernehmen. Sicherlich hat Gründgens nichts gewußt von diesen Versuchen in Berlin, so daß festzustellen ist, daß ein neuer Regiestil für Goethes *Faust* gewissermaßen in der Luft lag. Den Notaten im Bertolt-Brecht-Archiv ist die Aussage zu entnehmen, daß die Kostüme eine untergeordnete Rolle spielen und nicht zu schön sein sollten. Auch die Maske betonte den natürlichen Ausdruck der jeweiligen Figuren. Die Eigenart dieser Inszenierungen zeigte sich letztlich in der Strichfassung und in der Spielweise.

Brechts Strichfassung[2]

Brecht formte Goethes Vorlage um in ein episches Spiel. Vergleicht man die Form der *Urfaust*-Fassung beispielsweise mit dem Drama *Leben des Galilei*, gibt es keinen Zweifel daran, denn wie bei *Galilei* finden wir einen Prolog und einen Epilog. Den Prolog entnahm Brecht einem *Maskenzug* Goethes. Er hat eindeutig episierende Funktion: Der von Mephisto direkt angesprochene Zuschauer wird mit den wichtigsten Dramengestalten bekannt gemacht.

Da der *Urfaust* ein Fragment ist, bei dem beispielsweise auch der Pakt fehlt, füllte Brecht die Handlungs- und Inhaltslücken mit eigenen Brückenversen, die er sowohl als Überleitung, als auch als inhaltliche Aussage vor die meisten Szenen gestellt hat. Dazu ließen Brecht und Monk den Vorhang schließen, einer der Darsteller trat davor und zitierte diese Verse aus einem voluminösen Buch.

Da im *Urfaust* die »Studierzimmer«-Szenen fehlen, die Schülerszene jedoch enthalten ist, setzte Brecht folgenden Zwischentext vor den Auftritt von Mephisto und Schüler:

Doktor Faustus, eines Bauren Sohn
paktieret mit dem Teufel nun.
Den schröcklichen Pakt, den man fand aus
nach seinem Tod in seinem Haus.
Sei von seiner Hand geschrieben gewesen
blutige Schrift, gar wohl zu lesen.
Seine ewige Seel hat er dem Teufel vermacht
daß der ihm irdische Seligkeit bracht.

Seit dem Tag – hat dazu gepaßt –
traf man bei ihm einen seltsamen Gast.
Der ging bei ihm ein und aus
und war bei ihm als wie zuhaus.
(139,64)

Diese Verse zeigen, daß Brecht die Faust-Figur deutlich abrückt vom ersten und zweiten Teil von Goethes *Faust*, was auch in der Strichfassung zum Ausdruck kommt, denn dort wird *Faust* als Schwarzer Magier deutlich an die Gestalt des *Volksbuches* herangerückt. Worte, die Faust in ein positives Licht gerückt hätten, waren getilgt, Brecht achtete darauf, das Negative an Faust aufzuzeigen, das Parasitäre und Genießerische, einen Faust, der bedenkenlos Gretchen ins Unglück stürzt. Nicht genug damit: Die Regisseure ließen Faust jenen Zauberkreis legen, der ihn vor dem Zugriff des Bösen beschützt und von dem im *Volksbuch* von 1587 bereits die Rede ist.

Auch Gretchen charakterisierte Brecht sowohl durch die Streichung bestimmter Verse als auch durch die Spielweise. Sie sollte kein rührendes, sentimentales deutsches Gretchen sein, sondern klar berechnend, eben nicht naiv-dümmlich. Im Religionsgespräch sah Brecht eine Schlüsselszene des *Urfaust*: Gretchen hatte hier die Moral ihres Liebhabers zu prüfen, wobei sie sich teilweise bis zur Häßlichkeit entstellte und so eine künftige Furie andeutete, kirchliche und bürgerliche Moral herausfordernd.

Nach der Kerkerszene trat ein Schauspieler erneut vor den Vorhang und rezitierte den zwölfzeiligen Epilog Brechts, der mit Worten beginnt, die keineswegs in das ideologische Faustbild Abuschs oder Ulbrichts passen:

Was wir gesehn von Doktor Faust
Macht, daß uns alle vor ihm graust.
Sein wild Streben und Lebensgenuß
Bringt ihm und andern groß Verdruß.
(139, 142)

Abb. 188: Wagner (Gert Beinemann) beim Verlesen des Zwischentexts vor der Schülerszene; wie im Epischen Theater wird der Zuschauer direkt angesprochen.

Regie und Besetzung

Regie: Egon Monk
Bühnenbild: Hainer Hill
Musik: Paul Dessau
Faust: Johannes Schmidt (Potsdam)/ Paul Albert Krumm (Berlin)
Mephistopheles: Gert Schaefer (Potsdam)/ Norbert Christian (Berlin)
Gretchen: Käthe Reichel
Marthe: Carola Braunbock (Potsdam)/ Angelika Hurwicz (Berlin)
Schüler: Heinz Schubert

Die Premiere am Landestheater Potsdam war am 23. April 1952, wo insgesamt 13 Vorstellungen stattfanden. Am 13. März 1953 war Premiere in Berlin, wo das Berliner Ensemble am Deutschen Theater gastierte. Während die Potsdamer Version von den lokalen Zeitungen positiv aufgenommen wurde, stieß die Berliner Inszenierung auf so scharfe Kritik, daß Brecht und Monk ihre Version nach nur sechs Vorstellungen wieder zurückzogen.

Öffentliche Kritik der Berliner Aufführungen

Brecht nahm die negative Kritik bereits vorweg, als er am 4.3. 1953 in seinem *Arbeitsjournal* mit Bitterkeit vermerkte: »unsere aufführungen in berlin haben fast kein echo mehr. In der presse erscheinen kritiken monate nach der erstaufführung, und es steht nichts drin, außer ein paar kümmerlichen soziologischen analysen« (24, 1008). Mehr als zwei Wochen nach der Premiere wurde die *Urfaust*-Inszenierung erstmals in einer Rundfunkkritik am 29. März 1953 negativ erwähnt. Besonders anstößig fand man die Deutung der Faustfigur, und am Ende der Kritik fragte man sich: »Ist es nicht an der Zeit, daß das Berliner Ensemble sein Schaffen ernsthaft überprüft? Das gilt von der Frage der Treue dem dichterischen Wort und der dichterischen Absicht gegenüber, es gilt von den Fragen des realistischen Bühnenbildes, des realistischen Darstellungsstiles. Das Berliner Ensemble hat jede Möglichkeit wichtiger Helfer auf dem Wege zu einer großen nationalen Bühnenkunst zu sein – das wird es sein, wenn es über solche Gefahren des Formalismus Herr wird, wie sie die Urfaust-Inszenierung als ein Alarmsignal gezeigt hat« (139, 192).

In einer ungewöhnlich ausführlichen Rezension, die am 28. Mai 1953 im *Neuen Deutschland* erschien, rechnet Johanna Rudolph unerbittlich mit Brecht ab. Alle Szenen samt Bühnenaufbauten sowie die gestische Darstellung der Figuren des *Urfaust* bespricht Rudoph ausführlich und kommt zu folgendem Urteil: »Wir glauben, sagen zu müssen, daß die jungen Mitarbeiter des Berliner Ensembles, von denen viele sehr begabt sind und mit denen – im Gegensatz zu manchem anderen Theater – erzieherisch viel gearbeitet wird, durch methodische Prinzipien in eine falsche Richtung geführt werden, die Bertolt Brecht als künstlerischer Leiter des Berliner Ensembles bei der Bearbeitung von Klassikern anwendet. ... Bertolt Brecht ... [sollte] sich vergegenwärtigen, in welcher Situation das deutsche Volk sich befindet, welche Aufgaben vor ihm stehen. ›Faust‹ ist ein Spiegelbild des Besten im deutschen Volk. Die Verteidigung dieser großen Schöpfung unserer Nationalkultur, der Kampf gegen die Verfälschung des Klassischen sollte jedem humanistischen Schriftsteller unserer Zeit Bedürfnis sein. Patriotismus und Verteidigung unserer Nationalkultur sind keine taktischen Winkelzüge, sondern ein untrennbarer Bestandteil des Kampfes für eine höhere gesellschaftliche Ordnung in Deutschland« (139, 198).

Einen Tag vor Erscheinen dieses Artikels äußerte sich Walter Ulbricht zu Brechts und Monks *Urfaust*-Inszenierung, ohne den Namen des geschätzten Dichters zu nennen. In einer Rede beschäftigte sich Ulbricht mit der Frage, was die »Intelligenz« mit zum Aufbau des Sozialismus beitragen müsse, denn dabei gehe es um »die Erhaltung und Pflege unseres großen deutschen Kulturlebens. Sie sehen, daß wir uns nicht nur über wissenschaftliche Fragen streiten, sondern neuerdings auch über eine ganze Reihe Fragen der Kultur, indem wir nicht zulassen, daß eines der bedeutendsten Werke unseres großen deutschen Dichters Goethe formalistisch verunstaltet wird, daß man die großen Ideen in Goethes ›Faust‹ zu einer Karikatur macht, wie das in einigen Werken, auch in der Deutschen Demokratischen Republik, geschehen ist, zum Beispiel in dem sogenannten Faust von Eisler und in der Inszenierung des ›Urfaust‹. Wir führen den Kampf gegen diese Verfälschung und Entstellung der deutschen Kultur, gegen diese Mißachtung des deutschen Kulturerbes, für die Verteidigung der großen Leistungen unserer Klassiker auf allen Gebieten« (139, 199). Solche Äußerungen zeigen, daß die *Urfaust*-Inszenierung des Berliner Ensembles keine Überlebenschance gehabt hat. Zum Urteil Ulbrichts, zur Rezension von Johanna Rudolph und zur faktischen Absetzung dieser Einstudierung schrieb Egon Monk am 29.3. 1983: »Die Absetzung der Inszenierung ist, so viel ich weiß, nie öffentlich begründet worden. Jedoch sind die Gründe leicht zu erraten. Sie stehen in der ... Rezension im ›Neuen Deutschland‹ vom 28. 5. 1953, die einer Nötigung gleichkam.«[3]

Wirkungsgeschichtliche Aspekte

Trotz dieses negativen Bühnenschicksals werden die Ideen Brechts weiterleben und in andere Inszenierungen Eingang finden. Brechts Notate zu Inhalt, Figuren und Einzelszenen wurden ziemlich umfangreich in der 20bändigen Werkausgabe im Jahre 1967 abgedruckt und standen damit weiteren Regisseuren zur Verfügung. Diese Notate hatten Auswirkungen auf die *Faust*-Inszenierungen in Ost-Berlin (1968), Stuttgart (1977) und Schwerin (1979). Heinz und Dresen nahmen in Ost-Berlin vor allem die unbekümmerte Spielweise auf, Achim Freyer, der 1968 bei Dresen und Heinz assistierte, schuf 1977 die Bühnenbilder und Kostüme zur Inszenierung beider Teile in Stuttgart, und Christoph Schroth druckte im Schweriner Programmheft 1979 ungeniert eine wichtige Passage aus Brechts *Urfaust*-Notaten ab, und zwar direkt unter dem Vermerk, daß die Schweriner *Faust*-Inszenierung dem 30. Jahrestag der DDR gewidmet sei.

Brecht und Monk haben in der Bühnengeschichte von Goethes *Faust* Neuland betreten. Sie lasen den Text unbekümmert und unbelastet durch die Tradition, wie dies vier Jahre später auch Gründgens und Teo Otto taten. In der Spielweise läßt Brecht sich vom Text und nicht nur vom Ernst der Gelehrtentragödie leiten und gibt so dem Komödiantischen in Goethes Drama den ihm gebührenden Stellenwert, was Jahre später auch den Stuttgarter *Faust* Peymanns auszeichnen wird. Im Bühnenbau kehren Brecht und Hainer Hill der bisherigen Tradition den Rücken und schaffen eine Bühne auf der Bühne, wenngleich nicht so abstrahierend, wie dies bei Gründgens und Otto wenig später der Fall sein wird. Mit dieser *Urfaust*-Inszenierung begann in der Bühnengeschichte von Goethes *Faust* die Abkehr vom realistisch-naturalistischen Bühnenbau und von einer am Pathos orientierten Spielweise.

---

1 Eine ausführliche Darstellung in Wort und Bild ist folgendem Band zu entnehmen: Bernd Mahl: *Brechts und Monks »Urfaust«-Inszenierung mit dem Berliner Ensemble. 1952/53*. Stuttgart und Zürich (1986). Da die Notate zum Urfaust in der neuen Brecht-Edition (25) lediglich zehn Seiten umfassen, wird zumeist aus dem genannten Bildband zitiert.
2 Die gesamte Strichfassung ist dem Band 139 der Literaturliste zu entnehmen.
3 Brief Monks vom 28.3. 1983 an den Verfasser.

64. Ernst Buschs Schauspielkunst prägt die *Faust I*-Inszenierung am Deutschen Theater unter der Regie von Wolfgang Langhoff (1954)

Beginn ideologischer Ost-West-Auseinandersetzungen

Brecht konnte sein insgeheim gehegtes Vorhaben nicht wahrmachen, entweder am Deutschen Theater Berlin gastweise oder am Berliner Ensemble nach dem Probelauf des *Urfaust* schließlich auch den ersten und zweiten Teil des *Faust* zu inszenieren. Ein Jahr nach der sondierenden Inszenierung von Monk und Brecht bot Wolfgang Langhoff eine Version des ersten Teils an, wobei der überragende Ernst Busch den Mephisto spielte, wenn Langhoff selbst diese Rolle nicht verkörperte. Bis auf den »Walpurgisnachtstraum« enthielt die Spielfassung alle Szenen, freilich mit Strichen versehen. Die Inszenierung begann mit der »Zueignung«, die vor dem Vorhang dem Publikum vorgelesen wurde. Nach den übrigen Vorspielen erlebte man einen selbstquälerischen Faust, den Mephisto aufstachelnd zum produktiven Tatmenschen vorwärts trieb, damit ideologischen Forderungen genügend. Auch die Gretchenhandlung stand dank den Leistungen Margarete Taudtes und der Marthe-Darstellerin Antje Ruge auf hohem Niveau. Die Bühne war in traditioneller Weise in allen Szenen dem Realismus des 19. Jahrhunderts verpflichtet.

Dennoch gab es schrille Töne bei den Kritikern westdeutscher Berichterstatter, was sich in der Diffamierung der Leistungen von Ernst Busch zeigte. In der

Abb. 189: Probenfoto der Szene »Walpurgisnacht«, mit Ernst Busch als Mephisto (Mitte) und Kurt Oligmüller als Faust (rechts).

Täglichen Rundschau, einem Organ der DDR, war am 8.1.1955 zu lesen: »Der Held des Werkes ist Faust und Mephisto, beide in ihrer Einheit Triebfeder der Entwicklung im dialektischen Widerspruch von Gut und Böse. Mephistos satanische Verwirrung und sein Böses sind ein dialektischer Anreiz und Motor für die vorwärtsschreitende Entwicklung Fausts.« Mephisto glaube, Fausts Seele »aus dieser so ›herzlich schlechten‹ Welt für seine bessere, höllische zu gewinnen. Einen solchen Mephisto erleben wir in der sehr eigenwilligen von der überragenden Persönlichkeit Ernst Buschs getragenen Gestaltung. Busch braucht keine intellektuelle Tüftelei, er ist witzig, frech, Lob und Referenz aus seinem Munde klingen gleich teuflisch-unecht wie Verachtung und Tadel.«

Dem Kritiker des westlichen *Vorwärts* mißfiel die Spielwiese Buschs, wie am 7.1.1954 zu lesen war: »Die Kultur‹, die sich in Ostberlin seit langem ›auf den Teufel erstreckt‹, wie es Goethe ausdrückt, wurde auch in dieser Aufführung durch die Darstellung des Mephistopheles (Ernst Busch) bewußt betont. Ernst Busch nahm in dieser Rolle jede Gelegenheit wahr, um ›gesellschaftskritische‹ Akzente hervorzuheben und eine ›Anklage gegen die Verlogenheit der Moral der damals herrschenden Gesellschaftsklasse‹ zu führen. … Die Aufführung trug alle Merkmale der kommunistischen Schauspielkunst Ernst Buschs. Nicht die Worte Goethes in ihrer Bedeutung standen im Mittelpunkt dieser Interpretation, sondern die weltanschauliche Sinngebung des Handlungsganges, aus der ostzonalen ›Hexenküche‹ …« Insgesamt müsse »der Eindruck von der Ostberliner ›Faust‹-Aufführung in die Worte Goethes zusammengefaßt werden: ›Ein Schauspiel! aber, ach, ein Schauspiel nur!‹« Mit solchen Worten wurden die Gräben des geistigen Kalten Krieges zwischen Ost und West vertieft.

Die aus ideologischen Gründen und mit Blick auf die Faust-Figur des zweiten Teils erwartete Inszenierung von *Faust II* blieb zwar aus, aber symptomatisch bei der Würdigung dieses *Faust I* ist die Art der Rezension seitens westlicher Kritiker. Vergleichbar werden auch Rezensenten der DDR auf Aufführungen in der Bundesrepublik reagieren, jedoch unterschiedlich lange. Ideologisch vorbehaltvolle Rezensionen von Inszenierungen des jeweils anderen deutschen Staates findet man grundsätzlich in der DDR bis Mitte der 80er Jahre, während westliche Rezensenten seit Mitte der 60er Jahre entweder unbefangener waren oder gar sich schlicht anbiederten, indem sie bei ideologisch Angreifbarem ihre eigene Meinung nicht freimütig äußerten, um Positionen bzw. Verbindungen in der DDR nicht aufs Spiel zu setzen – eine zwielichtige, vielleicht aber nachvollziehbare Methode.

65. Gründgens zu übertreffen: Otto Lang inszeniert (zunächst) *Faust I* in Weimar (1961)

Motive und Konzeption

Otto Lang sollte eigentlich Historisches und Ideologisches leisten, denn zur fulminanten Inszenierung von Gründgens, die in der Bundesrepublik inzwischen in den Kinos gezeigt wurde, wollte man in Goethes Weimar ein Gegenmodell schaffen. Die Einstudierung gelang aber dermaßen simpel und bieder, daß an die geplante Weiterführung durch den zweiten Teil nicht mehr gedacht wurde. Langs Inszenierung von *Faust I* scheiterte auch deshalb, weil sie wie noch im 19. Jahrhundert detailgetreu Goethes Drama darbieten sollte. Bereits vier Jahre später erlebte man daher in Weimar einen neuen Anlauf mit dem ersten Teil, dem zwei Jahre später auch *Faust II* folgte.

Aufnahme durch Publikum und Kritik

Die *Thüringische Landeszeitung* zeigte sich am 4. Juli 1961 erleichtert, endlich eine Alternative zur berühmten Gründgens-Inszenierung gefunden zu haben: »Für das Weimarer Theater muß es im Grunde genommen nichts Höheres geben, als sich ununterbrochen mit dem ›Faust‹ auseinanderzusetzen. Es darf in diesem Ensemble keine Zeit sein, wo man nicht über die gigantischen Probleme dieser Tragödie nachsinnt und die Ergebnisse dieses Denkens in immer wieder zu überprüfender Aufführungsarbeit dem Publikum übermittelt. Darin liegt das Spezifikum in der kulturpolitischen Mission dieses Hauses.« Zwei Tage zuvor hatte der Weimarer Generalintendant Otto Lang zunächst *Faust I* vorgestellt.

Georg Menchén sieht in dieser Inszenierung die Gelegenheit, kulturell mit der Bundesrepublik in diesen Belangen zumindest gleichzuziehen: »Es galt, zu der berühmten und vieldiskutierten Version Gründgens in Hamburg von der Dichtung eine Alternative zu finden, die die verschiedene gesellschaftliche Entwicklung in den beiden Teilen Deutschlands in der Neuformulierung der Goetheschen Gedanken zum Ausdruck brachte. Der bekannte Konflikt des bürgerlichen Wissenschaftlers zwischen Erkenntnis der Gesetze in Natur und Gesellschaft und den von ihm nicht mehr zu beherrschenden Folgen war von Gründgens in der gespenstigen Apokalypse des Atombombenuntergangs bis an die Grenze möglicher Zeitkritik aus bürgerlich-progressiver Sicht geführt worden. Hier konnte man in Weimar unmöglich fortsetzen, es galt, die historischen Lehren und unser Wissen um die Weiterentwicklung der Welt vom marxistischen Standpunkt aus auch in einer so gewaltigen, symbolreichen Dichtung wie dem ›Faust‹ zu finden. War bei Gründgens der Faust ein vulkanischer Geist, der am Schluß vor den Konsequenzen seines Tuns zurückschreckt, so galt es nun in Weimar, die Bannmeile des für das Bürgertum unlöslichen Konflikts in einer neuen Harmonie des Optimismus aufzulösen« (155, 33–34).

Das Publikum beklatsche vor allem die überzeugenden Leistungen der Schauspieler, obwohl das ehrgeizige Unternehmen als Ganzes nur ansatzweise gelungen war. Der Kritik zufolge hatte man den Eindruck, als sei schon das Bühnenbild auf eine isolierte Inszenierung des ersten Teils angelegt, denn die Studierstube und Gretchens Zimmer seien allzu genau und viel zu detailliert angelegt worden. Auch die Darsteller von Faust (Otto Roland, später ersetzt durch Fred Diesko) und Gretchen (Rosemarie Deibel) hätten nicht überzeugt. Roland habe weder die Kraft noch die Vitalität besessen, welche man von einem rebellierenden Geist wie Faust erwarten dürfe, Deibel sei zu einer Art intellektueller Verhaltenheit veranlaßt worden und habe auch in der Macht der Liebe kein fesselndes Spiel bewiesen. Manfred Zetzsche als Mephisto habe wiederum zu verspielt und zu unfertig gewirkt, aber er hätte zumindest gewisse Haltungen für seine spätere Mephisto-Verkörperung in Leipzig bereits in Weimar gewonnen. Menchén kommt zu einer vernichtenden Kritik: »Die Bedeutung dieser Inszenierung liegt vor allem im Hinwenden zu einer klaren historischen Haltung, im Versuch, Fausts wechselvolles Schicksal als eine Art des Ringens mit seiner Zeit, mit den überholten Erscheinungen zu begründen. Das ging auf Verlust des großen philosophischen Gedankens, wie er vor allem im 2. Teil seine Vollendung findet. Nicht zufällig kam es zu dessen Inszenierung zunächst noch nicht, sondern erst im Januar 1967« (155, 35).

66. Leipzig als Antithese zu Gründgens: Karl Kayser inszeniert beide Teile (1965)

Motive und Konzeption

Nach langjähriger praktischer und theoretischer Vorarbeit inszenierten im Rahmen der Feierlichkeiten zum 800. Gründungstag der Messestadt Leipzig Karl Kayser und der Bühnenbildner Heinrich Kilger Goethes gesamte *Faust*-Tragödie. Nach fünfmonatiger Probenzeit jubelte die DDR-Presse, wie Gottfried Fischborn in *Theater der Zeit* (22/1965): »Das Ergebnis jedoch legitimiert diese Arbeit als ersten Versuch zur Erschließung des Gesamtwerks als eine der Quellen, eine der Wirkungskräfte und eine der Perspektiven des sozialistischen Deutschlands und damit als nationales Ereignis.« Goethes *Faust* sei eine optimistische Tragödie, und Kayser habe das Werk so geformt, »daß seine poetische Einheit klar und seine Gipfelung (*Wer immer strebend sich bemüht*...« und »*Auf freien Grund mit freiem Volke stehn*...«) deutlich wird«, schreibt Walter Bankel im selben Heft der Theaterzeitschrift. Erstmals sei das Gesamtwerk vom zweiten Teil aus inszeniert worden: »Die gedanklichen Bezüge von Szenen aus dem ersten und zweiten Teil (so Studierzimmermonolog und Schlußmonolog, ›Wald und Höhle‹ und ›Hochgebirge‹) konnten während der Probenarbeit erkannt und genutzt werden; ganz im Sinne der Einheit des Werks.«

In dem ausführlichen Premierenbericht Fischborns geht es stets um die positive Abgrenzung gegenüber Gründgens, und so lesen wir anfangs, daß sich die Gesellschaft der DDR gewissermaßen repräsentiert sehe durch die Einstudierung Kaysers: »So fühlte sich auch die westdeutsche Großbourgeoisie durch die Gründgens-Inszenierung von 1957/58, deren Kern die mit allen Mitteln der Bühne betriebene Zurücknahme des ›Faustischen‹ war, geistig-kulturell repräsentiert.« Das faustische Streben habe Gründgens diffamiert: »Der Schritt ist klein zu Adenauers Nebeneinanderstellen faustischer und faschistischer (!) Wesensart, der im Schrei nach dem – Index mündete. Quadflieg mußte denn auch Faustens Schlußvision zerstören, militarisieren, hysterisieren, zu ekstatischem Augenblicksgenuß herabsteigern – und wieder resümierte Gründgens: ›Ein blinder Diktator verfolgt unreale Utopien.‹ Die Frage nach den realen Perspektiven der Bourgeoisie hätte verneint werden müssen, und nach anderen historisch-sozialen Perspektiven konnte und durfte erst gar nicht gefragt werden. Nehmen wir zu alledem die vollkommene Antithese, und wir haben schon – aus dem negativen Exempel bezogen, das aber die Größe der national-gesellschaftlichen Relevanz erhellen mag – die Grundhaltung der Leipziger Inszenierung, die zu einer für unsere Gesellschaft nicht minder repräsentativen theatralischen ›Faust‹-Rezeption führen könnte, als es die Hamburger Aufführung für Westdeutschland war...«

In einem offenen Brief des Regisseurs an den Faust-Darsteller »Genosse Günter Grabbert«, wiederabgedruckt im o.a. Heft von *Theater der Zeit*, lesen wir: »War zu Goethes Zeiten der Faust Aus-

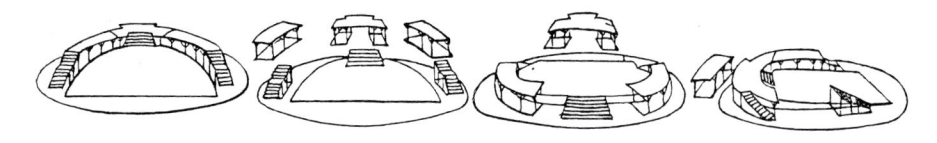

Abb. 190: Schematische Ansicht der Spielmöglichkeiten von Heinrich Kilgers Bühnenbildkonzeption: »Als Ausgangspunkt galt der Gedanke, beide vom Bild her stilistisch unterschiedlichen Teile in einem gemeinsamen Bühnenraum zu vereinen. Der Bühnenraum muß deshalb eine sehr große allgemeine Aussage haben. Die zwei Möglichkeiten sind das Gerüst, als Spielgerüst immer erkennbar, und die Möglichkeit, einen Horizont zu gestalten, der gleichermaßen die Welt bedeutet.«

druck des Strebens des Bürgertums nach Humanismus und Bildung, so ist für uns der faustische Mensch als ein Menschentyp progressiver Prägung gegenwärtiger denn je. Haben wir doch hier bei uns die fast prophetische Sicht Fausts in seinem Schlußmonolog, wo er die klassenlose Gesellschaft proklamiert, verwirklicht. Aus dieser Sicht des Erreichten entsteht auch die Verpflichtung für unsere gegenwärtige Faustinterpretation. ... Die im Schlußmonolog vorgenommene Manifestation der klassenlosen Gesellschaft, wie sie nur im Sozialismus sein kann und die Faust sterbend ausdrückt, ist nicht ein Resignieren über nicht Erreichtes, sondern die Ahnung von der neuen Qualität der kommenden Gesellschaft. ... Faust will die Welt verändern, und das muß dargestellt werden.« Ein Zitat Ulbrichts aus dem Leipziger Programmheft mag die Grundintention der Leipziger Inszenierung schlagwortartig ins Licht rücken: »Wenn ihr wissen wollt, auf welchem Weg es vorwärts geht, so müßt ihr Goethes ›Faust‹ und Marx' ›Kommunistisches Manifest‹[1] lesen.«

Stilisierung im Bühnenbau

Da Kilger wie Gründgens einfache Brettergerüste bespielen läßt, vergleicht der Rezensent die Leipziger Lösung beständig mit der Hamburger Aufführung. Aufgebaut waren diese Spielgerüste auf einer Drehbühne. Ein aus »Plast« geformter Rundhorizont umgab die Szenerien, und je nach projizierter Beleuchtung erschienen als Hintergrund Pflanzen, Gestirne, oder gar die Andeutung einer mittelalterlichen Stadt. Kilgers Bühne erwies sich damit als sehr variabel. Im Gegensatz zu Gründgens, so betont Bankel in *Theater der Zeit*, biete die Leipziger Konzeption eigentlich keine Schauplätze: »Beide Teile spielen auf einem praktikablen und variablen Gerüst.

Drei Podeste und eine halbrunde, schräge Scheibe sind nicht ›Schauplätze‹, sondern Spielstätten. Der Betrachter wird nicht entführt in die mittelalterliche Stadt, an den Kaiserhof, in die Antike – er sieht Gleichnisse auf dem Theater.«
Wie bei Gründgens soll das Theater auf dem Theater, das Spielerische des Spiels angedeutet werden. Da die Intentionen Kaysers und Kilgers andere seien als jene von Gründgens, sieht Fischborn auch hierin deutliche Unterschiede: »Doch näher betrachtet, welch ein Unterschied! Gründgens glaubte sich durch Teo Ottos über Balken gelegtes Brettergerüst der Verpflichtung enthoben, ›historisch echt zu sein.‹ Er will durch die Bretterbude das Theater archaisieren, es soll Vehikel sein des menschlichen Spieltriebs als eines psychischen ›Grundphänomens‹. Er braucht die Distanz, um als Generalnenner von Naivem und Transzendentem die Ironie zu etablieren, die sich von Mephisto aus über die ganze Aufführung ausgießen soll. Gründgens suchte, wie er es häufig tat, eine dem Werk immanente ›Elementare Form‹, um sie zu inszenieren. Melchinger: ›*Der Wechsel der Schauplätze und Handlungsteile ... verlor seinen zentrifugalen Charakter. Er wurde zum Thema selbst.*‹ Karl Kaysers Thema aber ist die menschliche Berufung zur persönlichen Entwicklung, zum Erkennenwollen, menschliche Pflicht zum Verändern und die Veränderbarkeit der Welt. Was er als theatralische Fabel zu inszenieren hat, ist die aus Polarität und Steigerung erwachsende Geschichte des Titelhelden – der als historisch-konkrete Bürgergestalt und als Personifikation menschheitlichen Strebens in einem verstanden wird, einschließlich ihrer ganzen historischen, geistigen, poetisch-mythologischen Umgebung, mit alledem, was sie zu denken und zu schauen gibt. Es mußte berücksichtigt werden, daß hier die Gesamtgenesis des bürgerlichen Menschen gleichnishaft bis an die Utopie einer klassenlosen Gesellschaft herangeführt wird.« Fischborn sieht die Leipziger Aufführung auf allen Ebenen der Gründgensschen überlegen. Das gelte auch für die schauspielerischen

Leistungen, die in fast allen Belangen hohes Lob erfahren.

Strichfassung, Daten

Nur die »Zueignung« wurde nicht gegeben, sonst aber spielte man in Leipzig alle Szenen vom »Vorspiel auf dem Theater« bis zu den »Bergschluchten«, mit mäßigen Strichen versehen. Der erste Teil dauerte vier, der zweite fünf Stunden, wobei dem Publikum ein großes Beharrungsvermögen abverlangt worden ist. Dem Programmzettel ist zu entnehmen:

Regie: Karl Kayser
Bühne: Heinrich Kilger
Kostüme: Eleonore Kleiber
Choreographie: Johannes Richter
Musik: Uwe Ködderitzsch und Siegfried Tiefensee
Faust: Günter Grabbert
Mephisto: Manfred Zetzsche
Gretchen: Regina Jeske
Marthe: Marlies Reusche
Helena: Marylu Podmann

Aufnahme durch Publikum und Kritik

Bei westlichen Kritikern kamen Inszenierung und Darsteller weniger gut an. Rischbieter meinte in *Theater heute* (1/1966), Spielweise wie auch Inszenierungsstil seien zu sehr auf meist pathetische Effekte hin ausgerichtet. Grabbert als Faust vermeide zwar das hohle Tönen, »zieht aber allen Ausdruck in sich hinein, ein hauptmannscher Riesengebirgler mehr denn jemand, der Geistiges geformt verlautbart«. Manfred Zetzsches Mephisto »überrascht beim ersten Auftritt: hager, beweglich, in rotem Glanzleder, scharfe, düstere Visage, leichter, doch markant spöttischer Tonfall. Doch leider kennt er keine Nuance«. Insgesamt gesehen, sei die Aufführung steril, was sich insbesondere in der Rollengestaltung von Mephisto zeige: »Faust als schwerfälliger und gestandener Mann – nun gut. Wer aber ist Mephisto in dieser Aufführung? Metaphysische Bezüge sucht die Inszenierung zu vermeiden (so steril ist eben ein offizieller Agnostizismus) – Mephisto erscheint also weder als gefallener Engel (in der Gründgens-Nachfolge) noch als satanischer Spaßmacher (so Quadflieg im Salzburger ›Faust‹). Und auch den herzhaft groben und rasanten Volksteufel gestattet man sich – absichtlich oder aus Unvermögen – nicht. Die Folge: kaum eine der mephistophelischen Pointen zündet, weder der Kontakt zum Publikum noch der zum Widerpart Faust stellt sich ein.«

Das Leipziger Publikum und insbesondere die Presse der DDR bejubelten einhellig die Aufführung. Gottfried Fischborn läßt in seiner ausführlichen Rezension in *Theater der Zeit* (22/1965) am Ende offen, welchen Stellenwert diese Einstudierung haben wird: »Die Frage, ob die Leipziger ›Faust‹-Inszenierung für unsere Gesellschaft repräsentativ sein kann, wie es die Gründgens-Inszenierung für die westdeutsche war, hat die Zeit zu entscheiden. Und das Publikum. Sicher ist: Die Frage darf gestellt werden. Alles ist nicht auf einmal erreichbar, immer neue Versuche werden folgen müssen. Erfreulich, daß schon welche angekündigt sind.«

---

1 Der ersten Sputnik-Raumkapsel, die die Sowjetunion ins Weltall schickte, waren programmatisch das *Kommunistische Manifest* von Marx sowie Goethes *Faust* beigegeben.

67. Faust, Schöpfer seiner Welt, und der 7. Oktober: Fritz Bennewitz inszeniert in Weimar beide Teile – erster Versuch (1965/67)

Motive und Konzeption

Noch immer war Mitte der 60er Jahre in Weimar eine befriedigende Antwort auf Gründgens' *Faust*-Triumph nicht gefunden, trotz markanter Worte Walter Ulbrichts. Im *Neuen Deutschland* waren – wie anfangs dieses Kapitels zitiert – am 28. 3. 1962 Worte von Ulbricht zu lesen, die Erstaunliches formulierten, denn die damaligen Entwicklungstendenzen in der DDR und in der Bundesrepublik wurden direkt auf die Worte des blinden Faust bezogen, die er kurz vor seinem Tod äußert. Ulbricht sagte in dieser Rede »An alle Bürger der Deutschen Demokratischen Republik! An die ganze deutsche Nation«: »Ganz Deutschland soll ein reiches und blühendes Land der friedlichen Arbeit werden, Stolz und Freude für seine Bürger und geachtet unter den Völkern. Danach zu streben, dafür zu arbeiten und zu kämpfen, das ist die Aufgabe der Deutschen Demokratischen Republik, ihrer Bürger und aller friedliebenden Menschen. Und wer soll besser diese große nationale Aufgabe erfüllen können als unsere Nationale Front des demokratischen Deutschland. Doch wir dürfen nicht außer acht lassen: ›Ein Sumpf zieht am Gebirge hin,/ Verpestet alles schon Errungene;/ Den faulen Pfuhl auch abzuziehn,/ Das letzte wär das Höchsterrungene.‹

Die antinationalen und reaktionären Kräfte in der westdeutschen Bundesrepublik und in Westberlin haben aus dem von ihnen beherrschten Teil Deutschlands einen Sumpf einer schamlosen Korruption gemacht. Dieser Sumpf, der an die Grenzen unseres sozialistischen Deutschland heranreicht, die Sicherung

Abb. 191: »Straße« – Faust (Wolfgang Dehler) und Mephisto (Fred Diesko). Im Hintergrund oben ist der Renaissance-Prospekt zu erkennen. Die schlicht stilisierten andeutenden Bühnenbauten mögen an die Bühne von Gründgens erinnern. Dieser hölzerne »Turmbau« – etwas Vergleichbares ist 1975 in Darmstadt zu sehen – teilte die Kritiker in Gegner und Befürworter.

des Friedens hindert und die Atmosphäre verpestet, muß trockengelegt werden. Erst wenn die Ursache des Sumpfes, die Herrschaft der Imperialisten und Militaristen in Westdeutschland, beseitigt ist, wird das deutsche Volk in Frieden leben, arbeiten und sich der Früchte seiner friedlichen Arbeit erfreuen können.«

Mit solch ideologisch markanten Worten waren deutliche politische Zeichen gesetzt, und Goethes Weimar war besonders herausgefordert. In Überlegungen zur Inszenierung des gesamten *Faust* sprach Fritz Bennewitz davon, daß die Entscheidung für ein solches Stück das eigene historische Selbstbewußtsein gespielt habe, außerdem gehöre diese Dichtung zu den größten Aufgaben des jungen sozialistischen Theaters, und man bejahe den faustischen Menschen, der stets weiterschreite. Goethes Faust sei dabei Schöpfer seiner eigenen Geschichte, selbst da, wo er noch scheinbar Opfer eben dieser Geschichte sei. Der Weimarer Theaterwissenschaftler Georg Menchén betonte im Jahre 1968, daß von 1965 bis 1967 tatsächlich der Versuch gemacht worden sei, Ulbrichts Forderung vom März 1962 einzulösen: »Es war das Bemühen um die Verantwortung für eine Zeit, die den dritten Teil des Werkes zu schreiben im Begriff ist, die dort anknüpft, wo Goethe Faust enden läßt: ›Auf freiem Grund mit freiem Volke stehn‹« (155, 36). Zugleich verweist Menchén darauf, daß die Bühne in Rostock und am Deutschen Theater Berlin auf den Erfahrungen Weimars aufbauen wollten. Das Deutsche Nationaltheater Weimar gibt offensichtlich in Sinne Ulbrichts eine kulturpolitische Linie vor; Menchén erläutert: »In diesem verstärkten Interesse für den ›Faust‹ liegt mehr als nur die wiedererwachte Neugier auf einen unerschöpflichen Stoff. Die letzte Weimarer Inszenierung in der langen Aufführungskette seit 1829 macht den Qualitätssprung deutlich: Faust als Kolumbus seiner Zeit, als Entdecker und Eroberer der Welt, als Schöpfer und bewußt tätiger Mensch. Das sind nicht nur die Schlagzeilen vieler Zeitungskritiken, sondern auch die philosophischen Formeln im Inszenierungseinmaleins der Weimarer« (155, 37–38). Dieser Weimarer Faust, verstanden als Tatmensch, war auch ein bewußtes Gegenbild zur West-Berliner *Faust II*-Inszenierung im Jahre 1966: »In einer Zeit harter Auseinandersetzungen mit den Dekadenzerscheinungen spätbürgerlicher Kunst in Westdeutschland war der Rückgriff auf das große klassische Werk des Humanismus von entscheidender Bedeutung. Der tiefen Skepsis der Schröderschen ›Faust‹-Inszenierung in Westberlin ist auf unserem Theater die positive, lebensbejahende Haltung des Beherrschers gesellschaftlicher und wissenschaftlicher Prozesse in der Faust-Gestalt entgegengesetzt« (155, 39). Unter solch verschiedenartigen Gesichtspunkten betrachtet, war es folgerichtig, daß beide Teile jeweils an einem 7. Oktober, dem Gründungstag der DDR, angesetzt waren, obwohl die Premiere des zweiten Teils wegen technischer Probleme mit etlicher Verspätung erst am 22. Januar 1967 gegeben werden konnte.

Bühnenbau, Spielweise

Die Bühne war in vielen Bildern so karg wie oder gar noch kärger als bei Gründgens, und die Phantasie der Zuschauer konnte sich im Zusammenspiel mit den überragenden schauspielerischen Leistungen gut entfalten. Während in *Faust I* der hölzerne Turm dominierte, war das Bühnenbild zum zweiten Teil noch spärlicher, denn hier gewahrte man eine einfache, zum Publikum hin schräggestellte Scheibe, auf die – je nach Szenerie – weitere spärliche Kulissen gestellt werden konnten.

In bezug auf die Titelgestalt hatte Bennewitz die Grundidee, der Mensch könne seine eigene Geschichte bewußt gestalten und die auftretenden Probleme in Harmonie lösen. Die Faust-Figur war zeitlich in der Renaissance angesiedelt, nicht im Sturm und Drang wie bei Brecht/Monk (1952/53) und Heinz/Dresen (1968). Bei den meisten Szenen der stilisierten Bühnenbilder waren als Hintergrundprospekte Renaissance-Malereien erkennbar. Faust war in dieser Inszenierung »kein resignierend weltferner Gelehrter, sondern ein Entdecker, ein Eroberer und Herausforderer der Welt, ein praktischer Arbeiter, dessen Hauptaufgabe in der Aneignung und Bewältigung dieser Welt durch die Vereinigung der schöpferischen Fähigkeiten in sich selbst bestand« (221, 156). Mephisto war als gleichrangiger Antipode zu verstehen, der Faust stets zum Guten antreibt. Selbst Gretchen wurde »als kraftvolle, dem Faust in ihren Forderungen ebenbürtige Partnerin« verstanden, »die sich der Konsequenzen ihrer Liebe durchaus bewußt ist. Auch hier wieder die Grundhaltung des Regisseurs in der starken Ausdrucksbetonung des Persönlichen« (155, 41). Ja, Gretchen sei eine revolutionäre »Jeanne d'Arc der Liebe«, meinte der Regisseur Bennewitz.

Strichfassung, Daten

In beiden Teilen strich Bennewitz nur mäßig, so daß bei der Inszenierung keine Handlungslücken vorhanden waren, Goethes *Faust* war also ziemlich vollständig in Weimar vertreten. Das in der Spielzeit 1966/67 herausgegebene Programmbuch galt für beide Teile, enthielt Äußerungen Goethes zu seinem *Faust* und bot – was insbesondere beim zweiten Teil für das Publikum wichtig war – sehr gewissenhaft und solide verfaßte Inhaltsangaben der einzelnen Szenen – bis auf die Szene »Bergschluchten«, die dennoch gespielt worden ist. Der Besetzungszettel enthielt folgende Angaben:

Regie: Fritz Bennewitz
Bühnenbild: Franz Havemann
Kostüme: Ingrid Rahaus
Choreographie: Ruth Wolf
Dramaturgie: Dieter Görne
Faust: Wolfgang Dehler
Mephisto: Fred Diesko
Gretchen: Gudrun Volkmar
Helena: Sylvia Kuziemski

Abb. 192: »Anmutige Gegend« mit Wolfgang Dehler (Faust) und Wolf-Dietrich Voigt (Ariel) – Deutlich zu erkennen ist die Bühne auf der Bühne.

Aufnahme durch Publikum und Kritik

Die schauspielerisch sehr homogene Darstellung wurde vom Publikum und großen Teilen der Kritik gut bewertet. Manche Kritiker störte das Bühnenbild des ersten Teils, die karge, verschachtelte »Skelettgotik mit den vielen Spielflächen«, die »an Devrients Mysterienbühne von 1876« erinnere, »ohne dieses als Vorbild zu benutzen. Dieser Turmbau erregte schlagartig heftigste Kritik und großes Lob gleichermaßen; die Argumente beider Seiten sind nicht von der Hand zu weisen. Was an Nachteilen an der erzählenden Wirkung des Bildes etwa in der ›hölzernen‹ Szenerie in Kauf genommen werden muß, erweist sich wiederum in der Domszene, wo Gretchen vom Brunnen unten gehetzt nach oben flüchtet, dorthin, wo die gotischen Strebepfeiler über ihrem Leid sich wie die Hände eines Skeletts falten, als die Möglichkeiten stärksten Ausdruckes« (155, 40). Kritiker, denen das Bühnenbild zu einfach war, nahmen es zumeist lobend hin, daß diese Weimarer Inszenierung primär von Wort und Spiel der Akteure lebte.

In einer ausführlichen Besprechung der Inszenierung betonte Manfred Nössig in *Theater der Zeit* (4/1966) erneut den politischen Anspruch, den das Theater in bezug auf Goethes *Faust* habe: »In einer Zeit, da die sozialistische Perspektive unserer Nation immer klarer erkennbar wird, ... ist Goethes Nationalgedicht und Weltdichtung einer der entscheidenden Orientierungspunkte, den das Theater zu geben hat. Neben den besten Werken der sozialistischen Dramatik vermag dieses Stück heute eine der Hauptquellen nationaler Bewußtseinsbildung durch die Schaubühne zu werden. Faust als Prototyp jener menschlichen Heldengestalt, die im unablässigen Ringen um Erkenntnis zur gesellschaftlich nützlichen Tat als höchster Stufe des Menschseins findet, die das optimistische Vertrauen in der Harmonie des Individuums mit der Welt gegen das mephistophelische Prinzip der Skepsis durchsetzt, ist außerordentlich aktuell.« Zugleich kündigt Nössig an, man werde künftig aufmerksam darauf achten, ob Goethes *Faust* entsprechend inszeniert würde: «Wir sehen es ... als unsere Pflicht an, alle Schritte, die zur Erwerbung dieses Werks für die sozialistische Bühne führen, genau zu verfolgen.«

Als dann im Jahre 1967 auch *Faust II* in Weimar zu sehen ist, kann Nössig in *Theater der Zeit* (4/1967) bereits auf Ernst Schröders »Versuch« verweisen, den zweiten Teil »am Westberliner Schillertheater als selbständiges Stück auf die Bühne zu bringen. Jetzt haben die Weimarer auch ihre Version von Faustschen Weg durch die ›große Welt‹ vorgelegt.« Mit Blick auf Schröders Inszenierung sieht Nössig die deutsche Kulturnation gespalten: »Von der Einheitlichkeit geistig-kultureller Bemühungen – hier bei der Aneignung eines Werkes aus dem klassischen Erbe – kann im Theater der beiden deutschen Staaten nicht mehr gesprochen werden; so sehr Herr Wehner das in seinem sogenannten gesamtdeutschen Konzept unterstellen möchte, um mit solcher Markierung die Trasse für eine ideologische Koexistenz auf der Basis eines angemaßten Alleinvertretungsanspruchs auch auf kulturellem Gebiet abzustecken. Selbst eine Inszenierung wie die Schröders, die alles andere als eine Apologetik der staatsmonopolistischen Wirklichkeit ist, läßt das sehr praktisch erkennen. Der große moralische Impetus dieses bedeutenden Schauspielers, seine gesellschaftskritisch-mahnende Absicht konnte ... nicht verhindern, daß die gesamte Aufführung von tiefer Skepsis über den Sinn humanistischen Wollens überschattet wurde. Wenn da auf der Bühne des Schiller-Theaters ein fast demagogisch über Menschenglück meditierender Ausbeuter vom Tod ereilt wurde, dann konnte man in Mephistos erzwungenem Verzicht auf Fausts Seele höchstens eine unbestimmte letzte Chance erkennen, auf keinen Fall jedoch die notwendige Folge des widerspruchsvollen, aber unveräußerlichen menschlichen Bemühens um Erkenntnis und Selbstvollendung.« Nach dem Lob für die Darsteller kann Nössig eine positive Standortbestimmung geben: »Die ›Faust II‹-Inszenierung des Deutschen Nationaltheaters hat gezeigt, daß es der Versuche an diesem großen Stoff nie genug geben kann, auch nicht der Gespräche darüber.«

Eine möglicherweise zufällige Parallele zur Gründgens-Inszenierung darf nicht unerwähnt bleiben: Wie in der Bundesrepublik wurde Bennewitz' erster Faust verfilmt, leider ebenfalls nur der erste Teil.

68. Parteischelte II: Adolf Heinz und Wolfgang Dresen kreieren in Ost-Berlin den »lustigsten *Faust*, den es je gab« – als »Wende« in der Geschichte der *Faust*-Inszenierungen in Deutschland (1968)

Motive, Konzeption, Strichfassung

Während Bennewitz' erste Weimarer Gesamtinszenierung des *Faust* als vorbildlich empfunden wurde, löste die *Faust I*-Einstudierung von Dresen und Heinz solch heftige und nachhaltige politische Reaktionen aus, daß an den geplanten *Faust II* zum Jahrestag der DDR am 7. Oktober 1969 gar nicht mehr zu denken war. Die heftigste Kritik entzündete sich dabei an der Darstellungsweise der Titelgestalt selbst, die in vielen Einzelheiten der Brechtschen Vorstellung nahekam. Fred Düren spielte den Faust als einen nervösen, gehemmten, exaltierten, unsicheren und an sich selbst zweifelnden Intellektuellen, der nicht einmal als kraftvoller Stürmer und Dränger, geschweige denn als welterschließender und -erobernder Renaissancemensch gelten konnte. Dieser in sich gekehrte Faust, isoliert vom jahrelangen Anhaften an den Studienmaterialien, war keiner großen Dialoge mehr fähig – er wird seine niederschmetternde Weiterentwicklung finden in Stuttgarts »am Boden zerstörtem« Faust, fast ein Jahrzehnt später – der Stuttgarter Bühnenbildner Freyer assistierte bei Dresen und Heinz. Auch gewisse Elemente in der Spielweise werden sich nach Stuttgart verlagern. Die beiden Regisseure versuchten auch in der Gelehrtentragödie, Goethe einfach beim Wort zu nehmen, womit sie die SED-Kulturpolitiker verstimmten. An zwei Beispielen sei dies demonstriert. Der Erdgeist wurde in Berlin als riesige, boxerähnliche Figur auf eine Leinwand projiziert – Goethe forderte einen überlebensgroßen, die Bühne ausfüllenden Kopf (vgl. Abb. 3) vor dem Faust erschrickt – in Stuttgart packen zwei metergroße Fäuste links und rechts die Welt des großen Gelehrten, um ihn zu erschrecken. Auch den Pudel inszeniert man in Berlin wie von Goethe gefordert und von Retzsch vorgezeichnet. Als Faust im Studierzimmer den Pudel beschwört, stellt er entsetzt fest: »Hinter den Ofen gebannt/ Schwillt es wie ein Elefant.« Retzsch verwirklicht dies im Bild, am Deutschen Theater wird ein Pudel von gewaltiger Höhe aufgeblasen, und in Stuttgart bilden ein, zwei, dann drei Schauspieler, die aufeinanderstehen und über deren Körper ein großformatiges, schwarzes Pudelskleid gehängt ist, den riesigen Hund.

Die Berliner Regisseure wollten durch wörtliche Bildübersetzungen jene Frische, jenes Komödiantische und Ironische theatralisch aufscheinen lassen, von dem Brecht Jahre zuvor gesprochen

Abb. 193: Moritz Retzsch: Faust beschwört den Pudel

Abb. 194: »Vorspiel auf dem Theater«, mit Hans Lucke (Lustige Person), Wolfgang Heinz (Theaterdirektor) und Adolf Dresen (Dichter). – Auf der Rückseite des Fotos – es ging dem Verf. lange vor der Wende aus Budapest von einem ungarischen Freund zu – ist handschriftlich mit Bleistift vermerkt: »Der wegen *Faust* gefeuerte Intendant, Heinz, als Direktor.«

hatte. Sie wollten sich der »Einschüchterung durch die Klassizität« erwehren, bewußt anders handeln als »unsere meist staatlichen Theater«. Einen Monat vor der Premiere in Berlin und eine Woche nach dem Einmarsch von DDR-Truppen in die CSSR hatte Kulturminister Klaus Gysi in einer Rede in Weimar noch festgestellt, Goethes *Faust* gelte als Symbol der DDR, demgegenüber sei Kafkas Käferfigur ein deutliches Symbol all jener dunklen Kräfte, die den Weg der Konterrevolution heraufbeschworen hätten. Der *Faust* am Deutschen Theater war ein Schlag gegen solche Worte, gegen die damals gültige *Faust*-Sicht und gegen die hochgelobten Inszenierungen von Bennewitz und Kayser. Die Strichfassung wies noch ein aktuelles Politikum besonderer Prägung auf, wobei sich die Regisseure wieder im Einklang mit Goethe befanden. Im »Walpurgisnachtstraum« schüttet Goethe seinen – für ein heutiges Publikum nicht mehr nachvollziehbaren – Spott über die Zeitgenossen aus. Nichts anderes taten Heinz und Dresen: Sie strichen nicht, wie bislang in der DDR üblich, diese Szene, sondern nutzten sie zur Zeitkritik. So klagte man, aphoristisch zugespitzt, daß Peter Hacks oder Heiner Müller keine neuen Stücke mehr schreiben würden – aber allen nachdenklich amüsierten Zuschauern war klar, daß deren Dramen nicht oder nur nach mehrmaliger Umarbeitung aufgeführt werden durften. Noch in der Premierennacht wurde auf Anweisung des Kulturministers Gysi der »Walpurgisnachtstraum« ersatzlos gestrichen. Nach der fünften Aufführung wurde die Inszenierung für drei Wochen wegen »Korrektur« zurückgezogen, nach einer zweiten Aufführungsserie gab es noch eine weitere »Korrekturphase«, und die dritte Version war dann nur noch bis zur Sommerpause 1969 zu sehen.

Spielweise

Bereits im »Vorspiel auf dem Theater« kündigte sich der lockere Umgang mit Goethes Text an: In privater, fast intimer Kleidung erschien beispielsweise die Lustige Person im Bademantel, Wolfgang Heinz, der Direktor des Deutschen Theaters, nonchalant als Goethescher Theaterdirektor mit offenem Jackett und Hosenträgern.

Nicht nur Dürens Faust-Darstellung trug zur Brisanz dieser Inszenierung bei. Auch Mephisto war nicht der ebenbürtige Teufelsgeselle, der den Titelhelden somit zu großen, selbstbewußten Taten anstachelt; er war der Brechtsche »tumbe Unterteufel«, eher ein Untergebener, wie Vietor-Engländer schreibt: »Er war klein und feist, trug kurze Hörner, wirkte wie ein robuster, bulliger, urwüchsiger Dienstmann mit bäuerlichen Zügen und benahm sich teils saugrob, teils offen sinnlich« (221, 159). Bärbel Bolles Gretchen geriet zu einer schnippischen und selbstbewußten Kleinstädterin, die vor allem im Religionsgespräch – wie dies Brecht gefordert hatte – Fausts Haltung überprüfen mußte, um herauszufinden, wie weit sie ihn beeinflussen könne. Auch sie schien nahe an die Figur des *Urfaust* herangerückt, was sich auch daran zeigte, daß die Verse »Mein Busen drängt/ Sich nach ihm hin« durch jene des *Urfaust* ersetzt waren: »Mein Schoß, Gott! drängt/ Sich nach ihm hin.«

Dieses Heranrücken an die frühe Fassung wurde nach 1952/53 erneut gerügt, denn man war der Meinung, den *Urfaust* dürfe man nicht inszenieren, weil mit *Faust I* eine weiterentwickelte Stufe vorliege – so bescheinigten auch der Staatsrat und der Verband der Theaterschaffenden dem Deutschen Theater, es liege mit seiner Version eineinhalb Jahrzehnte hinter den gesellschaftlichen Entwicklungen der DDR zurück.

Aufnahme durch Publikum und Kritik

Es war äußerst schwierig, für die wenigen Vorstellungen Karten zu bekommen, und sofern nicht Funktionäre oder in Betrieben auserlesenes Publikum den Vorstellungen beiwohnten, war man neugierig genug, auf die andersartige Spielweise einzugehen. Da die Verteilung der Karten nicht völlig frei vonstatten gehen konnte, war die Reaktion eines »normalen« Repertoirepublikums kaum zu sehen.

Daß die Inszenierung heftigen Wirbel entfachte und großes Aufsehen erregte, ist an dem wohl einmaligen Umstand abzulesen, daß über diese Aufführung rund zweihundert Kritiken oder Aufsätze existieren, wie Vietor-Engländer ermittelt hat. Sogar eine Dissertation wurde 1972 an der Ost-Berliner Humboldt-Universität geschrieben, mit dem Untertitel *Studien zum Menschenbild und zu seiner dialektischen Gestaltung auf dem Theater* – über eine Aufführung, die sich gerade einmal eine Spielzeit lang im Repertoire hielt bzw. halten durfte: Deren Autor Helmut Pollow war es dann auch vorbehalten, nach dem großen Erfolg des Schweriner *Faust* in einer Ausgabe der Zeitschrift *Theater der Zeit* auf die Bühnengeschichte des *Faust* in der DDR einzugehen, um nunmehr eine neue offizielle Sicht dieses Dramas einzuleiten. Stellvertretend für die kritischen Ansichten in der DDR sei hier kurz auf das Meinungsbild von Ulrich Pietzsch eingegangen, das aus *Theater der Zeit* (22/1968) zu ersehen war. Der Kritiker lobt zunächst die durch Bennewitz bewirkte *Faust*-Renaissance und stellt fest: »Die Kulturgeschichte, so auch die Geschichte um den ›Faust‹ als ein Stück der Kulturgeschichte, kann nur vom Standpunkt des sozialistischen Menschen gefaßt werden, der ›also den anschaulich unwiderstehlichen Beweis von seiner Geburt durch sich selbst, von seinem Entstehungsprozeß‹ hat.« Der Faust des

Abb. 195: In hell gleißendem Licht fand der Osterspaziergang statt, bei dem auch Gabriele Gysi, die Tochter des Kulturministers Klaus Gysi, mitwirkte. Sie wird 1994 am Tübinger Zimmertheater den *Faust* inszenieren.

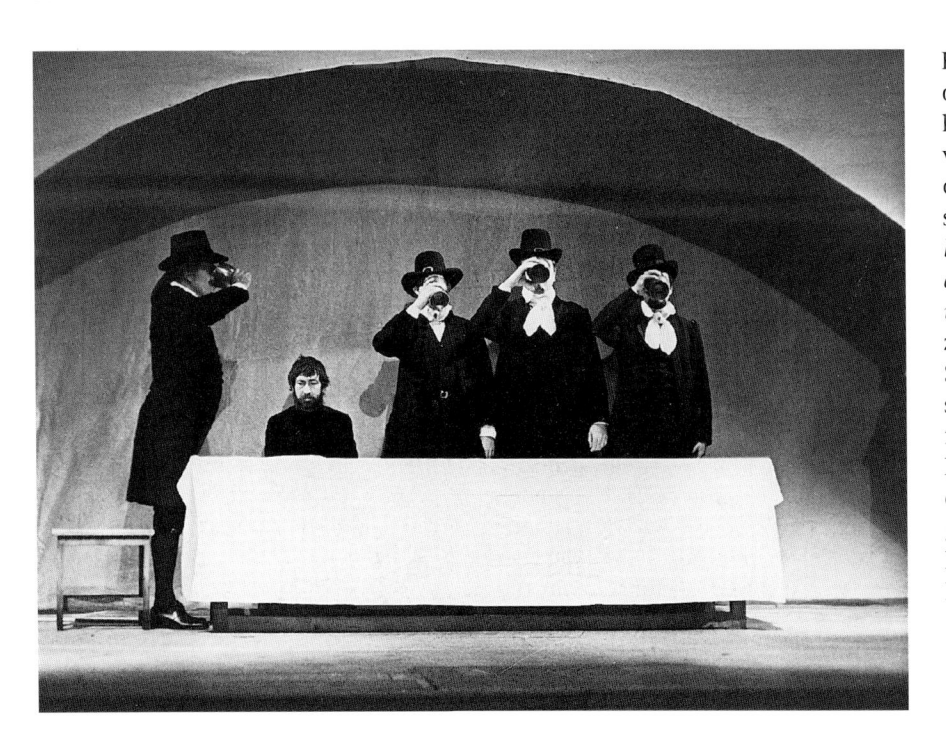

Abb. 196: »Auerbachs Keller« – Fred Düren bleibt apathisch in sich gekehrt.

Pietzsch fordert schließlich eine Theorie der sozialistischen Spielweise zu entwickeln: »Es ist von Übel, wenn dauernd von Errungenschaften geredet wird, ohne sie genauer zu definieren. Brecht sagte: ›*Die Spielweise des neuen sozialistischen Theaters ist die Antwort auf die Schwierigkeiten, die ihm neuer Stoff und neue Aufgaben bereiten.*‹ ... Das sozialistische Theater bedarf der neuen Spielweise, um die wachsende Bewußtseinsentwicklung der Menschen zu befriedigen und weiterzuentwickeln. ... Ein interessanter Theaterabend – gewiß, ein Theaterabend, der den gegenwärtigen Bedingungen entspricht – wohl kaum. Natürlich ist ›Faust‹ keine Deklamation; sicher steht diese Figur nicht als Denkmal auf einem Podest. Wer das Stück spielen will, muß es theatralisch auffassen, muß das Elementare des Aktionstheaters hervorheben. Aber dann muß es die richtige Aktion sein. ›Faust‹ kann nicht entthront werden, ohne den Thron zu untersuchen. Die Tragödie kann nicht komödisiert werden, wenn nicht das Tragische determiniert wird.«

Deutschen Theaters vergrabe sich jedoch »in der Zeit des Sturm und Drang, statt über sie hinauszuschreiten ... dieser Faust reagiert auf seine Umwelt völlig ›unfaustisch‹, indem er nicht mehr reagiert. ... Er wird eingezwängt in das Bürgerliche.« Der Regie wird vorgeworfen, im Osterspaziergang den Titelhelden gar »als menschenfremd« erscheinen zu lassen. »Unter Berufung auf Goethe ... wird eine spezialisierte Faustkonzeption herausgearbeitet, die die Hauptfigur stets an die Bescheidenheit seiner Entwicklungsmöglichkeit erinnert. Die Regie will – gar erst im zweiten Teil – Faust lediglich ahnen lassen, welcher Art sein Selbstbewußtsein ist.«

Auch das Konzept, Mephisto zum Spießer herabzuwürdigen, stimme nicht. »Durch die Reduktion auf den Spießer wird Faust in dieser Inszenierung echt klein gemacht, weil der Anspruch des Widerparts nicht in der Größe der Dialektik gezeigt wird. ... Die Reduktion Mephistos auf den Spießer verkleinert auch Faust zum Spießer.« Dennoch vollbrächten die Darsteller »unter Berücksichtigung dieser merkwürdigen Konzeption ... freilich große schauspielerische Leistungen«.

Dieser von offizieller Seite aus vorgenommenen Stellungnahme in der bedeutendsten Theaterzeitschrift der DDR steht jene von Rolf Michaelis in der bundesrepublikanischen Zeitschrift *Theater heute* (12/1968) gegenüber. Michaelis geht zunächst auf den Einmarsch in Prag ein, verweist auf die zugespitzte Situation und zitiert Worte Wolfgang Lessers zum Kulturschaffen in der DDR: »Die obersten Kriterien des Sozialistischen Realismus ... sind Volksverbundenheit und Parteilichkeit.« Von Ehrlichkeit sei hier nicht die Rede, und der Einfluß der Politik auf das Theaterschaffen sei unverkennbar: »Man muß ausführlich von Politik sprechen, wenn von Theater die Rede sein soll. Was sich manche Theaterleute in der Bundesrepublik wünschen, eine Wirkung ihrer Arbeit auch in der Politik, das ist für Intendanten und Regisseure in der DDR Wirklichkeit – allerdings nur, weil der umgekehrte Effekt, von der Politik aufs Theater, Voraussetzung ihrer Arbeit ist. Deshalb will sich die Neid-Reaktion darüber nur schwer einstellen, daß die Regisseure einer

›Faust‹-Inszenierung mit ihrer Arbeit Staatsrat und Zentralkomitee eines hochindustrialisierten, von innen- und außenpolitischen Problemen ja nicht freien Landes ausführlich beschäftigen.« Zur Inszenierung meint Michaelis zunächst: »Es ist der lustigste ›Faust‹, den es je gab. Aber die beiden Regisseure beweisen doch fast in jeder Szene, wie gründlich sie Goethes Text gelesen haben. Falsche Scheu vor dem ›Klassiker‹ kennt die Regie nicht. Man wird ständig daran erinnert, daß Goethe den Stoff in einem alten Volksbuch gefunden hat. … so frech und ironisch wie im ›Prolog im Himmel‹ mit einem Gottvater im weißen Rauschebart, der von musizierenden Engeln und blaugeflügelten Erzengeln in mittelalterlichen Rüstungen umgeben über die Bühne schwebt, ist der ganze Bilderbogen angelegt. Die Fabel vom Stubenhocker Faust, dem ›alle Freud'‹ entrissen ist‹, den seine Sehnsucht nach Erkenntnis, mit Mephistos Hilfe aus dem verfluchten dumpfen Mauerloch katapultiert, hat man selten so spannend erzählt bekommen. … Ohne sich in den Bibliotheken zu verirren, die mit Deutungen über Goethes ›Faust‹ so vollgestopft sind, lesen die Regisseure das ›offenbare Rätsel‹, wie der Dichter selbst sein ›inkommensurables‹ Werk nannte, mit frischen Augen nüchterner Leute unserer Tage. Mit kritischen Augen wird Faust als weltfremder Intellektueller gesehen. Fred Düren gibt ihm mit großer Kunst die Gesten und den Ausdruck eines weniger in seine Bücher als in sich selbst vergrabenen älteren Gelehrten. … ihn ekelt vor der selbstzufriedenen Bildungsbeflissenheit seines Schülers [Wagner]. Es ist wahr: ohne viel Rücksicht darauf zu nehmen, daß er Verse spricht, hetzt Dürens Faust durch die großen Monologe. Selten werden Lebensüberdruß, Verzweiflung, Ausweglosigkeit als Voraussetzung von Fausts Pakt mit dem Teufel so deutlich vermittelt. … Nichts da von hoher Poesie, von schöner Sprache, vom genießerischen Ausstreuen der Zitate. Die Denkmalsfigur Faust wird vom Sockel geholt und auf den Boden unserer Welt gestellt. … Schon die gespannte Aufmerksamkeit und das Lachen des Publikums beweisen es: der Regie gelingt das Erstaunliche, ohne Goethes Dichtung modisch aufzuputzen oder mit werkfremden Zitaten zu spicken, gibt die Aufführung dem Betrachter die Gewißheit, das Stück zum ersten Mal zu sehen. Was Kritikern in Ost-Berlin als Herabsetzung, als Entwürdigung erscheint, ist in Wahrheit Aufwertung: Faust ist nicht mehr nur die literaturhistorische Figur, der man sich, mit oder ohne Bildungsballast, auf jeden Fall befangen nähert, sondern ein Mensch, ein von Zweifeln geplagter Mensch, also einer, der den von Zweifeln geplagten Menschen auf der anderen Seite der Rampe so fremd nicht erscheint.« Auch die Leistungen von Bärbel Bolle als selbstbewußte und auf ihre Leistungen stolze Margerete würdigt Michaelis, ebenfalls den Mephisto von Dieter Franke, der es schwer habe mit einem solch zappeligen, schmächtigen Faust. Gefallen findet der Rezensent auch an den Bühnenbauten Reinhardts, die von grandioser Einfachheit seien: »Vor weißem Rundhorizont wenige Requisiten. In die Szene gesenkte Vorhänge grenzen, ohne Umbaupausen, Innenräume ab. Noch das Mauerwerk von Auerbachs Keller wird von einer halbkreisförmig ausgeschnittenen Leinwand gebildet.« Nur die politisch motivierte Streichung der Szene »Walpurgisnachtstraum« durch das Kultusministerium brachte peinliche Probleme mit sich: »Das kreisende Brettergerüst, das den Blocksberg in der Walpurgisnacht darstellt, ein sich bis zum Bühnenrahmen türmendes Labyrinth … braucht zehn lärmende Minuten, um wieder von der Bühne zu verschwinden. Dresen und Heinz überdeckten das Gerumpel ursprünglich mit dem ›Walpurgisnachtstraum‹, frei nach Goethe. Als dieses ›Intermezzo‹ verboten wurde, entstand eine unorganische, den Ablauf des Spiels lähmende Pause.« Michaelis legt die Finger auf die Wunden, die die Politik dieser Inszenierung zugefügt hat: »Sonst ist, bis jetzt, nichts geändert worden. Und doch ist die Inszenierung durch die verordnete ›Leserdiskussion‹ und durch Staatsratsdebatten im Kern getroffen: das Zusammen-

Abb. 197: »Kerker« – Faust hat lähmende Verzweiflung ergriffen, er beginnt sich von Gretchen (Bärbel Bolle) abzuwenden.

spiel von Darstellern und Zuschauern ist gestört. Es ist nicht mehr möglich, Goethes Dichtung zu sprechen und zu hören, ohne den Sinn einzuengen auf den aktuellen Fall der von Partei- und Staatsführung gerügten Theaterarbeit. Gelächter, fröhlich oder schadenfroh, Beifall, spontan, als persönliche (im schützenden Dunkel das Saals gleichwohl anonyme) Demonstration unterbrechen die Aufführung immer wieder. Die Inszenierung ist zum Politikum geworden.« Solche Beifallsregungen konnten sich an als neuralgisch empfundenen Stellen sehr spontan entzünden[1], so zum Beispiel, wenn in »Auerbachs Keller« die Worte fallen: »Es lebe die Freiheit! Es lebe der Wein!/ Ich tränke gern ein Glas, die Freiheit hoch zu ehren.« Aber das beschränkte sich nicht nur auf Aufführungen in Berlin, auch in Weimar gab es entsprechende Kundgebungen des Theaterpublikums.

Als einziger DDR-Kritiker von Rang schätzte der Brecht-Forscher Ernst Schumacher diese Einstudierung positiv ein. Sein Beitrag, überschrieben mit den Worten »Konstruktive Widersprüchlichkeit« erschien am 3. 10. 1968 in der *Berliner Zeitung*. Schumacher betonte, aufgrund der Widersprüche, die in der Faust-Figur angelegt wären, werde diese Inszenierung heftigere Diskussionen auslösen als jene, die ihr unmittelbar vorausgegangen seien; Schumacher wird später auch für die ebenfalls sehr umstrittene *Urfaust*-Inszenierung von Horst Sagert (1984) eine Lanze brechen. Die Inszenierung schlug politisch höchste Wellen: Am 12. Oktober beschäftigte man sich auf einem eigens wegen dieses Berliner *Faust* einberufenen Kolloquium des Verbandes der Theaterschaffenden der DDR mit den nicht »erbegemäßen« Aspekten des Spiels, und selbst eine Staatsratssitzung wurde wegen dieser Aufführung einberufen. Dort zeigte Klaus Gysi in einer Rede, abgedruckt im *Neuen Deutschland* am 10.11. 1968, den Hauptmangel auf, die nicht erbegemäße theatralische Deutung der Faust-Figur: »Das bewußte Nichtspielen der Titelpartie als Träger einer weit gespannten Menschheits- und Epochenproblematik widerspricht der Goetheschen Interpretation seines Kunstwerkes ebenso wie unseren marxistischen Wertungen. Sie wird weder der Tiefe und der Bedeutung der geistigen Auseinandersetzung unserer Epoche noch Goethe gerecht.« Daß ein so wichtiges Gremium sich in so ernsthafter Weise um eine *Faust I*-Inszenierung kümmert, zeigt die DDR wenige Jahre nach dem Mauerbau an einem neuralgischen Punkt, der zu Beginn der 80er Jahre überwunden sein wird. In diesem unerquicklichen Jahr wurde eine ideologische Mauer um Goethes *Faust* gezogen, aber ein Durchsickern der in Berlin am Deutschen Theater entwickelten Gedanken wird nicht zu verhindern sein. Schroth (1979) und Sagert (1984) werden die spielerischen Ideen aufgreifen und ihre eigenen Lösungen finden, mutig auf Brecht verweisend.

---

1 Mit gewisser Genugtuung habe ich solche Reaktionen immer wieder erlebt. Am drastischsten geschah dies in einer Schiller-Inzenierung bei Christoph Schroth, bei der die Grenzsicherungsanlagen der DDR eingeblendet waren und die Protagonisten auf der Bühne davon sprachen, man müsse die Mauern in den Köpfen niederreißen.

69. Bennewitz und Havemann inszenieren wieder beide Teile des Faust in Weimar – zweiter Versuch (1975)

Motive und Konzeption

Das Deutsche Nationaltheater Weimar, inzwischen zum »Träger des Vaterländischen Verdienstordens« avanciert, setzte die Forderung der *Thüringischen Landeszeitung* vom 4. Juli 1961 um, es gebe für dieses Theater nichts Höheres, als sich ununterbrochen mit dem Faust auseinanderzusetzen. Bennewitz und sein Bühnenbildner Havemann machten sich daher in kurzen Abständen gar dreimal an die Arbeit: 1965/67, 1975 und 1981/82. Offensichtlich hatte sich gegenüber 1965 das Welt- und Menschenbild des Regieteams (auch Dramaturg Dieter Görne war wieder dabei) nicht geändert. Im nunmehr ausführlicheren Programmheft[1] betont Görne, Goethes Weltbild sei im wesentlichen naturwissenschaftlich geprägt. Der Mensch sei nach Goethe »als vernunftbegabtes Wesen in der Lage..., nun seinerseits auf die Natur lenkend-produktiven Einfluß zu nehmen.« Görne verweist im Sinne des Sozialismus auf die Bedeutung der Gemeinschaftstat des einzelnen für die Gesellschaft. Wenn Goethe mit Blick auf die Zukunft von der ferneren Entwicklung des Menschen sinniere, wie am 27. 1. 1830 im Gespräch mit Eckermann, dann meine der Dichter eine ins Künftige gerichtete »Einbildungskraft«, ohne die »ein ›wirklich großer Naturforscher gar nicht zu denken [ist]. Und zwar meine ich nicht eine Einbildungskraft, die ins Vage geht und sich die Dinge imaginiert, die nicht existieren; sondern ich meine eine solche, die den wirklichen Boden der Erde nicht verläßt und mit dem Maßstab des Wirklichen und Erkannten zu geahnten, vermuteten Dingen schreitet.« Görne folgert: »Und was für die Naturwissenschaft im speziellen gilt, gilt im übertragenen Sinne für die menschliche Tätigkeit schlechthin. ... Fausts Entwurf einer künftigen freien Welt, bewohnt von einem freien Volk, basiert nicht auf Wunsch- oder Wahndenken, sondern erwächst mit innerer Notwendigkeit aus der Summe aller seiner praktischen Erfahrungen, die eine andere als diese Entwicklung ... real nicht denkbar erscheinen lassen.« Damit sei »die schöpferische Tat des Menschen ... Grundlage seiner ›Unsterblichkeit‹«. Deshalb werde Faust am Ende gerettet: »Die Möglichkeit, am Schluß durch das Eingreifen der Engel ›gerettet‹ zu werden, hat sich Faust durch sein rastloses Streben, durch seine nie erlahmende Aktivität selbst geschaffen.«

Görne geht dabei bezeichnenderweise nicht auf die negativen Taten Fausts im 5. Akt ein, und er gibt keinen Hinweis auf einen möglichen christlichen Hintergrund der letzten Faust-Szenen. – Mephisto habe ein dialektisch-produktives Verhältnis zu Faust. Dadurch, daß schon der Herr die Macht Mephistos im »Prolog im Himmel« begrenze, »formuliert Goethe hier seine Überzeugung, daß *alle* Entwicklung, also auch alles Leben in Natur und Gesellschaft absolut gesetzmäßig verläuft«. Der Sieg, den der tätige Faust über Mephisto erringe, und der Abgang Mephistos bedeute »eine historische Zäsur...: Die Zeit, deren Widersprüche in Mephisto dichterisch zu gestalten waren, ist historisch vorüber. Widersprüche von völlig neuer Dimension, weitaus komplizierter und keinesfalls einfach ›personifizierbar‹, nehmen die Stelle Mephistos ein. Ihre Lösung ist die geschichtliche Aufgabe auch unserer Gegenwart.«

Bühnenbild und Kostüme

Der Bühnenbildner Havemann forderte, diese von Görne formulierten konzeptionellen Überlegungen müßten auch im Bühnenbild ihren Ausdruck finden. Die Welt des ersten Teils sei »vom Herrn geschaffen und vom Teufel besetzt: Das ist der Ausgangspunkt, der keineswegs unterschlagen werden darf. Faust in ihr ist ein Versuch! Die Bilder Pieter Brueghels zeigen diese Welt des Mittelalters aus Unwissenheit, Zauberei, Hexenwahn und Aberglauben. Brueghels Realismus ist unbestechlich, jedoch stets volkstümlich kraftvoll, farbig und optimistisch selbst dann, wenn das Dargestellte grauenvoll, schmerzlich und unmenschlich ist. Das ist nun die Landschaft, durch die Faust bedingungslos herausgefordert wird: ›Der Sturz der gefallenen Engel‹ (1562), über der Szene hängend und später als Hauptvorhang genutzt, beinhaltet ein Spannungsfeld: Engel im Kampf mit den Teufeln, geführt von dem Erzengel Michael in der goldenen Rüstung, der schon als Zeichen eines weltlich-vernünftigen Verhaltens begriffen wird. Dieses Bild ist ein moralisches Bild. Es ist der Ausgangspunkt für die bildlichen Überlegungen. Gestalten aus ihm tauchen auf der Bühne auf, werden lebendig oder zitiert.«

Für den zweiten Teil, der nun die »große Welt« in einer zeitlichen Ausdehnung von rund 3000 Jahren zeigt, kommt Havemann bezüglich des Bühnenbildes zu einer gänzlich anderen Lösung; die fla-

Abb. 198: »Marthes Garten« (Bühnenbildentwurf) – Der Sturz der Engel von Peter Brueghel – als Hintergrundprospekt zu sehen, setzt sich auch in die eigentliche Szenerie fort und enthält zusätzliche Elemente des Grauens, wie das Galgenrad der Richtstätte Rabenstein, links zu sehen. Der Rahmen des Gartens bildete auch die Halterung für die Wände von Gretchens Zimmer, so daß mit einfachen Umbauten die Szenerien ausgewechselt werden konnten. Dieses und die folgenden Bilder zeigen deutlich, wie groß der Unterschied zu den sehr abstrakten Bühnenbildern Havemanns aus dem Jahre 1965 ist.

Abb. 199: »Studierzimmer« – Szenenfoto mit Faust (Manfred Heine) und Mephisto (Fred Diesko). Mephisto blickt Faust an, während er auf dem Wissensqualm jahrhundertealter Bücher steht.

Abb. 200: »Innere Burg« – Szenenfoto mit Faust (Manfred Heine) und Helena (Sylvia Kuziemski)

che runde Scheibe aus dem Jahre 1967 wird weiterentwickelt: »Die Szene wird bestimmt von dem Ausschnitt einer Kugel, einem Kugelsegment, das die ganze Bühne einnimmt. Auf ihm spielt das Stück. Die Kugel ermöglicht zunächst die Vorstellung von der Unendlichkeit (in räumlicher und zeitlicher Hinsicht) des Entwicklungsprozesses. Sie ist nach allen Seiten hin räumlich zu umgreifen. Dadurch suggeriert sie Harmonie. Das ist beabsichtigt und ganz im Sinne des Werkes, besonders auch im Verhalten zum ersten Teil.« Durch die Medien Ton, Licht und Farbe würden die verschiedenen Szenen verändert.

Den 5. auf dieser Kugel gespielten Akt sieht Havemann geradezu optimistisch – anders als bedeutende Literaturwissenschaftler jener Zeit: »Im 5. Akt sollten die Größe und das mit ihr verbundene Risiko künftig zu vollbringender Leistungen nicht unterschlagen werden. Faust steht in einer die Kugel umklammernden Konstruktion von Drähten und stählernen Gerüsten: Er hat eine Welt geschaffen, deren technische Möglichkeiten dem Menschen – produktiv gebraucht – Hoffnungen erfüllen können, deren Mißbrauch jedoch zur existenzbedrohenden Gefahr werden kann. Goethes optimistische Haltung ist unanzweifelbar: Der Mensch ist in der Lage, die ihm eigenen Fähigkeiten produktiv zu gebrauchen. Dennoch sind am Stückschluß ... nicht Fragen ›gelöst‹, sondern Aufgaben formuliert.«

Aufnahme durch Publikum und Kritik

Während *Faust I* in schauspielerischer und dramaturgischer Hinsicht äußerst positiv angenommen wurde, hatte man mit dem fünfstündigen *Faust II* etliche Probleme: Hier wollte der berühmte Funke kaum überspringen, weder beim Publikum noch bei der Kritik. Dennoch habe das Publikum grundsätzlich mit langanhaltendem Beifall den zweiten Teil beklatscht. Als besonderes Ereignis wurde die Leistung der erst 19jährigen Helga Ziaja als Gretchen gefeiert. Lob gab es auch für Bühnenbau und Musik (Jens Uwe Günter) im ersten Teil, wie in *Theater der Zeit* (1/1976) nachzulesen ist.

Die Inszenierung des zweiten Teils habe die Erwartungen für ein Publikum des Jahres 1975 nicht getroffen, hier wirkten viele Szenen steril und kalt – insbesondere Faust habe als Schauspieler bloß Fertiges von sich gegeben –, so daß kaum einmal knisternde Spannung aufkommen konnte in dieser Inszenierung, mit der man zur 1000-Jahr-Feier der Stadt Weimar das Deutsche Nationaltheater wiedereröffnete. Weder Schauspieler noch Regiekonzeption überzeugten die Besucher oder den Berichterstatter in *Theater der Zeit*. Letzterer war der Ansicht, die neue Weimarer Inszenierung müsse, was den zweiten Teil anbelangt, nochmals überdacht werden: »Eine Frage wirft das Weimarer Experiment auf: Wenn wir diese Ohnmacht [der Theaterleute] überwinden wollen, und zwar Goethes Angeboten und unseren Ansprüchen gemäß, wären da nicht auf einem Niveau sozialistischer Gemeinschaftsarbeit gründliche Auswertung der Erfahrungen, weitgehende Kooperationen und ein solchen Ansprüchen angemessener Zeitplan nötig?« – Sechs Jahre später – zwei Jahre nach Peymanns Stuttgarter Herausforderung – hatten die Weimaraner folgerichtig ihre dritte *Faust*-Inszenierung von Bennewitz und Havemann.

---

1 Heft 1 der Spielzeit 1975/76, hrsg. von der Generalintendanz des Deutschen Nationaltheaters Weimar, ohne Seitenzählung. Die nachfolgenden Zitate sind, wenn nichts anderes angezeigt ist, dem Programmheft 1 entnommen.

70. Unbekümmertheit: Christoph Schroth zeigt den Schwerinern zum 30. Geburtstag der DDR einen widerborstigen *Faust*, beide Teile an einem Abend (1979)

Motive und Konzeption

Gezielt setzte Schroth Akzente: Schon auf der ersten Seite des Programmhefts waren Brechts Worte anläßlich der *Urfaust*-Inszenierungen von 1952/53 zu lesen, daß sich auf Goethes *Faust* zentnerweise Staub niedergelassen habe, weil das Drama in den letzten hundert Jahren in »unseren meist staatlichen Theatern« gespielt worden sei. Auf den nächsten beiden Seiten standen Überlegungen von Werner Mittenzwei über »Brecht und die deutsche Klassik«. »Gewidmet« war die Schweriner Einstudierung schließlich, vielleicht mit gezielten Hintergedanken, »dem 30. Jahrestag der Gründung der DDR« – zu lesen über dem Brecht-Zitat »Humor und Würde« zu Goethes *Urfaust*.

Den »Anmerkungen« des Programmhefts sind gewichtige Motive für die Einstudierung dieser Inszenierung zu entnehmen: »Wenn Alexander Puschkin davon spricht, *Faust* sei die *Ilias* des modernen Lebens, so zielt das auf die starken Grundsituationen, die sich als Elementarsituationen des menschlichen Daseins erweisen. In der Darstellung dieser elementaren Haltungen des Menschen sehen wir unsere künstlerische Aufgabe. Sein nie zu tötender Drang, alles zu erkennen; seine Unbedingtheit, im Liebesgefühl sich als Mensch zu entdecken, seine Beziehungen zur Natur und zur Geschichte seiner Gattung nie erlahmen zu lassen und sich und die Gesellschaft nach menschlichen Gesichtspunkten zu organisieren, verbunden mit allen Zweifeln, allen Bedrängnissen, allen Niederlagen und trotz alledem der freundlichsten Utopie aller menschlichen Träume nachzustreben, das packt uns, das reizt uns, das fordert uns heraus, uns auf die Höhe goetheschen Denkens zu arbeiten und unser Verhältnis zu dieser Dichtung einzubringen« (Programmheft, 7). In der 2. Anmerkung versäumen die Verfasser nicht, auf eine gesellschaftspolitische Dimension ihres *Faust*-Spiels hinzuweisen: »Mit der Fabulierkunst, zu der es das sozialistisch-realistische Theater gebracht hat, zielen wir auf das Kunstwerk *Theateraufführung*« (Programmheft, 7). Die 3. Anmerkung beschäftigt sich intensiv mit der Form beider Teile: »Wir bekennen uns dazu, daß die Dichtung ein ›Stück in Stücken‹ ist. Die *Faust*-Tragödie, die Lebensleistung eines dichterischen Genies, ähnelt den Dombauten, bei denen Jahrhunderte ihre Baustile aufeinandersetzten. Dem Vorspiel *Auf dem Theater* – geschrieben nach indischem Muster – folgt unter dem Einfluß der *Hiob*-Dichtung der *Prolog im Himmel*. An die Tragödie des Erkenntnissuchers in altdeutschen Knittelversen schließt sich die Komödie des Teufelspaktes mit Rüpel- und Hexenszenen nach der Art des englischen Renaissance-Dramas an, das wiederum überragt wird von der naturalistisch anmutenden sozialen Liebestragödie Gretchens. Dazwischen eingesprengt, fast gegen eine Einfühlung in die Gretchen-Tragödie sich wendend, liegt die Revue der *Walpurgisnacht*, erinnernd an die Renaissance-Maskenspiele, die im zweiten Teil wiederum einen breiten Raum beanspruchen mit dem Maskenzug am kaiserlichen Hof und den Szenen der *Klassischen Walpurgisnacht*. Auch der zweite Teil der Tragödie bringt eine Mannigfaltigkeit theatralischer Formen hervor: der fast ins Absurde getriebene Tanz auf dem Vulkan der feudal-aristokratischen Herrschaftsschicht, die einer beißenden Gesellschaftssatire preisgegeben wird, sie treffend in ihrer Unfähigkeit, noch gesellschaftlich zu handeln, verbunden mit der Komödie des Beschwörens der Helena, die in eine Tragödie des Faust umschlägt. Dann folgt die Farce von der Erzeugung des künstlichen Menschen, das euripideisch anmutende *Helena*-Schauspiel, an vielen Stellen durchsetzt mit aristophanischem Witz, das abgelöst wird mit dem tragischen Bericht über Leben und Tod Euphorions, dieses gegen ›Sitte und Gesetz‹ rebellierenden Jünglings, der sich zum Revolutionär entwickelt. Im vierten Akt wird noch einmal der Totentanz der feudalaristokratischen Herrschaftsschicht dargestellt, die wie bei einem Leichenschmaus nach der siegreichen Niederschlagung bürgerkriegsähnlicher Zustände die Pfründe untereinander verteilt, während der fünfte Akt die brutale Zerstörung der Idylle von Philemon und Baucis umfaßt, die mittelalterliche Moralität vom Sterben des reichen Mannes, das Satyrspiel vom Kampf der Hölle und des Himmels um die unsterbliche Seele und mit der Form des Mysterienspiels endet« (Programmheft, 8).

In der 5. Anmerkung wird darauf verwiesen, daß Goethe selbst den *Faust*-Stoff bearbeitet und er sein *Faust*-Spiel wiederum den nachgeborenen Theaterkollegen zur Bühnenbearbeitung freigegeben habe: »Wenn es Überlegung und Handwerkszeug der Theaterleute offenbart, kennzeichnet er von Anfang an in aller Unmißverständlichkeit seinen *Faust* als Theaterspiel, er gibt ihn so den jeweils daran arbeitenden Kollegen zur Verwendung für ihre konkreten Bedingungen frei: ›Es stecken darin einige gute Späße, welche die Welt über kurz oder lang auf manche Weise benutzen wird‹… Sie werden das Stück, wie es ist, verderben; aber sie werden es zu ihren Zwecken klug gebrauchen, und das ist alles, was man erwarten und wünschen kann.‹ Goethe über *Faust* zu Eckermann – 21. 2. 1831 – Das Vorspiel ist stilbildend für die Aufführung: Kein behäbiges Illusionstheater, sondern zweckvolles öffentliches Spiel für ein konkretes Publikum« (Programmheft, 10).

Abb. 201: »Studierzimmer« II – Faust (Wolf-Dieter Lingk) übersetzt die Bibel. Bald wird er die Begriffe »Wort«, »Sinn«, und »Kraft« mit dem Wort »Tat« überschreiben

Bewußt wird auch darauf hingewiesen, daß jede Inszenierung eine neue geistige Aneignung für unsere heutige Zeit sein sollte.

Strich- und Bühnenfassung

Christoph Schroth bearbeitete die Inszenierung für ein Publikum, das einerseits beide Teile des Faust sehen sollte, andererseits mußte er einem teilweise von weither anreisenden Publikum ersparen, zweimal anzufahren oder gar zu übernachten. Dem werktätigen Publikum in und vor allem um Schwerin bot er deshalb einen lange hingezogenen Samstag- oder Sonntagabend, der um 17 bzw. 19 Uhr begann und gegen 23 bzw. ein Uhr endete. Zwei »große Pausen« unterbrachen diese Szenenfolge, bei der der Regisseur versuchte, Goethes Drama in der zur Verfügung stehenden Zeit so weit wie möglich zu geben:
SZENENFOLGE: Vorspiel auf dem Theater – Prolog im Himmel – Nacht – Vor dem Tore – Studierzimmer – Auerbachs Keller – Hexenküche – Straße – Abend – Der Nachbarin Haus – Garten – Wald und Höhle – Marthens Garten – Nacht – Straße vor Gretchens Tür – Walpurgisnacht – Trüber Tag, Feld – Kerker – Anmutige Gegend – Saal des Thrones – Weitläufiger Saal – Lustgarten – Finstere Galerie – Rittersaal – Gotisches Zimmer – Laboratorium – Klassische Walpurgisnacht – Palast des Menelas – Innerer Burghof – Schattiger Hain – Hochgebirg – Vorgebirg – Offene Gegend – Palast – Großer Vorhof – Grablegung – Abkündigung

Bühnenbau, Kostüme, Maske, Spielweise, Strichfassung

Die »Zueignung« fehlte, und so begann das Spiel mit dem »Vorspiel auf dem Theater«, das die Akteure in Alltagskleidern bestritten, rauchend, an einem gemütlichen Tisch mit Kaffeetassen sitzend. Im »Prolog im Himmel« erblickte man hölzerne Engel auf der Bühne, die ihr Maskengesicht aufklappten und ihre Lobpreisung mit dem Herrn begannen, der hinter dem Publikum auf dem 2. Rang verweilte und sein Gesicht aus einem göttlichen Auge herausstreckte.
Die Szene »Nacht« zeigte ein dunkles Zimmer, zur Linken ein Schreibpult, rechts Sessel, eine Schultafel – wie bei Peymann – und ein Planetensystem. Auch eine im Hintergrund durch ein Leintuch verdeckte Leiche wies auf den Naturforscher hin. Faust agierte meist auf Metallschächten, die von unten beleuchtet werden konnten. Links, rechts und zum Bühnenhintergrund hin war das Zimmer durch Wellblechwände fast hermetisch abgeschlossen – eine Studierwelt, die geradezu den Ausbruch aus dieser Enge provozierte.
Insgesamt erschienen – je nach Lebensalter – vier Schauspieler, die den Faust zu verkörpern hatten. Wolf-Dieter Lingk, der Faust der Gelehrtentragödie, trat in einem verschmutzten Arbeitsmantel auf, den Erdgeist beschwor er nach unten durch die beleuchteten Schächte, wobei nur Licht und Schatten sich abwechselten. Piekfein trat danach Wagner auf, mit Fliege und Hut.

Zur Szene »Vor dem Tor« rollte, etwa eineinhalb Meter über dem Zimmerboden, ein Teil der Wellblechwand nach rechts, und es gab fortan zwei Spielebenen, Faust erklomm den so gewonnenen Spazierweg und schmetterte burschikos sein »Vom Eise befreit...« in die karge Natur. Mit einem Picknickkorb am Arm stapfte Wagner neben ihm einher, gelegentlich daraus naschend. Zurückgekehrt ins Studierzimmer, beschreibt Faust seine Tafel nacheinander mit den Begriffen »Wort, Sinn, Kraft, Tat«. Nachdem ein Stoffpudel, den Faust vom Osterspaziergang mitgebracht hat, hinter den Seziertisch mit der Leiche gelegt worden ist, kommt das Leintuch in Bewegung, und statt eines Toten liegt nun Mephisto auf der Bahre, gespielt von Lore Tappe in Männerkleidern. Man kommt rasch zur Wette: Zur Unterzeichnung des Pakts ritzt sich Faust in den Daumen, gierig saugt Mephisto daran und drückt Faust einige Blutstropfen auf die Stirn.

Gänzlich gestrichen war die Schülerszene, ebenfalls jene Partien von »Auerbachs Keller«, die sehr theaterwirksam sind, der Rest wurde gleich einer Kabarettnummer gegeben. Mephisto führt dabei seinen Zauber zu heißen Tangorhythmen auf, um dann in der »Hexenküche« ein Can-Can-Spektakel aufzuführen, wobei die Beleuchtung wieder von unten durch die Schächte kommt. In Schwerin mutierte die Hexenküche zu einer Transvestitenshow.

Nach der Verjüngung, die hinter einer Stellwand stattfindet, steht dann mit Horst Kotterba der zweite *Faust*-Darsteller auf der Bühne. Schon in der Gelehrtentragödie wurde u. a. damit und durch eine meist frivole Spielweise deutlich, daß Schroth Goethes *Faust* mit außergewöhnlichen Mitteln einem neuen und vor allem jüngeren Publikum nahezubringen suchte. Die Szene »Straße« bietet wieder zwei Spielebenen, im Vordergrund rechts ist das Haus der Frau Marthe, links erscheint Gretchens Zimmer mit ihrem Bett, in das sich der neue, junge Faust ungeniert hineinwirft, nicht ohne sich zuvor brav der Schuhe entledigt zu haben.

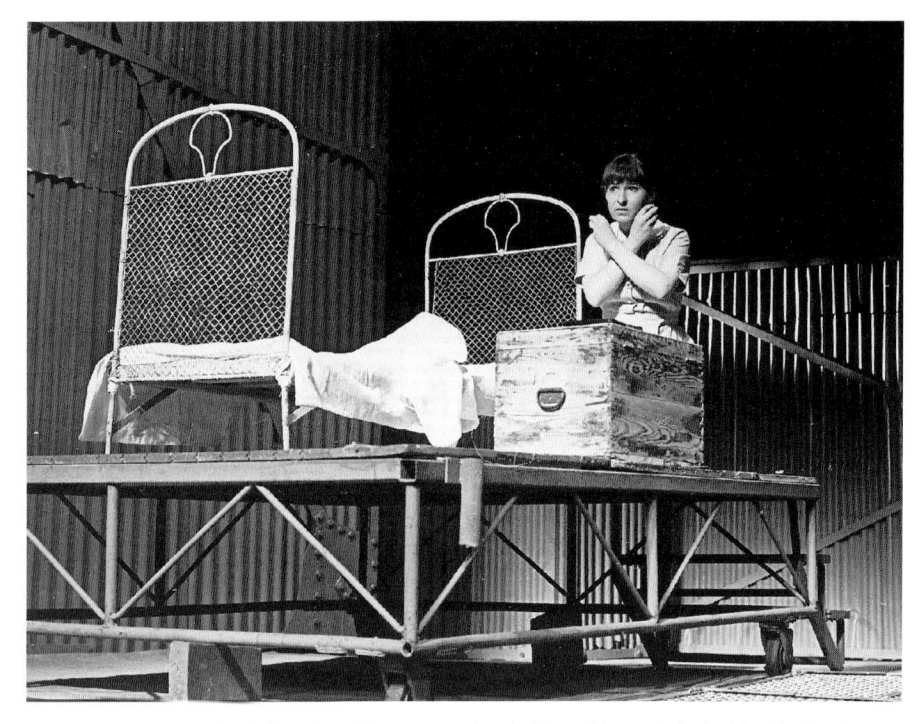

Abb. 202: »Abend« – Auch Gretchens Zimmer war in die Abgeschlossenheit der Wellblechwelt gestellt; hier legt sich Bärbel Röhl den Schmuck an.

Erstmals sehr nahe kommen sich Faust und Gretchen (Bärbel Röhl) in Marthes Garten beim Aufhängen von Bettwäsche, wobei Faust sehr hilfreich ist. Fast folgerichtig zählt Gretchen ihr »Er liebt mich...« an Wäscheklammern anstatt an einer Blume ab. Die Idee mit der Bettwäsche war so signifikant, daß auch spätere Aufführungen in der DDR wie auch in der Bundesrepublik die »Schweriner Wäsche« flattern ließen.

Das Religionsgespräch findet nicht in Marthes Garten, sondern in Gretchens Bett statt, die Verse der Szene »Brunnen« verteilt Schroth daran anschließend auf vier Schauspielerinnen, die – auf der hinteren, oberen Spielebene stehend – in Fausts und Gretchens Liebesbett sehen können. Sie verkünden das Schicksal des armen Bärbelchens: Faust und Gretchen lauschen aus dem Kuschelbett; am Beginn der Valentinszene springt Faust aus dem Bett und ersticht den Bruder Gretchens. Nun erst schließt sich, wie im *Urfaust*, die Szene »Zwinger« vor offener Bühne an. Danach folgte die erste von zwei Pausen.

Abb. 203: »Der Nachbarin Haus« – Zur Rechten Marthe (Ute Kämpfer), die bald vom Tod ihres Gatten erfahren wird.

Abb. 204: »Garten« – Gretchen und Horst Kotterba als der zweite, verjüngte Faust bei der in späteren Inszenierungen gern zitierten »Schweriner Wäsche«

Abb. 205: Szenenbild aus dem 1. Akt von *Faust II*, links Peer Jäger als dritter Faustdarsteller.

Abb. 206: Faust (Heinrich Schmidt) im Dialog mit der Sorge (Ute Kämpfer). Das Szenenbild zeigt die Bühne zweigeteilt: Im Vordergrund befindet sich der Bereich bzw. Palast Fausts, im Hintergrund – abgetrennt durch eine Glaswand – der Bereich des Meeres und jener von Philemon und Baucis.

Die »Walpurgisnacht«, teilweise mit den obszönen Teilen aus den »Paralipomena«, fand in einem schachtartigen Gebilde auf hoher Hinterbühne statt, mit deutlich erkennbaren Koitusszenen. Die Gretchenvision wurde hinter den Rücken der Zuschauer suggeriert, und »Trüber Tag. Feld« zierten schwarze Wände auf der Mittelbühne sowie ein Stuhl, dies blieb auch für den Kerker als Kulisse.
Bei der unmittelbar anschließenden Szene »Anmutige Gegend« lagern Elfen auf Treppenstufen, eine von ihnen wiegt den dritten Faust-Darsteller im Arm: Peer Jäger. Im Thronsaal prangte hinten ein farbenprächtiger Rokokoprospekt, Mephisto, quasi als ökonomischer Motor, verweilte am Ende der Szene auf dem Kaiserthron, woran sich die erheblich zusammengestrichene Mummenschanz-Szene schloß. Im »Rittersaal« wohnte eine Rokokogesellschaft der Beschwörung von Paris und Helena bei, die wieder imaginär hinter dem Rücken des Publikums stattfand. Für die Zuschauer sichtbar war eine Vierer-Koitusszene während der gesamten Beschwörung.

Zu Beginn des 2. Akts war Fausts Studierzimmer samt Tafelanschrieb wiederhergestellt, als ein Zeichen für die Einheit beider Teile. Die Szene »Laboratorium« wurde ebenfalls in den Lichtschachtkeller verlegt: Homunculus erscheint in einem tragbaren Fernsehapparat, schwebt dergestalt zur »Klassischen Walpurgisnacht«, wobei seine Stimme beständig per Lautsprecher in den Saal übertragen wird. Der Erschaffung des Homunculus ging eine Schreckensvision von Wagner voraus: Mephisto hat den bewußtlosen Faust auf den Seziertisch gelegt, und als Wagner ihn erblickt, rennt er, erschrocken brüllend, Fausts Schreibtisch um, aber Mephisto weiß ihn unter Hinweis auf den zu schaffenden Homunculus zu beruhigen. Vor der »Walpurgisnacht« wurden die Zuschauer in die zweite große Pause entlassen.
Die »Klassische Walpurgisnacht« wurde – bis auf die Auftritte von Faust, Mephisto, Chiron, Proteus, Thales und Anaxagoras – als überlebensgroßes Puppenspiel gegeben und so radikal gestrichen, daß der Zusammenhang ziemlich gestört war.

Die Stimmen der Puppengeister wurden über Lautsprecher in den Saal übertragen, ebenfalls jene des Homunculus, der, vom Schnürboden gesteuert, über der Szenerie schwebte.

Sprachlich interessant war der »Helena-Akt«. Zunächst erschienen Helena und ihr Gefolge, wobei die Wellblechwände sämtlich durch weiße Tücher verhüllt waren. Helena erschien, wie bei Peymann in Stuttgart, als eine glatzköpfige Schaufensterpuppe. Fausts Burg, schlicht aus Treppenstufen und einem großen Tor innerhalb der weißen Wände gebaut, betritt der Hausherr in schwarzer Lederkleidung, über die ein ebenfalls schwarzer langer Mantel geworfen ist. Die Wechselrede mit Helena war als Gesang vertont. Die Euphorionhandlung wurde über Lautsprecher abgespielt von dem Zeitpunkt an, an dem Euphorion im Schnürboden verschwand, bis er als rotes Stoffbündel auf dem Bühnenboden aufschlug. Nach Euphorions Tod begann die Spielzeit des vierten Faust-Darsteller: Heinrich Schmidt spielte die männlich gereifte Titelgestalt.

Vom 4. Akt wurden nur Teile der ersten beiden Szenen auf der Oberbühne gegeben, bei einer Spielzeit von nur sechs Minuten. Im 5. Akt erlebte man wieder die in zwei Stufen gegliederte Bühne. Zunächst erzählen sich Philemon und Baucis gegenseitig (der Wanderer fehlt) die Geschichte des Kolonisators Faust, bis dann in der Szene »Palast« Mephisto mit der Peitsche eines Antreibers erscheint. Nach der raschen Vernichtung von Philemon und Baucis nimmt die Sorge hinter Fausts Alterssessel Platz, der auf dem oberen Teil der Bühne steht. In seinem letzten Monolog variiert Faust den Vers »Auf freiem Grund mit freiem Volke stehn« in die Worte aus den »Paralipomena«: »Auf wahrhaft eignem Grund und Boden stehn.«

Faust stirbt auf der Oberbühne, die Lemuren werfen ihn in einem Plastiksack ins Grab, um das nun drei Teufel wachend hocken. Fünf weiße Verführungsengel mit Rosen und nacktem Po locken schließlich Mephisto weg vom Grab, so daß Fausts Seele dem Herrn »weggepascht« werden kann. Der getäuschte Mephisto schlüpft wieder in sein Gewand aus dem »Prolog im Himmel«, sodann geht die Szenerie über in einige wenige Verse der »Bergschluchten«, wobei es Schroth gelang, den Kreis zum »Prolog im Himmel« und zum »Vorspiel auf dem Theater« eindrucksvoll zu schließen: Der Herr blickte wieder aus seinem Gottesauge über dem zweiten Rang, und es erscheinen wieder die drei Engel aus dem Prolog im Himmel, klappen ihre Gesichter auf und sprechen ihre Verse. Am Schluß erscheinen die vier Fäuste, blicken aus dem Lichtschacht und sprechen den »Chorus mysticus«. Ganz am Ende erscheinen die drei Personen des »Vorspiels aus dem Theater« und teilen sich – als Epilog – die letzten Verse der »Abkündigung«: »Den besten Köpfen sei das Stück empfohlen...«

Regie und Besetzung

Dem Besetzungszettel ist zu entnehmen, daß die Schauspieler des kleinen Teams bis zu acht Rollen übernehmen mußten.

Regie: Christoph Schroth
Dramaturgie: Bärbel Jaksch
Bühnenbild: Jochen Finke
Faust: Wolf-Dieter Lingk, Horst Kotterba, Peer Jäger, Heinrich Schmidt
Mephisto: Lore Tappe
Gretchen: Bärbel Röhl
Marthe: Ute Kämpfer

Aufnahme durch Publikum und Kritik

Der im großen und ganzen sehr positiv aufgenommenen Inszenierung stand teilweise auch heftige Ablehnung gegenüber; das zeigte sich bei einem Gastspiel in Weimar (1983) und nach der Ausstrahlung im DDR-Fernsehen. Bezeichnend dabei war, daß grundsätzlich ältere Besucher oder Fernsehzuschauer, die mit einem fertigen Bild sich nicht auf die Inszenierung eingelassen haben, heftig vor allem gegen die komödiantische Spielweise protestierten, teilweise in Briefen an die Theaterleitung direkt. Befremdet nahm man auch wahr, daß in der »Walpurgisnacht« die ›pornographischen‹ Paralipomena gespielt wurden, die mancher für nicht von Goethe hielt. Der ausführlichen Sammlung von Presseartikeln und Rundfunkrezensionen ist zu entnehmen, welch hohe Anerkennung diese Einstudierung erfahren hat – im Osten wie im Westen Deutschlands. Stellvertretend mögen einige wenige Stimmen zu Wort kommen. Am 30. 8. 1980 schrieb der große *Faust*-Kenner und -Kritiker Georg Menchén aus Weimar im TLZ-Treffpunkt: »Die Provokation geht vom Titelhelden selbst aus, und das Schweriner Schauspielensemble um Regisseur Christoph Schroth hat sie programmatisch für diese Inszenierung im besonderen und die Theaterarbeit im allgemeinen angenommen: ›Werd ich beruhigt je mich auf ein Faulbett legen,/ So sei es gleich um mich getan!‹ ... sie brechen mit beschaulicher Idylle und berufen sich dabei auf Brechts ›Einschüchterung durch Klassizität‹, sie beunruhigen dabei sich und die Theaterwissenschaft, die eingefleischten Erbe-Spezialisten und das Publikum. Theater muß auffallen, sagen sie.«

Die Rundfunkanstalten der DDR strahlten einhellig Lobendes aus. Am 9. 12. 1979 berichtete der Berliner Rundfunk, man informiere die Hörer über »eine der aufregendsten Klassiker-Inszenierungen..., die das DDR-Theater hervorgebracht hat.« Wolfgang Stein ließ die Hörer von *Radio DDR* am 29. 9. 1979 bereits Folgendes wissen: »Von 19 Uhr abends bis 1 Uhr nachts ging die Vorstellung. Sechs Stunden mit zweimal halbstündiger Pause. Ein Kraftakt für die Schauspieler, aber auch für das Publikum. Er wurde bestanden. Mit einem Feuerwerk von szenischen Einfällen und theatralischen Mitteln, an dem sich die Akteure in ihrem Spiel entzünden konnten. Kurzweil durchaus an einem langen Abend. Diese Unternehmung einer Faust-Entdeckung 1979 in Schwerin, die hat es – man konnte es erwarten – in sich. Faust I und II in einem Stück, das hat es in der dreißigjährigen Theatergeschichte der DDR noch nicht gegeben.« In der *Stimme der DDR* urteilte Sabine Günther, es sei gelungen, »Faust

I und II« in seiner tatsächlichen Dimension auf konkrete und assoziative Art und Weise in das Bewußtsein des heutigen Publikums zu rücken.«

Anläßlich des Weimar-Gastspiels während der Mitgliederversammlung der Goethe-Gesellschaft schrieb Brigitte Zimmermann in der *Wochenpost* (26/1983): »Der Tragödie? Hier stock' ich schon. Denn war mir der Faust ... doch immer als eine ziemliche Anstrengung in Erinnerung geblieben: Die Schweriner machen mit ihrer Auffassung und Aufführung aus dieser Anstrengung über weite Teile ein Vergnügen. Es wimmelt von szenischen Einfällen und theatralischen Umsetzungen des Goethischen Originals, es gibt kühne Striche ... Es geht hoch her auf der Bühne, ohne daß es an irgendeiner Stelle flach wird oder der Verdacht aufkommt, es könnte hier unseriöse Arbeit angeboten werden. Selbstverständlich haben das nicht alle in der Goethe-Gesellschaft so aufgenommen.[1] ... Dieser Faust-Inszenierung sieht man an, daß sie von intelligenten Leuten für intelligente Leute gemacht ist. Worunter ich nicht verstehe, daß der Zuschauer unbedingt den Faust-Stoff und den Goethischen Text in allen Einzelheiten kennen muß, was zahlreiche Mitglieder der Goethe-Gesellschaft offenkundig anders sehen. Für mich stellt dieser konkrete Fünfeinhalbstunden-Faust viele sehr zeitgenössische Fragen und gibt mannigfaltige, sehr gegenwärtige Denkanstöße.«

Wirkungsgeschichtliche Aspekte

Schroths Inszenierung, die in der Theaterlandschaft Dämme eingerissen und kontroverse wie fruchtbare Diskussionen ausgelöst hat, wurde an den Ostertagen 1981 in ganzer Länge im Fernsehen der DDR übertragen. Dieser *Faust* schlug hohe Wellen und löste nicht nur in der Presse, sondern auch in der Weimarer Goethe-Gesellschaft bzw. in der Goethe-Forschung Diskussionen aus. Je länger die Dispute andauerten, desto mehr Fürsprecher waren zugegen. Schließlich wurde der Schweriner *Faust* im Jahre 1983 anläßlich der Mitgliederversammlung der Goethe-Gesellschaft Weimar am dortigen Nationaltheater gezeigt. Einen Tag nach der fast sechs Stunden dauernden Inszenierung stellte sich das Team um Christoph Schroth und die Dramaturgin Bärbel Jaksch der Diskussion mit 250 Zuschauern. Dabei zeigte sich der Regisseur selbst überrascht über den großen Erfolg seiner Einstudierung, denn sie war als normale Anrechtsvorstellung für zehn Aufführungen gedacht, zum damaligen Zeitpunkt aber schon 60mal in Schwerin gezeigt worden.

Schwerpunkt der Diskussion war die »Vierteilung« der Faust-Figur, man hätte sich viel eher mit einer Zweiteilung abgefunden, aber die Diskussionsteilnehmer fanden sich gut mit der Schweriner Lösung ab. Generell wurde allen Faust-Darstellern mangelnde intellektuelle Größe angekreidet, der Faust des 4. und 5. Akts sei gar ein bösartiger Bourgeois gewesen, so daß die in der Figur enthaltenen, weit über das bürgerliche Zeitalter hinausweisenden progressiven Züge nicht deutlich geworden seien. Auch die Besetzung Mephistos mit einer Frau war grundsätzlich umstritten, doch habe die überragende Leistung Lore Tappes viele Bedenken hinweggefegt.

Bei der Inszenierung als Ganzes wurde gerügt, sie sei zu komödiantisch, und man monierte, daß die Schülerszene und die Szene »Dom« gänzlich getilgt gewesen seien und vom 4. Akt des zweiten Teils nicht viel übriggeblieben sei. Viele Wissenschaftler und Deutschlehrer lobten aber nachhaltig die Frische der Inszenierung, und der Regisseur teilte mit, daß er vor allem auch ein jugendliches Publikum zu erreichen versucht habe, was ihm erfreulicherweise gelungen sei (aus den vielfältigen Pressematerialien geht hervor, daß das Regieteam immer wieder mit Schülergruppen diskutierte). Schroth stellte auch klar, daß sie in Schwerin als Theaterleute und nicht als Literaturwissenschaftler Goethes *Faust* einstudiert hätten.

Die Schweriner Inszenierung hatte aufgezeigt, daß dem Theater in der DDR mehr Freiheiten zugewachsen waren, als dies noch im Jahre 1968 der Fall gewesen war, als man am Deutschen Theater die Inszenierung des ersten Teils von politischer Seite zur Umgestaltung und letztlich zur Absetzung gezwungen hatte. Schließlich sei noch erwähnt, daß diese *Faust*-Version des Jahres 1979 bei einem Gastspiel in der Bundesrepublik (Saarbrücken) zu sehen war.

Zehn Jahre stand Schroths *Faust* auf dem Spielplan und wurde 111mal gegeben. Im Fernsehen der DDR wurde der Schweriner *Faust* ausgerechnet an Ostern 1981 gezeigt, ganz in mehr als hundertjähriger Tradition. Spätestens zu dem Zeitpunkt, als im Jahre 1981 in Weimar beide Teile durch Bennewitz erneut inszeniert worden sind, zeigte sich auch öffentlich die Akzeptanz dieser Einstudierung, wobei in *Theater der Zeit* auch bedauert worden ist, daß man durch die rigorose offizielle Ablehnung der Inszenierung von Dresen und Heinz im Jahre 1968 in Ost-Berlin dort auch eine interessante *Faust II*-Inszenierung verhindert habe.

---

[1] Als ich 1986 meinen Bildband *Brechts und Monks »Urfaust«-Inszenierung mit dem Berliner Ensemble. 1952/53* Christoph Schroth und dem Ensemble des Mecklenburgischen Staatstheaters Schwerin in Anerkennung eben dieser *Faust*-Inszenierung gewidmet hatte, wurde ich bei einer Tagung der Vorstände der Goethe-Gesellschaften der Bundesrepublik vom damaligen Präsidenten der Goethe-Gesellschaft Weimar so scharf angegriffen, daß ich als Vorsitzender der Goethe-Gesellschaft Stuttgart fast zurückgetreten wäre.

71. Bennewitz und Havemann inszenieren erneut beide Teile des *Faust* in Weimar – dritter Versuch (1981)

Rückblick: Kleine DDR-*Faust*-Literaturgeschichte aus offizieller Sicht

Vor der Rezension der dritten Weimarer *Faust*-Inszenierung von Bennewitz und Havemann in *Theater der Zeit* (12/1981) durch Erika Stephan ließ man Helmut Pollow zu Wort kommen mit seinem Beitrag »Vor der nächsten Runde – ›Faust‹«. Pollow macht klar, daß es heutzutage nicht mehr die sozialistische *Faust*-Deutung und Faust-Figur gebe: »In der Art der *Faust*-Rezeption spiegelt sich wider, wie eine Gesellschaft sich selbst begreift ... Einen kulturpublizistischen Unsinn sollten wir schnell abtun: es gäbe die dem Sozialismus gemäße *Faust*-Interpretation. Weder in der literaturwissenschaftlichen Deutung noch durch Theater-Inszenierungen werden wir eine dem Werk ›gerechte‹ Interpretation bekommen. Wie sich unser Blick auf die sich verändernde Welt verändert – also auf das uns überlieferte Geschichts- und Kunsterbe –, so scheint sich das uns Überlieferte selbst zu verändern. Eine Kontinuität gibt es in der *Faust*-Deutung nicht, in der sich die Interpretationen gleichsam annähern würden einem eigentlichen Wert.«

Pollow geht näher auf umstrittene *Faust*-Inszenierungen in der DDR ein: »Objektives Anerkennen von Widersprüchen und ihr souveränes Bewältigen durch das Subjekt (den Zuschauer) – das waren Forderungen, die erst zu Ende der sechziger Jahre in der DDR deutlicher wurden. Als Folge für die *Faust*-Interpretation: *das Gestische* in der Spielwiese wurde wichtig, und – wie eine *bewußt kritische Rezeptionshaltung* beim Zuschauer entwickelt werden konnte; das im Werk angelegte *Komödiantische* wurde wiederentdeckt. Im Herbst 1968 folgte die Aufführung des ersten Teils am Deutschen Theater ... Hineingestellt in eine zugespitzte politische Situation stand sie unter einer kulturpolitisch besonderen Bewertung. ... Die Diskussion um diese Aufführung wurde mit zum Anlaß für eine umfangreiche Debatte über das Erbe.« Die *Faust*-Inszenierung in Schwerin sei dann eine Art Wendepunkt in der Bühnengeschichte von Goethes Drama in der DDR gewesen: »In Weimar zeichnet sich eine Tendenz ab, der wir in der Schweriner Aufführung von 1979 ... verstärkt begegnen: die Teilkünste erhalten große, eine dem Widerspruchsreichen zuarbeitende, sie verstärkende Funktion. Obwohl nicht beabsichtigt, verselbständigen sich dabei die Teilkünste und einzelne Kunstmittel. Der Schauspieler als Zentrum eines Spiels tritt dann zurück. Dem Metaphernreichtum einer poetischen Sprache wird mißtraut, so daß möglichst jeder dramatische Vorgang in eine szenische Aktion übertragen wird. Die Schweriner schafften durch ihre Strichfassung eine Art revuehafter Montage.«

Motive und Konzeption

Nach den heiteren Stuttgarter und Schweriner Inszenierungen wird ein noch mehr heiterer *Faust* im Programmheft zum ersten Teil angekündigt – untermauert durch längere Zitate von Brecht zu seiner *Urfaust*-Version 1952/53. Wir lesen Ausführliches aus »Humor und Würde«, »Einschüchterung durch die Klassizität« und Brechts Äußerungen zu »Die Faust-Figur«.

Bennewitz verweist aber auch darauf, daß, neben dem Sturm der geschichtlichen Realität, die jüngste Bühnengeschichte von Goethes *Faust* – in der DDR – ihn zu einer erneuten Inszenierung gedrängt habe: »Ich habe bei mir selber abgeschrieben, was ich vor sechs Jahren aufgeschrieben habe, weil ich es im Grundsätzlichen nicht anders hinschreiben würde heute – und aufregend erstaunlich, wie aus nicht anderer Haltung so ganz anderes Ereignis wächst. Sicher gibt es da Zuwachs an Erfahrung, kommt neue Unmittelbarkeit ins Spiel durch junge Schauspieler, ist aus der Interpretationsgeschichte der 68er *Faust* im Deutschen Theater folgenreicher begriffen worden, hat uns der Schweriner *Faust* so produktiv in die Krise mit uns selber geschickt, daß die eigene Arbeit nachher nicht mehr so sein kann wie davor, ohne daß damit schon vorgewußt wäre, wie und zu welchem Bilde sich's formt, haben die Germanisten ihre Schubladen aufgemacht und uns kühne Gedanken sehen lassen hinein in den Widerspruchsreichtum der Geschichte und der Geschichten, daß wir mit neuer Neugier ins alte Werk steigen und uns auf neue Art in ihm zu-Haus bewegen – das alles will nicht unterschätzt sein und ist noch nicht einmal alle Anregung aus Wissenschaft und Kunst hier aufgelistet.«[1]

Spielweise, Kostüme, Bühnenbau

In der Spielweise arbeitete Bennewitz ganz bewußt mit Traditionsbrüchen. Vor Beginn des »Vorspiels auf dem Theater« etwa waren auf offener Bühne für den Zuschauer Faust, der Dichter, Mephistopheles (mit überdeutlichem Pferdefuß) und die Lustige Person zu sehen; danach finden offene Verwandlungen statt. In der Schülerszene hat der Schüler ein Reclam-Heft in der Hand und erhält von Mephisto ein Pornoheft überreicht. Provokantes war in »Auerbachs Keller« zu hören: »Das liebe heil'ge Röm'sche Reich« wurde zum westdeutschen Deutschland-Lied angestimmt, und die Zecher summten, am Pissoir stehend, gemeinsam »Sah ein Knab' ein Röslein stehn«. In der »Hexenküche« erhält Faust den Verjüngungstrank als Injektion, so daß die Wirkung sofort eintritt. Gretchen

Abb. 207: Modellfoto zu *Faust I* mit Blick auf die offene Bühne

Abb. 208: »Prolog im Himmel« mit Eckart von der Trenck (Herr), Thomas Schneider (Mephistopheles). Im Hintergrund stehen die Erzengel (Rosemarie Deibel, Marianne Epheser, Heidrun Bartholomäus)

gibt sich im Habitus sehr modern und hat die Angewohnheit, im Bett zu lesen. »Wald und Höhle« sind etwas ineinander verquickt: Faust und Mephistopheles befinden sich auf einem Podest, Gretchen liegt unten im Bett und unterbricht den Disput zwischen Faust und Mephisto bei den Worten »Sie, ihren Frieden mußt' ich untergraben«. In der Valentinszene stoßen die Soldaten aus dem Osterspaziergang Gretchens Bruder als unehrbar aus, während Gretchen im Bett liegt und Faust erwartet; dieser erscheint und ersticht Valentin, der dann sterbend an Gretchens Bett wankt. Danach kommen die neugierigen Nachbarn ungeniert in Gretchens Zimmer und zerren sie schließlich als böse Geister in den Dom. Beim nachfolgenden Umschlag in die Schwarze Messe der »Walpurgisnacht« erdröhnt eine das ganze Theater durchpulsende Popmusik, und Geister und Hexen singen schließich »Das Wandern ist des Mülles Lust«. Wenn Gretchen im »Kerker« Faust die Gräber beschreibt, führt sie dazu Tanzschritte aus, und schließlich fehlt das gewohnte »Sie ist gerichtet!«/Ist gerettet!«

In einer Dokumentation zum ersten Teil – leider nicht zu *Faust II* – erläutert die Kostümbildnerin Ingrid Rahaus: »Individuum und Schöpferkraft, übereinstimmend in seinen Haltungen zu den ständigen Bekämpfungen von Niederlagen, dies alles optimistisch und heiter geschehend. Heiterkeit erwächst aus dem Bewußtsein von Verantwortung und somit Bereitschaft zum Kämpfen der Schauspieler in Kostümen, die ihm Freiheit geben und nicht unter Kostümhüllen erschrecken lassen. Bewegliche, leicht bespielbare, nicht aufwendig, beinahe Proben-Arbeitskostüme, mit spezifischen und aussagekräftigen Zutaten versehen. Kostüme aus dem Fundus zusammengetragen, gepaart mit den notwendigen inhaltlichen Interpretationen, versehen mit den subjektiven Einflüssen der Darsteller, des Regisseurs, des Kostümbildners, des Bühnenbildners« (40, 5).

Der Bühnenbildner Havemann wies darauf hin, daß man Goethes *Faust* im Jahre 1981 als Komödie entdeckt habe – drei Jahrzehnte nach Brecht: »Die Bühnenbildgestaltung zum 1. Teil des Faust 1981 weicht wesentlich ab von denen der Inszenierungen 1966 und 1975. Während 1966 ein *drehbares Spielgerüst* kräftig das Historisch-Soziale (deutsches Mittelalter) betonte und die Figur Faust in diese Welt als der *Schöpfer seiner eigenen Geschichte* und somit als *Identifikationsfigur* gestellt wurde, versuchte die 75er Konzeption die Faust-Figur als den Verantworter seiner eigenen Geschichte und damit als Gattungswesen zu definieren. Daraus entstand eine Bühnenbildkonzeption, die in ihrer philosophischen Dimension weit über das mittelalterliche Raumverständnis von Enge hinausging. Das führte im Bild zwangsläufig zu symbolischen Bildern, aus der Geschichte genommen, aber sehr dekorativ, verschlüsselt und aufwendig. Heute, 1981, ist es notwendig, die Faust-Figur – wie immer – neu zu sehen: Faust als *optimistische Tragödie*! Faust ist *Individuum und Gattungswesen*, identifizierbar in seiner Haltung zu der permanenten Überwindung der Niederlagen. Alles sollte heiter geschehen. Heiterkeit entsteht aus Bewußtwerden von Verantwortung und dem Aufnehmen von Kämpfen. Die Bühne gehört dem Schauspieler. Die Bühne ist das Theater im Theater: ... Goethe ... empfiehlt: Gebt ihr ein Stück, so gebt es gleich in Stücken.«

In einer Dokumentation des Deutschen Nationaltheaters erläutert Havemann: »Hinter dem sich öffnenden historischen Goethe-Theater-Vorhang die Maschinerie des Nationalthaeters, freie Bühne, Eiserner Vorhang, Dekorationszüge, bewegliche Tücher – Horizonte usw. Der Orchesterraum ist mit einem Bretterbelag belegt, der in Etagen ausgebaut ist. Das ermöglicht: Studierzimmer unten (Faust fängt wie jeder ganz von unten an), Kerker unten, Mephisto steigt aus der Unterbühne, auf der Drehscheibe hölzerner Spielturm (analog 1965) und kleine Kreise (Kleine Welt), bewegliche Versatzstücke für die Gretchentragödie. Alles leicht, beweglich und nicht aufwendig. Gebraucht wird nur, was benutzt wird. Historizität und Aktualität wird in Bezug gesetzt durch Schichtung von Geschichte« (40, 4–5).

Im zweiten Teil ist die Bühne meist weit offen: Faust flieht zu Beginn der Szene »Anmutige Gegend« aus dem »Kerker« vor eine Brecht-Gardine. Die meisten Szenerien sind leicht andeutend, mit Tüchern mit entsprechenden Ausschnitten (z.B. Türen für den Kaiserhof) gestaltet. Bei der Beschwörung von Paris und Helena jedoch sitzt die Hofgesellschaft in einem kleinen Barocktheater und blickt ins Publikum, und Fausts Dialog mit der Sorge vollzieht sich unter einer riesigen Glaskuppel, auf durchsichtige Leinwand gemalt. Menchén meint hierzu: »Tuch deutet als Material Verwandlung, Formwerdung, Körperlichkeit an, auf Tuch ist der barocke Theaterrahmen der Kaiserszene dekorativ gemalt, ein riesiges Tuch mit mittelalterlicher Kriegsgesichtigkeit über und hinter der Szene wird zum geistigen Mitspieler, zum Thema der bildhaften Melodie« (41, 29).

Auch die subtil eingesetzte Musik von Aust findet Menchéns Lob: »Goethe, der sich immer Musik zum ›Faust‹ wünschte, wird von Konrad Aust mit überblendeten Zitaten aus klassischen Musikwerken in die Nachbarschaft von Bach oder Liszt gerückt und nicht mehr – wie 1975 – elektronisch verfremdet. Das hat versöhnende Wirkung aufs Publikum und sein Assoziationsvermögen, wiewohl man sich doch einmal eine eigens für eine solche Inszenierung komponierte, durchgängig die Emotionalität mitbestimmende Musik wünschte ...« (41, 29).

Abb. 209: »Der Nachbarin Haus« – Deutlich ist zu sehen, daß die Weimarer die »Schweriner Wäsche« flattern lassen. Während Marthe (Gudrun Volkmar) mit Mephisto disputiert, betrachtet Margarete (Elke Wieditz) den Schmuck.

Abb. 210: *Faust II*, Entwurf zur »Klassischen Walpurgisnacht«

Abb. 211: *Faust II*, »Innerer Burghof« – Fausts mittelalterliche Burg, knapp andeutend auf die offene Szenerie gestellt: »Da seht ihr Säulen, Säulchen, Bogen, Bögelchen/ Altane, Galerien, zu schauen aus und ein,/ Und Wappen.«

Abb. 212: *Faust II*, »Grablegung« – Faust liegt im Grab, Dick- und Dürrteufel warten auf seine Seele, während rosenstreuende Engel Mephisto (stehend) vom Grab wegzulenken versuchen.

Bei Fausts Erlösung klingen Ideen von Gründgens, Schröder und Peymann an: »Wie zu Beginn des ersten Teils geben sich die Darsteller als Schauspieler zu erkennen und lesen gemeinsam mit den Statisten und den Bühnentechnikern im Wechsel oratorisch wichtige Teilstücke vor ... In der Handschrift des Dichters leuchten sie auf dem Bühnenbild zum Finale auf. Die letzten Worte hat jedoch der Theaterdirektor aus dem Vorspiel mit der Abkündigung:

Des Menschen Leben ist ein ähnliches Gedicht:
Es hat wohl Anfang, hat ein Ende,
Allein ein Ganzes ist es nicht.« (40, 29)

Im Jahre 1983 gab das Deutsche Nationaltheater je eine umfassende Dokumentation zu beiden Teilen heraus. Abgedruckt waren Überlegungen zur Inszenierung, Kritiken, Diskussionsbeiträge und selbst Regienotate im Stile Brechts. Beide Bände enthalten die Strichfassungen, so daß es möglich ist, die tatsächlich gespielten Verse zu ermitteln. Ganz gestrichen waren die »Zueignung« und der »Walpurgisnachtstraum«, vollständig gegeben wurde nur »Gretchens Stube« (Spinnradmonolog). Die übrigen Szenen enthielten Striche in – sozusagen – üblichem Rahmen. Im zweiten Teil übernahm Gretchen einige Verse Ariels in der »Zueignung«, große Striche waren zu verzeichnen in den Szenen »Mummenschanz«, »Klassische Walpurgisnacht«, der Euphorion-Szene und »Auf dem Vorgebirg«; ganz gestrichen war keine Szene. Die Spielzeit des ersten Teils betrug knapp 3 $\frac{1}{4}$ Stunden, während der zweite Teil in etwas mehr als vier Stunden gegeben wurde; kleine Pausen wurden nach den Szenen »Laboratorium« und »Klassische Walpurgisnacht« gegeben.

Regie und Besetzung

Inszenierung: Fritz Bennewitz
Bühnenbild: Franz Havemann
Musikalische Bearbeitung: Konrad Aust
Kostüme: Ingrid Rahaus
Faust: Detlef Heinze
Mephistopheles: Thomas Schneider
Gretchen: Elke Wieditz
Marthe: Sylvia Kuziemski
Helena: Rosemarie Deibel

Die nicht sehr zahlreichen Schauspieler mußten bei diesem umfassenden Unternehmen teilweise bis zu zehn Rollen verkörpern.

Aufnahme durch Publikum und Kritik

Insgesamt wurden beide Teile anerkennend angenommen, aber eine große Begeisterung war nicht zu verzeichnen. An den Premierentagen erhielt der erste Teil deutliche Buhs, während bei *Faust II* die Gesamtleistung von Regieteam und Schauspielern viel positiver gewürdigt wurde. Es mag sein, daß etliche Zuschauer mit gewissen Traditionsbrüchen und allzu modern anmutenden Szeneneinfällen nicht so rasch zurechtkamen.

Die dritte Gesamtinszenierung von Bennewitz in Weimar griff eine Fülle von Ideen auf, die die *Faust*-Inszenierungen der 70er Jahre in der DDR und in der Bundesrepublik aufgewiesen hatten. Die Materialiensammlung des Deutschen Nationaltheaters Weimar zu beiden Teilen dokumentiert, daß diese Inszenierung – vor allem auch die des ersten Teils – als Herausforderung zum produktiven Nach- und Umdenken angenommen worden ist, wenngleich sie nicht so langanhaltend Furore gemacht hat wie die Inszenierung von Christoph Schroth in Schwerin: Aber Bennewitz hat es in der Tat gewagt, »das alte Stück – neu in den Wind der Geschichte« zu stellen, wie er selbst im Programmbuch zu *Faust I* schrieb.

---

1 Programmheft zu *Faust I* des Deutschen Nationaltheaters Weimar, ohne Seitenzählung. Zitate, die im folgenden nicht gekennzeichnet sind, stammen ebenfalls aus diesem Heft.

72. Theaterszenen zum *Urfaust*: Der Künstler Horst Sagert verwirklicht seine Vorstellungen am Berliner Ensemble (1984)

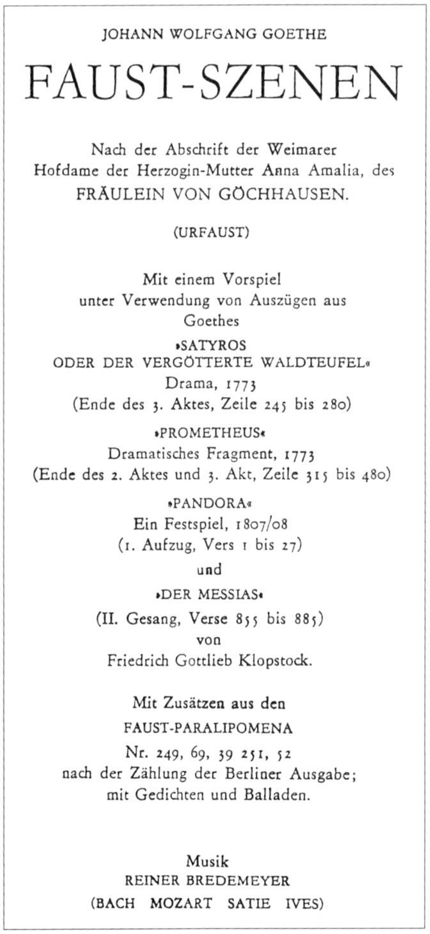

JOHANN WOLFGANG GOETHE

FAUST-SZENEN

Nach der Abschrift der Weimarer
Hofdame der Herzogin-Mutter Anna Amalia, des
FRÄULEIN VON GÖCHHAUSEN.

(URFAUST)

Mit einem Vorspiel
unter Verwendung von Auszügen aus
Goethes
»SATYROS
ODER DER VERGÖTTERTE WALDTEUFEL«
Drama, 1773
(Ende des 3. Aktes, Zeile 245 bis 280)

»PROMETHEUS«
Dramatisches Fragment, 1773
(Ende des 2. Aktes und 3. Akt, Zeile 315 bis 480)

»PANDORA«
Ein Festspiel, 1807/08
(1. Aufzug, Vers 1 bis 27)
und
»DER MESSIAS«
(II. Gesang, Verse 855 bis 885)
von
Friedrich Gottlieb Klopstock.

Mit Zusätzen aus den
FAUST-PARALIPOMENA
Nr. 249, 69, 39 251, 52
nach der Zählung der Berliner Ausgabe;
mit Gedichten und Balladen.

Musik
REINER BREDEMEYER
(BACH MOZART SATIE IVES)

Abb. 213: Titel des *Faust*-Spiels in Berlin.

Motive, Konzeption, Spielfassung

Die Titelseite des vom Berliner Ensemble herausgegebenen Programmhefts ist Willenserklärung und überblickhafte Strichfassung zugleich; der Stücktitel stammt von Sagert.

Bereits auf den Seiten 1 und 2 werden im Programmheft. Brechts Überlegungen zitiert, ob man den *Urfaust* als Fragment aufführen dürfe, und man verweist auf das Scheitern von Brechts und Monks *Urfaust*-Inszenierung mit dem Berliner Ensemble in den Jahren 1952/53. Die Dramaturgie rechtfertigt auch die Ausweitung der bloßen *Urfaust*-Szenen um weitere Goethe-Texte: »Die Aufführung des Berliner Ensembles 1952 in der Regie von Egon Monk ergänzte die in der Göchhausenschen Abschrift überlieferten Faust-Szenen des Fünfundzwanzigjährigen durch Verse nach dem Volksbuch. Die Inszenierung Horst Sagerts verwendet für ein Vorspiel Texte aus dem Umkreis der Dichtung...« (Programmheft, 4). Teile aus Goethes *Satyros* werden gespielt, weil das Stück in der Zeit entstand, in der Goethe mit den ersten Szenen zu Faust rang: »›Satyros‹, wie die frühen *Faust*-Szenen weitgehend in Knittelversen geschrieben, ist eine fulminante Parodie auf das Naturaposteltum, das Goethe in diesen Jahren vielfach begegnete. Das Stück vollzieht eine satirische Abrechnung auch mit dem ›Sturm und Drang‹; es warnt vor der Illusion, den Widerspruch zwischen Natur und Kultur appellatorisch schlichten zu können, und legt die demagogischen und terroristischen Implikationen dieses Trugbilds bloß. Satyros, das ist der Volksverführer in der Maske des Erdgeists, eine mephistophelische Figur« (Programmheft, 5). Die Verse aus dem Zweiten Gesang von Klopstocks *Messias* wählte Sagert, weil die erste Buchausgabe in Goethes Geburtsjahr erschienen ist und weil der Dichter große Teile dieses Versepos' als Kind auswendig kannte: »... mit seiner Schwester trug er die Gespräche zwischen Satan und Adramélech insgeheim im Wechselgesang vor« (Programmheft, 7). Schließlich sei Goethes Klopstock-Begeisterung auch im *Werther* enthalten. Der für die *Faust*-Szenen gewählte Auszug ist ein Selbstgespräch Adramélechs: Dieser Höllenfürst fährt mit Satan zur Erde nieder, um Christus zu verderben.

Auch das *Prometheus*-Fragment sei par-

Abb. 214: Mephisto (Arno Wyzniewski), Marthe (Christine Gloger) und Gretchen (Corinna Hartfouch), im Hintergrund der Dom

allel zu den ersten *Faust*-Szenen entstanden und zeige, wie sich Goethe von seiner eigenen Vatergestalt löse. Die um 1774 entstandene Ode »Prometheus« enthalte gar Sprengstoff für die revolutionäre Jugend nach den Karlsbader Beschlüssen, und Sagert grenzt die Figuren Faust und Prometheus gegeneinander ab: »Prometheus ist das helle Gegenbild zu Faust: einer, der den Abfall von der herrschenden Ordnung ohne Magie und Teufelsgeleit bewerkstelligt. Nicht Mephisto, sondern die Göttin der Weisheit hilft ihm seine Träume wahrzumachen.« Den Ausschnitt aus der *Pandora* wählte Sagert als Abschluß seines groß dimensionierten Vorspiels zu den *Faust*-Szenen, weil Goethe nach der Vollendung des ersten Teils (1806) sich wieder mit der Prometheus-Problematik beschäftigte: »Prometheus steht den frühen Faust-Szenen zur Seite, und Prometheus folgt auf die Vollendung des Ersten Teils der Tragödie: 1807 schreibt Goethe für eine von zwei jungen Wiener Literaten gegründete Zeitschrift ›Prometheus‹ ein Festspiel namens ›Pandora‹, dessen freundschaftlich widerstreitende Hauptfiguren Prometheus und sein Bruder Epimetheus sind. Prometheus ist der dem Tun (und also der Zukunft), Epimetheus der dem Sinnen (und also der Vergangenheit) Hingegebene...« (Programmheft, 21–22). In Goethes Fragment *Pandora* ist die Titelheldin die Gattin von Epimetheus. Goethe versuche in seinem unvollendeten Drama, »aus der Unheilsbringerin des antiken Mythos eine Symbolfigur menschheitlicher Entfaltung zu machen. Aber der Dichter läßt es bei der Vollendung des ersten Aufzugs bewenden, seine prometheischen Entwürfe bleiben alle Stückwerk; um Faust nur, des Prometheus tragisches Alterego, rundet sich – spät – das Drama. Wenn die Inszenierung den Eingangsmonolog des Pandora-Fragments an den Schluß ihres Vorspiels stellt, so blickt sie gleichsam von der Höhe des gereiften Goethe auf das geniale Bruchstück des Fünfundzwanzigjährigen« (Programmheft, 22).

Bühnenbau, Kostüme, Spielweise

In märchenhaft sanftem Stil ist auf der Drehscheibe eine kleine mittelalterliche Stadt aufgebaut, mit prangenden Türmchen und Erkern. Dreht sich die Bühne, dann verwandelt sich das Bild, denn die Außenansicht der Stadt wechselt in die Innenräume, sozusagen als Gegenpol der Drehscheibe: Gretchens Zimmer und Marthes Nachbarhaus. Im Hintergrund prangt beständig der Dom, von innen beleuchtet, weiß schimmernd, ebenfalls wie die übrigen Gebäude deutlich erkennbar mit hellem Stoff vernäht. Durch zusätzliche Kulissen wandeln sich die Schauplätze: In der Szene »Brunnen« erscheint der Stadtbrunnen, in der Szene »Kerker« steht Gretchen in einem hochkant aufgestellten Sarg, dessen Deckel geöffnet ist.

Auch die Kostüme waren prächtig genäht, selbst Marthe, bei Brecht 32 Jahre zuvor als derbe, liebesdurstige Witwe mit Rührlöffel und Teigschüssel dargestellt, trägt in den Gartenszenen ein aufwendiges Spitzenkleid. Als Gretgen zum erstenmal aus dem Dom schreitet, trägt sie ein köstliches, orientalisch anmutendes Kleid, das bis zu den Knöcheln reicht. Daß sie nicht wie 1952/53 als ärmeres Kleinbürgermädchen dargestellt worden ist, fand der Rezensent in *Theater heute* (9/1984) folgerichtig: »Gretchen als Proletarierkind (Benjamin) – das haben uns Peymann und Schroth fesselnd ins Gegenwärtige übersetzt, in die eiserne Bettstatt, die Hinterhofkammer; es hat dramatischen Stil, aber es ist eigentlich ein Mißverständnis; schon bei Goethe sind die Kleinbürger zu Vermögen gekommen. Darum ist Liesgen ganz Neid, ganz Gier (aus Spitzenhöschen), die Moral (und folglich die Verachtung) ist nur noch Versatzstück; Gretgen spürt es und kommt triumphierend dagegen an.« Fünf weiße und sechs schwarze Engel umkreisen beständig die Szenerie oder greifen in das Geschehen ein, auch sie reich gewandet mit zusätzlich hoch aufragendem Federkleid. Die weißen Engel fungieren als gute, die schwarzen als böse Geister und sind allgegenwärtig.

Gaben Bühnenbild und Kostümierung dieser Inszenierung bereits ein auffälliges Charakteristikum, so noch mehr die Spielweise in diversen Einzelszenen. Christoph Funke zeigte sich in seiner Kritik, die am 5.4. 1984 in *Der Morgen* erschien, bereits vom Vorspiel überwältigt: »In der Erzählweise vollzieht Sagert die kunstvoll verschachtelte Gleichzeitigkeit des Geschehens auf mehrteiligen Tafelbildern nach. Kühn und rätselhaft als umfassende Grundlage des Geheimnisvollen zeigt er das Vorspiel – die schwarzen und die weißen Engel mit den hohen Flügeln, Kentauren und gekreuzigte Esel, Prometheus auf dem schneeweißen Bett und die elfengleiche Pandora stellen das Kunstmärchen her, im Wechsel vom Erhabenen zum Niederen, von Schöpfung und Verwesung, in Herausforderung der Gottheit und dem Gebundenbleiben ans Tierische – ein Ineinandergleiten spukhafter Gestalten findet statt, ein unsicheres Dasein zwischen Licht und Dunkel, Weiß und Schwarz, ein Urzustand wird beschworen, in dem Gegenwärtiges, Vergangenes, Zukünftiges sich widerspruchsvoll anziehen und abstoßen.«

Im langen Monolog in der Szene »Nacht« ist Faust bis auf ein Schamtuch wie der Schmerzensmann Jesu entblößt, er spricht wie schläfrig-gequält, nachdem er zuvor vergeblich versucht hat, seinen Stuhlgang zu verrichten. Bei seinen Worten »Wo faß ich dich, unendliche Natur?/ Euch Brüste, wo?« reicht ihm eine der Damen aus der Engelsschar die Brust.

Die Wette Faust-Mephisto fehlt im *Urfaust*, aber Sagert zwingt Faust eine eigenwillige Lösung auf, denn nach dem Vers »Drum hab ich mich der Magie ergeben« stürzen Mephistos Helfer, die schwarzen Engel, herbei, überwältigen Faust, zapfen ihm das Pakt-Blut ab, schnüren ihn von Kopf bis Fuß in eine weiße Hülle ein und hängen ihn an den Beinen auf. Faust bedarf nun der Hilfe seines Assistenten Wagner: Dieser unterbricht seine Tätigkeit, das Sezieren einer Kinderleiche, im Nebenzimmer und kommt Faust mit Hörrohr und Klistier zu Hilfe, was die schwarz-weiße Überwachungsschar auch zuläßt: »Der Gehilfe tätschelt, fühlt Puls, hört ab den Chef ... nicht der Meister stichelt hier den Adlatus, sondern dieser den Meister (mit der Klistierspritze) – Vers und Handlung in unerbittlicher Gegenbewegung. Das Verfahren ist parodistisch, sein Sinn mehr als das (ein grimmiger, nicht bloß neckender Humor geht vor) – Verfremdung herrscht, wir sind in Brechts Hause«, schreibt Friedrich Dieckmann hierzu in *Theater heute* (9/1984). Kurz darauf erscheint der Erdgeist in Gestalt eines veritablen Roboters.

In der Schülerszene präsentiert Mephisto dem staunenden Ankömmling einen ausgeweideten Engel, und in »Auerbachs Keller« wird das Flohlied zu den Melodien von »Ich hatt' einen Kameraden« und »Am Brunnen vor dem Tore« gesungen.

Gehörig zur Sache geht es in den Gar-

Abb. 215: Hermann Beyer als Faust

Abb. 216: Faust und Mephisto, im Hintergrund der Dom

tenszenen: Mephisto befriedigt die liebestolle Marthe mit einem Besenstil, die rückwärts gebeugt sich gerne auf diesen niederläßt, und im angrenzenden Gartengeräteschuppen schlafen Faust und Gretgen alsbald das zweite Mal miteinander. Wenn Gretgen zwecks Wiederholung des Beischlafs den bewußten Schlaftrunk in Empfang nimmt, schüttet ihr die liebevoll sorgende Mutter ahnungslos das Bett auf – die Drehscheibe hat sich weitergedreht zu ihrem Jungmädchenzimmer.

Fatales ereignet sich in der Szene »Am Brunnen«. Nach der simulierten Geburt eines Kindes wird Gretchens Geschichte pantomimisch vorweggenommen: Eine lebensgroße Puppe wird als Kindsmörderin vor dem Dom hingerichtet, und minutenlang plätschert Blut in einen bereitgestellten Bottich. – Als Faust das zum Tode verurteilte Gretgen besucht, hat es gerade Bananen gegeben, die er pfundweise in einem Netz, das er beständig bei sich hat, mitführt, und vor seinem Besuch bei der einstigen Geliebten trinkt er sich mit einem Nordhäuser Korn Mut an, ehe er Gretgens Stehsarg-Kerkerdeckel – so eng ist sie eingesperrt – öffnet. Immer wieder bricht auch Spukhaftes auf: Schreckensvisionen werden eingeblendet, Faust und Mephisto rauschen auf Zauberpferden einher, soldatische Figuren marschieren gelegentlich drohend über die Bühne.

Mögen etliche einzelszenische Momente auch martialisch gewesen sein, insgesamt bezauberten Sagerts zarte und drastische Visionen gleichermaßen das Publikum und eine Vielzahl von Kritikern: Es war ein Triumph phantasievoll-ästhetischen Theaterspiels, ein Triumph visionärer Faszination, ein Triumph von schreckhaft-zärtlicher Schönheit.

Ob Sagert nur provozieren wollte, ob es ihm nur darum ging, »sich am Text auszutoben, sich abzureagieren, alles bisher nicht Erlaubte vier Stunden lang auf die Bühne zu bringen« (248, 167), wie dies Deborah Vietor-Engländer ausdrückte, mag dahingestellt bleiben, bei einigen Szenen könnte man schon diesen Eindruck gehabt haben, genauso wie beim Anblick des Umschlagbildes des Programmhefts: Es zeigte im Hintergrund einen gekreuzigten Esel, eine Friedenstaube, die sich auf dem Kreuz niedergelassen hatte, und davor standen an einem Apfelbaum Faust, der gefiederte Mephisto in der Mitte und rechts das hochschwangere Gretchen, das Faust gerade einen zweiten Apfel der Verführung reicht, während er in den ersten genußvoll beißt.

Die Schauspieler hatten es schwer, gegen die Bildüberflutung dieser opulenten Inszenierung anzukommen, die meisten Kritiker würdigten aber deren starke Leistungen, wie Helmut Ullrich am 3. 4. 1984 in der *Neuen Zeit*: »Hermann Beyer als ein Faust, dessen Geistesqualen zugleich auch solche des Körpers sind, ein so psychisches wie physisches Desaster, und der ein leidenschaftlich verführerischer Liebhaber ist, und Corinna Harfouch als ein Gretchen, das von neugierigen Liebesgelüsten zu höchstem Glück geführt und dann in tiefste Verzweiflung geschleudert wird, die einen weiblichen Opfergang durchschreitet – welche Ausdruckskraft bei beiden! Dazu Arno Wyzniewski als Mephisto, ein eleganter gefallener Engel des Bösen ... Raffinierter, auch esoterischer Ästhetizismus und glühendes Leben – Horst Sagert hat das zu einer Einheit zusammenzubinden verstanden.«

Regie und Besetzung

Regie, Bühnenbild, Kostüme: Horst Sagert
Kostümplastik: Eduard Fischer
Kostümgestaltung: Christine Stromberg
Dramaturgische Mitarbeit: Birgit Karbjinski
Dekorationsgestaltung: Horst Obst
Musik: Reiner Bredemeyer
Faust: Hermann Beyer
Mephisto: Arno Wyzniewski
Gretchen: Corinna Harfouch
Marthe: Christine Gloger

Aufnahme durch Publikum und Kritik

Die Kritiker in der DDR-Zeitschrift *Theater der Zeit* und in der westlichen *Thea-*

ter heute kamen zu völlig unterschiedlichen Wertungen. Ingeborg Pietzsch meinte in *Theater der Zeit* (6/1984), Sagerts Bild-Lösungen hätten »den ›Faust‹ nur noch zum äußeren Vorwand werden lassen, um Reflexionen darüber, bildhafte Assoziationen, Gedankensprünge und Visionen eines tollirrlichternden Kopfes auf die Bühne zu bringen. ... das stellt jedoch, da Sagert mit Schauspielern zu arbeiten nicht gewohnt ist, keinesfalls totales Theater vor: Zeitweilig nämlich ›verschwinden‹ die Darsteller nahezu hinter der ästhetischen Opulenz auf der Bühne, werden allenfalls zu ›bewegten Pünktchen‹ innerhalb eines grandiosen optischen Spektakels. ...
Diese Aufführung verbietet ein Resumee. Sie wird Debatten auslösen, was gut und wichtig ist. Sie provoziert, sie fordert heraus. Wir sollten diese Herausforderung in jeder Hinsicht annehmen.«
Während Pietzschs Kritik etwas mehr als eine Druckseite umfaßt und nur ein Foto zeigt, sprach Friedrich Dieckmann in *Theater heute* (9/1984) von der »aufregendsten Inszenierung in Ostberlin«. Seine Rezension umfaßt sieben Seiten und dokumentiert das Optische der Aufführung in fünf aussagekräftigen Fotos. Dieckmann stellte Einzelheiten der Inszenierung positiv vor und sprach von einer »feingestimmten Stimmungskunst« und vom »Einbruch großen Bilderspuks; da stürmen in wahnsinnigem Reigen, fahnenschwingend, musikgepeitscht, entfesselte Figurinen über die Bühne: Soldaten und Dirnen, Henker und Ritter – Panoptikum der Romantik.«
Negativ urteilte auch Günther Cwojdrak am 10.4. 1984 in der *Weltbühne*: »Der ›Urfaust‹ ... war kein großer Theaterabend; es war lediglich ein langer Theaterabend.« In der *Jungen Welt* kam Henryk Goldberg am 7.4. 1984 ebenfalls zu einem vernichtenden Urteil: »All jenes, was uns die Inszenierung dieses Dramas durch Thomas Langhoff mit jungen Schauspielern als Initiative zur FDJ-Kulturkonferenz so wert machten: frischzu-

packendes, lichthelles Spiel, die Dichtung erhellend, all jenes findet nicht statt im Berliner Ensemble. Dort ist der spielende Mensch unscheinbar, Dichtung versinkt in den Wogen der Bühne.« Aber es gab auch eine Anzahl positiver Stimmen in der DDR. Christoph Funke war im *Morgen* der Meinung, Sagerts Inszenierung werde Geschichte machen: »Die Bühne wandelt sich zu einem Gehäuse faszinierender bildkünstlerischer Erfindungen, zu einer scheinbar entgrenzten Stätte unaufhörlicher Wunder, die das totale, in jedem kleinsten Detail lebendige, pulsierende Kunstwerk schaffen, aus Licht und Musik, aus Sprache und Körper, aus Bewegung und Stille ... Reiner Bredemeyers Musik ordnet sich der Absolutheit des Visionären unter, mit Zitaten von Bach, Mozart, Satie, Ives, mit einer Intensität, die aus den optischen Schöpfungen Klänge holt, mit Klarinette, Flöte, Trompete, Gitarre und Schlagzeug das Geheimnisvolle, Märchenhafte noch lebendiger macht, ausschwingen läßt.«
Der Brecht-Forscher Ernst Schumacher denkt bei seiner Besprechung der zweiten *Urfaust*-Inszenierung beim Berliner Ensemble auch an die erste Version. Am 4.4. 1984 war in der *Berliner Zeitung* zu lesen: »Was Horst Sagert als Regisseur, Bühnen- und Kostümbildner für diese Aufführung ... an szenischer Phantasie aufbrachte, reichte aus, um ›Faust I + II‹ zusammen zu präsentieren.« Man könne »bei Sagert von der Geburt der Tragödie, im weiteren Sinne des Theaters aus dem Geiste der bildenden Kunst sprechen. ... Mit der ›Urfaust‹-Inszenierung des Berliner Ensembles von 1952 hat die jetzige Inszenierung nichts zu tun. Die damalige war wortorientiert, vorweggenommenes ›armes Theater‹, ›Theater des Leeren Raums‹, spärlich in der Zeichensetzung. Sagerts Theater ist bildorientiert, ›opulentes Theater‹, ›totales Theater‹ übervoll von Zeichen. Aber in ihrer Grundbeschaffenheit wird sie all jenen Deutungen des Stückes durch Goethe selbst ge-

recht, in denen er gerade in der ›Inkommensurabilität‹ den ideellen wie den ästhetischen Wert des ›neuen epischen Gedichts‹ sah, seinen Urgrund in der ›Symbol-, Ideen- und Nebelwelt‹ erblickte ...«
Das Premierenpublikum teilte uneingeschränkt die positive Sicht eines Großteils der Kritiker. Sagert forderte seine Schauspieler in der Pause über Lautsprecher auf, noch heiterer an die Sache heranzugehen, um das Publikum noch mehr zu bezaubern; alle sollten Siegesbewußtsein zeigen: »Ganz so hoffnungslos war die Angelegenheit nun wirklich nicht, und eine Spur Siegesbewußtsein schien durchaus angebracht, wie der Schlußbeifall bestätigte, der sich noch um ein Quentchen steigerte, als sich der Regisseur mit seinem Team auf der Bühne zeigte«, berichtete Michael Stone am 5.4. 1984 im Berliner *Tagesspiegel*.

Wirkungsgeschichtliche Aspekte

Nach Hrdlicka (Bonn 1982) hatte mit Sagert zum zweiten Mal innerhalb kurzer Zeit ein bildender Künstler sich an Goethes *Faust* gewagt, und auch diesmal dominierte die Bildhaftigkeit eindeutig das Bühnengeschehen und erschloß Räume für Assoziationen. Mit dieser Inszenierung zeigte sich auch, daß auf den Bühnen der DDR vieles möglich geworden war. Auch wurde die Presse nicht mehr so gelenkt wie noch bei der Beurteilung der *Urfaust*-Version Monks im schicksalhaften Jahr 1953. – Bei der Mitgliederversammlung der Goethe-Gesellschaft in Weimar 1985 betonte der Jenaer Literaturwissenschaftler Helmut Brandt bezüglich der *Urfaust*-Inszenierung von Brecht und Monk in einer Arbeitsgruppe mit dem Titel »Die Goethe-Rezeption Bertolt Brechts«, man habe seit längerem erkannt, »wie verbohrt wir damals« gewesen seien.

73. Befreiung: Nach zweijähriger Konzeptions- und Probezeit geht Wolfgang Engel in Dresden neue *Faust*-Wege und spielt beide Teile an drei Abenden (1990)

Abb. 217: Wolfgang Engel und Christoph Hohmann als Faust in den Szenen »Zueignung« und »Nacht«

Motive und Konzeption

Dieter Görne weist im Programmheft und in einer später entstandenen Dokumentation darauf hin, daß die Faust-Figur auch in Dresden nicht so gesehen werde, wie in der DDR noch bis zu den 70er Jahren. Generationen hätten Faust glorifiziert und als »Identifikationsfigur« mißbraucht, »als Verkörperung nicht nur der besten Eigenschaften des Menschen schlechthin ... Es gehört zu den Merkwürdigkeiten der Geschichte moderner *Faust*-Interpretationen, daß selbst diese Pervertierung der Goetheschen Figur und der in ihr verkörperten Lebenshaltung weder bürgerliche noch marxistische Interpreten davon abhielt, sich ... fast ausnahmslos doch wieder auf den ›Tat-Menschen‹ Faust als beispielhafte (und damit maßstabsetzende) Figur zu berufen. Fausts berühmter Schlußmonolog wurde – im wesentlichen unbefragt – als erster, mindestens antizipatorisch vollzogener Schritt in ein gesellschaftlich neu strukturiertes, in jedem Sinne menschlicheres Zeitalter verstanden. Daß da Opfer zu beklagen waren, Lieschen am Wege, wurde nicht gerade geleugnet, aber um der Verwirklichung des Ideals willen hingenommen« (79,10–11). So sehen wir in Dresden eine zerrissene Faustgestalt, die beständig im Kerker seines Studierzimmers gefangen ist, und alle vermeintlichen Ausbrüche seien eher Träume, was das Bühnenbild – der sogenannte Faustraum – versinnbildlicht. Görne beruft sich bei der theatralischen Deutung der Faust-Gestalt kurzum – wie Hans Mayer 1966 in West-Berlin – auf den Dichter selbst. Somit lasen Görne und Engel einerseits den Text genau, andererseits wollten sie eine aktualisierte Aufführung bieten, einen *Faust* für die Umbruchphase der 90er Jahre.

Strichfassung, Bühne, Spielweise

Während der Probenphase im Februar 1990 war ich einige Tage in Dresden, um mit dem Regieteam, dem Fotografen und den Schauspielern über die Konzeption zu diskutieren und über die bisherige Bühnengeschichte des *Faust* mit Bildern und Filmen zu informieren. Beim Besuch der Premiere und anläßlich späterer Aufführungen entstand ein Kurzprotokoll einer fulminanten Aufführung beider Teile. Die im Laufe der langen Proben entstandene Spielfassung geriet zu der bis zu diesem Zeitpunkt gewagtesten *Faust*-Aufführung in Deutschland.

Die Dresdner *Faust*-Fassung nach dem Souffliebuch sieht folgendermaßen aus:

1. Abend

Abend [Zueignung]
Nacht
[Vor dem Tor][1]
Studierzimmer
Auerbachs Keller – Hexenküche[2]
Straße
Abend. Ein kleines reinliches Zimmer
Spaziergang
Der Nachbarin Haus
Balkon [Die Szenen »Garten« und »Ein Gartenhäuschen« spielen auf einem Plattenbau-Balkon]
Wald und Höhle
Gretchens Stube [Diese Szene war eingeschoben in die Szene »Wald und Höhle«, ehe Mephisto auftritt]
Treppenhaus [Szene »Marthens Garten«]
Nacht. Straße vor Gretchens Tür[3]
Dom
Walpurgisnacht [mit Teilen der Paralipomena][4]
[Vorspiel auf dem Theater][5]

2. Abend

Trüber Tag. Feld
Nacht. Offen Feld
Kerker
Anmutige Gegend
Kaiserliche Pfalz. Saal des Thrones
Weitläufiger Saal mit Nebengemächern
Lustgarten
Finstere Galerie
Hell erleuchtete Säle
Rittersaal
Hochgewölbtes, enges gotisches
Zimmer
Laboratorium
Klassische Walpurgisnacht

3. Abend

Vor dem Palaste des Menelas zu Sparta
Innerer Burghof
Schattiger Hain
Hochgebirg, starre, zackige Felsgipfel
Auf dem Vorgebirg[6]
[Prolog im Himmel][7]
Offene Gegend[8]
Palast
Tiefe Nacht[9]
Mitternacht[10]
Großer Vorhof des Palasts
Abkündigung

Das Spiel begann auf leerer Bühne: Engel und Hohmann reichen sich beide Hände und sprechen die »Zueignung«, danach erklingen unisono oder im dialogischen Diskurs die Verse der Szene »Nacht«: beide sind Faust – ein Einfall, der im szenischen Spiel sehr überzeugend wirkte. Auch der Erdgeist war doppelt besetzt – durch eine Frau und einen Mann.
Das gesamte Spiel wurde von Fausts Arbeitsraum heraus entwickelt, und so stiegen im »Osterspaziergang« die Bürger zu Faust ins Arbeitszimmer, sie quollen geradezu herein durch Fenster und Türen und bedrängten Faust, auch Tiere waren dabei. In der ersten »Studierzimmer«-Szene verwandelt sich Hohmann in Mephisto, aber im Verlauf des Dialogs vertauschen sie ihre Rollen, um in der »Schülerszene« wieder beide als Faust dem lernwilligen Ankömmling gegen-

Abb. 218: Szenenbild vom Osterspaziergang. Auch diese Szene spielt im Faustraum, gleichsam als Projektion Fausts. Ständig anwesend in allen Szenen ist ein Bett, symbolisch die Lebenstätten Geburt, Zeugung und Tod andeutend. Die Spaziergänger waren durch die geöffneten Fenster hereingestiegen.

überzustehen; zuvor erhielt Faust (Hohmann) nach der Wette eine Drogenspritze. In »Auerbachs Keller« und in der »Hexenküche« spielt Engel ständig den Faust, Hohmann Mephistopheles.
Einen herben dramaturgischen Eingriff erlebt man in diesen Szenen mit dem Lied einer Hexe:

Vög'l ich ein Weibchen, so laß ichs hinein.
Meintwegen da mögen es Drillinge seyn.
Ach das muß herrlich seyn, so muß mans thun,
Vögeln und Vögeln und niemals d'von ruhn.

Vög'l ich ein Mädchen, so ich eins find.
Ich ziehe zurücke und mache kein Kind.
Ach das muß herrlich sein, so muß mans thun,
Vögeln und Vögeln und niemals d'von ruhn.

Abb. 219: Marthes Wohnung (oben) und Gretchens Zimmer (unten) sind in ein Plattenbauhochhaus integriert – Bilder einer DDR-Wirklichkeit

In der Szene »Straße« treten zunächst beide als Faust auf, danach ist Engel als Faust, Hohmann als Mephisto zu sehen, und im Verlauf der Szene geschieht etwas, was bis zum Ende des zweiten Teils beibehalten werden wird: Sie tauschen gelegentlich die Rolle oder sie treten beide als Faust oder beide als Mephisto auf – sicher ein leicht verwirrendes Spiel, das dann komisch wirkt, wenn in den Gartenszenen der eine Faust von vorne, der andere sich von hinten liebestoll an Gretchen »zu schaffen« macht.

Erneute Einschübe gibt es zuhauf bei der »Walpurgisnacht«, die im Treppenhaus eines typischen Plattenbau-Hochhauses spielt und ein Hausgemeinschaftsfest simuliert. Nicht nur Teile aus den Paralipomena sind eingefügt, sondern die Gemeinschaft oder einzelne Personen grölen auch fröhlich schunkelnd mehrere Volkslieder: »Wenn das Wasser im Rhein goldner Wein wär«, »Trink mer noch e Flascherl Wein«, »Rosamunde«, »Schwarzbraun ist die Haselnuß«, »Ein Jäger aus Kurpfalz«, »Es gibt kein Bier auf Hawaii«, »Ein bißchen lesbisch«, »Laurentia«, »Wozu ist die Straße da« und »In einem Polenstädtchen«, und am Ende singen alle: »Goethe war gut«.

Als weitere Besonderheiten des ersten Abends seien noch angemerkt, daß Gretchen sich nackt ins Bett kuschelt, zusammen mit einer Weinflasche, und daß sie in der Szene »Am Brunnen« versteckt ihr Kind gebiert. Danach erklingt das Lied »Das Glöckchen«, ehe das »Vorspiel auf dem Theater« den ersten Abend beendet. In der »Kerker«-Szene wird Gretchen wie ein Vogel in einem Radkäfig gefangen gehalten und von Mephisto, gleich einem toten Tier, mit einem Hubstapler weggekarrt, ein theatralisches Zeichen dafür, wie auch zur Goethezeit Susanna Margaretha Brandt von der Gesellschaft für ihren Kindsmord mit dem Tode bestraft worden ist. In dieser Szene störte die Anwesenheit zweier Fäuste. Danach werden die beiden Fäuste in der Szene »Anmutige Gegend« gesundgepflegt, auch von einem umkostümierten Gretchen. Zum Beginn der »Kaiserpfalz« setzen sich die Fäuste Narrenkappen auf. Bei der nachfolgenden Szene »Mum-

Abb. 220: »Kerker« – Gretchen (Susanne Böwe) wird von Mephisto weggekarrt.

Abb. 221: »Laboratorium« – Homunculus deutet die erotischen Träume der beiden noch bewußtlosen Fäuste.

Vög'l ich in Leipzig, ist's auch ein Plaisir.
Sag mir, was sind denn die Dinger sonst hier.
Ach das muß herrlich sein, so muß mans thun,
Vögeln und Vögeln und niemals d'von ruhn.

menschanz« sind mehrere Spielpodien auf der Bühne zu sehen, und um den Staatsrat herum wird das Karnevalstreiben wie in einer Kölner Karnevalsprunksitzung gestaltet. Wilder Klamauk ist allenthalben zu sehen, wobei u.a. Plutus mit vier Spielautomaten vor dem Kaiser erscheint. In der Szene »Lustgarten« wird die Erfindung des Papiergelds durch Plastikgeld ersetzt, wobei sich die Akteure an Bankomaten bedienen. Etwas problematisch war die Idee, bei der Beschwörung der Helena die Figur des Paris mit einem der Faust-Darsteller zu besetzen; während dieser Szene saß die Hofgesellschaft halb abgesenkt im Orchestergraben, alle trugen Brillen zum dreidimensionalen Sehen.

Auch bei der Entstehung des Homunculus wurde auf die moderne Medienwelt verwiesen: Wagner hockt an einem PC, tippt und beobachtet, wie sich im Bildschirm ein Gehirn entwickelt. Der fertige Homunculus trägt anstelle des Kopfes Tastatur und Bildschirm, und so schwebt er auch zur »Klassischen Walpurgisnacht«, auf der Faust als typischer nordischer Teufel mit Pferdefuß und Krücke herumhumpelt.

Im Helena-Akt wird über weite Phasen mit Filmeinblendungen gearbeitet, Teile der Handlung werden als Film gezeigt, so daß Helena doppelt vorhanden ist, auf der Bühne agierend und gelegentlich sich selbst als »Idol« im Film betrachtend. Aufgenommen wurden diese Szenenteile im Weimarer Ilmpark, wo man deutlich Goethes Gartenhaus erkannte. Euphorion tritt zum Entsetzen seiner Eltern als Sänger einer Popband auf einer Bühne mit ohrenbetäubendem Lärm auf, und seinen Tod erleidet er – in einer Filmeinblendung – auf einem dröhnenden Motorrad. Seinen Tod bereitet Faust (Engel) in der Art eines Conferenciers vor, mit dem Mikrophon in der Hand.

Der vierte Akt spielt noch deutlich erkennbar im Faustraum, danach verschwinden die Kulissen im Schnürboden, zuvor fand der Krieg zwischen Kaiser und Gegenkaiser statt, den die Schauspieler auf Stelzen bestritten. Die Idee, nach diesem Akt den »Prolog im Himmel« zu geben, brachte insofern interessante Gesichtspunkte, als nun Mephistos Vorwurf, der Mensch gebrauche seinen Verstand nur, »um tierischer als jedes Tier zu sein«, nach all dem Geschehenen gut verstanden werden konnte, zumal in dieser sowie in der nachfolgenden Szene »Offene Gegend« die Toten der vorangegangenen Kriegstreibens noch weitverstreut herumlagen.

Abb. 222 (oben): »Mummenschanz« als Karnevalsprunksitzung

Abb. 223: Helena-Akt – Die griechische Heldin (Katherina Lange) ist doppelt vertreten, körperlich als Mensch und filmisch als Idol.

232   *Faust* in der DDR (1949–1990)

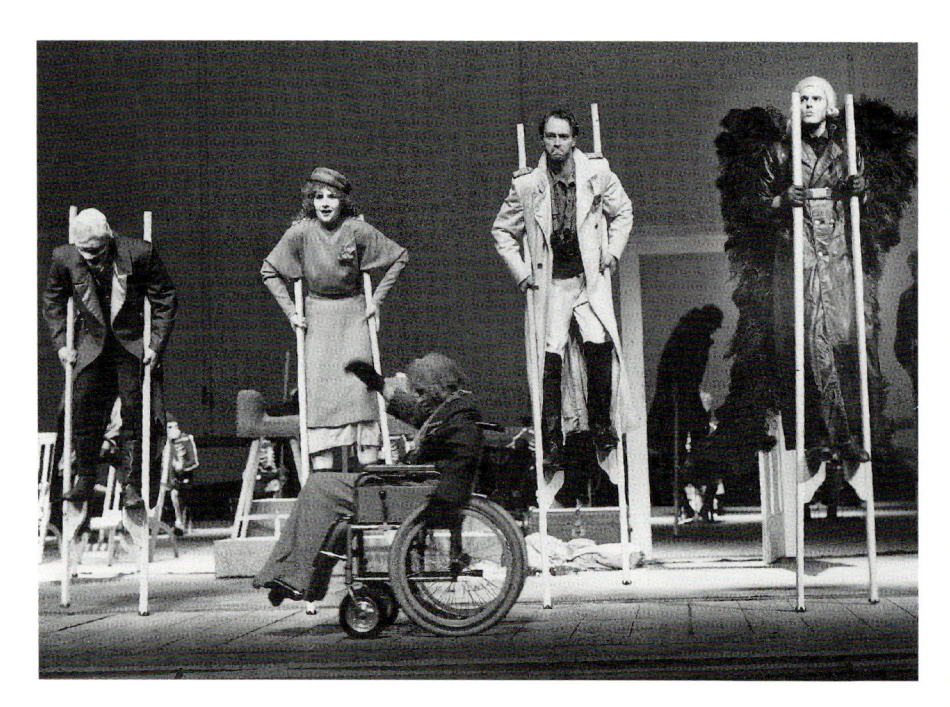

Abb. 224: Szenenbild vom Kriegstreiben des vierten Akts.

Abb. 225: »Offene Gegend« – Der Wanderer »Goethe« (Albrecht Goette) ist, zwischen den verstreuten Kriegsleichen gehend, bei Baucis (Vera Irrgang) und Philemon (Wolfgang Gorks) eingetroffen.

Dem Wanderer, der in der Gestalt Goethes erscheint, berichten Baucis und der im Rollstuhl sitzende Philemon von Fausts Untaten, deren letzte durch Mephisto bedenkenlos ausgeführt wird. Denn auf Fausts Befehl »So geht und schafft sie mir zu Seite!« hupt Mephisto mit einem gräßlichen Hornton die herumliegenden Soldaten aus dem Todesschlaf, und sie tragen die beiden Alten, unsanft auf Krücken gebettet, fort. Vom Tod des antiken Paares berichtet nicht Lynkeus, sondern wieder »Goethe«.

Die Todesnachricht überbringt Mephisto (Hohmann) telegrammartig knapp und beginnt sich dabei zu schminken. Dreimal noch wird »Goethe« im fünften Akt in Erscheinung treten, zunächst in Fausts (Engels) Dialog mit der Sorge, danach im letzten Monolog des erblindeten Faust, wo der Dichter Faust alle Fassungen des Verses 11 580 einsagt: »Auf eignem Grund und Boden stehn!«, »Auf wahrhaft eignem Grund und Boden stehn!«, »Auf wahrhaft freiem Grund und Boden stehn!« und »Auf freiem Grund mit freiem Volke stehn!«

Während des Dialogs mit der Sorge sitzt Faust (Engel) an einem Schminktisch, und die Sorge schminkt ihn zum hundertjährigen Faust. Zur gleichen Zeit sitzt Mephisto (Hohmann) links an einem Schminktisch und verwandelt sich in die Mephisto-Gestalt von Gustaf Gründgens. In der Sterbeszene bläst Mephisto einen blauen Luftballon auf und sammelt so symbolisch Fausts letzte Atemluft, danach läßt er den Ballon platzen, und Faust erhebt sich vom Tisch. Nach »Großer Vorhof des Palasts« folgen weder die »Grablegung« noch die »Bergschluchten«, sondern Faust und Mephisto schreiten auf Bahngleisen, die die Lemuren verlegen, Hand in Hand zum vorderen Bühnenrand und sprechen Goethes »Abkündigung«.

Der Bühnenbildner Frank Hänig erläuterte die Grundkonzeption für beide Teile: »Das Theater ist die Zeitmaschine, die alles möglich macht, der *Faust*-Raum ist der Ausgangsort der Ausschweifungen und bis auf das Notwendigste reduziert. Für die Geistesarbeit ein Pult; Magie, Zauber, Trance, Irrationales, die Kausalkette auflösend finden im Bett statt, und manchmal ist Faust vom Lichte ›recht erleuchtet‹, so gar kein Renaissance-Mensch im Zentrum seiner grauen Wände, wo nicht einmal mehr Bücher oder Bilder vom Abglanz früheren geistigen Lebens zeugen.« In der Szene »Vor dem Tor« brechen Goyas Ungeheuer in Faust Welt ein und »verstärken seine Wünsche nach anderem, Höherem nur.« Nach der Pakt-Drogenspritze öffnet sich Fausts Welt, herein »schiebt sich Auerbachs Keller, eine reale Kneipe, in der Traumhaftes passiert. Wieder sind die Geschöpfe die Geschöpfe seiner Fantasie ...« Der Saft in der »Hexenküche« führe Faust zu Gretchen, in eine andere, in sich geschlossene Welt: »Gretchens Welt. Hier hat jeder seine ›Wabe‹ aus Beton und Balkonen, es ist der ungeeignetste Ort für die Liebe, aber Faust ist besoffen vor Sinnlichkeit und dem kleinen Glück. Hier findet auch die Walpurgisnacht statt, nicht Ausdruck von größter Freiheit, sondern kleinbürgerliches Hausfest im Treppenhaus, das 5-Minuten-Licht weitet die Fantasie aus, ist das Schlüsselloch, hinter dem verbotene Dinge passieren.« Auch im zweiten Teil werden in spielerischer Weise »alle Szenen und Schauplätze aus dem Grundraum heraus entwickelt ...« (79, 19–20) Wie in der »Zueignung« ist auch in der »Abkündigung« die Bühne leer: »Nur ein Gleis wächst durch die Bühne, teilt die Welt, die Menschen. Der Fortschritt beinhaltet die Zerstörung; die Gier nach Macht hat Faust dazu gebracht, die Gerechtigkeit zu verleugnen, und Philemon und Baucis müssen sterben ...«

Erst am Schluß verwandeln sich die Protagonisten endgültig in eine bestimmte Figur: »Dann sitzen die 2 Männer des Anfangs auf der leeren Bühne vor ihren Schminktischen, und erst jetzt, unter den Händen der Maskenbildner, trennen sich die 2 Seelen auch optisch: während der eine Darsteller das ›VIELLEICHT‹ formuliert und dabei im Zeitraffer altert und stirbt, wird der andere Schauspieler zu Mephisto geschminkt, der das ›NICHTS‹ behauptet« (79,22–24).

Aufnahme durch Publikum und Kritik

Sowohl am Tag der Premiere als auch in den folgenden Repertoire-Aufführungen gab es überwältigenden Beifall, vor allem am dritten Abend – als Dank für das Vorangegangene. Einige wenige Zuschauer, die mit dieser Form der Inszenierung wenig anfangen konnten, verließen auch türenschlagend die Aufführungen. In Gesprächen mit dem Publikum zeigte sich, daß vornehmlich Ältere – die zumeist auch Mitglied der Goethe-Gesellschaften in Deutschland waren – sich deutlich von dieser Aufführung distanzierten.

Gespalten zeigte sich auch die Kritik: es gab einhellige Zustimmung und deutliche Ablehnung, wobei die positiven Kommentare überwogen. Dieter Görne gab einen Materialienband (79) zu dieser Inszenierung heraus, der u. a. auf 64 Seiten fast sämtliche Kritiken enthält. In *Theater der Zeit* (11/1990) stellte Martin Linzer fest: »Wolfgang Engel in Dresden, mit dem radikalen Blick Dresens, zieht 1990 eine schonungslose Bilanz.« Er sieht mehr Stärken als Schwächen, da etliche Einfälle, vor allem am zweiten Abend, sehr kurzweilig gewesen seien. Wolfgang Heiles ist am 30. 8. 1990 im *Standard* der Meinung, Engel biete eine »hilflose Nummernrevue mit schwachen Pointen«, weist aber drauf hin, daß ein nicht geringer Teil des Publikums die Aufführung sehr positiv aufgenommen habe. Auch Gerhard Stadelmaier ließ am

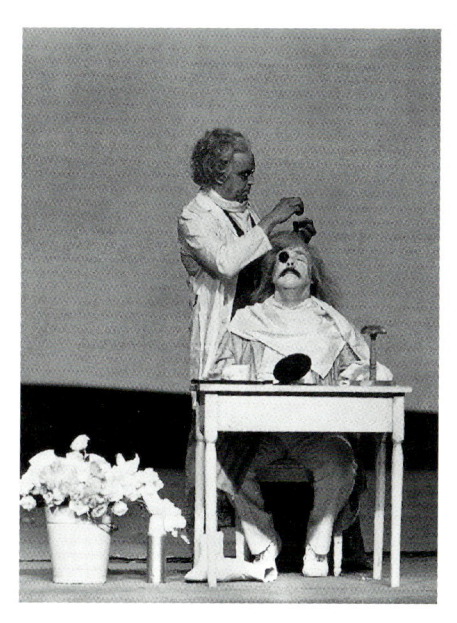

Abb. 226: »Goethe« als Sorge schminkt den hundertjährigen Faust (Wolfgang Engel) zum Blinden und Gealterten.

Abb. 227: »Großer Vorhof des Palasts« – Mephisto (Christoph Hohmann im Gründgens-Outfit) bläst einen Luftballon auf – die letzte Atemluft Fausts. Die Gleise sind bereits verlegt, die vom Industriezeitalter künden.

1.9.1990 in der *Frankfurter Allgemeinen* erkennen, daß er Engels *Faust* nicht schätzt: »Zweimal grauer Heinrich« und »Einfälle nichts als Einfälle« war zu lesen. Das Fehlen der Szenen »Grablegung« und »Bergschluchten« kommentierte Benjamin Henrichs am 7.9.1990 in der *Zeit* mit der Überschrift: »Zwei Fäuste und kein Halleluja«.

Den Schauspielern bescheinigten die meisten Kritiker, daß sie Überdurchschnittliches geleistet hätten, und Dieter Kranz rückt ihre Leistungen und die Inszenierung an Schwerin heran: »Der Dresdner Faust bietet eine oft frech provozierende, aber immer an der Substanz des Werkes orientierte Neudeutung ... Die Aufführung, die durch Konzentration noch gewinnen würde, wird in der Begegnung mit dem Publikum noch reifen und ihren Rhythmus finden. Es gehört wenig prophetische Gabe dazu, den sicher bald einsetzenden Theater-Tourismus (wie einst zum Schweriner ›Faust‹) vorherzusagen.« Heinz Klunker schrieb am 7.9.1990 im *Deutschen Allgemeinen Sonntagsblatt*: »Das Staatsschauspiel Dresden nimmt mit Goethes Klassiker Abschied vom DDR-Theater.« Auf das Ende einer Epoche und eines Staates weist auch Wolfgang Ruf in der *Deutschen Bühne* (10/1990) hin; Engel habe sich in diesem durchaus rühmenswerten Faust zu sehr dem Klamauk verschrieben. Der Regisseur rette sich »ins wirkungsvolle Theatertheater. So wechseln in der ambitionierten Inszenierung Licht und Schatten. Ungerecht wäre es, bei ihrer Einschätzung die unerwarteten Zeitläufte, in denen sie entstand, vielleicht auch überprobt wurde, unberücksichtigt zu lassen. Engels ›Faust‹ ist ein aufschlußreiches Dokument des DDR-Theaters im Übergang ...«

1 Die Spaziergänger kommen zu Faust ins Zimmer, daher sind die Verse von »Vor dem Tor« der Szene »Nacht« eingegliedert.
2 Beide Szenen sind ineinander verwoben.
3 Die vorausgehende Szene »Am Brunnen« wurde in die »Walpurgisnacht« eingeschoben.
4 Eine Vielzahl von Einschüben wird später erläutert.
5 Der Titel und die damit verbundene Ortsangabe war gestrichen.
6 Die nachfolgende Szene »Des Gegenkaisers Zelt« ist gestrichen.
7 Der Titel und damit die Ortsangabe sind gestrichen.
8 Der Wanderer wurde von »Goethe« verkörpert, einem Schauspieler mit Kleidung, Gesicht und Frisur des Dichters.
9 Der Türmer Lynkeus wurde ebenfalls von »Goethe« gespielt.
10 Die vier Grauen Weiber und damit die Sorge werden von »Goethe« gespielt.

Faust an anderen Bühnen

Goethes 200. Geburtstag am 28. August 1949 wurde am Deutschen Theater Berlin mit einer *Faust I*-Inszenierung begangen, die vor allem durch die schauspielerischen Leistungen bestach. Wolfgang Langhoff führte Regie und spielte, alternierend mit dem hochgelobten Werner Hinz, die Rolle Mephistos. Faust wurde zumeist von Wilhelm Borchert, gelegentlich von Willi A. Kleinau gespielt, Antje Ruge verkörperte das Gretchen, Amy Frank die Rolle Marthes. Neben den schauspielerischen Leistungen hob der Rezensent Paul Rilla in der *Berliner Zeitung* am 30.8.1949 auch die Musik von Paul Dessau hervor: »Die volkstümlichen Genreszenen wirken nicht als Einlage, sondern nehmen den Ton auf. Das phantastische Element der Spuk- und Hexenbilder bewahrt einesteils die Naivität des alten Volksbuchs oder Puppenspiels und gewinnt andernteils durch die großartige Musik Paul Dessaus (auf dem elekro-akustischen Trautonium) eine unheimliche Dimension.« Werner Hinz spiele als Mephisto »die komödiantische Rolle voll« aus und stehe mit seiner Leistung in der ersten Reihe: »Witziger Einfall: wie die Rede vor jedem frommen oder kirchlichen Wort stotternd stockt, um dann mit Schwung darüber hinwegzusetzen. Witzige Einfälle überall.« Während Rilla der Meinung ist, Borchert spiele die Gelehrtentragödie »in leichter und doch geistig akzentuierter Bewegung« und spreche die Studierzimmermonologe »fern von jeder Monotonie und Schwere: vielfältig und locker«, obwohl der Schauspieler »ein schwerer Darsteller sei«, der sein Naturell nicht leugne, kommt Brecht bezüglich des Spiels von Borchert zu einem anderen Ergebnis. In seinem *Arbeitsjournal* lesen wir unter dem 10.9.1949: »sah teile vom *Faust* im *Deutschen Theater*. ... es wurde reichlich gebrüllt, was hierzulande der ausdruck der leidenschaftlichkeit ist, aber hinz ... war ein ausgezeichneter teufel; er machte klar, daß es nicht den, sondern nur die teufel gibt, und war einer davon, nervös, schäbig, etwas gaga« (24, 909). Eine Antwort darauf wird der Dramatiker mit seiner *Urfaust*-Inszenierung in den Jahren 1952/53 finden (vgl. Inszenierung Nr. 63). – Vier Jahre später wird Wolfgang Langhoff am Deutschen Theater wieder den ersten Teil geben (vgl. Inszenierung Nr. 64), und erneut wird Heinrich Kilger für Bühnenbau und Kostüme zuständig sein; es ist eine Fortsetzung der 1949 begonnenen Auseinandersetzung mit Goethes *Faust*, so daß der Versuch vom August 1949 auch aus diesem Grund den DDR-Inszenierungen zugerechnet werden muß, zumal der Bühnenbildner auch andere *Faust*-Inszenierungen in der DDR ausstatten wird.

Mitte der sechziger Jahre gab es Einstudierungen des ersten Teils an kleineren Bühnen, die von »oben herab« kritisch beäugt wurden und teilweise »überarbeitet« werden mußten. In Heft 12/1966 von *Theater der Zeit* berichtet Erika Stephan zunächst vom Besuch der *Faust I*-Inszenierung in Dessau. Scharf kritisiert sie, daß vorwiegend jene Verse gestrichen seien, die Faust als aktiven Forscher zeigen. Auch in den Gretchen-Szenen zeige sich die Tendenz, »die humanistischen Elemente der Handlung zu reduzieren«. Sie unterstellt dem Regisseur, daß er hoffentlich nicht bewußt das »Faust-Prinzip« umgekehrt habe, wirft ihm aber Konzeptionslosigkeit vor: »Inzwischen ist auch erwiesen, daß dem Ensemble eine Konzeption nicht bekannt war. Und das Programmheft« enthalte dies auch nicht: »Inzwischen hat die Dessauer ›Faust‹-Inszenierung im Bezirk Halle nachdrücklich Widerspruch ausgelöst. Von der Theaterleitung liegt eine Stellungnahme vor, nach der die Inszenierung zum Zweck einer Überarbeitung zurückgezogen wird. Eine Korrektur im Detail« erscheint Stephan »wenig erfolgversprechend«. Man dürfe keineswegs die Zentralidee des Gesamtwerks außer Acht lassen, die vom zweiten Teil her gesehen werden müsse. Daher müsse jederzeit der »Zusammenhang von bewußtseinsbildender Aufgabenstellung und weltanschaulich aktueller Substanz des Werks« in einer *Faust*-Inszenierung entwickelt werden, wie dies im selben Jahr mit guten Ansätzen in Plauen geschehen sei.

1971 zeigte das Theater in Halle einen wissenschaftlich gut vorbereiteten *Faust I*, was Vertreter der Goethe-Forschung der DDR in Heft 22/1971 von *Theater der Zeit* bestätigten, wobei zugleich die ideologischen Anforderungen sichtbar wurden: »Eine sozialistische Literaturwissenschaft muß effektiv gestalterisch in den Prozeß der sozialistischen Kulturentwicklung eingreifen.« So habe man fast zwei Jahre alle 14 Tage Gespräche mit dem *Faust*-Regisseur Horst Schönemann geführt, ehe dann der erste Teil Premiere hatte; anzumerken ist hier noch, daß in jenen Jahren namhafte Faust-Experten in Halle lebten. Der angekündigte *Faust II* kam aus unerfindlichen Gründen nicht zustande. Manfred Nössig spricht in seiner im selben Heft abgedruckten Kritik davon, die »Hallesche Aufführung des ersten Teils von Goethes ›Faust‹« markiere »einen bedeutsamen Entwicklungspunkt für die sozialistische Klassiker-Rezeption«. Sie stütze sich »auf die weiterwirkenden Ergebnisse der Bühnenrezeption des ›Faust‹ in Leipzig (1965) und Weimar (1966), wie sie zugleich produktive Antworten auf die Problematik der ›Faust‹-Inszenierung des Deutschen Theaters (1968) gibt. ... (Die bürgerliche Begrenztheit und ›Ankränkelung‹ der Faustgestalt am Deutschen Theater hatte gerade diesen Übergang ... zu einer souveränen sozialistischen Menschenbildkonzeption über die Darstellung der Zentralfigur vermissen lassen.)« Schönemann und sein hallesches Kollektiv schüfen diese sozialistische Figur als Vorbild für den sozialistischen Zuschauer: »Das Theater liefert damit mehr als Vorbilder, als Beispiele; es korrespondiert mit dem durch seine Lebenspraxis klüger gewordenen Zuschauer, versucht weniger ihn zu erziehen als seine Erfahrungen durch künstlerische Erlebnisse ästhetisch zu vertiefen, weltanschaulich zu verfestigen, zu verallgemeinern und damit wiederum anwendbar zu machen – also sein Wesen mit bilden zu helfen. Hiermit scheint mir Wesentliches für eine zeitgenössisch-sozialistische Wirkungskraft des Theaters erschlossen zu sein.« Dies bringe frischere Gestalten als jene im *Faust* des Deutschen Theaters; Nössig brandmarkt jene Inszenierung als deutlichen Rückschritt hinter bislang erstrittene Positionen.

Hervorgehoben wird auch das Bühnenbild, das zwei Hauptsphären aufwies, Fausts Studierstube mit Büchertürmen als Innenraum und die Stadtwelt als Außenraum. Diese Außenräume fungierten im groben Vergleich so wie die Faust-Stadt in der Felsenreitschule in Salzburg. Eine komplette Stadtsilhouette war aufgebaut, die Darsteller begaben sich z.B. zum Zwinger, zum Dom, zum Kerker. Verwandlungen gab es dabei nur dann, wenn Gretchens Zimmer, Marthes Stube und ihr Garten aus der Stadtlandschaft eigens herausgefahren wurden. Eine Auswertung vieler Fotos ergibt jedoch, daß Innen- und Außenräume peinlichgenau bzw. historisch-getreu gebaut wurden. Auf die realistischen Stadt(-Silhouette) wurde bereits verwiesen; die Innenräume beachteten präzise Goethe-Regieanweisungen, nicht nur in bezug auf das Studierzimmer: So sehen wir in Marthes Haus Eßtisch mit Sitzbank, Geschirregal, alten Kochherd mit Pfannen und Töpfen, Wäsche auf der Leine über dem Herd und sogar einen Korb mit Reisig zum Feueranmachen. Hätte man diese Penibilität auf den geplanten zweiten Teil übertragen, hätte der Bühnenbauer Jürgen Heidenreich mit den vielfältigsten Problemen zu kämpfen gehabt; letztlich waren die Bühnenbilder zu *Faust I* ein Rückschritt ins 19. Jahrhundert.

Im Goethe-Jahr 1982 gab es auch in der DDR eine Fülle von Inszenierungen beider Teile, teilweise bereits 1981 begonnen, wie in Weimar. Auf die Inszenierungen bereitete man sich durch ein großes Kolloquium in Ost-Berlin vor, wo Mitte Juni 1981 Wissenschaftler, Regisseure, Dramaturgen und Kulturfunktionäre debattierten, um gegenseitige Erfahrungen mit früheren Inszenierungen auszutauschen. Die Leipziger sahen einige Monate vor den Weimarern *Faust I*. Wieder inszenierte Karl Kayser beide Teile. Im Gegensatz zur Inszenierung des Jahres 1965, als man Gründgens zu übertreffen suchte, war die Bühne, die ein schwarzer Rundhorizont umgab, weitgehend leergeräumt. Schwarz-Weiß und wechselndes Licht bestimmten Rhythmus und Atmosphäre einer Deutung, die auf das Spielerische ausgerichtet war. Das betonte auch die Presse und verwies darauf, daß die Dominanz des Spielerischen letztlich auf die »Faust-Inszenierung 1968 am Deutschen Theater (Regie: Dresen/Heinz)« zurückzuführen sei, von wo man »konzeptionelle Vorgaben« erhalten habe, so Erika Stephan im Juli-Heft 1981 von *Theater der Zeit*. Wie in Stuttgart endete *Faust I* mit der »Anmutigen Gegend«.

In einem im selben Heft abgedruckten Gespräch, das sich auch auf den zweiten Teil bezog, verdeutlichte Kayser, daß die

Faust-Figur heutzutage nicht mehr »eine Vorbildfigur hinsichtlich der sozialistischen Entwicklung« sein müsse: »Heute bleibt zu fragen, ob Faust Identifikationsfigur sein kann, ob der faustische Mensch, der nach Wissen und Verantwortung strebt, Beispiel für das sozialistische Menschenbild sein kann. Ich beziehe heute stärker als vor rund zwanzig Jahren den großen historischen Prozeß der Menschheitsentwicklung ein, ihre Möglichkeiten, Irrtümer, Gefahren, die Dialektik individueller und gesellschaftlicher Entwicklung.« Heute sehe er in beiden Teilen »die Etablierung der bürgerlichen Klasse bis zu deren Höhe und zu deren Grenzen. Darin enthalten ist Fausts humane Sozialutopie als ein historischer Prozeß. ... Zeigen möchte ich diesen Entwicklungsprozeß des Übergangs einer Gesellschaftsformation in die andere, aber alles erfaßt in einem großen theatralischen Vorgang, bei dem die Bühne Gleichnisse, Denkmodelle, Erlebnisbereiche anbietet.«

Ein Jahr später hatte zu Goethes Geburtstag *Faust II* Premiere, mit ebenfalls radikal kargem Bühnenbild: Diesmal wandert die »Theatertruppe« mit einem Mutter-Courage-Wagen durch die Szenerien der fünf Akte, wie Erika Stephan im November-Heft 1982 von *Theater der Zeit* berichtet: »Der Grundeinfall war die ›Theatertruppe‹, die als Spielkollektiv aus heutiger Sicht das Stück für Heutige hervorbringt. ... Spielraum für Spielkunst. Mit dem Wagen reist die Truppe durch Raum und Zeit. Spielorte schafft nur dieser Wagen, oft zu sehr verhüllt, auf leerer Bühne, die wechselnd schwarzer und weißer Rundhorizont abschließt. Das praktikable Handwägelchen ist einziges zusätzliches Hilfsmittel.« Allerdings blieben sehr viele Vorgänge, Gliederungen und Fabelstrukturen in diesem extrem reduzierten Bühnenbild viel zu vage. Jener szenische Neuansatz der Truppe mache »aufmerksam auf ein Problem jeglicher Theaterarbeit: zwischen konzeptionellem Grundeinfall und ihrer Freisetzung im Bühnengeschehen ist ein weites Feld zu bewältigen.« Oftmals hätten Spielkonzeption und Spielweise nicht miteinander übereingestimmt. Erika Stephan spricht hier ein Urteil, das in vergleichbarer Weise zu hören ist, wenn im zweiten Teil der Bühnenbau als zu wenig variabel getadelt wird.

Gesamtinszenierungen gab es im Umfeld des Goethe-Jahres 1982 auch noch in Meiningen, Karl-Marx-Stadt und Quedlinburg, wobei auffiel, daß etliche Einfälle der letzten Jahre übernommen wurden. Die Faust-Darsteller sind jung, meist endet der erste Teil mit der »Anmutigen Gegend«, die Bühnen sind ziemlich leer und damit entrümpelt, Mephisto wird oft durch eine Frau besetzt. Außerdem neigten die Theater zu »Effekthaschereien«, meint Erika Stephan, so daß das realistische Theaterspiel vernachlässigt werde.

Auch dieser kleine Streifzug durch Aufführungen, die nicht so sehr Furore machten, zeigt Einfluß und Wandel der Theorie vom sozialistischen Kulturerbe, wobei die Theater sich in der 80er Jahren mehr und mehr Freiheiten erkämpften.

Faust nach der Wende – Experimentierobjekt (1990–1998)

Wenige Monate nach der Wende betonte der Literaturwissenschaftler Rudolf Vaget in Vorträgen in Marbach (Schiller-Gesellschaft) und am Geburtsort des historischen Faust in Knittlingen, Goethes *Faust* könne nun sowohl in der Literaturwissenschaft als auch auf der Bühne frei von ideologischen Zwängen gedeutet werden. Der Einfluß der Wende zeigte sich bereits am dreitägigen *Faust* von Wolfgang Engel in Dresden, was exemplarisch an einem simplen Szenenbeispiel erläutert werden kann. Im ersten Akt des zweiten Teils wird darüber geklagt, daß dem Staat wegen drastischen Geldmangels der Bankrott drohe. Während Mephisto den Druck von ungedecktem Papiergeld vorschlägt, kommt Engel bereits 1988 auf die Idee, die DM im Staate einzuführen, und ein metergroßer Tausendmarkschein prangte im Bühnenhintergrund, wie Probenfotos zeigen. (Selbstverständlich, nebenbei angemerkt, interessierte sich die Stasi u.a. auch für diese Szene.) Nachdem nun die Mauer gefallen war, gingen einige Mitarbeiter, meist vom technischen Stab, in den Westen. Die Proben zogen sich hin, und Wochen vor der Premiere wurde die DM in der DDR eingeführt. Bei der Premiere im August 1990 war dann von dem Tausendmarkschein nichts mehr zu sehen, Engel befürchtete, die Zuschauer könnten dies als sehr platten Einfall empfinden; statt dessen bedienten sich der Kaiser und seine Getreuen per Plastikkarte an Bankomaten.

Davon abgesehen, war nun die Rivalität zwischen Ost- und Westdeutschland entfallen, die in der Frage mündete, wer von beiden Seiten den besseren, weil erbgemäßen *Faust* mache – eine Rivalität, die nicht grundsätzlich bestand bei Inszenierungen in der Schweiz und in Österreich. Viele Kritiken der 60er und 70er Jahre bestätigen dies; die »Käseglocke DDR« fehle, meinte Schleef 1994 in einem Gespräch. Was für das Drama gilt, trifft auch auf die Person Fausts zu: Auch hier ist man gelöst aus den Zwängen der Ost-West-Auseinandersetzungen und kann die meist (gedankenlos) bösen Taten des Titelhelden wörtlich nehmen, um Goethes Kritik an der Hybris menschlichen Wissensdrangs und Forschens ernsthaft herauszulesen: So könnte Faust den falschverstandenen Nimbus des Faustischen (endgültig) verlieren, wie Hans Schwerte 1962 bereits erläutert hat, so könnten Fausts Taten auch in jenes böse Licht gerückt werden, von dem Richard Friedenthal 1963 sprach. Die Inszenierungen von Marthaler (1993) und Schleef (1994) künden davon, denn sie zeigen eine Faust-Gestalt, die wissensüberdrüssig und ohne Perspektive ist.

74. Ratespiel und Fiasko: Einar Schleefs Frankfurter *Faust*-Spielereien (1990)

Spielweise und Strichfassung

Viele Kritiker nannten Schleefs *Faust*-Version beider Teile etwas herabwürdigend einen »Verschnitt«; vor allem aufgrund der dramaturgischen Gestalt fiel die Einstudierung auch bei größten Teilen des Publikums durch. Der Besetzungszettel dieser Version wies zwar fünf Figuren, aber 32 Namen von Schauspielern auf: vierzehn Gretchen, elf Fäuste, fünf Hexen, einen Satan und einen Mephistopheles. Letzteren spielte Martin Wuttke, er war der einzige, der sich in dieser Inszenierung individuell profilieren konnte. Wuttke trat mal transvestitisch in weiblicher Abendgarderobe auf, »meist im Schottenröckchen, gelegentlich pudelähnlich herumkriechend, am Schluß auch unten ohne. Wenigstens kann er sprechen, was nicht von allen, vielfach ja auch dem Laienstand angehörenden Mitwirkenden behauptet werden kann, schon gar nicht von jener jungen Dame, die irgendwo in der Nähe des Anfangs die ›Zueignung‹ herunterleierte. In der Nähe des Anfangs? ... Doch bei Schleef findet sich keine Szene an der Stelle, an der sie der Dichter Goethe vorgesehen hat« (Horst Köpke am 2.7.1990 in der *Frankfurter Rundschau*). Meist wurde im Massenchor gesprochen, vom Eingangsmonolog bis zu den Schlußszenen des zweiten Teils.

»Der erste größere Auftritt gehört nicht dem Schüler, sondern den Schülern. Die marschieren in bei Schleef gewohnter Weise aus der hinteren Pforte in schwarzen Konfirmationsanzügen auf eisenbeschlagenen hohen Schuhen, die das Markenzeichen dieses Regisseurs sind, heraus und postieren sich an beiden Seiten, Mephisto in der Mitte. Der Text wird [eine Modeerscheinung der 90er Jahre] im Sprechchor vorgetragen, wird mehrfach wiederholt [auch dies eine Modeerscheinung] getreu der Goetheschen Devise ›Du mußt es dreimal sagen.‹ So geht es den ganzen Abend. Auch der berühmte Eingangsmonolog wird vom Kollektiv der Heinriche deklamiert und

Abb. 228: Szenenbild mit allerlei Heinrichs und Gretchens

gegen Ende noch einmal wiederholt. Auch den Gretchen geht es nicht anders. Auch sie bilden ein dunkel verhülltes Kollektiv, aus dem nur einmal Margarita Broich mit dem langsam ins Hysterische getriebenen Gretchen-Gebet deutlich hervortritt. Nur einmal kurz zeigen sich die Damen in glamourartigen Badeanzügen, für Sekunden werden etliche Busen sichtbar, bevor die Bühne blitzartig verdunkelt wird. Schleefs Vorliebe gilt mehr halbnackten Männerkörpern.«

Als besonders schwierig für Kenner und Nichtkenner des *Faust* erwies sich, daß die Szenen- bzw. Teilszenenabfolgen beider Teile oftmals miteinander vermischt waren, manche Szenen gar ineinander verschachtelt, so der Osterspaziergang mit der Walpurgisnacht des ersten Teils. Die ersten vier Akte des zweiten Teils wurden zugunsten von *Faust I*, Teilen aus dem *Urfaust* und dem fünften Akt von *Faust II* drastisch zusammengestrichen. Während der ganzen Inszenierung ertönten auch immer wieder deutsche Volkslieder – wieder eine Modeerscheinung dieser Jahre – sowie das antifaschistische KZ-Lied von den Moorsoldaten, allesamt gesungen von dem Chor der Faust-Figuren. Elementar gestört war der funktionale Zusammenhang der gesamten *Faust*-Dramaturgie, und allenfalls gute Kenner beider Teile begaben sich – wie die Kritik witzelte – auf eine Ratereise, um zu erkunden, welche Verse von welchen Szenen im Ablauf der Aufführung gespielt wurden.

Bühne und Zuschauerraum im Bockenheimer Depot waren karg: Schleef beließ »den Spielraum als Guckkastenbühne. Zwei hohe schwarze Seitenwände aus Stoff, durch den die Akteure hindurchschlüpfen können, laufen spitz auf die Bühnenrückwand zu und lassen dort nur einen sehr schmalen Eingang. An den Wänden gibt es jeweils eine Art bespielbaren Wehrgang, wie man sie an alten Burgen findet. Das Publikum sitzt der Bühne gegenüber auf breiten Treppenstufen, auf denen Sitzkissen zur Verfügung stehen. Nur die obersten fünf Reihen sind für Greise, Behinderte, pensionierte Stadträte, Kritiker und ähnliches Volk herkömmlich bestuhlt« (Köpke, s. o.). Schleefs Visionen waren in dieser Inszenierung so hermetisch-privat, daß der Funke einfach nicht übersprang. Bei der Premiere antwortete nur ein harter Kern von Frankfurter Schleef-Anhängern mit heftigem Beifall. Sonst gab es nach der dreidreiviertelstündigen Aufführung – Pause bereits nach 40 Minuten – ein kräftiges Buhkonzert. Köpke meinte, dieser Verschnitt hätte besser als »Choreographisches Theater nach Motiven von Goethe und Einar Schleef« angekündigt sein müssen: »Wer nie Goethes ›Faust‹ gesehen hat, kann nun, wenn er im Bokkenheimer Depot war, nicht behaupten, er habe ihn gesehen.«

Zu einem ähnlichen Urteil kam auch Walter Merschmeier in *Theater heute* (8/1990). Schleef habe es auch in dieser Inszenierung verstanden, »eine Gemeinde von Freunden und Feinden in Publikum und Presse an sich zu binden.« Der Kritiker betonte, in dieser Inszenierung sei leider nur allzu Bekanntes geboten worden: Mit allen Gesten und Intonationen von Wuttke sei man vertraut, egal, was er spiele. Kenne man im übrigen zwei Inszenierungen von Schleef, sei man auch mit den Künsten des Regisseurs vertraut, alles gerinne zur sterilen Repetition: »Er arbeitet – anscheinend bewußtlos oder berauscht – immer mit denselben Mitteln und Fleisch-Zitaten an seinen Gesamtkunstwerken. Eins sieht wie das andere aus. ... Das obligatorische Stampfen kommt so pünktlich daher, als hätte man einem mechanischen Mohren den Groschen eingeworfen. Das chorische Sprechen ist häufig jenseits allen Inhalts, allen Sinns. Und da sind sie wieder: die Ewigen Eimer, aus denen die Akteure ... in der (wie immer) sehr frühen Pause Wasser ans Publikum ausschenken. Mit mehr wird auch nicht gekocht. ... Wer während der vierstündigen Aufführung geht, tut's gelassen, unwütend, als gehöre der frühe Abgang zum Abonnement. Wen sollte auch was verstören? Der nackte Satan Richy Müller? Daß zwölf Margerethen blankärschig und barbusig in sechs Eimer pissen? Die permanente ›Faust‹-Vergewaltigung? Alles vorhersehbar ... Einen Markenartikel ändert man nicht ohne Not. Not war nicht am Mann. Geld war da. Alles paletti. Alles im Eimer.«

Rolf Michaelis beschreibt den Ablauf dieser Szene in der *Zeit* am 6.7.1990 wie folgt: »Die schöne Szene ›Abend‹, in der Gretchen sich zur Nacht bereitet, ›auszieht‹, wie Goethe wünscht, und dabei die alte Ballade vom ›König in Thule‹ singt, sieht dann so aus: In gelben, ärmellosen Anstaltskleidern marschieren die vielen, Margarete genannten Zöglinge des Erziehungsheims mit metallisch blinkenden Putzeimern in den kahlen Schlafsaal. Ihr Lied singend, ziehen sie den Sträflingskittel aus. Dann streifen sie die pinkfarbenen Badeanzüge über die Knie und kauern sich, immer zu zweit, auf eines der Lieblings-Requisiten des Regisseurs, den Eimer. Mephisto verwandelt die Trichter, nachdem er den Finger reingesteckt und abgeschleckt hat, gleichsam in Fernsehröhren: Die Fäuste starren in die Eimer wie in Panoptikums-Guckaugen, in denen sie versinken und einen Kopfstand riskieren: ›Du siehst, mit diesem Trank im Leibe,/ Bald Helenen in jedem Weibe.‹«

Die knapp vierstündige Aufführung begann mit einem 45minütigen Vorspiel, u.a. mit der »Zueignung«, Teilen aus der »Hexenküche«, der »Grablegung«. Nach der Pause mußte man noch drei Stunden ausharren, um die folgenden sechs Stationen zu erleben: Osterspaziergang, Auerbachs Keller, Pakt, Gretchen-Szenerien, Hexenküche sowie etlichen Passagen aus dem 5. Akt des zweiten Teils, ehe Faust mit dem Monolog der Szene »Nacht« aus dem ersten Teil den Abend schloß.

Abb. 229 (oben): Szene »Abend«, mit den Margarethen, auf ihren Eimern sitzend.

Abb. 230: »Hexenküche« mit Martin Wuttke (Mephisto) und einigen eimerbehelmten Heinrichs

»Vergangenheitsbewältigung«

In einer ausführlichen Besprechung wies Rolf Michaelis darauf hin, daß Schleef mit diesem *Faust* Schlüsselerlebnisse aus der DDR verarbeite: »Der Frankfurter ›Faust‹ wird für Schleef, den der Dialog weniger interessiert als emphatisches Sprechen und Chor, zu einem traurigen, bitteren, höhnisch großen Abgesang auf die DDR.« Bereits Dresen wollte 1968 in Ost-Berlin das Spießergeschwätz der Kulturfunktionäre vom »freien Volk auf freiem Grund« als Lüge entlarven. Dies sollte erst im Jahre 1990 Schleef möglich sein, wie Michaelis anführt: »Schleef läßt das Lied [bereits im Vorspiel] vom gesamten Ensemble singen – als mehrstimmigen Chor-Satz auf einen Choral aus Bachs ›Matthäus-Passion‹: ›Wer hat das Haus so schlecht gebaut,/ Mit Schaufeln und mit Spaten? .../ Wer hat den Saal so schlecht versorgt?/ Wo blieben Tisch und Stühle?/ Es war auf kurze Zeit geborgt;/ Der Gläubiger sind so viele ...‹ Ein toller Augenblick: Die DDR als ein auf Sand und Schlamm und Pump gebauter Staat der Lemuren.«

Eine solche Deutung sowie die Mehrfachbesetzungen und andere Erscheinungsformen in dieser Inszenierung werden verständlich, wenn wir sie mit theaterphilosophischen Betrachtungen Schleefs ergänzen, die erstmals 1997 unter dem Titel *Droge Faust Parsifal* veröffentlicht worden sind. Der Regisseur äußert fundamentale Meinungen zu den Begriffen Droge, Masse und Märsche bzw. Marschkolonnen. Mit Schillers *Räubern* sei das Chorische, das stets mit der Droge zusammenhänge, in die deutsche Literatur eingekehrt: »Seit dem Abendmahl ist die Blut-Droge Nahrung und entsprechend von Goethe im *Faust*-Komplex eingesetzt. Er benutzt nicht nur das Abendmahl, sondern läßt seine Quellen oft eine Mischform bilden, die nur ihm zugehörig erscheint. Faust zelebriert im Schluß des Eröffnungsmonologs *Faust I* die Drogeneinnahme ... Der Monolog ab: Ich grüße dich, du einzige Phiole! beschreibt Drogeneinnahme und Drogenrausch ... Droge und Utopie einer Gemeinschaft sind untrennbar miteinander verbunden, Faust hört die Engel, Wahnfiguren, im Drogenrausch« (282, 8). In *Faust I* gebe es viererlei Drogen: die Sterbedroge (Szene »Nacht«), die Adorationsdroge (Szene »Vor dem Tor«), die Potenzdroge bzw. Jugenddroge (»Hexenküche«) und die Naturdroge (»Wald und Höhle«). Die Drogensituation sei aber in beiden Teilen nicht gleich: »Während *Faust I* die Drogeneinnahme der jeweiligen Situation zuordnet, verzichtet *Faust II* auf eine zentrale Drogeneinnahme, versetzt stattdessen seinen Helden in unterschiedliche Welten, Rausch-, Dämmer-, Traumzustände, die Wagner ebenso übernimmt. Bei Goethe fehlt die zentrale Trankeinnahme, man muß aber feststellen, daß zunächst das Geld, später der Krieg die Droge bzw. ihre Entsprechung ist« (282, 20).

Mit den martialischen Märschen in dieser Inszenierung verweist Schleef in der Tat auf Geschehnisse in der DDR: »Der Gleichschritt. Das Paar schreibt Geschichte. ... Die DDR übernimmt früh [Stalins] byzantinischen Ikonenkult, übersetzt ihn später DDR-gemäß, kann ihn aber nicht abschütteln, sondern forciert ihn unter Honecker, sodaß bis zum Zusammenbruch der DDR unzählige ›Porträtierte‹ Marschkolonnen abnehmen, die an ihren Tribünen vorbeiziehen, und sich vergrößert auf Portrait-Transparenten wiedererkennen, also von den Tribünen in ein Wasser blicken, sich darin spiegeln, wie der antike Narziß, und sich von diesem Anblick der johlenden Masse, in der ihr ›Ebenbild‹ schwimmt, nicht losreißen können, bis sie in ihm ertrinken« (282, 164).

In *Droge Faust Parsifal* finden wir auch eine Erklärung für das Schwarz des Frankfurter Bühnenbildes. Schleef listet hierbei alle je 27 Szenen des ersten und des zweiten Teils auf und stellt fest, zu welcher Tageszeit bzw. bei welcher Lichtstimmung sie spielen: »Von den 27 Szenenkomplexen des 1. Teils spielen 7 in völliger Dunkelheit, 6 in einem trüben Licht, 10 sind mäßig erleuchtet, außer dem *Prolog* nur 2 im Hellen. Doch diese Helligkeit ist kein Sonnenlicht, sondern Licht nach zweimaliger Drogeneinnahme« (282, 37). Die beiden »hellen« Szenen sind »Vor dem Tor« und »Straße« (»Mein schönes Fräulein ...«). Im zweiten Teil spielen nach Schleefs Ansicht nur die Szenen »Lustgarten«, vielleicht »Innerer Burghof« und »Bergschluchten« (wechselnde Beleuchtung) in hellem Licht. Von solchen Betrachtungen leitete der Regisseur Bühne und Beleuchtung ab: »Die überwiegend dunklen Szenen des Werkes geben dem Handlungsverlauf ihr Gepräge, ihre ›Schwärze‹, ihren Schatten. Hier ist nicht ein Mißstand der Beleuchtungstechnik der Goethe-Zeit festzustellen, sondern die innige Entsprechung von Text und Umsetzung, die ein Umdenken erfordert, vor dem einen natürlich der Einsatz heutiger Beleuchtungsmaschinerie bewahrt. Er bewahrt einen vor Goethe, was den meisten Interpreten lieb ist. Geht man noch strenger vor, erhöht sich die Zahl der Dunkel-Szenen, kommen Verdunklungen, Nebel, Blitze, Feuer, Lichtzeichen hinzu. Goethes Anweisungen diesbezüglich berücksichtigt kaum eine Inszenierung« (282, 39).

Mit Hilfe dieser Erläuterungen kann man vieles von der Frankfurter *Faust*-Inszenierung verstehen, in etlichen Fällen aber nicht akzeptieren. Zu privat mutet die Deutung Schleefs an. Die Kritik hielt ihm teilweise zugute, daß er Goethe sehr präzis gelesen habe, aber seine Einfälle seien eben »mögliche« Interpretationen. 1994 ließ Schleef Ausschnitte aus einer neuen, ursprünglich für das dann geschlossene Schillertheater in Berlin geplanten *Faust*-Inszenierung in der Berliner Kultur-Brauerei spielen (dokumentiert in *Theater der Zeit*, 1/1994). Der Abend begann mit dem Staatsbankrott aus dem 1. Akt von *Faust II*, dann erlebte man den Eingangsmonolog aus dem *Urfaust*, bei dem die Titelgestalt die Situation verflucht, daß sie nicht zu Wissen und Erkenntnis gelangen kann. Diesmal stellte Schleef nicht Mephisto, sondern Faust in den Mittelpunkt, als Verzweifelten, der nur mit Hilfe von Drogen weiterleben kann. Der Teufel in Faust suche verzweifelt Walpurgisnacht, Satanstheater und Walpurgisnachtstheater, Gretchens Tod zwinge ihn schließlich in die Knie.

75. Christoph Marthalers triumphale »Wurzelzieherei«: Eine *Faust*-Collage am Deutschen Schauspielhaus Hamburg (1993)

Motive und Konzeption

Rolf Michaelis nennt das Ereignis zu Recht eine »Uraufführung«, denn Goethes *Faust* ist nur noch der wichtigste Ausgangspunkt für das Endzeitspiel, das Marthaler und seine Bühnenbildnerin Anna Viebrock den Hamburgern darbieten. »Und auf Vernichtung läuft's hinaus«: Faust wurde durch sein Leben und Streben zu Tode ermüdet. Er ist ein Mann, den seine eigene Geschichte schon lange nicht mehr interessiert und der nur noch schlafen will. Einen Anti-Faust verkörpert er, der nichts mehr erarbeiten und erobern kann und will. Alles ist schon geschehen, und Faust wird nur noch von Erinnerungen verfolgt und gequält. Müde durchschlurft er die kaum 200 Verse aus beiden Teilen, vom gestammelten Monolog der Szene »Nacht«, die zunächst nur aus den Vokalen besteht: »Ae u, a! iooie,/ uieei u eii, …« Nach und nach gesellen sich Konsonanten hinzu, und der wiederholte Monolog wird halbwegs verständlich. Mürrisch, aber leise, still folgt diesem Faust Siggi Schwientek, gelegentlich gar Hand in Hand, jedoch mehr hinter als neben ihm trottend, der wohl oberste Teufel von fünf Mephisto-Figuren.

Mit der Langsamkeit der Inszenierung setzt Marthaler einen Kontrapunkt zu unserer schnelllebigen Zeit, und er will das Publikum damit provozieren, denn die wenigsten halten dieser Langsamkeit während der Aufführung stand. Schon das »Vorspiel auf dem Theater« kündigte diese Zögerlichkeiten an: Vier Theaterdirektoren blicken nacheinander durch einen Vorhangspalt ins Publikum, immer zögerlicher, bis der letzte nur noch schaut und gar nichts zum Auditorium äußert.

Goethes *Faust*-Geschichte könne man heute nicht mehr erzählen, mit allen dazugehörigen Fabeln, meint Marthaler, zumal sich heutzutage nicht mehr nur eine Figur, sondern die ganz Welt schuldig gemacht habe. Und er konfrontiert seine Figuren, die an Gestalten des Dadaisten Alfred Lichtenstein erinnern mögen, vor allem mit Musik, meist aus der Romantik: Sie singen in der Szene »Vor dem Tor« den Jägerchor aus Webers *Freischütz*, gesanglich begleitet von vier Gretchen in Kostümen, die Ella Büchi 1957 in ähnlicher Weise getragen hat – so scheinen sie selbst nur Kopien vergangener Zeiten zu sein. Später intoniert fast das gesamte Ensemble den Chor der Matrosen aus Wagners *Fliegendem Holländer*. Eine Mephistopheles-Gestalt versucht vergeblich, die *Mondscheinsonate* fehlerlos zu spielen – an vier eingemauerten Klavieren, von denen nur die Tastatur sichtbar ist. Musik ist Teil der Langsamkeit der Inszenierung und Teil vergangener Kultur: Faust singt Schuberts *An die Musik* (»Du holde Kunst«) und Wagners *Lied an den Abendstern*. Bei der versuchten Beschwörung von Helena und Paris singt das Ensemble verhalten Mozarts *Ave verum corpus*, das simultan mit einem pornographischen Text des Marquis de Sade konfrontiert wird.

So tastet sich das langsame Spiel vor, von den fragmentarisch gegebenen Szenen der Vorspiele, über die Gelehrtentragödie, die Gretchentragödie und die Akte des zweiten Teils. Etliche Verse werden mehrfach wiederholt, die Zuordnung – außer den Worten, die Faust zu sprechen hat – ist oftmals ziemlich willkürlich. Zu entnehmen ist dies dem Besetzungszettel, der nur der Faust-Figur und zwei Pianisten eine eigenständige Rolle zuweist.

Wie durcheinandergemischt die Textteile waren, mag eine Sequenz verdeutlichen, die die vier Gretchengestalten in raschem Stakkato herunterzuhaspeln hatten, auf einem Klappbett liegend:

Abb. 231: Besetzungszettel von Marthalers *Faust*-Collage

Der Lippe Rot, der Wange Licht,
Die Tage der Welt vergess' ich's nicht!
Wie sie kurz angebunden war,
Das ist nun zum Entzücken gar!

Wir nehmen das nicht so genau,
Mit tausend Schritten macht's die Frau;
Doch, wie sie sich auch eilen kann,
Mit einem Sprunge macht's der Mann.

Meine Ruh' ist hin,
Mein Herz ist schwer;
Ich finde sie nimmer,
Und nimmermehr.

Für Euch sind zwei Dinge
Von köstlichem Glanz:
Das leuchtende Gold
Und ein glänzender Schwanz –
Drum wißt Euch, Ihr Weiber,
Am Gold zu ergötzen
Und mehr als das Gold
Noch die Schwänze zu schätzen!

Meine Ruh' ist hin,
Mein Herz ist schwer;
Ich finde sie nimmer,
Und nimmermehr.

Man muß hier nicht jenen Kritikern zustimmen, die meinten, die Gretchen spielten alle diese Rollen, deren Texte sie sprechen, sondern sie sprechen schlicht Texte der Figuren Gretchen, Chor der Hexen, Faust, Chor der Hexenmeister, Gretchen, Satan (aus den »Paralipomena«), Gretchen. Als Einheit kann man hier erkennen, daß alle Texte mit Weiblichkeit und Geschlechtlichkeit zu tun haben.

Josef Bierbichler, eigentlich in der Rolle Fausts in dieser Inszenierung, übernahm zu Beginn des Osterspaziergangs in Marthalers Hamburger Inszenierung folgende Verse:

Warum denn dort hinaus?
Wir gehen hinaus aufs Jägerhaus.
Wir aber wollen nach der Mühle wandern.
Ich rat' euch, nach dem Wasserhof zu gehen.
Der Weg dahin ist gar nicht schön.
Was tust denn du?

Abb. 232: Blick in den statischen Beton-Stahl-Bühnenraum von Anna Viebrock – Links ein Pianist an einem eingemauerten Klavier, der sich, wie ein zweiter Pianist auf der gegenüberliegenden Bühnenseite, an der *Mondscheinsonate* bzw. an Saties *Vexations* übt. In der Mitte stehen die vier Gretchen, ähnlich gekleidet wie Ella Büchi bei Gustaf Gründgens.

Ich gäb' was drum, wenn ich nur wüßt',
Wer heut' der Herr gewesen ist!
Er sah gewiß recht wacker aus,
Und ist aus einem edlen Haus;

Der Weg ist breit, der Weg ist lang,
Was ist das für ein toller Drang?
Die Gabel sticht, der Besen kratzt,
Das Kind erstickt, die Mutter platzt.

Ich gehe mit den andern.
Nach Burgdorf kommt herauf, gewiß dort findet ihr
Die schönsten Mädchen und das beste Bier.
...
Juckt dich zum drittenmal das Fell?

Nunmehr stimmen die Schauspieler, einschließlich der vier auf einem Klappbett liegenden Gretchen, den »Jägerchor« aus Webers *Freischütz* an. Währenddessen bindet sich Faust eine Krawatte um und rezitiert dann die berühmten Verse »Vom Eise befreit sind Strom und Bäche« bis zu der Zeile »Hier bin ich Mensch, hier darf ich's sein!« Während der »Jägerchor« pausenlos weitergesungen wird, rezitiert Bierbichler-Faust erneut die oben abgedruckten Verse »Warum denn dort hinaus?...« So umkreist Marthaler Themen aus dem *Faust* und aus der deutschen Kulturszene, gestellt in einen Raum der hermetischen Verzweiflung: Nur Erinnerungen und Musik deuten Hoffnung an.

Bühnenbau, Kostüme, Maske

Anna Viebrock baute einen Raum, der hermetisch geschlossen ist und keinen Ausgang kennt. Eine Drehtür schaufelt jene wieder unbarmherzig zurück, die nach draußen wollen. Als einer der Mephistos nach rechts unten abgehen will – wo es wohl einen Ausgang gibt – wird er von einem der Forscher in weißem Kittel zurückgeholt. Ab und zu rumpelt ein Aufzug in der Mitte des Bühnenhintergrundes, aber niemand öffnet die Tür, vor der das ganze Ensemble neugierig erstarrt, sobald der Fahrstuhl sich lärmend in Bewegung setzt. Käme jemand hinzu oder ginge jemand ab, dann würde das Ganze zusammenbrechen, meint Marthaler, alle seien wie Irre eingesperrt. So sind alle Agierenden Eingekerkte in einem großen Betonbunker, aus dem es kein Entrinnen geben soll, denn sie sind alle gnadenlos nur noch ihren Erinnerungen ausgeliefert.
Und so verstummt in diesem hermetischen Trockenraum, wo es kein Wasser mehr, dafür aber trockene Fische für die Forscher in den weißen Mänteln gibt, Faust auch am Ende seines Schlußmonologs, indem er wieder der Konsonanten verlustig wird. Vom Anfang bis fast zum Ende dieses Monologs ist Faust jedoch – ausnahmsweise in dieser Inszenierung – herrisch gebietend und schlägt mit der Faust nachhaltig auf den Tisch, aber plötzlich verläßt ihn die Kraft, als ob der austrocknende Raum ihm den Atem nähme, während ihn die Mephistos siegessicher umstehen:

Solch ein Gewimmel möchte' ich sehn,
Auf freiem Grund mit freiem Volke stehn.
Zum Augenblicke dürft' ich sagen:
Verweile doch, du bist o ön!
Es kann die ur von meie-eetage
i i äoe uee. –

Dabei flüstern einige der Mephistos die letzten beiden ›Verse‹ mit. Die Titelgestalt sinkt nun zusammen, gleich einem zu Tode ermatteten Greis im Altersheim – »Das Spiel ist aus!«: »Und auf Vernichtung läuft's hinaus.«

Aufnahme durch Kritik und Publikum

Die knapp 200 Verse, die Marthaler querschnitthaft aus beiden Teilen des *Faust*

Abb. 233: In der Mitte des Bühnenraums hinten ist der Fahrstuhl zu erkennen, der ohne Ausgang ist. Die simple Drehtür in der Mitte führt nicht ins Freie, sondern sie schaufelt potentielle Ausreißer wieder zurück in den Betonraum. Während die Mephisto-Gestalt in der Mitte äußerst obszöne Textpassagen des Marquis de Sade rezitiert, singt das Ensemble verhalten das *Ave verum corpus* von Mozart.

wählt, werden sozusagen chronologisch einmal durchgespielt, unterbrochen von den musikalischen Zugaben oder von Dramenversen, die wiederholt werden. Das ganze Spiel gleicht einer philosophischen Reflexion über die menschliche Evolution, und es war eine sehr anspruchsvolle Fassung für jene, die sich darauf einließen. Mechthild Lange betonte dies in ihrer am 8. 11. 1993 in der *Frankfurter Rundschau* erschienenen Kritik: »Nur noch Rudimente der gewaltigen Stoffmassen kommen auf die Bühne. Zu sehen ist eine Art ... ›Player's Digest‹.« Die Raffung diene hier »nicht dem besseren Verständnis des Textes, im Gegenteil: nur wer Goethes Werk genau im Kopf hat und sich auch im Detail erinnert, wird Szenen und Personen wiedererkennen, Bedeutungen rekonstruieren können. So gesehen ist Marthalers Version extremes Bildungstheater. ... Die Aufführung verbreitet Endzeitstimmung und ist Beckett sehr viel näher als Goethe. Faust scheint ein Krapp, der die Bruchstücke seiner Existenz noch einmal versammelt. Anders als Goethes Figur leitet ihn keine Energie, sich die Erfahrung der Welt zu verschaffen und selbst einen Kosmos zu bauen – und sei es mit Hilfe des Teufels. Eine zeitnahe Interpretation des alten Stoffes: eine Welt, die als ganzes nicht mehr erfaßbar ist, zerfällt in der Wahrnehmung in mehr oder minder zufällige Einzelteile. Für Utopien gibt es da keinen Platz mehr.«

Die meisten Kritiker bescheinigten Marthaler, seine Intentionen in ein akzeptables *Faust*-Spiel für unsere Zeit umgesetzt zu haben. So urteilt Matthias Wegener in der *Frankfurter Allgemeinen* am 8. 11. 1993: »Marthaler hat diese düsterträumerische ›Faust‹-Collage bravourös in ein unheimliches Szenario verwandelt. Wir sehen einem Endzeit-Happening zu und stellen überrascht fest, daß Goethes Texte bei dieser Verwandlung nicht verlieren, sondern neue traurige Facetten erkennen lassen. Marthaler treibt ein surreales Spiel mit dem Ende unserer Illusionen und unserer Zeit. Daß seine Collage nicht in Zynismus versinkt, liegt an seiner Behutsamkeit. Mit intensiver, aber zarter Choreographie führt er das ganze Ensemble zu einer großartigen Gemeinschaftsleistung. Bierbichler und Tukur allerdings gebührt die Krone. Überwältigender Beifall. Die Schatten von Gründgens sind fürs erste gewichen.«

Auch der Theaterwissenschaftler C. Bernd Sucher kommt zu einer positiven Einschätzung: »Es ist ein Traum über ›Faust‹, ein Traum von ›Faust‹. Eine Erinnerung. Verwandt dem Grüberschen an der Berliner Volksbühne zu Goethes 150. Todestag. Klaus Michael Grüber schaute mit den Augen des alten Goethe auf einen gescheiterten Mann. Marthaler sieht am Ende des 20. Jahrhunderts nur Gescheiterte und Gescheitertes. Ein vermasseltes Jahrhundert, Kriege, Auschwitz, Wissenschafts- und Fortschrittsüberheblichkeit, Männerwahn und Frauenunschuld, dumpfe Geilheit (mit einem De-Sade-Text) und eine Kultur, die zudeckt, was sie debattieren müßte. ... Kultur (eben auch Goethes ›Faust‹) ist nur noch Zitat. ... Marthalers ›Faust‹ ist ein Text-Trümmerhaufen und ein szenisches Kunstwerk. Das Chaos hat Form. ... Der Musiker Marthaler komponiert Körperfugen, Wortchoräle, ein Oratorium des 20. Jahrhunderts aus ›Faust‹-Motiven. Nichts fehlt, denn um den mehrfach wiederholten Satz ›Ich sehe nur, wie sich die Menschen plagen‹ hat Marthaler alles gruppiert, was in diesem Drama steckt. ... Marthalers Arbeit fordert von den Zuschauern forschendes Erinnern, neue Betrachtung. Jetzt, hier – auch in Hamburg. Den ›Faust‹, da haben die empörten Zuschauer recht, hat Marthaler ihnen indes verweigert. Er will ihn nicht erzählen, er will ihn sezieren.«

Die negativen Einschätzungen wurden angeführt vom *Hamburger Abendblatt*, wo Matthias Rehder am 6. 11. 1993 seine Rezension mit den Worten »Ein Klassiker wird geschlachtet« überschreibt. Im *Nürnberger Abendblatt* las man am selben Tag zunächst als Schlagzeilen: »Goethe-Spott im Genlabor. Derber Slapstick – die Abgrenzung einzelner Charaktere findet nicht statt.« Dem Rezensenten mißfällt Marthalers Vorgehensweise: »Auf eine wirre und verwirrende Art beutet der Wurzelzieher den Weimaraner aus. Rüde streicht er den Text zusammen. Den Resttext bläht er durch häufige Wiederholungen und eigene Einfälle auf.« Kritiken solcher Art berücksichtigen nicht den Experiment- und Collagecharakter von Marthalers Inszenierung.

Naturgemäß waren die Publikumsreaktionen dann zweigeteilt, wenn das Stück als Premiere, Festspiel oder Gastspiel gegeben wurde. Rehder berichtet im *Nürnberger Abendblatt*: »Abwanderer stören durch Türgeräusche. Am Ende ernten die Mitspieler dennoch eine Menge Beifall trotz viel Leerlauf und Langeweile in der Goethe-Parodie, falls es eine sein sollte. Marthaler deutet seine Einstellung – oder nur seine Gaglust? – am Schluß an. Zum unvollendeten Satz ›Das Ewig-Weibliche zieht uns ...‹ werfen die Gretchen ihre ›Faust‹-Ausgaben in den Treppenschacht.«

Allen Premierenkritiken ist zu entnehmen, daß protestierende Zuschauer abwanderten, was sich anläßlich des Berliner Theatertreffens im Mai 1994 wiederholte, wobei Günther Grack am 19. 5. 1994 im *Tagesspiegel* schreibt, daß Marthaler vom Publikum teils geschmäht, teils gefeiert worden sei. Ein Jahr später ergibt sich bei einem Gastspiel in Wien eine vergleichbare Reaktion. Ronald Pohl, der die Darbietung als »einen so schläfrigen wie zwingenden Höhepunkt« der Wiener Festwochen sieht, berichtet am 3. 6. 1994 in *Der Standard* Zwiespältiges über die Reaktion des Publikums: »Die teutsche Jugend des unausgesetzten Wissenserwerbs wird ... in Watte gepackt: Drei Professoren beäugen unausgesetzt Mollusken, Fische, Krustazeen. Mittendrin ... lümmelt, liegt und labert Josef Bierbichler ... Mephisto..., sein abgehauster Sauf- und Schnaufkumpan, ... lauscht, mindestens so schläfrig wie sein Schutzempfohlener, über knapp drei Stunden den Versen und Versatzstücken, die Marthaler ... aus Goethes Opus summum knickt und bricht. Kein Wunder, daß beinahe ein Viertel der Festwochen-Gäste türknallend Auszug hielt aus dem Theater am Wienfluß. ... Fausts Streben? ›Es ist ja nur ein Maskenspaß, mehr wird heute abend nicht begehrt«: Nichts geht mehr. ... Der Rest war und ist eine vom verbliebenen Premierenpublikum zu Recht umjubelte Nachtmahr: Die *Wurzel aus Faust eins und zwei*...«

76. Minimallösung II: Vier Personen spielen Gabriele Gysis *Faust* am Tübinger Zimmertheater (1994) – Spielerweiterung in Rostock (1998)

Motive und Konzeption

In einer kleinen schwäbischen Stadt, der Universitätsstadt Tübingen, ein Stück über den in Schwaben geborenen »Fauscht« zu machen, war ein besonderer Anreiz für Gabriele Gysi. Nach den drastischen Experimenten von Schleef und Marthaler wählt die Regisseurin keinen polemischen, aber einen naheliegenden Ansatz für Goethes *Faust*: »Das ist ein Stück übers Lernen – das ist das Thema dieser Stadt, davon lebt sie.«[1] Außerdem könne es nicht angehen, »daß der Faust nur an einem großen Theater ab einem bestimmten Etat machbar ist«. Als sehr experimentierfreudige Theaterfrau, die sich seit etlicher Zeit den Klassikern verschrieben hat, bearbeitete sie beide Teile für einen Abend: Etwa 90 Prozent der Strichfassung stammten aus dem ersten Teil, zehn Prozent wichtiger Verse entnahm sie dem *Faust II*. Bei nur vier Schauspielern mußten – wie bei Malipiero in Sommerhausen – einer Figur auch Passagen einer anderen in den Mund gelegt werden (Valentin übernahm wichtige Passagen des Schülers und auch Teile der Szene »Vor dem Tor«), und die Schauspieler übernahmen auch mehrere Rollen (Gretchen spielte im »Prolog im Himmel« den Herrn als weiblicher und erotischer Widerpart Mephistos).

Gysi richtete ihren *Faust* ganz auf die örtlichen Verhältnisse der kleinen Bühne des Tübinger Zimmertheaters und auf das kleine verfügbare Personal aus. Gretchen gerät bei ihrer Version zum Opfer zweier Männergeschichten, denn sie wird zerrieben zwischen Faust und Valentin. Faust geht über sie hinweg – trotz seiner Erkenntnisse in »Wald und Höhle«, und Valentin liebt seine Schwester an Vaters Stelle und kann ihre Verhaltensweise, rasend eifersüchtig, nicht dulden. Gretchen wird Opfer einer typischen Männergesellschaft. Gabriele Gysi betont, wie Brecht die Fabel bei der *Urfaust*-Inszenierung im Jahre 1953 vereinfachend, man könne die Geschichte auch ganz naiv erzählen: »Ein Mann, der sich verliebt. Ein Mädchen, das sich verliebt. Der Bruder ist eifersüchtig. Das Mädchen wird verlassen. Eigentlich was fürs Kino. Auch das steckt im *Faust*, der Tragödie erstem Teil.«

Spielfassung

Gysi läßt jene Szenen aus *Faust I* spielen, an denen die vier beteiligten Personen ihren hauptsächlichen Anteil haben. Die Regisseurin arbeitet auch mit Szenenumstellungen, und von ihr als gewichtig erachtete Verse werden oft mehrfach wiederholt, es sind jene Verse, die klassische Zitate aus dem *Faust* geworden sind. Auch wichtige Verse aus dem zweiten Teil werden eingearbeitet, bedeutsame Verse, die mehr philosophische Reflexionen zu den Geschehnissen des ersten Teils sind, als daß sie die Handlung weitertragen. So ist z. B. wenig motiviert, weshalb nach der ersten Pause, mitten in *Faust I*, Teile der »Anmutigen Gegend« zu hören sind. Letztlich erzählte Gysi doch die Geschichte Gretchens in der Männerwelt und die Geschichte des an sich verzweifelnden Faust des ersten Teils, so daß Versatzstücke aus dem zweiten Teil wie Anhängsel wirkten, wenngleich klug gewählt. Auch zusätzliche musikalische »Einlagen« werden gespielt, Vertonungen von Goethe-Gedichten, Schuberts *Ich wollt, ich wär ein Fisch* und *Nur wer die Sehnsucht kennt*.

Insgesamt erlebte man ein philosophisches Psychospiel der leisen und der lauten Töne, das das Publikum in den Bann zog durch die subtile, enge Verflechtung der Personen und durch die starken Leistungen von Anne Levin (Gretchen) und Paul Peter Schwietzke (Mephisto). Fasziniert und begeistert waren die Kenner, die das Stück sahen, wie Gysi die Inhalte komprimierte in Wort und Bild. Fasziniert waren auch viele Nichtkenner, weil die Schauspieler es fertigbrachten, ihre Situationen überzeugend über die Rampe zu bringen.

Aufnahme durch Publikum und Kritik

Das nicht nur aus Tübingen stammende Publikum umjubelte fast alle Abende, von der Voraufführung über die Premiere bis zu den Repertoireaufführungen. Man honorierte den Einsatz knapper Mittel, um ein großes Ziel zu erreichen, und fruchtbare Diskussionen mit dem Publikum fanden statt.

Die Kritik war im Zwiespalt: Die einen lehnten diesen *Faust* als bloße Zitatensammlung ab, andere versuchten den Intentionen des Regieteams gerecht zu werden, wie Monique Cantré am 26. 9. 1994 im *Reutlinger Generalanzeiger*: »Eine Menge theatralischer Überraschungen hielt Gabriele Gysis ›Faust‹ im

Abb. 234: Faust (Ulrich Walljasper) hält (sich an) Gretchen (Anne Levin) nachdenklich (fest). Im Hintergrund lauert Mephisto (Paul Peter Schwietzke), der es ebenfalls auf das kesse Mädchen abgesehen hat.

Abb. 235: Die Schöne (Olga Putzger) und Gretchen (Marta Dittrich) stimmen den Choral *Lobet den Herren* an (Rostock 1998).

Abb. 236: Gretchen und Faust (Matthias Kreß) in Gysis Rostocker Inszenierung im Jahre 1998. Die jungen Darsteller wuchsen von Mal zu Mal in ihre Rolle hinein, erfaßten so die Intentionen von Goethes Gestalten und brachten Probleme und Tragik einem jungen heutigen Publikum sehr nahe.

Tübinger Zimmertheater bereit. ... Ihre radikal komprimierte Textfassung aus Faust I und II, die wie eine Zitatensammlung wirkte, verdichtete sich in Verbindung mit verblüffenden szenischen Ideen zu einer Essenz des Dramas. Über allem lag der unruhige Atem des wie auch immer nach Erfüllung suchenden Menschen. Daß dabei ein junges Mädchen unter die Räder kam, ist Ausdruck der Männergesellschaft. Vermutlich kalkuliert Gabriele Gysis Inszenierung die Kenntnis des Stücks beim Zuschauer mit ein. Das dürfte im stark von Studenten und Studierten frequentierten Zimmertheater noch aufgehen. Wer den ›Faust‹ jedoch nicht im Kopf hat, kann sich in der temperamentvollen Bilderflut wahrscheinlich leicht verirren. Denn es wird nicht nur ›Faust‹ gespielt, sondern auch mit ihm.

Die auf engstem Raum stattfindende Aufführung, der nur ein Schrank und ein Klavier mit Hocker als Kulisse dienen, nimmt von Anfang an durch ungewöhnliche darstellerische Mittel ein. Im Ballettsaal tänzelt Anne Levin mit Besen und Putzeimer bei der »Zueignung« ums Piano und kehrt die Bühne. Dabei treibt sie mit ihren Utensilien komisch verquere Boden-Akrobatik. Der Witz birgt die Botschaft: Die Bühne wird für die Kunst bereitet.«

Gabriele Gysi und ihre Schauspieler wagten es, den bekannten Text in einer radikalen Fassung in Atemnähe mit einem meist gebildeten, immer aber neugierigen Publikum überzeugend und erfolgreich zu gestalten. Es zeigt aber auch, daß Theater für ein bestimmtes Publikum gemacht werden kann und gelegentlich auch gemacht werden muß. Überdies steht diese eine Inszenierung stellvertretend für den Sachverhalt, daß auch in der »Provinz« Goethes *Faust* in beachtlichen Ausdeutungen interessierten Menschen nahegebracht worden ist – in der bald zweihundertjährigen Bühnengeschichte dieses Weltspiels.

Im Juni 1998 richtete Gysi für die Rostocker »Compagnie de Comédie« eine vergleichbare Spielfassung ein, diesmal für sieben Personen, wobei Mephisto von einer Frau gespielt wurde und als achte Person auf dem Programmzettel »Die Schöne« auftrat, die, meist einen Choral singend, die Aufführung gelegentlich begleitete. Die Einstudierung fand im Kloster-Kirchhof an der altehrwürdigen Rückfront des Klosters zum Heiligen Kreuz statt. Wieder war die Wirkung ähnlich wie in Tübingen, und die sehr jungen Schauspieler schafften es, daß sich auch ein sehr jugendliches Publikum ernsthaft mit den Inhalten des intensiv-verwobenen Dargestellten auseinanderzusetzen begann. Diesmal spielte auch der Ort in anderer Weise mit: Wenn Mephisto beispielsweise auf die uralten Klostermauern blickt, hat dies eine andere Bedeutung als auf einer Theaterbühne, und der Raum inspirierte auch Regisseurin und Akteure: Das Spiel begann still verhalten mit einem zur Laute vorgetragen Choral *Lobet den Herren, den mächtigen König der Ehren*, der im Spiel öfter wiederkehrte.

---

1 Die folgenden Zitate sind Notizen aus Gesprächen, die ich während der Probenphase mit der Regisseurin führte.

77. Goethe-Orientierung mit einem »exemplarischen Faust«: Günter Krämer inszeniert den ersten Teil an zwei Abenden am Kölner Schauspielhaus (1996)

Motive und Konzeption

Dem Programmheft ist zu entnehmen, daß Günter Krämer sich eng an Goethe orientieren will und damit bewußt eine Klassikerzertrümmerung vermeidet. Trotz der Orientierungslosigkeit vieler Menschen im ausgehenden 20. Jahrhundert sucht Krämer Antworten in Goethes *Faust* zu finden: »Die ... enge Orientierung an der überlieferten Textgestalt mag zunächst irritieren. Die deutschen Klassiker sind im Laufe der Geschichte derart zu Fetischen einer quasi-religiösen Heldenverehrung verkommen, daß jedes Ernstnehmen als Fortsetzung jener verlogenen und verständnislosen Apologien mißverstanden werden kann, mit denen Goethes Worte seit dem letzten Jahrhundert als Heiligtum und Goethesche Ideale seit Auschwitz als Entschuldigungsfloskeln mißbraucht werden.

Darüber hinaus richtet sich das berechtigte und notwendige Mißtrauen gegenüber den Klassikern auch gegen deren Inhalte selbst. Denn das Menschen- und Weltbild der Gegenwart scheint auf den ersten Blick den klassischen Vorstellungen in beinahe unüberbrückbarer Weise entrückt. Themen wie Persönlichkeitsstreben und Erlösungshoffnung erwecken philosophisches Mißbehagen« (Programmheft). Goethes Sprache und »die Sentenzenhaftigkeit vieler Textstellen und die überlieferten Darstellungsformen der Klassik« taugten »bestenfalls noch zur Satire« (Programmheft). Eine Klassikerzertrümmerung lehnt Krämer nicht grundsätzlich ab, denn ein »solcher Umgang mit Klassikern führt immer wieder zu überzeugenden Theaterereignissen und gehört zu den wichtigsten Emanzipationsleistungen, die in den vergangenen Jahrzehnten einem reaktionären Theaterverständnis abgetrotzt wurden.« Für seinen Kölner Faust geht er aber andere Wege: »Getragen von der Überzeugung, daß sich in Goethes Faust eine formale und inhaltliche Struktur spiegelt, die dem Kunstwerk über alle Verwerfungen der Rezeptionsgeschichte hinweg seine welterschließende Kraft bewahrt, begibt sich die Kölner Inszenierung auf eine Forschungsreise in den Text und die an den Text herangeschwemmten Bedeutungsebenen. In diesem mit geheimnisvollen Zeichen angefüllten Abenteuerland gilt es, Bilder, Namen und Visionen von Bedingungen und Möglichkeiten des Menschen unserer Gegenwart zu entdecken. ... Gefordert ist ... eine Inszenierung, die ihren formalen und inhaltlichen Zusammenhang mit der Gegenwart vermittelt, ohne dadurch die Rätselhaftigkeit und Fremdheit des Werks aufzugeben, eine Inszenierung, die die Musikalität der Dichtung zum Klingen bringt, ohne einer übertriebenen Rhetorik zu huldigen. Ein solches Unterfangen verlangt die Bereitschaft, neugierig und geduldig, offen und aufmerksam Stellung zu beziehen. Durch die Betonung des Bruchstückhaften, Mosaikhaften von Goethes Schauspiel, durch ein organisches Spiel mit den Spannungen zwischen Konkretem und Verschwommenem, Realem und Traumhaftem, zwischen Vielheit und Einheit steckt die Inszenierung Assoziationsräume ab, die dem Zuschauer Möglichkeiten bieten für die eigene Phantasiearbeit, die eigene Skepsis und Hoffnung, die eigene Kritik und Selbstkritik.« (Programmheft). Im Drama Faust sammle der Dichter »die Erinnerungen, Alpträume, Visionen, Kopfgeburten und Sehnsüchte einer zerrissenen Existenz, um in diesen anthropologischen Fragmenten über die (unbeantwortbare) Frage nach einer alles bewegenden, einenden ›Lebensenergie‹ zu meditieren. Der ›Augen-Blick‹ als Grund- und Ausnahmesituation von Wahrnehmung und Zeit dient in Goethes bruchstückhafter Tragödie als stets präsenter philosophischer und ästhetischer Bezugspunkt.

Die Kölner Inszenierung tastet sich in diese Goethesche Grundsituation hinein und präsentiert das Drama kommentierend und zum Teil ironisierend als Gedanken- und Beobachtungssplitter eines Autors, der sich im Laufe der Zeit gegen idealisierende Erhöhung und nationalistische Erhöhung zur Wehr setzen mußte. So wird Goethes Text zunächst in seiner Fremdheit und Ferne sichtbar, um dann seine aktuelle Aussagekraft zu entwickeln für eine Gegenwart, die ihr Selbstverständnis angesichts des Fehlens einheitsstiftender Gesamtentwürfe zu formulieren sucht, und die mit physikalischen und gentechnologischen Allmachtsphantasien doch noch Herr der Schöpfung zu werden trachtet« (Programmheft).

Zwei Themenkomplexe hatten dabei für Krämer gegenwartsbezogene Perspektiven, nämlich »die Frage nach den Sinnkonstruktionen des Menschen und die Frage nach der Zeitlichkeit der Welt. Diese abstrakten Aspekte erhalten in Goethes Schauspiel konkrete Gestalt. Faust sieht schon zu Beginn der Tragödie seine Allmachtsphantasien an der eigenen Begrenztheit scheitern. Kein Mensch vermag das ›Wesen der Welt‹ unmittelbar zu erfassen. ... Goethes Text unterlegt die irrende Pilgerfahrt des modernen Intellektuellen durch eine Welt ohne sichernde Sinnentwürfe ...« (Programmheft). Goethes Faust dient Krämer heutzutage dazu, über eine Gegenwart nachzudenken, deren Sinnentwürfe äußerst fraglich sind und deren Zeit- und Geschichtsverständnis weitgehend menschenunwürdige Züge angenommen hätten.

Bühnenbau, Kostüme, Maske

Um die Phantasie der Zuschauer nicht zu gängeln, baute Gottfried Pilz einen bewußt kargen Bühnenraum. Die Probennotizen sprechen von einem »Schwanken, Pulsieren zwischen Theaterraum und Als-ob, zwischen konkreten Bühnenwelten und abstrakten Zeichenwelten« (Programmheft). Die Reduktion des Bühnenbaus auf sehr karge Mittel gaben, wie auch die Rezensenten anmerkten, Raum für die Bedeutung des Sprach-Spiels Faust. In der Welt war am 21. 5. 1996 von L. Schmidt-Mühlisch zu lesen: »Günter Krämer hat in Köln einen geradezu exemplarischen ›Faust‹ inszeniert, von einer Kargheit der Mittel, die gelegentlich an die eher konzertante Aufführung einer Sprechoper erinnerte. Schon das Vorspiel auf dem Theater zeigt die Richtung an. Eine dunkle Heerschar quält sich aus der Schwärze ins Dämmerlicht vor. Es irrt der Mensch, das Schauspiel Welt, es prunkt nicht mehr mit Farben und Gesängen.«

Auch die Kostümfrage wurde durch einfache Mittel gelöst: Die Akteure tragen Kleidungsstücke des 20. Jahrhunderts: Faust, Mephistopheles und Wagner erscheinen feierlich in Anzug (Innenräume) oder mit Mantel und Zylinder (Außenräume). Gretchen und Marthe tragen Alltagskleidung unserer Zeit. Wie elf Jahre zuvor in Bremen kleidete Krämer die Hauptgestalten gerne in schwarze Fräcke. In den Probennotizen ist bezüglich der Kostüme zu lesen: »Goethes Welt als Kinderstube der Moderne.«

Die Maske beließ es weitgehend bei den natürlichen Gesichtern der Darsteller. Auf drastische Schminke oder gar Verfremdung wurde verzichtet.

Strichfassung

Günter Krämer ließ alle Szenen spielen. Vom Gesamttext waren etwa 25% gestrichen, drastisch nur in der »Hexenküche« und im »Walpurgisnachtstraum«, den er der »Walpurgisnacht« zugeschlagen hatte. Auch Krämer öffnete – wie üblich bei etlichen Regisseuren der 90er Jahre – Goethes Faust-Text für fremdes Liedgut; in Auerbachs Keller grölten neben den vier Zechern ein zusätzlicher sechsköpfiger Chorus Die Wacht am Rhein, und Mephisto ließ am ersten Abend die Operettenmelodie »Lippen schweigen, flüstern Geigen, hab mich lieb ...« hören. Wie die beiden Abende aufgeteilt waren, konnte man der Titelseite des Programmhefts entnehmen, wo auch jede Szene auf einen markanten Satz zusammengestrichen war:

Faust I. Eine Tragödie von Johann Wolfgang Goethe
Erster Abend

Zueignung		Ihr naht Euch wieder, schwankende Gestalten!
Vorspiel auf dem Theater	Direktor:	Vom Himmel durch die Welt zur Hölle
Prolog im Himmel	Der Herr:	Ein guter Mensch in seinem dunklen Drange ...

Nacht	Erdgeist:	Du gleichst dem Geist den du begreifst/Nicht mir!
	Faust:	Der letze Trunk sei nun/ ... dem Morgen zugebracht!
Vor dem Tor	Faust:	Ja, wäre nur ein Zaubermantel mein!
Studierzimmer	Faust:	Und schreibe getrost: Im Anfang war die Tat!
	Mephisto:	Ich bin ein Teil des Teils, der anfangs alles war...
Auerbachs Keller	Siebel:	Betrug war alles, Lug und Schein.
Hexenküche	Mephisto:	Du siehst.../Bald Helenen in jedem Weibe.

Zweiter Abend

Straße	Margarete:	Bin weder Fräulein, weder schön...
Abend	Margarete:	Nach Golde drängt,/ Am Golde hängt/ Doch Alles.
Spaziergang	Faust:	Und mach', und richt's nach meinem Sinn
Der Nachbarin Haus	Mephisto:	Ihr Mann ist tot und läßt Sie grüßen.
Straße	Faust:	Ist das ein teuflisch Lügenspiel?
Garten	Faust.	Ihr seid wohl viel allein?
Ein Gartenhäuschen	Margarete:	Begreife nicht, was er an mir find't.
Wald und Höhle	Faust:	O daß dem Menschen nichts Vollkommnes wird...
	Mephisto:	Habt Ihr nun bald das Leben gnug geführt?
Gretchens Stube	Margarete:	Meine Ruh' ist hin,/ Mein Herz ist schwer;
Marthens Garten	Margarete:	Nun sag', wie hast Du's mit der Religion?
Am Brunnen	Margarete:	Und bin nun selbst der Sünde bloß!
Zwinger	Margarete:	Ach neige,/Du Schmerzenreiche...
Nacht	Margarete:	Mein Bruder! Welche Höllenpein!
Dom	Böser Geist:	Sünd' und Schande/ Bleibt nicht verborgen.
Walpurgisnacht	Faust	In die Traum- und Zaubersphäre/Sind wir, scheint es, eingegangen.
Trüber Tag. Offen Feld	Mephisto:	Nun sind wir schon wieder an der Grenze unseres Witzes...
	Faust:	Rette sie! Oder weh dir!
Kerker	Faust:	Besinne dich doch!/ Nur *einen* Schritt, so bist du frei!
Anmutige Gegend *(Faust II)*	Faust:	Am farbigen Abglanz haben wir das Leben.

Abb. 237: »Vor dem Tor« – Wagner (Ralph Morgenstern, mit Fernglas) und Faust (Hans-Michael Rehberg). Die weite Bühne des Kölner Schauspielhauses war in vielen Szenen karg oder kaum mit Kulissen bestückt. Meist spielten die Darsteller aus dem Dunkel heraus, dann mehr oder weniger grell ins Licht gehoben durch die Beleuchtungsregie von Manfred Voss. In manchen nebelumhauchten Szenen hörte man die Spieler nur noch, was die Zuschauer zum konzentrierten Hinhören gezwungen habe.- In der Szene »Vor dem Tor« agierten die Schauspieler deutlich umrißhaft sichtbar vor einem weißen Hintergrund.

Abb. 238: »Auerbachs Keller in Leipzig« – Während die vier Zecher und ein zusätzlicher Chorus in Goethes überdimensionalem Gipskopf ihr buntes Treiben anstimmen und Mephistos Zauber bestaunen, bleibt der gelangweilte Faust sozusagen von vornherein »außen vor«. – Eine lebensgroße Goethe-Büste stand während der gesamten Aufführung neben der Bühne, um so das Kölner Treiben zu begutachten.

Abb. 239: »Abend«: Birgit Walter in der Rolle Gretchens

Abb. 240: »Garten« – Marthe (Ingrid Andree) und Mephistopheles. Die Kargheit der Inszenierung zeigt auch dieses Bild: Dunkel der Bühnenhintergrund, nur eine Wäscheleine mit Bettüchern gliedert den Raum – wohl läßt auch hier die »Schweriner Wäsche« flatternd grüßen.

Insgesamt sechseinhalb Stunden wurde an beiden Abenden gespielt. Nach der dreieinhalbstündigen Aufführung am ersten Abend gab es für Krämer ein geradezu triumphales Bravo, aber nach dem zweiten erlebte man eine Buh- und Bravoschlacht um den Regisseur. Einerseits rächte sich in der Gretchentragödie die Kargheit der Bühnenbilder, andererseits sei die Spielweise nicht so virtuos gewesen und seien leise Worte in der Leere der Bühne verhallt und nicht ins Parkett vorgedrungen.

Die Tatsache, daß das Spiel am 2. Abend mit der Szene »Anmutige Gegend« endete, ließ u. a. W. Aschemann, den Kritiker des *Express*, am 21. 5. 1996 die Vermutung äußern, Krämer wolle damit aussagen, daß er demnächst auch den 2. Teil in Köln inszenieren wird. Dies geschah zwar nicht, aber es ist seit etlichen Jahren Brauch, *Faust I* mit der »Anmutigen Gegend« als Anhängsel zu beenden, auch wenn der zweite Teil gar nicht auf dem Spielplan steht. Als Krämer elf Jahre zuvor in Bremen beide Teile inszenierte, folgte auf den ungekürzten *Faust I* der zweite Teil, beschränkt auf den 3. und 5. Akt. In Köln wagte er sich offensichtlich nicht mehr an *Faust II*.

Die Aufführung in Daten und Materialien

Johann Wolfgang Goethe: *Faust I* an zwei Abenden
Erster Abend: Zueignung bis Hexenküche
Zweiter Abend: Straße bis Ariel-Szene

Inszenierung: Günter Krämer
Ausstattung: Gottfried Pilz
Musik: Konstantin Wecker
Dramaturgie: Ralf Hertling
Licht: Manfred Voss

Faust: Hans-Michael Rehberg
Mephistopheles: Martin Reinke
Wagner: Ralph Morgenstern
Gretchen: Birgit Walter
Marthe: Ingrid Andree

Die Schauspieler kamen bei Publikum und Kritik gleichermaßen gut an. Rehberg ging zu seinem ersten Auftritt auf die Bühne von einem Platz in der ersten Parkettreihe, wo auch Reinke als Mephistopheles immer wieder Platz nahm, um insbesondere das ersehnte Opfer Faust zu erspähen. Überzeugten die beiden Protagonisten am ersten Abend, so ge-

hörte dem fabelhaften Gretchen Birgit Walters der zweite Abend.
Bereits vor Beginn der Premiere hatte Birgit Walter für Furore gesorgt, denn mit einem meterhohen Plakat machte das Schauspielhaus Werbung für Krämers *Faust*. Dort saß sie splitternackt: Po und Rücken waren zu sehen, und sie blickte über die rechte Schulter nach hinten den Betrachter an. An einer Brückendurchfahrt mußte das Plakat bis zur Höhe der Schultern überklebt werden, um die Auffahrunfallgefahr zu bannen. Kölns Pressechef Henning von Borstell, der die Anordnung zum Überkleben gab, meinte dazu: »Stellen Sie sich vor, Sie fahren unter einer nackten Frau plus Telefonnummer durch – ob das noch als Werbung für die Kölner Bühnen verstanden worden wäre?« Das Plakat mit dem splitternackten Gretchen enthielt rot gedruckt die Aufforderung: »Gretchen Tel.: 2218400« – Bemerkenswert mag abschließend sein, daß die Musik des Liedermachers Konstantin Wecker in den Rezensionen keine Rolle spielt, da sie wenig Akzente gesetzt hat.

Magnet Gretchentragödie oder Wie im Burgtheater 1883

Als im Jahre 1883 im Wiener Burgtheater *Faust I* an zwei Abenden gegeben worden ist, stellten die Kritiker fest, daß sich die Wiener den »philosophischen Quark« der Gelehrtentragödie erspart hätten und statt dessen lieber »ins Gretchen« gegangen seien. Etwas Vergleichbares muß sich nach mehreren Monaten in Köln zugetragen haben, denn im August-Heft des Jahres 1997 war in *Theater heute* nachzulesen, daß bei der 60. Vorstellung die Gelehrtentragödie nur zu zwei Dritteln besetzt gewesen sei, während die Gretchentragödie vor ausverkauftem Haus gespielt wurde. Beide Abende seien jedoch vom Publikum mit starkem Schlußbeifall angenommen worden. Als 1977 in Stuttgart *Faust I* und *Faust II* an zwei Abenden gegeben wurde, verkauften die Württembergischen Staatstheater die Karten mit 25% Nachlaß, wenn ein Besucher Tickets für beide Teile erwerben wollte. Für jedes Publikum muß ein Theater seine eignen Wege finden können ...

Faust an anderen Bühnen

Konventionellere Einstudierungen beider Teile, d.h. Aufführungen, die weniger den Stempel des Experiments trugen, boten u.a. die Bühnen in Wuppertal (1990/92) und Bielefeld (1996/98). Als sehr gelungen beurteilte die Fachpresse zunächst *Faust I*, der 1990 in einer akzeptablen Strichfassung unter der Regie von Holk Freytag herauskam, die, wie derzeit modisch, mit der »Anmutigen Gegend« endete. Vor allem die Darsteller der Hauptrollen, wie das gesamte Ensemble in Straßenkleidung steckend, hätten überzeugt, vor allem Bernd Kuschmann als Faust und Josef Ostendorf als Mephisto. Zwar habe das Publikum das Ensemble gefeiert und Holk Freytag bei der Premiere ausgebuht, die Kritik sah dennoch die beste Schauspielaufführung seit Jahren in Wuppertal. Das Kritikerlob steigerte sich nach der Premiere des zweiten Teils 1992, der um ein Drittel gekürzt war und wozu wieder Wolf Münzner meist überzeugende Bühnenbilder lieferte. Die Inszenierung beider Teile habe »großstädtisches Format«, wurde gelobt. Nur sei der frühere Mephisto dem fünfeinviertel Stunden dauernden Spektakel nicht gewachsen gewesen, so daß Volker Niederfahrenhorst diese Rolle übernahm. Als das Premierenpublikum Regie und Darsteller ausnahmslos bejubelten, ließ der Kritiker in Heft 11/1992 von *Theater heute* Friedrich Beyer zu Wort kommen, der 1976/77 beide Teile in Heidelberg einstudiert hatte: »Wenn die Reformpädagogik in der BRD Abiturienten den Schulabschluß ermögliche, ohne daß sie je mit Goethes Drama in Berührung gekommen sind, dann erhalte das Theater eine volksbildnerische Aufgabe.«

Auf zwei Versuche mit *Faust I* sei noch verwiesen: Einer Kostümmodenschau habe die Inszenierung des ersten Teils durch Alfred Kirchner am Berliner Schillertheater 1990 geglichen. Die Inszenierung endete mit schütterem Applaus und vielen Buhrufen. Problematisch war vor allem das für alle Szenen gleichbleibende, statische Bühnenbild, gestaltet durch zwei Erdhügel mit knorrigen Wurzeln, toten Baumstümpfen und abgebrochenen Ästen links und rechts auf der Bühne, in der Mitte eine Gasse, durch die die Darsteller auftraten. C. Bernd Sucher sah am 22.10.1990 in der *Süddeutschen Zeitung* die Beschränktheit dieses Bühnenraums: »Dieser schlichte Platz bedeutet alles, sinnfällig selbst dem einfachsten Gemüt: Hölle, Erde, Himmel. Hier thront in einer kanzelartigen Säule, die tapeziert ist mit dem Firmamentendekor, der Herr, der sich von Rosalie gleich noch eine Toga mit gleichem Dessin hat schneidern lassen. Hier streiten keck und frech und vorlaut Theaterdirektor, Dichter und Lustige Person um den richtigen Text für das Publikum in Deutschland und zeigen nebenher das Neueste von Rosalie. Extravagantes: Fummel, Kleider, die Gaultier nicht eingefallen sind. Eine Kollektion in weiß. Röcke, Blusen, Anzüge, in die die Menschen eingewickelt, eingepaßt, eingezwängt werden. Jedes Tuch sorgfältig und sparsam bemalt.«

Da die Schauspieler einschließlich des kraftlosen Faust nicht überzeugten, erlebte man eine bloße Nacherzählung des Dramas auf der Bühne und keine fesselnde theatralische Produktion. Kirchner zog seine Inszenierung bald zurück, da Kritik und Publikum kaum Gefallen an diesem *Faust*-Spiel finden konnten. Bedauerlich war dies deshalb, weil Kirchner zur Feier des neuen Intendantenteams am Schillertheater mit einem theatralischen Großereignis Aufmerksamkeit erregen wollte. An eine Verwirklichung des zweiten Teils war nicht mehr zu denken.

Dem Regisseur wurde oberflächliches theatralisches Herzeigen angekreidet. In banaler Direktheit würden die Worte bildlich inszeniert, was Franz Wille in *Theater heute* (12/1990) störte: »Der überforderte Regisseur reagiert aufs Stichwort wie ein Pawlowscher Hund aufs Schellen. ›Meine Ruh ist hin‹ und schon umkreist Kirchners Gretchen tarantelesk den Stuhl, der ihr geblieben ist. ›Das Gewölbe/ Drängt mich! – Luft‹ – schon schnappt sie nach derselben. Und sofort. Kirchner hat Therese Hämer in ihrer (erst) dritten Rolle völlig allein gelassen, ausgeliefert an ein Unkonzept frontaler Schauspielerei. Sie muß raus und reinhasten, von einem Gefühlszustand in den nächsten sprinten, von dauernden Umbau-Blackouts in ihrer Figurenentfaltung gehindert.« Selbst Szenen, bei denen die Regisseure ihre theatralische Phantasie drastisch entfalten können, gelangen Kirchner überhaupt nicht: »Dabei erweist sich seine Bilderwelt, das Überfutter fürs Gesagte, als erstaunlich spießig. Hexenküche und Walpurgisnacht – eine feucht fröhliche Männerphantasie, viel gespreizte Schenkel, Menstruationsblut und Wallehaar, aber keine Verstörung und kein Erschrecken. Erschreckend allerdings, wenn Kirchner – Zeigefinger: Golfkrieg und Israel? – Kinder mit Gasmasken auftreten läßt, als bloße Ergänzung des geistfern Dekorativen. Wer nichts zu sagen hat, zeigt eifrig, daß er auf der Höhe der Tagesschau ist.«

Unter dem Eindruck des Mißerfolgs der Premiere seien spätere Aufführungen immer schlechter geworden, stellte Wille fest. Nur der Mephisto Hilmar Tates habe auch noch die Zuschauer von Repertoireaufführungen überzeugt, ebenfalls Marthes Spiel, was der Szenenbeifall bewiesen habe. In einer kurzen Notiz von Gerhard Stadelmaier in der *Frankfurter Allgemeinen* war zu lesen, Kirchner habe Goethes Lebenswerk nicht verstanden.

In der Spielzeit 1994/95 gab es am Deutschen Theater Göttingen nur ein Werk eines deutschen Autors zu sehen, Goethes *Faust I*. Der junge Regisseur Thomas Krupa ließ des Werk – fast wie Marthaler und teilweise Dorn – in einem fenster- und türenlosen gelblichen Guckkasten-Betonraum spielen, mit der von Schöne rekonstruierten »Walpurgisnacht«. Bezüglich Faust und Mephisto verwirklicht Krupa denselben Einfall wie Engel 1990 in Dresden. Martin Krumbholz sieht im März-Heft von *Theater heute* dieses Experiment als gelungen an, wohl auch deshalb, weil nicht wie in Dresden beide Darsteller zugleich als Faust, später zugleich als Mephisto auf der Bühne stehen und weil sich die Rollentauscherei nicht zu oft wiederholt: »Zwei Seelen wohnen, ach, in zwei Brüsten: faustische und mephistophelische in Faust und Mephisto. Die Lösung ist so einfach wie überzeugend: Zwei Schauspieler spielen jeweils beide Rollen. Der ältere ... ist zunächst Faust; der jüngere ... übernimmt die Rolle nach der Verjüngungskur in der Hexenküche, während [der andere] als Faust ›einspringt‹. Die Doppelindividualität ist nicht nur pragmatisch sinnvoll und überzeugend, sie gibt der Faust/Mephisto-Figur zugleich androgyne Züge: Mephisto trägt Straps und Ohrringe, verkörpert weniger das Böse als das hemmungslos Sexualisierte, Effeminierte eines ›doppeltriebigen‹ Wesens, das im staubtrockenen Faust seine geistigen Anteile hat. Daß das eine ohne das andere nicht zu haben ist, das Sinnenglück nicht ohne Schuld und Untergang – das ist eben die Tragödie.«

Etappenweise gab es den gesamten *Faust* für das Bielefelder Publikum zu sehen. Im Oktober 1996 brachte Dieter Reible zunächst *Faust I* heraus, mit Klaus Lange als Faust, Stefan Rehberg als Mephisto und Stefanie Matthes als Gretchen. Während der Bühnenbildner Axel Schmitt-Falckenberg für den ersten Teil einfache Lösungen bevorzugte, schuf er für *Faust II*, der im April 1998 Premiere hatte, sehr variable Schauplätze. So spielte sich die Mummenschanz auf mehreren Ebenen ab, auf der einfachen Bühne bei der »Klassischen Walpurgisnacht« schwebte mit Homunculus eine lebendige Darstellerin in einem durchsichtigen Plastikkleid aus dem Schnürboden, der schattige Hain für Faust und Helena (Julia Hansen) glich einer veritablen Rosenlaube, im 4. Akt erklommen Faust und Mephisto kranartige Gerüste, im 5. Akt war die Bühne weitgehend plan, aber im Bühnengestänge auf den Seiten waren u. a. Fausts »Luginsland« und der Ausblick für Lynkeus eingebaut. Beide Teile wurden, was die Szenenabfolge anbelangt, ziemlich vollständig gegeben, selbstverständlich mit kräftigen Strichen, so daß es möglich war, im Mai und Juni 1998 beide Teile an einem Tag zu geben.

Faust auf der internationalen Bühne nach 1945

International, selbst auf den deutschsprachigen Bühnen in Europa, spielte Goethes *Faust* eine untergeordnete Rolle. Viele Inszenierungen – letztlich seit der Goethe-Zeit – sorgten für wenig Aufsehen. Nach 1945 standen Bühnendeutungen in Österreich und in der Schweiz auch nicht so im Spannungsfeld ideologischer Auseinandersetzungen wie Inszenierungen in den beiden deutschen Staaten, die jeweils von westlichen und östlichen Medien sorgfältig beobachtet wurden. Aus diesem Grund (und aus Raumgründen) seien die bedeutsamsten Einstudierungen nur skizzenhaft erwähnt.

Das Zürcher Schauspielhaus bot im Frühjahr 1949 beide Teile auf, Regie und Dramaturgie hatte Leonhard Steckel inne. Will Quadflieg spielte Faust, Käthe Gold das Gretchen, und Mephisto wurde von Walter Richter gegeben. Die Bühne baute der Brecht-Vertraute Caspar Neher.

78. Rückschritte: Lindtbergs »Salzburger Barockfaust« (1961/63)

Im Neuen Festspielhaus Salzburg brachte Leopold Lindtberg im August 1961 zunächst den ersten Teil heraus, im Sommer 1963 erschien dort *Faust II*. Lindtbergs Inszenierungen, zu denen ihm Teo Otto die üppigen, aufdrängenden Bühnenbilder schuf, wurden schließlich als »Salzburger Barockfaust« abqualifiziert. Lindtberg wollte Goethes Drama deutlich und breit, prächtig und ausführlich haben, so daß Teo Otto von seinem karg-kühnen Hamburger Prinzip abwich und ins extreme Gegenteil verfiel. Die Kritik nahm zwar die Gründgens-Inszenierung zum Maßstab, aber aufgrund des Bühnenbildes und wegen der schwachen Leistung des Faust-Darstellers Attila Hörbiger sprach man von einer mißlungenen Inszenierung. Nur Will Quadflieg überzeugte in der Rolle Mephistos in beiden Teilen; als *Faust II* Premiere hatte, übernahm Thomas Holtzmann auch die Titelrolle im ersten Teil. Fast einstimmig wurde auch er für den gesamten Faust von der Kritik als Fehlbesetzung gesehen, neben dem als Mephisto brillierenden Quadflieg. Peter Iden meinte am 7.8.1963 in der *Frankfurter Rundschau*, Lindtberg hätte mit dieser Inszenierung nicht aufwarten können, hätte er keinen Quadflieg gefunden. Harsch geht auch Hans Mayer mit dieser Einstudierung im Oktober-Heft 1964 von *Theater heute* ins Gericht: »Sein Faust aber ist überaus peinlich. Hier ist einfach nicht ernsthaft genug gearbeitet worden. Ein hektisches Deklamieren hebt an und hört nicht wieder auf. Dies ist um so ärgerlicher, als sich sein Partner Will Quadflieg, der jahrelang bekanntlich den Faust gespielt hat, mit außerordentlicher geistiger Disziplin die Rolle des Mephistopheles erarbeitet hat.« An den Beginn des zweiten Teils setzte Lindtberg – wie Jahre später bei einer isolierten *Faust II*-Inszenierung in München, Verse aus der Gretchen-Handlung, ehe »Anmutige Gegend« anfängt. Für das Burgtheater Wien erarbeiteten sich Lindtberg und Otto 1967 wieder einen zweiteiligen *Faust*, wieder spielte Holtzmann die Titelfigur und Quadflieg den Mephisto. Den wenigen Kritiken – Vertreter der Fachzeitschriften reisten erst gar nicht an – ist zu entnehmen, daß Holtzmann bei seiner Rolle »dazugelernt« hatte und die Bühnenbilder Ottos sich mehr zurücknahmen.

79. Verstiegenheiten: Schildknechts und Hegers eigenwillig-überzeugende Version an den Vereinigten Bühnen Graz (1981)

Im Januar 1981 hatten an zwei hintereinander folgenden Abenden beide Teile in einer äußerst gelungenen Deutung Premiere: Am Schauspielhaus Graz führte Kurt Joseph Schildknecht Regie, die Bühne baute mit einfachen und dennoch überzeugenden Mitteln Hans Michael Heger. In fast allen Szenen dominierten viele unterschiedlich große Bockleitern (sie fehlten nur im Helena-Akt), die symbolisch gedeutet werden konnten: Jedes Weiterschreiten von Sprosse zu Sprosse führte unweigerlich zum Abstieg auf der anderen Seite oder gar in die Leere beim Verlassen der obersten Sprosse – eine Versinnbildlichung von Fausts vergeblichem Bemühen um Wissen. Zu den Leitern – manchen Kritikern ein Dorn im Auge – äußerte sich Schildknecht im Programmheft zum ersten Teil: »Als Dekorationselement, mit dem es sich gut und praktikabel spielen läßt, rechtfertigen sich die Leitern als solche. Darüber hinaus aber soll nicht vergessen werden, daß die Leiter sowohl im Mysterienspiel des Mittelalters als auch in der Alchemie besondere Bedeutungsgehalte besitzt. Im Mysterienspiel ist die Leiter ein wesentliches Requisit der in der Hölle schmachtenden Altväter, an die der Traum (Jakobs Traum) von der Erlösung geknüpft ist. Im Sinn eines Strebens nach Höherem benützt auch der Alchemist eine Leiter, die er erst weglegen darf, wenn der Vollendungsprozeß abgeschlossen ist« (Programmheft, ohne Seitenzählung).

Das Spiel begann mit dem »Prolog im Himmel«, wobei Mephisto im Partyanzug im Publikum saß und die Erzengel von den Logenrängen herab sprachen; der Herr diskutierte mit ihm über den Lautsprecher vom Überall und Nirgendwo des Theaterraums, danach verließ er seinen Platz, verwandelte sich durch Umziehen und Hörneraufkleben eigentlich in die Teufelsgestalt, hämmerte donnernd mit der Faust gegen den Eisernen Vorhang, der sich auftat. Man erblickte Faust, wie ihm explosionsartig sein letztes Experiment mißlang. Um die verschiedenen Spielorte zu charakterisieren, wurden in das Leiterngewirr zusätzliche Aufbauten gestellt. Besonders beeindruckend war, wie Gretchen buchstäblich in eine Leiternstraße metallisch eingekerkert war.

Im zweiten Teil wurden durch Weglassung (1. und 3. Akt) und deutliche Reduzierung der Leitern (4. und 5. Akt) weite Spielräume geschaffen. Insgesamt sah man in Graz ein äußerst variables Bühnenbild, das immer treffend den jeweiligen Räumen ihre Charakteristik verlieh. Dazu trugen auch die variabel gestalteten Kostüme (Michaela Mayer) bei, die ebenfalls ihre Träger einleuchtend typisierten. Nicht nur durch Bühnenbild

Abb. 241: »Nacht« – Faust (Manfred Lukas-Luderer) und Wagner (Kurt Hradek) im Studierzimmer.

Abb. 242: *Faust II*, »Hochgewölbtes enges gotisches Zimmer« – Dieser Blick in die Baccalaureus-Szene des zweiten Teils zeigt, wie dicht manchmal die Leitern auf der Bühne herumstanden. Links sitzt Mephisto (Peter Uray) im Rollstuhl, scheinbar vom Baccalaureus (Moritz Dürr) belehrt.

und Kostümierung kam eine sehr überzeugende Aufführung zustande, sondern auch von den überragenden schauspielerischen Leistungen her.

Den optimalen Eindruck vervollständigte eine trefflich passende Bühnenmusik von Harald Neuwirth und eine gekonnte Strichfassung, die der Regisseur selber besorgte, wobei er darauf achtete, möglichst viele Szenen beider Teile zu spielen und sie maßvoll zu kürzen. In den Programmheften kommentierte Schildknecht die einzelnen Szenen (erster Teil) bzw. die Akte von *Faust II*, und er gab wichtige Äußerungen Goethes zum *Faust* wieder, wobei Fotos der Aufführung das Gesamtbild komplettierten. – Ich versteige mich: Neben Peymanns Stuttgarter Inszenierung (1977) ist die Deutung Schildknechts die beste Inszenierung von Goethes Weltgedicht im 20. Jahrhundert bzw. in der Bühnengeschichte des *Faust*. Da die Fernsehsender ORF und 3sat diese Aufführung ausgestrahlt haben und demzufolge an bestimmten Stellen Kopien auszuleihen sind, kann sich der interessierte Leser von der Qualität des Grazer *Faust* überzeugen.

Abb. 243: Die Hexenküche glich einem riesigen Labor. Links thront dort Peter Uray als Mephisto.

Abb. 244: »Palast« – Faust, der monopolistische Unternehmer, in seinem Aktenbüro, die Leiter zum weiteren Aufstieg bereit, mit seinem »Geschäftsführer Mephisto«, wie den teuflischen Gegenspieler Wirtschaftswissenschaftler, die *Faust* analysierten, bezeichneten.

Abb. 245: Gretchen (Brigitte Quadlbauer) im Leitern-Kerker

80. Lebensbilanz: In jahrelanger Arbeit inszeniert Strehler in Mailand beide Teile (1989/91)

Abb. 246: Faust (Strehler) erhält den Verjüngungstrank in der Hexenküche, wobei die Beleuchtung ihn in seinem Zauberkreis heraushebt.

Im März 1989 ließ Giorgio Strehler am Mailänder Piccolo Teatro unter dem Titel *Faust frammenti, parte prima* erste Szenen aus *Faust I* spielen, in Monatsschritten kamen neue hinzu, bis dann auch der zweite Teil szenisch erschlossen war: Im Juni 1990 gab es öffentliche Proben zum zweiten Teil, und im April 1991 konnten dann beide Teile an je zwei Abenden gegeben werden. Strehler schuf eines der interessantesten Projekte auf der europäischen Bühne nach 1945, wovon zwei großformatige, bildbandähnliche Programmhefte auf Hochglanzpapier heute noch künden. Gleichsam als Summe seines Theaterlebens als Schauspieler und als Regisseur veranstaltete Strehler sein großartiges *Faust*-Projekt; den ersten Teil zeigte er auch in Rom, nur in Mailand waren beide Teile zu sehen. Durch eine Vielzahl von Beiprogrammen ließ er den Stoff um Goethes *Faust* lebendig werden. Den Programmheften sind folgende Daten zu entnehmen: Regie, Übersetzung und Strichfassung: Giorgio Strehler; Bühne: Josef Svoboda; Kostüme: Luisa Spinatelli; Musik: Fiorenzo Carpi. Faust: Giorgio Strehler; Mephisto: Franco Graziosi; Gretchen: Giulia Lazzarini; Stimme des Erdgeists: Will Quadflieg (Tonband), verkörpert wurde diese Figur jedoch von dreizehn Schauspielern; Helena: Andrea Jonasson.
Der erste Abend umfaßte die Szenen »Prolog im Himmel«, »Nacht«, »Vor dem Tor«, »Studierzimmer« II; am zweiten sah man die »Hexenküche« (dort tummelten sich neben der Hexe 40 Bestien sowie eine Rockband), »Straße«, »Garten«, »Wald und Höhle«, »Marthens Garten«, »Dom«, »Trüber Tag. Feld«, »Nacht. Offen Feld« und »Kerker«. Auf der meist spärlich ausgestatteten Bühne agierte Strehler oftmals allein, mal in einem Zauberkreis stehend (wie im *Volksbuch*), mal in einem Lichtkegel am Stehpult rezitierend. Auch Gretchen war im Kerker oder im Garten auf der weiten, fast kulissenlosen Bühne oft nur in einem Lichtkreis herausgehoben, das Spiel also weitgehend auf Wort, mimisches Spiel und Gestik ausgerichtet, letztlich zentriert auf die Faust-Figur Strehlers. Der zweite Abend endete mit einem verzweifelten Gretchen auf kulissenloser Bühne, zusammengekrümmt auf den nackten Bühnenbrettern, nur durch einen Scheinwerferkegel herausgehoben.
Der dritte Abend bot den Zuschauern vom ersten Akt die Szenen »Anmutige Gegend«, »Kaiserliche Pfalz«, »Weitläufiger Saal« (Mummenschanz), »Lustgarten« und »Finstere Galerie«. Vom zweiten Akt zeigte Strehler nur fünf Komplexe aus der »Klassischen Walpurgisnacht«: »Pharsalische Felder«, Teile von »Am oberen Peneios« (Greife und die Sirenen waren gestrichen) und »Am untern Peneios«; die zweite Szene »Am obern Peneios« und die »Felsbuchten des Ägäischen Meers« fielen dem Rotstift zum Opfer. Den dritten Akt verteilte der Regisseur auf zwei Abende, denn am 3. sah man nur »Vor dem Palaste des Menelas zu Sparta« und »Innerer Burghof«, während der Schlußabend mit »Arkadien« (Szenentitel von Strehler) begann; damit teilte der Regisseur die Szene »Innerer Burghof« an der Stelle, wo anschließend Phorkyas von der Geburt Euphorions berichtet. Vom 4. Akt folgten die Szenen »Hochgebirg« und »Auf dem Vorgebirg«, und vom 5. wurden alle gegeben. Der zweite Teil war prachtvoller ausgestattet, denn Kostüme und Bühnenbau wurden den jeweiligen Szenen angepaßt: Prachtvoll gingen die Kaiserhofszenen über die Bühne, barbusige Sphinxe agierten in der »Klassischen Walpurgisnacht«, eine weiträumige Säulenhalle deutete den Palast des Menelaos an, rechteckige durchsichtige Blöcke standen für das Hochgebirge im 4. und für Fausts Palast im 5. Akt, nicht naturalistisch, sondern symbolisch.
Strehler strich grundsätzlich ganze Szenen, weshalb er sein *Faust*-Spiel als »Fragmente« bezeichnete. Die Auffüh-

rungen an den vier Abenden bestachen durch die Weite der Spielräume mit großdimensionierten Aufbauten, die Lichtregie und diverse Kompositionen, wobei die Musikanten meist auf der Bühne ins theatralische Spiel integriert waren. Das Publikum nahm die Aufführungen begeistert an: Strehlers Buchungsangebot umfaßte grundsätzlich auch Übernachtung und Verpflegung. – Die Kritik allerdings beanstandete, daß die Aufführungen zu sehr auf die Person Strehlers zugeschnitten seien, doch dies war beabsichtigt.

Abb. 247: »Vor dem Palaste des Menelas« – Selbstbewußt tritt Helena (Andrea Jonasson) auf, während im Hintergrund die gefangenen Trojanerinnen kauern.

Abb. 248: »Lustgarten« bei Strehler – Die verschwenderische Feudalgesellschaft schwelgt nach der Erfindung des Papiergeldes im Glück.

81. Das Spiel im »Faust-Haus«: Neue Wege von Travez in Brasilien (Porto Alegre, 1995)

Eine bemerkenswerte Aufführung beider Teile außerhalb Europas war 1995 im brasilianischen Porto Alegre unter der Regie von Oi Nóis Aqui Travez in einem »Faust-Haus« zu bewundern, das keine Bühne hat. Durch das einstöckige Spielhaus mit Innenhof und Vorplatz wandern die höchstens dreißig Zuschauer, vergleichbar mit Grübers *Faust Salpêtrière* 1975 in Paris. Friedrich Dieckmann betont bei seiner Besprechung einer Aufführung in Heft 4/1995 von *Theater der Zeit*, Goethes Hauptwerk weise ohnehin eine Dramaturgie auf, die »dem Begriff und der Praxis des alten Kulissentheaters« sehr widerstrebe. So wie in den mittelalterlichen Kreuzwegen gehe das Publikum von Station zu Station mit, der Unterschied zwischen Spielen und Sehen werde also nicht aufgehoben. In Porto Alegre spielte man den ganzen *Faust*, selbstverständlich mit Strichen. Zehntausend Kilometer von Weimar und Frankfurt entfernt wird das Werk in ein theatralisches Ganzes verwandelt, wie Dieckmann schreibt: »... das Theaterhaus, in dem der Zuschauer ... mit den Akteuren von Szene zu Szene geht, Treppen steigt, durch Gänge tappt, ins Freie findet. Das beginnt auf der Straße, vor dem Tor, und der Verkehr hält an bei der seltsamen Erscheinung: eine Schar kapuzenverhüllter Mönche und Nonnen zieht, Kerzen und Heiligenfiguren mit sich führend, von draußen in das am Ende eines Fußwegs liegende Spielgehäuse. ... Am Ende des Weges finden sich alle wie in einer alten deutschen Stadt; vor den Türen kleiner Häuser stehen Männer und Frauen in mittelalterlichen Gewändern und blicken freundlich-distanziert auf die Gäste der Jetztzeit.« Vor einer Puppenbühne macht man Halt, denn dort wird als erstes Fausts Höllenfahrt aus einem der *Puppenspiele* gegeben. Nach diesem magisch affizierten Geschehen beginnt die eigentliche Goethesche Handlung mit dem »Prolog im Himmel«.

Weiter geht es in Fausts Studierzimmer, das einem Gelehrtenzimmer des ausgehenden 19. Jahrhunderts nachempfunden wurde; die Zuschauer stehen in einem Zimmer mit Büchern, Reagenzgläsern und dem üblichen Interieur von etwa 1880. Hier tritt nun Paul Flores als Faust mit wallendem Bart auf, wie er auch in Europa um 1880 gespielt worden ist: »Nicht jene genaue Abbildlichkeit, die sich das europäische Theater im Naturalismus zueignete ..., ist die Basis der Darstellung, sondern expressive Unmittelbarkeit, das vortragende Aus-sich-heraus-Gehen. Aber die magische Situation unmittelbarer Zeugenschaft, die den Zuschauer umfängt, gibt den Expektorationen des bedrängten Professors einen anderen Charakter als auf jeder Bühne. Der Besucher ist bei Dr. Faust in der Wohnung, an die Wand, an die Möbel gedrückt und immer wieder zurückweichend, wenn der bedrängte Gelehrte da- oder dorthin langt; er ist der stumme Teilhaber einer Geschichte ... Einige wenige sind ausersehen, wahrzunehmen, was sich wirklich zugetragen hat, und so ist es völlig am Platze, daß ein wirklicher Hund hereinläuft und seinen Platz hinter dem Herd nimmt, von wo er sich in die faustischen Angelegenheiten mischt.« Die Szene mit Wagner und der Osterspaziergang sind gestrichen, so daß früh Mephisto, verkörpert durch Kike Barbosa, auftritt. Nackt und lehmbeschmiert läßt er sich von der Decke herunter. Bald hat er den Gelehrten zum Pakt überredet, wirft ihn zu Boden und saugt das Blut des Paktes ihm aus der Brust. Auf dem Gang zur Hexenküche sieht man drei Nornen, die Schicksalsfäden drehen und zerschneiden, und ein Seiltänzer stürzt tödlich ab. Die Hexenküche ist so eng, daß die Spukbilder körperlich nah erscheinen, und auf Faust läßt sich eine junge, hübsche nackte Hexe mit gespreizten Beinen auf sein Gesicht nieder, um in ihm die Sinnenlust anzuheizen. Das Prinzip dieser besonderen Bühne

und das exzentrischer Einfälle zog sich auch durch die Gretchentragödie: Im Saal der Gretchen-Handlung saßen an der Seite eines Priesters mit drohendem Hoch-Hut ein Ritter und eine Frau, starren Statuen gleich: Valentin und Gretchens Mutter; auf der anderen Seite ist hinter einem Schleier Marthes Garten mit Teich und Pflanzen zu erkennen. Während Faust auch in diesen Szenen im langen Bart auftritt, hat sich Mephisto verwandelt, der nun vornehm in schwarzer Kappe und langem, weitem rotgesäumtem Mantel einherstolziert. Bei der Walpurgisnacht gelangen auch die Zuschauer ins Freie, in einen Hof, wo – anders als bei Goethe – der Winter ausgetrieben wird. Erst danach und nach Erlöschen eines Feuers »verwandelt sich die Dionysische Schar in eine Paarungsgemeinschaft; zuvor aber ist auf einem Schuppendach geisterhaft Gretchen erschienen, die Gepeinigte einer denaturierten Gesellschaft. In einer Landschaft, in der die christliche Überwältigung einer ursprünglichen Kultur nachwirkende Traumata hinterließ, ist aus dem teufelsbesessenen Brockenspuk eine Frühlingsfeier geworden, die sich der Sündenlehre und Leibesverteufelung entgegenstellt.« Vorgänge, die im ersten Teil ausgespart sind, werden in Porto Alegre pantomimisch dargestellt: »Mit dem Teich als Brautbett eines Gretchens, dem Sandra Possani, die südländisch-zarte Darstellerin, den Ausdruck unbedingter Hingabe verleiht, wird Frau Marthes Gärtlein zum Schauplatz der Liebesvereinigung, und das Gift des Schlaftrunks wird kenntlich dargereicht: Die Mutter löst sich aus der Madonnenpose, nimmt, trinkt und sinkt dann zu Boden. Vom fragmentarischen zweiten Teil wird nur das Ende erläutert: »Am Ende ersteht er [Faust] mit ihm [Mephisto] aus einem völlig gegenständlichen Grab, um nach traumwandlerischem Aufstieg auf das Dach eines der den Hof umstehenden Häuser sein Haupt an den Busen der göttlichen Frau, als des Ewig-Weiblichen, zu legen – Apotheose eines Freigesprochenen.«

Daß der Zuschauer selbst seinen Blickwinkel wählt und auch die Stelle wechseln kann, ergab für Dieckmann eine besondere Erfahrung: »Theater ist hier, auf eine ganz unambitionierte, dabei höchst bedachte Weise, jener Zweidimensionalität enthoben, die sein Wirkungsverhältnis jahrhundertelang war. ... Hier, in der Ferne Südbrasiliens, ist der Schritt über das alte Verhältnis hinaus getan, durch ein Theater, das den Zuschauer instand setzt, seinen Beobachtungsstandort selbst zu wählen. ...

Aber kein Zweifel: Oi Nóis Aqui Travez hat in diesem Faust-Haus eine neue Stufe auf einem Weg erreicht, der der Bildmaschine Fernsehen ... eine Unmittelbarkeit entgegenstellt, die die dritte Dimension, die einer körperlichen Raumerfahrung, theatralisch mobilisiert.«

Faust an anderen internationalen Bühnen

Faust in Frankreich

Antoine Vitez übernahm 1981 in Paris das Théâtre National Populaire und wollte mit einer Aufführung des *Faust* in der Übersetzung Nervals ein Glanzlicht aufstecken, was ihm nach Ansicht fast aller Pariser Pressekritiker auch gelungen ist; im *Le Monde* begann die Besprechung auf der Titelseite – ein Privileg, das nur »großen« kulturellen Ereignissen eingeräumt wird. Die erstaunten deutschen Kollegen waren nach dem Besuch der Aufführungen allesamt enttäuscht und warfen den Pariser Kritikern »Phrasenenthusiasmus«, »mangelnden Sachverstand« und »mangelnden Geschmack« vor. Zu Beginn des Spiels, das in einer Waldlichtung stattfindet, graben zwei Engel einen riesigen Koffer aus, dem dann Vitez als splitternackter Faust entsteigt. Der Koffer ist zugleich Fausts Studierzimmer, in das Mephisto pinkeln darf. Die Pistole wird zu einem wichtigen Requisit: Gleich zu Beginn schießt Mephisto den Herrn in einem Fesselballon ab, Faust streckt Valentin mit fünf Schüssen nieder, einem Statisten wird gar sein Gummiglied abgeschossen, als er über die Bühne geht. Wild orgiastisch ist das Hexentreiben. Mephisto trat gleich einem Rausschmeißer einer Pigallebar im Gangster-Trenchcoat der 50er Jahre auf. Das unscheinbare Gretchen hatte nur zwei auffällige Auftritte: Auch sie mußte sich völlig entblättern und das Lied vom König in Thule in schlechtem Deutsch singen. Außer von Mephisto wurde in kaum verständlichem Französisch gesprochen, fast immer pathetisch hohl. Wilfried Wiegand verwies am 19.1.1982 in der *Frankfurter Allgemeinen* darauf, daß Vitez zumindest einen *Faust* für die heutige Zeit geschaffen habe: »Mephisto trägt einen Trenchcoat, die Himmlischen Heerscharen des Prologs bevorzugen schwarze Lederkleidung, Gretchen kommt auf dem Fahrrad daher, und der verjüngte Faust [ein Akteur spielt den alten, ein zweiter den jungen Faust] macht ihre Bekanntschaft, indem er sich nach einem kessen Pfiff auf den Gepäckträger schwingt. Außerdem gibt es noch einen entkleideten Faust und ein ebenso splitternacktes Gretchen zu besichtigen, und jener Pudel ... erscheint hier als eine Art Schäferhund, der, von zwei ausgewachsenen Männern dargestellt, die Größe eines Esels angenommen hat. Wenn das merkwürdige Tier dann auch noch bellt und sein Wasser läßt, ist die Grenze zum Kindertheater überschritten.« Wiegand spricht Vitez den Respekt im Umgang mit dem *Faust* ab; vergleichbare Urteile waren am 5.12.1981 in der *Frankfurter Rundschau* und im Mai-Heft 1982 von *Theater heute* zu lesen. Milder urteilte Claudio Guidi im März-Heft von *Theater der Zeit*, wo der Gang der Handlung analysiert wird: »Die Aufführung fängt textgetreu mit dem Vorspiel auf dem Theater an. Nur sieht der Direktor wie jemand vom Zirkus aus, trägt Frack und Zylinder, die lustige Person hat ein Holzbein, und ihre Tracht läßt an einen karibischen Freibeuter denken, der auf eine tropische Insel geraten ist. Der Prolog im Himmel endet ganz anders als bei Goethe. Gott wird im Korb eines Luftballons aus dem Himmel heruntergelassen, während Mephisto ein ziemlich nervöser Bursche mit Regenmantel und Köfferchen ist. ›Von Zeit zu Zeit seh ich den Alten gern‹ ist bei Goethe zu lesen. Dieses halb ironische, halb rührend-opportunistische Gefühl von Mephisto existiert hier nicht. Mephisto schießt einfach auf Gott, der, spöttisch lachend, einen toten Doppelgänger seiner selbst herunterfallen läßt, bevor er mit seinem Luftballon gen Himmel entschwindet. Der Auftritt von Faust ist genau so ungewöhnlich wie der Beginn (und der Rest) der Aufführung. Nichts von Fausts muffigem Zimmer. Auf dem Hügel, mitten im Wald, graben zwei Menschen mit Hacke und Spaten eine große Truhe aus, die dann auf die Bühne gebracht wird. Der Deckel öffnet sich, und ein nackter Arm kommt heraus, dem bald der restliche Körper folgt. Vor unseren Augen steht ein nackter Faust, der sich anzieht, indes er seinen Monolog spricht. Am Ende sehen wir einen etwa Fünfzigjährigen im weißen Sakko, der gelegentlich eine Zigarette in der Hand hat. Die Aufführung bringt dann neue andere Bilder, die optisch durchaus auch reizvoll sind. Der Wald wird immer lebendiger: Tiere und Menschen kommen dort heraus, Wolken laufen am Himmel, während eine Kapelle, im Unterholz versteckt, Musik von Schubert spielt. Später, in der

Hexenküche, treten eine Menge ekelhafter Tiere auf, die wild auf der Bühne kopulieren, bis die Hexe, die sich in einem Rollstuhl fortbewegt, alle auspeitscht und so diesem chaotischen Spektakel ein Ende setzt. Die Gartenszene bietet ein weiteres Kuriosum: die Rolle der Marthe wird von einem als Frau verkleideten Schauspieler gespielt. Das alles ist nicht ohne erheiternde Ergebnisse. Im Gegensatz zu diesen Fragwürdigkeiten jedoch ist der Blocksbergaufstieg in der Walpurgisnacht sehr gut gelungen. Ein mechanischer Adler fliegt nach unten, Faust hält sich an seinen Krallen fest und steigt spiralenförmig hinauf, wo er den Walpurgisnachtstraum erlebt, der im Wald als Marionettenspiel stattfindet. Dann scheint alles rasch aufs Ende zuzugehen: Margarete ist gerichtet. Aber nein, da steigt schnell noch Gott auf die Bühne. Sie ist gerettet, sagt er. Schluß. ... Nach der oben skizzierten Aufführung bezweifle ich allerdings, ob die Aufklärungsarbeit von Vitez völlig gelungen ist. Für die meisten Zuschauer wird ›Faust‹ vermutlich ein schleierhaftes Werk bleiben. Die Inszenierung zeugt zwar von Intelligenz, und das Ganze ist oft sogar meisterhaft aufbereitet, aber mir scheint, daß ihm eine Schlüsselidee fehlt.« Vitez habe sich zu sehr darauf beschränkt, *Faust I* als eine Geschichte zu erzählen, die die Privatgeschichte eines fünfzigjährigen Professors sei, der durch ein junges, hübsches Mädchen in eine tiefe innere Krise gerate: Goethes Werk dürfe man nicht auf das Niveau einer bürgerlichen Love-Story reduzieren.

St. Etienne erlebte im Goethe-Jahr 1982 die Aufführung beider Teile in einer Inszenierung von Daniel Benoin, es war nach Paris (1925) und Nizza (1975) die dritte Gesamtaufführung in Frankreich. Der Regisseur schuf eine sechsstündige Spielfassung (etwa 80% der Verse waren gestrichen) beider Teile in eigener Übersetzung, die durch eine zweistündige Pause unterbrochen war – ein bislang einmaliger Fall in der Geschichte des französischen Theaters. Der Maler Jean-Marie Poumeyrol schuf dazu die Bühnenbilder. Die Bühne war zweigeteilt: Im Vordergrund war während der gesamten Aufführung Fausts Studierzimmer aufgebaut. Den Hintergrund dominierte eine romantisierende, bewachsene Ruinenlandschaft, deren oberste Plattform durch eine linke und rechte Treppe erreichbar war; sie bildete den statischen Rahmen sämtlicher Handlungen, die nicht in Fausts Studierzimmer stattfanden. Zwischen den Hintergrund und das Studierzimmer schob sich eine durchsichtige Plexiglaswand, die dann aus dem Schnürboden herabkam, wenn die Handlung sich in Fausts Zimmer abspielte. Die übrigen Szenen glichen einer Traumwelt Fausts: Das Draußen kam zu ihm, nicht er bewegte sich hinaus. Peter von Becker stellte Benoins Einstudierung über jene von Vitez, und erläuterte in *Theater heute* die Spielweise: »›Faust‹ ist ein Kopfdrama, auch der geschlossene Hof nur eine Enge, fast ein Gefängnis für Fausts Reise durch die Welt und Zeit; und tun sich zur ›Hexenküche‹ oder in die ›Walpurgisnacht‹ die Flügel des großen Tores auf, dann könnte suggeriert sein, es öffneten sich für Faust die ›Schleusen seines Unterbewußtseins‹. Weil durch diese Hintertür zu einem zweiten Guckkasten, einem Theater im Theater, die Tableaux des Absonderlichen sich im Laufe der sechsstündigen Aufführung mit einer immergleichen starren Mechanik schieben, wird allerdings die Alogik und mögliche Phantastik einer Traumeingebung durch den schieren szenischen Vollzug wieder (unfreiwillig) dementiert. ... Viel später, im zweiten Teil, ist Faust als Mann des Krieges, der Wirtschaft und Seefahrt zu fernen Kolonien auf seiner Reise durch Welt und Zeit ... bis an die Schwelle des 20. Jahrhunderts geraten, und die leibhaftige Sorge tritt am Ende dem Sterbenden entgegen als eine gar nicht graue Frau, vielmehr als verführerische Jugendstil-Schönheit. Faust wird geblendet von einer Salonschlange, die der unheimliche Gast auch auf einer Party sein könnte, zu der Luis Buñuel geladen hat.« Beckers Ausführungen und weiteren Kritiken ist allerdings zu entnehmen, daß zumindest die Titelrolle (wenn nicht gar alle Hauptrollen) Fehlbesetzungen gewesen seien.

Wiegand (s.o.) meinte gar, der bruchstückhafte *Faust II* habe kaum neue Interessenten gewonnen: »Ob Goethes ›Faust II‹ damit endlich beim französischen Publikum heimisch wird, darf bezweifelt werden. Auch Benoin, wenngleich mit moderneren Mitteln [als Vitez], bietet das Drama vor allem als Steinbruch dar, aus dem man sich Szenen und Figuren, Anspielungen und Hinweise herausbrechen und als eine Art Collage auf die Bühne stellen darf. Auch seine Inszenierung scheitert letztlich an ihrer Sprachlosigkeit. Wiederum sind es die Bilder, die vorrangig den poetischen Gehalt des Dramas zum Ausdruck bringen sollen.« Dies mag ein wohl zu hartes Urteil sein, aber im selben Jahr wird ebenfalls ein bildender Künstler, Hrdlicka, in Bonn die Bühnenbilder zum *Faust* schaffen, und auch dort wird die Bildwelt die Sprachwelt dominieren.

Faust in Prag

Auch Prag sah 1982 eine lockere Kurzfassung beider Teile in einer dreistündigen Aufführung im Nationaltheater in der Regie von Václav Hudecek. Peter Ullrich skizzierte den eigenwilligen Ablauf in *Theater der Zeit* (3/1982): »Die Verstrickungen, in die der Regisseur und Bearbeiter Faust stürzt, beginnen schon in der ersten Studierzimmer-Szene: Faust greift zum Gift, aber bevor er es trinkt, wechselt Mephisto die Phiole aus und Faust erlebt unter der Wirkung des Tranks das Ende der Helena-Episode aus dem zweiten Teil. Aus diesem Traum-Erlebnis stürzt Faust sich auf die Bibel-Übersetzung, aus der heraus ihn dann Mephisto reißt, um ihn nach dem Abschluß des Paktes in eine Disko unter Drogensüchtige zu bringen (Auerbachs Keller). Bevor die Gretchen-Geschichte richtig begonnen hat, nach der ersten Garten-Szene, muß Faust schon auf den Blocksberg, und zwischen Religionsgespräch und der Ermordung Valentins saniert er die Finanzen am Kaiserhof durch die Erfindung des Papiergeldes. Auf die Kerker-Szene folgt fast unmittelbar der Atomtod von Philemon und Baucis, dar-

auf der Auftritt der Sorge und die Erschaffung des künstlichen Menschen im Raumschiff. Der Schluß der Aufführung wird dann wieder von der Schauspieler-Truppe in die Hand genommen, die sich aus der Personage der Klassischen Walpurgisnacht schält und zugleich mit der Warnung vor Faustischen Irrwegen den optimistischen Grundzug von Fausts Streben nach Erkenntnis und Tat behauptet.«
Die Prager Aufführung habe allerdings die Gretchen-Handlung ins Zentrum gerückt, aber insgesamt gesehen sei es gelungen, ideologische und weltanschauliche Auseinandersetzungen vor dem Publikum auszubreiten: »Der durch das gewählte dramaturgische Verfahren entstehende Assoziationsreichtum der Aufführung bietet dazu eine Fülle von anregendem Stoff.« Im Bühnenbild habe sich jedoch gezeigt, daß die Regie letztlich dem Geist des Werkes nicht gewachsen sei; es habe aus zwei Podesten im Bühnenhintergrund und einer darüber aufgehängten begehbaren Schräge bestanden. Am Schluß seiner Kritik verdeutlicht Ullrich die Probleme, die *Faust* im nicht deutschsprachigen Ausland habe: »Die Auseinandersetzung mit Goethes Hauptwerk auf ausländischen Bühnen ist sicher nicht einfach. Im Gegensatz zur breiten Rezeption des ›Faust‹ als literarisches Werk, sind Aufführungen außerhalb des deutschsprachigen Gebietes sehr selten.«

Faust in Glasgow

Beide Teile wurden 1985 erstmals in Englisch[1] gegeben, im Citizens' Theatre in Glasgow. Der Regisseur und Dramaturg MacDonald fertigte als Strichfassung eine stark geraffte eigene Übersetzung an, die er mit 16 Schauspielern in etwas mehr als drei Stunden über die Bühne brachte. Kenny Miller baute eine offene, weiße Einheitsbühne mit Treppen, Podesten, Bücherregalen und Totenschädeln für das Studierzimmer. Fließend konnten damit alle Szenen hintereinander gespielt werden. Die Übersetzung und das szenische Spiel nahm MacDonald sehr ernst, so daß textunkundiges Publikum nach manchen Szenen empört den Saal verließ. Moray Mac Gowan kommt in Heft 1/1986 von *Theater heute* zu einem positiven Fazit: »... gerade weil er Goethe wirklich ernst genommen und genau gelesen hat, hat er mit dem Citizens' Ensemble noch einmal aus einem als teutonisch und unverdaulich verrufenen Text unterhaltsames und bewegendes Theater geschaffen, in dem das Lustige, Melancholische, Derbe, Erhabene, Bodenständige, Metaphysische, Absurde, Erotische, Zynische und Romantische der beiden ›Faust‹-Teile zusammenwuchs.«

Faust in Maribor

Die Inszenierung des Jahres 1990 in Jugoslawien war eine umjubelte und ständig ausgebuchte Einstudierung beider Teile im Nationaltheater Maribor durch Tomaz Pandur, dessen Einstudierung den Anstoß dazu gab, *Faust II* ins Slowenische zu übertragen. Die Strichfassung des ersten Teils enthielt auch, integriert in die »Hexenküche«, Fausts Gang zu den Müttern aus dem zweiten Teil, von dem nur die Szenen »Laboratorium«, »Klassische Walpurgisnacht«, »Palast« (mit dem Auftritt der vier Grauen Weiber) und »Großer Vorhof des Palasts zu sehen waren. Pandurs vierstündige Fassung wurde als fulminantes, phantasievolles Bühnenspektakel bezeichnet, das platte Aktualisierungen vermieden habe. Faust steht beim »Habe nun, ach!« auf einer Erhebung in einer schachtartigen Rundung, gekleidet in einen Lendenschurz, die Augen durch zwei schwarze Rundungen bedeckt; so steht er wieder am Ende da, geblendet von der Sorge. In Heft 1/1991 von *Theater heute* gibt Neva Skapin-Slibar auch einen kurzen Einblick in die lebendige Spielweise: »Janez Skof ist Faust, und sein Kontrahent ist ein verführerisch sinnlicher, in Eleganz und Vulgarität gleicherweise schwelgender Mephistopheles (eindrücklich gespielt von Branko Sturbej). Beide werden hier als gleichwertig gedeutet, sie agieren nicht als ethische Antagonisten; also gibt es in dieser Aufführung weder einen Sieger noch einen Unterlegenen. Freilich endet sie mit Mephistos Fluch, der sich im Goethetext auf den Chor der Engel bezieht, da sie Fausts Seele entführen. In der Mariborer Inszenierung wendet sich Mephisto ans Publikum, während der tote Faust in seinem Säulensarg in den Himmel gehievt wird. Das Opfer der ewigen Bewegung dieses synchron existierenden Gegensatzpaares allerdings, die Leidende und Erleidende, ist Margarete, die Frau (Ksenija Misic): In einer eindringlichen stummen Szene ist sie die wahre Gekreuzigte der Welt, zerrissen zwischen dem mittelalterlichen Glauben ihrer Kindheit und dem Gefühl für Faust und ihrem neuerwachten Selbstverständnis. An ihr wird der Konflikt zwischen dem Individuum und der Gesellschaft demonstriert, dabei wird sie zu Tode gehetzt. Pandurs ›Faust‹ lebt aus der Fülle simultaner Bilderwelten: Mit lockerer Hand und einem Quantum Selbstironie werden visuelle, gestische und akustische Einfälle verstreut, die im Bewußtsein des Zuschauers ein Assoziationsfeuerwerk auslösen. Der szenische Ideenreichtum wird kalkuliert eingesetzt: Der kategorisch zusammengestrichene Goethe-Text, seine üppige Textmetaphorik und Bilderflut wird in Bild, Bewegung, Geste und Ton übersetzt. Ganze Szenen, die Streichungen zum Opfer fallen, etwa die Prologe im Himmel und auf dem Theater, der Osterspaziergang, Auerbachs Keller, die Schülerszenen, werden in Pandurs Fassung musikalisch gelöst.« – Dieses Unterfangen ist umso mehr zu würdigen, als der Regisseur kaum mit großer Textkenntnis beim Publikum rechnen konnte. So mußte er eine Theatersprache finden, die die Intentionen Goethes sichtbar macht.

---

1 Fritz Bennewitz inszenierte Anfang der 80er Jahre *Faust* in New York an einer kleineren Bühne.

Zur Inszenierungsgeschichte des *Urfaust*

Goethes *Urfaust* – erst im Jahre 1887 von Erich Schmidt im Nachlaß des Hoffräuleins Luise von Göchhausen entdeckt und am 8. Mai 1918 in Frankfurt am Main uraufgeführt – hat in der Geschichte der *Faust*-Inszenierungen keine so dezidierte Rolle gespielt wie der erste oder gar der zweite Teil. Nur die Inszenierungen von Brecht/Monk (1952/53) und Sagert (1984), jeweils vom Berliner Ensemble dargeboten, machten Furore: Brechts Ansätze bzw. Regienotate beeinflußten nachweislich wichtige Inszenierungen beider Teile, und Sagerts *Faust*-Szenen stehen für eine neu gewonnene Freiheit für die Bühnengeschichte in der DDR – wie in den entsprechenden Kapiteln dargelegt. Wegen dieser Auswirkungen wurde die Besprechung dieser beiden Einstudierungen auch der Bühnengeschichte von *Faust I* und *Faust II* zugeordnet; die folgenden Ausführungen zum *Urfaust* haben – auch aus Raumgründen – skizzenhaften Charakter. Eine fundierte Auseinandersetzung mit Goethes Entwurf zum ersten Teil ist erst ab dem Jahre 1944 und insbesondere nach dem Zweiten Weltkrieg festzustellen. Bemerkt sei noch, daß der *Urfaust* dramaturgisch kaum Probleme mit sich bringt: Das Werk ist problemlos an einem Abend ohne Kürzungen zu geben.

Max Reinhardts Auseinandersetzung mit Goethes Jugendwerk am Deutschen Theater Berlin (1920)

Der Theatermagier Reinhardt habe eine Verjüngung für die deutschen Klassiker gefordert, und das sei ihm auch für die Gretchentragödie gut gelungen. Aber nur dort habe der Faustdarsteller Paul Hartmann frisch und lebendig agiert, im Zusammenspiel mit Helene Thimig als Gretchen; denn in der Gelehrtentragödie sei Faust unverständlicherweise zum Ausgleich ein salbungsvoller Professor gewesen, ist den Kritiken zu entnehmen.

Auch Russo betont, daß, insgesamt gesehen, Reinhardts Konzept aufgegangen sei: »Schauspielerisch suchte die Aufführung dem jugendlichen Lebensgefühl der Dichtung durch eine entsprechende Darstellergeneration nahe zu kommen« (60, 94). Nur Hartmann habe zu pathetisch gesprochen – in Anlehnung an seine schillerschen Heldenrollen. Paul Wegener habe als Mephisto wie ein Feldobrist der Hölle agiert, sein Vertreter Ernst Deutsch habe dagegen die Mephistogestalt verjüngt zum Kadetten, gar zu einem feinen Prinzen mit zündender Beredsamkeit.

Heinrich Georges alternativ besetzter *Urfaust* mit Quadfliegs Doppelrolle im Berliner Schiller-Saal (1944)

Eine wahre *Urfaust*-Welle leitete George mit seiner ersten Inszenierung von Goethes Frühfassung des *Faust* ein, denn es folgten die Bühnen von Leipzig (März 1944), Berlin (Jürgen-Fehling-Theater, Oktober 1945), Hamburg (Thalia-Theater, April 1945), Stuttgart (Württemberg-Badisches Staatstheater, April 1947), Dresden (Staatsschauspiel, April 1948) und Köln (Städtische Bühnen, August 1948). In Berlin, Leipzig, Stuttgart und Köln waren die Schauspielhäuser nach Bombenangriffen zerstört, und mit den spärlich zusammengetragenen Kulissenresten war eine Auseinandersetzung mit dem *Urfaust* eher möglich als mit *Faust I* oder gar dem zweiten Teil. Im ebenfalls ausgebombten Schiller-Theater baute Adolph Mahnke eine einfache Bühne in einen Kammerspielraum. In ein rundbogiges Gewölbe hinein fügte er Studierstube, Auerbachs Keller, Marthes Garten usw., so daß die Szenen ziemlich zusammengedrängt erschienen. In den ersten Wochen spielten Heinrich George und Horst Caspar abwechselnd den Faust, während der junge Will Quadflieg Mephisto war. Einen Monat nach der Premiere gab es eine Umbesetzung: Quadflieg spielte alternierend mit Peter Widmann die Titelrolle, Hubert von Meyerinck mimte Mephisto, der seinerseits in dieser Rolle sich mit Quadflieg abwechselte, wenn letzterer nicht den Titelhelden darstellte.

Über die Premierenbesetzung schreibt Paul Fechter am 15. 3. 1944 in der *Deutschen Allgemeinen Zeitung*: »George spielte den Faust des jungen Goethe, einen Urfaust der Jugend. Mephisto ist … ein Jüngling. … Schauspielerisch der interessanteste Fall dieser Faustaufführung ist Horst Caspar. Er ist der erfüllteste, entgeht am meisten der Gefahr der akustischen Überbetonung. Er gibt einen sehr verinnerlichten Faust … Neben ihm steht Will Quadflieg als Mephisto. Er ist beinahe noch jünger als der Faust, ein Teufel – des Temperaments mehr als des Intellekts, ein expressionistischer Dämon, leicht überbetont, aber zuweilen mit sehr wirksamen Bewegungen.«

Werner Düggelin (Regie) und Jörg Zimmermann (Bühne) zeigen in Darmstadt die Einheit von Faust und Mephisto (1957)

In verschiedenen Szenenbildern arbeiteten Regisseur und Bühnenbildner miteinander entgegengesetzten Mitteln, denn meist stand ein einzelnes – abstrahiertes oder naturalistisches – Teil für ein ganzes Bühnenbild, für einen Raum: So symbolisierte ein rotglühendes Kirchenfenster den Dom, ein reales Bett bedeutete Gretchens Zimmer. Durch Verfremdung wurde das vom Zuschauer Erwartete so aufregend gemacht, als sehe er die Szene zum ersten Mal. Dieses Verfremdungsprinzip galt auch für die Regie, wie Georg Hensel am 3. 10. 1957 in der *Welt* betonte: »Da im ›Urfaust‹ ohne Vorspiel und ohne Pakt das metaphysische Drama … noch nicht viel mehr als eine Ahnung ist, hat es Düggelin ganz ausgeklammert. … den Erdgeist spricht Faust, den bösen Geist Gretgen: die Geister sind Visionen, innere Stimmen. Mephisto ohne jedes diabolische Attribut ist ähnlich gekleidet wie Faust, und Faust hilft ihm, bevor der Student examiniert wird, brüderlich in sein eigenes Gewand und überläßt ihm das Feld. Faust und Mephisto sind unlösbar aneinandergekettet: jeder ist ein Teil vom anderen.« Noch konsequenter wird Schröder diese Idee 1966 verwirklichen, wenn er die beiden Kontrahenten gleich kleidet. Faust (Gerd Seid) liegt bei seinem Eingangsmonolog verzweifelt auf dem Bauch, seine Wissensgrenzen haben ihn niedergeschmettert. Als abgrundtiefer Wissenszweifler erscheint auch Mephisto (Udo Vioff) in der Schülerszene: »... seine Ratschläge an den Studenten kommen ... aus grenzenloser Verachtung der Begrenztheit aller Wissenschaft. ... Der Komplizenrolle freilich kann er nicht entgehen, er ist ein Teil von Faust, so wie Faust ein Teil von ihm ist. Faust und Mephisto sind hier wie zwei Aufspaltungen einer einzigen Person, zwei personifizierte Reaktionsmöglichkeiten eines imaginären Menschen auf der Welt.« Renate Steiger (Gretchen), Seid und Vioff hätten so überzeugend ihre Rollen verkörpert, daß man vergessen habe, nach *Faust I* zu schielen.

Dürrenmatts greiser Faust in Zürich (1970)

Da Goethe seinen Faust nur als alten Gelehrten gesehen hätte, sei er gezwungen gewesen, ihn zu verjüngen, meinte Dürrenmatt im Programmheft, eine Verjüngung gebe es aber im *Urfaust* nicht: »Ein entscheidender psychologischer Unterschied zwischen dem Urfaust und dem späteren klassischen Faust liegt in der Tatsache, daß im Urfaust ein alter Mann ein junges Mädchen verführt, während im klassischen Faust ein alter Mann, der verjüngt worden ist, ein junges Mädchen verführt. Man hat darüber gestritten, ob im Urfaust Faust von Goethe wirklich als alt angenommen worden sei. Hätte er ihn jedoch nicht als alten Mann gesehen, hätte er ihn für die spätere Fassung nicht zu verjüngen brauchen.« So mußte Attila Hörbiger vom Burgtheater (Christiane Hörbiger spielte wienernd den Part der Marthe) einen 70jährigen Faust geben – wohl nicht nach den Intentionen Goethes – was etliche Kritiker irritierte: Hörbiger habe Faust als Greis gegeben, meinte man. Aber offenkundig habe er Spaß daran gehabt, einen solchen entheroisierten Gelehrten ganz ohne Feierlichkeit und Pathos und meist lässig darzustellen. In der Basler *National-Zeitung* urteilte Hans-Heinz Holz: »Jedenfalls ist Faust kein Insasse eines Altersheims, sondern ein Hochschullehrer auf der Höhe seiner Wirksamkeit. Ein Mann von etwa fünfzig Jahren könnte wohl auch Gretchen gefährlich werden, dem Siebzigjährigen, den Hörbiger zu spielen hat, nimmt das keiner ab.« Auch Georg Hensel störte der greise Faust, wie er am 30. 10. 1970 in der *Weltwoche* verlauten ließ: »Die lächerliche Antiquiertheit Fausts wird durch Attila Hörbiger noch verstärkt: Eine raunende und oberlehrerhaft deklamierende Stimme, illustriert durch malerische Gesten, dieser Formkanon des Burgtheaters, ist stilistisch so alt wie sein weißbärtiger Habitus ... Die Tragödie des scheiternden Erkenntnisdranges findet bei Dürrenmatt nicht statt ...« Hans-Helmut Dickow als Mephisto überzeugte Kritiker und Zuschauer, er habe neben diesem Faust erfrischend präzis und scharfzüngig gewirkt, ein gutgelaunter »Schabernäcker« und von sich selbst entzückter Possenreißer. Auch Christiane Hörbiger bekam gute Noten; Holz schrieb, sie »gab die Marthe Schwerdtlein drall und kokett mit einem sinnlichen Dienstmädchen-Flair, das über die Rampe kam. Drollig, wenn sie und Mephisto in der Stellung Raphael'scher Engel auf der ›Sixtinischen Madonna‹ über die Brüstung schauen, um Faust und Gretchen beim Liebesgeflüster zuzuschauen.« Dem von Anne-Marie Kuster gespielten Gretchen wurde eine überzeugende und gediegene Leistung bescheinigt.

Sagerts *Urfaust* in Senftenberg zwischen Experiment und Poesie (1986)

Der Gastregisseur Hans-Joachim Frank kam vom Berliner Ensemble, bestens vertraut mit den Experimenten Sagerts. Unkompliziert und frisch ging er an die Arbeit, und seine Aufführung bestach weniger durch das Bühnenbild, das von Egon Zech sparsam gebaut worden ist. Vielmehr war es die forsche Spielweise, die der Regisseur den Darstellern abforderte, als wolle er Brechts Regienotate erfüllen. Dies wurde gerne in der fachspezifischen Presse der DDR eingestanden, wo Marianne Streisand im Januar-Heft 1987 von *Theater der Zeit* nicht nur aus Brechts Regienotaten zitierte, sondern mehrfach auf Sagert verweist: »Jetzt können wir das Fragment in einer frischen Aufführung wiederum neu sehen lernen: das überwiegend aus sehr jungen Darstellern bestehende Ensemble ... erarbeitete ... eine Inszenierung, die gänzlich vom Staub der Klassizität befreit ist.« Dies werde »anders als bei Sagert« durch ausgezeichnete und präzise gearbeitete schauspielerische Leistungen erreicht. Hinter vergitterten Fenstern habe sich Faust (André Hennicke) dem Rauschgift als Magie ergeben, bewacht von Wagner im weißen Krankenwärter-Kittel; bei der Idee, Faust als »Wahnsinnigen« zu apostrophieren, »knüpft Frank selbstverständlich an das an, was schon bei Sagerts *Faust*-Szenen in Berlin zu sehen war«. Besondere Höhepunkte seien die Schülerszene, »Auerbachs Keller«, die Sicht auf Marthe als sehr junger Frau sowie Gretchens (Annette Richter) Auseinandersetzungen mit Lieschen und Valentin. Goethes Komik werde sehr derb ausgespielt und seine Moralkritik drastisch gezeichnet: »Auch in Auerbachs Keller werden nicht die Kleinbürger mittels Komik desavouiert, sondern die Gefährlichkeit ihrer Verführbarkeit. Das Flohlied singt Mephisto auf die Melodie von ›Wenn alle Brünnlein fließen‹, das der Chorus sogleich begeistert aufnimmt und bis zum zackigen Rhythmus mit Marschieren und Exerzieren hochpeitscht – eine bedrückende Studie besoffener Kumpanei verhinderter Krieger. ... Die Brutalität dessen, was sich öffentliche Meinung nennt, wird schlagartig deutlich durch Lieschen und Valentin. Lieschen taucht Gretchens Kopf am Szenenbeginn als klare, rohe Drohung in den Brunnen. Valentin zerrt Grete, einen Sack über den Kopf gestülpt, am Strick hinter sich her. Er will sie erstechen. Faust tritt dazwischen und ersticht seinerseits Valentin ...«

Das besondere dramaturgische Experiment bestand darin, daß Frank zwei Personen für die Mephistorolle aufbietet: »Mephisto wird geteilt in den männlichen (großartig gespielt von Rainer Gruß) und den weiblichen (Kerstin Thielemann) Verführer – eine Auffassung der Figur, die vielleicht textlich nicht immer aufgeht, die dem Zuschauer aber ganz neue Sichten eröffnet.« – Betrachtet man nicht nur die Spielweise, sondern auch die Kritik daran im Vergleich zu Brechts *Urfaust*-Experiment, so kann man ermessen, wieviel sich ideologisch in der DDR geändert hat.

Simultanschauplatz für den *Urfaust*: Jürgen Kruses Version in Bochum (1998)

Betritt der Zuschauer das Theater, kann er alle Dekorationsteile und Gegenstände betrachten, die im *Urfaust*-Spiel gebraucht werden. Die Bühne Steffi Bruhns gleiche einer Rumpelkammer und einer symbolischen Schatzkammer, wie Gerhard Preusser im Juli-Heft von *Theater heute* betont und dabei die Spielfolge erläutert: »Alles Assoziationsmaterial, mit dem Kruse das Stück durcharbeitet, liegt von Anbeginn bereit. Vorne: Bücher, Madonnen, Margeriten, Früchte, eine Fischgräte. Links die gemütliche Studierstube mit Sofa, Bücherstapel und Stehlampe, rechts Gretchens weiß strahlendes Bett hinter einem Fensterchen. Doch zwischen diesen Polen dreht sich ein halber Erdball, ein gekappter Riesenglobus mit Phantasiekontinenten, die die Namen der Darsteller tragen. Zu Beginn rotiert dieser Planet, später wird ihn Mephisto als Karussell benutzen, der am Ende mit Faust auf dem Dach der Welt steht und hinab sieht auf Gretchens Elend.« Dennoch würde sich in dieser chaotischen Welt der Simultaneität die Handlung klar entwickeln: »Mephisto neckt Gretchen (Judith Rosmair) schon, als Faust von ihr noch gar nichts weiß, und dann ist er plötzlich bei ihm: eine flinke, stämmige Frau (Sabine Orléans), die den hageren, jungen Privatdozenten (Wolfram Koch) leicht auf die Schultern nehmen kann. Sie bleibt mit ihren verführerischen Aktionen auf der Bühne immer präsent, ebenso Wagner (Manfred Böll), der alles Geschehen verständnislos mit ›ein griechisch' Trauerspiel‹ kommentiert.«

Was Engel 1990 in massiver Weise einführte, nämlich fremde Lieder und Texte in den *Faust* zu integrieren, erleben wir ebenso in diesem *Urfaust*, denn es werden in neueren Versionen Songs von den Rolling Stones und Bob Dylan an den dafür passenden Stellen eingespielt. Bei Gretchens Bericht vom Tod des Schwesterchens bricht die Musik ab und ein dämonischer, verkohlter Engel mit schwarzen Flügeln geht über die Bühne (hier könnten die Visionen Sagerts – Berlin 1984 – nachwirken), um sich auf Gretchens Bett zu setzen: »Keiner wagt mehr zu atmen.« Vieles sei auf spannungslose Weise faszinierend, so auch der Höhepunkt: »Judith Rosmair spricht

Abb. 249: Jürgen Kruses *Urfaust* 1998 – Faust (Wolfram Koch) und Mephisto (Sabine Orléans) im Disput über der Weltkugel.

... Gretchens Lied am Spinnrad ... auf ihrem Bett sitzend und begleitet ihre Worte mit Taubstummensprache. Aus den schlichten Sätzen und einfachen Zeichen macht sie einen wunderbar leichten und doch todtraurigen Sitztanz. Ihre eleganten Hand- und Armbewegungen verdoppeln den Text nicht, sondern beschwören ihn, lassen die darin verborgenen Gefühle auffliegen.« Danach gebiert sie eine Weltkugel, die ihr von der Hebamme Mephisto geraubt wird, so daß sie sich mit der Nachgeburt zufriedengebe, dann verschwindet sie in der Versenkung, angekettet an ein Gitter, während Faust und Mephisto über ihr auf der skizzierten Weltkugel weiterschreiten.

Das Publikum feierte Regisseur und Bühnenbildner enthusiastisch, und auch die zahlreich erschienenen nationalen Pressevertreter waren von der Inszenierung und dem Bühnenbild gleichermaßen beeindruckt, wie beispielsweise Andreas Rossmann am 2.6.1998 in der *Frankfurter Allgemeinen*: »Beherrscht aber wird die Szene von einem drehbaren Iglu ... Eine große Vogelfeder steckt darauf, eine riesige Margerite sprießt dahinter, Bälle, Früchte und ein Fischskelett hängen vom Himmel, eine schmelzende Uhr klebt an einer Seitenwand und zeigt unverwandt auf vier vor Zwölf, schattenhafte Märchenfiguren bevölkern den Rundhorizont, auf dem ein Galeriegang von links unten nach rechts oben verläuft und den drei Affenmenschen, die darauf promenieren, Falltüren und Schlupflöcher bietet. Sich an diesem rätselhaft phantastischen Raum satt zu sehen, ist während der dreieinhalbstündigen Aufführung kaum möglich: *Urfaust* oszilliert zwischen Trance und Traum, Spiel und Schauer, Puppenstube und Rumpelkammer, Hieronymus Bosch und Walt Disney.« Auch das Spielerische der Aufführung schuf sich eine eigenständig-faszinierende Aura, was Georg Diez am 2.6.1998 in der *Süddeutschen Zeitung* herausstellte: »... links sitzt Faust in seiner Biedermeierstube auf dem Sofa, rechts träumt unruhig Margarethe. Daß dieser Faust ein wirklicher Mann ist, davon kann man sich gleich überzeugen: Forsch ist er, fordernd und nackt. Und das Gretchen verspinnt sich in den Fäden von Verlangen und Sehnsucht. Der eine ganz Mann, die andere ganz verklärtes Mädchen: Faust und Margarethe sind geträumte Wunschbilder des jeweils anderen. ... heute gibt es Dreaming Faust.« Zusammen mit der Musik und den verschiedenartigen Figuren könne man in Bochum einen »Pop-Barock«-*Faust* genießen.

Plädoyer für einen künftigen *Faust*

Zur gegenwärtigen Lage

Zwei eigenwillige *Faust*-Produktionen sind für die nächste Zukunft angekündigt, abgesehen davon, daß im Goethe-Jahr 1999 etliche Theater Goethes Meisterwerk neu einstudieren und in ihr Repertoire aufnehmen werden: Schon seit vielen Jahren hegt Peter Stein den Plan, Goethes *Faust* aufzuführen, was die Presse mehrfach vermeldete und teilweise ironisch kommentierte, da die Inszenierung nicht zustandekommen wollte, denn auch die Hoffnung auf das Goethe-Jahr hatte sich bald zerschlagen. In einer Pressemitteilung vom 14.5.1998 wird nunmehr ein ungestrichener *Faust* angekündigt: »Ich will den Text zum Leuchten bringen. Das Theater muß seine eigenen Feste feiern«, verspricht der Regisseur. Die Premiere soll im Rahmen der EXPO 2000 vom 25.–30. Juni 2000 in Hannover im EXPO-Gebäude stattfinden. In einer Einlegemappe (hrsg. von der EXPO 2000), die die Pressemitteilung enthält, wird das Großprojekt näher erläutert, wobei Stein ohne große Scheu sich dazu bekennt, wie schwierig es ist, den zweiten Teil zu verstehen und sich anzueignen: »Um den Faust II habe ich das ganze Leben lang gerungen. Als 16jähriger habe ich ihn gelesen und nicht verstanden, als Germanistikstudent auch nicht. Ich wußte natürlich, daß Faust II ein großartiges Werk ist. Das wissen ja alle. Nur, was da drin steht, ist einem nicht helle geworden. Dann habe ich es als junger Theaterdirektor versucht und wieder nichts verstanden. Und plötzlich, in einem gewissen Alter, konnte ich es lesen.«

Der künstlerische Leiter der EXPO 2000, Tom Stromberg, umreißt das Projekt mit markigen Worten: »Fast ein halbes Jahrhundert nach der berühmtesten *Faust*-Inszenierung durch Gustaf Gründgens bietet sich jetzt die einmalige Chance, den gesamten *Faust* auf die Bühne zu bringen – in der Inszenierung des bedeutendsten zeitgenössischen deutschen Regisseurs des klassischen Sprechtheaters: Peter Stein. *Faust I* und *II* wird an 6 Abenden – *Faust I* in zwei Teilen, *Faust II* in vier Teilen – in jeweils 3 bis 4 Stunden oder in einem 19-stündigen ›Marathon‹ gezeigt. Für dieses Theaterereignis wird ein *Faust*-Ensemble mit 35 Schauspielern gegründet. Die Aufführungen werden auf mehrere Bühnen verteilt. Das Publikum wird wandern, sich im Trubel einer Karnevalsprozession verirren oder das Geschehen von Podesten aus betrachten, um sich gleich darauf vor einer Guckkastenbühne wiederzufinden. Durch die sich vielfältig wandelnden Szenarien wird der gesamte Theaterraum zur Bühne. Die Attraktivität dieses Projekts liegt in der Einzigartigkeit der Gesamtdarstellung des großen Goetheschen Werks.«

Goethes Bemerkung gegenüber Eckermann, daß eine Aufführung des zweiten Teils ein Unternehmen der fernen Zukunft sein werde, bestätigt Stein: »Erst heute, am Ende des 20. Jahrhunderts, sind wir in der Lage, den Reichtum der sprachlichen Vorschläge Goethes zur theatralischen Realisierung seines als Lese-, Poesie- oder Philosophiedrama verschrieenen *Faust II* zu erkennen, und uns stehen auch die technischen Möglichkeiten zur Verfügung, diese Vorschläge in theatralische Praxis umzusetzen. Im *Faust* hat Goethe über die Stränge geschlagen und hat Dinge vorweggenommen. Er bezog sich auf ein Theater, das es damals nicht gab, aber heute selbstverständlich ist. Mit Karnevalsumzügen, Renaissancesälen und -gassen, Naturtheater und Kasperletheater stellte sich Goethe verschiedene Szenarien vor, die in dieser Verbindung die Theaterdramaturgie des 20. Jahrhunderts vorwegnehmen. Heute ist die Bereitschaft des Publikums vorhanden, die unterschiedlichen dramaturgischen Vorschläge mitzuspielen. ... Der wichtigste Punkt scheint mir aber die Neugier, versteckte schwierige Schönheiten und Wahrheiten zu entdecken.«

An einem anderen *Faust*-Projekt arbeitet seit längerem die katalanische Theatertruppe »La Fura dels baus«. Es handelt sich um eine sehr moderne Version von Goethes *Faust* mit dem Titel *Faust @ Version 3.0*. Hierbei spielen moderne Medien einschließlich etlicher PCs im theatralischen Spiel mit; erste Proben und Vorauführungen in katalanischer Sprache haben bereits stattgefunden. Zum Goethe-Jahr 1999 wurde die Gruppe gebeten, in Weimar den aktuellen Stand ihrer Version zu zeigen, wobei derzeit aussteht, in welcher Sprache dies erfolgen wird.

Prinzipien einer künftigen Aufführung

Nachdem die Materialien der Bühnengeschichte von Goethes *Faust* gesichtet und nach bestimmten Prinzipien dargelegt worden sind, nachdem Experimente zur Strichfassung und zur Raumgestaltung vorgestellt wurden, und nachdem Regisseure und Dramaturgen der letzten Jahre Aussagen zur Bedeutung des Dramas für uns Heutige formuliert haben, mag es angeraten sein, prinzipielle Gedanken, Maximen und Vorschläge zu formulieren, die Leitlinien sein können für eine künftige theatralische Umsetzung beider Teile:

Das Werk – so ist allgemein festzuhalten – wird stets in einer bestimmten Zeit für ein bestimmtes Publikum gedeutet; das sollte ganz klar zum Ausdruck kommen, und dabei sollten m.E. folgende Aspekte von einem Team durchdacht werden:

1. Ein Regisseur sollte beide Teile an zwei Abenden inszenieren; das ist Goethes Gedanke, Savits hat das bereits 1895 betont, als er selbst dies umgesetzt hat. Alternativ wären drei Abende denkbar, vielleicht an einem Wochenende. Eine Aufführung am Wochenende (Samstag und Sonntag) hat den Vorteil, daß an beiden Tagen die Vorstellungen bereits am frühen Abend beginnen können. – Schon Eckermanns Versuch, Goethes

Werk an vier Abenden zu spielen, wurde von damals führenden Regisseuren abgelehnt.

2. In etlichen Szenen muß die Regie berücksichtigen, daß beide Teile des *Faust*, was schon Goethe geahnt hat und wie den Gesprächen mit Eckermann zu entnehmen ist, nicht für das traditionelle, herkömmliche Kulissentheater geschrieben worden sind, sondern eine multifunktionale Dramaturgie aufweisen. Auch Thomas Mann hat dies bereits im Jahre 1911 in seinem Aufsatz *Versuch über das Theater* unmißverständlich ausgesprochen.

3. Vor allem für den zweiten Teil müssen viele variable Spielräume geschaffen werden, um Goethes Intentionen gerecht zu werden. Die Bildräume können die Zuschauer miteinbeziehen, was besondere Spannungsmomente und Erlebensräume schafft, wie die Aufführungen von Grüber (*Faust Salpêtrière*), Peymann und in Porto Alegre zur Genüge erwiesen haben. Auch Peter Stein hat Ähnliches in einem größeren Interview für seine *Faust*-Version für das Jahr 2000 angekündigt, nachzulesen im April-Heft 1998 von *Theater heute*.

4. Auch der »Walpurgisnachtstraum« müßte gespielt werden, ob im Sinne Goethes oder nicht, darüber muß im Regieteam diskutiert werden. Es sollte geklärt werden, ob dabei aktuell zeitgemäße satirische Sentenzen in Sinne von Goethes Distichen, die Mißstände bzw. Erscheinungsformen der Gegenwart geißeln, von der Dramaturgie »gedichtet« werden könnten. Solche Verse sollten aber nicht nach der Szene »Walpurgisnacht« gegeben werden, sondern integriert in die »Walpurgisnacht«, ehe Faust Gretchen als Vision erscheint. Meinem Empfinden nach sollte der »Walpurgisnachtstraum« nach Vers 4091 (vielleicht auch nach 4167) eingefügt werden. Mit Gretchens Vision schafft Goethe eine Klammer (wie am Ende von »Auerbachs Keller« und »Hexenküche«) für die drei letzten Szenen.

5. *Faust* sollte als Stationendrama gegeben werden, wobei die inneren Zusammenhänge zwischen den einzelnen Stationen im theatralischen Spiel durch die von Goethe angelegten Verklammerungen deutlich werden müssen. Dadurch wird klar, welche Einheit beide Teile aufweisen und wie eng die Elemente der Handlung vom Anfang bis zum Ende miteinander verzahnt sind.

6. Verklammerungen bzw. Verzahnungen zwischen den einzelnen Handlungsteilen müssen beachtet und dramaturgisch aufgezeigt werden. Mit diesen Verklammerungen weist Goethe oft auf Folgekomplexe seines (Stationen-)Dramas hin; diese subtilen Hinweise sollten im theatralischen Spiel deutlich aufscheinen. Das Prinzip der Verklammerungen beginnt bereits bei den Prologen und wird erstmals auffällig am Ende der Gelehrtentragödie. So verweist Goethe mit Mephistos Worten »Den schlepp' ich durch das wilde Leben,/ Durch flache Unbedeutenheit« auf die hohlen Geschehnisse in der Szene »Auerbachs Keller«. Nachdem das Experiment dort gescheitert ist, bietet Mephisto ein zweites auf, »Hexenküche«, gleichzeitig die zweite Station von Fausts Weltfahrt mit Mephistopheles, die in der Walpurgisnacht und dann im zweiten Teil fortgesetzt wird. Die »Hexenküche« weist zwei Verzahnungen mit der übrigen Handlung auf, und zwar mit der nachfolgenden Szene »Straße« und der »Walpurgisnacht«. Mephisto lenkt Faust auf die Begegnung mit Gretchen hin: »Du sollst das Muster aller Frauen/ Nun bald leibhaftig vor dir sehn./ *Leise* Du siehst, mit diesem Trank im Leibe/ Helenen bald in jedem Weibe.« Außerdem gibt er der Hexe ein Versprechen als Gegenleistung für den Verjüngungstrank: »Und kann ich dir was zu Gefallen tun/ So darfst du mir's nur auf Walpurgis sagen.«

Einen Bestandteil dieser Verzahnungen erkenne ich auch in der Tatsache, daß Faust am Ende des 1. Akts des zweiten Teils bewußtlos zusammenbricht und die folgenden Szenen in einer idealen, idealisierten Traumwelt erlebt, bis einschließlich zum Ende des 3. Akts. Als er das Idealbild und Idol Helena in seine Wirklichkeit zerren will, sinkt er ohnmächtig zu Boden: Der Mensch ist nicht imstande, das Ideale zu erreichen, das Göttliche zu erlangen. Zu Beginn des 4. Akts spricht Faust deutlich seinen Traum an.

7. Regieanweisungen Goethes müssen umgesetzt werden, jedoch in kreativer Theatersprache, gedeutet für Zeit und Publikum, für die das Drama inszeniert wird.

8. Lücken im Inhalt können – wie bereits oft geschehen – durch zusätzliche Regieanweisungen sozusagen geschlossen werden, ggf. kann auch mit filmischen Einblendungen eine andere Ebene von Bühnenraum oder geschichtlicher Zeit geschaffen werden.

9. Während der gesamten Inszenierung ist der Einsatz vielfältiger moderner Medien, wie Film, Video, Lichtbildprojektion, Computer und einfache Schriftprojektion erforderlich; wohl nur mit dem Einsatz dieser Mittel können Goethes Visionen optimal ins Bild gerückt werden.

10. Faust sollte von nur einem einzigen Darsteller verkörpert werden, nicht von mehreren; daß dies glaubhaft ins theatralische Spiel übersetzt werden kann, dafür hat (allein) die Maske zu sorgen.

11. Alle vom Autor als Lieder bzw. Gesänge gekennzeichneten Stellen sollen musikalisch gestaltet werden.

12. Opernhafte Arrangements sollten geschaffen werden in den Szenen der »Klassischen Walpurgisnacht«, Teilen der Euphorion-Handlung und in den »Bergschluchten«.

Schlußgedanken Goethes

Am 14. November 1827 schrieb der Dichter an seinen Jugendfreund Karl Ludwig von Knebel, der sich mit dem ersten Teil der Tragödie beschäftigte: »Die rechte Art, ihm [*Faust*] beyzukommen, es zu beschauen und zu genießen, ist die, welche du erwählt hast: es nämlich in Gesellschaft mit einem Freunde zu betrachten. Überhaupt ist jedes gemeinsame Anschauen von der größten Wirksamkeit; denn indem ein poetisches Werk für viele geschrieben ist, gehören auch mehrere dazu, um es zu empfangen; da es viele Seiten hat, sollte es auch jederzeit vielseitig angesehen werden« (92/IV/43, 167).

In einer anderen Äußerung Goethes heißt es, er habe sein Werk in die Nation gelegt, nun solle man in eben dieser Nation seinen *Faust* ausdeuten, aber er verschließt sich in einem Gespräch mit Eckermann am 6. Mai 1827 jeglicher Eindeutigkeit: »Da kommen sie und fragen, welche Idee ich in meinem ›Faust‹ zu verkörpern gesucht? – Als ob ich das selber wüßte und aussprechen könnte! … Je inkommensurabler und für den Verstand unfaßlicher eine poetische Produktion, desto besser.«

Noch zur Goethezeit meinte August Wilhelm von Schlegel zum Problem der Aufführung des ersten Teils in einer seiner ästhetischen Vorlesungen, wer Goethes *Faust* aufzuführen gedenke, der müsse sich zuvor Fausts Zauberstab und Zaubermantel besorgen.

Abb. 250: Titelholzschnitt zu Christopher Marlowes *The Tragicall History of the Life and Death of Doctor Faustus*, London 1616.

Bibliographie

1. Adler, Gusti: ... *aber vergessen Sie nicht die chinesischen Nachtigallen. Erinnerungen an Max Reinhardt.* München, Wien (1980)
2. Ahrens, Gerhard (Hg.): *Bernhard Minetti/Faust.* Berlin (1983)
3. Anglet, Andreas: »*Faust*-Rezeption«. In: (94), 478–513
4. »Die Aufführung beider Theile des ›Faust‹ in Weimar«. In: *Weimarische Zeitung.* 9., 10., und 11. 5. 1876
5. Bab, Julius: *Die Devrients. Geschichte einer deutschen Theaterfamilie.* Berlin (1932)
6. Bab, Julius: *Gretchen, die schönste deutsche Frauengestalt.* Berlin (1932)
7. Baumgard, Otto: *Gutzkows dramaturgische Tätigkeit am Dresdner Hoftheater unter besonderer Berücksichtigung seiner Bühnenbearbeitungen.* Bonn (1915)
8. Bayer, Josef: »Eine ›Faust‹-Einrichtung von Eckermann«. In: Bayer, Josef: *Literarisches Skizzenbuch. Gesammelte Aufsätze.* Prag (1905),
9. Bayer, Josef: »Gedanken-Nachlese zu Goethes ›Faust‹. Aus Anlaß der Bühneneinrichtung Wilbrandts für drei Abende«. In: Bayer, Joseph: *Literarisches Skizzenbuch. Gesammelte Aufsätze.* Prag (1905), 53–76
10. Beaulieu-Marconnay, C. von: »Zur Aufführung des zweiten Theils von Faust«. In: *Goethe-Jahrbuch* 2 (1881), 445–450
11. Bechstein, Ludwig: *Die Darstellung der Tragödie Faust von Göthe auf der Bühne. Ein zeitgemässes Wort für Theaterdirektionen, Schauspieler und Bühnenfreunde.* Stuttgart (1831)
12. Beil, Hermann: »Von Heinrich Faust bis Henry Ford. Bemerkungen zu Goethes Faust I und II in Stuttgart«. In: [Beil, Hermann u.a.:] *Johann Wolfgang von Goethe. Faust. Der Tragödie Erster und Zweiter Teil. Die Aufführung der Württembergischen Staatstheater Stuttgart. Eine Dokumentation von Hermann Beil, Achim Freyer, Bernd Mahl, Claus Peymann, Vera Sturm.* Fotos: Abisag Tüllmann. Stuttgart, Zürich (1979)
13. Benfey, Rudolf: *Grundgedanke und Architektonik des Göthe'schen Faust mit besonderer Berücksichtigung des 2. Theils* Frankfurt a. M. (1858)
14. [Bennewitz, Fritz:] »Der Mensch, in Freiheit gesetzt. F. Bennewitz inszenierte am Deutschen Nationaltheater Weimar Goethes ›Faust‹ I. Teil. Exklusivinterview mit dem Regisseur zu Fragen der Konzeption«. In: *Thüringische Landeszeitung.* 9. 10. 1965
15. Berger, Susanne; Haag, Ansgar: *Allein im Innern leuchtet helles Licht ... Goethes Faust in Darmstadt, mit einem Textbeitrag von Lothar Gall.* Darmstadt (1982)
16. Berger-Gerster, Christine: *Goethes Faust am Goetheanum. Bilder von der Neuinszenierung 1978–1981. Bühnenbild Walter Roggenkamp.* Dornach (1981)
17. Bierbaum, Otto Julius: »Das Faust Relief auf dem Münchner Künstlertheater«. In: *Morgen* 2 (1908), Bd. 1, 748–756
18. Binswanger, Hans Christoph: *Geld und Magie. Deutung und Kritik der modernen Wirtschaft anhand von Goethes Faust mit einem Nachwort von Iring Fetscher.* Stuttgart (1985)
19. Blumenthal, Oskar: »Faust auf der Bühne«. In: Blumenthal, Oskar: *Theatralische Eindrücke.* Berlin (1885), 1–43
20. Bödy, Istvan; Waßerka, Ingo: *Faust. Von Johann Wolfgang Goethe. Bearbeitung beider Teile für einen Abend. Ein Lesebuch zur Inszenierung.* Darmstadt (1975)
21. Borchmeyer, Dieter: *Das Theater Richard Wagners. Idee – Dichtung – Wirkung.* Stuttgart (1982)
22. Brahm, Otto: »Fausts Tod«. In: Brahm, Otto: *Kritiken und Essays.* Hrsg. Von Fritz Martini. Zürich und Stuttgart (1964), 283–287
23. Brandt, Heinrich: *Goethes Faust auf der Königlich sächsischen Hofbühne in Dresden. Ein Beitrag zur Theaterwissenschaft.* Berlin (1921)
24. Brecht, Bertolt: *Arbeitsjournal.* 2 Bände. Hrsg. von Werner Hecht. Frankfurt a. M. (1973)
25. Brecht, Bertolt: *Schriften 4. Texte zu den Stücken.* Berlin und Weimar (1991)
26. *Briefe an Goethe.* Hamburger Ausgabe in 2 Bänden. Gesammelt, textkritisch durchgesehen und mit Anmerkungen versehen von Karl Robert Mandelkow. 1. Auflage. Hamburg (1965–1969)
27. Brock, Klaus: *Goethes »Faust« auf dem Weimarer Theater von der Erstaufführung bis zur Jetztzeit.* Dorna-Leipzig (1935)
28. Carlgren, Frans: *Faust am Goetheanum.* Dornach (1967)
29. Claar, Emil: »Goethes ›Faust‹ (zweiter Theil) im Frankfurter Schauspielhaus«. In: *Frankfurter Zeitung. Erstes Morgenblatt.* 12. 1. 1905
30. Clausen, Rosemarie: *Gustaf Gründgens. Faust in Bildern.* Braunschweig (1960)
31. Clausen, Rosemarie: *Theater. Gustaf Gründgens inszeniert.* Hamburg (1960)
32. *Corpus der Goethezeichnungen.* 10 Bände. Bearbeiter der Ausgabe: Gerhard Femmel. Hrsg. von den Nationalen Forschungs- und Gedenkstätten der klassischen deutschen Literatur in Weimar. Leipzig (1958–1979)
33. Creizenach, Wilhelm: *Die Bühnengeschichte des Goethe-'schen Faust.* Frankfurt am M. (1881)
34. Daiber, Hans: »»Faust‹ als Gedankenspiel eines Dichters. Eine Deutung des Goethe-Werkes von Karl-Heinz Stroux«. In: *Handelsblatt,* 5. 12. 1987
35. »Der Raub der Helena«. In: *Dresdner Anzeiger.* 28. 8. 1849
36. Deutsches Nationaltheater Weimar (Hg.): *Faust in Weimar. 1. Wissenschaftliche Beiträge.* Weimar [1982]
37. Deutsches Nationaltheater Weimar (Hg.): *Faust in Weimar. 2. Dokumentation »Faust« I und II.* Weimar [1982]

38. Deutsches Nationaltheater Weimar (Hg.): *Faust in Weimar. 3. Dokumentation »Faust« I 1981*. Weimar [1982]
39. Deutsches Nationaltheater Weimar (Hg.): *Faust in Weimar. 4. Dokumentation »Faust« II* Weimar [1982]
40. Deutsches Nationaltheater Weimar (Hg.): *Faust in Weimar. 5. Programmhefte*. Weimar [1982]
41. Deutsches Nationaltheater Weimar (Hg.): *Faust in Weimar. 6. Bildmaterial*. Weimar [1982]
42. Devrient, Otto: *Goethes Faust. Für die Aufführung als Mysterium in zwei Tagewerken*. Dritte durchgesehene Auflage. Karlsruhe (1887)
43. »Devrients Faust-Aufführung in Weimar«. In: *Berliner Tageblatt*. 9. und 10. 5. 1876
44. Dieck, Alfred (Hg.): *Goethe über den Faust*. Mit einem Nachwort von Kurt Schreiner
45. Dingelstedt, Franz: *Eine Faust Trilogie. Dramaturgische Studie*. Berlin (1876)
46. Dippel, Paul Gerhard: »Goethes ›Faust‹ auf der Bühne. Faust 1 und 2 in der theatralischen Verwirklichung des Berliner Staatstheaters«. In: *Deutsches Büchereiblatt*. 5 (1943). H. 4,59
47. Drewniak, Boguslaw: *Das Theater im NS-Staat. Szenarium deutscher Zeitgeschichte. 1933-1945.*
48. Drossong, Albert: *Goethes Faust. Der Tragödie erster Teil in der Aufführung des Schauspielhauses zu Cöln*. Cöln (o. J. [um 1910])
49. Drossong, Albert: »Goethes ›Faust‹ in der Inszenierung Martersteigs im Schauspielhaus zu Köln. In: *Illustrierte Zeitung*. Bd. 32. Leipzig (1909), 554–557
50. Durian, Hans: *Jocza Savits und die Münchener Shakespearebühne*. Emsdetten (1937)
51. Eberwein, Carl: «Die Musik zum Goetheschen Faust». In: *Europa. Chronik der gebildeten Welt*. (1853), Nr. 43, 337 ff.
52. Eckermann, Johann Peter: *Faust am Hofe des Kaisers. In 3 Akten für die Bühne eingerichtet*. Hrsg. Von Friedrich Tewes. Berlin (1901)
53. Ehrlich, H. Zur Säkularfeier der Ankunft Goethes in Weimar. Goethes Faust. Zum ersten Male für die Aufführung als Mysterium an zwei Tagewerken eingerichtet von Otto Devrient. Musik von Lassen« In: *Die Gegenwart*. 9 (1876). No. 21, 329–332
54. Ehrlich, Lothar: »›Faust‹ im Deutschen Nationaltheater in Weimar seit seiner Wiedereröffnung 1948«. In: Deutsches Nationaltheater in Weimar (Hg.): *Faust in Weimar. Dokumente I. Wissenschaftliche Beiträge*. Weimar (o. J.)
55. Engel, Karl: *Das Volksschauspiel Doctor Johann Faust. Hrsg. mit geschichtlichen Nachrichten über den Träger der Faustsage und mit einer Bühnengeschichte des Faust*. Zweite umgearbeitete und vielfach ergänzte Auflage. Oldenburg (1882)
56. Enslin, Adolph: *Die ersten Theater-Aufführungen des Goethe'schen Faust. Ein Beitrag zur Geschichte des deutschen Theaters*. Berlin (1880)
57. Esslin, Martin: *Die Zeichen des Dramas. Theater, Film, Fernsehen*. Aus dem Englischen von Cornelia Schramm. Reinbek bei Hamburg (1989)
58. *Faust am Goetheanum*. Mit Beiträgen von Hagen Biesantz, Wolfgang Greiner, Michael Blume, Walther Roggenkamp. Hrsg. von der Sektion für redende und musizierende Künste am Goetheanum. Stuttgart (1982)
59. »Faust auf der Hamburgischen Bühne. 29. Juni 1831«. In: *Kritische Blätter der Börsen-Halle* (1831). Nr. 53, 215
60. *Faust und Mephisto. Goethes Dramenfiguren auf dem Theater*. Hrsg.: Theatermuseum des Instituts für Theater-, Film und Fernsehwissenschaft der Universität zu Köln. Ausstellung und Katalog: Helmut Grosse und Bernd Vogelsang. Köln (1983)
61. »Die Faustaufführungen in Weimar und Hannover«. In: *Unsere Zeit. N. F.* 13 (1877). H. 12, 950–952
62. »Faust-Aufführung in Weimar«. In: *Der Gesellschafter*. 13 (1929). Nr. 148
63. Fischer-Lichte, Erika: *Semiotik des Theaters. Eine Einführung*. 3 Bände. Tübingen (1983)
64. Flamm, Käthe: »Hainer Hill der Bühnenbildner«. In: *Hier. Dortmunder Kulturarbeit*. 32 (1974). 22–26
65. Fontana, Maurus-Oskar: »Der neue Burgtheater-Faust«. In: Fontana, Maurus-Oskar: *Das große Welttheater. Theaterkritiken. 1909-1967*. Hrsg. Kollegium Wiener Dramaturgie. Auswahl: Dr. Paul Wimmer. Wien (1975), 174–176
66. Frahm, Hans: *Ernst Possart als Schauspiel-Regisseur. Ein Beitrag zur Geschichte der Klassiker-Inszenierungen im neunzehnten Jahrhundert*. Diss. München (1933)
67. Frei, Guido: *Das Zürcher Stadttheater unter der Direktion von Alfred Reucker. 1901-1921*. Innsbruck (1951)
68. Frenzel, Carl: »Die Faustaufführungen in Weimar«. In: Frenzel, Carl: *Berliner Dramaturgie. Zweiter Band*. Erfurt (o. J.). 157–186
69. Freydank, Ruth: *Theater in Berlin. Von den Anfängen bis 1945*. Berlin (1988)
70. Friedrich, Theodor; Scheithauer, Lothar: *Kommentar zu Goethes Faust. Mit einem Faust-Wörterbuch und einer Faust Bibliographie*. Stuttgart (1976)
71. Fuchs, Georg: *Die Revolution des Theaters. Ergebnisse aus dem Münchener Künstler-Theater*. München und Leipzig (1909)
72. Görne, Dieter: *Erbe und Gegenwart: Zur »Faust«-Rezeption durch das sozialistische Theater der DDR. Leipzig, Weimar, Berlin, Halle*. Jena (1975)
73. Görne, Dieter, u. a. [Bearb.]: *Faust in Weimar. Dokumente*. Weimar (1975)
74. [Görne, Dieter Hrsg.]: *Wolfgang Engel inszeniert Goethes Faust am Staatsschauspiel Dresden 1990, dokumentiert von Dieter Görne. 1. Band. Textfassung*. Berlin (1991)
75. [Görne, Dieter (Hrsg.)]: *Wolfgang Engel inszeniert Goethes Faust am Staatsschauspiel Dresden 1990, dokumentiert von Dieter Görne. 2. Band. Materialien*. Berlin (1991)
76. *Goethe. 1749 bis 1832. Texte und Bilder. Programmbuch Nr. 25/26 I*. Hrsg.: Württembergische Staatstheater Stuttgart. Stuttgart (1977)

77. *Goethe. Berliner Ausgabe.* 22 Bände. Berlin und Weimar (1972 ff.)
78. *Goethe. Das bürgerliche Zeitalter. Programmbuch Nr. 25/26 II.* Hrsg.: Württembergische Staatstheater Stuttgart. Stuttgart (1977)
79. *Goethe. Faust-Kommentare. Programmbuch Nr. 25/26 III.* Hrsg.: Württembergische Staatstheater Stuttgart. Stuttgart (1977)
80. *Goethe. 1749 bis 1832. Texte und Bilder. Programmbuch Nr. 25/26 I.* Hrsg.: Württembergische Staatstheater Stuttgart. Stuttgart (1977)
81. Goethe, Johann Wolfgang: *Faust. Der Tragödie Erster Teil. Programmbuch Nr. 25.* Hrsg.: Württembergische Staatstheater Stuttgart. [Strichfassung von *Faust I* in der Inszenierung von Peymann und Freyer]. Stuttgart (1977)
82. Goethe, Johann Wolfgang: *Faust. Der Tragödie Zweiter Teil. Programmbuch Nr. 26.* Hrsg.: Württembergische Staatstheater Stuttgart. [Strichfassung von *Faust II* in der Inszenierung von Peymann und Freyer]. Stuttgart (1977)
83. Goethe, Johann Wolfgang: *Faust. Kommentare.* Von Albrecht Schöne. Frankfurt a. M. (1994)
84. Goethe, Johann Wolfgang: *Faust. Texte.* Hrsg. von Albrecht Schöne. Frankfurt a. M. (1994)
85. [Goethe, J. W. v.:] *Fausts Tod. Aus der Tragödie zweitem Teil. Für die Bühne eingerichtet* von Adolphe L'Arronge. Berlin (1889)
86. *Goethe Handbuch. Band 2. Dramen.* Hrsg. von Theo Buck. Stuttgart, Weimar (1996)
87. *Goethes Briefe.* Hamburger Ausgabe in 4 Bänden. Textkritisch durchgesehen und mit Anmerkungen versehen von Karl Robert Mandelkow. 1. Auflage. Hamburg (1965–1969)
88. *Goethes Faust. Der Tragödie 1. und 2. Teil. Volkstümliche Einführung in Wort und Bild.* Inszenierung und Text von Dr. Franz Ulbrich, Generalintendant des Deutschen Nationaltheaters in Weimar. Aufnahmen von Günther Beyer. Eingerichtet von Wilhelm Hinrich Holtz. Weimar (1930)
89. *Goethes Briefwechsel mit Friedrich Rochlitz.* Hrsg.: Woldemar Freiherr von Biedermann. Leipzig (1887)
90. *Goethes Gespräche. Eine Sammlung zeitgenössischer Berichte aus seinem Umgang.* Auf Grund der Ausgabe und des Nachlasses von Flodoard Freiherrn von Biedermann ergänzt und hrsg. Von Wolfgang Herwig. 4 Bände. Zürich und Stuttgart (1965 ff.)
91. *Goethes Gespräche. Gesamtausgabe.* Neu hrsg. Von Flodoard Frhr. Von Biedermann, unter Mitwirkung von Max Morris, Hans Gerhard Gräf und Leonhard L. Mackall. 5 Bände. Leipzig (1909–1911)
92. *Goethes Werke.* Hrsg. im Auftrage der Großherzogin Sophie von Sachsen. 143 Bände. Weimar (1887–1919)
93. *Goethes Werke.* Hamburger Ausgabe in 14 Bänden. Hrsg. Von Erich Trunz. München (1981)
94. Goetze, Albrecht; Scheidler, Gisela: *Faust Pakt Hamburg.* Hamburg (1980)
95. Goldmann, Paul: »›Faust‹ bei Max Reinhardt«. In: Goldmann, Paul: *Literatenstücke und Ausstattungsrevue.* Frankfurt a. M. (1910), 131–145
96. Gräf, Hans Gerhard: »Goethes Antheil an der ersten ›Faust‹-Aufführung in Weimar am 29. August 1829«. In: Gräf, Hans Gerhard: *Goethe. Skizzen zu des Dichters Leben und Werken.* Leipzig (1924)
97. Gräf, Hans Gerhard: *Goethe über seine Dichtungen. Versuch einer Sammlung aller Äußerungen des Dichters über seine poetischen Werke. Zweiter Teil. Die dramatischen Dichtungen. Zweiter Band.* Darmstadt (1968)
98. Gregor, Joseph: »Der Salzburger ›Faust‹ und seine Wieder-Aufführungen«. In: *Die Schauspieler im Theater in der Josephstadt unter der Führung von Max Reinhardt. Programm.* Jg. 1933/34. Wien (1933). H. 1, 2–6, und 11–15
99. *Gründgens. Faust. Siegfried Melchinger: Faust für uns. Bilder der Hamburger Aufführung von Rosemarie Clausen. Gustaf Gründgens: Meine Begegnung mit Faust.* Berlin und Frankfurt a. M. (1982)
100. Gutzkow, Karl: »Der zweite Theil des Faust«. In: Gutzkow, Karl: *Rückblicke auf mein Leben.* Berlin (1875), 356 ff.
101. Habersetzer, Karl Heinz: *Die Uraufführung von Johann Wolfgang Goethes »Faust I«. Historischer Hintergrund und Wirkungsgeschichte von August Klingemanns Modellinszenierung 1829 in Braunschweig. Sonderheft I des Staatstheaters Braunschweig anläßlich des 150. Wiederkehr der Uraufführung von Johann Wolfgang Goethes »Faust« in Braunschweig.* Braunschweig (1979)
102. Hamel, Richard: »›Faust‹. In vier Vorstellungen für die Bühne eingerichtet von Hugo Müller. Musik von E. Lassen. Aufführung vom 9., 10., 11. und 16. Mai 1898 im Königl. Theater zu Hannover«. In: Hamel, Richard: *Hannoversche Dramaturgie.* Hannover (1900), 60–76
103. Hassenstein, Dieter: *Goethes »Faust« auf dem Frankfurter Theater. (1829–1935).* Diss. Frankfurt a. M. 1938
104. Heer, Friedrich: »Goethe's Faust in the Burgtheater«. In: *Almanach der Bundestheater.* Wien, Berlin (1967), 107–109
105. Hell, C. F. van: *Goethe's Faust erster und zweiter Theil im National-Theater zu Berlin.* Berlin (1967), 107–109
106. Henning, Hans: »Das Regiebuch zur Frankfurter Faust-Inszenierung von 1829«. In: *Marginalien.* H. 17. Berlin (1964), 36–41
107. Hensel, Georg: *Das Theater der 70er Jahre. Kommentar, Kritik, Polemik.* München (1983)
108. Hensel, Georg: *Spiel's noch einmal. Das Theater der achtziger Jahre.* Frankfurt a. M. (1995)
109. Herrig, Hans: »Die ›Faust‹-Aufführungen in Weimar«. In: *Berliner Tageblatt.* 9. und 10. 5. 1876
110. Hildebrandt, Kurt: *Goethe. Seine Weltweisheit im Gesamtwerk.* Mit 5 Bildtafeln. Leipzig (1941)
111. Horn, Hanns: *Die Geschichte der Münchener Faustaufführungen.* Diss. München (1929)
112. Houben, Heinrich Hubert: *Der ewige Zensor.* Mit einem

Nachwort von Claus Richter und Wolfgang Labuhn. Kronberg/Ts. (1978)
113. Iden, Peter (Hrsg.): *Warum wir das Theater brauchen.* Frankfurt a. M. (1995)
114. Jacobson, Siegfried: »›Faust‹ 1-2«. In: *Die Schaubühne.* 5 (1909). Bd. 1. Nr. 14-15, 387-389 und 414-416
115. Jacobson, Siegfried: »Faust zweiter Teil«. In: *Die Schaubühne.* 7 (1911). Bd. 1. Nr. 12-13, 318-321 und 341-344
116. Jacobson, Siegfried: *Max Reinhardt.* Berlin (1910)
117. Jekelius, Olga: *Goethes Faust auf den Wiener Bühnen.* Wien (1927)
118. Ihering, Herbert: *Von Reinhardt bis Brecht. Vier Jahrzehnte Theater und Film.* 3 Bände. Berlin (1959)
119. Kalde, Wilfried: *Die dramaturgischen Bearbeitungen des Faust II im Bereich des deutschsprachigen Theaters von 1834 bis zur Gegenwart.* Diss. München (1966)
120. Kilian, Eugen: *Goethes Faust auf der Bühne. Beiträge zum Probleme der Aufführung und Inszenierung des Gedichtes.* München und Leipzig (1907)
121. Klaar, Alfred: *Der Faust-Cyclus. Vorbereitende Worte zu der Aufführung des von Wilbrandt für die Bühne bearbeiteten Goethe'schen »Faust« an drei Theaterabenden.* Prag (1899)
122. Korff, H.[ermann] A.[ugust]: *Die Lebensidee Goethes.* Leipzig [1925]
123. Korff, H.[ermann] A.[ugust]: *Faustischer Glaube. Versuch über das Problem humaner Lebenshaltung.* Leipzig (1938)
124. Korff, H.[ermann] A.[ugust]: *Geist der Goethezeit. Versuch einer ideellen Entwicklung der klassisch-romantischen Literaturgeschichte.* 4 Bände. Leipzig (1953-1959)
125. Kopp, Heinrich: *Die Bühnenleitung Aug. Klingemanns in Braunschweig. Mit einem Anhang: Das Repertoire des Braunschweiger Nationaltheaters. Ein Beitrag zur deutschen Theatergeschichte des 19. Jahrhunderts.* Hamburg und Leipzig (1901)
126. Kranich, Friedrich: *Bühnentechnik der Gegenwart.* 2 Bände. München und Berlin (1929-1933)
127. Krüger, Max: *Über Bühne und bildende Kunst.* München (1913)
128. Kühlken, Edda: *Die Klassiker-Inszenierungen von Gustaf Gründgens.* Meisenheim am Glan (1972)
129. Kühne, Gustav: »Faust am Hofe des Kaisers«. In: *Europa.* Leipzig (1856). Nr. 42, Sp. 1257-1262
130. Kunstfest Weimar; Stadt Weimar/Stiftung Weimarer Klassik (Hg.): *Kunstfest Weimar 1993.* Kornwestheim (1993)
131. Lehner, G.: *Die Dekorationen zu Goethes Faust.* Berlin (1891)
132. Leisler Edda; Prossnitz, Gisela: »Max Reinhardts ›Faust‹-Inszenierung in Salzburg 1933-1937«. In: *Maske und Kothurn.* 16 (1970). H. 2, 105-175
133. Limbach, Adelheid: *Die Ruhrfestspiele. Eine Darstellung ihrer Geschichte bis zur Eröffnung des neuen Festspielhauses.* Diss. Köln (1965)
134. Linke, M.: *Gustav Lindemann,* o.O. (1969)
135. Mack, Fritz: »Der liebende und der tätige Faust. Goethes ›Faust‹ 1. und der 2. Teil in neuer Bühnengestaltung am Alten Theater«. In: *Leipziger Neueste Nachrichten.* 12.4.1929
136. Mäde, Hans Dieter; Püschel, Ursula: »Streitfragen. Zum Charakter unserer Meinungsverschiedenheiten über ›Faust‹«. In: Mäde, Hans Dieter; Püschel, Ursula: *Dramaturgie des Positiven.* Berlin (1973), 183-188
137. Mahal, Günther: »Die neuen Kleider der Kritik: 2x Faust im Musterländle«. In: *Faust-Blätter.* 36 (1978). H. 34, 1379-1382
138. Mahal, Günther: *Faust-Museum Knittlingen. Exponate. Materialien. Kommentare.* Stuttgart (1980)
139. Mahl, Bernd: *Brechts und Monks »Urfaust«-Inszenierung mit dem Berliner Ensemble 1952/53. Materialien, Spielfassung, Szenenfotos, Wirkungsgeschichte.* Stuttgart und Zürich (1986)
140. Mahl, Bernd: »Fragment – Mysterium – Spieltext. Die Bühnengeschichte von Goethes Faust«. In: (12), 177-207
141. Mahl, Bernd: »›Faust‹-Experimente. Zur Bühnengeschichte von Goethes Drama seit den 50er Jahren«. In: *Der Deutschunterricht.* 35 (1983). H. 1, 36-60
142. Mahl, Bernd: »Goethes Faust als Egoist – Ein Streifzug durch ein Kapitel deutscher Ideologie«. In: Heck, Thomas Leon (Hg.): *Das Prinzip Egoismus.* Tübingen (1994), 544-547
143. Mahl, Bernd: »Goethes ›Faust‹ – Höllischer Ausbeuter oder himmelsstrebender Tatmensch? Zur Deutung der ökonomischen Motive in ›Der Tragödie zweitem Teil‹«. In: *Faust-Blätter.* 36 (1978), 1478-1507
144. Mahl, Bernd: *Goethes ökonomisches Wissen. Grundlagen zum Verständnis der ökonomischen Passagen im dichterischen Gesamtwerk und in den ›Amtlichen Schriften‹.* Frankfurt a. M. Bern (1982)
145. Mahl, Bernd: »Maurice Béjarts *Nôtre Faust.* Ein Ballettschauspiel in zwei Teilen. Mit einem Interview des Choreographen«. In: *Faust-Blätter.* 37 (1979), 1581-1602
146. Mandelkow, Karl Robert: *Goethe im Urteil seiner Kritiker. Dokumente zur Wirkungsgeschichte Goethes in Deutschland.* 4 Bände. München (1975-1984)
147. Mandelkow, Karl Robert: *Goethe in Deutschland. Rezeptionsgeschichte eines Klassikers.* 2 Bände. München (1980-1989)
148. Mann, Thomas: »Versuch über das Theater«. In: Mann, Thomas: *Gesammelte Werke.* Band X. Frankfurt (1960), 23-61
149. Marr, W.: »Wie Goethe's ›Faust‹ auf die Bühne kam«. In: *Die Gartenlaube.* 1875. No. 41, 694-695
150. Martersteig, Max: *Das deutsche Theater im neunzehnten Jahrhundert. Eine kulturgeschichtliche Darstellung.* Leipzig (1904)
151. Mauerhof, Emil: *Zur Idee des Faust.* Leipzig (1884)
152. Max-Reinhardt-Forschungsstätte Salzburg (Hrsg.): *Max Reinhardt. Sein Theater in Bildern.* Velber bei Hannover (1968)

153. Mederow, Paul: *Das Spiel vom Doktor Faust von Goethe. Aus der Tragödie beiden Teilen für die Aufführung an einem Abend hervorgehoben.* Berlin (1925)
154. Melchinger, Siegfried: *Theater der Gegenwart.* Frankfurt a.M. (1958)
155. Menchén, Georg: *Faust in Weimar. Goethes dramatisches »Weltgedicht« auf der Bühne des Weimarer Theaters von den ersten Versuchen bis zur Gesamtinszenierung 1965/66.* Weimar (1968)
156. Menchén Georg: *Grundelemente der Erbe-Rezeption in der Periode der antifaschistisch-demokratischen Kulturrevolution, dargestellt am Beispiel der Inszenierung beider Teile von Goethes »Faust« am Deutschen Nationaltheater Weimar 1948/49 durch Hans Robert Bortfeldt.* Diss. Weimar (1972)
157. Menck, Clara: »Mysterienspiel in einem Arkadien. Der ganze ›Faust‹ im Dornacher Goetheanum«. In: *Faust-Blätter.* 32 (1974), 948–950
158. Metscher, Thomas: »Faust und die Ökonomie. Ein literarhistorischer Essay«. In: *Argument-Sonderband AS 3. Vom Faustus bis Karl Valentin. Der Bürger in Geschichte und Literatur.* 28–155
159. Mosen, Julius; Stahr, Adolf: *Ueber Goethe's Faust. Zwei dramaturgische Abhandlungen.* Oldenburg (1845)
160. Müller, Hermann: *Erklärung der Faust-Vorstellungen am Königl. Theater zu Hannover. Mit Benutzung der vom Heinrich Düntzer hrsg. »Erläuterungen« zusammengestellt.* Hannover (1877)
161. Müller-Schwefe, Gerhard: *Corpus hamleticum. Shakespeares Hamlet im Wandel der Medien. Mit 24 Illustrationen im Text und einem Beitrag von Erwin Koeppen: »Hamlet als ›drama per musica‹«.* Tübingen (1987)
162. Neubeck, Ludwig: »Die Uraufführung des ›Faust‹«. In: *Das Buch des Goethe-Lessing-Jahres 1929.* Braunschweig (1929), 70–86
163. Neubert, Franz: *Vom Doctor Faustus zu Goethes Faust.* Leipzig (1932)
164. Niederfuhr, Hans: »Bei Reinhardts Salzburger ›Faust‹-Proben«. In: *Maske und Kothurn.* 16 (1970). H. 2, 176–179
165. Niessen, Carl: *Katalog der Ausstellungen Faust auf der Bühne, Faust in der Bildenden Kunst. Zur Jahrhundertfeier der Uraufführung des ersten Teiles in Braunschweig veranstaltet von der Landeshauptstadt Braunschweig und der Goethe-Gesellschaft.* Braunschweig (1929)
166. Nössig, Manfred: »Kritiken und Aufsätze«. In: Nössig, Manfred: *Die Schauspieltheater der DDR und das Erbe. (1970–1974).* Berlin (1976), 99–200
167. Oberländer, Hans: *Bühne und Bildende Kunst. Ein Epilog zur Faust-Aufführung am Münchener Künstler-Theater 1908.* Köln a. Rh. (1908)
168. Ornstein, Richard: »Goethes Totenfeier und der erste ›Faust‹ in Wien«. In: *Jahrbuch der Goethe-Gesellschaft.* 9 (1922) 88–107
169. Otto, Teo: *Meine Szene. Mit einem Vorwort von Friedrich Dürrenmatt.* Köln, Berlin (1965)
170. Parenth, Ulrich: *Wie Goethes »Faust« auf die Bühne kam.* Hrsg. unter Mitwirkung des Staatstheaters Braunschweig. Braunschweig (1986)
171. Passow, Wilfried: »Max Reinhardts ›Faust‹-Inszenierungen«. In: *Faust-Blätter.* 26 (1973), 782–788
172. Passow, Wilfried: *Max Reinhardts Regiebuch zu Faust I.* München 1971
173. Petersen, Julius: *Goethes Faust auf der deutschen Bühne. Eine Jahrhundertbetrachtung.* Leipzig (1929)
174. Petersen, Julius: »Goethe und die Aufführung seines Faust«. In: *Das Buch des Goethe-Lessing-Jahres 1929.* Braunschweig (1929), 51–59
175. Petzet, Wolfgang: *Theater. Die Münchner Kammerspiele. 1911–1972.* München (1973)
176. Pfeiffer-Belli, Wilhelm: *Die Dramen Goethes auf dem Theater seiner Vaterstadt 1775–1832.* Frankfurt a.M. (1928)
177. Pfeiffer-Belli, Wilhelm: *Die erste Frankfurter Faust-Aufführung. Zur Erinnerung an den 27. August 1829.* Frankfurt a.M. (1829)
178. Piccolo Teatro di Milano Hg.): *Johann Wolfgang Goethe. Faust, frammenti parte prima.* Milano (1992)
179. Piccolo Teatro di Milano (Hg.): *Johann Wolfgang Goethe. Faust, frammenti parte seconda.* Milano (1992)
180. Pongs, [Hermann]: »Ein Soldat sieht den Faust«. In: *Berliner Börsen-Zeitung.* 2.3. 1943
181. Possart, Ernst: *Ueber die Gesammtaufführung des Goethe-'schen Faust an der Münchner Hofbühne.* München (1895)
182. Rank, Josef: »Eckermanns Bühnenbearbeitung des II. Theils von Goethe's Faust«. In: Rank, Josef: *Aus meinen Wandertagen.* Wien und Leipzig (1861)
183. Rathge, Arthur: *Otto Devrients Stellung in der Theatergeschichte.* Diss. Kiel (1923)
184. Reber, Paula Marg.: *Erinnerung in Wort und Bild an die Gesamtaufführung des Goethe'schen Faust auf Königlichen Hofbühne zu München.* München (1895)
185. Reinhardt, Max: *Ich bin nichts als ein Theatermann. Briefe, Reden, Aufsätze, Interviews, Gespräche, Auszüge aus Regiebüchern.* Hrsg. von Hugo Fettig. Berlin (1989)
186. Reiner, Otto: »›Faust‹ an einem Abend. Aufführung in der Mederowschen Bühneneinrichtung am Hamburger Deutschen Schauspielhaus«. In: *Frankfurter Zeitung.* 28.4. 1927
187. Röse, Friedrich: *Über die szenische Darstellung des Goetheschen Faust und Seydelmanns Auffassung des Mephistopheles.* Berlin (1838)
188. Rosenberg, Alfred: *Der Mythus des 20. Jahrhunderts. Eine Wertung der seelisch-geistigen Gestaltenkämpfe unserer Zeit.* 79.–82. Auflage. München (1935)
189. Rosendahl, Erich: *Geschichte der Hoftheater in Hannover und Braunschweig.* Hannover. (1927)
190. Rühle, Günther: *Theater für die Republik 1917–1933 im Spiegel der Kritik.* Frankfurt a.M. (1967)

191. Rühle, Günther: *Theater in unserer Zeit.* 3 Bände. Frankfurt a. M. (1976-1992)
192. Russo, Wilhelm: *Goethes Faust auf den Berliner Bühnen.* Berlin (1924)
193. Scheer, Maximilian: »Hochverräter Goethe. 1943«. In: *Ost und West.* 2 (1948). H. 5, 14-17
194. Schlaffer, Heinz: »Fausts Ende. Zur Revision von Thomas Metschers ›Teleologie der Faust-Dichtung‹«. In: *Das Argument.* 99 (1976), 772-779
195. Schlaffer, Heinz: *Faust Zweiter Teil. Die Allegorie des 19. Jahrhunderts.* Stuttgart (1981)
196. Schleef, Einar: *Droge Faust Parsifal.* Zweite Auflage. Frankfurt (1998)
197. Schlegel, August Wilhelm von: *Vorlesungen über dramatische Kunst und Literatur. Kritische Ausgabe.* Eingeleitet und mit Anmerkungen versehen von Giovanni Vittorio Amoretti. Band II. Bonn und Leipzig (1923)
198. Schlenther, Paul: »Fausts Tod im Deutschen Theater«. In: *Zur guten Stunde.* 3 (1889). No. 1, Sp. 21-26
199. Schlenther, Paul: *Goethes Faust. Der Tragödie zweiter Teil. In 5 Akten. Bühnentext des k. k. Hofburgtheaters.* Wien (1907)
200. Schöne, Albrecht: *Götterzeichen, Liebeszauber, Satanskult. Neue Einblicke in alte Goethetexte.* München (1982)
201. Schrickel, Leonhard: *Geschichte des Weimarer Theaters von seinen Anfängen bis heute.* Weimar (1928)
202. Schröder, Johannes: *Faust auf dem Theater. Bühnenbilder und Figurinen zu Faust I und II in Bochum.* Prisma Verlag (1928)
203. Schröer, Karl Julius: *Die Aufführung des ganzen Faust auf dem Wiener Hofburgtheater. Nach dem ersten Eindruck besprochen.* Heilbronn (1883)
204. Schröer, Karl Julius: »La Roche und die erste ›Faust‹-Aufführung in Weimar«. In: *Neue Freie Presse.* Wien. 19. 11. 1880
205. Schuberth, Ottmar: *Das Bühnenbild. Geschichte, Gestalt, Technik.* München (1955)
206. Schwerte, Hans (d. i. Schneider, Hans-Ernst): *Faust und das Faustische. Ein Kapitel deutscher Ideologie.* Stuttgart (1960)
207. Schumacher, Ernst: »›Faust‹ I 1968 im Deutschen Theater Berlin«. In: Schumacher, Ernst: *Schriften zur darstellenden Kunst.* Berlin (1968), 338-348
208. Sektion für redende und musische Künste am Goetheanum: *Bühnenkunst am Goetheanum. Heft 1: Faust.* Dornach (1936)
209. Spieß, Helmut: *Goethe, Eckermann und »Faust auf der Bühne«.* Diss. Jena (1933). Dingelstadt (Eichsfeld) (1933)
210. Stahl, Ernst Leopold: *Das Mannheimer Nationaltheater. Ein Jahrhundert deutscher Nationalkultur im Reich.* Mannheim, Berlin, Leipzig (1929)
211. Steiner, Marie: »Was sind unsere Ziele? Zum Faust-Programmheft«. In: Rudolf Steiner-Nachlaßverwaltung (Hrsg.): *Marie Steiner. Ihr Weg zur Erneuerung der Bühnenkunst durch die Anthroposophie.* Dornach (1973)
212. Storck, Willy: *Goethes Faust und die bildende Kunst.* Leipzig (1912)
213. Sucher, C. Bernd: *Das Theater der achtziger und neunziger Jahre.* Frankfurt a. M. (1995)
214. Tille, Alexander: »Goethes Faust auf der deutschen Bühne«. In: *Zeitschrift für Bücherfreunde.* 5 (1901/02),
215. Ulbrich, Franz: »Das Inszenierungsproblem des Faust II. Teil«. In: *Goethe. Neue Folge des Jahrbuchs der Goethe-Gesellschaft.* 11 (1950), 81-116
216. Ulbrich, Franz: »Meine Faust-Inszenierung in der Hersfelder Stiftsruine«. In: *Festspielwoche Bad Hersfeld zu Goethes 200. Geburtstag. 1. Bis 4. September 1949 in der tausendjährigen Stiftsruine.* Hersfeld (1949), 4-7
217. Ulbrich, Franz: »Radziwills Privataufführungen von Goethes Faust in Berlin. Ein Abschnitt aus der Bühnengeschichte des Goetheschen Faust«. In: *Studien zur Literaturgeschichte. Albert Köstler zum 7. November 1917 überreicht.* Leipzig (1912), 193-220
218. »Ueber die zur Geburtstagsfeier des 80jährigen Dichters zum ersten Male versuchte Darstellung des Götheschen ›Faust‹ auf der Dresdener Hofbühne. Am 28. August«. In: *Merkur.* Jg. 1829. Dresden (1829)
219. Thiema, H.: »Goethes Faust als Mysterium in drei Tagewerken eingerichtet von O. Devrient. Besprochen nach der Aufführung in Weimar am 20. und 21. Mai«. In: *Deutsche Studienblätter* Jg. 1 2. Leipzig (1876-77), 18-22, 73-76 und 112-118 bzw. 121-124
220. Tille, Alexander: »Die Bilder zu Goethes Faust«. In: *Preußische Jahrbücher.* 72. 2, 264-299
221. Vietor-Engländer, Deborah: *Faust in der DDR.* Frankfurt a. M., Bern, New York, Paris (1987)
222. Wacht, Gustav: »Die Mannheimer Faustabende«. In: *Frankfurter Zeitung und Handelsblatt. Abendblatt.* Frankfurt a. M., 27. 11. 1882
223. Wagner, Cosima: *Die Tagebücher. Band I. 1869-1877.* Ediert und kommentiert von Martin Gregor-Dellin. München (1976)
224. Wagner, Richard: »Über Schauspieler und Sänger«. In: Wagner, Richard: *Dichtungen und Schriften. Jubiläumsausgabe in zehn Bänden.* Hrsg. von Dieter Borchmeyer. Band 9. Frankfurt a. M. (1983), 183-263
225. Weber, Wilhelm Ernst: *Goethe's Faust. Uebersichtliche Beleuchtung beyder Teile zu Erleichterung des Verständnisses.* Halle (1836)
226. Weiser Karl: *Goethes Faust. Eine Tragödie in 2 Teilen. Neue Weimarer Einrichtung.* Leipzig (1908)
227. Wegner, Wolfgang: *Die Faustdarstellung vom 16. Jahrhundert bis zur Gegenwart. Eine Enzyklopädie der Faustikonographie und der Faustillustration.* Amsterdam (1962)
228. Werther, J.[ulius] v.[on]: *Erinnerungen und Erfahrungen eines alten Hoftheater-Intendanten. Mit einem Bildnis des Verfassers.* Hrsg. von seinem Sohne. Stuttgart (1911)
229. Werther, Julius: *Leitfaden zur ersten Aufführung des zwei-*

ten Theiles von Goethes Faust in der Bühneneinrichtung. Stuttgart (1911)
230. Wexel, Carl: *Goethes Faust in Bezug auf Scenerie und Bühnendarstellung.* Breslau (1857)
231. Widmann, Wilhelm: »Denkwürdige Faustaufführungen in Mannheim«. In: *Mannheimer Tageblatt.* Mannheim (1909). Nr. 47
232. Wilbrandt, Adolf: *Faust. Für die Bühne eingerichtet und in 3 Abende eingetheilt.* Wien (1883)
233. Wilbrandt, Adolf: *Erinnerungen.* Zweite Auflage. Stuttgart und Berlin (1905)
234. »Wilbrandt's Einrichtung des dreitheiligen ‹Faust›«. In: *Berliner Fremdenblatt. Drittes Blatt.* Berlin. 27.7. 1882
235. [Wilbrandt:] »Am 2., 3., 4. Januar fand im Wiener Burgtheater die Aufführung des Faust in der Bearbeitung A. Wilbrandts statt«. In: *Goethe-Jahrbuch.* 5 (1884), 357 ff.
236. Witkowski, Georg (Hg.) *Goethes Faust. Zweiter Band. Kommentar und Erläuterungen.* Leipzig (1906)
237. Witkowski, Georg: »Goethes ›Faust‹ auf dem deutschen Theater«. In: *Bühne und Welt.* 4 (1901), 1–14, 57–64, 91–102
238. Wollheim [da Fonseca, Anton Edmund]: *Erläuterungen und Gesänge zum zweiten Teil von Göthe's Faust, bearbeitet und für die Bühne eingerichtet.* Hamburg (1854)
239. [Wollheim:] *Goethe's Faust. Zweiter Teil. Tragödie in fünf Akten. Nach der Bearb. von [Anton Edmund] Wollheim [da Fonseca] für die Königlich Sächsische Hofbühne eingerichtet von A. Mercks. Musik von H. H. Pierson. Zum ersten Male aufgeführt auf dem Dresdner Hoftheater am 29. August 1880. (Stimmen der Dresdner Tagesblätter über die erste Aufführung).* Dresden: Pierson (1880). 23. S.
240. *Wollheims Bühnenbearbeitung des zweiten Teils von Goethes Faust.* Leipzig (1874)
241. Wulf, Josef: *Theater und Film im Dritten Reich.* Reinbek bei Hamburg (1966)
242. Württembergische Staatstheater Stuttgart [Hg.]: *Stuttgarts Faust und seine Kritiker. Rezensionen, Briefe, Meinungen.* Stuttgart (1977)
243. Zeiss, Karl: »Goethes Faust auf dem Leipziger Stadttheater. (Mysterium in zwei Tagewerken, eingerichtet von Otto Devrient, Aufführung am 19. und 20. März)«. In: *Die Redenden Künste.* 3. Leipzig (1897). H. 27, 737–739
244. Zelter, Karl Friedrich; Goethe, Johann Wolfgang: *Briefwechsel. Eine Auswahl.* Hrsg. von Hans-Günter Ottenberg. Mit fünf Faksimiles und Notenbeispielen. Verlag Philipp Reclam jun. Leipzig (1987)
245. Zentralinstitut für Literaturgeschichte (Hg.): *Faust '82. Entwurf zu einem Gemeinschaftsprojekt der Berliner Bühnen.* Berlin (1980)
246. Zezschwitz, Eberhard von: »Die Bühnengeschichte von Goethes Faust. Von Gründgens bis Peymann und Heyme«. Vortrag für die Goethe-Gesellschaft Stuttgart. 1977 [unveröffentlicht]

Namenregister

Das Register enthält die Namen der Regisseure, Dramaturgen, Bühnenbildner, Kostümbildner, Komponisten, Schauspieler, Maler sowie von Personen, deren Gedanken, Vorschläge, Musiken usf. in die Spielfassungen eingegangen sind, nicht aber die Namen von Rezensenten, Theaterkritikern und Theaterwissenschaftlern.

Affolter, Therese 164 f.
Aillaud, Gilles 157, 175 f.
Albach-Retty, Rosa 114
Alphons, Manuela 167, 169
Andree, Ingrid 250
Arroyo, Eduardo 157
Aslan, Raoul 113 f., 122
Aust, Konrad 221 f.

Balser, Ewald 114, 120–122, 132
Barbosa, Kika 258
Barchfeld, Thomas 169
Barnowsky, Victor 103
Bartholomäus, Heidrun 220
Bassermann, Albert, 98, 101
Bauer, Wilhelmine 155
Baumann, Herbert 150
Bayer, Marie 42
Bechstein, Ludwig 16, 23–27, 36–38
Becker, Gerhard 133
Becker, Maria 170
Beer-Hofmann, Richard 113 f.
Beil, Hermann 159, 163
Deinemann, Gert 195
Béjart, Maurice 168 f.
Bennewitz, Fritz 201–203, 205–207, 210, 212, 219, 222 f., 261
Benoin, Daniel 260
Benrath, Martin 170
Beregi, Oskar 98
Berger, Alfred Freiherr von 123
Berger, Wilhelmine 20
Beyer, Friedrich 191, 251
Beyer, Hermann 226
Bieler, Margot 135 f.
Bierbichler, Josef 242, 244
Birgel, Willy 123
Bissmeier, Joachim 170
Björn, Alf 131
Bland, Hermine 75
Bleibtreu, Hedwig 87
Blume, Michael 115
Bödy, Istvan 154 f.
Böll, Manfred 265
Böwe, Susanne 230
Bolle, Bärbel 206, 209
Borchert, Ernst Wilhelm 131, 150, 234
Bortfeldt, Hans-Robert 132–134
Brandauer, Klaus Maria 185
Braunbock, Carola 194
Brecht, Bertolt 2, 77, 134, 143, 191–197, 202, 205 f., 210, 213, 222 f., 225, 227, 234, 245, 263–265
Bredel, Willi 190 f.
Bredemeyer, Reiner 226 f.
Brock, Max 110
Brock, Paul 55, 58, 63

Broich, Margarita 238
Brombacher, Peter 165
Brüdern, Gerd 138–140
Brueghel, Pieter 211
Brühl, Karl Graf von 10 f., 27
Bruhn, Steffi 265
Büchi, Ella 145 f., 241 f.
Buhre, Traugott 172 f.
Bungert, August 86
Burgner, Elly 127
Burkhard, Max 68
Burton, Richard 148
Busch, Ernst 197 f.

Camaro, Alexander 150
Canaris, Volker 182
Carpi, Fiorenzo 256
Carstens, Lina 139
Caspar, Horst 263
Christian, Norbert 195
Christiansen, Rolf 132 f.
Corinth, Lovis 103 f.
Cornelius, Peter 8, 10, 23–25, 69, 76
Cramer, Marie-Therese 169

Dahn, Friedrich 38
Dahn-Le Gaye, Constanze 38
Dalmonico 89
David, Gerd 175
Dawison, Bogumil, 76
Degen Michael 170
Dehler, Wolfgang 202 f.
Deibel, Rosemarie 199, 220, 222
Deinhardstein, Ludwig 34–36
Deltgen, René 131, 153 f.
Delventhal, Rainer 179–181
Dene, Kirsten 165
Dessau, Paul 195, 234
Dessoir, Ludwig 14
Deutsch, Ernst 263
Devrient, Max 87
Devrient, Otto 1, 6 f., 30 f., 33, 47, 52–63, 74, 76, 82 f., 85, 88–90, 152 f.
Dickow, Hans-Helmut 264
Diesko, Fred 199, 202 f., 211
Dingelstedt, Franz 1, 4–7, 37 f., 59, 62, 65, 88
Dittbrenner, Nina 175
Dittrich, Marta 246
Dörfler, Walter 170
Döring, Theodor 14, 34
Domröse, Angelika 173
Dorn, Dieter 2, 72, 187, 189, 252
Dornseiff, Richard 123
Dorsch, Käthe 104
Dresen, Adolf 2, 134, 143, 195, 202, 205 f., 209, 218, 233, 235, 240

Düggelin, Werner 263
Durand, August 30
Düren, Fred 205f., 208f.
Dürr, Moritz 254
Dürrenmatt, Friedrich 264
Dworsky, Rudolf 97
Dylan, Bob 265

Ebert, Karl 100
Eberwein, Franz Carl Adalbert 28, 30, 45f.
Eckermann, Johann Peter 4, 20, 27f., 30, 45f., 54, 61, 267–269
Ehrhardt, Kurt 135f.
Engel, Wolfgang 1, 7, 61, 228–234, 237, 252, 265
Enghaus, Christine 35
Epheser, Marianne 220
Erler, Fritz 94–96
Ernst, Max 144, 146
Eschberg, Peter, 178–181
Eysoldt, Gertrud 101

Fabritius, Helen 169
Fabritius, Jürgen 169
Fehling, Jürgen 132
Feldweg, Erich 88
Fiebig, Eva 127
Finke, Jochen 217
Fischer, Eduard 226
Fischer, Günter 191
Fischer, Karl 90
Fischer, Peter 173
Fitz, Peter 175
Flickenschildt, Elisabeth 145
Flimm, Jürgen 182, 184
Flores, Paul 258
Frank, Amy 234
Frank, Hans-Joachim 264f.
Franke, Dieter 209
Frenzel, Carl 3, 6, 49
Frey, Gaby 169
Freyer, Achim 159, 164f., 182, 184, 196
Freytag, Holk 251
Friedmann, Siegfried 69
Fritzsche, Max 132, 153f.
Froboess, Cornelia 189f.
Fuchs, Georg 77, 94–97
Fürbringer, Fritz 155f.
Fura dels baus, La 267
Fux, Joseph 66

Gaebler, Bernd 169
Gardescu, Joana 169
Geiger, Sieglinde 181
Genisch, Charlotte 177
George, Heinrich 131, 263
Gerburg, Cordula 155f.
Gessner, Teresina 69, 71, 77f.
Glei-Rettich, Julie 35
Gliese, Rochus 128, 130
Gloger, Chistine 224, 226
Gobert, Boy 172f.
Görne, Dieter 203, 210f., 228, 233
Goette, Albrecht 232
Gold, Käthe 129f., 142, 253
Gorks, Wolfgang 232

Gorski, Peter 146
Gottowt, John 101
Grabbert, Günter 199, 201
Graziosi, Franco 256
Gregori, Ferdinand 87
Griem, Helmut 189f.
Groß, Ortrud 155
Gross, Peter 177f.
Grosser, Peter 137
Grua, Franz Wilhelm 34
Grube, Max 85f.
Gruber, Karl 90
Grüber, Ekkehard 152
Grüber, Klaus Michael 157, 159, 174–176, 182, 244, 258, 268
Gründgens, Gustaf 1, 85, 95f., 106, 123f., 128–130, 135, 138, 140–142, 144–147, 151, 153f., 171, 176–178, 182, 185f., 191, 196–202, 204, 222, 232, 235, 242, 244, 253, 267
Grünenwald, Volker von 173
Grüning, Illka 104
Grunert, Carl 37f.
Gündel, Marie 55, 63
Günter, Jens Uwe 212
Gutzkow, Karl 31, 33, 41f.
Gysi, Gabriele 206, 245–247

Hacker, Karl 85f.
Hacks, Peter 206
Haentjes, Werner 168
Hagn, Charlotte von 34
Hahn, Tina 169
Hämer, Therese 252
Händel, Ernst 52, 55f., 59
Hänig, Frank 232
Hansen, Julia 252
Harfouch, Corinna 224, 226
Harms, Else 101
Hartmann, Maria 173
Hartmann, Paul 130, 142, 263
Hassel, Friedrich 38
Haupt, Ullrich 145
Haussmann, Sophie 38
Havemann, Franz 203, 210–212, 219–222
Hefft, Günter 169
Heger, Hans Michael 254
Heidenreich, Jürgen 235
Heiliger, Bernhard 150
Heims, Else 101
Heine, Albert 95
Heine, Manfred 211f.
Heinz, Wolfgang 2, 134, 196, 202, 205f., 209, 218, 235
Heinze, Detlef 222
Hell, Carl F. van 62f.
Hell, Theodor 27
Hendewerk, Kurt 115
Hennicke, André 264
Henze, Walter 177
Hertling, Ralf 150
Heyme, Hansgünther 167–169
Heyse, Joachim 152–154
Hill, Hainer 191, 194, 197
Hinz, Werner 145, 234
Höflich, Lucie 101

Hölken, Ludwig 38
Hörbiger, Attila 253, 264
Hörbiger, Christiane 264
Hoffmann, Paul 132
Hohmann, Christoph 228, 230, 232
Hollmann, Hans 171–173
Holthaus, Friedrich, 81
Holtzmann, Thomas 170, 253
Holzmeister, Clemens 118–120
Hoppe, Edgar 152
Hoppé, Franz 34
Horner, Harry 120
Horvath, Krisztina 169
Hradek, Kurt 254
Hrdlicka, Alfred 178–181, 227, 260
Hudecek, Václav 260
Hübner, Kurt 175
Hurwicz, Angelika 195

Idler, Rolf 155 f.
Illiger, Hans 110
Immermann, Karl 31, 40, 85
Irrgang, Vera 232

Jacksch, Bärbel 217 f.
Jäger, Peer 216 f.
Jannings, Emil 104
Janssen, Julia 114
Janssens, Peter 155
Jeske, Regina 201
Jonasson, Andrea 256 f.
Jungbauer, Hans 126
Just, Gerhard 135

Kainz, Josef 87
Kämpfer, Ute 215–217
Karbjinski, Birgit 226
Kayser, Karl 199–201, 206, 235
Kayßler, Friedrich 101
Keller, Max 190
Kemmer, Nicolas 169
Kilger, Heinrich 199–201, 234
Kirchner, Alfred 251 f.
Kistner, Bert 167, 169
Kleffel, Arno 79 f.
Kleiber, Eleonore 201
Klein, César 127
Klein, Heinz-Joachim 191
Kleinau, Willi A. 234
Klingborg, Arne 115
Klingemann, August 1, 16–23, 27, 30, 33 f., 39, 47, 59
Klingemann, Elise 20
Klöpfer, Eugen 131
Koch, Hansgeorg 165
Koch, Heinrich 151, 191
Koch, Wolfram 265
Ködderitzsch, Uwe 201
Köhler, Bruno 69
Körner, Hermine 150
Kohn, Max 127
Kolenda, Jochen 169
Kopp, Mila 132
Koppenhöfer, Maria 129 f.
Kortner, Fritz 138–140
Kotterba, Horst 215–217

Krämer, Günter 185 f., 247 f., 250 f.
Kraemer, Helmut 165
Kraus, Werner 100
Krenek, Irene 137
Kreß, Matthias 246
Krumm, Paul Albert 193, 195
Krupa, Thomas 252
Kruse, Jürgen 265
Kunath, Gerd 162
Kunst, Wilhelm 20
Kurz, Emilie 101
Kuschmann, Bernd 169, 251
Kuster, Anne-Marie 264
Kuziemski, Sylvia 203, 212, 222

L'Arronge, Adolph 69–72, 77, 91, 100
Lang, Otto 198
Lange, Katherina 231
Lange, Klaus 252
Langhoff, Thomas 227
Langhoff, Wolfgang 132, 197, 234
LaRoche, Karl von 20, 27, 30, 35 f.
Lassen, Eduard 55 f., 60, 64
Laube, Heinrich 36, 45
Lazzarini, Giulia 256
Lefler, Heinrich 87 f.
Lehmann, Christa 133
Lehner, Gilbert 66
Levin, Anne 245–247
Lewald, August 31, 33
Lewinger, Ernst 79 f. 123
Lewinsky, Josef 66, 68, 85
Lichtenhahn, Fritz 186
Liedtke, Theodor 42
Lindemann, Gustav 85, 123, 130
Lindner, Amanda 86
Lindpaintner, Peter Joseph von 32, 62
Lindtberg, Leopold 151, 170, 191, 253
Lingk, Wolf-Dieter 214, 217
Löwe, Ludwig 35
Loewenfeld, Raphael 81
Lohner, Helmut 191
Loibl, Elfi 177
Loos, Theodor 104
Lossen, Lina 95
Lothar, Mark 130, 145
Lucke, Hans
Lühr, Peter 131
Lüttge, Martin 163
Lützenkirchen. Mathieu 95
Lukas-Luderer, Manfred 254

MacDonald, Robert David 261
Mahn, Elfriede 85
Mahnke, Adolph 263
Malipiero, Luigi 136 f., 245
Mangold, Elga 177
Marcks, Albrecht 39, 45, 47 f., 77, 79 f.
Marr, Heinrich 20, 30, 35
Martersteig, Max 32–34, 92 f.
Marthaler, Christoph 1, 237, 241, 243 f., 252
Matkowski, Adalbert 85
Matschoß, Ulrich 137
Matthes, Stefanie 252
Mauerhof, Emil 6 f., 41, 91
Mayer, Hans 114, 146 f., 150–152, 167, 176, 228, 253

Mayer, Michaela 254
Mecklenburg, Karl von 11, 13 f.
Medelsky, Lotte 87, 120
Mederow, Paul 104-106
Meisel, Kurt 129
Melles, Sunnyi 189
Meyerinck, Hubert von 263
Meyn, Robert 127
Miller, Kenny 261
Minetti, Bernhard 175 f., 182
Minetti, Jennifer 153
Misic, Ksenija 261
Moissi, Alexander 101
Monk, Egon 191-197, 202, 223, 227, 263
Morgenstern, Ralph 249 f.
Mozart, Wolfgang Amadeus 35, 241
Müller, André 169
Müller, Friedrich Theodor Adam Heinrich von, gen. Kanzler Müller 27 f.
Müller, Heiner 206
Müller, Hermann 6, 59-61, 81, 123
Münzner, Wolf 251
Müthel, Lola 130
Müthel, Lothar 123, 133

Nebuschka, Franz 39
Neefe, Hermann 20
Neff, Margarete 110
Neher, Caspar 138, 140, 142, 253
Neuwirth, Harald 255
Niederfahrenhorst, Volker 251
Niefund, Dagmar 175

Oberdorfer, Bert 165
Obst, Horst 226
Oligmüller, Kurt 197
Orléans, Sabine 265
Ortwin, Maria 69 f.
Ostendorf, Josef 251
Otto, Teo 123, 130, 141 f., 144-146, 176, 196 f., 200, 253

Pallenberg, Max 120-122
Pandur, Tomaz 261
Paryla, Karl 138 f.
Passani, Sandra 258
Paumgartner, Felix 120
Pautrat, Bernhard 175
Peiser, Gerd 177
Pekny, Romuald 189
Pelser, Karl-Heinz 152
Peymann, Claus 1, 59, 64, 69, 79, 118, 143, 147, 156, 159, 164-167, 176 f., 182, 184 f., 191, 197, 212, 214, 217, 222, 225, 255, 268
Pforr, Franz 18 f.
Pierson, Hugo 45, 80
Pilz, Gottfried 248, 250
Ploch, Barbara 165
Podmann, Marylu 201
Pohl, Max 69 f., 72, 77
Port, Carl 39
Possart, Ernst 7, 73, 75 f., 83, 85
Poumeyrol, Jean-Marie 260
Prasch, Aloys 77, 79, 81
Pressel, Ehmi 145

Purrmann, Dieter 169
Putzger, Olga 246

Quadflieg, Will 131, 142 f., 145 f., 152, 185, 199, 201, 253, 256, 263
Quadlbauer, Brigitte 255
Quaglio, Angelo 38
Quaglio, Simon 38

Radziwill, Anton Heinrich 10, 15, 28, 32, 174
Rahhaus, Ingrid 203, 220, 222
Ramberg, Johann Heinrich 18 f., 36
Rau, Lieselotte 150
Rediske, Johannes 150
Rehberg, Hans-Michael 249 f.
Rehberg, Stefan 252
Reible, Dieter 252
Reichel, Käthe 193-195
Reinhardt, Andreas 171-173, 185, 209
Reinhardt, Max 1, 92, 94, 97-102, 104, 108, 118-122, 139 f., 263
Reißmüller, Gabriele 132
Retzsch, Moritz 8, 10, 12 f., 17 f., 22 f., 30 f., 33, 76, 205
Reucker, Alfred 91
Richard, Frieda 120
Richter, Annette 264
Richter, Johannes 201
Richter, Walter 253
Richter-Forgach, Thomas 155
Riedy, Paul 131 f.
Riemer, Friedrich Wilhelm 8, 27 f.
Röhl, Bärbel 215, 217
Römer, Anneliese 165
Rogge, Lola 127
Roggenkamp, Walter 115 f.
Roland, Otto 199
Roller, Alfred 98, 100 f., 114, 135 f.
Rolling Stones 265
Rosalie 251
Rose, Jürgen 189 f.
Rosmair, Judith 265
Ruckhäberle, Hans-Joachim 189
Rüdiger, Reinhold 176-178
Ruge, Antje 197, 234

Saalbach, Klara 80
Sade, Marquis de 241, 243 f.
Sagert, Horst 1, 210, 223 f., 226 f., 263-265
Salmhofer, Franz 114
Samarovski, Branko 162, 185
Savits, Jocza 7, 73-77, 82 f., 92, 95, 267
Savits, Louise 55
Schäfer, Gerd 194 f.
Schäfer, Moritz 69
Schalla, Hans 142
Schaller, Ingrid 180 f.
Schellow, Erich 150 f.
Schildknecht, Kurt Joseph 254 f.
Schildkraut, Rudolf 98
Schilling, Max 95
Schindler, Manfred 179-181
Schinkel, Karl Friedrich 11, 15, 32
Schleef, Einar 1, 237 f., 240, 245
Schlenther, Paul 87

Schloß, Charlotte 75 f.
Schmahl, Hildegard 152
Schmidt, Hanns-Dietrich 169
Schmidt, Heinrich 216 f.
Schmidt, Johannes 194 f.
Schmitt-Falckenberg, Axel 252
Schneider, Edith 150
Schneider, Elisabeth 90
Schneider, Thomas 220, 222
Schneider, Wilhelm 75
Schönbach, Dieter 152
Schöne, Albrecht 178, 182 f., 189, 252
Schönemann, Horst 235
Schöpe 20
Scholz, Eva 140
Schreiner, Liselotte 127
Schröder, Ernst 114, 146-148, 150-152, 154, 167 f., 170, 202, 204, 222, 264
Schroth, Christoph 134, 156, 196, 210, 213-215, 217 f., 223, 225
Schubert, Franz 241, 245
Schubert, Heinz 195
Schüler, Hans 126 f., 131
Schütte, Ernst 107, 110
Schütz, Eduard 17, 20
Schütz, Waldemar 165
Schütz-Höffert, Sophie 17, 20
Schulz, Rudolf 135
Schulze, Hans 169
Schumann, Robert 77, 79, 91, 101
Schwientek, Siggi 241
Schwietzke, Paul Peter 245 f.
Sebald, Aljoscha 155 f.
Seebach, Marie 40
Seid, Gerd 264
Seydelmann, Carl 14, 31-34, 36 f., 40, 76, 85
Seyfried, Ignaz von 20
Skof, Janez 261
Sommerstorff, Otto 69-72, 77 f.
Sonnemann, Emmy 110
Sonnenthal, Adolf 66 f.
Sorma, Agnes 69
Spinatelli, Luisa 256
Sprenger, Wolf-Dieter 183-186
Springer, Marie von 90
Stawinsky, Karl 15, 32, 34, 37
Steckel, Leonhard 253
Stegmann, Dieter 177
Steiger, Renate 264
Stein, Peter 1, 61, 267 f.
Steiner, Marie 114-117
Steiner, Rudolf, 114-117, 147
Stengel, Kitty 127
Stephan, Johann 66
Stern, Ernst 98, 100 f.
Stich-Crelinger, Clara 11
Stieber, Hans 127
Strehler, Giorgio 256 f.
Streibing, Karl-Heinz 191
Strohbach, Siegfried 177
Stromberg, Christine 226
Stroux, Karl-Heinz 85, 191
Strub, Werner 169
Stubenrauch, Philipp von 35
Sturbej, Branko 261

Stutens, Jan 117
Sulzer, Julius 66
Svoboda, Josef 256

Taeger, Friedrich 86
Tappe, Lore 215, 217 f.
Taß, Erik 135,f.
Tate, Hilmar 252
Tauber, Richard 69 f.
Taudte, Margarete 197
Taylor, Liz 148
Thielemann, Kerstin 265
Thimig, Helene 120, 122, 263
Thimig, Hugo 87
Tieck, Ludwig 16, 21-27, 33 f., 36 f., 69, 79
Tiefensee, Siegfried 201
Travez, Oi Nóis Aqui 258 f.
Trenck, Eckhart von der 220
Treskatis, Barbara 181
Tukur, Ulrich 244
Turban, Dietlinde 170

Ulbrich, Franz 106-108, 110 f., 113, 132
Ulrich, Pauline 47
Uray, Peter 254 f.
Uttendörfer, Walter 152

Viebrock, Anna 241-243
Vioff, Udo 264
Vitez, Antoine 259 f.
Voigt, Wolf-Dietrich 203
Volkmar, Gudrun 203, 221
Voss, Gert 165
Voss, Manfred 249 f.

Wachner, Sophie 86
Wackernagel, Peter 132
Wagner, Eva 133
Wagner, Josef 36
Wagner, Richard 4 f., 7, 49-51, 83 f., 168, 241
Wagner-Unzelmann, Berta 36
Waldeck, Hugo 80
Walljasper, Ulrich 246
Walter, Birgit 250 f.
Waßerka, Ingo 154 f.
Weber, Carl Maria von 241, 243
Weber, Ernst Wilhelm 4
Weber, Willy 169
Wecker, Konstantin 186, 250 f.
Wegener, Paul 98, 263
Wehn, Lisa 133
Weingartner, Felix 90, 98
Weiser, Carl 58 f.
Weiser, Karl 90, 92
Weisgerber Antje 145
Wernecke, Dieter 155 f.
Werther, Julius 61, 63 f.
Wessely, Josefine 66, 68
Wessely, Paula 120-122
Widmann, Peter 263
Wiecke, Paul 59
Wiecke-Halberstadt, Alwine 58
Wieditz, Elke 221 f.
Wiemann, Matthias 127, 132
Wiene, Carl 40

Wieth, Andreas 66
Wilbrandt, Adolph 4, 7, 64–68, 79, 83, 88
Wildt, Helmut 150
Wilhelm, Johann Karl 11
Wilson, Robert 190
Wimmer, Maria 127
Wischnewski, Siegfried 153 f.
Witkowski, Georg 57, 61, 83 f., 88 f.
Wohlgemuth, Else 114
Wolf, Ruth 202
Wolff, Marianne 81
Wolff, Pius Alexander 8, 11
Wollheim da Fonseca, Anton Edmund 7, 43–45, 47 f., 62 f., 77, 83

Wolter, Charlotte 66, 68
Wonder, Erich 182–184
Wüstenhagen, Karl 126 f.
Wuttke, Martin 237–239
Wyzniewski, Arno 224, 226

Zech, Egon 264
Zechell, Josef 126 f.
Zelter, Friedrich Wilhelm 10–13
Zetzsche, Manfred 199, 201
Ziaja, Helga 212
Zimmermann, Jörg 263

Abbildungsnachweis

Es war leider nicht in allen Fällen möglich, die Rechtsinhaber geschützter Bilder zu ermitteln. Der Verlag wird berechtigte Ansprüche selbstverständlich auch nach Erscheinen des Bandes erfüllen.

Archiv des Berliner Ensembles 193r., 194, 195

Archiv der Rudolf Steiner-Nachlaßverwaltung, Dornach 115l./r.

Beyer, Adelheid 216r., 216 u.l.

Böhme, Hans-Ludwig 228, 229o./u., 230o./u., 231o./u., 232o./u., 233o./u.

Clausen, Rosemarie: Gustaf Gründgens. Faust in Bildern. Braunschweig 1960 143, 144, 145, 146

Deutsches Theatermuseum München 14, 53r., 98o., 101, 119, 120, 122, 138 (Rudolf-Betz-Archiv), 139 (alle; Rudolf-Betz-Archiv), 140 (alle; Rudolf-Betz-Archiv), 148o. (Archiv Ilse Buhs/J. Remmler), 148u. (Archiv Ilse Buhs/J. Remmler), 149o. (Archiv Heinz Köster), 149u. (Archiv Ilse Buhs/J. Remmler), 150o. (Archiv Ilse Buhs/J. Remmler), 150u. (Archiv Heinz Köster), 162, 163, 164, 165, 166, 238, 239o./u. (ab S. 162 alle Bilder: Archiv Abisag Tüllmann)

Goetheanum Bühne, Dornach (Fotos: Hans Gross) 116l., 116r., 117

Landesbühne Hannover 177, 178

Hoppe, Sebastian 265

Horn, Matthias 242, 243

Lefebvre, Klaus 249l./r., 250 o./u.

Meininger Museen 203 (Foto: Manfred Koch), 211u. (Foto: Günter Dietel), 212 (Foto: Manfred Koch), 220u. (Foto: Manfred Koch), 221 (Foto: Manfred Koch), 222l. (Foto: Günter Dietel), 222r. (Foto: Manfred Koch)

Meixner, Sigrid 214, 215o./u., 216o.l.

Münchhausen, Cecilie von 207

Neumann, Frank 246o.r./u.r.

Odry, Stefan 167, 168, 179, 181,

Saeger, Willi 193l.

Scheidler, Gisela 172, 173o./u.

Sternberg, Oda 187, 88, 189o./u.,

Stiftung Weimarer Klassik 39o., 39u., 40, 47, 54o., 54u., 56o., 56u., 58 (alle), 59u., 66l., 66r., 67l., 67r., 68o., 68u., 69o., 69u., 70 71l., 71r., 76u.l., 76u.r., 77, 78 (alle), 80

Stokowy, Eva 206

Tenschert, Vera 224, 225, 226

Theaterwissenschaftliche Sammlung, Universität Köln 87o., 87u., 153l./r., 155, 170, 171

Ueckermann, Anne-Britt 246l.,

Vereinigte Bühnen Graz 254o./u., 255 (alle)

Ruth Walz 157, 158, 174, 175